诸城年鉴

2019 ZHU CHENG YEARBOOK

中 共 诸 城 市 委 主办
中共诸城市委党史研究中心　　编

九 州 出 版 社
JIUZHOUPRESS

图书在版编目（CIP）数据

诸城年鉴. 2019 / 中共诸城市委党史研究中心编.
—北京：九州出版社，2019.9
ISBN 978-7-5108-8281-4

Ⅰ. ①诸… Ⅱ. ①中… Ⅲ. ①诸城－2019－年鉴
Ⅳ. ①Z525.24

中国版本图书馆CIP数据核字（2019）第187880号

诸城年鉴（2019）

作　　者　中共诸城市委党史研究中心 编
出版发行　九州出版社
地　　址　北京市西城区阜外大街甲35号(100037)
发行电话　（010）68992190/3/5/6
网　　址　www.jiuzhoupress.com
电子信箱　jiuzhou@jiuzhoupress.com
印　　刷　山东黄氏印务有限公司
开　　本　889毫米×1194毫米　16开
印　　张　32.5
字　　数　700千字
版　　次　2019年9月第1版
印　　次　2019年9月第1次印刷
书　　号　ISBN 978-7-5108-8281-4
定　　价　298.00元

《诸城年鉴（2019）》编审委员会

诸城名片

- 全国县域经济基本竞争力百强县（市）
- 中国优秀旅游城市
- 国家科技进步示范市
- 国家绿色能源示范市
- 国家园林城市
- 国家卫生城市
- 中国质量魅力城市
- 中国男装名城
- 全国食品工业强市
- 全国粮食生产先进县
- 全国农业产业化示范基地
- 国家级出口食品农产品质量安全示范区
- 国土资源节约集约模范市
- 第三批国家新型城镇化综合试点城市
- 全国文化先进县
- 全国创新社会治理优秀城市
- 全国平安建设先进市
- 山东省文明城市
- 全省社会治安综合治理先进市
- 山东省文化强省建设先进县（市）
- 山东省双拥模范城

数字诸城 2018

- 全市总面积2151.4平方公里
- 户籍人口111.9万
- 地区生产总值（GDP）877.73亿元
- 第一产业增加值68.35亿元
- 第二产业增加值416.17亿元
- 第三产业增加值393.21亿元
- 三次产业比例为7.79：47.41：44.80
- 粮食总产量81.45万吨
- 社会消费品零售总额259.9亿元
- 出口103.2亿元、进口13.4亿元
- 公共财政预算收入72.8亿元
- 公共财政预算支出78.3亿元
- 城镇居民人均可支配收入39810元
- 农村居民人均可支配收入20089元
- 中国驰名商标27件
- 山东省著名商标57件
- 地理标志证明商标9件
- 国家地理标志保护产品1个
- 完成专利申请1997件、专利授权1466件
- 新增院士(专家)工作站5家、博士后科研工作站1家
- 新增省级科技创新平台7家
- 组建产业技术创新战略联盟3家
- 新增高新技术企业21家
- 新备案国家科技型中小企业68家
- 国家级重点镇2个、省级中心镇4个
- 国家级生态乡镇13个（覆盖全部镇街）

8月16日—17日，全省乡村振兴暨脱贫攻坚现场会（中片区）在诸城召开。省委副书记、省长龚正（前排左一）出席会议，并实地查看了大黑龙沟村、得利斯村、乔庄社区、诸城国家级农林科技孵化器、蔡家沟村等村庄、社区和单位

6月5日，省委常委、组织部部长杨东奇（前排右二）到诸城调研。潍坊市委常委、组织部部长林红玉及诸城市领导桑福岭、李庆华、李永光、赵莉、王爱民、王大伟等陪同

（摄影　张永鹏）

2月27日，副省长于国安（前排左四）率参加全省推进农业“新六产”发展现场会议暨“两区”划定工作会议与会人员到诸城现场观摩。潍坊市委副书记、市长李宽端，副市长马清民及诸城市领导桑福岭、刘峰梅、孙吉海、王爱民、杨连富等陪同
（摄影　张永鹏）

9月14日，副省长、潍河省级河长任爱荣（前排左二）到诸城就潍河河长制和墙夼水库湖长制工作进行调研。潍坊市副市长马清民及诸城市领导刘峰梅、杨连富等陪同
（摄影　张永鹏）

11月6日，省政协副主席吴翠云（前中）到诸城非公有制企业联系点得利斯食品股份有限公司进行专题调研。潍坊市政协主席苏立科、副主席孙忠礼及诸城市领导刘峰梅、孙利宝、宗素霞等陪同

（摄影　王　玮）

5月7日—8日，省政协副主席郭爱玲(左四）率调研组到诸城就“如何激发和保护企业家精神，大力营造尊重、关怀、宽容、支持企业家的社会文化环境”进行调研。市政协领导孙利宝、宗素霞陪同

（供图　市政协）

6月5日，纪念王尽美同志诞辰120周年座谈会在诸城召开。省、潍坊市及诸城市有关领导，中央和省内外有关专家学者，王尽美同志的亲属代表等出席座谈会。省委常委、组织部部长杨东奇出席座谈会并讲话　　（摄影　张永鹏）

12月8日，组织振兴推动乡村振兴专题研讨会在诸城召开。全国政协、中央组织部及中央党校的有关领导、专家学者，潍坊市委常委、组织部部长林红玉及诸城市领导桑福岭、孙吉海、李永光、王爱民、杨连富出席会议　　（摄影　张永鹏）

编辑说明

Notes to editors

一、《诸城年鉴》是在中共诸城市委领导下，由中共诸城市委党史研究中心（诸城市地方史志研究中心）编纂的地方性、综合性、资料性文献。

二、《诸城年鉴（2019）》主要内容的记述时限原则上为2018年1月1日至12月31日。为反映事物全貌和保持记述资料的完整性，部分资料时限适当上溯或下延。

三、《诸城年鉴》编纂坚持以马克思列宁主义、毛泽东思想、邓小平理论、“三个代表”重要思想、科学发展观和习近平新时代中国特色社会主义思想为指导，坚持辩证唯物主义和历史唯物主义的立场、观点和方法，紧紧围绕市委、市政府的中心工作，全面、系统、翔实、客观地记载诸城政治、经济、文化、社会等方面的综合情况，反映诸城各行各业的新成就、新面貌、新风采，为各级领导决策和管理提供可靠的参考依据，为社会各界了解诸城、建设诸城提供最新的基本情况，也为续修地方志积累资料。

四、《诸城年鉴（2019）》采取分类编辑法。全书设29个栏目，即特载、大事记、全市概况、中国共产党诸城市委员会、诸城市人民代表大会、诸城市人民政府、中国人民政治协商会议诸城市委员会、中国共产党诸城市纪律检查委员会·诸城市监察委员会、工商联·群众团体、军事、法治、经济监督管理、农业、工业、商务、金融、财政·税务、交通·邮政·通信、城乡建设、资源·环保、教育·科技、文化·旅游、卫生计生·体育、社会·民生、镇街园区概况、人物、荣誉、附录、索引。年鉴在结构上设栏目、分目、条目3个层次，条目为年鉴内容的基本记述单位，年鉴多数内容在条目中记载；材料选取注重信息价值和存史价值；全书在设计编排上注重图文并茂。

五、为方便读者查阅，编制了目录、索引，分别置于年鉴的卷首和卷末。

六、年鉴稿件由诸城市各镇街党（工）委、政府（办事处）、市属各重点园区及市直各部门、全市各相关单位提供，并经供稿单位主要负责人审阅，由市委党史研究中心编辑定稿，供稿人员姓名随文附后。年鉴主要数据以统计部门的统计数据为准。

七、《诸城年鉴（2019）》的编辑出版，是在各级领导的关怀和支持下，各供稿单位的大力协助下，经过广大年鉴工作者通力合作、辛勤劳动所取得的成果。在此，谨向关心和支持年鉴编辑工作的单位和个人表示衷心感谢。特别鸣谢市委宣传部、潍坊日报社诸城分社及诸城市摄影家协会对年鉴图片编纂给予的大力支持与帮助！

八、《诸城年鉴（2019）》内容涉及各行各业，面广量大，受编辑经验、水平、时间等因素所限，疏漏和不足之处在所难免，恳请广大读者批评指正。

目 录 Contents

特 载
Features

大 事 记
Chronicle of Events

全市概况
Overview of Zhucheng City

目　录

Contents

目　录

Contents

目录

Contents

目 录

Contents

目　录

工商联　群众团体

Association of Industry and Commerce Mass Organizations

Contents

目 录

Contents

目 录

Contents

目　录

Contents

商　务

Commerce

目 录

金 融

Financial Industry

Contents

目 录

Contents

资源　环保

Resources, Environmental Protection

目　录

教育　科技

Education, Science and Technology

Contents

文化 旅游

Culture, Tourism

目 录

Contents

目　录

Contents

目 录

人 物

Outstanding Figures

荣 誉

Honours

附 录

Appendix

索 引

Index

特　载

在诸城市全面展开新旧动能转换重大工程推进会议上的讲话

（2018年4月12日）

桑福岭

同志们：

这次会议的主要任务是，深入学习贯彻习近平新时代中国特色社会主义思想和党的十九大精神、全国“两会”精神，认真落实省全面展开新旧动能转换重大工程动员大会、潍坊市全面展开新旧动能转换重大工程暨“四个城市”建设推进会议部署，动员全市上下聚焦实现高质量发展，进一步统一思想、汇聚力量，实干担当、激情创业，坚决打好新旧动能转换攻坚战持久战，努力开创新时代全市转型发展新局面。下面，根据市委常委会研究的意见，我讲四个方面的问题。

一、提升站位，勇担使命，抢抓新旧动能转换的重大机遇。对诸城来讲，实施新旧动能转换重大工程，既是重大挑战，也是重大责任，更是重大机遇，既是破解当前各种短板问题的紧迫之举，也是推进转型发展做强做优的有力抓手，更是实现新时代高质量发展的根本出路，可以说是适得其势，恰逢其时，大势所趋，势在必行。

（一）全面展开新旧动能转换重大工程，是新时代实现高质量发展、党和人民赋予我们的重大政治责任。推动新旧动能转换、实现高质量发展是党中央提出的重大课题，是我省由大到强、全面求强必须实现的历史跨越。今年1月初，在习近平总书记、党中央的亲切关怀下，国务院正式批复了山东建设新旧动能转换综合试验区的总体方案，这是十九大之后国务院批复的首个区域性国家发展战略，是我国第一个以新旧动能转换为主题的区域发展战略，是在改革开放40周年的关键节点上，党中央交给山东的重大政治任务。春节后上班第一天，省委、省政府就召开全省全面展开新旧动能转换重大工程动员大会，以时不我待的紧迫感吹响了向高质量发展的进军号，充分体现了省委、省政府坚定不移抓好新旧动能转换的鲜明态度和责任担当。3月24日，潍坊市召开全面展开新旧动能转换重大工程暨“四个城市”建设推进会议，就坚决打赢新旧动能转换潍坊战役、扎实推进“四个城市”建设做了周密部署，提出了在新一轮高质量发展竞争中赢得主动、走在前列的明确要求。全面展开新旧动能转换重大工程，这是中央和省市作出的重大决策部署，反映了经济发展的客观规律，体现了高质量发展的根本要求，也为诸城加快转型发展提供了重大历史机遇。全市上下要站在政治和全局的高度，深刻认识加快新旧动能转换的重大现实意义和深远历史意义，牢固树立“四个意识”，坚定“四个自信”，做到“四个服从”，切实肩负起推进新旧动能转换的责任和使命，努力为全省和潍坊发展大局作出诸城贡献。

（二）全面展开新旧动能转换重大工程，是新常态下破解发展瓶颈、解决结构性矛盾的重大战略举措。改革开放以来，我们诸城先后创造了一系列先进经验，在区域发展格局中一直处于优势地位。但是随着发展进入新常态，改革进入深水区，诸城也进入了腾笼换鸟、凤凰涅槃、爬坡过坎的转型期，进入了标兵渐远、追兵渐近、不进则退、慢进亦退的攻坚期。一是从综合实力来看。去年我市GDP是824.7亿元、同比增长6.5%，对比标杆城市常熟、即墨，分别少1454.9亿元、485.9亿元，增幅分别低0.7个、2.7个百分点，我们差距明显。去年我市税收占一般公共预算收入比重为68.5%，比潍坊平均水平低7.1个百分点，说明我市经济贡献率和财政收入质量还比较低。二是从产业转型升级来看。我市传统产业占比高，且大都处于产业中低端，科技含量不高，附加值较低，税收贡献不大，综合实力不强，亟待提质增效、做强做优。汽车产业，产业链不完善、层次不高，缺乏发动机、变速器等关键环节，与即墨市汽车产业相比，我们在产业规模、技术水平、产品层次、链条完整性等方面差距较大，与常熟捷豹路虎和观致乘用车相比，我市汽车产业附加值、财税贡献率有很大差距。食品行业，总体处于产业链中低端环节，龙头企业经营压力较大，发展后劲不足，企业产品、营销模式创新力较弱，总体附加值不高，税收贡献能力不强。纺织服装产业，龙头企业大而不强，前五名企业总销售收入只有50多亿元，而高密孚日集团全年实现销售收入86亿元；缺乏带动产业转型的大型优质项目，同质竞争严重，用工制约明显，生产成本上升，利润空间压缩。装备制造产业，科技含量低，品牌知名度弱，缺少具有行业领军能力的骨干企业；食品机械、环保机械、包装机械等行业龙头企业，大多数年销售收入仅为1亿元左右，机器人、数控机床、成套自动化装备、轮胎模具等高端装备，还没有形成产业发展支撑。现代农业，种植业方面，在经济效益、种植模式、技术水平等方面，已经被寿光、青州等地拉大距离，寿光大棚60多万亩，而我市不到6万亩；养殖业方面，产品附加值较低，畜产品深加工率不足50%，而发达国家一般在70%以上；去年住户存款余额寿光556.7亿元、青州526.6亿元，分别高于我市118.7亿元、88.6亿元，这在很大程度上反映了农民收入差距。三是从创新驱动能力来看。高端创新平台少，国家级仅3家，而常熟市国家级创新平台达到10家；核心技术科研少，全市500多家企业开展产学研合作，但真正开展核心技术攻关的不到10%；高层次人才少，80%的企业存在研发设计人才、管理人才难引进，一线技术工人难招工的“两难”困境，而即墨市去年引进高端人才670名，其中“两院”院士、“千人计划”专家等高层次人才200余人，昆山市高技能人才总量达7.66万人，是我市的3倍。四是从骨干龙头企业来看。贡献率方面，潍坊市纳税前二十名企业，我市没有一家；外向度方面，潍坊市出口额前20名重点企业中，我市仅有2家，而寿光有5家，高密有3家；行业地位方面，我市缺少航母型企业，去年潍柴汇总销售收入达到2200亿元，寿光晨鸣达到700多亿元，远高于我市的龙头企业；上市挂牌方面，我市境内外上市企业8家、新三板企业3家，常熟市境内外上市企业12家、新三板挂牌企业40家，与之相比我们差距较大。五是从发展空间和环境容量来看。2017年，我市建设用地亩均GDP产出21.65万元、亩均一般公共预算收入1.9万元；而昆山建设用地亩均GDP、亩均一般公共预算收入分别达到60万元和6.35万元，分别是我市的2.8倍和3.3倍。我市污染物排放量基数小，目前总量指标已接近天花板，排放和减排空间不足，众多涉及污染物排放的项目无法建设。存在这些问题的深层次原因，主要是我市传统动能规模占比太大、转型升级不快，新动能培育力度不足、壮大扩容较慢，没有实现新旧动能接续转换、协同发力。对此，全市上下务必高度警觉，以坐不住、等不起的紧迫感，生于忧患、死于安乐的危机感，不服输、不达目的不罢休的使命感，谋定后动、锐意进取、发奋图强，牢牢抓住新旧动能转换这个重大历史性机遇，全面提升经济发展质量和竞争力。

（三）全面展开新旧动能转换重大工程，是打造现代产业体系、赢得新一轮区域竞争的重大历史机遇。去年以来，我们深入贯彻落实省市部署要求，把加快新旧动能转换作为推进“四个城市”和“三区一城”建设的战略举措，“进”的态势持续巩固、“调”的成效加速显现、“新”的动能正在起势、“好”的环境明显提升，高质量发展的“路径”逐渐清晰。一是传统产业加快转型。实施137个技改项目，其中23个项目列入省年度企业技改导向目录，新上美晨科技产业园、大业研发中心及钢丝帘线扩产、迈赫智能化产品升级等一批优质项目，推动传统产业加快迈向中高端。促进农业“五化”发展，开工建设500亩以上现代农业园区97个、“新六产”项目44个。二是新兴产业稳步壮大。规划建设新材料产业园、生物科技产业园和机器人小镇等园区平台；启动恐龙大世界等文旅项目11个，实施乡村旅游重点项目20个，被评为全国休闲农业与乡村旅游示范县；电子商务线上交易额突破300亿元；诸城保税物流中心封关运营，蓝海木材物流项目开工建设。三是创新驱动能力增强。新建国家技能大师工作室1家、院士（专家）工作站4家、产业技术创新联盟3家、省级技术创新平台6家，农林科技孵化器获批国家级“星创天地”，入库省级以上科技型中小微企业107家。3人入选泰山产业领军人才、1人入选“山东省外专双百计划”、11人入选鸢都产业领军人才。四是企业实力持续提升。北汽福田诸城汽车厂、诸城外贸、得利斯分别入选中国民营企业500强、山东省制造业百强企业、山东民营企业百强，5家企业被认定为省中小企业“隐形冠军”，一批高成长性企业快速发展。五是节能降耗成效明显。建设38处型煤配送中心，安装节能环保炉具1.3万台，拆除改造燃煤锅炉148台。全市万元GDP能耗0.483吨标准煤、电耗337.54千瓦时、水耗9.08立方米，分别是潍坊市平均水平的72%、41.4%和46.3%。六是要素资源支撑有力。深入开展“大项目突破年”和“春季百日会战”，实施过千万元项目410个，梳理确定34个新旧动能转换重大项目，27个项目列入省市重点项目，44个项目列入潍坊四个城市“10·30·100”支撑项目。发行企业债券15亿元，全市上市企业达到8家。实施土地增减挂钩项目47个，实施占补平衡新增耕地2600亩，盘活闲置低效用地1400亩。应该说，全面展开新旧动能转换重大工程，我们已经有了良好开局和初步成效。当前，中国经济正转向高质量发展阶段，旧动能在衰退、在转型，新动能在蓄积、在崛起，全市上下一定要深刻认识机遇、紧紧抓住机遇、切实用好机遇，发挥优势、坚定信心、奋勇争先，加快打造现代产业体系，着力以“四新”促“四化”实现“四提”，确保在新一轮区域发展竞争中赢得主动、形成优势、抢占先机。

二、明确目标，把握路径，奋力在新旧动能转换中走在前列。全面展开新旧动能转换重大工程，是当前和今后一个时期诸城经济发展的总牵引、总抓手。我们必须统一思想认识，坚定信心决心，集中资源力量，全力真抓实干，坚决打好新旧动能转换这场事关诸城前途命运的关键战役。总的工作要求是：以习近平新时代中国特色社会主义思想为指导，全面贯彻落实党的十九大精神和全国“两会”精神，按照省委、潍坊市委部署要求，以打造全省新旧动能转换先行区、示范区为目标，践行新发展理念，聚焦高质量发展，坚持质量第一、效益优先，深入实施创新驱动发展战略，以供给侧结构性改革为主线，以“四个城市”建设为统领，以“三区一城”建设为抓手，以“大项目突破年”活动为引擎，以“作风建设年”活动为保障，实干担当、激情创业，加速推动质量变革、效率变革、动力变革，力争一年全面起势、三年大见成效、五年取得突破、十年塑成明显竞争优势，形成新动能主导经济发展的新格局，确保在加快新旧动能转换中走在前列。

新旧动能转换是系统工程，打造现代优势产业集群是重中之重。省委刘家义书记强调，高质量发展的基础在于高素质产业。潍坊市委刘曙光书记指出，产业转型升级是新旧动能转换的关键和根本。对诸城来说，产业层次低、质量效益差、创新能力弱、规模实力不强一直是我们的“心头之痛”。产业结构调整、转型升级是我们必须要翻过的一座高山，是我们必须要跨过的一道大坎，是我们必须要打赢的一场硬仗，只有翻过这座高山、跨过这道大坎、打赢这场硬仗，大力发展现代优势产业集群，才能通向高质量发展的坦途。我们必须结合诸城实际，明确主攻方向，积极探索存量变革和增量崛起并举的转型升级路径，着力打造质量效益好、创新能力强、产业结构优、品牌价值高、发展后劲足的“5+5”现代产业体系，推动传统产业脱胎换骨，新兴产业加速崛起，构成产业转型升级的“双引擎”，全面提升产业层次、优化产业结构、实现转型升级，推动全市经济高质量发展。

（ ）加快转型升级，大力推进五大传统产业提质增效。新常态背景下，传统产业仍然是经济发展的重要支撑。我市汽车、食品、服装纺织、装备制造和农业等五个传统主导产业，虽然产业规模比较大，但在质量效益方面，始终徘徊在价值链的中低端，急需我们拿出更大气魄、动用更多资源、加快改造升级。当前正值新旧动能转换之际，传统产业必须通过新技术提升产业核心竞争力，用新模式、新业态让“老树发新芽”。

一是推动汽车产业向强化龙头、提升配套、优化产业链转型。汽车产业是诸城的核心主导产业，在北汽福田诸城厂区的强力带动下，目前已初步形成了从整车制造到车桥、车架、轮胎、仪表、胎圈钢丝帘线、橡胶减震制品等零部件配套较为齐全的产业体系，2017年实现主营业务收入627.4亿元，同比增长10.7%，保持了持续稳定增长的良好势头。下步，我们要大力实施“四大战略”，加快动能转换，推动汽车产业转型升级、做强做优，加快向千亿级产业集群迈进。实施千亿福田战略，建设汽车及零部件产业园，吸引福田北京高端产能向诸城转移，实施福田商用车优化升级和M3、M4、TM等平台项目，打造全球知名的中高端卡车生产基地。实施紧跟福田转型战略，积极推进国家级汽车及零部件检验检测中心诸城基地建设，引导汽车零部件企业提质转型，融入全球汽车供应链体系。实施依托福田招引战略，引进福田高端配套商入驻，加快布局新能源汽车板块，配套引进电子总成、控制系统、轻量化材料等项目，优化产业链。实施做大专用车战略，规划建设专用车产业园，做大高端专用车规模，构建新型汽车产业生态。到2020年，将汽车产业打造成千亿级产业集群。

二是推动食品产业向产品创新、模式创新、品牌提升转型。近年来，我市食品产业持续稳定发展，产品种类显著增加、精深加工产品比例不断上升，加快向多元、优质、功能化方向发展。但是随着食品科技日新月异变化和人民群众生活品质持续改善，群众对安全优质食品的消费需求明显提高。我市食品产业虽然龙头企业较多、产业链条较完整，但是总体上处于产业链中低端环节，产品同质化较为普遍，核心竞争力不强。下步，我们要以建设健康食品产业基地为核心，加快产品创新和模式创新。

创新产品研发，依托外贸、得利斯等龙头企业，根据年轻群体个性化消费需求，突出绿色、有机、健康，加快研发功能性、订制性高端食品。创新营销模式，鼓励惠发、佳士博等企业打造以城市中央厨房为核心的餐饮食材供应链平台，推动企业由加工型迈向“生产+服务”型，实现一二三产业融合发展。创新品牌提升，实施得利斯100万头肉牛加工、华宝熟食加工等项目，打造高端食品品牌，在更多细分市场引领发展。到2020年，食品产业完成主营业务收入500亿元以上。

三是推动服装纺织产业向模式创新、产城融合、强链延链转型。服装纺织产业是我市传统支柱产业和重要的民生产业，近年来始终保持着稳定发展的良好势头。但是新常态下，产业结构不合理，初加工比例较高，时尚创意设计能力不足，综合成本增长加快等问题日益凸显，迫切需要实施新旧动能转换。要深化模式创新，推行普兰尼奥中高端订制、优客良依3D量体、伊甸缘婚庆礼服定制等模式，打造细分领域高端品牌。要推进产城融合，加快普兰尼奥工业化社区、桑莎智能工业社区建设，突破企业用工瓶颈。加快全产业链垂直整合，规划建设高端针织面料生态产业园，构建从绿色面料到时尚成衣的一体化发展模式。要实施品牌战略，引导新郎希努尔、桑莎制衣等企业，提升产品创意设计、功能形态及消费体验，增强市场占有率和竞争力，培育知名服装品牌和行业加工品牌。到2020年，全产业完成主营业务收入200亿元以上。

四是推动装备制造产业向智能化、服务化、高端化转型。近年来，国家出台了《中国制造2025》《智能制造发展规划（2016-2020年）》等政策，装备制造行业增长势头迅猛，以机器人为代表的智能装备制造将迎来黄金发展时期。我们要牢牢抓住当前有利机遇，深入实施创新驱动战略，把高端装备制造产业作为新旧动能转换的重大突破口。要培育壮大机器人产业，加快建设机器人小镇，招引集聚机器人本体、系统集成、数控机床等企业，放大机器人产业优势。要大力发展智能制造产业，依托迈赫机器人、欧马数控、雷沃重工高端农机具等重点企业，开发具有自主知识产权的机器人、非标自动化设备、自动化装备等高端产品。要加快传统产业智能化改造，推动农业装备、食品机械、铸锻机械、机电制造等向高端化转型，积极研发观光潜艇等高技术含量、高附加值产品。到2020年，力争完成主营业务收入300亿元以上。

五是推动现代农业向“新六产”转型。前期我们已经召开了全市农村工作会议，全面吹响了实施乡村振兴战略的集结号，对大力发展农业“新六产”作了相应部署。我们要认真学习贯彻习近平总书记参加山东代表团审议时的重要讲话精神，实施好农业“新六产”融合发展工程，构建乡村产业新体系，努力在实施乡村振兴战略中走在前列。要坚持绿色、品质、高效发展理念，按照“南果茶、北瓜菜”的要求，大力实施“农业+”战略，加快推进50个特色农业产业园、31个田园综合体和6个特色产业小镇建设，积极发展体验型、智慧型、循环型、终端型农业“新六产”，打造一流的现代农业示范区。到2020年，新发展高效农业面积30万亩，建成500亩及以上现代农业示范园区200个以上，“三品一标”总数达到160个以上。

（二）深化创新驱动，大力推进五大新兴产业扩容倍增。新兴产业代表着未来发展方向，是经济发展最重要的增量，是培育发展新动能、赢得未来竞争新优势的关键，谁能率先突破、形成规模，谁就会赢得先机、赢得主动。

一是加快做强生物医药产业。这是继信息技术产业之后，发展潜力和空间最大的产业，业界誉为“永不衰落的朝阳产业”。据去年发布的《中国生物产业发展报告》统计，我国生物医药产业规模在2016年已经接近4万亿元，占GDP约5%，主营业务收入和实现利润总额增速远高于同期工业和高新技术产业平均增速；预计到2030年，生物医药产业占GDP的比重将达15%左右，成为经济发展的重要增长点。生物医药产业对诸城新旧动能转换来说，属于发展有优势、现在有基础、未来有潜力的新兴产业，兴贸玉米、东晓生物、信得科技、浩天药业等骨干企业稳步成长，建设了一批科技含量高、市场竞争力强的淀粉产业项目，成为全球最大的肌醇、黄芩苷生产基地。但是产业链条关联度低、自主创新能力较弱等问题，严重影响生物医药产业壮大发展。下步，我们要以规划建设生物科技产业园为抓手，鼓励兴贸玉米、东晓生物等企业延伸淀粉精深加工链条，实施百万吨玉米淀粉精深加工、50万吨淀粉糖、高品质氨基酸扩产等项目，加快构建三百亿级高成长性产业集群。支持美晨科技、信得科技、浩天药业等企业，推广生物处理技术，加快推进晨立克除醛植物蛋白、生物疫苗等项目，建设全国重要的生物医药产业基地。

二是加快突破新能源新材料产业。发展新能源新材料产业是国际社会共同认知的可持续发展的必由之路，是国家战略性新兴产业规划重点支持产业，是应对能源枯竭和环境保护的有效手段，具有非常明朗的发展前景。目前，我市的新能源新材料产业发展还刚刚起步，仍然处于产业培育的初始阶段。新旧动能转换为新能源新材料产业发展带来了重大利好，我们要抓住当前机遇，积极争取上级政策资源支持，在产业规划编制、项目引进、人才培养、基金支持等方面加大工作力度，着力打造高精尖的新能源新材料产业集群。当前，要突出抓好悦东新材料产业园规划建设，推动美晨新能源汽车新材料零部件总成系统产业园、奥扬科技新能源装备制造、珍源连续多晶陶瓷纤维和金属陶瓷复合材料、安道液态金属等一批新能源新材料项目落地，推动产业规模化、集群化、高端化发展，打造新的先导性、支柱性产业。

三是加快发展再生资源与再制造产业。再生资源也被称为城市矿产。伴随着经济社会的高速发展和人类活动的生生不息，城市矿产永续产出，体现了减量化和资源化理念的再生资源与再制造产业，将成为永不消失并保持旺盛成长力的朝阳产业。我国已将再生资源与再制造产业列入战略性新兴产业，陆续出台了一系列扶持政策，2017年印发的《循环发展引领行动》中提出，到2020年整体资源循环利用产业产值要达到3万亿左右的目标。这对我们来说，既是明确的导向，更是积极的信号。我们要积极响应国家政策引导，学习借鉴张家港模式，建设再生资源与再制造产业园，完善循环经济链条，重点抓好中坛再生资源回收加工基地及再生资源交易平台、恒通科技再生利用新型节能环保材料等项目，促进资源循环综合利用。到2020年，全产业主营业务收入突破150亿元。

四是加快提升文化旅游产业。文化旅游产业资源消耗低、环境影响小、附加值高、带动能力和可持续发展性强，既能直接奉献于经济增长，又对加快动能转换、提升发展质量具有重要推动作用。诸城山水风光独特，文化特色突出，旅游资源丰富，发展文化旅游产业有着得天独厚的优势。客观地讲，文化旅游产业不能算是新兴产业，但是我们把它列入推动新旧动能转换的五大新兴产业，是因为我们的资源优势还远没有转化为产业优势，与标杆城市相比，与周边县市相比，与上级要求和群众期望相比，诸城的文化旅游产业还有非常大的差距，存在着项目规模档次低、产业链条单一、环境服务差、推广力度小等突出问题。我们必须坚持问题导向，提升境界标准，发挥资源优势，全力打造优质项目，真正把恐龙、山水、名人、美食等诸城特色文化旅游品牌打出去、打响亮。当前，重点抓好恐龙文化旅游区建设，开工建设恐龙大世界，一体化推进恐龙花海、花朝水乡等项目，打响“中国龙城”品牌。大力发展乡村旅游，围绕常山、竹山、恐龙涧、桃林乡村等现有优势资源，规划建设四个乡村旅游精品片区，加快建设提升竹山生态谷、野生动物园、金查理小镇、蔡家沟艺术试验场、欢乐海洋文旅小镇、东方田园、匠心谷等项目，促进文化旅游产业转型发展。

五是加快培育医养健康产业。当前，社会老龄化日益严重，预计到2020年，我国老年人口将达到2.48亿，老龄化水平达到17.17%；到2025年，60岁以上人口将达到3亿，成为超老年型国家。与此同时，空巢老人问题更加突出，传统的家庭养老模式已经不能满足社会需求。老龄化社会带来了医疗服务、养生服务双重需要，也为医养健康产业发展带来了巨大机遇和广阔空间。作为典型的绿色低碳产业，医养健康产业受到国家高度重视和市场各方青睐，而我市医养健康产业在发展规模、龙头培育、专业队伍、载体建设等各个方面都存在较大缺口。我们要抢抓当前医养健康产业发展的机遇期和窗口期，以创建省级医养结合示范市为契机，推进中西医结合医院康复医养中心、红星老年社区、绿馨医养综合体等项目建设。以跨界融合为纽带，大力发展“医养+旅游”“医养+体育”“医养+食品”等新业态，推动大健康产业蓬勃发展。到2020年，力争每千名老年人拥有养老床位40张以上。

（三）坚持破立并举，大力推进“腾笼换鸟、凤凰涅槃”。“腾笼换鸟、凤凰涅槃”是习近平新时代中国特色社会主义经济思想的重要组成部分，是实现高质量发展的重要思路理念和方法模式。加快新旧动能转换要养好“两只鸟”，一只是腾笼换鸟，另一只是凤凰涅槃，腾笼换鸟重在除旧布新，凤凰涅槃重在自我蝶变，目的都是加速动能转换、结构升级、产业转型。腾笼换鸟、凤凰涅槃是一项系统工程，要求我们既要整体把握、统筹推进，又要突出重点、聚焦发力。

一是要做好“腾”的文章。这是腾笼换鸟的基础，也是新旧动能转换的基础，如果腾不出就换不了，必须坚定不移腾。要通过棚改旧改拆迁一批，通过存量收储盘活一批，通过整改达标提升一批。要运用市场机制、法治办法，坚持依法、有序、稳妥推进，让发展质量不高的“笨鸟”腾出来，淘汰高投入、高消耗、高排放的粗放型增长方式，倒逼企业加快结构调整和产业升级，实现各类发展资源的节约集约利用。要认真搞好排查摸底，严格依法处置手续不全、法律规定明令禁止、擅自违法生产的“散乱污无”企业，落实最严格的监管责任制和责任追究机制。要严格设置安全、环保、用能、用水标准底线，对不达标的企业限期整改，整改仍不达标的依法退出。要科学制定产业综合效益标准，对各方面硬性条件达标而综合效益不高的，完善政策措施，加强指导服务，促其尽快转型升级。

二是要做好“换”的文章。腾笼不是空笼，要研究“新鸟”如何进笼，利用腾出来的空间培育和引进吃得少、产蛋多、飞得高的“俊鸟”，“换”来质量与效益、经济与社会协调的增长方式。要强化规划引领，坚持全市一盘棋思想，统一规划、统一布局、产城融合、高效利用，谋定而后动。要依据全市产业规划，精准定位、错位发展，明确各区域产业定位和发展方向，合理布局园区、平台和相关产业，打造有竞争力的特色产业集群。要提升招商质量和水平，确保新上项目、新上企业的先进性，加快培育新产业、新动能。

三是要做好“转”的文章。要坚持从实际出发，把腾笼换鸟与凤凰涅槃有机结合起来，统筹谋划、区别情况、分类指导，做到淘汰一批、转移一批、提升一批，确保经济持续增长、社会和谐稳定。要加大激励扶持力度，明确标准、限定时限、靠前服务，鼓励支持现有低端产业、低效企业，在不改变产权所有者的前提下，自主转型、自我提升，实施“企业+科技研发”“企业+智能化”“企业+新项目”“制造+服务”等行动计划，以“四新”促“四化”实现“四提”，将原有中低端产业蜕变为新兴产业、中高端产业，推动现有企业凤凰涅槃、浴火重生、脱胎换骨。

四是要做好“管”的文章。要建立健全严格的长效管理机制，探索“标准地”管理办法，科学设置安全、环保准入标准和亩均投资、产出、能耗、水耗、税收、创新等方面的准入标准，严防前清后上、死灰复燃，确保严管长管，真正管住。坚持“以亩产论英雄”，推动传统产业“零增地”技改、落后产业“零增地”转型，促进经济高质量发展。

三、强化支撑，夯实基础，为新旧动能转换提供有力保障。纵深推进新旧动能转换重大工程，需要进一步转变政府职能，聚力补齐短板、强化支撑，着力创优释放动力活力的发展环境，为新旧动能转换筑牢坚实基础。

一是强化重大项目支撑。项目是加快新旧动能转换的核心支撑。各级各部门要始终牢牢抓住重大项目建设不放松，推动领导精力向项目集中、相关政策向项目集成、要素资源向项目集聚，全力加快新旧动能转换重点项目建设。纵深推进“大项目突破年”活动。科学优化项目推进方案，明确每个项目的时间表、路线图、任务书，倒排工期、挂图作战，昼夜施工、压茬推进，确保早开工、早投产、早达效。全力推进197个重点项目建设，大力实施大项目建设“710”工程，集中精力、集聚资源、全力突破，为新旧动能转换提供强力支撑。积极谋划新旧动能转换重大工程项目。按照新旧动能转换目标方向和重点任务，建立全市“四新”“四化”重大项目库，围绕骨干企业、主导产业、优势资源，谋划一批带动作用大、技术含量高、市场效益好的重大项目，抢占未来发展制高点。着力招引“四新四化”大项目好项目。鼓励骨干企业围绕延伸产业链、优化供应链、提升价值链，积极引进优质战略合作伙伴，实现开放合作共赢发展；大力开展乡情招商，鼓励引导诸城籍在外知名人士回乡创业；深化拓展产业链招商、园区平台招商、优势资源招商、基金和资本招商等多种方式，引进一批大项目好项目，增强我市发展后劲。

二是强化重点企业支撑。企业是新旧动能转换的主体。要把培植壮大高成长性企业作为加快新旧动能转换的重要支撑，深入开展以“摸清实际情况、掌握发展需求、解决突出问题”为主题的企业“大调研”行动，持续加大龙头企业群、隐形冠军企业群、中小企业群“三群”企业培育力度。实施大企业培育“153”计划。筛选北汽福田、美晨科技、东晓生物、桑莎制衣、义和车桥、惠发食品等骨干企业，加大政策引导和资源扶持力度，进行重点培育，引导企业与国内外先进企业开展战略合作，与上下游中小企业组成战略联盟，建设特大型、旗舰型企业集团，利用三到五年的时间，培育一批开票销售收入过百亿、五十亿、三十亿元的行业领军企业。实施骨干龙头企业“二次创业”计划。支持诸城外贸、东晓生物、兴贸玉米、新郎服装、得利斯、大业金属等56家骨干企业，大力实施以“集约化投入、智能化改造、高端化转型、精益化发展”为重点的“二次创业”，加快提质增效、转型升级步伐。实施行业“隐形冠军”培育计划。支持引导迈赫机器人、信得科技、奥扬科技、东宝重工等创新型企业做大做强，争做行业隐形冠军。

三是强化现代金融支撑。金融是实体经济的血脉。要引导金融回归服务实体经济本源，促进经济和金融良性循环、健康发展。深化政银企合作。金融办、人民银行、银监办及有关行业主管部门要做好牵线搭桥工作，定期举办政银企对接会，筛选重点企业和项目，向银行、投资类金融机构推介，促进银企双方沟通合作、共谋发展。要深化与潍坊农信联社的战略合作，加大金融产品创新力度，集聚更多资源支持乡村振兴战略实施。要进一步创新扶持政策，拓宽融资渠道，充分发挥银行信贷投放主力军作用，为企业量身定做信贷产品，引导和带动更多社会资本服务实体经济发展。扩大直接融资规模。加强对迈赫机器人、奥扬科技、艾泰克环保等拟上市企业的跟踪服务，促其加快上市步伐。选择10家以上科技含量高、有发展前景的企业，纳入后备上市挂牌资源库，力争在“新三板”挂牌方面实现新突破。组织20家优质中小企业到齐鲁或蓝海股权交易中心进行集中挂牌。设立新旧动能转换基金。发挥财政资金引导作用，整合现有的产业基金，引进各类基金、资产管理资金等社会资本，设立新旧动能转换基金。充分发挥基金在新动能项目招引、支持企业转型升级中的作用，大力引进一批事关诸城未来发展的大项目、好项目，积极扶持一批高成长性科技创新型企业加速发展。全面梳理对接上级政策，密切与省和潍坊市基金合作，为新旧动能转换提供多元化投融资支持。防控化解涉企金融风险。加强与金融机构合作，采取核销、以物抵债、资产重组等方式，加快不良贷款处置进程。搭建不良资产收储处置平台，利用过桥专项资金，为有技术、有市场、有订单但资金流动出现问题的企业提供资金支持。落实“严防、严打、严管”措施，确保不发生区域性系统性金融风险。

四是强化科技创新支撑。推进新旧动能转换最根本的在于增强创新驱动能力。要加速转变发展理念，真正把创新作为第一动力、科技作为第一生产力，为新旧动能转换插上科技的翅膀。树立大创新理念。扭住建设创新型城市目标，深入实施“六个十”创新计划，加速构建科技创新与产业创新，业态创新与模式创新，职业创新与万众创新，重大创新与改进式创新，自主创新与产学研合作等统筹协调、有机结合的创新格局，全面增强创新驱动发展能力。强化企业创新主体地位。实施企业创新能力提升行动和科技型中小企业培育计划，鼓励建设企业技术中心、工程技术研究中心、重点实验室和工程实验室，牵头组建产业技术创新战略联盟，引导支持企业加大研发投入，实施核心技术攻关，进一步增强企业创新动力、活力和实力。构建技术创新体系。实施大院名校引育工程，构建以企业为主体、市场为导向、政产学研金服用相结合的“北斗七星”技术创新体系，着力突破行业关键核心技术，不断激发内生增长动力。打造优质创新平台。建设千人计划科创园，完善提升“超然首新空间”“复旦张江科技创新空间”等平台功能，加强与高科技人才对接合作，推动企业、高校、科研院所优势叠加，产业链、资金链、技术链多重融合，实现技术就地攻关、成果就地转化、产业就地培育。

五是强化人才人力支撑。人才是创新创业的主体，是新旧动能转换的第一资源。要大力实施“人才强市”战略，编制人才发展规划、三年行动计划和年度计划，加快构建育才、引才、用才、留才一体化的工作格局。打造高素质企业家队伍。大力弘扬企业家精神和“工匠精神”，引导企业家强化历史担当和世界眼光，焕发创新创业的激情和活力，在新旧动能转换中发挥先行者和主力军作用。实施企业家队伍建设提升计划，让企业家成为诸城发展的脊梁。深化“基业长青”和“金桥”工程，组织企业家外出培训，培育壮大优秀企业家群体。打造高层次人才队伍。坚持以用为本，突出“高精尖缺”导向，开展“千人计划”专家诸城行、院士专家对接等招才引智活动，构建“企业家+高层次人才”的创新团队模式，力争通过引进一个领军人才，带来一支创业团队，开发一批创新项目，催生一个新兴产业，为转型发展集聚智慧和力量。打造高技能人才队伍。深入实施"龙城英才"计划、"金蓝领"培训工程和"新诸城人"人力资源招引行动，落实服务企业用工10条政策措施，建设人力资源服务产业园，打造产业人才高地。全年引进"新诸城人"1万人以上，年底开展优秀"新诸城人"评选活动。支持美晨科技建设晨德双元中等职业学校，全力提升技能人才本领，通过院校培养、社会培训、校企合作、高端引进等方式，培养壮大高技能人才队伍。

六是强化土地资源支撑。坚持集约利用的原则，精准实施支持新旧动能转换的土地政策，强化建设用地资源保障，提高国土资源利用效率。加强用地规划管理。坚持全市"一盘棋"思想，统筹使用建设用地规模和指标，优先保障重大项目建设需求、优先向重点园区集中。国土部门和各镇街园区要加强沟通协调，认真研究做好土地利用总体规划调整工作，合理调整耕地保有量和基本农田面积，灵活增加建设用地总量，科学布局优先建设用地区域，为新旧动能转换拓展空间。结合落实乡村振兴战略，鼓励设施农业用地复合利用，在不破坏耕地层的前提下，大力发展休闲农业、乡村旅游、农业教育、农事体验等农业"新六产"项目。推进节约集约用地。坚持"上争下控、外增内挖"，积极争取上级优惠政策，采取增减挂钩、占补平衡等措施，着力破解土地瓶颈制约，保障经济发展和项目建设需求。全年完成增减挂钩节余指标1000亩以上，新增占补平衡指标5000亩以上。积极盘活存量资源。严格国土资源执法监管，结合土地利用总体规划修编和第三次国土资源调查，开展国土资源"大调研"行动，对闲置厂房和低效用地，及时摸清底数，加大清理整合力度，盘活存量建设用地，优先用于新项目建设，提高土地产出率和节约集约用地水平。创新完善"零增地"发展模式，鼓励企业采用先进工艺和设备，引进推广资源节约替代、能量梯级利用、零排放、绿色再制造等技术，加快淘汰落后产能，向存量要空间、要效益。

七是强化园区平台与棚改旧改支撑。要加快重点园区建设。加快推进悦东新材料产业园、汽车及零部件产业园、生物科技产业园、高端针织面料生态产业园等重点园区建设，进一步完善园区规划，明晰产业定位、发展目标和重点，同时做好产业发展、土地利用、基础设施、生态环保等专项规划工作，切实发挥好规划引领作用。要抓好园区项目准入管理，严格执行国家产业政策和行业准入标准，入园项目必须符合我市产业发展规划和园区产业发展规划，符合环境保护、资源消耗控制、安全生产要求，符合规定的投资强度、容积率等标准。市直部门和镇街园区引进的项目，经过预审后，要统一安置到符合功能定位的园区，推进园区专业化发展。要强化重大平台建设。加快国家级汽车及零部件检验检测中心诸城基地、机器人小镇、教育小镇建设，提升诸城保税物流中心、桑莎检通高端出口检品物流中心等平台承载功能，为新旧动能转换提供有力支撑。要持续推进棚改旧改。坚持大片区拆迁、大组团开发、大园区建设，持续提升城市品质和园区承载功能，深入推进10大组团开发建设，实施37个重点片区棚改项目，突出中心城区、南湖生态新城、十里片区、开发区驻地片区、城市西部片区等重点区域，打造区域发展新的增长极。坚持一体规划，统筹利用腾出的土地空间，科学安排产业、基础设施和商住用地，推动产业与片区一体开发，实现产城融合发展。

八是强化改革开放支撑。深化改革释放活力。深化国家新型城镇化、农村产业融合发展改革试点，积极争取更多国家和省市改革试点，精准对接发展所需、基层所盼、民心所向，把先行先试的试点优势转化为转型发展新动能。扩大开放用好外力。积极融入"一带一路"等国家战略，实施开放发展三年行动计划，推动外贸转型升级，争创国家级出口实木家具质量安全示范区、禽肉产品国家专业型示范基地。发挥诸城保税物流中心功能，打造机构完善、配套齐全的外贸综合服务中心。瞄准欧美、日韩、港台等国家和地区，积极对接世界500强企业和专精特新中小企业，着力提升利用外资水平。深化区域经济合作。全面对接服务青岛，抢抓北京疏解非首都功能、京津冀协同发展、东部地区优先发展等国家区域战略发展机遇，加强与长三角、珠三角、京津冀等地区沟通对接，引进高端产业、项目、技术、人才、资本。

九是强化重大基础设施支撑。加速道路基础设施建设。积极谋划推进京沪高铁第二通道、青岛西客站经诸城至莱芜高铁线、董家口港疏港铁路、潍日高速、国省道改建、四环路外迁等重大基础设施项目，增强区位交通优势。新修舜井路、兴华路大桥，改造相石路，建设普乐街、东坡街北延等12条市政道路，大中修6条县乡道，新建改建农村公路150公里以上。推进水利工程建设。按照“个体提升、局部连通、整体保障”的思路，加快卧龙湖水库、“引墙入三”暗渠改造、中小型水库除险加固、共青团水库引水工程、枳沟橡胶坝、西见屯拦河闸等水利工程建设，推进全域水源联网共通和水资源空间均衡。以“河长制”为抓手，推进“十河共治”建设，全面提高水环境质量。加大电网建设改造力度。加快推进马庄35千伏输变电工程建设，实施解留110千伏变电站整体改造、栗行站35千伏线路和农网升级改造工程，保障发展用电需求。加快智慧城市建设。推进网络基础设施、电子政务系统、城镇管网信息管理系统建设，完善提升城市公共基础数据库和公共信息平台，逐步形成全要素、全过程、可视化、空间化的智能管理模式。

十是强化营商环境支撑。深化放管服改革。推行“一窗受理、最多跑一次”改革，完善提升投资项目“容缺受理、并联推进、模拟审批”模式，使服务企业更快捷、服务群众更便利。进一步清理、精简行政审批事项和涉企收费，规范中间环节、中介组织行为，切实提高行政效能，为企业发展壮大减负担、降成本。破解信息孤岛问题。组织开展政务信息整合专项行动，坚持信息集成、数据共享、平台统一、标准一致，打造数据资源服务平台，统筹各部门信息化建设，打通数据传输障碍和瓶颈，实现全平台跨网站、跨系统、跨层级的资源相互调用和信息共享互认，让数据多跑路、群众少跑腿，提升公共服务效率和质量。构建亲清新型政商关系。坚决整治庸懒散浮，坚决整治门好进、脸好看、事难办，坚决整治不作为、慢作为、乱作为，让干部多跑路、企业少跑腿。承接项目落地的单位要为企业提供“店小二”式服务，完善落实问题直报、定期会商、一企一策、联系包靠等制度，推动形成政商之间交往有道、公私分明，各尽其责、共谋发展的良好社会环境。

四、强化领导，健全机制，凝聚新旧动能转换的强大合力。要强化责任担当，加强统筹协调，创新体制机制，狠抓工作落实，确保顺利实现新旧动能转换各项目标任务。

一是健全组织领导机制。市委常委会对全市新旧动能转换工作负总责，各常委分工负责。市委成立全市新旧动能转换重大工程建设领导小组，统筹协调全市新旧动能转换工作。各镇街园区和部门单位都要成立相应组织协调机构和办事机构，形成上下贯通、横向统筹的组织领导体系。各级主要负责同志要担负起第一责任人责任，对工作进度和成效负总责。各分管同志要分工负责、靠前指挥、加强调度，及时协调解决好问题。各牵头部门要主动担当，敢于协调，善于协调，切实担负起牵头抓总的责任。各相关部门要从大局出发，主动配合，主动作为。新旧动能转换组织领导机制与重点工作推进机制要有机衔接、协调运行，严防出现“两张皮”“两条线”。

二是健全理念创新机制。改革开放以来，我们诸城探索创造了商品经济大合唱、贸工农一体化、农业产业化、中小企业产权制度改革、农村社区化等在全省乃至全国有一定影响的经验。但是近年来，我们在发展理念方面的创新与先进地区相比有些停滞不前，导致了当前我市传统动能规模占比高、产业转型升级压力大、企业核心竞争力不强等问题。究其原因，是因为我们的各级干部压力小了、动力弱了、观念落后了，发展的思维方式还停留在传统经济时代。实施新旧动能转换重大工程，要求我们必须居安思危，自我加压，继承发扬敢闯敢试、敢为人先的精神，自觉践行五大发展理念，为新旧动能转换提供强大的思想动力和支撑。要以习近平新时代中国特色社会主义思想为指导，全面推进思想观念、工作理念创新，深入开展“大学习大调研大改进”活动，将顶层设计与诸城实际有机结合，以切实有效的举措解决新旧动能转换中存在的突出问题，为加快推进高质量发展、确保走在前列提供有力保障。要坚持质量第一、效益优先，以供给侧结构性改革为主线，突破传统发展模式路径依赖，分产业谋划布局“新旧动能转换路线图”，推动经济发展质量变革、效率变革、动力变革，打造全省新旧动能转换先行区、示范区。

三是健全工作推进机制。要深入实施“七个一”产业推进计划，每个重点产业由一个班子包靠服务招商、一个发展规划引领、一批大项目支撑、一批骨干龙头企业带动、一套政策扶持、一支基金保障、一个园区平台承载支持，构建系统完备、运行高效的推进体系。要健全项目化实施机制，保证新旧动能转换的每项任务都有项目支撑，每个项目都要实行清单管理，定任务、定责任、定时限，挂图作战、挂图督战，以责任链传导压力、倒逼落实。要大力实施“五换”战略，推进腾笼换鸟、机器换人、科技换芯、空间换地、电商换市，积蓄转型发展新动能；深入实施“三名”工程，培育一批知名企业、知名品牌和知名企业家，推动我市由工业大市向工业强市、制造大市向智造强市转变。

四是健全督查考核机制。要充分发挥考核“风向标”作用，完善科学发展综合考核办法，改进现场观摩点评办法，将新旧动能转换工作列入对各镇街园区、部门单位年度工作考核重要内容。强化督导调度和结果运用，建立镇街园区党政领导班子和领导干部推进新旧动能转换实绩考核制度，把考核结果作为选拔任用干部的重要依据。坚持从严管理与有效激励有机结合，建立健全容错纠错机制，旗帜鲜明为改革创新、干事创业者撑腰鼓劲。新闻宣传部门要发挥主流媒体宣传引导作用，牢牢把握正确舆论导向，充分利用电视台、广播和微信、微博等新媒体，大力宣传省市加快新旧动能转换的重大决策部署，搞好相关政策解读，积极回应社会关切，最大限度凝聚共识。

五是健全作风保障机制。持续深化“作风建设年”活动，大力践行“一线工作法”，始终保持昂扬向上、拼搏实干的奋斗精神，做到“干”字当头、“实”字托底，以过硬的作风推进新旧动能转换重大工程。各级各部门主要负责同志要身先士卒、靠前指挥，亲力亲为、作出榜样，带头挑最重的担子、啃最硬的骨头、攻最难的矛盾，以过硬的责任担当推进新旧动能转换重大工程。要自觉把加强学习作为政治责任来对待，不断掌握新知识、探索新领域、开拓新境界，尽快解决本领上的短板、能力上的不足、知识上的欠缺和视野上的局限，使专业素质和工作能力跟上时代节拍、适应发展需要，以过硬的素质能力推进新旧动能转换重大工程。要吃透上级精神和相关政策，主动加强沟通联系，及时掌握最新动态，搞好项目对接申报，加大争取力度，实现借力发展。要坚持问题导向，加强调查研究，真正拿出接地气、可操作的措施办法，确保新旧动能转换尽快取得明显成效。

同志们，实施新旧动能转换重大工程，是我们必须肩负的重大政治责任和必须完成的重大发展任务。全市上下一定要切实增强责任感和使命感，以习近平新时代中国特色社会主义思想为指导，认真贯彻落实中央和省市决策部署，提升境界、坚定信心，实干担当、激情创业，坚决打好新旧动能转换攻坚战持久战，深入推进“四个城市”和“三区一城”建设，努力开创新时代全市转型发展新局面。

政府工作报告

——2019年4月2日在诸城市第十八届人民代表大会第三次会议上

诸城市市长　刘峰梅

各位代表：

现在，我代表市政府，向大会报告工作，请予审议，并请政协委员和其他列席人员提出意见。

2018年工作回顾

2018年，市政府坚持以习近平新时代中国特色社会主义思想和党的十九大精神为指导，认真落实习近平总书记视察山东重要讲话、重要指示批示精神，在市委的坚强领导下，团结依靠全市人民，扎实推进中央、省和潍坊市决策部署落实落地，全力加快“三区一城”建设，保持了经济社会平稳健康发展的良好势头。全年地区生产总值同比增长6.5%；完成财政总收入106.4亿元、一般公共预算收入72.8亿元，分别增长14.3%和2.2%。

一是精准发力提升产业，新旧动能转换起势良好。“大项目突破年”活动扎实开展。实施过千万元项目418个，3个项目入选全省新旧动能转换重大项目库第一批优选项目，26个项目列入潍坊市级重大项目，完成投资193亿元。福田超级卡车工厂、大业胶管钢丝、美晨科技产业园一期等重点项目如期投产达效。工业动力加速变革。实施技改项目135个，完成投资146亿元。新增智能化改造企业12家、上云企业234家。得利斯、义和车桥被列入国家“两化”融合体系贯标试点。新郎、得利斯、迈赫机器人入选省“百年品牌”重点培育企业。新兴产业蓬勃发展，入选首批国家资源循环利用基地，悦东新材料产业园被认定为省化工园区。服务业潜力加速激发。社会消费品零售总额260亿元，增长8.8%。引进世界五百强雪松控股集团建设恐龙探索王国项目，全域旅游工作得到省政府主要领导批示肯定，被评为山东省旅游新业态示范县。引进滨海旅游集团建设渤海水产城，骨干物流企业发展到85家。规模以上企业电商普及率达到80%，网销过千万元企业突破200家，线上交易额600亿元。被评为省现代服务业产业集群（集聚区）。创新创业活力加速释放。半岛慧谷、中汽汉阳专用汽车研究所诸城实验基地开工建设。新增高校院所分支机构14家、国家地方联合工程研究中心1家、院士（专家）工作站5家、博士后科研工作站1家、省级科技创新平台7家，组建产业技术创新战略联盟

3家，备案国家科技型中小企业68家，新增高新技术企业21家，高新技术产业产值占比达到47%。完成专利申请2000多件、专利授权1400多件，10家企业通过国家知识产权贯标认定。新注册商标1272件、申请马德里商标国际注册2件，新创山东名牌4件。美晨科技获得省长质量奖提名奖。奥扬科技被认定为全省第二批“瞪羚企业”。备案国家级星创天地1家，省级科技企业孵化器、众创空间各3家。登记各类市场主体18336户，其中企业4293户。被评为省级创业型城市。

二是全面推进乡村振兴，农业农村现代化加速前进。以习近平总书记两次肯定“诸城模式”为动力，乡村振兴“五大工程”全面铺开。全省农业“新六产”发展现场会、全省乡村振兴暨脱贫攻坚现场会（中片区）在我市召开，承办全国组织振兴推动乡村振兴专题研讨会、山东社科论坛·乡村振兴研讨会，被列为全省乡村振兴“十百千”工程示范县。现代农业层级提升。流转土地12.7万亩，新建田园综合体30个、500亩以上农业园区47个、标准化养殖场10个，连续12年被评为全国生猪调出大县。新创省知名农产品品牌1个，认证“三品一标”24个，“诸城味道”区域公用品牌在北京钓鱼台国宾馆推介。国家农产品质量安全县创建工作通过验收。被评为省农产品加工示范县。社区建设提档升级。实施城乡建设用地增减挂钩项目46个，建设安置楼28万平方米，推动了社区聚集融合。创新社区经营管理机制，208个农村社区全部成立社区农业发展公司。开展“三清一增”集中行动，全面消除集体经济“空壳村”。启动乡村振兴“一张图”建设，被省国土资源厅列为全省唯一试点。农村人居环境持续改善。深入开展城乡环境综合整治和美丽乡村精品片区打造行动，完成危房改造103户、农厕改造1.1万户，新建改建农村公路150公里，新增美丽乡村B类以上村庄132个。实施“绿满龙城”行动，完成造林面积3.9万亩，建成省级、潍坊市级森林镇村各5个，被评为全国森林旅游示范县。

三是用好改革开放关键一招，发展活力持续增强。“双招双引”扎实推进。洽谈引进项目205个，到位市外资金120亿元。中海油天化院山东分院、军民融合产业园、北航青岛研究院诸城分院、石墨烯研究院、页岩油大规模开采装备研发等一批创新项目相继签约落地。成立6处国内外人才工作站，招引国家级特聘专家3人，引进培育高层次人才300余人、高技能人才600余人、“新诸城人”1.33万人。重点领域改革取得新进展。被授予“改革开放40年地方改革创新致敬案例单位”。农村集体产权制度改革等14项省级以上改革试点按时间节点如期推进。土地节约集约利用工作受到国务院表彰，获得1000亩用地计划指标奖励。被评为全省农村集体产权制度改革试点工作先进单位、全省社会信用体系建设示范城市。深化投融资体制改革，积极对接资本市场，大业股份5亿元可转债申请通过证监会审核，新增区域性股权交易市场挂牌企业20家。积极推动国有企业改革，新组建隆嘉文旅、泰石投资、政泰城建3家国有公司。对外开放全面扩大。实现外贸进出口总额116.6亿元，增长12.4%，其中出口103.2亿元。新设立外资企业8家，实际到账外资增长55.5%。外贸转型示范基地发展到13个，被认定为国家外贸转型升级基地。

四是着力建设品质城市，生态宜居优势日益凸显。城市功能持续改善。十大组团开发有序推进，超额完成年度棚改任务。实施汽改水供热提升工程，新增集中供热面积60万平方米。基本完成兴华西路西延、环湖南路东延等9条市政道路改造，高标准建成舜井路潍河大桥、兴华路涓河大桥，相石路、平日路绕城段、潍日高速竣工通车。建设南湖市民公园、花朝水乡等公园游园14处。生态建设持续加强。设立桃园生态经济发展区。全面落实河长制、湖长制，启动“十河共治”，建成卧龙湖水库，境内水质达标率100%。被评为全国县域节水型社会达标建设县。统筹工业点源和非工业点源大气污染综合整治，关停取缔“散乱污”企业及10吨以下燃煤锅炉305个，关闭搬迁养殖场（户）1064家。全面落实建筑工地“六个百分百”。空气质量优良率、重污染天气减少天数及PM2.5等重点监测指标列潍坊各县市前列。中央、省环保督察及“回头看”反馈问题整改扎实推进。公共服务持续优化。投资27.3亿元，规划建设繁华中学新校、京师学校等教育项目34个，增加中小学学位3.5万个、幼儿园学位5000个。新招聘教师641人。中医医院门诊医技综合楼主体完成。顺利通过全国文明城市首次测评、全国基层中医药工作先进单位复审、省级医养结合示范先行市评估。

五是聚力发展社会事业，民生保障水平不断提高。完成民生领域支出66.3亿元，占一般公共预算支出的84.7%。城镇居民、农村居民人均可支配收入分别达到39810元和20089元。文体事业全面发展。市图书馆完成改造提升，蝉联第六次全国县级公共图书馆一级馆。新建王尽美党性教育基地、诸城改革历程展馆，举办纪念王尽美同志诞辰120周年系列活动和大舜文化节、首届古琴文化艺术节等节会，建成乡村历史文化展览馆（室）40多处，大型茂腔现代戏《失却的银婚》作为全省唯一作品进京会演。被评为第三届山东省文化强省建设先进县。新建全民健身设施145处，举办市级规模以上赛事近40场次。被表彰为全省老年体育工作先进市。社会保障日益完善。投入财政保障资金1亿多元，救助城乡低保、城乡特困人员等困难群众5万余人。健全扶贫开发长效机制，对继续享受政策的7128户制定“一户一策”帮扶方案，整合财政涉农资金2016万元支持脱贫攻坚。灾后重建有序推进。发放专项救助资金1195.6万元。78户严重倒损房屋全部完成重建，60户分散安置的受灾群众基本回迁完毕。基层治理成效明显。深化安全生产标准化建设，事故起数、死亡人数保持双下降，被评为全省安全生产工作先进县。创新推进综治中心、网格化管理、雪亮工程“三位一体”社区治理系统工程建设，可防性案件下降10.7%。扫黑除恶专项斗争取得阶段性胜利。被评为全国法治县创建活动先进单位。国防动员、人防消防、史志档案、地震气象、民族宗教、妇女儿童、残疾老龄、统计物价、粮食供销、外侨对台等工作，均取得新进展。

六是加强政府自身建设，行政效能显著提升。组建市行政审批服务局、退役军人事务局。深化“一次办好”改革，推进“一窗受理、集成服务”，项目审批效率提高35.6%以上。政务公开工作第三方评估成绩保持全省领先。深化“作风建设年”活动，扎实开展“大学习、大调研、大改进”，党员干部实干担当精神进一步增强。全面清理整治涉企收费项目，落实结构性减税降费12.9亿元。加大对困难企业扶持力度，为25家企业提供过桥资金26.7亿元，为75家企业提供担保、担保余额8.5亿元。积极回应民生关切，解决不动产登记遗留问题小区20个。认真执行市人大及其常委会决议决定，办理人大代表建议121件、政协提案178件，办结率100%。自觉落实全面从严治党主体责任和意识形态工作责任制，持续加强政府系统党风廉政建设，全市政务生态环境持续改善。

各位代表，过去一年取得的成绩，是以习近平同志为核心的党中央坚强领导的结果，是上级党委政府和市委科学决策的结果，是市人大、市政协和社会各界鼎力支持、共同奋斗的结果，是全市干部群众实干担当、激情创业的结果。在此，我代表市政府，向全市人民，向人大代表、政协委员，向离退休老领导老同志，向驻诸部队、武警官兵和所有关心支持诸城发展的各界人士，致以崇高的敬意和衷心的感谢！

各位代表，我们也清醒地认识到，全市经济社会发展还面临诸多矛盾和挑战，政府工作还存在一些问题和不足，主要表现在：传统动能占比较大，新动能支撑作用不明显，发展质效亟待提高；农业农村发展不平衡、不充分的问题尚未有效解决，对“诸城模式”新内涵新标准创新探索不够，推进乡村振兴需要有更大作为；风险防控、扶贫脱贫、污染防治任务依然艰巨；公共服务和民生领域仍有不少短板；部分干部的发展观、政绩观不适应新形势要求，担当意识、行政效能有待进一步提升。需要说明的是，受宏观环境变化影响，固定资产投资、新增贷款余额等指标完成低于年度计划，反映出转型动力亟待加强。对发展中面临的问题，我们将高度重视，采取针对性措施，认真加以解决，推动经济社会高质量发展。

2019年工作思路和目标任务

今年是新中国成立70周年，是全面建成小康社会的关键之年。政府工作的总体要求是：以习近平新时代中国特色社会主义思想为指导，认真贯彻党的十九大和十九届二中、三中全会精神，深入落实习近平总书记视察山东重要讲话、重要指示批示精神，按照中央、省、潍坊市一系列部署要求，坚持稳中求进工作总基调，坚持新发展理念，坚持以供给侧结构性改革为主线，认真落实市委“14651”总体思路，加快推进新旧动能转换重大工程，扎实实施乡村振兴战略，坚决打好三大攻坚战，统筹稳增长、促改革、调结构、惠民生、防风险各项工作，努力开创高质量发展新局面，以优异成绩庆祝中华人民共和国成立70周年。

今年经济社会发展主要预期目标是：地区生产总值增长6.5%左右，一般公共预算收入增长3%左右，固定资产投资和进出口总额增速与潍坊市持平，规模以上工业增加值增长6.5%左右，社会消费品零售总额增长8%左右，城镇居民人均可支配收入增长7%左右，农村居民人均可支配收入增长7%以上。全面完成上级下达的约束性指标。

围绕完成上述目标，重点抓好以下七个方面的工作：

一、加快工业转型升级，培植发展新动能。持续深化供给侧结构性改革，聚焦“巩固、增强、提升、畅通”八字方针，加快“5+5”现代产业发展，培强做大实体经济。

一是提升企业创新能力。实施“创新诸城”建设战略，开展“575”创新计划，构建创新主体协同互动、创新要素高效配置的创新生态体系。搭建创新平台。实施创新引领型平台建设提升工程，年内新增潍坊市级以上研发机构10家，新增院士工作站、产业技术创新战略联盟各2家以上。聚力攻坚行业关键共性技术，加快建设半岛慧谷、生物医药产业创新中心、迈赫机器人模块化关节技术创新中心等重大平台。提升超然首新空间、金盛元众创空间等公共平台效能，拓展技术交易、科技金融、创业孵化等服务，争创省级众创空间和企业孵化器。聚合创新要素。实施创新投入倍增工程，引导企业加大研发投入，积极参与实施国家、省、市重大科技计划，增强自主创新、集成创新能力。推广“校、地、企”合作模式，加快科技成果转化和产业化步伐，年内新引进高层次科研院所或分支机构3家、高端创新团队5个以上。强化知识产权创造、运用、保护，新增专利申请2000件、专利授权1000件以上。培植创新企业。开展高新技术企业培育计划和“小升高”计划，推广“小改小革”微创新模式，鼓励一线职工岗位创新。新增入库科技型中小微企业50家以上，新认定高新技术企业30家以上，研发投入占比超过2%的企业达到200家以上。深入实施集群产业“质量提升”工程，参与制修订国家标准、行业标准各5项。扎实推进商标品牌建设，新增注册商标1200件、省级以上品牌4件以上。

二是提升企业盈利能力。扩大市场占有。引导企业深入研究产业趋势和目标市场，优化产品结构，提高市场份额。支持新郎、桑莎等服装纺织企业利用自动化、信息化技术，提高智能生产、时尚设计、品牌运营能力，培育新的增长点。支持得利斯、惠发等食品企业深化与海底捞等餐饮龙头合作，拓宽销售渠道，扩大品牌影响力。推进管理增效。开展企业规范化管理提升行动，做好科创板、境外及潍坊“五板”上市资源的筛选、储备工作。争取迈赫机器人、奥扬科技通过省证监局辅导验收，新增区域性股权交易市场挂牌企业20家以上。鼓励企业加强成本管理，推广福田、桑莎、青特车桥等企业先进管理经验，提高全要素生产率。加强企业文化建设，深化和谐劳动关系创建，增强职工归属感和自我管理能力。降低要素成本。深化政银企合作，搭建银企融资互动平台，提高银行信贷服务效率。发展新型金融业态，推广蚂蚁金服普惠金融，推动上海复泛创业、启迪未来健康教育等产业基金尽快落地，发挥好军民融合产业基金作用。全面落实上级减税降费政策，探索推行优质企业新上项目行政事业性收费零收费，实质性降低企业制度性交易成本。

三是做活做强大产业。完善落实“七个一”产业转型推进计划，加快传统产业改造提升、新兴产业扩容增效，开启转型发展“双引擎”。传统产业，加速动能转换，尽快实现转型蜕变。加快由“传统制造”向“智能制造”升级。开展“高新化、智能化、绿色化”改造攻坚行动，提高工业机器人应用比重，加快建设数字化工厂。年内实施福田新能源卡车工艺优化升级改造、大业15万吨精密钢丝、艾泰克发动机后处理系统升级改造等100个技改项目，新增智能化改造企业6家。发挥工业互联网办公室作用，推进云计算、大数据、人工智能等深度应用，新增“两化”融合贯标试点达标企业2家，上云企业200家。加快由“生产型制造”向“服务型制造”跨越。依托迈赫机器人、美晨科技、辐全智能科技等企业，推广总集成总承包、个性化订制、柔性化生产等模式，培育非标自动化设备、成套自动化装备等系统解决方案提供商。加快由“单一业态”向“多元业态”融合。紧跟消费升级趋势，优化提升现有工业旅游示范点，促进制造业融合文化、旅游、健康、时尚等元素，培育休闲经济、共享经济、体验经济等新业态。

新兴产业，加快培育特色产业集群，打造新动能主体力量。生物医药产业，规划建设玉米淀粉、生物制药、生物保健品和污染物生物处理四个板块，实施好东晓生物2万吨赤藓糖醇、信得禽流感疫苗二期等项目，着力构建多元化、专业化、高端化的产业体系。再生资源与再制造产业，加快中坛再生资源回收加工、恒通赛木智能制造等项目建设，开发再生资源互联网交易平台，完善再生资源回收利用体系，积极创建无废城市。新能源新材料产业，推进奥扬科技氢能源汽车供氢系统产业化及智能工厂、航大新材高强度铝合金零部件、海天公司一三高科高强钢筋等项目尽快投产达效，大力发展先进高分子材料、特种金属功能材料，加快石墨烯科研成果转化，抢占未来发展制高点。

四是聚力培育大企业。落实龙头企业群、隐形冠军企业群培育方案，努力培育“瞪羚企业”。鼓励龙头企业牵头建立工业联合体，共享采购、加工、管理、营销等优势资源，促进强链补链，实现互利共赢、抱团发展。支持优势企业通过兼并、收购、参股等方式，对资源利用率低、经营困难的企业实施并购重组。引导企业学习潍柴集团，弘扬企业家精神、工匠精神，聚焦实业，紧盯主业，心无旁骛练强内功，全力以赴提升品质，锻造核心竞争力。实施民企接班人三年行动计划，加大新生代企业家培养力度。强化经济运行服务，严格落实镇街（园区）属地责任和部门行业主管责任，发挥企业预警信息平台作用，切实帮助企业解决发展中的困难和问题。深化“大项目突破年”活动，严格落实“五个一”项目推进机制，完善联系包靠、问题直报、进度比武、观摩点评、专项督查等制度，实施过千万元项目420个以上。加强统计基层基础建设，切实做好第四次经济普查工作。研究出台更加精准的扶持措施，坚定不移支持民营经济健康发展。

五是布局搭建大平台。创新完善园区建管体制和项目全域统筹机制，加快形成空间合理开发、要素高效利用的产业集聚发展格局。推动园区集约发展。稳步推进工业、城镇开发边界划定，引导新上项目落户专业园区，原则上园区外不再安排工业建设用地指标，推动各类开发活动向存量调整、内涵提升转变。加快市经济开发区转型，推动汽车及零部件、服装纺织、食品加工等优势产业高端化发展。提升高新技术产业园、南湖生态经济发展区、桃园生态经济发展区，促进资源有效配置，产业结构不断优化。鼓励企业盘活空置楼宇，发展人员密集型、技术密集型、研究开发型和轻加工型的楼宇工业，培育“都市型工业”新业态。改进园区配套服务。突出基础设施和公共服务设施建设，加快由政策扶持向生产功能配套扶持转变。重点完善中坛循环经济产业园、汽车及零部件产业园、生物医药产业园、高档面料绿色生态产业园、外贸健康食品产业园、军民融合产业园、智能制造产业园功能，增强产业承载能力。抓好悦东新材料产业园规范管理和后续规划建设，加快化工企业“进区入园”步伐。突出“亩均效益”导向。健全入园项目预审和监管制度，发挥工业大数据平台功能，严把手续办理、税收贡献、安全环保等关口。完善工业企业综合评价体系，年内实现规模以上工业企业和占地3亩以上的规模以下工业企业全覆盖。尽快建立与评价结果相匹配的资源要素配置机制，大力推进“五未土地”和低效利用土地处置，促进“退低进高”“存优汰劣”。

二、创新提升“诸城模式”，为打造乡村振兴齐鲁样板贡献诸城实践。以“三区”共建共享为路径，在深化、拓展、创新、提升上下功夫，不断赋予“诸城模式”新内涵、新标准、新要求，推进乡村振兴战略深入实施。

一是坚持产业为要，着力建设特色生产园区。创新产业化经营模式。探索推行“产业联盟+龙头企业+特色园区+种养农户”模式，谋划打造肉鸡、生猪、食材、茶叶、榛子、中药材等领军型农业产业化联合体。强化政策扶持，支持工商资本与龙头企业共建标准化特色园区，加快建设30个生态智能养殖示范区，推动小散规模养殖场（户）转型升级，全面提升种养效益。不断扩大土地流转规模。深入推进农村集体产权制度改革，年内基本完成改革任务。组建禾融农业国有公司，支持社区农业发展公司以租赁、入股等形式，推动土地成方连片集中经营。发挥乡村振兴“一张图”作用，搭建土地流转交易平台，实现与工商资本高效对接。年内每个社区至少建成1处标准化示范园区，社区集体经济收入全部达到10万元以上。进一步加强土地执法监管，确保“大棚房”问题整治到位。深化农业科技“展翅”行动。依托移动互联网、物联网等现代信息技术，积极发展立体化、智能化高科技农业，促进农业生产全过程精准作业、智慧管理。加快青岛农业大学诸城果茶研究院、得利斯食品产业技术研究院等农业科创平台建设，年内引进新品种20个以上。实施品牌农业提升工程，着力培育企业、行业、产品等单体品牌，新认证“三品一标”20个以上，增强“诸城味道”区域品牌影响力。深入实施藏粮于地、藏粮于技战略，切实保障粮食安全。多渠道增加农民收入。推行“大园区小农户”“华山榛谷二元分配”“农业服务组织+农户”等运行机制，通过保底收购、股份分红、利润返还和参与经营等方式，让农民更多地分享产业链增值收益。实施新型职业农民培育工程，开展“引凤还巢”推进行动，招募“乡村振兴合伙人”，引导各类人才到农村创新创业。年内培育新型职业农民300人以上。

二是坚持宜居为本，着力建设新型生活社区。加强基层组织建设。健全完善乡村组织体系，继续发挥城乡党组织联建、社区党组织第一书记作用，强化社区领导力建设，巩固提升以社区为基本单元的乡村治理体系。大力实施“头雁领航”工程，引导基层干部领办创办产业项目，年内新建100个社区干部带动型农业园区。持续提升社区承载能力。制定落实“三区”共建共享地方标准，强化典型引路，集中培育10个“三区”共建共享示范样板，每个镇街（园区）至少打造1个“三区”共建共享示范区，推进城乡融合发展。年内完成“三区”共建共享创建任务的30%以上。利用城乡建设用地增减挂钩政策，因地制宜推进聚合居住，集中打造枳沟、舜王、昌城等聚合区，新增节余指标1000亩以上。持续推进“四好农村路”建设，新建改建农村公路150公里以上。加快农网改造升级，实施南湖、王门110千伏输变电和35千伏石桥子站增容工程，新建10千伏线路33条。繁荣发展乡村文化。大力开展乡村文明行动，深入推进移风易俗，加快公益性公墓建设，倡树社会文明新风尚。加快市、镇街（园区）、社区新时代文明实践中心建设。组织好“大舜文化奖”评选，高水平筹办东坡文化旅游节等活动，丰富群众文化生活。

三是坚持绿色为基，着力建设优美生态景区。持续改善农村人居环境。开展农村人居环境综合整治三年行动，扎实推进“三清一改”，不断提升村容村貌。持续抓好农村改厕，健全管护长效机制，试点推行农村改厕与生活污水一体化治理模式，让“厕所革命”惠及更多农村居民。以美丽宜居示范村建设为抓手，加大历史文化名村和传统村落保护力度，B类以上美丽乡村覆盖率达到90%以上。构建绿色生态体系。统筹“山水林田”系统治理，抓好“五山、七带、五廊、七园、百村”生态建设工程，年内完成造林面积3万亩，新建100个环村生态林带示范村。推进农业绿色发展。开展农业投入品清理整治行动，试点农业投入品“目录管理制”，规范建设100家农资经营示范店，培育50个标准化示范基地（追溯点）。加快畜禽粪污资源化利用项目建设，稳步推进养殖户（场）“退村进园”，年内建成7处畜禽粪污集中处理中心，畜禽粪污资源化利用率达到90%以上。

三、加大双招双引力度，不断提升改革开放水平。坚持深化市场化改革、扩大高水平开放，向改革要动力，向开放要活力。

一是全面对接青岛。围绕建设青潍一体化先行区，大力实施“7+3”对接工程。突出抓好产业对接。完善提升青岛产业园、临港产业园等园区，搭建吸引青岛高端产业、龙头企业、优秀人才入驻的优质平台。深化与青岛科技园区、高校院所、企业之间的交流合作，通过共建基地、共享平台、配套协作等形式，承接青岛产业溢出，打造青岛先进制造业转移“首选地”。瞄准青岛农产品市场需求，规划建设一批主营青岛的农业园区、生产基地，打造青岛人的“菜篮子”。深度对接青岛旅游市场，量身订制精品旅游线路，吸引青岛游客前来旅游观光、休闲度假，建设青岛都市生活圈的“后花园”。加强基础设施互联互通。完成《融青综合交通一体化规划》，积极推动诸青高铁、董莱高速、董家口港疏港铁路前期规划论证，规划建设宝密路、诸胶东西大通道，不断扩大同城效应。

二是高质量招商引资。坚持把招商引资作为扩大科学投入的第一抓手。突出领导干部带头招商，组建招商专班，实行“一部门一招商项目”，压实责任，细化考核，真奖真罚，扎实推进招大引强攻坚行动。聚焦“十强”产业招商，树立全产业链招商理念，分行业制订招商规划，明确重点企业、重点项目、重点技术、投资团队等关键信息，点对点上门招商。强化专业队伍招商，积极探索代理招商、联合招商等新模式，推行“招商合伙人”制度，聘请“招商顾问”，瞄准京津冀、珠三角、长三角等重点区域，拓展招商网络，提高招商实效。重点推进安道智能、元丰汽车电控等项目尽快落地，年内引进到位市外资金130亿元以上。

三是精准化招才引智。深入实施人才强市战略，创新引才政策，优化创业服务，全力打造人才聚集高地。加强创新型人才引育，密切与国内外院校、科研机构的合作，采取兼职聘用、联合攻关、项目合作等方式，柔性引进国家级特聘专家、泰山产业领军人才，集聚高端智力资源，年内引育高层次创新型人才300人以上。鼓励企业整建制引入创新团队，在平台建设、科研项目等方面优先给予支持。加强高技能人才培养，推行首席技师制度，依托潍坊工商职业学院、工程技师学院，开展校企合作、订单培养和“金蓝领”项目培训，促进高技能人才扩量提质，年内新增600人以上。加强“新诸城人”招引，放大人力资源服务产业园集聚效应，帮助企业解决用工难题。年内招引“新诸城人”1万人以上。

四是加快外贸转型升级。继续实施开放发展三年行动计划，力争完成外贸进出口总额115亿元。放大进出口平台功能。优化检通公司出口检验鉴定及技术服务，争取带动新增自营进出口企业50家。加快中储棉直属库建设，完善保税物流中心功能，年内进出口通关金额达到2亿美元以上。加大市场开拓力度。推动青建奉凰与菜鸟物流、京东物流合作，年内发货突破300万单。用好福田公司整车出口资质，扩大汽车出口规模。实施“千企百展”国际市场开拓行动，组织企业参加100个以上国际性展会。拓展对外经济合作。借势“一带一路”倡议，加快境外园区布局。支持木器加工龙头企业开拓俄罗斯木材资源，加强海外资源回运。鼓励企业发展跨境贸易，探索建设“海外仓”。

五是深化重点领域改革。开展深化基层改革攻坚行动。稳妥有序完成机构改革任务。深入推进“放管服”改革，衔接落实上级取消下放行政审批事项，持续开展“减证便民”改革行动，做实“一次办好”服务。加快构建一体化网上政务服务体系，推动企业和群众办事线上“一网通办”、线下“一窗受理”，打造“审批事项少、办事效率高、服务质量优、企业获得感强”的一流营商环境。建立政务服务“好差评”制度，让企业和群众来评判服务绩效。规范完善公共资源交易体系，加快公共资源市场化配置改革。以混合所有制改革为突破口，推进国有资本与行业龙头、领军企业开展战略合作，提高国有企业资本运营能力。

四、塑造城市特色风貌，建设更高品质美丽家园。坚持以人为本、城乡统筹，持续推进全国文明城市创建，着力打造特色鲜明、富有活力、环境优美、生活优越的精致城市。

一是提升功能品质。坚持高起点规划，完成新一轮城市总体规划修编、中心城区总体城市设计。实施棚改安置攻坚行动，稳妥推进城中村改造，高标准建设安置区，加快城市更新步伐。积极引进高端地产品牌，鼓励发展装配式建筑，提高房地产供给质量，打造独具特色的建筑群落和城市生活圈。

二是完善基础设施。积极推进东坡街南延、湖西片区中天路等7条道路建设。做好平日路南段、国道206和341绕城段改建前期工作。新铺设相石路、方崮路等燃气管网120公里。启动生活垃圾焚烧发电项目建设，完成5座垃圾处理中转站改造。提升公园游园品质，新增城区园林绿地26万平方米。加大城区雨污分流改造力度，着力建设海绵城市。

三是繁荣都市经济。构建精品商圈，推进利群购物广场、鑫城广场等10家商超信息化改造，抓好百盛商业综合体、万达广场等项目建设，打造现代化商品采购、集散和消费中心。提升电子商务，规范阿里巴巴诸城产业带运营，培育线上营业额过千万元企业15家。加快引进广联商城、盒马鲜生等线上线下营销平台，推动诸城电商创业园、龙都电商创业园转型升级。培育智慧物流，依托山东启恒“无车承运人”信息平台，引导物流企业提高仓储、运输、配送等环节智能化水平。加快渤海水产、华宝智能冷链物流等项目建设，打造肉类和餐饮集配供应链。编制全域旅游发展规划，基本完成雪松恐龙探索“王国”小一期建设，扎实推进竹山生态谷、蔡家沟艺术试验场、臧克家故居提升等项目建设，打响“中国龙城·尽美诸城”文化旅游目的地品牌。

四是改进城市管理。健全常态化长效化管理机制，加强综合执法，大力整治城市环境。进一步优化城市社区管理网格，推行城区主次干道“路长制”，落实主次干道和背街小巷“门前五包”示范街标准，推动城市管理转向城市治理。探索建立垃圾分类处理体系。开展物业服务“标准建设年”活动，推进物业管理规范化、优质化。整合视频监控、移动执法等信息平台，加强数据资源互通共享，提升城市智能化管控水平，加快建设智慧诸城。

五、打好三大攻坚战，筑牢高质量发展基础。防范化解重大风险、精准脱贫、污染防治，是全面建成小康社会、实现高质量发展必须跨越的重要关口。进一步强化底线思维，坚持问题导向，综合施策，精准发力，加快形成标本兼治的良性机制。

一是增强风险防化能力。突出金融风险防控，健全监测预警和化解处置机制。引导金融机构优化转续贷服务，多措并举破解担保链条，严防产生新的风险点。充分发挥融资性担保机构、风险补偿基金、过桥资金等作用，帮助企业稳定融资规模，增强抗风险能力。综合采取债转股、以资抵债、批量转让、呆账核销等措施，加大不良贷款处置力度。建立案件快速审理机制，依法依规实施困难企业破产重整或清算。研究制定企业参与兼并重组政策办法，盘活存量资产，实现腾笼换鸟、除旧布新。完善守信联合激励和失信联合惩戒制度，严厉打击经济诈骗、恶意逃废金融债务等违法行为，坚决守住不发生系统性金融风险的底线。加强政府债务管理，确保不新增各类隐性债务。

二是强力推进脱贫攻坚。落实“双覆盖”帮扶责任人制度，为“无业可扶、无力脱贫”的贫困人口提供兜底保障。聚焦“两不愁、三保障”目标任务，全面落实患病贫困人口“先诊疗、后付费”和“两免两减半”政策，降低贫困群众就医负担；强化义务教育控辍保学措施，使每名贫困家庭学生都能享受到教育扶贫政策；集中解决“四类重点对象”的基本住房安全问题，全面完成农村存量危房改造任务。建立稳定脱贫长效机制，推进扶贫攻坚与乡村振兴相衔接、开发式扶贫与保障性扶贫相结合，持续巩固脱贫成果，确保脱贫不返贫。

三是深入开展污染防治。以深化中央、省环保督察反馈问题整改为抓手，扎实开展“四减四增”三年行动。加快银河、舜河等污水处理厂提标改造以及污水管网配套建设，推进6处镇街污水处理厂规范运行，开展饮用水源地、河道排污口专项整治，确保年内潍河、百尺河、芦河等市控断面达到三类水质标准。持续推进散煤清洁化治理，完成推广清洁型煤和节能环保炉具年度任务。强化建筑道路扬尘、汽车尾气、餐饮油烟、烟花爆竹等大气污染源管控，确保“蓝繁”天数达到300天以上。强化土壤污染管控和修复，推进化肥农药用量和强度“双减”。加大“散乱污”企业整治力度，大力推广节能、节水和资源循环利用技术，着力打造天更蓝、山更绿、水更清的优美生态环境。

六、抓实民生保障，不断增强群众获得感。增进民生福祉是发展的根本目的。我们将着力解决结构性民生问题，实施普惠性民生工程，办好扶助性民生实事，满足多样化民生需求，进一步提高群众幸福指数。

一是提升社会保障水平。全力稳定就业。加强创业型城市建设，统筹推进高校毕业生、返乡农民工和困难群体就业创业。深化失业保险基金扩大支出试点，全面落实援企稳岗政策，保持就业形势持续稳定。拓展残疾人就业创业技能培训，免费培训残疾人150名以上。优化社保服务。深入实施全民参保计划，持续降低社会保险费率。积极探索扩面征缴部门联动机制，推动社保业务全程网上办理。扎实做好退役军人安置和双拥政策落实。健全社会救助体系。稳步提高医疗救助、临时救助等保障标准，积极开展重特大疾病医疗救助。

二是全面发展社会事业。加快教育现代化步伐。推进繁华中学、舜德学校、密州路学校东校区等项目建设，促进义务教育优质均衡发展。开展居住区配套幼儿园专项整治，加快学前教育普惠发展。深化产教融合、校企合作，推动职业教育创新发展。深化教育体制机制改革，实施校长治校育人能力提升工程，持续优化师资队伍，提高教育教学质量。完善学校安全促进体系，着力打造平安校园。优化医疗康养服务。深化医药卫生体制改革，推行家庭医生“1+X”签约服务，完善分级诊疗制度。推动人民医院康复医养中心、中医医院门诊医技综合楼尽快投用，开工建设妇保院北院区。坚持养老服务事业与产业协同推进、居家养老与机构养老统筹发展，构建养老、孝老、敬老的社区环境。推进文体惠民乐民。实施基层综合性文化服务中心提升工程，改造提升6处城市社区综合文化服务中心。加快建设王尽美党性教育基地，传承红色基因。加强特色文化资源挖掘，发展古琴、书画、地方戏曲等文艺事业。整合媒体资源，推动融媒体中心建设，打造“媒体+政务+服务”的全媒体传播矩阵，更好地引导群众、服务群众。广泛开展各类群众性体育活动，办好潍坊市第二十届运动会。

三是扎实开展社会治理。加强应急管理，着力构建统一领导、权责一致、权威高效的应急处置体系。狠抓重点行业领域安全整治，规范运用风险分级管控和隐患排查治理双重预防机制，做到关口前移、预防在先。深入开展“食品工厂规范化”行动，完善食品质量安全追溯体系，争创“食安山东”食品生产示范基地。深入推进扫黑除恶专项斗争。持续深化社会治理创新，开展平安网格创建，强化社会矛盾调处，全力化解信访积案，积极探索解决建成小区不动产证办理等事关群众切身利益的热点问题，营造和谐稳定的社会环境。

民生是最大的政治，保障和改善民生是政府最重要的工作。今年，市政府将按照上级要求，集中财力、整合资源，重点办好28件民生实事：

1. 实施校园建设三年攻坚行动，坚持财政投入与市场化运作相结合，年内投资3.6亿元，新建改扩建优质中小学校7所、标准化普惠性幼儿园18处。

2. 投入1544万元，将公办义务教育学校班级管理团队激励机制经费财政负担部分，由每月400元提高到500元。

3. 投入1008万元，为公办义务教育学校教师按生均每年100元核增绩效工资增量，进一步提高一线教师待遇。

4. 投入501万元，全面推行小学“弹性上学”与课后延时服务，打造素质教育第二课堂，解决好家长的“操心事”。

5. 投入2725万元，将普通高中生均公用经费由1100元提高到1300元，残疾学生生均公用经费由6000元提高到8000元，让教育保障政策惠及更多家庭。

6. 投入7160万元，将人均基本公共卫生服务经费标准由55元提高到64元，筑牢居民健康屏障。

7. 投入365万元，为孕妇免费提供产前筛查，降低出生缺陷发生率。

8. 引进“关爱新生命”公益项目，投入630万元，为新生儿免费进行48种遗传代谢疾病筛查；为贫困家庭3岁以下婴幼儿免费提供奶粉，其他家庭价格优惠比例由50%提到70%，减轻家庭育儿负担。

9. 实施“全民艾健康”行动，投入62万元引导性资金，每个镇街（园区）至少选择一个社区开展试点，所有镇街卫生院、社区卫生服务中心、养老院配置艾灸设备、开展艾灸活动，预防治疗常见病、慢性病。

10. 投入1698万元，为70岁以上自愿接种的老年人免费接种四价流感疫苗，降低流感对老年人群的健康影响。

11. 投入232万元，为1岁儿童免费接种水痘疫苗，有效预防高发病率、高传染性水痘急性传染病。

12. 投入105万元，实施适龄儿童（小学二年级学生）牙齿窝沟封闭防龋项目，降低龋齿患病率。

13. 投入250万元，为适龄（35-64岁）妇女提供“两癌”免费筛查（五年一轮），筑牢妇女健康“防护墙”。

14. 投入2341万元，对6种精神障碍患者住院及门诊实行免费治疗。

15. 投入8138万元，落实好农村部分计生家庭奖励扶助、城镇其他居民独生子女父母奖励扶助、计划生育特别扶助政策。

16. 投入721万元，开展食品安全监督抽检、食品快检，购买“透明快检”服务，提高食品安全监管水平和保障能力。

17. 健全养老服务体系，投入1.2亿元，规划建设市老年大学新校区，完成16处居家养老服务中心建设，更好地满足老年人的养老服务需求。

18. 投入7370万元，全面提高城乡低保和特困人员供养及护理标准，让他们生活得更有尊严、更有奔头。

19. 投入2710万元，对困难残疾人生活补贴和重度残疾人护理补贴提标扩面，全力保障其基本生活。

20. 投入91万元，将在校残疾学生助学补助标准提高30%，贫困残疾人子女学生按照残疾学生补助标准50%执行，保障他们顺利完成学业，追求美好生活。

21. 完善残疾儿童康复训练救助制度，投入393万元，分类提高残疾儿童康复救助标准，减轻残疾儿童家庭经济负担。

22. 提高老年人养老保障水平，新投入1302万元，将65-74岁、75岁（含）以上居民基础养老金由每人每月118元分别提高到123元和128元。

23. 投入4416万元，为80周岁以上老年人提高高龄补贴标准（对80-89岁老年人每人每月补贴100元，将90-99岁老年人高龄补贴由每人每月60元提高到150元，将百岁老年人长寿补贴由每人每月600元提高到1000元），让老年人更多享受改革发展成果。

24. 投入300万元，将缴费困难居民基本养老保险费政府代缴标准由每人每年100元提高到300元，帮助困难居民解决后顾之忧。

25. 投入40万元，实施全民健身设施全覆盖工程，新建更新农村社区健身工程40处，完善中心城区全民健身设施6处。

26. 投入280万元，在中心城区新建8座公共卫生间，方便市民生活，提升城市品位。

27. 开展“水利建设大会战”，打好“六大战役”，投入7.7亿元，重点实施引墙入三暗渠改造、潍河生态治理和三里庄水库、青墩水库、共青团水库除险加固等骨干水利工程，提升水资源、水安全保障能力。

28. 启动老旧小区改造计划，分批次逐步完善老旧住宅小区基础设施，不断改善居民居住条件和生活环境。

七、着力加强自身建设，打造廉洁高效法治政府。民之所望，政之所向。我们必须始终坚持以人民为中心的发展思想，把人民对美好生活的向往作为奋斗目标，不断提升政府治理能力和水平。

一是坚定政治方向。自觉用习近平新时代中国特色社会主义思想武装头脑、指导实践、推动工作，树牢“四个意识”，坚定“四个自信”，践行“两个维护”，在政治上思想上行动上同以习近平同志为核心的党中央保持高度一致。扎实开展“不忘初心，牢记使命”主题教育，认真践行党的群众路线，履行好人民公仆职责。坚决贯彻落实上级党委政府决策部署，始终把政府工作置于市委领导之下，确保政令畅通、执行有力。

二是坚持依法行政。带头遵守宪法和法律，严格依照法定权限和法定程序行权履职，把政府各项工作纳入法治轨道。深化政务公开，全面推进决策、执行、管理、服务、结果公开，及时回应社会关切。自觉接受人大法律和工作监督、政协民主监督，主动接受监察监督、审计监督、社会监督、舆论监督等。认真办好人大代表议案、建议和政协提案。

三是坚守责任担当。扎实开展“工作落实年”，紧扣“转观念、正风纪、夯基础、提质量、促发展”主题，全面展开大讨论、大调研、大整改、大推动，雷厉风行，立说立行，全力抓好各项工作落实。发挥好领导干部“关键少数”的表率作用，把更多时间和精力用在谋发展、抓落实上。坚持严管和厚爱、激励和约束并重，完善政绩考核评价体系，健全容错纠错机制，旗帜鲜明为敢于担当、踏实做事、不谋私利的干部撑腰鼓劲。

四是坚决从严治政。严格落实管党治政的政治责任、主体责任，把全面从严治党要求落实到政府工作各领域和全过程。严格落实中央八项规定精神，扎实开展形式主义和官僚主义专项整治，时刻防范“四风”隐形变异新动向。进一步加强政府支出管理，牢固树立过紧日子的思想，严控“三公”经费和一般性支出规模。持续推进廉洁政府建设，深入落实党风廉政建设责任制，用好监督执纪“四种形态”，严查群众身边的腐败问题和服务单位不作为、乱作为问题，保持政府廉洁本色和良好形象。

各位代表，使命呼唤担当，实干成就梦想。让我们更加紧密地团结在以习近平同志为核心的党中央周围，高举习近平新时代中国特色社会主义思想伟大旗帜，在市委的坚强领导下，砥砺奋进谋跨越，担当作为促转型，只争朝夕抓落实，为开创新时代高质量发展新局面而努力奋斗！

大事记

2018年诸城市大事记

1月

2日，市委召开重点工作汇报会，听取2018年国民经济和社会发展主要指标计划情况和过千万元大项目建设情况汇报。市委书记桑福岭出席会议并讲话，市委副书记、市长刘峰梅主持会议，并就有关问题讲了意见。市领导孙吉海、王玉邦等出席会议。

2日，市委召开王尽美党性教育基地策划方案汇报会议。市委书记桑福岭出席会议并讲话，市领导刘峰梅、孙吉海等出席会议。

2-3日，全市2017年第四季度镇（街）园区科学发展现场观摩点评会议召开。市委书记桑福岭结合现场观摩情况作总结讲话，对各镇（街）园区科学发展取得的新成绩新变化给予充分肯定，指出存在问题和薄弱环节，并就下步工作提出了明确要求。刘峰梅、孙吉海、王玉邦等市级领导班子成员参加观摩点评。

4日，全市年轻副科级领导干部培训班在市委党校正式开班。市委副书记孙吉海出席开班仪式并讲话。

5日，诸城保税物流中心第一笔大宗货物入库，标志着中心一线进出口业务正式开展。

9日，“在路上——丁凯中国画展暨作品汇报展”在超然台开展。市领导孙利宝、赵莉、吴建智出席活动。

10日，市委书记桑福岭主持召开市委常委（扩大）会议，学习习近平总书记在新进中央委员会的委员、候补委员和省部级主要领导干部学习贯彻党的十九大精神研讨班开班式上的重要讲话精神，传达中央农村工作会议、潍坊市“两会”精神，研究中共诸城市委常委会2017年工作报告、中共诸城市委常委会2018年工作要点、政府工作报告、关于坚持和完善计划生育目标管理责任制的实施意见。

10日，市委副书记、市长刘峰梅主持召开第4次市政府常务会议，研究政府工作报告、2018年重点项目建设、冬季困难群众生活救助、养老服务业转型、税收保障、村级专项资金管理、计划生育目标管理、城乡居住区配套幼儿园规划建设管理等工作。

11日，中国共产党诸城市第十四届委员会第四次全体会议举行。全会深入学习贯彻党的十九大精神，听取和讨论桑福岭受市委常委会委托所作的工作报告，讨论学习贯彻党的十九大精神、“四个城市”建设、“作风建设年”活动、重点项目建设“百日会战”情况报告和《中共诸城市委常委会2018年工作要点》，审议通过了《中国共产党诸城市第十四届委员会第四次全体会议公报》。

12日，市委书记桑福岭现场调度农村公路和绿化廊道建设工作。市领导刘峰梅、孙吉海、王爱民、杨连富、韩培武一同调度。

12日，全市计划生育工作会议召开。市委副书记孙吉海出席会议并讲话，副市长王大伟主持会议，并就做好相关工作讲了意见。

12日，市十八届人大常委会召开第九次会议。市人大常委会主任王玉邦出席会议并讲话，市人大常委会领导王洪伟、刘作勋、郑晓瑛、于明堂、杨景良、王金友、葛淑彬出席会议，市委常委、常务副市长李庆华等列席会议。会议传达了潍坊市十七届人大二次会议精神；听取审议了市人大常委会各委室的工作报告；表决通过了市政府提报的人事任免事项；通过了代表资格审查报告，市十八届人大二次会议主席团、秘书长、常务主席、副秘书长建议名单，议案审查委员会、计划审查委员会、预算审查委员会组成人员建议名单，列席人员范围，市人大常委会在市十八届人大二次会议上的工作报告和2018年工作计划。

12日，市政协召开十届四次常委会议。市政协主席、党组书记孙利宝主持会议并讲话，副市长王大伟，市政协副主席张海轶、吴建智、臧晋运、宗素霞、袁柳天参加会议。会议听取了市政府关于提案办理工作情况的报告、市政协十届二次会议筹备工作情况的报告；增补了部分政协委员；审议通过了召开大会的有关事项。

15日，全市企业家座谈会召开。市委书记桑福岭出席会议并讲话，市委副书记、市长刘峰梅主持会议，市领导李庆华、王爱民、王大伟、杨连富、韩培武参加会议。

15日，市委、市政府组织开展国家卫生城市长效管理观摩调度活动。市领导孙吉海、赵莉、单东升、王大鹏参加。观摩团先后对30个迎审网格的国家卫生城市管理长效机制落实情况进行现场观摩，听取各观摩点工作情况汇报，并对各观摩点存在的问题提出了整改意见。副市长单东升在观摩结束后的专题部署会议上就巩固迎审成果讲了意见。

15日，市政协十届二次会议预备会议召开。市政协主席、党组书记孙利宝主持会议并讲话，市政协副主席张海轶、吴建智、臧晋运、蒋德华、宗素霞、袁柳天参加会议。会议听取了市政协十届二次会议筹备工作情况的报告；观看了政协工作专题片《开局路上洒满智慧》。

16-18日，政协第十届诸城市委员会第二次会议在市政府礼堂召开。市领导桑福岭、刘峰梅、孙利宝、张海轶、吴建智、臧晋运、蒋德华、韩培武、宗素霞、袁柳天出席会议并在主席台前排就座。16日上午8时30分，市政协副主席吴建智宣布大会开幕。市委书记桑福岭在会上作重要讲话，市政协主席孙利宝向大会作政协常委会工作报告，市政协副主席宗素霞作提案工作报告。18日下午大会闭幕。会议审议通过了提案审查情况的报告和大会决议。

16日，诸城恐龙大世界旅游项目投资协议签约仪式举行。广州雪松控股集团董事局主席张劲及市委书记桑福岭出席签约仪式并致辞。市委副书记、市长刘峰梅与雪松文旅集团总裁鲍将军签订了《诸城恐龙大世界项目投资协议书》。市领导王爱民、王大伟、韩培武出席签约仪式。

16日，市十八届人大二次会议预备会议召开。市人大常委会主任王玉邦主持会议并讲话，市人大常委会领导张福秀、王洪伟、刘作勋、郑晓瑛、于明堂、颜廷忠、杨景良、王金友、葛淑彬出席会议。会议听取了《关于诸城市第十八届人民代表大会代表变动和补选情况的说明》；通过了大会主席团、秘书长、议案审查委员会组成人员、计划审查委员会组成人员、预算审查委员会组成人员名单及大会议程。

17-19日，诸城市第十八届人民代表大会第二次会议在市政府礼堂召开。大会主席团常务主席桑福岭、王玉邦、孙吉海、张福秀、王洪伟、刘作勋、郑晓瑛、于明堂、颜廷忠、杨景良、王金友、葛淑彬在主席台前排就座，刘峰梅、孙利宝在主席台就座。17日上午，市委书记桑福岭主持会议并宣布大会开幕，市委副书记、市长刘峰梅向大会作政府工作报告。18日上午，市人大常委会主任、党组书记王玉邦向大会作人大常委会工作报告。19日上午大会闭幕。会议选举何金波为诸城市监察委员会主任；表决通过了关于政府工作报告的决议、关于诸城市2017年国民经济和社会发展计划执行情况与2018年国民经济和社会发展计划的决议、关于诸城市2017年预算执行情况与2018年预算的决议、关于诸城市人大常委会工作报告的决议、关于诸城市人民法院工作报告的决议、关于诸城市人民检察院工作报告的决议，并举行了宪法宣誓仪式。

18日，市委书记桑福岭主持召开农村公路和河道绿化廊道建设调度会。市领导刘峰梅、孙吉海、王爱民、杨连富、王大鹏、韩培武参加会议。

19日，诸城市监察委员会正式挂牌成立。市委书记、市深化监察体制改革试点工作小组组长桑福岭，市委常委、纪委书记、市监察委员会主任何金波共同为市监察委员会挂牌。

19日，市十八届人大常委会召开第十次会议。市人大常委会主任、党组书记王玉邦出席会议并讲话，市人大常委会党组副书记张福秀主持会议。市人大常委会领导王洪伟、刘作勋、郑晓瑛、于明堂、颜廷忠、杨景良、葛淑彬出席会议，市委常委、常务副市长李庆华等列席会议。

会议表决通过了人事任命事项，决定任命：杨乐友、刘福明为诸城市监察委员会副主任，丁丽文、王辉、赵公欣、白波涛为诸城市监察委员会委员；举行了宪法宣誓仪式。

19–20日，山东半岛（诸城）人力资源服务发展合作交流大会在诸城召开。省人社厅劳动关系处处长李广瑞及潍坊市人社局副局长刘立新出席会议并致辞，诸城市委副书记、市长刘峰梅出席会议，市委常委、常务副市长李庆华致辞。与会人员参观了福田、希努尔、桑莎、美晨、迈赫等企业，对诸城市构建和谐劳动关系工作给予高度评价。

19–20日，市委、市政府召开现代农业发展座谈会，研究谋划现代农业发展重点工作，听取关于实施乡村振兴战略的意见建议。市委副书记孙吉海出席会议并讲话，副市长杨连富就有关工作进行了部署。

21日，市委组织收看省委、省政府重点工作推进落实情况视频会议。市委副书记孙吉海参加收看。

22日，市政协举行仪式，欢送出席省十二届政协一次会议的政协委员惠增玉。市政协主席、党组书记孙利宝在欢送仪式上讲话。

23日，市委举行仪式，欢送出席省十三届人大一次会议的人大代表刘峰梅、郑思敏、王绪平、刘玉伟、王慧、王泳中。市委副书记孙吉海在欢送仪式上讲话，对代表们提出了希望和要求。市领导王玉邦、李永光等为代表们送行。

24日，诸城籍中国科学院院士、清华大学高等研究院杨振宁讲座教授、清华大学密码研究中心主任王小云到家乡诸城考察。市领导桑福岭、王爱民、单东升陪同。

25日，五莲县委书记马维强率党政考察团到诸城考察学习新旧动能转换、园区经济发展、基础设施建设、招商引资等方面工作。

25日，市委、市政府组织收看全国全省暨潍坊市安全生产电视会议。市领导孙吉海、单东升、刘天军参加收看。电视会议结束后，市委常委、常务副市长李庆华部署了全市安全生产工作。

26日，潍坊市委检查组到诸城检查全面从严治党、党风廉政建设、意识形态工作主体责任落实情况。市委书记桑福岭汇报了2017年度诸城市落实全面从严治党、党风廉政建设、意识形态工作责任情况。

27日，市委、市政府召开诸城欢乐海洋休闲广场概念规划汇报会，听取广州华创动漫产业园设计团队的规划情况汇报。市领导桑福岭、王爱民、王大伟参加汇报会。

28日晚，诸城市首届网络春节联欢晚会在市政府礼堂举行。市领导孙吉海、赵莉、王爱民等观看演出。

29-30日，全市乡村振兴战略座谈会召开。市委书记桑福岭出席会议并讲话，市委副书记孙吉海主持座谈会，并就结合实际谋划实施好乡村振兴战略讲了意见。

30日，市人大常委会主任王玉邦调度南湖西组团项目建设工作，对项目建设工作作了部署。市人大常委会副主任于明堂一同调度。

30-31日，市委书记桑福岭到部分镇街专题调研实施乡村振兴战略，实地察看了部分农村基础设施和农业综合体项目。市领导孙吉海、王爱民、杨连富一同调研。

31日，省委农工办调研指导处处长周洪新率调研组到诸城调研农村活动场所建设情况。在市委副书记孙吉海陪同下，调研组实地察看了辛兴社区、昌城社区，对诸城市农村活动场所建设取得的成效表示充分肯定。

是月，诸城市被评为“国家知识产权强县工程示范县”。

是月，平均气温-2.0℃，较常年偏低0.1℃，最高气温11.2℃，较历史同期极值偏低5.7℃，最低气温-13.5℃，较历史同期极值偏高6.2℃；月降水量4.6毫米，较常年偏少6.2毫米，较历史同期最多值偏少47.8毫米，最少值偏多4.6毫米；月日照总时数136.0小时，较常年偏少32.0小时。有效降水主要集中在5日、7-8日、16日、27-28日。7-8日、28-30日，因受降雨雪影响，造成道路积雪结冰，给交通带来不便。气候特点是气温偏低，降水、日照偏少，对农作物生长不利。

2月

4日，诸城市青商会·青企协·女企协2017商务年会在密州宾馆小礼堂举行。市委副书记孙吉海出席会议并讲话，市委常委、常务副市长李庆华主持会议，市领导赵治国、颜廷忠、吴建智与企业相关负责同志共同启动了“万人创业计划”启动球。

5日，中共诸城市纪委十四届四次全体会议召开。市委书记桑福岭出席会议并讲话。刘峰梅、孙吉海、王玉邦、孙利宝等市级领导班子成员出席会议。市委常委、纪委书记、市监委主任何金波代表市纪委常委会作题为《以习近平新时代中国特色社会主义思想为指导坚定不移推动全面从严治党向纵深发展向基层延伸》的工作报告。

5日晚，“新时代新诸城”2018春节联欢晚会在市政府礼堂举行。桑福岭、刘峰梅、孙吉海、王玉邦、孙利宝等市级领导班子成员与各界群众一同观看了演出。

6日，全市乡村振兴战略座谈会召开。市委书记桑福岭出席会议并讲话，指出要推动乡村振兴战略在诸城落地生根、开花结果。市委副书记、市长刘峰梅主持会议，市领导孙吉海、王爱民、杨连富、韩培武出席会议。

6日，教育部召开新闻发布会，发布第二批全国中小学校责任督学挂牌督导创新县市区名单，诸城市名列其中，是山东省首批获此殊荣的县（市区）。

6-13日，桑福岭、刘峰梅、孙吉海、王玉邦、孙利宝等市级领导班子成员分别走访慰问部分老干部、老党员、劳动模范、优抚对象和困难党员、职工群众，为他们送去党和政府的关心与问候。

7日，市委书记桑福岭带队赴临清市对接扶贫协作工作。市领导李永光、王爱民、杨连富、刘天军以及挂职临清市副市长李传岗陪同。

7日，市领导孙吉海、薛宗刚等先后到潍坊预备役高炮团、驻诸城市武警中队、消防大队和军休所走访慰问，为广大部队官兵和老干部带去节日的问候。

8日，全市城乡环境综合整治现场检查观摩会议召开。市委副书记孙吉海出席会议并讲话，副市长王大鹏主持会议，并就相关工作进行了部署。副市长杨连富参加会议。

8日，市政府组织收看全省道路交通安全工作电视会议。电视会议结束后，副市长单东升就诸城市道路交通安全工作进行了部署。

10日，市委常委班子召开2017年度专题民主生活会。潍坊市委副书记、市长李宽端，潍坊市委组织部副部长、干部网络培训管理办公室主任陈延爱到会指导。市委书记桑福岭主持会议，市委副书记、市长刘峰梅，市委副书记孙吉海出席会议，市人大常委会主任王玉邦、市政协主席孙利宝列席会议。

10日，潍坊市委副书记、市长李宽端到诸城看望慰问老党员和困难党员、职工、群众及敬老院老人，为他们送去新春佳节的问候和祝福。市领导桑福岭、刘峰梅、李永光、赵莉、王爱民等陪同。

10日，市政府召开森林防火工作会议，分析森林防火面临的严峻形势，部署春季森林防火工作。副市长杨连富出席会议并讲话。

11日，潍坊市委副书记、市长李宽端到诸城瞻仰王尽美纪念馆，重温革命历史，感念共产党人革命情怀。市领导孙吉海、李耀武陪同。

11日，全市2017年度镇（街）园区党（工）委书记和市直党（工）委书记履行全面从严治党责任和抓基层党建工作述职评议会议召开。潍坊市委副书记、市长李宽端，潍坊市政府秘书长、党组成员宋均圻，潍坊市政府副秘书长、研究室主任鞠俊海，潍坊市委组织部副部长、干部网络培训管理办公室主任陈延爱到会指导。市委书记桑福岭主持会议并作点评，孙吉海等市领导出席会议。

11日，市委、市政府组织收看中央环保督察反馈意见整改落实工作电视会议。电视会议结束后，市委书记桑福岭就贯彻落实好省和潍坊市的会议精神，进一步深化中央环保督察反馈意见整改落实作了部署。刘峰梅、孙吉海等市级领导班子成员参加收看。

11日，市政协党组召开2017年度民主生活会。市政协主席、党组书记孙利宝主持会议并讲话，副主席张海铁、臧晋运、蒋德华、韩培武、宗素霞参加会议。

11日，市纪委、监委领导班子召开2017年度民主生活会。市委常委、纪委书记、市监委主任何金波主持会议并讲话，其他班子成员参加会议。

12日，市领导桑福岭、王玉邦、薛宗刚、王爱民等到潍坊军分区、市人武部和驻诸城部队走访慰问。

12日，桑福岭、刘峰梅、孙吉海等市级领导班子成员分别到密州、龙都、舜王街道参加并指导街道党工委班子民主生活会。

12日晚，市委书记桑福岭调度城市夜景亮化工作，实地察看了部分城市干道、公园、高层楼宇和河流亮化效果，对城市夜景亮化工作表示肯定，并提出了指导意见。市领导刘峰梅、孙吉海、王玉邦、孙利宝、王爱民、王大鹏一同调度。

12日，市政府党组班子召开2017年度民主生活会。市委副书记、市长刘峰梅主持会议并作总结讲话。政府党组成员参加会议。

12日，市人大常委会党组召开2017年度专题民主生活会。市人大常委会主任、党组书记王玉邦主持会议并作总结讲话，张福秀、王洪伟、于明堂、颜廷忠、杨景良、葛淑彬及其他党组成员出席会议。

21日，市委书记桑福岭主持召开市委常委（扩大）会议，听取全市重点项目建设、十大开发改造组团2018年棚改工作计划、安全生产、中央环保督察反馈意见整改落实等情况汇报。

22日，市委、市政府组织收看山东省全面

开展新旧动能转换重大工程动员电视会议。桑福岭、刘峰梅、孙吉海、王玉邦等市级领导班子成员参加收看。

22日，市委副书记、市长刘峰梅到经济开发区、舜王街道调度项目建设工作，指出要高起点规划设计、全力加快项目进度、着力破解瓶颈制约。市领导李庆华、王大伟、韩培武一同调度。

22日，市委副书记孙吉海到农林科技孵化器、常山永辉生态农场、东方田园、得利斯等项目和企业现场调度培育发展农业“新六产”工作，协调解决存在的困难和问题，并召开会议研究部署有关工作。副市长杨连富一同调度。

22日，市十八届人大常委会召开主任会议，传达学习市委常委扩大会议精神，部署人大工作。市人大常委会主任、党组书记王玉邦主持会议并讲话。

23日，全市“大项目突破年”暨“春季百日会战”动员大会召开。市委书记桑福岭出席会议并讲话，市委副书记、市长刘峰梅主持会议，并就会议精神的贯彻落实讲了意见。孙吉海、王玉邦、孙利宝等市级领导班子成员出席会议。

23日，市委书记桑福岭到经济开发区、密州街道、昌城镇、高新技术产业园、南湖生态经济发展区现场调度项目建设工作。市委常委、办公室主任王爱民一同调度。

23日，市政府组织收看潍坊市安全生产暨生态环境综合整治电视会议。市领导李庆华、王大伟、杨连富、王大鹏、李耀武参加收看。

24日，市委书记桑福岭到部分企业调研，指出要加快转型升级，提高生产效率，努力争当新旧动能转换的排头兵。市领导李庆华、王爱民一同调研。

24日，市政协主席孙利宝现场调度人民医院及宝龙片区建设工作。副市长单东升一同调度。

25日，潍坊市副市长马清民到诸城调研“新六产”培育发展工作。在市领导桑福岭、孙吉海、王爱民、杨连富陪同下，马清民实地察看了东方田园综合体、得利斯集团，对诸城市培育发展“新六产”的经验做法给予充分肯定。

25日，市委组织收看潍坊市委政法工作会议暨全市扫黑除恶专项斗争视频会议。市领导桑福岭、孙吉海、单东升、韩旭东、王彦青参加收看。视频会议结束后，市委副书记孙吉海就贯彻落实会议精神讲了意见。

25日，市委书记桑福岭到农林科技孵化器调研，强调要坚持高标准规划建设，突出企业示范带动作用。市领导刘峰梅、王爱民、韩培武一同调研。

25日，市委、市政府举行政府和社会资本合作（PPP）工作培训会议，邀请省财政厅金融与国际合作处处长李学春、PPP管理中心主任科员王爱军进行专题辅导。市领导桑福岭、刘峰梅、李庆华、王爱民、王大伟、单东升、王大鹏、韩培武参加培训会，市委副书记、市长刘峰梅主持培训会。

25日，2018山东省“宝通杯”第九届少年围棋精英赛在诸城开赛。市委副书记孙吉海致辞，副市长王大伟出席开幕式。

27日，副省长于国安率参加全省推进农业“新六产”发展现场会议暨“两区”划定工作会议与会人员到诸城现场观摩。在潍坊市领导李宽端、马清民及诸城市领导桑福岭、刘峰梅、孙吉海、王爱民、杨连富陪同下，与会人员实地观摩了东方田园综合体、得利斯集团等，对诸城市推进农业“新六产”发展的做法和成绩给予充分肯定。

27日，欢送住诸城市全国人大代表王桂波出席十三届全国人大一次会议仪式举行。市领导桑福岭、刘峰梅、孙吉海、王玉邦等出席欢送仪式。

27日，市政府召开安全生产暨生态环境综

合整治会议。市委副书记、市长刘峰梅出席会议并讲话，市领导李庆华、王大伟、单东升、杨连富、王大鹏、李耀武分别就分管领域安全生产和生态环境综合整治工作讲了意见。

27-28日，全省速冻食品制造、肉制品及副产品加工行业和低速载货汽车制造行业双重预防体系建设现场观摩推广会议在诸城召开。市委常委、常务副市长李庆华出席会议并致辞。

28日，全市扫黑除恶专项斗争会议召开。市委书记桑福岭出席会议并讲话，市委副书记孙吉海主持会议，副市长单东升出席会议。

28日，诸城市残疾人联合会第七次代表大会召开。潍坊市残联副调研员刘本河到会指导，市委副书记孙吉海出席会议并讲话，市领导李耀武当选市残联第七届主席团主席，并对残联工作提出了要求。

是月，平均气温1.0℃，较常年偏高0.2℃，最高气温16.9℃，较历史同期极值偏低6.0℃，最低气温-13.3℃，较历史同期极值偏高5.3℃；月降水量0.6毫米，较常年偏少15.2毫米，较历史同期最多值偏少70.7毫米，最少值偏多0.6毫米；月日照总时数181.1小时，较常年偏多12.8小时。有效降水主要集中在28日。气候特点是气温偏高、日照偏多，对农作物生长有利；降水偏少，对农作物生长不利。

3月

1日，市委书记桑福岭主持召开市委常委会议，传达学习贯彻党的十九届三中全会精神。

1日，市委、市政府召开三级干部会议，表彰先进单位和个人，研究分析发展形势，部署全年工作任务。市委书记桑福岭出席会议并讲话，市委副书记、市长刘峰梅主持会议，并就会议精神的贯彻落实讲了意见，市委副书记孙吉海宣读了《中共诸城市委、诸城市人民政府关于表彰2017年度先进单位、先进个人的通报》。王玉邦、孙利宝等市级领导班子成员出席会议。

2日，市委书记桑福岭主持召开市委常委会议，学习《中共山东省委关于落实全面从严治党主体责任的意见（试行）》，研究《中共诸城市委常委会贯彻落实中央八项规定精神的实施意见》《中共诸城市委常委会关于加强自身建设的意见》《中共诸城市委常委会议事决策规则》《中共诸城市委常委会及其成员职责清单（试行）》《诸城市2018年度镇街园区科学发展现场观摩点评实施办法》，传达潍坊市扶贫开发工作会议、组织部长会议精神并研究贯彻落实意见。

2日，省政协委员、香港亚投金融集团有限公司董事局主席张军率考察团到诸城考察。张军一行实地考察了惠发食品股份有限公司、刘墉板栗园和诸城恐龙国家地质公园。市政协主席孙利宝、副主席宗素霞陪同。

6日，全市社区（居）党组织书记（主任）培训班在市委党校开班。市委书记桑福岭作动员讲话并讲党课，市委常委、组织部部长李永光主持。

7日，市政府召开桑莎高档面料绿色产业园规划论证会。市领导刘峰梅、李庆华、王大鹏、韩培武出席论证会并就有关问题进行了深入论证。

7日，全市庆“三八”暨投身大项目突破年·巾帼争当排头兵行动会议召开。市委副书记孙吉海出席会议并讲话，市委常委、常务副市长李庆华主持会议。

7日，市政协召开十届六次常委会议。市政协主席、党组书记孙利宝主持会议并讲话。会议传达学习了全市三级干部会议精神，审议通过了《政协诸城市委员会2018工作要点》。

8日，全市首批重点项目春季集中开工仪式举行。桑福岭、刘峰梅、王玉邦、孙利宝等市级领导班子成员对集中开工情况进行现场调度，并参加了美晨工业集团二期项目开工奠基仪式。

8日，潍坊市委组织部副部长都焕德率调研组到诸城调研经济社会发展情况。在市领导桑福岭、刘峰梅、李永光陪同下，调研组实地察看了南湖生态城东组团、国家级农林科技孵化器、东方田园综合体和美晨科技产业园，对诸城经济社会发展所取得的成绩给予高度评价。

8日，四川省井研县委书记周华荣率考察团到诸城考察现代农业发展情况。

9日，市委书记桑福岭主持召开市委常委（扩大）会议，专题传达学习习近平总书记在山东代表团参加审议时的重要讲话精神，研究部署贯彻落实意见。

9日，市委副书记、市长刘峰梅主持召开第5次市政府常务会议，研究实施乡村振兴战略、招商引资、对外开放、质量、应急管理等工作。

9日，省人大常委会农业与农村委员会原主任委员、省农业厅原厅长战树毅率潍坊市乡村振兴战略规划编制组到诸城佳博天益农业发展有限公司、得利斯集团、昌城社区、南湖区万亩果品融合产业园调研。市委副书记孙吉海陪同。

9日，全市政银企对接会议召开。市委常委、常务副市长李庆华出席会议并讲话，副市长王大伟主持会议。

10日，全市社区（居）“两委”成员培训班在市委党校开班。市委副书记、市长刘峰梅为培训学员讲党课。

10日，全市扶贫开发工作会议召开。市委副书记孙吉海出席会议并讲话，副市长杨连富主持会议，并就相关工作讲了意见。

12日，桑福岭、刘峰梅、孙吉海、王玉邦、孙利宝等市级领导班子成员到皇华镇植树点，与广大干部群众一起参加义务植树活动。

13日，十四届诸城市委第三轮巡察工作动员会议在密州宾馆小礼堂召开。市委常委、纪委书记、市委巡察工作领导小组组长何金波出席会议并讲话，市委常委、组织部部长、市委巡察工作领导小组副组长李永光主持会议。

14日，全市社区（居）“两委”成员第二期培训班在市委党校开班。市委副书记孙吉海作动员讲话并讲党课。

15日，潍坊市人大常委会副主任毛秀凤率调研组到诸城华宝智能冷链物流及熟食深加工项目、得利斯100万头肉牛加工及贸易物流项目、得利斯展厅、佳士博食品有限公司调研“中国食品谷”发展情况。市领导王玉邦、王金友、杨连富陪同。

16日，全市开展“大学习、大调研、大改进”工作会议召开。市委书记桑福岭出席会议并讲话，市委副书记、市长刘峰梅主持会议，孙吉海、王玉邦、孙利宝等市级领导班子成员参加会议。

17日，市委理论学习中心组暨全市领导干部新旧动能转换专题讲座举行，邀请省委全面深化改革领导小组办公室专职副主任杨占辉作专题辅导报告。市委书记桑福岭主持，市委副书记孙吉海等参加。

17日，李克先百龙书法作品捐赠暨毛体书法展举行。市委副书记、市长刘峰梅在开幕式上致辞，市领导赵莉、葛淑彬、臧晋运参加开幕式并参观展览。

18日，全市社区（居）“两委”成员（监委会主任）培训班在市委党校开班。市委常委、市纪委书记、市监委主任何金波作动员讲话并讲党课。

20日，市委书记桑福岭到部分绿化现场调度造林绿化工作。副市长杨连富一同调度。

20日，昌乐县委副书记、县长邱旺率考察团到诸城考察拆迁拆违、片区开发工作。

21日，市委、市政府组织收看全省领导干部电视会议。桑福岭、刘峰梅、孙吉海、王玉邦等市级领导班子成员参加收看。

22日，市委书记桑福岭主持召开市委常委

（扩大）会议，传达学习中央、省委和潍坊市委关于严明纪律切实保证党和国家机构改革顺利进行的通知精神，研究市委常委班子民主生活会整改工作方案、全市“担当作为争创一流”任务目标、开放发展三年行动计划、进一步强化招商引资工作的实施意见、市长质量奖管理办法和市长质量奖评审通则。

22日，全市第二批重点项目春季集中开工仪式举行。桑福岭、刘峰梅、孙吉海、王玉邦等市级领导班子成员对集中开工情况进行现场调度，并参加了欢乐海洋文旅小镇项目开工奠基仪式。

22日，市政府组织收看潍坊市政务服务热线视频会议。市委常委、常务副市长李庆华参加收看。

23日，全市农村工作会议召开。市委书记桑福岭出席会议并讲话，要求着力打造乡村振兴“诸城模式”。市委副书记、市长刘峰梅主持会议并就会议精神的贯彻落实提出了要求。市委副书记孙吉海解读了《中共诸城市委、诸城市人民政府关于贯彻落实中央和省市决策部署实施乡村振兴战略的意见》和《诸城市实施乡村振兴战略三年行动计划》。市人大常委会主任王玉邦等出席会议。

23日，市委书记、市委全面深化改革领导小组组长桑福岭主持召开市委全面深化改革领导小组第五次会议。会议审议并原则通过《中共诸城市委全面深化改革领导小组2017年工作总结报告》《中共诸城市委全面深化改革领导小组2018年工作要点》《提请市委全面深化改革领导小组会议审议的改革方案申报办法》《诸城市2018年度全面深化改革宣传工作方案》和《诸城市改革开放40周年优秀创新案例评选活动实施方案》。

23日，全市公安工作会议召开。市委常委、市委政法委书记王志强出席会议并讲话，副市长、市公安局局长单东升安排了公安工作任务。

24日，市委、市政府组织收看潍坊市全面展开新旧动能转换重大工程暨“四个城市”建设推进会议。市领导孙吉海、王志强、何金波、赵治国、赵莉等参加收看。

24日，菏泽市副市长侯婕率党政考察团到诸城参观考察农业“新六产”等工作。

26日，市委书记桑福岭到部分项目建设现场调度工业重点项目建设工作，指出要把项目建设放在心上、抓在手上、落实在行动上。市领导刘峰梅、李庆华、韩培武一同调度。

27日，邦发农业·田园综合体暨半岛花卉·婚礼小镇概念规划汇报会召开。市委书记桑福岭出席汇报会并讲话，市委副书记、市长刘峰梅对规划方案的完善提升讲了意见。市领导孙吉海、杨连富、王大鹏参加汇报会。

28日，潍坊市委常委、市纪委书记、市监委主任张晓峰到诸城就“如何以进一步纠正形式主义、官僚主义为突破口，推进全面从严治党向纵深发展”开展专项调研。

28日，全市政法工作会议召开。市委副书记孙吉海出席会议并讲话。市委常委、市委政法委书记王志强主持会议，并对政法综治维稳工作任务作了具体安排。

28日，潍坊市镇（街道）党（工）委书记乡村振兴战略专题培训班学员到诸城观摩学习乡村振兴战略实施情况。

28日，诸城市“互联网+现代立体农牧装备”产业技术创新战略联盟成立大会召开。潍坊市科技局副局长董民出席会议并讲话，诸城市委常委、常务副市长李庆华出席会议并致辞。

28日，全市2018年“党风廉政监督热线”开播。市委常委、市纪委书记、市监委主任何金波参加开播仪式。

28日，经市委研究决定，李臣波任市发改局党组书记、局长，不再担任市农业局党委书记、局长职务；韩明光任市农业局党委书记、局长，不再担任市经济开发区党工委委员，市高新技术产业园党工委书记、管委会（管理办公室）主任职务；王先信任市经济开发区党工委委员，市高新技术产业园党工委书记、管委会（管理办公室）主任，不再担任百尺河镇党委副书记、镇长职务；王明科任百尺河镇党委副书记、镇长，不再担任团市委书记、党组书记、市人大常委职务。

29日，四川省北川羌族自治县县委书记赖俊、县长瞿永安率党政考察团到诸城考察产业融合发展工作。

29日，市人大常委会组织部分省、潍坊市及诸城市人大代表到中坛钢材物流、诸城检通高端出口检品物流中心、美晨工业集团二期、迈赫机器人智能化产品升级扩建等重点项目建设现场视察工业服务业重点项目开工建设情况。

29日，市政府应急管理专家组成立大会暨装备备用协议签约仪式举行。副市长单东升出席仪式并讲话。

29-30日，省政协联合日报社副总编辑王世鹏率调研组到诸城采访政协委员事迹，调研尽美文化、新旧动能转换和乡村振兴战略工作。

31日，中央政策研究室副主任张季率调研组到诸城调研全面深化改革和农村产业融合发展工作。在山东省农业厅副厅长庄文忠，潍坊市委常委、秘书长刘建国及诸城市领导桑福岭、王爱民陪同下，调研组实地察看了得利斯集团、东方田园综合体、国家级农林科技孵化器，对诸城市以全面深化改革为动力，创新推进农村产业融合发展，积极打造农业产业化“升级版”的做法给予高度评价。

31日，中国法学会党组成员、副会长王其江率调研组到诸城调研法学会工作。在潍坊市委常委、政法委书记孙起生及诸城市领导孙吉海、王志强陪同下，调研组实地察看了相州镇相州社区法律服务诊所、迈赫机器人小镇、市综治中心等，对诸城市创新建立社区法律服务诊所等做法及成效给予充分肯定。

是月，全国爱卫会发布了《关于2017年国家卫生城市（区）和国家卫生县城（乡镇）复审结果的通报》，诸城市以845.6分（全省最高）的成绩通过国家卫生城市复审。

是月，北汽福田汽车股份有限公司诸城奥铃汽车厂顺利通过国家工信部两化融合管理体系评定，成为诸城市首家通过两化融合管理体系评定的国家级试点企业。

是月，山东大源集团精心打造的生态农业示范基地荣获“国家水土保持科技示范园区”称号。

是月，“2018中国医院竞争力大会”在广州举行。会上发布了“2017中国医院竞争力·县级医院100强”排行榜，诸城市人民医院从全国6000余家县级综合医院中脱颖而出，荣登榜单第16位，连续8年蝉联全国百强县级医院。

是月，平均气温8.8℃，较常年偏高2.8℃，最高气温28.7℃，较历史同期极值偏低0.8℃，最低气温-7.2℃，较历史同期极值偏高4.0℃；月降水量37.2毫米，较常年偏多15.8毫米，较历史同期最多值偏少41.6毫米，最少值偏多36.9毫米；月日照总时数228.2小时，较常年偏多21.6小时。有效降水主要集中在4日、8日、18日、24日。气候特点是气温偏高，降水、日照偏多，对农作物生长有利。

4月

2日，市委书记桑福岭参加首届潍坊发展大会并在会上介绍诸城产业发展情况，市领导李庆华、赵治国参加大会。

3日，市委书记桑福岭主持召开市委常委会议，研究推行市党政领导班子成员履行全面从严治党责任和抓基层党建工作“一岗双责”实施办法，听取市人大常委会党组、市政府党组、市政协党组、市法院党组、市检察院党组工作情况汇报。

3日，市委召开党的建设工作领导小组会议，听取市水利局、农业局、畜牧局、农机局、扶贫办5个党委（党支部）巡察反馈的党建工作存在问题整改情况汇报，研究讨论《中共诸城市委党的建设工作领导小组2018年工作要点（讨论稿）》。市委书记桑福岭出席会议并讲话，市委副书记孙吉海参加会议。

3日，市政府组织收看全国国土绿化、森林防火和防汛抗旱工作电视会议。副市长杨连富参加收看并就贯彻落实会议精神讲了意见。

4日，市委书记桑福岭以普通党员的身份参加市委办公室机关一支部全体党员大会并讲话。市领导孙吉海、王爱民一同参加。

6-7日，市委书记桑福岭到部分项目建设现场调度重点项目建设，指出项目建设是实现高质量发展的重要依托，是加快新旧动能转换的有力抓手，是实施乡村振兴战略的关键支撑，要持续强化“抓项目就是抓发展、抓发展必须抓项目”的理念。市领导刘峰梅、李庆华、王爱民、杨连富、王大鹏一同调度。

9日，市委书记桑福岭主持召开市委常委（扩大）会议，传达学习《中共山东省委办公厅关于印发〈被巡视党组织配合省委巡视工作规定〉的通知》，研究《配合省委巡视组开展工作分工方案》；听取2017年潍坊市科学发展综合考核情况汇报，研究2017年市直部门单位绩效考核结果；传达省、潍坊市文明办主任会议精神，研究贯彻落实意见及创建全国文明城市工作；研究《全市党委（党组）理论学习中心组2018年理论学习安排意见》《诸城市党委（党组）意识形态工作联席工作职责》等。

9日，市委举行宪法知识讲座。邀请省委党校政法教研部教授、政治学教研室主任、省宪法学会常务理事王庆德以“张扬宪法精神，推进依宪治国”为主题作了辅导报告。市委副书记孙吉海参加讲座，市人大常委会主任王玉邦主持讲座并讲话，市政协主席孙利宝参加讲座。

9日，市委组织集中观看警示教育片《失衡的代价》。孙吉海、王玉邦、孙利宝等市级领导班子成员参加观看。

10日，市委、市政府召开春季造林绿化、十河共治现场点评会议。市委副书记孙吉海出席会议并讲话，副市长杨连富就相关工作讲了意见。

11日，山东省农村信用社联合社金融助推“乡村振兴”战略试点暨诸城市人民政府与潍坊市农村信用社联合社战略合作协议签约仪式举行。省农信联社党委副书记、主任孙开连，潍坊市农信联社党委书记、理事长陈卫东及诸城市领导桑福岭、刘峰梅、孙吉海、李庆华、韩培武出席签约仪式。市委书记桑福岭致辞，市委副书记、市长刘峰梅与潍坊市农信联社党委副书记、主任颜廷军签署了诸城市人民政府与潍坊市农村信用社联合社《服务“乡村振兴”战略全面合作框架协议》，市金融办、扶贫办分别与诸城农商银行签署了《“实施普惠金融，服务乡村振兴”项目支持合作协议》和《金融扶贫合作协议》。

11日，诸城市扶贫开发领导小组会议召开。市委书记桑福岭出席会议并讲话，市委副书记孙吉海主持会议，并就会议精神的贯彻落实讲了意见。市领导李永光、杨连富、韩培武参加会议。

11日，市政府召开环境保护工作调度会。市委副书记、市长刘峰梅出席会议并部署环境保护工作任务。市领导李庆华、王大伟、杨连富、王大鹏参加会议。

11日，潍坊市坊子区委副书记、区长张龙江率考察团到诸城市参观考察“零增地”发展模式、新兴产业培育、产业园区建设等工作。

12日，全市全面展开新旧动能转换重大工程推进会议召开。市委书记桑福岭出席会议并讲话，市委副书记、市长刘峰梅主持会议并就会议精神的贯彻落实讲了意见。孙吉海、王玉邦、孙利宝等市级领导班子成员出席会议。

12日，潍坊市关工委主任赵兴涛到诸城调研关心下一代工作开展情况。市领导桑福岭、李永光陪同。

12日，潍坊市人大常委会副主任、临朐县委书记顾建华率考察团到诸城市考察学习新旧动能转换、乡村振兴等工作。市领导刘峰梅、孙吉海、王玉邦、孙利宝陪同。

15日，国家土地督察济南局党组书记、局长田文彪率调研组到诸城调研“零增地”发展模式、耕地和永久基本农田保护“田长制”、城乡建设用地增减挂钩工作。

17日，潍坊市深化“作风建设年”活动大会召开。市委书记桑福岭在潍坊主会场参加会议并作典型发言。市领导刘峰梅、王玉邦、孙利宝在诸城市分会场参加收看。

17日，市十八届人大常委会召开第18次主任会议。会议传达了市委常委会会议精神；研究了市人大常委会有关工作机构关于棚户区改造、学前教育发展、民商事审判工作的调研报告等。

18日，省委第六巡视组巡视诸城市工作动员会召开。会前，省委第六巡视组组长万志博主持召开与诸城市委书记桑福岭的见面沟通会，传达了省委书记刘家义在听取十一届省委第二轮巡视工作情况汇报后的讲话精神。会上，万志博就开展巡视工作作了讲话，潍坊市委常委、市纪委书记、市监察委员会主任张晓峰就配合做好巡视工作提出要求，桑福岭主持会议并作表态讲话。

18日，诸城市恐龙大世界旅游项目方案汇报会召开。市委书记桑福岭出席汇报会并讲话。市领导刘峰梅、王大伟及广州雪松文旅集团董事长兼总裁鲍将军等出席会议。

19日，市委书记桑福岭到桃林镇调研扶贫工作。副市长杨连富一同调研。

20日，中海油天津化工研究设计院山东分院落地诸城暨2018年诸城新旧动能转换绿色安全发展高峰论坛举行。中海油天津化工研究设计院党委书记、院长于海斌及诸城市领导桑福岭、刘峰梅、李庆华、韩培武出席活动。于海斌、刘峰梅分别致辞并代表双方签订《中海油天津化工研究设计院山东分院落地诸城协议》。于海斌、桑福岭、刘峰梅等共同启动了中海油天津化工研究设计院山东分院落地诸城仪式。

20日，市委书记桑福岭到南湖生态经济发展区调研棚户区改造和安置房建设工作。市领导刘峰梅、王玉邦、李永光等一同调研。

20日，市十八届人大常委会召开第十一次会议，集体学习《中华人民共和国宪法修正案》；听取审议学前教育发展、棚户区改造、民商事审判、工业服务业重点项目开工建设报告；表决通过人事任免事项和《诸城市人大常委会关于接受韩明光、王明科同志辞去代表职务的决定》。

20日，辽宁省大连市甘井子区政协主席王鹏率考察团到诸城考察学习实施乡村振兴战略、文化产业建设等方面的工作。

22日，福田奥铃速运新品全国上市发布会暨零界分销矩阵签约仪式暨图雅诺杯——2018（第十届）福田奥铃超级轻卡中国勒芒耐力赛（简称勒芒赛）启动仪式举行。

24日，市委举办市委理论学习中心组暨全市领导干部深入学习习近平新时代中国特色社会主义思想专题讲座，邀请省委党校副校长魏恩政教授作题为《深刻领会全面把握习近平新时代中国特色社会主义思想》的辅导报告。市委书记桑福岭主持讲座并讲话，市领导李永光、王金友、单东升、宗素霞参加活动。

24日，市委书记桑福岭到密州街道调研项目建设情况，并就有关工作进行了调度。

24日，东营市垦利区委书记刘斯杰率党政考察团到诸城考察现代农业、美丽乡村建设、田园综合体、农村产权制度改革等工作。

24日，西藏南木林县鲁藏文化旅游经贸交流团到诸城考察学习农牧产业发展、乡村振兴等工作。

25日，诸城市工商业联合会（总商会）第九次代表大会召开。市委书记桑福岭出席会议并讲话，市委副书记孙吉海主持会议，市领导赵治国、葛淑彬出席会议。吴建智当选为市第九届工商联主席。

25日，山东华业阳光揭牌暨新一代全玻璃热管投产启动仪式在诸城龙光天旭公司举行。市委副书记、市长刘峰梅出席仪式并致辞，副市长单东升主持仪式。

25-26日，国家人社部职业能力建设司副巡视员刘新昌率调研组到诸城调研职业教育发展工作。市领导桑福岭、孙吉海、高崇臻、单东升陪同。

26日，省司法厅到诸城市挂职干部座谈会举行。省司法厅党委委员、政治部主任刘森、诸城市领导桑福岭出席会议并讲话。

26日，第45届世界技能大赛全国机械行业选拔赛数控铣项目比赛在诸城闭幕。国家人社部职业能力建设司副巡视员刘新昌、中国机械工业联合会教育培训部副主任房志凯、省人社厅副厅长周春艳及诸城市领导刘峰梅、孙吉海、高崇臻、单东升出席闭幕式。市委副书记、市长刘峰梅致辞。

26日，接中共潍坊市委组织部干部任免通知（潍组任字〔2018〕20号）：提名山东司法警官职业学院培训处（省司法行政干部教育中心）处长（主任）陈之帅同志，挂职任诸城市政府副市长，挂职时间一年。

27日，市委、市政府组织收看省委、省政府重点工作推进落实情况视频会议。刘峰梅、孙吉海、王玉邦、孙利宝等市级领导班子成员参加收看。

27日，市政府召开全体（扩大）会议暨廉政建设工作会议。市委副书记、市长刘峰梅分析了全市经济社会发展面临的问题和挑战，就推进工作落实和加强廉政建设作了部署，市委常委、常务副市长李庆华主持会议，并就抓好会议精神的贯彻落实讲了意见。市领导杨连富、王大鹏、李耀武、陈之帅、韩培武出席会议。

28日，常山人家民俗村规划方案汇报会召开。市委书记桑福岭出席会议并讲话，市委副书记、市长刘峰梅对规划方案的完善提升讲了意见。市领导孙吉海、王爱民、王大鹏参加会议。

28日，全市庆“五一”暨组织职工投身新旧动能转换工程动员大会召开。市委副书记孙吉海出席会议并讲话，市委常委、宣传部部长、市总工会主席赵莉主持会议，并就会议精神的贯彻落实讲了意见。

28日，市政府党组召开“大学习、大调研、大改进”务虚会。市委副书记、市长刘峰梅主持会议，政府党组成员参加会议。

28日，诸城市教育小镇奠基、恐龙花海主题公园揭牌开园仪式举行。

28日，寿光市党政考察团到诸城参观考察农业“新六产”工作。

29日，市委常委会召开“大学习、大调研、大改进”务虚会。市委书记桑福岭出席会议并作总结讲话。

29日，市委书记桑福岭到部分城乡路段综合整治现场调研路域环境整治工作。市领导刘峰梅、孙吉海、杨连富、王大鹏、韩培武一同调研。

是月，平均气温14.6℃，较常年偏高1.5℃，最高气温29.0℃，较历史同期极值偏低5.6℃，最低气温1.4℃，较历史同期极值偏高4.1℃；月降水量19.4毫米，较常年偏多13.8毫米，较历史同期最多值偏少98.8毫米，最少值偏多14.7毫米；月日照总时数237.4小时，较常年偏多5.6小时。有效降水主要集中在5日、14日、22-23

日。气候特点是气温偏高，日照偏多，对农作物生长有利；降水偏少，对农作物生长不利。

5月

3-4日，市委书记桑福岭到经济开发区、林家村镇部分项目建设现场和企业生产车间调研，强调要进一步提升境界标准，深化创先争优，在加速新旧动能转换、推进高质量发展中走在前列。市领导赵治国一同调研。

4-5日，农业农村部经管总站副站长、农业产业化办公室副主任王维友率调研组到诸城专题调研“诸城模式”形成情况。在市领导孙吉海、杨连富陪同下，调研组实地察看了华山榛谷田园综合体、东方田园综合体、国家级农林科技孵化器、中康公司、得利斯集团，对诸城市农业农村工作取得的成效表示肯定。

6日，市委书记桑福岭到南湖市民公园、恐龙花海、三河湿地、兴华西路涓河桥及西延工程、横二路潍河大桥等项目建设现场调度城市建设工作。市领导孙吉海、王大鹏、韩培武一同调度。

7日，市委、市政府组织收看全省农村集体产权制度改革暨农村集体资产清产核资工作动员电视会议。电视会议结束后，市委书记桑福岭就全市开展农村集体产权制度改革和农村集体资产清产核资工作作了部署。市领导孙吉海、杨连富、韩培武参加收看。

7-8日，省政协副主席郭爱玲率调研组到诸城就“如何激发和保护企业家精神，大力营造尊重、关怀、宽容、支持企业家的社会文化环境”课题进行调研。在市政协领导孙利宝、宗素霞陪同下，调研组实地察看了美晨科技股份有限公司、得利斯集团、惠发食品股份有限公司、超然台、博物馆、名人馆，对诸城市企业发展中取得的成绩给予充分肯定。

8日，日照市委书记、市长齐家滨率党政考察团到诸城参观考察新旧动能转换、实施乡村振兴战略、培育文化旅游产业等工作。

9日，市委书记桑福岭到纪念改革开放40周年展览馆和尽美红色小镇调研。市委常委、组织部部长李永光一同调研。

10日，市委书记桑福岭到密州街道调度综治维稳工作。市委常委、政法委书记王志强一同调度。

10日，全国政协经济委员会副主任、甘肃省政协原主席冯健身率调研组到诸城就“发展实体经济，提高供给体系质量”进行专题调研。在市领导刘峰梅、孙利宝等陪同下，调研组实地察看了惠发食品股份有限公司、美晨科技股份有限公司、迈赫自动化装备股份有限公司，对诸城市实体经济发展取得的成绩给予充分肯定。

11日，潍坊市委常委、组织部部长林红玉到诸城就纪念王尽美同志诞辰120周年系列活动准备和基层党建工作进行调研。市领导桑福岭、孙吉海、李永光陪同。

11日，全市经济运行分析会议召开。市委书记桑福岭主持会议并讲话，市委副书记、市长刘峰梅总结分析了全市经济运行情况，部署了下步经济工作任务。孙吉海、王玉邦、孙利宝等市级领导班子成员出席会议。

11日，沂水县委书记薛峰率党政考察团到诸城考察学习工业经济、城市建设暨新旧动能转换工作。

12日，市委书记桑福岭到南湖区市民公园建设现场和湖西片区调研城建工作和棚户区改造情况。市领导刘峰梅、于明堂、王大鹏一同调研。

12日，“寸耕堂”师生书法展在市博物馆开幕。中央美术学院教授、博士研究生导师王镛及诸城市领导孙吉海、王玉邦、孙利宝等出席开幕式。

12日，市委副书记孙吉海到部分国道、交通干线现场调度路域环境治理工作。

13日，市委、市政府召开产业发展座谈会。市委书记桑福岭出席会议并讲话。市领导刘峰梅、孙吉海等出席座谈会。

14日，市委、市政府召开深化“作风建设年”活动大会，要求进一步聚焦问题正作风、围绕发展强作风、优化环境转作风、健全机制提作风。市委书记桑福岭出席会议并讲话，市委副书记、市长刘峰梅主持会议，并就会议精神的贯彻落实讲了意见。孙吉海、王玉邦、孙利宝等市级领导班子成员出席会议，省委第六巡视组成员曹斌到会指导。

15日，市委召开纪念王尽美同志诞辰120周年系列活动工作调度会议。潍坊市委“两新”组织工委专职副书记田学刚到会指导，诸城市委书记桑福岭围绕高质量做好王尽美诞辰纪念活动筹备工作讲了意见，市委副书记孙吉海主持会议并就会议精神的贯彻落实讲了意见，市委常委、组织部部长李永光宣布了各工作组职责分工情况。

15日，市政府组织收看全省防汛抗旱总指挥部成员（扩大）电视会议。省、潍坊市电视会议结束后，市委副书记、市长刘峰梅对全市防汛抗旱工作作了部署。

15日，市委副书记、市长刘峰梅到桑莎公司智能针织服装生产项目建设现场调度重点项目建设工作。

16日，市人大常委会主任王玉邦到林家村镇调研乡村振兴战略实施情况。

17日，市委书记桑福岭到石桥子镇、贾悦镇部分重点项目建设现场调度重点项目建设工作。

17日，德州市临邑县委副书记杜朝生率考察团到诸城参观考察现代农业发展、培育农业“新六产”等方面工作。

17-18日，市委副书记、市长刘峰梅率党政考察团赴青岛莱西市和烟台龙口市、福山区进行寻标对标考察学习。

18-19日，市委副书记孙吉海率考察团赴临沂市沂南县、蒙阴县，济宁市汶上县和济南市平阴县考察学习实施乡村振兴战略情况。

19日，全市重点项目调度会议召开。市委书记桑福岭出席会议并讲话，市委副书记、市长刘峰梅主持会议，市政协主席孙利宝等出席会议。

21日，市委书记桑福岭主持召开市委常委会议，传达学习习近平同志在十九届中央政治局第五次集体学习时的重要讲话精神，研究农村社区网格党支部试点工作。

21日，市委书记桑福岭到王尽美纪念馆布展现场和王尽美党性教育基地建设现场调度纪念王尽美同志诞辰120周年系列活动筹备情况。市领导孙吉海、李永光、李耀武一同调度。

21日，市委副书记、市长刘峰梅调度恐龙大世界配套项目推进工作。副市长王大伟、单东升一同调度。

22日，潍坊市委组织部副部长、“两新”组织工委书记都焕德到诸城王尽美纪念馆和王尽美党性教育基地指导纪念王尽美同志诞辰120周年系列活动筹备情况。市领导桑福岭、孙吉海等陪同。

22日，莒县县委副书记臧新宇率考察团到诸城考察乡村振兴、农业“新六产”培育和城市建设管理工作。

24日，市委、市政府召开创建全国文明城市动员会议。省文明办副主任、活动协调处处长王龙飞，潍坊市委宣传部副部长、市文明办主任范明涛到会指导。市委书记桑福岭讲话，市委副书记孙吉海主持会议，并就抓好贯彻落实讲了意见。

24日，市政府组织收看省政府第一次廉政工作电视会议。市领导刘峰梅、王大伟、王大鹏参加收看。

25日，潍坊市委常委、常务副市长邹庆忠到诸城大业研发中心、美晨科技产业园、中坛钢材精深加工产业园、华山农林榛子园、卧龙湖水库和桑莎智能针织服装等项目建设现场调研大项目建设工作。

25-26日，市委、市政府召开乡村振兴战略现场推进会议。市委书记桑福岭出席会议并讲话。刘峰梅、孙吉海、王玉邦等市级领导班子成员出席会议。

28日，市委举行庆“六一”暨开展“争做生态文明小使者”活动启动仪式。市委副书记孙吉海出席仪式并讲话。

28日，市十八届人大常委会召开第19次主任会议。会议议定了诸城市实施乡村振兴战略的调研报告、市十八届常委会第十二次会议的建议议题；研究了开展森林法执法检查、对乡村旅游发展情况开展调研、对市政府部分组成部门主要负责人进行履职评议和走访联系代表分工安排等事宜。

29日，市委副书记、市长刘峰梅主持召开第6次市政府常务会议，研究重点工业项目推进、金融、安全生产、河长制湖长制、加快公墓建设推进殡葬改革、规范市政府决策机制、改善劳动模范待遇等工作。

29日，广东温氏食品集团股份有限公司董事长温志芬一行到诸城考察。在市领导刘峰梅、杨连富陪同下，温志芬一行现场考察了得利斯展厅、得利斯智能标准化种养结合示范基地和100万头肉牛加工项目，对诸城的市场和投资环境充满信心，表示将积极推动与诸城的战略合作，努力实现互促共赢。

29日，潍坊市“全国科技工作者日”庆祝大会暨潍坊工商职业学院科学技术协会揭牌仪式在诸城举行。潍坊市科协主席王志亮出席会议，诸城市委副书记孙吉海讲话。潍坊工商职业学院特聘教授李贻斌作相关学术报告。

30-31日，市委、市政府组织收看全省生态环境保护暨“四减四增”三年行动动员电视会议。市领导桑福岭、刘峰梅等参加收看。

31日，市委书记桑福岭到文化路小学、密州路学校、实验幼儿园走访慰问，与少年儿童们共同庆祝“六一”国际儿童节。副市长单东升一同走访。

是月，诸城市荣膺2017中国全面小康指数百强县级市，以119.3的指数位居全国县级市百强榜第19位。

是月，诸城农村社区学院百尺河社区分院荣获“全国城乡社区教育特色学校”称号。

是月，平均气温19.0℃，较常年偏高0.2℃，最高气温31.0℃，较历史同期极值偏低5.3℃，最低气温7.0℃，较历史同期极值偏高7.6℃；月降水量133.3毫米，较常年偏多75.3毫米，较历史同期最多值偏少7.9毫米，最少值偏多128.1毫米；月日照总时数238.7小时，较常年偏少14.8小时。有效降水主要集中在1-3日、5-6日、11-12日、16日、20日、22日。气候特点是气温偏高，降水偏多，对农作物生长有利；日照偏少，对农作物生长不利。

6月

1日，潍坊市委组织部副部长、市委非公有制经济组织和社会组织工委书记都焕德到诸城调研指导企业党建工作及纪念王尽美同志诞辰120周年系列活动筹备情况。

1日，市委副书记、市长刘峰梅到第一小学、大源幼儿园、大源学校和科信小学走访慰问师生，给孩子们送上节日祝福。

4日，副市长单东升率检查组到繁华中学、实验中学、诸城一中、龙城中学等考点和校园校车安保督查指挥中心现场检查高考、中考考点周边环境整治工作，要求加强考点周边环境整治，确保为广大考生创造一个最佳的考试环境。

5日，纪念王尽美同志诞辰120周年座谈会在诸城召开。省委常委、组织部部长杨东奇，潍坊市委书记、市人大常委会主任刘曙光，潍坊市委常委、组织部部长林红玉及诸城市领导桑福岭、孙吉海、李永光、赵莉、王爱民，中央和省内外有关专家学者，王尽美同志的亲属代表出席座谈会。会议由刘曙光主持，杨东奇、桑福岭讲话，观看了《不忘初心尽善尽美》专题片。座谈会结束后，与会人员集体瞻仰了王尽美纪念馆。

5日，省委常委、组织部部长杨东奇到诸城调研。在潍坊市委常委、组织部部长林红玉陪同下，杨东奇实地察看了超然台、新郎公司、迈赫机器人小镇，对诸城市经济社会发展和党的建设取得的成绩给予充分肯定。

5日，诸城王尽美研究会换届暨纪念王尽美同志诞辰120周年研讨会在诸城举行。市委副书记、市长刘峰梅主持会议并讲话。会议通过了诸城王尽美研究会章程，选举产生了第二届诸城王尽美研究会理事和会长、副会长、秘书长，通过了特邀学术研究指导专家名单。清华大学马克思主义研究中心原副主任、人文社会科学学院原副院长韩冬雪当选为第二届诸城王尽美研究会会长。

5日，潍坊市人大常委会副主任张新强率视察组到诸城视察农田水利基本建设情况。

5日，全国普法办公室授予诸城市“全国法治县（市、区）创建活动先进单位”称号。

5日，省政府授予诸城市建华阀门有限公司的美国专家约翰.拜伦“齐鲁友谊奖”荣誉称号。约翰·拜伦是美国瓦尔玛帝克阀门公司（valmatic）总裁、首席执行官，兼任美国制造标准化协会（MSS）董事会主席、美国自来水厂协会（AWWA）技术委员会主席。2015年，山东建华阀门制造公司聘请约翰·拜伦为技术总监。约翰·拜伦带领公司研发团队，参考美国标准使用新材料，改良产品设计，其中改良的恩尔吉球阀已经试产完毕，准备申请国家专利，申请起草中国国家标准。

6日，市委书记桑福岭到部分工程现场调度生态环境保护工作，强调要持续擦亮天更蓝、地更绿、水更清、空气更清新的诸城生态名片。市委副书记、市长刘峰梅就做好生态环境工作提出了具体要求。市领导王爱民、王大鹏一同调度。

7日，市委书记桑福岭到密州、龙都、舜王街道现场调度生态环境保护工作。市领导刘峰梅、孙吉海、王爱民一同调度。

7日，市委副书记、市长刘峰梅到龙都街道乐天化工、紫阳陶瓷等企业和部分项目建设工地现场调度生态环保工作。

8日，诸城市校园安保校车指挥中心、金盾保安110联网报警中心成立。市委副书记孙吉海、副市长单东升为中心揭牌。

11日，市委、市政府召开高新技术产业园规划设计汇报会，听取迈赫设计院关于产业园规划设计方案编制情况的汇报。市委书记桑福岭出席会议并讲话，市委副书记、市长刘峰梅就进一步完善提升规划设计方案讲了意见。市领导李庆华、王爱民、王大鹏、韩培武参加会议。

12日，大型现代茂腔戏《王尽美》在诸城举行首场演出。桑福岭、孙吉海、王玉邦等市级领导班子成员观看了演出。

12日，市政府组织收看潍坊市农村集体产权制度改革暨农村集体资产清产核资工作动员电视会议。市委副书记、市长刘峰梅在潍坊市主会场作典型发言，副市长杨连富参加诸城分会场收看。

12日，诸城市政府与山东省果树研究所签订科技合作协议。山东省果树研究所所长王少敏出席签约仪式并讲话，诸城市委副书记孙吉海出席签约仪式并致辞，副市长刘天军出席签约仪式。签约仪式后，王少敏、孙吉海共同为“山东省果树研究所诸城科技成果示范基地”揭牌。

12日，市委、市政府在东鲁学校举行诸城市禁毒教育基地启用仪式。市委常委、政法委书记王志强出席仪式并讲话，副市长单东升出席仪式。

12-14日，市委、市政府召开重点项目建设调度会议。市委书记桑福岭出席会议并讲话，市领导刘峰梅、孙吉海、王玉邦、孙利宝等参加会议。

13日，全市城乡环境综合整治百日提升行动动员会议召开。市委副书记孙吉海出席会议并讲话，市委常委、宣传部部长赵莉主持会议，副市长杨连富、王大鹏出席会议。

15日，全市文明家庭表彰暨巾帼美家活动推进会议召开。市委副书记孙吉海出席会议并讲话，市委常委、宣传部部长赵莉主持会议，并就会议精神的贯彻落实讲了意见。市领导葛淑彬、单东升、宗素霞出席会议。

15日，安徽省供销社理事会副主任唐庆明到诸城考察深化供销社综合改革和基层组织建设工作。

16日，市委在实验初中体育馆举办中华传世“经典家训展读”活动，学习好家训，传承好家风，传递正能量。市领导桑福岭、何金波、李永光、赵莉、吴建智出席活动。

18日，市委书记桑福岭到南湖市民公园、三河湿地现场调度重点项目建设工作。市领导王爱民、王大鹏一同调度。

20日，市委召开党的建设工作领导小组会议，听取部分部门单位党（工）委书记履行基层党建责任半年工作述职，研究开展庆祝建党97周年纪念活动、社区及经联社（居委会）运行情况专题调研工作。市委书记桑福岭主持会议并讲话。

20日，“文明诸城、青年先行”——全市青年志愿者助力全国文明城市创建动员会议召开。市委副书记孙吉海出席会议并讲话。市领导葛淑彬、陈之帅、宗素霞出席会议。

20日，市十八届人大常委会召开第20次主任会议。会议听取了关于棚户区改造、学前教育发展、民商事审判工作审议意见、代表建议办理情况的汇报，研究了关于检查森林法贯彻实施情况的报告及有关人事任免事项等。

21日，省委农工办副主任王宪一行三人到诸城大源社区、国家级农林科技孵化器、蔡家沟艺术实验场、东方田园综合体、昌城社区调研实施乡村振兴战略和美丽乡村建设有关工作。

22日，市委书记桑福岭主持召开市委常委（扩大）会议，研究部署2018年度镇（街）园区和市直部门单位党风廉政建设责任书和综合考核、湖长制、加快公墓建设推进殡葬改革、深化“作风建设年”、加强意识形态工作、大学生士兵征集工作。

22日，寒亭区委副书记刘金国率考察团到诸城考察学习实施乡村振兴战略工作。

22日，市十八届人大常委会召开第十二次会议，听取审议乡村振兴战略实施、乡村旅游发展、代表建议办理、森林执法检查情况；通过了人事任免事项，决定任命陈之帅为诸城市人民政府副市长（挂职）。

23日，潍坊市副市长马清民到诸城调研乡村振兴工作。

25日，迎“6·26”国际禁毒日暨禁毒文艺作品征稿颁奖仪式在明德学校举行。市委副书记、市长刘峰梅出席仪式并讲话，市委常委、政法委书记王志强，副市长单东升出席仪式并为本次征稿获奖人员颁奖。

25-29日，桑福岭、刘峰梅、孙吉海、王玉邦、孙利宝等市级领导班子成员分别到密州街道、龙都街道、舜王街道、辛兴镇、昌城镇走访慰问新中国成立前老党员和生活困难党员，并送去了慰问品和慰问金。

28日，市委书记桑福岭主持召开市委常委会议，研究诸城市庆祝中国共产党成立97周年大会筹备方案和《中共诸城市委关于表彰优秀共产党员、优秀党务工作者和先进党组织的决定》、纪念王尽美同志诞辰120周年活动后续工作推进方案。

28日，市政府组织收看全国深化“放管服”改革转变政府职能电视会议。市领导刘峰梅、李庆华、王大伟、李耀武参加收看。

29日，国家禁毒委员会副主任、公安部党委委员、反恐专员刘跃进到诸城就禁毒和反恐工作进行督导调研。在省禁毒委副主任于成河陪同下，刘跃进实地察看了禁毒教育基地、金盾保安110联网报警中心及恐龙地质公园禁毒宣传站，对诸城市禁毒教育宣传、110联网报警中心动态监控及一键式报警全覆盖的做法给予高度评价。

30日，市委召开庆祝中国共产党成立97周年大会，回顾党的光辉历程，展望党的光明前景，表彰先进集体和个人。桑福岭、刘峰梅、孙吉海、王玉邦等市级领导班子成员出席会议，并为受到表彰的先进集体和个人颁奖。市委书记桑福岭作了重要讲话，市委副书记、市长刘峰梅主持会议，并就会议精神的贯彻落实讲了意见，市委副书记孙吉海宣读了《关于表彰优秀共产党员、优秀党务工作者和先进党组织的决定》《关于表彰红旗支部、红领党务和红星工匠的决定》。

30日，市委书记桑福岭到所在的市委办公室机关一支部参加主题党日活动，与支部党员一起重温入党誓词，瞻仰王尽美纪念馆，参观诸城市改革开放展览馆。市委常委、办公室主任王爱民一同参加活动。

30日，市委副书记、市长刘峰梅主持召开第7次市政府常务会议，研究开展工业企业“大走访大调研”、生态环保、《关于支持人才创新创业的实施细则》、创建全国义务教育优质均衡发展市、中医药事业发展、自然人信用积分等级评价等工作。

是月，平均气温19.0℃，较常年偏高0.2℃，最高气温31.0℃，较历史同期极值偏低5.3℃，最低气温7.0℃，较历史同期极值偏高7.6℃；月降水量133.3毫米，较常年偏多75.3毫米，较历史同期最多值偏少7.9毫米，最少值偏多128.1毫米；月日照总时数238.7小时，较常年偏少14.8小时。有效降水主要集中在1-3日、5-6日、11-12日、16日、20日、22日。气候特点是气温偏高，降水偏多，对农作物生长有利；日照偏少，对农作物生长不利。

7月

1日，市委书记桑福岭到龙都街道、南湖生态经济发展区调度重点项目建设工作。桑福岭实地察看了兴华路西延、涓河桥工程、三河湿地、龙源学校、土墙安置区等项目施工现场，指出要全力以赴推进项目、破解难题服务项目、强化监管提升项目、转变作风保障项目。市领导王爱民、王大鹏一同调度。

3-4日，全省食品工厂规范化现场推进会议在诸城召开。省食药监局副局长李超群出席会议并讲话，潍坊市副市长李平出席会议并致辞，市领导刘峰梅、王大伟出席会议。与会人员实地参观了惠发食品股份有限公司、得利斯集团、佳士博公司等。

4日，河南省焦作市政协副主席刘东成率考察团到诸城考察学习“农产品品牌建设”等方面的工作。

5日，潍坊市委常委、秘书长刘建国到诸城调研新旧动能转换和乡村振兴工作。

5-6日，省国土资源厅副厅长刘鲁到诸城开展规划计划管理和“零增地”节约集约用地模式调研。

9日，市委书记桑福岭主持召开市委常委会议，传达学习习近平总书记在山东省考察工作结束时的重要讲话，研究《中共诸城市委关于落实潍坊市委十二届六次全会精神深入学习贯彻习近平总书记视察山东重要讲话精神的意见》《贯彻落实中央环境保护督察组督察反馈意见整改落实实施方案》《中央环境保护督察反馈意见整改检查工作方案》《工业企业“大走访、大调研”活动实施方案》《诸城市自然人信用积分等级评价规定》《建设省级医养结合示范先行市实施方案》《关于进一步规范党政机关办公用房管理的意见》《关于进一步加强统计工作的意见》。

9日，中国共产党诸城市第十四届委员会第五次全体会议举行。全会全面贯彻落实党的十九大精神，深入学习贯彻习近平总书记视察山东重要讲话精神，传达学习省委十一届五次全体会议和潍坊市委十二届六次全体会议精神，审议通过了《中共诸城市委关于落实潍坊市委十二届六次全会精神深入学习贯彻习近平总书记视察山东重要讲话精神的意见》。

10日，市委、市政府召开生态环境保护大会，深入学习贯彻习近平生态文明思想，认真落实全国和省、潍坊市生态环境保护大会精神。市委书记桑福岭出席会议并讲话，市委副书记、市长刘峰梅主持会议，并就会议精神的贯彻落实讲了意见，市领导孙吉海、王玉邦、孙利宝等出席会议。副市长王大鹏宣读了《中央环保督察反馈意见诸城市整改督导检查工作方案》。

10日，山东大业股份有限公司与中国工程院院士、武汉理工大学张联盟教授共建院士工作站签约仪式举行。市委副书记、市长刘峰梅出席签约仪式并讲话。

11日，黑龙江科技大学诸城石墨烯研究院项目签约仪式举行。黑龙江科技大学科技处副处长刘宝良及诸城市委书记桑福岭出席签约仪式并致辞。市领导刘峰梅、王爱民、王大伟出席签约仪式。

11日，临清市党政企考察团到诸城考察交流，并参加诸城·临清东西协作签约仪式。市委副书记、市长刘峰梅出席签约仪式并致辞，市领导孙吉海、刘天军出席签约仪式。临清市委副书记、市长祁学兰对诸城对临清开展的一系列帮扶活动表示感谢。考察团还参观了东方田园综合体、福田汽车超级卡车工厂、惠发食品股份有限公司、得利斯集团，就深入推进协作进行了交流洽谈。

11日，农业部农产品贸易办公室副主任、农业贸易促进中心主任张陆彪率调研组到诸城就应对农产品贸易摩擦进行调研。市领导孙吉海、杨连富陪同。

12日，全市创建全国文明城市暨城乡环境综合整治推进会议召开。市委副书记孙吉海就做好下步工作作了部署，市委常委、宣传部部长赵莉，副市长王大鹏分别就做好相关领域工作讲了意见。

13日晚，大型反腐茂腔现代戏《失却的银婚》在济南历山剧院举行汇报演出。省纪委副书记、省监委副主任孙丰华，省纪委常委李在武，潍坊市委常委、市纪委书记、市监委主任张晓峰出席活动。诸城市领导刘峰梅、何金波一同观看了演出。

13日，潍坊市人民政府防汛抗旱指挥部在诸城市墙夼水库举行2018年防汛抢险暨山洪灾害防御演习。潍坊市副市长马清民及诸城市领导孙吉海、杨连富参加演习。

13日，奎文区政协主席刘良嘉率考察团到诸城参观学习红色教育、美丽乡村建设、田园综合体等工作。

14日，市委副书记孙吉海到潍河河道治理工程、尚沟河溢流堰工程、太古庄河防汛路和河道治理绿化工程现场调度十河共治和绿化项目建设工作。副市长杨连富一同调度。

17-18日，中国法学会会员部副主任崔秀娟率调研组到诸城调研法学会参与重大项目社会稳定风险评估工作。

19日，潍坊市委书记、市人大常委会主任刘曙光率调研组到诸城调研乡村振兴工作。在潍坊市委常委、秘书长刘建国及诸城市领导桑福岭、刘峰梅、孙吉海、王爱民、杨连富陪同下，刘曙光一行实地察看了东方田园综合体、华山榛缘欢乐谷田园综合体、桃林镇万亩茶园和茶文化博物馆、得利斯集团等，对诸城市乡村振兴工作成效给予充分肯定。

19日，诸城市政府与北汽集团、北京航空航天大学在北京举行战略合作协议签约仪式。北汽集团总经理张夕勇，北京航空航天大学校长徐惠彬及诸城市领导刘峰梅、李庆华、韩培武出席仪式。市委副书记、市长刘峰梅致辞。

20日，国家税务总局诸城市税务局挂牌仪式举行。

20-21日，市委副书记孙吉海率考察团赴莱芜市钢城区、日照市东港区、潍坊市寿光市、寒亭区、昌邑市、坊子区考察学习实施乡村振兴战略及现代农业发展方面的先进经验。副市长杨连富参加考察活动。

25日，市委组织收看潍坊市委深入实施乡村振兴战略专题读书交流会实况。桑福岭、刘峰梅、孙吉海、王玉邦等市级领导班子成员参加收看。

25日，市十八届人大常委会召开第21次主任会议。会议听取了乡村振兴战略实施情况审议意见办理情况和森林法执法检查报告的办理情况汇报，研究了上半年经济运行、健康素养提升工程和刑事执行监督工作开展调研的实施方案，议定了市十八届人大常委会第十三次会议的建议议题。

26-27日，市委组织召开上半年镇（街）园区科学发展综合点评现场推进会议。市委书记桑福岭结合现场点评情况讲了意见。刘峰梅、孙吉海、王玉邦等市级领导班子成员参加现场点评。

27日，市政府组织收看全国、全省和潍坊市安全生产电视会议。市委副书记、市长刘峰梅参加收看。电视会议结束后，市委常委、常务副市长李庆华就安全生产工作进行了部署。

27日，市委副书记、市长刘峰梅主持召开第8次市政府常务会议，听取防汛工作情况汇报，研究“一次办好”改革方案、城市生活垃圾和建筑垃圾处置管理、公共企事业单位信息公开、健康事业、老龄事业、部分重点项目建设等工作。

28日，中央环境保护督察反馈意见整改督导检查潍坊市第9督导组组长、副市长马清民一行9人到诸城督导检查中央环保督察反馈意见整改情况。在市领导桑福岭、刘峰梅、王爱民、王大鹏陪同下，马清民一行现场检查了舜河污水厂入河排污口、福田汽车厂、华欣铸造公司、万兴建材有限公司页岩砖厂，对诸城市环保督察整改工作取得的成效给予肯定。

28-30日，全省普通高中学校选课走班和高中课程设置经验交流研讨会在诸城召开。

29日-8月3日，市委书记桑福岭率党政考察团赴广东省顺德区、南海区、黄埔区，浙江省绍兴市柯桥区、慈溪市、桐乡市、德清县进行寻标对标考察学习，重点学习7个县市区在新旧动能转换、乡村振兴战略实施、智能制造、科技创新、招商引资、招才引智、互联网电商、美丽乡村建设等方面的先进理念和经验。市领导刘峰梅、王玉邦、李庆华、王爱民、王大伟、王大鹏、韩培武参加考察学习。

31日，市委、市政府组织收看省委、省政府重点工作推进落实情况视频会议。市委副书记孙吉海参加收看。

是月，“世界遗迹·诸城恐龙”摄影图片展暨诸城旅游推介会在上海东方明珠电视塔举办。

是月，平均气温26.3℃，较常年偏高0.6℃，最高气温34.7℃，较历史同期极值偏低5.6℃，最低气温18.6℃，较历史同期极值偏高4.1℃；

月降水量224.4毫米，较常年偏多62.2毫米，较历史同期最多值偏少101.4毫米，最少值偏多192.1毫米；月日照总时数214.9小时，较常年偏多18.8小时。有效降水主要集中在1日、9-11日、23-24日、26-29日。23-24日受10号台风“安比”影响，诸城境内出现暴雨到大暴雨天气，并伴有8-9级大风，降雨量133.3毫米，其中桃林、皇华、林家村等镇雨量偏大，受灾较重。据统计，全市受灾人口81857人，造成玉米、黄烟等农作物和经济作物受灾，受灾面积14796公顷，成灾6083公顷，倒塌房屋47间，造成直接经济损失7223万元。气候特点是气温偏高，降水、光照均偏多，对农作物生长有利。

8月

1日，中国林学会理事长赵树丛率调研组到诸城调研林业产业发展情况。在省政协副主席、林业厅厅长刘均刚，潍坊市副市长马清民陪同下，调研组实地考察了华山农林万亩榛子园、东方田园综合体，并对诸城市引导工商资本下乡，推动林业产业发展的做法给予高度评价。诸城市领导孙吉海、李永光、杨连富一同调研。

2日，省委宣讲组到诸城开展“乡村振兴入民心”集中宣讲活动。省委宣讲组成员、省国土资源厅规划处处长郝春华，昌邑市龙池镇党委书记朱永红作专题辅导。市委副书记孙吉海主持宣讲会议，副市长杨连富参加活动。

4日，中国社会科学院经济研究所党委书记、副所长王立胜率调研组到诸城就“诸城模式”进行调研。调研组实地察看了得利斯集团、佳士博公司、外贸公司，对诸城市农业农村工作取得的成效表示肯定。市领导桑福岭、孙吉海、王爱民、杨连富一同调研。

7日，市政府召开食品产业舆情处理中心暨中国食品报《山东食业》诸城编委会成立大会。中国食品报副总编刘振及诸城市委常委、常务副市长李庆华出席成立仪式并揭牌。

7-8日，市委半年工作专题读书交流会召开，对标总书记重要讲话精神，对标南方先进地区经验，交流外出考察学习体会，分析研判形势，动员全市上下再提信心、再鼓干劲、再加压力，推动全市经济社会持续健康发展，确保圆满完成全年各项目标任务。市委书记桑福岭出席会议并讲话，市委副书记、市长刘峰梅总结了上半年工作，并对下半年工作任务进行了部署，市委副书记孙吉海参加会议。王玉邦、李庆华、王爱民、王大伟、王大鹏、韩培武等市领导分别谈了考察学习感受和体会。

8日，省扶贫办副主任邵国君率调研组到诸城农林科技孵化器、东方田园综合体和南湖区蔡家沟村调研扶贫工作。市委副书记孙吉海陪同。

8-9日，中国古生物化石保护基金会理事长陶庆法一行2人到诸城考察调研古生物化石产地保护和开发情况。

9日，省测绘地理信息局局长赵培金到诸城就乡村振兴“一张图”总体设计方案进行对接。市领导桑福岭、刘峰梅、王大鹏等参加对接会。

10日晚，大型反腐茂腔现代戏《失却的银婚》在潍坊大剧院举行汇报演出。刘曙光、田庆盈、苏立科等潍坊市级领导班子成员以及潍坊市直部门单位党员干部和各界群众1000多人观看了演出。诸城市领导桑福岭、刘峰梅、何金波、赵莉、王大伟一同观看。

15日，市人大常委会组织部分省、潍坊和诸城市人大代表到卧龙湖水库、扶淇河治理工程、青墩水库围网等工程现场对诸城市贯彻实施《山东省水资源条例》情况进行执法检查。市人大常委会领导王玉邦、于明堂及副市长王大伟参加检查。

18日，诸城市苏轼文化研究会成立揭牌仪式在东坡小区东坡文苑举行。

18日，电影《你想不到》开机仪式暨新闻发布会在诸城市举行。市委常委、宣传部部长赵莉出席并致辞。

20日，市委书记桑福岭先后到潍河、墙夼水库、卧龙湖水库等防汛现场调度防汛工作。市领导刘峰梅、王爱民、杨连富、韩培武一同调度。

20日，市委、市政府组织收看山东省第十环境保护督察组对潍坊市开展"回头看"工作动员汇报视频会议。视频会议结束后，市委书记桑福岭结合诸城实际讲了意见。

21日，市十八届人大常委会召开第22次主任会议。会议听取了2017年财政决算和2018年上半年财政预算执行情况的汇报、2017年度市级预算执行和其他财政收支情况的审计工作汇报；议定了诸城市2017年市级财政决算的审查报告和上半年国民经济和社会发展计划执行情况、健康素养提升工程开展、刑事执行监督工作情况的调研报告及《山东省水资源条例》执法检查报告。

21-22日，市委、市政府召开重点项目现场调度会议，研究解决项目推进中存在的问题，部署具体工作任务。市委书记桑福岭出席会议并讲话，市领导刘峰梅、王玉邦、孙利宝等参加会议。

22日，诸城检通服饰科技公司开业仪式举行。市委书记桑福岭出席仪式并致辞，市委副书记、市长刘峰梅主持仪式。市领导李庆华、王爱民、王大伟、韩培武出席仪式，并与嘉宾一同参观了厂区。该公司是诸城市第一家具有第三方性质的涉外检测检验机构。

22日，市政协召开十届七次常委会议。会议传达了市委半年工作专题读书交流会议精神，听取了市政府关于乡村振兴战略实施情况的通报和部分委员的讨论发言。

23日，市委书记桑福岭主持召开市委常委会议，听取深入推进"一次办好"改革、扫黑除恶专项斗争工作情况汇报，研究全市意识形态和舆论宣传、2018舜帝故里（诸城）大舜文化节重点活动安排等事项。

23日，市委副书记、市长刘峰梅主持召开防汛救灾工作会议，传达中央、省和潍坊市关于防汛救灾工作的指示精神，安排全市防汛救灾工作。市领导李庆华、王大伟、单东升、王大鹏、李耀武、韩培武参加会议。

23日，市十八届人大常委会召开第十三次会议。会议听取审议了市人大执法检查组有关执法检查报告和市政府、市检察院有关工作报告，通过了《诸城市人大常委会关于批准诸城市2017年市级财政决算的决定》。

25日，市委、市政府召开重点项目"秋季百日攻坚"动员大会，动员全市上下认识再提高、思想再统一、力量再凝聚、力度再加大，推动重点项目建设实现新突破。市委书记桑福岭出席会议并讲话，市委副书记、市长刘峰梅主持会议，并就会议精神的贯彻落实讲了意见。

26日，安丘市委副书记贾勤清率党政考察团到诸城考察学习乡村振兴战略实施情况。

27日，市委意识形态和宣传思想工作领导小组会议暨市委网络安全和信息化领导小组会议召开。市委书记桑福岭围绕做好意识形态和网信工作讲了意见，市委副书记、市长刘峰梅主持会议，市委副书记孙吉海传达了省委、潍坊市委有关会议精神。

27日，市委理论学习中心组举行集体学习，重点围绕《习近平谈治国理政》（第二卷）建设社会主义法治国家、推动全面从严治党向纵深发展、发展社会主义民主政治等三个专题进行研讨、思考和交流。市委书记桑福岭主持并讲话，刘峰梅、孙吉海、王玉邦等市级领导班子成员参加集体学习。

27日，市委、市政府组织收看潍坊市防汛与抗灾救灾工作视频会议。视频会议结束后，市委书记桑福岭，市委副书记、市长刘峰梅分别对诸城市防汛救灾工作作了部署。孙吉海、王玉邦等市级领导班子成员参加收看。

27日，市委书记桑福岭到市扫黑办、公安局刑警大队、舜王街道九台社区调研扫黑除恶专项斗争开展情况。市领导孙吉海、王志强、单东升、韩旭东、王彦青一同调研。

28日，市委书记桑福岭到桃林镇、皇华镇现场检查调度防汛和抗灾救灾工作。市领导刘峰梅、孙吉海、杨连富一同调度。

28-29日，潍坊市政府党组成员、市人社局局长陈汝孝带队到诸城检查指导防汛和抢险救灾工作。市领导刘峰梅、单东升、杨连富、李耀武陪同。

29日，省政协人资环委副主任董书华率督导组到诸城督导环保工作。

29日，市政府组织收看全省安全生产紧急电视会议。电视会议结束后，市委常委、常务副市长李庆华就贯彻落实会议精神，对诸城市安全生产工作进行了安排。

30日，市委、市政府召开深化“一次办好”改革优化营商环境工作会议，动员全市上下以推进“一次办好”改革为着力点，优化营商环境，厚植发展优势。市委书记桑福岭出席会议并讲话，市委副书记、市长刘峰梅主持会议并就会议精神的贯彻落实讲了意见。市委常委、常务副市长李庆华安排了“一次办好”改革优化营商环境有关工作，市委常委、组织部部长李永光就营商环境评价工作讲了意见。

30日，全市妇女儿童工作会议召开。市委副书记、市长刘峰梅出席会议并讲话，市委副书记孙吉海主持会议，并就会议精神的贯彻落实讲了意见。

30日，市政府组织收看全国禁毒工作电视会议。电视会议结束后，副市长单东升就诸城市当前禁毒工作进行了部署。

31日，市委、市政府组织收看中央扫黑除恶第五督导组督导山东省工作动员会议。市领导桑福岭、孙吉海、何金波、李永光、赵莉、王爱民、单东升等参加收看。

31日，市委副书记、市长刘峰梅主持召开第9次市政府常务会议，听取全市开展扫黑除恶专项斗争、防汛救灾、乡村振兴“一张图”建设工作等情况汇报，研究加快推进生猪养殖转型升级、禁毒、第三次农业普查主要数据公报、《诸城市水安全保障规划》、退役士兵安置等工作。

31日，诸城市政府与机科发展科技股份有限公司战略合作签约仪式举行。机科股份公司党委书记、董事长、总经理刘新状与诸城市委副书记、市长刘峰梅致辞，市委常委、常务副市长李庆华主持仪式，并代表市政府与机科公司签约。

是月，昌城镇荣获“山东省森林小镇”称号。全省20个乡镇（街道）入围，昌城镇是潍坊市唯一获此殊荣的乡镇（街道）。

是月，平均气温26.8℃，较常年偏高1.8℃，最高气温36.0℃，较历史同期极值偏高0.1℃，创历史新高，最低气温18.3℃，较历史同期极值偏高6.4℃；月降水量239.3毫米，较常年偏多54.5毫米，较历史同期最多值偏少480.8毫米，最少值偏多205.7毫米；月日照总时数221.6小时，较常年偏多16.6小时。有效降水主要出现在4-5日、13-15日、17-20日、28-31日。19-20日，受18号台风“温比亚”影响，诸城境内出现暴雨到大暴雨天气，并伴有7-8级大风，其中龙都街道、枳沟镇、相州镇受灾较重。据统计，全市受灾人口14302人，造成玉米、黄烟等农作物和经济作物受灾，受灾面积1581.32公顷，成灾702.15公顷，倒塌房屋129间，损坏房屋189间，造成直接经济损失2024.54万元。28-29日，受副热带高压边缘和低涡影响，诸城境内出现暴雨到大暴雨天气，其中桃林镇、皇华镇受灾较重。据统计，全市受灾人口18996人，造成玉米、黄烟等农作物和经济作物受灾，受灾面积900.43公顷，成灾674.03公顷，倒塌房屋7间，损坏房屋71间，造成直接经济损失2665.28万元。本月气候特点是气温偏高，光照偏多，对农作物生长有利；降水偏多，月内出现2次暴雨天气，造成部分镇街出现灾情。

9月

3日，省委第六巡视组向诸城市委反馈巡视情况。省委第六巡视组组长万志博、副组长程远军向市委书记桑福岭传达了省委书记刘家义关于巡视工作的讲话精神，反馈了巡视情况，并就整改工作提出要求。潍坊市委常委、市纪委书记、市监察委员会主任张晓峰出席反馈会议并就落实巡视反馈意见提出要求，桑福岭主持反馈会议并作表态发言。

3日，原创抗战题材现代茂腔戏《保卫刘家庄》在市青少年宫剧院举行首场演出。市领导孙吉海、李永光、赵莉、薛宗刚、郑晓瑛、王大伟、宗素霞参加观看。

4日，市扫黑除恶专项斗争领导小组第四次全体（扩大）会议召开。市委常委、政法委书记，市扫黑除恶专项斗争领导小组组长王志强主持会议并讲话，副市长单东升就进一步提高政治站位、加强基层组织建设等工作任务作了具体安排。

5日，市委书记桑福岭主持召开市委常委（扩大）会议，研究《诸城市关于中央第七巡视组巡视山东反馈意见整改落实方案》《关于在全市农村实施“三清一增”集中行动工作方案》《关于发展壮大农村集体经济的实施意见》《诸城市服务保障中央扫黑除恶专项斗争督导工作实施方案》，传达学习《刘家义同志在省委书记专题会议听取十一届省委第三轮巡视工作情况汇报时的讲话》和《省第六巡视组关于巡视诸城市的反馈意见》，听取全市抗灾救灾及灾后重建工作情况汇报。

5日，国家艺术基金2017年度艺术人才培养资助项目——山东茂腔《罗衫记》青年表演人才培训班开班仪式在市图书馆举行。市委常委、宣传部部长赵莉出席仪式并讲话。

6日，第三届美晨龙城园丁奖颁奖大会召开。市委副书记孙吉海出席会议并讲话。市领导王金友、陈之帅、袁柳天出席会议并为获奖教师颁奖。

7日，市委组织收看全省扫黑除恶专项斗争工作专题视频会议。视频会议结束后，市委书记桑福岭就贯彻落实全省视频会议精神，推动扫黑除恶专项斗争深入开展进行了再动员再部署。市领导孙吉海、何金波等参加收看。

7-10日，在第34个教师节来临之际，市领导桑福岭、刘峰梅、孙吉海、王玉邦、孙利宝等分别到明德学校、特殊教育学校、繁华中学，龙源双语学校、龙都中心校、一中慈海学校、诸城一中、实验中学、龙城中学、第一小学走访慰问广大教职员工，送去了节日的问候。

8日，市委书记桑福岭主持召开市委常委会议，传达习近平总书记在全国组织工作会议和在十九届中央政治局第六次集体学习时的讲话精神，学习《中国共产党章程》《中国共产党纪律处分条例》《关于进一步加强巡视巡察工作的意见》。

8日，市委书记、市委全面深化改革领导小组组长桑福岭主持召开十四届市委全面深化改革领导小组第六次会议。传达学习中央深改委第二次、第三次会议和十一届省委深改组第六次、第七次、第八次会议以及十二届潍坊市委深改组第十二次、第十三次会议精神，听取“改革开放40周年创新案例”评选情况汇报，审议《诸城市全面深化改革考核实施细则》。市领导刘峰梅、孙吉海参加会议。

9日，市委、市政府组织收看潍坊市灾后恢复重建工作视频会议。视频会议结束后，市委书记桑福岭对诸城市灾后恢复重建工作进行了部署。刘峰梅、孙吉海、王玉邦等市级领导班子成员参加收看。

10日，市委副书记、市长刘峰梅到市扫黑办、密州街道东坡社区、市公安局刑警大队现场调度扫黑除恶专项斗争工作，指出要强化重点侦查、部门联动、宣传发动。副市长单东升一同调度。

10-11日，市委书记桑福岭先后到密州街道、南湖生态经济发展区、经济开发区及舜王街道现场调度重点项目建设工作。市领导王玉邦、王爱民等一同调度。

11日，北京航空航天大学诸城高性能轻量化材料军民融合产业基地暨青岛研究院诸城分院揭牌仪式在诸城举行。北京航空航天大学校长、中国工程院院士徐惠彬，北汽集团副总经理陈江及诸城市领导桑福岭、刘峰梅、王爱民、王大伟等出席揭牌仪式。市委书记桑福岭致辞。揭牌仪式结束后，与会人员参观考察了福田汽车山东超级卡车工厂、迈赫机器人小镇。

12日，诸城·雪松恐龙探索王国旅游项目奠基开工。省旅游发展委员会副主任张鲲、雪松控股集团董事局主席张劲、诸城市委书记桑福岭出席开工奠基仪式并分别致辞。市委副书记、市长刘峰梅主持奠基仪式，市领导王玉邦、王爱民、王大伟出席奠基仪式。诸城·雪松恐龙探索王国旅游项目规划占地面积2450亩，由世界500强企业——广州雪松控股集团旗下的雪松文旅集团投资52.8亿元，分两期建设。项目打造集遗址保护、科普互动、主题沉浸、休闲娱乐等功能于一体的世界级恐龙文化科普探索乐园和高品质文化旅游科普教育体验基地。

12日，昌邑市委副书记王龙堂率党政考察团到诸城学习考察乡村振兴战略实施情况。

12日，青岛市即墨区人大常委会主任、党组书记辛启鑫率考察团到诸城考察乡村振兴战略实施和人大工作。

14日，全市“三清一增”集中行动工作动员会议召开。市委书记桑福岭出席会议并讲话，市委副书记、市长刘峰梅主持会议并就会议精神的贯彻落实讲了意见，市委副书记孙吉海宣读了《关于在全市农村实施“三清一增”集中行动工作方案》，市人大常委会主任王玉邦等出席会议。

14日，市政府党组召开巡视整改专题民主生活会。市委副书记、市长、市政府党组书记刘峰梅主持会议并作总结讲话，市政府党组成员参加会议，市纪委、市委组织部有关同志到会指导。

14日，副省长、潍河省级河长任爱荣到诸城市就潍河河长制和墙夼水库湖长制工作进行调研。省政府副秘书长魏华祥、省水利厅副厅长赵青，潍坊市副市长马清民及诸城市领导刘峰梅、杨连富陪同。

15日，市委书记桑福岭主持召开市委常委会议，研究《关于省委第六巡视组反馈意见整改落实方案》《关于对省委第六巡视组巡视检查诸城市委落实意识形态工作责任制情况的报告》的整改落实等事项。

15日，市委常委班子召开以巡视整改为主题的专题民主生活会。市委书记桑福岭主持会议并作总结讲话，市委副书记、市长刘峰梅，市委副书记孙吉海出席会议，市人大常委会主任王玉邦列席会议，潍坊市纪委有关同志到会指导。

19日，市人民医院孙颖浩院士工作站签约暨授牌仪式在上海长海医院举行。市委书记桑福岭出席仪式并讲话，市委常委、组织部部长李永光主持仪式。孙颖浩院士是中国工程院院士、“973”首席科学家、何梁何利基金获得者，现任海军军医大学（原第二军医大学）校长兼泌尿外科中心主任、全军前列腺疾病研究所所长，擅长泌尿系统肿瘤的诊治及微创泌尿外科技术的应用，荣获国家科技进步奖一等奖等多项重大奖项和荣誉。

19日，诸城市台胞台属联谊会召开第一次会员代表大会，审议通过《诸城市台胞台属联谊会章程》，选举产生台胞台属联谊会第一届理事会会长、副会长、秘书长和名誉会长。市委副书记孙吉海出席会议并讲话。

20日晚，2018舜帝故里（诸城）大舜文化节暨首届中国（诸城）古琴文化艺术节在密州宾馆大礼堂开幕。中国乐器协会秘书长陈晋武，山东省文化厅副厅长王廷琦及诸城市领导桑福岭、刘峰梅、孙吉海、王玉邦、孙利宝出席开幕式。王廷琦及诸城市委副书记、市长刘峰梅致辞，陈晋武、王廷琦、桑福岭等领导和嘉宾共同开启2018舜帝故里（诸城）大舜文化节暨首届中国（诸城）古琴文化艺术节开幕式启动球。市委常委、宣传部部长赵莉主持开幕式。

21日，市委书记桑福岭到龙都街道调度重点项目建设工作。副市长王大鹏一同调度。

21日晚，“常山中秋月更明”2018中秋综艺晚会在常山文博苑广场举行。桑福岭、刘峰梅、孙吉海等市级领导班子成员与劳动模范及社会各界群众一同观看了演出。

24日，市委书记桑福岭到部分城建项目建设现场调度重点城建项目建设工作。市领导刘峰梅、王大鹏一同调度。

25日，市委书记桑福岭调度重点项目建设工作。市领导王玉邦、李庆华、赵治国、李永光、赵莉、王爱民、韩培武一同调度。

25日，市委书记桑福岭到桃园生态经济发展区调研项目建设。市领导李永光、王爱民一同调研。

26日，山东社科论坛·乡村振兴研讨会在诸城召开。山东省社科联党组副书记、副主席周忠高，大众报业集团党委常委、副总编辑王修滋及诸城市领导桑福岭、刘峰梅、赵莉、王爱民出席会议。与会人员还实地参观考察了得利斯展厅、华山榛业田园综合体、蔡家沟艺术实验场、东方田园综合体、国家级农林科技孵化器、枳沟镇乔庄社区等，对诸城市乡村振兴战略实施情况给予充分肯定。

26日，2018年首届人工智能助推新旧动能转换峰会在迈赫机器人自动化股份有限公司举行。市委副书记、市长刘峰梅出席会议并致辞，市委常委、常务副市长李庆华出席会议。

27日，市委副书记、市长刘峰梅到桃园生态经济发展区调研，实地察看了部分重点项目和公共基础设施建设情况。

27日，市十八届人大常委会召开第23次主任会议。会议听取了《关于健康素养提升工程开展情况审议意见办理情况的汇报》《关于山东省水资源条例执法检查报告办理情况的汇报》《关于刑事执行监督工作审议意见办理情况的汇报》；议定了《关于现代农业技术推广与应用的调研报告》；研究了《关于公安执法规范化建设的调研方案》和《商业银行法、公共文化服务保障法的执法检查方案》。

28日，市委书记桑福岭主持召开市委深入推进乡村振兴战略工作调度会议。市领导刘峰梅、孙吉海、李永光、王爱民、杨连富出席会议。

28日，省委办公厅副主任刘灿河率调研组到诸城调研。调研组实地察看了王尽美纪念馆、枳沟镇大北杏村、国家级农林科技孵化器、蔡家沟艺术实验场、东方田园综合体、福田汽车诸城超级卡车工厂、名人馆等，对诸城市相关工作取得的成效表示充分肯定。

29日，市委、市政府组织收看儒商大会2018开幕式。市领导刘峰梅、孙吉海、王玉邦等参加收看。

30日，是我国第五个烈士纪念日，市委、市政府在烈士陵园举行公祭活动。公祭仪式上，奏唱《中华人民共和国国歌》，向烈士献花篮，全体人员向烈士行三鞠躬礼。市委副书记孙吉海等出席仪式。

30日，市委、市政府组织收看全省抗灾救灾工作表彰大会。市委副书记孙吉海等参加收看。

30日，经市委研究决定，徐飞任市住建局一级主任科员，市社区化发展办公室党组书记、主任，不再担任市高新技术产业园党工委委员、管委会副主任职务；郑德华任市残联党组书记、理事长，不再担任市委机要局局长职务；李培玉任市委政策研究室主任，不再担任市委全面深化改革领导小组办公室副主任职务；郭青任市恐龙文化研究中心党委委员，诸城恐龙文化省级旅游度假区党工委书记、管委会主任，不再担任市委宣传部副部长、市文明办主任职务；王晓华任市物价局党支部书记、局长，不再担任市委办公室副主任、市扶贫开发领导小组办公室主任职务；张崇明任市委办公室副主任、市扶贫开发领导小组办公室主任，不再担任市文联党组书记、主席，市社科联主席职务；马凤来任市委宣传部四级调研员，市文联党组书记、主席，市社科联主席，不再担任市城管局副局长，市城管大队党委书记、大队长职务；鞠习强任市综合行政执法局党委书记、局长，主持市综合行政执法大队工作，不再担任市卫计局党委委员职务；陈华任市委市政府督查局局长，不再担任市委统战部副部长，市工商联党组书记、常务副主席，市委非公有制经济组织和社会组织工委副书记职务；郑德惠任市统计局党组书记、局长，不再担任市委市政府督查局（室）局长（主任）职务；王志伟任市委统战部副部长，市工商联党组书记、常务副主席，市委非公有制经济组织和社会组织工委副书记（兼职），不再担任市统计局党组书记职务；王希云任团市委党组书记、书记；马志成任市政府办公室一级主任科员，市社会信用体系建设办公室党组书记、主任，不再担任市残联党组书记、理事长职务。

是月，平均气温20.6℃，较常年偏低0.3℃，最高气温31.4℃，较历史同期极值偏低6.3℃，最低气温10.4℃，较历史同期极值偏高3.9℃；月降水量107.3毫米，较常年偏多37.3毫米，较历史同期最多值偏少134.7毫米，最少值偏多98.8毫米；月日照总时数204.6小时，较常年偏多3.6小时。有效降水主要出现在3日、6日、15-16日、19-21日。气候特点是降水偏多，光照偏多，对农作物生长有利；气温偏低，对农作物生长不利。

10月

1日，市委书记桑福岭到枳沟镇、龙都街道、皇华镇、桃林镇现场调研灾后重建工作。市领导孙吉海、王爱民、杨连富、王大鹏一同调研。

1日，市委书记桑福岭到桃林镇臧家沟社区臧家沟经联社、密州街道栗行社区栗行经联社、高新园埠口社区小行寺经联社实地调研“三清一增”集中行动开展情况。市领导孙吉海、李永光、王爱民一同调研。

2日，市委书记桑福岭到部分镇街调研城建和棚改工作。市领导王爱民、王大鹏一同调研。

2日，市委书记桑福岭到部分重点公路交通项目施工现场调研公路交通工作。市领导王爱民、杨连富一同调研。

5日，市委书记桑福岭到部分镇街专题调研实施乡村振兴战略实施情况。市领导刘峰梅、孙吉海、李永光、赵莉、王爱民、杨连富、王大鹏一同调研。

6日，市委书记桑福岭主持召开市委常委（扩大）会议，传达学习《中共中央纪委办公厅印发〈关于贯彻落实习近平总书记重要指示精神集中整治形式主义、官僚主义的工作意见〉的通知》和《山东省纪委印发〈关于鼓励干部担当作为实施容错纠错的办法（试行）〉的通知》，听取全市纪检监察、巡察、1-8月份金融运行、对接青岛工作情况汇报，部署有关重点工作。

6日，市委书记桑福岭主持召开市委巡视整改领导小组会议，听取潍坊市委督察组对诸城市巡视整改落实工作的督查情况汇报，研究审议巡视整改中拟开展的专项行动，对全市巡视整改工作进行再动员、再部署、再强调。市领导刘峰梅、孙吉海等参加会议。

8日，市委副书记、市长刘峰梅现场调度诸城·雪松恐龙探索王国旅游项目建设情况。副市长王大伟一同调度。

8日，市委副书记孙吉海到南湖区、皇华镇、林家村镇调研秋收秋种、种植结构调整、社区干部领办创办农业园区等情况。

11日，山东省再生资源协会废钢铁回收利用分会成立仪式暨产业论坛在诸城举办。市委副书记、市长刘峰梅出席仪式，市委常委、常务副市长李庆华在仪式上致辞。

11日，全市金融风险防控处置工作会议召开。市委副书记、市长刘峰梅出席会议并讲话，市领导李庆华、王大伟、单东升、韩旭东出席会议。

11日，市委副书记、市长刘峰梅主持召开智能制造产业园项目对接会。市领导李庆华、韩培武出席会议。

11日，市委副书记孙吉海到舜王街道鑫城社区调研“三清一增”工作。

12日，市政府组织收看潍坊市开展农村“三清”推进集体产权制度改革工作会议。市委副书记、市长刘峰梅参加收看。

12日，市委副书记、市长刘峰梅到湖西片区、蔡家沟艺术试验场、三河湿地等项目建设现场调度重点项目建设工作。

14日，全市2018年“中国体育彩票杯”中老年健身展演活动举行。市领导刘峰梅、孙吉海、王玉邦等出席活动，副市长王大伟致辞。

16日，市委书记桑福岭到部分重点项目建设现场调度重点项目建设工作。市领导刘峰梅、孙吉海、王玉邦、孙利宝、王爱民、于明堂、王大伟一同调度。

16日，安丘市人大考察团到诸城考察学习新旧动能转换和产业转型升级工作。

16日，戊戌年舜帝故里（诸城）社会各界祭舜大典在经济开发区大舜苑舜庙举行。十一届省政协副主席许立全、潍坊市政协副主席李士来及诸城市领导孙利宝、赵莉等参加活动。

16日，江西省抚州市政协副主席黄耀波一行11人到诸城考察“培育乡村产业，助推乡村振兴”工作。

16-17日，省政府办公厅党组成员、副主任、机关党委书记张建德率队到诸城调研新旧动能转换、乡村振兴等工作。

17日，在老年节来临之际，桑福岭、刘峰梅、孙吉海、王玉邦、孙利宝等市级领导班子成员分别到密州街道、开发区、舜王街道、辛兴镇、昌城镇等走访慰问百岁老人，给他们送去节日的问候和祝福。

17日，2018诸城重阳雅集“游度菊花丛”主题文化活动在沧湾公园举行。潍坊市离退休干部党工委副书记李志民，诸城市委书记桑福岭，市委常委、办公室主任王爱民参加活动。李宁、温志莲等从市级领导班子退休的老领导应邀参加活动。

19日，市委书记桑福岭到密州街道、南湖生态经济发展区、龙都街道、经济开发区部分重点项目建设现场调度重点项目建设工作。市领导孙吉海、王玉邦、李永光、王爱民、于明堂、单东升一同调度。

19日，市政府组织收看全省医改工作电视会议。市领导刘峰梅、单东升参加收看。

21日，市委书记桑福岭到部分重点项目施工现场调度重点项目建设工作。市领导刘峰梅、孙吉海、李庆华、王爱民、王大鹏一同调度。

21日，"大源杯"2018中国龙城（诸城）半程马拉松赛举行。省体育局党组成员、副局长隋拥军及诸城市领导刘峰梅、孙吉海、王大伟参加开幕仪式。市委副书记、市长刘峰梅致辞。此次比赛由山东省田径运动管理中心、潍坊市体育局和诸城市政府联合主办。根据赛制安排，比赛设21.0975公里的半程马拉松组和5公里的迷你马拉松两个组别，共吸引了来自国内外的4000多名运动员热情参与。

24日，经市委研究决定，孙海森任林家村镇四级调研员，主持镇党委工作，不再担任密州街道党工委副书记、街办主任职务；王大勇任密州街道党工委副书记、街办主任，不再担任林家村镇党委副书记职务。

24日晚，原创抗战题材现代茂腔戏《刘家庄的钟声》走进刘家庄慰问演出。市人大常委会主任王玉邦与当地干部群众一起观看了演出。

25日，市十八届人大常委会召开第24次主任会议。会议议定了关于公安执法规范化建设、品质城市建设情况的调研报告和商业银行法、公共文化服务保障法的执法检查报告，关于人大代表"实干担当激情创业"主题活动第二批先进典型集中宣传方案和评选人大代表"实干担当激情创业"主题活动先进个人的安排意见；研究了市政府提报的人事任免事项、关于视察病死畜禽无害化处理情况的实施方案和建立人大常委会电子表决系统等事宜。

26日，潍坊市委书记、市人大常委会主任刘曙光，市委副书记、市长田庆盈率参加潍坊市乡村振兴、新旧动能转换和"四个城市"建设重点项目观摩点评的与会人员到诸城进行现场观摩点评。在市领导桑福岭、刘峰梅、孙吉海、王玉邦等陪同下，与会人员实地观摩了大业股份80万吨钢帘线、常山绿谷田园综合体、湖西片棚改、新郎普兰尼奥工业化社区等项目现场，对诸城市认真贯彻落实新发展理念，以重点项目建设为抓手，深入推进"四个城市"和"三区一城"建设的做法和取得的成绩给予充分肯定。

28日，全市"三清一增"集中行动工作推进会议召开。市委副书记孙吉海出席会议并讲话，市委常委、组织部部长李永光主持会议。

29日，福田汽车"新"时代业务发展战略发布暨第500万辆交车仪式在诸城举行。福田汽车集团董事长张夕勇、总经理巩月琼及诸城市领导桑福岭、李庆华、韩培武参加活动。

29日，市十八届人大常委会召开第十四次会议。会议听取审议了公安执法规范化建设、品质城市建设、现代农业技术推广与应用、商业银行法贯彻实施、公共文化服务保障法贯彻实施情况，通过了市政府提报的人事任免事项。

30日，市委、市政府组织收看全省重点工程推进落实情况视频会议。市领导桑福岭、刘峰梅、王玉邦等参加收看。

30日，潍坊市抗灾救灾事迹巡回报告会在诸城举行。市委副书记孙吉海主持会议，市领导何金波、赵莉等出席会议。

31日，市政府组织收看全省灾后重点防洪减灾工程建设暨水安全保障规划推进视频会议。市领导刘峰梅、杨连富参加收看。

31日，市政协十届八次常委会议召开。会议学习了中共中央办公厅、省委办公厅关于加强新时代人民政协党的建设工作的有关文件精神；视察了全市部分大项目建设情况；听取了市政府关于全市工业项目建设情况的通报；协商讨论了《关于建设专业汽车产业园的调查报告》（讨论稿）。

是月，平均气温13.8℃，较常年偏低1.2℃，最高气温26.3℃，较历史同期极值偏低7.8℃，最低气温1.4℃，较历史同期极值偏高4.7℃；月降水量29.9毫米，较常年偏少7.4毫米，较历史同期最多值偏少58.9毫米，最少值偏多28.0毫米；月日照总时数245.2小时，较常年偏多43.2小时。有效降水主要出现在9日、16-17日、26

日。气候特点是光照偏多，对农作物生长有利；气温偏低、降水偏少，对农作物生长不利。

11月

1日，潍日高速公路通车仪式在潍日高速诸城龙都站举行。省交通运输厅党组书记、厅长江成，山东高速集团党委书记、董事长邹庆忠，潍坊市委副书记、市长田庆盈，潍坊市副市长王树华及诸城市领导桑福岭、王爱民、杨连富出席通车仪式。潍日高速公路编号为G1815，全长186公里，采用双向四车道标准，设计最高时速120公里，时为山东省里程最长的新建高速公路。自2016年开始建设，至2018年10月23日顺利完成交工。通车后，潍坊、日照两地行车时间从原来的3小时缩短到1个半小时。

2日，市委书记桑福岭主持召开市委常委会议，研究中共诸城市委关于省委第六巡视组反馈意见整改进展情况的报告等事项。

2日，潍坊市政协组织住潍省政协委员和部分潍坊市政协委员到诸城就乡村振兴战略实施情况进行专题视察。潍坊市政协主席苏立科，副主席李传恒、李士来、刘树亮、赵崇发参加活动。在市领导桑福岭、孙利宝、王爱民、杨连富、吴建智、宗素霞陪同下，委员们实地考察了枳沟镇乔庄社区、国家级农林科技孵化器、南湖区蔡家沟艺术实验场、东方田园综合体，对诸城市经济社会发展，特别是全面实施乡村振兴战略方面的做法给予充分肯定。

2日，诸城·雪松恐龙探索王国旅游项目规划设计方案汇报会召开。市委书记桑福岭出席会议并讲话。市领导刘峰梅、赵莉、王爱民、王大伟出席会议。

2日，市政府组织收看山东省冬季安全生产电视会议。市领导刘峰梅、李庆华参加收看。

2日，经市委研究决定，岳言玺任市公安局党委副书记、政委。

3-4日，全市棚户区改造和增减挂钩、占补平衡现场调度会议召开。市委书记桑福岭出席会议并结合现场调度情况讲了意见。市领导刘峰梅、孙吉海、孙利宝等参加会议。

5-7日，市委书记桑福岭带队赴重庆开州区大进镇对接扶贫协作工作。在结对帮扶捐赠仪式上，诸城市为大进镇捐赠结对帮扶资金50万元，市经济开发区为大进镇红旗村捐赠结对帮扶资金10万元。市领导王爱民、杨连富、韩培武参加活动。

6日，省政协副主席、党组副书记吴翠云到诸城非公有制企业联系点得利斯食品股份有限公司进行专题调研。在潍坊市政协主席、党组书记苏立科等陪同下，吴翠云实地察看了得利斯百万头肉牛分割项目、得利斯国家技术中心、得利斯展厅，对企业通过科技创新项目建设，加快推动新旧动能转换，实现企业持续健康发展的做法给予充分肯定。

8日，市委、市政府组织召开全市经济社会发展综合考核工作专题会议，研究分析2018年度经济社会发展综合考核工作，部署相关工作任务。市委书记桑福岭出席会议并讲话，市委副书记、市长刘峰梅主持会议并讲了意见，市委副书记孙吉海就综合考核工作作了具体安排。

8日，济南海关党组书记、关长赵儒霞到诸城外贸公司、潍坊海关诸城办事处调研新旧动能转换、推动外贸转型升级工作。

11日，市委书记桑福岭主持召开市委常委会议，传达学习习近平总书记在民营企业座谈会、十九届中央政治局第八次集体学习时的重要讲话精神，研究打赢脱贫攻坚战三年行动的实施意见、中央扫黑除恶第5督导组督导山东省反馈问题整改落实工作意见、大力选拔“一线七型干部”进一步树立选人用人良好导向的意见，听取全市社会稳定工作情况汇报。

11日，市委召开党的建设工作领导小组会

议，研究组织振兴推动乡村振兴专题研讨会筹备方案，讨论诸城市发展壮大农村集体经济工作考核办法。市委书记、市委党的建设工作领导小组组长桑福岭主持会议并讲话。

12日，市委、市政府召开深化"作风建设年"活动现场推进会，动员和激励全市上下全力以赴完成年度各项目标任务。市委书记桑福岭出席会议并讲话，市委副书记、市长刘峰梅出席会议，市委副书记孙吉海主持会议并就会议精神的贯彻落实讲了意见。

12日，市领导桑福岭、孙吉海等参加"慈心一日捐"活动，带头捐款，奉献爱心。

12日，市委副书记、市长刘峰梅到税务局就支持民营经济发展情况进行调研。市政协副主席韩培武一同调研。

12-13日，市委、市政府召开部分乡村振兴项目规划汇报会。会上，规划设计单位分别汇报了得利斯村、蔡家沟村和泛常山乡村振兴项目等三个规划方案。市委书记桑福岭出席会议并讲话，市领导刘峰梅、孙吉海、王爱民、杨连富、王大鹏出席会议。

12-13日，潍坊军分区司令员丁峰率调研组到诸城调研人武部建设和军民融合发展情况。

13日，全市创建全国文明城市工作调度会议召开。市委副书记孙吉海出席会议并讲话，市委常委、宣传部部长赵莉通报了全市创建全国文明城市工作存在的问题，提出了具体整改措施，明确了相关单位责任。市领导单东升、杨连富、王大鹏出席会议。

15日，市委副书记、市长刘峰梅调度开发区驻地片区棚改项目规划建设工作。

16日，市委副书记、市长刘峰梅主持召开市政府常务会议，研究安全生产、灾后重建、农村饮用水水源地保护、社会组织建设、深化医药卫生体制改革、重点项目建设等工作。

19-22日，市委副书记孙吉海率党政考察团赴浙江省武义、义乌、浦江、桐庐、富阳、长兴和江苏省宜兴7个县市区开展对标学访活动，重点考察学习实施乡村振兴战略、重点园区平台建设、特色小镇打造、基层党组织建设、城乡环境综合整治、创建全国文明城市等方面的先进经验。副市长杨连富参加考察活动。

20日，市委副书记、市长刘峰梅到密州街道调研棚改工作。副市长王大鹏一同调研。

20-21日，诸城市分别在上海、南京举行人才工作站签约授牌仪式，设立山东·诸城上海市人才工作站和南京市人才工作站。

21日，市委副书记、市长刘峰梅主持召开"双招双引"工作调度会议，传达潍坊市"双招双引"工作会议精神，并就会议精神的贯彻落实作了部署。市政协主席孙利宝等参加会议。

21日，市委副书记、市长刘峰梅主持召开会议，调度全国文明城市创建工作，部署中央环保督查反馈问题整改和信访维稳工作。市领导王志强、赵莉参加会议。

22日，上海产业合作促进中心副主任任年恒到诸城考察产业对接合作相关事宜。市领导刘峰梅、王大伟陪同考察。

23日，全市老干部工作座谈会召开。市委副书记、市长刘峰梅出席座谈会并通报了2018年全市经济社会发展情况和下步工作思路。市领导孙吉海、李永光、赵莉、王爱民参加座谈会。

23日，潍坊市巾帼好农品与电商平台对接洽谈签约活动在诸城举行。潍坊市妇联主席田素英、诸城市委副书记孙吉海参加活动。

23日，诸城市20家企业在青岛蓝海股交中心集中挂牌。蓝海股权交易中心董事长蒲晓煜及诸城市委常委、常务副市长李庆华出席挂牌仪式并致辞。

24日，市委书记桑福岭主持召开市委常委（扩大）会议，听取开展廉政谈话和述职述廉、全市"三清一增"集中行动、安全生产、中央环保督察"回头看"问题整改落实情况汇报，研究建立人大常委会电子表决系统、创建全国文明城市、推进安全发展、抓好综合考核、加快项目建设、谋划2019年工作等事宜。

24日，市委书记桑福岭到舜河污水处理厂、银河污水处理厂提标工程、福田奥铃汽车厂优化升级工程等项目现场调度生态环保工作，指出要努力建设天蓝水清地绿的美好家园。市领导王爱民、王大鹏一同调度。

24日，经市委研究决定，孙志山任市退役军人事务局党组书记、局长，不再担任市委台办主任职务。

26日，全市创建全国文明城市工作调度会议召开。市委副书记、市长刘峰梅出席会议并讲话，市委副书记孙吉海主持会议，并就会议精神的贯彻落实讲了意见。市领导赵莉、王大伟、杨连富、王大鹏参加会议。

29日，市委、市政府组织收看全省推进新旧动能转换项目落地第一次现场观摩电视会议。市领导刘峰梅、孙吉海等参加收看。

29-30日，农业农村部兽医局副局长孔亮率调研组到诸城调研畜禽屠宰工作。

30日，市十八届人大常委会召开第25次主任会议。会议听取了2017年度市本级预算执行和其他财政收支审计查出问题整改情况的汇报，公安执法规范化建设、品质城市建设、现代农业技术推广和应用工作审议意见的办理情况汇报和商业银行法、公共文化服务保障法执法检查报告的办理情况汇报；议定了病死畜禽无害化处理情况的视察报告和重大交通基础设施建设情况的专题调研报告。

是月，诸城市荣获全省首批“农村饮水安全示范县”称号。

是月，诸城外贸有限责任公司和得利斯集团有限公司荣登“2018中国农业产业化龙头企业500强”排行榜，分别荣获第35位和第39位，在山东省本次入围的80家企业中分别位居第7位和第8位。

是月，平均气温8.6℃，较常年偏高1.4℃，最高气温19.2℃，较历史同期极值偏低7.7℃，最低气温-0.6℃，较历史同期极值偏高11.4℃；月降水量37.2毫米，较常年偏多15.2毫米，较历史同期最多值偏少80.1毫米，最少值偏多37.2毫米；月日照总时数141.1小时，较常年偏少30.0小时。有效降水主要出现在5-8日、15-16日。气候特点是气温偏高、降水偏多，对农作物生长有利；光照偏少，对农作物生长不利。

12月

1日，市委副书记孙吉海到舜王街道前九台、新九台、解留大棚茄子基地、大辛庄子社区督导全国文明城市创建和“三清一增”等重点工作。

1-2日，国家发改委发展规划司城镇化推进处处长刘春雨率调研组到诸城调研新型城镇化建设和大项目建设等工作。

2日，市委副书记、市长刘峰梅到枫香小镇颐养中心、中坛再生资源回收加工基地、新郎公司、桑莎公司、潍河公园、臧克家故居和大源社区调度重点项目建设、民营企业发展、生态环保和乡村振兴等重点工作。市领导王大伟、杨连富、王大鹏、韩培武一同调度。

2日，市政府组织收看全国危险化学品安全生产专题视频会议。视频会议结束后，市委副书记、市长刘峰梅就贯彻落实上级决策部署、做好全市安全生产工作讲了意见。

3日，市政府组织收看全省秋冬季大气污染综合治理攻坚行动暨重污染天气应急工作电视会议。电视会议结束后，市委副书记、市长刘峰梅就贯彻落实会议精神、做好全市环境保护工作讲了意见。副市长王大鹏参加收看。

5日，国家专业技术人才知识更新工程2018高级研修项目“推进城乡融合发展”高级研修班在诸城举行。市委副书记孙吉海出席开班仪式并致辞，副市长杨连富出席开班仪式。

5日，市人大常委会组织部分省、潍坊市和诸城市人大代表视察全市高标准基本农田建设情况。副市长陈之帅陪同视察。

6日，潍坊市环境保护督察督导组第三组进驻诸城并召开动员会。督导组组长张玉和就做好督导工作讲了意见，市委副书记孙吉海作了动员汇报。

7日，市委理论学习中心组暨组织振兴推动乡村振兴专题讲座举行。中央党校党建部主任张志明、中央党校党建教研部教授张希贤分别受邀作了专题辅导报告。市委副书记孙吉海主持，市领导王志强、何金波、赵治国、王爱民等参加。

8日，组织振兴推动乡村振兴专题研讨会在诸城召开。全国政协文化文史和学习委员会副主任、中央党校原副校长孙庆聚，中央组织部党建研究所巡视员、全国党建研究会专职副秘书长陈东平，中央党校党建教研部主任、全国党建研究会副秘书长张志明，潍坊市委领导林红玉及诸城市领导桑福岭、孙吉海、李永光、王爱民、杨连富出席会议。会上，孙庆聚、陈东平讲话，林红玉致辞，诸城市委书记桑福岭汇报了加快构建基层党建新格局以组织振兴引领推动乡村振兴工作情况。

9日，市委、市政府召开创建全国文明城市工作现场调度会议。市委书记桑福岭出席会议并讲话，强调要担当作为，凝心聚力，攻坚克难，奋力夺取创建全国文明城市首年测评开门红。市委副书记孙吉海主持会议，并就会议精神的贯彻落实讲了意见。市领导赵莉、王爱民、杨连富、韩培武参加会议。

10-12日，潍坊市环境保护督察督导组第三组组长张志和率督导组先后到昌城镇、市畜牧局、经信局、住建局、市政局就生态环保工作进行督察调研。市领导刘峰梅、孙吉海、赵治国、杨连富、王大鹏分别陪同。

11日，重庆市开州区委常委、副区长于伟平率考察团到诸城对接扶贫协作工作，并考察学习产业发展、城镇建设和基层党建等工作。考察团参观了北汽福田奥铃工厂、中康农业公司、信得科技、迈赫机器人小镇、昌城社区，对诸城的支持帮助表示感谢。

12日，市委副书记孙吉海到新天地龙城市场综合整治现场调度全国文明城市创建工作。市委常委、宣传部部长赵莉一同调度。

14日，市委副书记、市长刘峰梅主持召开市政府常务会议，研究新型农业经营主体提升、水利设施建设、消防、移风易俗、政务公开、食品安全、旅游产业发展、重点项目建设等工作。

14日，市委副书记、市长刘峰梅到信得科技公司调度畜禽粪污资源化利用整县推进项目推进情况。副市长王大鹏一同调度。

15日，诸城市级领导班子成员向市纪委全委会述责述廉会议召开。市委书记桑福岭主持会议并讲话，市领导刘峰梅、孙吉海等出席会议。会上，市委、市政府领导班子成员依次向市纪委全委会进行口头述责述廉，其他市级领导班子成员进行书面述责述廉。市纪委委员对述责述廉对象进行了现场询问和民主评议。

15日，市委书记桑福岭到部分重点项目建设现场调度重点项目建设情况。市委常委、办公室主任王爱民一同调度。

16日，省委政研室农村处副处长王臻率调研组到诸城就“打造乡村振兴齐鲁样板”工作进行调研。调研组实地察看了乔庄社区、国家级农林科技孵化器、蔡家沟艺术试验场、得利斯展厅，对诸城市充分发挥农业产业化、农村社区化“两大优势”，深入实施乡村振兴战略的做法表示充分肯定。

20日，全市城乡环境综合整治调度会议召开。市委副书记孙吉海总结分析全市城乡环境综合整治工作情况，并指出了存在的问题。市委常委、宣传部部长赵莉，副市长王大鹏分别就做好相关工作讲了意见。

21日，市委常委班子召开中央环保督察“回头看”通报问题整改专题民主生活会。市委书记桑福岭主持会议，市委副书记、市长刘峰梅，市委副书记孙吉海出席会议，市人大常委会主任王玉邦列席会议。

21日，潍坊市农村集体产权制度改革及“三清”工作专项督导组到诸城开展专项督查。

22日，全市组织工作会议召开。会议深入学习贯彻习近平总书记关于党的建设和组织工作重要思想，落实全国、全省和潍坊市组织工作会议精神，研究部署全市党的建设和组织工作。市委书记桑福岭出席会议并讲话，市委副书记孙吉海主持会议。

24日，市委、市政府组织收看全省学习贯彻习近平总书记庆祝改革开放40周年重要讲话精神视频会议。市领导刘峰梅、孙吉海等参加收看。

24日，市十八届人大常委会召开第26次主任会议。市人大常委会主任、党组书记王玉邦主持会议并就人代会筹备、2019年工作谋划等重点工作进行了部署。会议听取了诸城市2018年财政预算调整情况的汇报；议定了科技创新平台建设、高标准基本农田建设情况的视察报告、表彰人大代表“实干担当、激情创业”主题活动先进个人的决定（草案）和评选情况说明、住诸城市四级人大代表会前集中视察安排意见、组织市人大代表开展会前集中视察及述职评诺活动的通知、举办人大代表议案建议工作培训班的方案、人大代表辞职补选等事宜。

24日，经市委研究决定，李庆华任市行政审批服务局（市政务服务管理办公室）党委书记；齐延青任市行政审批服务局（市政务服务管理办公室）党委副书记、局长（主任），不再担任市政务服务中心管理办公室主任、市编办副主任职务。

26日，市人大常委会组织住诸城的全国、省和部分潍坊市及诸城市人大代表到中医院门诊医技综合楼、中坛再生资源循环利用产业园项目、市检察院12309检察服务大厅、市法院立案大厅、刑庭庭审现场、市纪委监委机关谈话场所和群众来访接待中心开展人代会前集中视察。之后召开座谈会，听取“一府一委两院”相关工作汇报。市委副书记、市长刘峰梅参加视察并在座谈会上讲话，市人大常委会主任王玉邦主持座谈会并对相关工作提出要求。市领导何金波、王洪伟、刘作勋、王金友、葛淑彬、单东升、韩旭东、王彦青出席活动。

28日，“共话桑梓情深　共谋发展大计”诸城（青岛）发展恳谈会在青岛府新大厦会议中心举行。部分诸城籍在青岛的企业家、客商代表和其他各界人士及诸城市领导刘峰梅、孙吉海、李庆华、李永光、王爱民、王大伟、杨连富、李耀武等出席恳谈会。市委副书记、市长刘峰梅致辞，市委副书记孙吉海主持恳谈会，市委常委、组织部部长李永光与青岛理工大学、青岛科技大学签订了合作协议，副市长王大伟介绍了诸城市经济社会发展情况并对重点产业、重点园区进行推介。与会人员观看了《大道诸城》专题片。

28日，市十八届人大常委会召开第十五次会议。会议听取审议了2018年财政预算调整、代表建议落实、病死畜禽无害化处理、科技创新平台建设、高标准基本农田建设、员额检察官（法官）履行法律程序和人民陪审员名额数的报告；通过了市政府提报的人事任免事项等。

29日，市政府党组召开中央环保督察“回头看”通报问题整改专题民主生活会。市委副书记、市长、市政府党组书记刘峰梅主持会议并作总结讲话，市政府党组成员参加会议。

29日，诸城市行政审批服务局揭牌仪式在市政务服务中心举行。市领导李庆华、李永光等出席揭牌仪式。

30-31日，市委、市政府组织召开2018年下半年镇（街）园区科学发展综合点评现场推进会议。市委书记桑福岭结合现场观摩点评情况作了总结讲话。刘峰梅、孙吉海等市级领导班子成员参加现场观摩点评。

是月，诸城市荣获“省社会信用体系建设示范城市”称号。

是月，平均气温0.3℃，较常年偏低0.2℃，最高气温15.1℃，较历史同期极值偏低4.6℃，最低气温-11.9℃，较历史同期极值偏高8.3℃；月降水量31.5毫米，较常年偏多20.8毫米，较历史同期最多值偏多0.4毫米，创30年历史最多降水新极值，较历史同期最少值偏多31.5毫米；月日照总时数144.7小时，较常年偏少19.5小时。有效降水主要出现在1-6日、11日、27日。5-6日、11-12日因降雨雪影响，造成道路积雪结冰，给交通带来不便。气候特点是降水偏多，对农作物生长有利；气温偏低，日照偏少，对农作物生长不利。

全市概况

自然环境

【位置面积】 诸城市位于山东半岛东南部，泰沂山脉与胶潍平原交界处，地理坐标为北纬35°42′23″至36°21′05″，东经119°0′19″至119°43′56″。东与胶州、青岛黄岛区毗连，南与五莲接壤，西与莒县、沂水为邻，北与安丘、高密交界。

2018年，诸城总面积2151.4平方公里。其中，密州街道位于诸城市城区东部，总面积105平方公里；龙都街道位于诸城市城区西部，面积88.65平方公里；舜王街道位于诸城市城区北部，面积178平方公里；枳沟镇位于诸城市西南部，面积85.2平方公里；贾悦镇位于诸城市西部，面积288平方公里；石桥子镇位于诸城市西北部，面积169平方公里；相州镇位于诸城市北部，面积120平方公里；昌城镇位于诸城市东北部，面积118.4平方公里；百尺河镇位于诸城市东北部，面积126平方公里；辛兴镇位于诸城市东部，面积73平方公里；林家村镇位于诸城市东南部，面积325平方公里；桃林镇位于诸城市南部，面积142平方公里；皇华镇位于诸城市南部，面积192平方公里；诸城经济开发区位于诸城市城区北部，面积56平方公里；高新技术产业园位于诸城市城区东部，面积40平方公里；南湖生态经济发展区位于诸城市城区南部，面积62.5平方公里。

【地质地貌】 地质。诸城市位于鲁东断块诸城盆地，该盆地系中生代时期的断陷盆地，有中生代莱阳组、青山组和王氏组底层构成，该套地层岩性主要为砂岩、页岩、砾岩等，青山组地层含火山碎屑岩，总厚达数千米。新生代以来，该盆地处于隆起剥蚀状态，在地貌上表现为低山丘陵地形。无第三系堆积，局部有很薄的第四系松散堆积物，厚度小于20米。境内岩浆岩分布比较广泛，太古—元古代岩浆活动不十分发育，侵入岩体一般较小。中生代岩浆活动较强烈，形成大面积火山岩及多种侵入岩。境内发育的中生代侵入岩，集中分布在郝戈庄断裂以南的桃林—报屋顶背斜和桃林—高阁庄破火山口内及其附近。境内中生代侵入岩只发育燕山晚期侵入岩，根据活动的先后，与邻区对比可分早期艾山阶段侵入岩和晚期崂山阶段侵入岩。

地貌。诸城市位于山东半岛泰沂山脉与胶潍平原交界处，地势南高北低，自南而东为起伏较大的山岭地带，间有若干谷状盆地，西部、中部及北部，系大片波状平原，属胶莱冲积平原南部的潍河平原，其边缘有低缓山丘分布。

山区集中在市境南部和东南部的皇华镇、桃林镇以及林家村镇的南部，地表多为棕壤土类，总面积657.082平方公里，占全市总面积的30.10%。丘陵主要分布在皇华镇、桃林镇、林家村镇的低山周围，龙都街道、密州街道、枳沟镇的南部以及市境东北、西北两部的平原间及其边沿。丘陵面积493.358平方公里，占全市总面积的22.60%。市境西部及中部向北，潍、渠两河及其支流沿岸为波状平原，另有丘陵间平原，低山间谷状盆地和带状河谷小平原，主要分布在相州、昌城、百尺河、辛兴、贾悦、石桥子6个镇，密州、舜王、龙都和枳沟等镇（街道）的大部亦为平原地带。

境内海拔百米以上山头60余座，大都集中在市境东南部，属泰沂山余脉之马耳山脉，故多呈东西走向。山体多为花岗岩、片麻岩。

【河流】 诸城市河流众多，分为潍河水系、吉利河水系、胶莱河水系。发源于市境内的百尺河、芦河、扶淇河、太古庄河、尚沟河、非得河、荆河和发源于临朐县的渠河，以及发源于五莲、莒县的闸河呈叶脉状汇集于潍河，形成全市以北流水为主的潍河水系，全市有87%的面积属于潍河流域。其次是市境东南部南流水的吉利河水系；另外，东北部北流水的五龙河、胶河，属胶莱河水系。全市较大的河流有36条，分别为潍河、哨子河（汉王河）、店子河、枳沟河、太古庄河、马兰河、涓河、尚沟河、扶淇河、铁沟河、益民河、芦河、百尺河、非得河、渠河、贾悦河、韩庄河（天井河）、旭光河、扶河、展村河（塌山河）、淇河、栗行河、桃园河、岳水河、九龙河、羊角沟、韩信沟、闸河、荆河、拐庄河（水墩河）、倒漾河、朱龙河（刘庄河）、五龙河、吉利河（纪里河）、桃林河（友谊河）、潘池河。

潍河水系。为诸城境内最大水系，除渠河外，主、支流呈叶脉状分布。该水系在境内河床比降大，水流湍急，河谷深邃，侵蚀力强，水土流失严重，河道又多弯曲，宽窄不一。该水系支流众多，纵贯市境西南、中部、北部而后出境。潍河水系有一级支流21条：哨子河（汉王河）、水清河、店子河、枳沟河、王村河、黄山沟、太古庄河、马兰河、涓河、尚沟河、利民河、扶淇河、墨水河、吕兑河、铁沟河、泮家沟、益民河、芦河、百尺河、非得河、渠河，其中较大的有渠河、百尺河、芦河、扶淇河、太古庄河、非得河、涓河、尚沟河、铁沟河、哨子河；二级支流25条：管河、贾悦河、韩庄河（天井河）、小王疃河、院西河、旭光河、倒漾河、扶河、箕河、花园河、展村河（塌山河）、淇河、瓦店河、栗行河、桃园河（红寨河、大宝河）、齐沟河、岳水河、九龙河、羊角沟、韩信沟、杀牛沟、长阡沟、小荆河、闸河、荆河，其中较大的有荆河、闸河、贾悦河；三级支流9条：拐庄河（水墩河）、孟疃河、马庄河、龙石河、魏家庄河、朱龙河（刘庄河）、王院河、尚峪河、六谷河；四级支流1条：开河。

吉利河水系。由市境东南部的吉利河、友谊河、曹家沟河、潘池河等组成的吉利河水系，为南流水，以吉利河为主流。吉利河又名纪里河，源出林家村镇千秋岭，于林家村镇东红村出境。境内全长10公里，流域面积201.7平方公里。该水系有一级支流6条：近枝子河、石河头河、鹤现河、曹家沟河、友谊河（桃林河）、潘池河，其中较大的有友谊河、潘池河；有二级支流2条：剪子河（马家河）、李家沟河；三级河流1条：初家沟河。

胶莱河水系。由东北部的胶河、五龙河等组成，为北流水，流域面积58.5平方公里。胶河古记为胶水，源自林家村镇鲁山东北麓，出境入青岛市黄岛区，为诸城、青岛市黄岛区、胶州三市（区）交界河，境内全长3.8公里，流域面积18.5平方公里。五龙河发源于百尺河镇九龙埠（山），在该镇岳沟村西北出境入胶莱河，境内全长8公里，流域面积40平方公里。

【气候】 2018年总的气候特征：全年气温偏高，降水、光照偏多。四季气候特点：冬季气温偏高，降水偏少，光照偏多；春季气温偏高，降水、光照偏多；夏季气温偏高，降水、光照偏多；秋季气温略偏低，降水偏多，光照充足。

全年平均气温13.5℃，较常年（12.8℃）偏高0.7℃，较上年（14.2℃）偏低0.7℃。年降水量950.7毫米，较常年（701.5毫米）偏多249.2毫米，较上年（617.6毫米）偏多333.1毫米。年日照时数2444.4小时，较常年（2391.7）偏多52.7

小时，较上年（2367.8小时）偏多76.6小时。

年内，出现了积雪结冰、台风、暴雨、大雾、霾、大风、局地冰雹、雷电、寒潮等灾害性天气，其中成灾的主要是积雪结冰、台风、暴雨、大雾、霾等，对工农业生产造成一定损失。总的来看，2018年度气象灾害影响较往年少。综合评价：诸城市2018年天气气候条件在农业上属于较好年景。

自 然 资 源

【土地资源】 诸城市位于山东半岛泰沂山脉与胶潍平原交界处，地势南高北低，自南而东为起伏较大的山岭地带，间有若干谷状盆地，西部、中部及北部，系大片波状平原，属胶莱冲积平原南部的潍河平原，其边缘有低缓山丘分布。洼地、水面分布于境内各地。全市土地总面积2151.4平方公里，山区、平原和丘陵各占1/3。其中农用地179341.2公顷，建设用地24653.3公顷，未利用地11141.3公顷。

【矿产资源】 诸城市发现的主要矿种有明矾石、沸石、钾长石、金红石、重晶石、陶瓷土、膨润土、黄铁矿、砖瓦用黏土、页岩、河砂、建筑石材等17种。其中，金红石、石榴子石、云母三矿种，为诸城特色矿种，沸石、膨润土、重晶石、陶瓷土矿种，在全省矿产资源中占有重要地位。17矿种中，除黑色金属金红石外，其余皆为非金属矿产。经地质部门正式勘探并提交储量的有沸石岩、明矾石、金红石、河砂、陶瓷土、膨润土、重晶石、黄铁矿。

矿产分布集中程度较高，南部地区主要分布明矾石、钾长石、金红石、云母等矿产。中部蕴藏建材及其他非金属矿产，如陶瓷土、膨润土、建筑用凝灰岩等。北部矿产较少，以河砂为主，金属矿产稀少。大量开采的重点矿种是河砂和建筑石材，河砂主要分布在中部和北部的潍河、涓河、渠河内，建筑石材主要分布在南部山区。

【水资源】 根据《山东省水功能区划》，诸城市位于山东省水功能一级区划中的潍河潍坊开发利用区。境内多年平均降雨量718.1毫米，多年平均水资源总量5.61亿立方米，多年平均水资源可利用量4.67亿立方米。诸城市水资源主要依靠降水，时空分布不均匀、年际变化大，人均占有水资源量仅530立方米，不及全国人均水资源量的1/4，低于国际公认的人均1000立方米的缺水警戒线，从近年的降水情况看，诸城市水资源量仍有继续减少趋势。

地表水资源。诸城市多年平均地表水资源量4.59亿立方米，偏丰年为6.56亿立方米，平水年为4.09亿立方米，偏枯年为2.62亿立方米。天然入境客水（指潍河客水和涓河客水）多年平均量为1.31亿立方米，偏丰年为1.87亿立方米，平水年为1.16亿立方米，偏枯年为0.75亿立方米。

地下水资源。诸城市地下水资源相对较少，多年平均地下水资源量为1.31亿立方米，偏丰年为1.58亿立方米，平水年为1.25亿立方米，偏枯年为1.05亿立方米。境内含水层均属浅层地下水，就其埋藏条件、空隙条件、空隙性质分为3种：

沙砾石空隙含水层。主要分布在潍河、渠河沿岸的市区和昌城、相州、贾悦、石桥子、辛兴、百尺河6个镇，面积327平方公里。含水沙层一般在5米左右，其透水、富水性能良好，地下水蓄量大，为市境内主要含水层，适宜打机井灌溉。

基岩风化裂隙潜水含水层。主要分布在境内西部、中部基岩出露区及第四系覆盖厚度不大的基岩区，现属贾悦、石桥子、辛兴、舜王等镇街，面积250平方公里。受岩性及构造控制，区内大部分地段含水、透水性能较好，埋藏水量较大。贾悦镇南部裂隙发育较好的红板岩，辛兴镇西北部玄武岩地段，含水较丰富，适宜打钻孔或大口井，采用机械提水灌溉。

土夹钙质结核空隙潜水层。除上述地带，境内其他地区均属此种含水层。大部分地区结核间由黏土、亚黏土充填，空隙小，其透水、富水性差，不能满足灌溉用水，仅能用做人、畜饮水之水源。

水资源总量。多年平均水资源总量5.61亿立方米，即地表水资源量4.59亿立方米加上地下水资源量1.31亿立方米，减去重复计算量0.29亿立方米。1.31亿立方米客水量（潍河客水与涓河客水）不计入水资源总量。

【水生生物资源】 水生生物是鱼类赖以生存的食粮。据1983年水产区划资料，通过对三里庄、共青团水库浮游生物和底栖动物的定性、定量分析，证明全市水生生物资源丰富，种类繁多。浮游动物包括原生动物、轮虫、枝角类、桡足类和无节幼体。原生动物有旋回侠盗虫、中华似铃壳虫、迈式钟形虫等；轮虫有三棱轮虫、晶裹轮虫、矩形龟甲轮虫、叶轮虫等；桡足类有近邻剑溞、长江新镖溞等。浮游植物有金藻、黄藻、甲藻、硅藻、绿藻、裸藻、蓝藻七大门类，其中蓝藻对鱼类有危害。绿藻类中多数不能为鱼类直接消化，但作为间接食物，却是浮游动物的主要饵料。底栖动物有摇蚊幼虫、黄蚬、椎实螺、湖螺等。

【动植物资源】 动物资源。全市有各种脊椎动物264种。其中鱼类67种、两栖类8种、爬行类11种、鸟类161种、兽类17种。脊椎动物中有国家一级保护动物1种，二级保护动物18种，山东省重点保护动物43种。

植物资源。全市有植物种类约368种，其中藻类植物7门、8纲、16目、30科、46属、56种；维管植物81科、223属、312种。维管植物中水生维管植物21科、26属、78种，陆生维管植物60科、197属、234种。

【风能资源】 诸城市东、北、南三面近海，风能资源较为丰富，属风能季节利用区，冬春季风占全年风能的70%，年平均风速为3.2米/秒，全年风速3米／秒的时数为3700小时左右，年平均风功率密度约为110瓦／平方米，常年主导风向为南风。2017年，在皇华镇、林家村镇等镇的山区安装了风电设备，建立了风力发电场。

政区　人口　民族

【行政区划】 2018年，诸城市辖10个镇、3个街道、1个省级开发区，2个园区。全市共有235个社区，其中农村社区208个。密州街道辖19个社区，龙都街道辖20个社区，舜王街道辖18个社区，枳沟镇辖9个社区，贾悦镇辖27个社区，石桥子镇辖18个社区，相州镇辖12个社区，昌城镇辖15个农村社区，百尺河镇辖13个社区，辛兴镇辖11个社区，林家村镇辖27个社区，桃林镇辖11个农村社区，皇华镇位辖14个社区，诸城经济开发区辖6个社区，高新技术产业园辖6个社区，南湖生态经济发展区辖9个社区。

【人口】 2018年，全市总户数320389户，总人口1118684人，总人口比2017年的1114195人增加了4489人，增长率为4.03‰。总人口中男563314人，占总人口的50.36%，女555370人，占总人口的49.64%，总人口中0–17岁的212249人，占总人口的18.97%（上年209477人，占总人口的18.80%）；18–34岁的229150人，占总人口的20.48%，（上年230309人，占总人口的20.67%）；35–59岁的426601人，占总人口的38.13%（上年432154人，占总人口的38.79%）；60岁以上的250684人，占总人口的22.41%（上年242255人，占总人口的21.74%）。

2018年城镇人口617612人，占总人口数55.21%，比2017年的613384人增加4228人，增长率0.69%。

【民族】 截止到2019年4月，诸城市共有少数民族33个，人口1473人。其中，人口10人以上的民族有17个，分别为：蒙古族103人，彝族45人，满族455人，土家族40人，傣族161人，傈僳族134人，锡伯族17人，回族74人，苗族66人，壮族31人，朝鲜族87人，白族64人，哈尼族10人，黎族28人，佤族53人，景颇族38人，阿昌族17人。少数民族流动人口280人。

国民经济和社会发展

【概况】 2018年，全市上下认真贯彻落实市委、市政府各项决策部署，以“大项目突破年”活动为引擎，以深化“作风建设年”活动为保障，抢抓机遇、主动作为，实干担当、激情创业，加快新旧动能转换，实施乡村振兴战略，打好“三大攻坚战”，深入推进“三区一城”建设，全市经济总体平稳运行，社会事业全面发展。

【综合】 经济持续健康发展。据初步核算，2018年，全市实现地区生产总值877.73亿元，按可比价格计算，同比增长6.5%。其中，第一产业完成增加值68.35亿元，增长2.6%；第二产业完成增加值416.17亿元，增长6.4%；第三产业完成增加值393.21亿元，增长7.4%。一、二、三产业对经济增长的贡献率分别为3.0%、50.9%和46.1%，分别拉动GDP增长0.2、3.3、3.0个百分点。税收总收入占二、三产业增加值比重为10.83%，比上年同期提高1.33个百分点。人均地区生产总值79146元，比上年增加4735元。产业结构进一步调整，三次产业比例由上年的8.00：48.95：43.04调整为7.79：47.41：44.80。

财政收支持续增长。2018年，全市财政总收入106.4亿元，同比增长14.3%，其中一般公共预算收入72.8亿元，增长2.2%。一般公共预算支出78.3亿元，增长4.8%。全市完成税收总收入87.7亿元，增长21.6%。

金融运行呈良好发展态势。年末全市金融机构人民币各项存款余额684.5亿元，比年初增加16.8亿元；住户存款余额达482.6亿元，比年初增加46.1亿元；全市金融机构人民币各项贷款余额535.8亿元，比年初减少3.0亿元。

非公有（民营）经济发展稳中有升。全市非公有（民营）经济单位数117913户，比上年增长8.0%。非公有（民营）经济注册资金857.07亿元，增长34.1%；纳税额63.42亿元，占税收总收入的72.4%。

【农业】 2018年，全市农林牧渔及其服务业完成增加值71.67亿元，按可比价计算增长2.9%。

粮食总产稳中略降。据粮食产粮大县产量调查抽样数据统计，全市粮食作物播种面积200.47万亩，比上年下降0.12%。全年粮食总产量81.45万吨，下降3.89%。其中小麦总产量38.1万吨，比上年减少1.98万吨，下降4.94%，秋粮总产量43.4万吨，比上年减少1.32万吨，下降4.59%。据全面统计，油料作物总产量5.05万吨，比上年减少0.4万吨，下降7.2%。棉花总产量408.1吨，比上年减少85.3吨，下降17.3%。

畜牧业生产略有下降。据全面统计，全市牛存栏4.3万头，比上年下降1.9%；猪存栏89.1万头，下降2.7%；生猪出栏169.8万头，增长0.5%；肉类总产量22.4万吨，下降1.3%。

主要农产品产量如下：

指　标	单位	绝对值	比上年增长%
粮食	万吨	81.45	-3.9
夏粮	万吨	38.1	-4.9
秋粮	万吨	43.4	-4.6
油料	万吨	5.05	-7.2
蔬菜	万吨	126.7	12.3
瓜类	万吨	9.0	-9.6
生猪出栏	万头	169.8	0.5
家禽出栏	万只	4072.2	12.0
肉蛋奶总产量	万吨	30.4	-0.9
肉类总产量	万吨	22.4	-1.3
禽蛋产量	万吨	7.57	1.1
牛羊奶产量	万吨	0.4	-14.2

林业生态建设取得明显成效。全年完成造林面积1399公顷，其中人工造林面积1013公顷，人工更新面积386公顷；森林抚育面积1334公顷；育苗面积6534公顷，四旁（零星）植树230万株。

渔业生产持续发展。淡水养殖面积达到2864公顷，水产品产量3410吨。

农业生产装备和生产条件进一步改善。年末农业机械总动力达136.8万千瓦（不包括农用运输车）。联合收获机达到4854台，其中玉米联合收获机达2210台。机耕面积88.9千公顷，机播面积174.6千公顷，机收面积153.5千公顷。全年化肥施用量（折纯量）6.85万吨。

【工业】 2018年，全市规模以上工业企业达到462家，工业总产值同比增长12.6%，工业增加值增长7.5%，主营业务收入增长12.7%，利税增长20.5%，利润下降11.9%。全市主营业务收入过百亿的企业有2家，过10亿元的企业有7家，过亿元的企业有91家。全市工业产销率达到98.6%。

规模以上工业企业主要产品产量如下：

产　品	单位	绝对值	比上年增长%
饲料	万吨	16.8	-15.8
精制食用植物油	万吨	3.4	49.9
鲜、冷藏肉	万吨	7.3	15.3
熟肉制品	万吨	14.9	5.9
纱	万吨	1.6	-21.9
服装	万件	1134	2.0
家具	万件	9.6	24.4
纸制品	万吨	2.0	-10.7
烧碱(折100%)	万吨	4.4	-4.0
涂料	万吨	1.2	24.0
橡胶轮胎外胎	万条	436.8	-7.3
水泥	万吨	165.5	42.6
汽车	万辆	33.8	0.7
电动机	万千瓦	297.0	5.7
电力电缆	千米	8234	-3.1
绝缘制品	万吨	1.0	-0.1

【房地产和建筑业】 房地产市场运行良好。全市房地产投资增长16.3%，商品房销售面积增长

12.4%。

建筑业发展平稳。建筑业完成增加值69.2亿元，增长0.9%。全市资质以上建筑企业78家，完成建筑业总产值107.9亿元。

【运输、邮政业】 交通基础建设力度加大。潍日高速公路竣工通车，新建改建农村公路210.3公里，重点完成了相石路、方崮路（平日路至青兰高速段）等县乡道的大修工程以及县乡道危桥改造工程，提升了通村道路等级。做好农村道路的日常养护管理。对5条公交线路进行了优化调整，逐步将公交网络延伸至各镇街的工业园和大型企业驻地。

邮政业快速发展。全市完成邮政业务总量8229.6万元，比上年增长22.5%。其中函件业务量4.5万元，下降56.6%；包裹业务量66.7万件，增长40.9%。

【国内贸易和市场物价】 消费品市场平稳。2018年，全市实现社会消费品零售总额259.9亿元，比上年增长8.8%。其中，限额以上消费品零售额29.9亿元，增长4.5%。按行业分，批发业完成39.4亿元，零售业完成191.2亿元，住宿业完成1.1亿元，餐饮业完成28.2亿元。

市场物价有所上涨。全市居民消费价格总指数为102.8%，商品零售价格总指数为102.9%，农业生产资料价格指数为107.1%。从构成居民消费价格指数的八大类商品看，呈七升一降态势。食品类中，粮食、鲜菜、畜肉、水产品、蛋和鲜果六类的价格指数分别为99.2%、122.2%、96.2%、105.3%、105.4%和118.5%。

居民消费价格指数分商品类别如下：

指　　标	上年为100
1. 食品烟酒	103.0
2. 衣着	101.1
3. 居住	103.2
4. 生活用品及服务	101.7
5. 交通和通信	102.6
6. 教育文化和娱乐	102.6
7. 医疗保健	104.2
8. 其他用品和服务	99.9

【外经、外贸、旅游】 外经外贸形势较好。全市共完成进出口总额116.6亿元，比上年增长12.4%，其中出口103.2亿元，增长9.2%。新设立外资企业8家，全市实际到账外资13.4亿元，增长55.5%。外贸转型示范基地发展到13个，被认定为国家外贸转型升级基地。

旅游业较快发展。突出龙头项目建设，成功引入世界五百强雪松控股建设恐龙探索王国项目。将南部“四镇两街一园区”作为乡村旅游发展的主阵地，推动竹山生态谷、野生动物园、蔡家沟艺术试验场、永辉生态农场等一大批乡村旅游项目迅速崛起。采取山东省十大文化旅游目的地品牌推广、与旅游电商平台合作、推出精品一日游二日游线路产品等方式，宣传提高诸城旅游知名度。新增旅游引导标识牌63处，持续推进厕所革命，引导景区景点完善旅游厕所、道路、停车场等基础设施。荣获“全国森林旅游示范县”“山东省旅游新业态示范县”等荣誉称号。

【城市建设与环境保护】 城市建设步伐加快。全市城市建成区面积51.5平方公里。实施汽改水供热提升工程，新增集中供热面积60万平方米。基本完成兴华西路西延、环湖南路东延等9条市政道路改造，新建南湖市民公园、花朝水乡等公园游园14处。城镇化率达到62.05%，比上年提高1.6个百分点。

环境保护取得显著成效。继续深化“三八六”环保行动和绿色发展十大工程，提升城市生态环境质量。扎实推进中央和省环保督察反馈问题整改。率先完成三里庄水库、青墩水库水源地区划调整，新划分的水源地保护面积减少373.73平方公里，覆盖村庄减少了157个，为实施水源地精准保护打下了坚实基础。扎实开展大气污染综合整治，投资1000余万元，在所有镇街建设运行了空气自动监控系统，实现了空气质量监测考核延伸、全覆盖；持续开展拉网式排查，加大重点污染企业的综合整治，对新发现的31家“散乱污”企业全部落实了“两断三清”，对全市29家无环评手续铸造企业进行整治提升，对127家无手续化工企业完成整改，有效地提升了全市空气环境质量，全市空气质量优良率达到69.7%，重污染天气减少至4天。组织实施了“一十百千万”工程，突出抓好十家城镇污水处理厂大提升、百条（个）河流水库大整治、千条雨污管网大修复、万家企业大排查。全市境内潍河、百尺河、芦河等河流水质达标率保持100%。

【教育、卫生计生、文化和体育】 教育事业稳步发展。年末全市共有各类学校303所，其中：小学84所，普通高中6所，普通初中34所，中等职业教育学校2所，高等职业学校1所，特殊教育学校1所，幼儿园175所。全市小学招生9793人，毕业16437人，在校学生63039人，学龄儿童入学率和小学在校学生巩固率均达100%；普通高中招生6531人，毕业7091人，在校学生19659人；普通初中招生16347人，毕业10708人，在校学生43801人；中等职业教育学校招生2724人，毕业1795人，在校学生7690人；高等职业学校招生2535人，毕业3185人，在校学生8546人；特殊教育学校招生17人，毕业16人，在校学生157人；在幼儿园受教育的幼儿30307人。

卫生计生事业健康发展。顺利通过全国基层中医药工作先进单位复审和省级医养结合示范先行市评估，诸城中医医院圆满完成三级甲等中医医院复审。“1+X”家庭医生灵活签约服务模式推广，全市共建立294个家庭医生签约服务团队，签约38万余人。全市医疗机构总诊疗463万人次、出院18.8万人次、县域内就诊率为92.81%，基本实现了“小病在社区，大病进医院，康复回社区”的医疗服务模式。共对72万余份居民健康档案进行信息复核，为10万余名老年人进行了健康查体。全市社会办中医类别医院已达6家，中医诊所30家。对全市10岁-24岁的青少年进行青春期健康教育，增强健康意识和自我保护能力。通过精准施策，为贫困人口就医开通绿色通道，落实惠民便民各项减免优惠政策，初步实现了让贫困人口“治上病、治好病、治起病、少生病”的目标。以贫困人口“八个一”工程为依托，进一步加强急危重症孕产妇和新生儿救治中心的标准化建设，畅通绿色通道；落实孕产妇妊娠风险评估分级制度，全面保障母婴安全。普及新生儿48种遗传代谢性疾病免费筛查。加大出生缺陷综合防治力度，提高出生人口素质。拓展智慧养老项目，打造诸城康养城。

文化广电新闻出版事业长足发展。打造文艺精品，大型茂腔现代戏《失却的银婚》参加了“2018年全国基层院团戏曲会演”。重点打造诸城改革发展历程馆、王愿坚生平事迹展室、王尽美红色小镇和刘家庄抗战纪念馆等党性教育基地。继续提升市级公共文化场馆建设，市图书馆完成改造提升后面积达6000多平方米，再次蝉联国家一级图书馆。博物馆、超然台、文化馆等各场馆继续免费开放。做好文化遗产的保护利用，新建5处非遗传习中心。着力做好公益电影放映、“一年一村一场戏”和文化下乡等惠民活动。精心组织了第25届庆新春广场文艺演出、第9届社区文化节、第17届“龙城之声”夏季广场文艺演出等一系列品牌文化活动。

体育事业取得较大成绩。共有900名运动员参加了潍坊市以上各级各类比赛，共获金牌232枚。一年中共向潍坊市级以上运动队输送运动员73名。先后组织举办全市规模的大型群众体育活动38次，中小型群体活动近1000次。

【科技、专利和人才】 科技创新能力明显增强。半岛慧谷、中汽汉阳专用汽车研究所诸城实验基地开工建设。新增高校院所分支机构14家、国家地方联合工程研究中心1家、院士（专家）工作站5家、博士后科研工作站1家、省级科技创新平台7家，组建产业技术创新战略联盟3家，新备案国家科技型中小企业68家，新增高新技术企业21家，高新技术产业产值占比达到47%。

专利工作成绩突出。全市完成专利申请1997件，其中发明专利申请522件；全市专利授权1466件，其中发明专利授权61件。

人才队伍日益壮大。新建德国法兰克福市、瑞典韦斯特罗斯市、澳大利亚悉尼市、日本福冈4处国外人才工作站和上海、江苏南京2处国内人才工作站。至2018年底，诸城市海内外人才工作站达到13家。发挥全省首家县级市人才发展促进会作用，集聚优质人才。组织参加“京津冀暨环渤海人才智力交流洽谈会”“山东一名校人才直通车”及首届潍坊发展大会等系列引才活动，引进高层次人才306名。持续实施“金蓝领”高级技师培训项目和潍坊市青年技师素质提升培训项目，不断培育高技能人才，全年新增高技能人才701人。在高端人才项目申报上实现新突破，新增“全国技术能手”1名、“齐鲁友谊奖”1名、“山东省技术能手”2名、“齐鲁首席技师”1名。山东大业股份有限公司成功获批博士后科研工作站。截至2018年底，全市专业技术人员数8.2万人，其中中级以上技术职称2.7万人。

【人口、居民生活和社会保障】 人口较快增长。全市常住人口110.9万人，户籍人口111.9万人。全市出生人口12657人，人口出生率和自然增长率分别为11.3‰和6.1‰。

居民生活水平进一步改善。据抽样调查，全市居民人均可支配收入31553元，增长8.1%。其中，城镇居民人均可支配收入39810元，增长7.6%；农村居民人均可支配收入20089元，增长7.6%。

就业工作稳中有进。全市城镇新增就业10820人，其中：下岗失业人员再就业1939人，困难群体再就业344人。城镇登记失业人员5281人，城镇登记失业率为1.54%。

社会保障体系更加完善。连续14年调整提高企业退休人员养老待遇，人均每月增资139.5元。严格执行企业职工养老保险费率调整政策，为企业减少开支8740万元左右。开办社保“微信服务大厅”，推动线下经办和线上服务有机结合，实现107项业务“通收通办”。公布195项“一次办好”人社服务清单。完善医疗保障体系，进一步放开异地就医报销政策，稳步推进异地就医全国联网。至2018年底，全市参加企业基本养老保险12.4万人，机关事业养老保险2.0万人，居民基本养老保险人数为56.4万人，城镇职工基本医疗保险18万人，居民基本医疗保险81.8万人，参加工伤保险13.6万人，生育保险10.1万人。

社会福利工作加快推进。做好临时救助“托底线、救急难”工作，发放救助金357.6万元，救助各类群众2101人次。加强“一站式”医疗救助系统的维护和人员信息实时更新，共发放救助金793.5万元，救助11382人次。及时发放冬春救灾款134.2万元，救助困难群众3316户、6385人。针对年内遭多次台风灾害的实际，对受灾群众发放救助资金696.6万元。全市共有在保城乡低保对象8943户、15597人，发放低保救助金5007.6万元。市财政出资420余万元为全体居民实施民生综合保险。认真贯彻落实抚恤优待政策，发放定补抚恤金4302.6万元，发放义务兵家庭优待金2078.6万元。发放五保供养资金1021万元。发放残疾人两项补贴资金1091.3万元。

注：（1）公报所列地区生产总值（GDP）、增加值等价值指标按当年价格计算，增长速度按可比价格计算。

（2）公报所列数字为年快报数或初步统计数字，正式数字以《2019年诸城统计年鉴》为准。

精神文明建设

【争创全国文明城市】 筹备成立创建全国文明城市推进委员会，下设创建全国文明城市推进委员会办公室（简称创城办），负责全国文明城市创建工作的日常组织、协调、督查、会议等工作。召开全市创建全国文明城市工作动员会议，下发《关于做好创建全国文明城市工作的通知》《关于开展创建全国文明城市的实施意见》，全面启动全国文明城市创建工作。组建创城办，从文明委成员单位中抽调人员集中办公，分组分类持续开展督导督查工作，确保文明城市实地考察各类站点对标达标。印发创城工作简报5期、创城督查通报1期，下发整改通知书75份。印发市民文明手册10万份、调查问卷20万份、文明城市宣传折页5万份，切实提高市民知晓率和参与率。诸城市在全国文明城市首次年度测评中位列全省提名城市第五名。

【社会主义核心价值观宣传】 制定《关于在全市深入开展社会主义核心价值观主题教育活动的实施方案》，充分利用户外大屏、楼宇电视、建筑围挡、文化墙等载体，进一步加大公益广告刊播力度。协调报社、电视台等新闻媒体，依托市内网站、官方微信等平台，在黄金时段、重要版面定期刊播社会主义核心价值观公益广告。依托潍河公园和沧湾公园分别设计建设社会主义核心价值观主题公园和孝德文化公园。围绕全国文明城市创建工作，大力开展社会宣传，设立宣传栏100余处，制作城市小品、手绘文化墙20余处。协调住建、城管等部门开展户外广告专项治理行动，拆除户外广告牌211块、3152平方米，更换调整为户外公益广告103处，全力营造文明城市创建浓厚氛围。

【公民思想道德建设】 常态化开展道德模范和身边好人评选活动，每月组织开展“诸城好人”推荐评选宣传活动，积极推荐参评“潍坊好人”“山东好人”“中国好人”。全年评选“诸城好人”100名，13人被评为“潍坊好人”，3人入选“山东好人”榜。组织2018年全市首届文明家庭评选活动，集中表彰106个文明家庭，通过媒体进行广泛宣传，引导发扬“尊敬长辈、孝顺父母”等中华传统美德，培育良好的道德风气。积极推进志愿服务制度化建设，建立健全市、镇街、社区三级志愿服务组织网络，不断壮大城乡志愿服务队伍，助力文明城市创建，全市注册志愿者队伍发展到300支，注册志愿者总人数8万余人。评选表彰了全市十佳优秀志愿服务组织和30名优秀志愿者。推荐贾悦镇、石桥子镇2个镇参加全省“四德工程”示范镇巡礼，大众日报、山东广播电视台《山东新闻》《山东新闻联播》“‘四德工程’示范县市巡礼”专栏，对诸城市“四德工程”建设工作进行专门报道。

6月15日，全市文明家庭表彰暨巾帼美家活动推进会议召开
（摄影　王亚丽）

魏本欣作为讲述嘉宾，参加拍摄央视改革开放大型纪录片《四十不惑》。

【实施新一轮乡村文明行动】 大力实施乡村振兴战略，以城乡环卫一体化和移风易俗工作为切入点，大力开展城乡环境综合整治百日提升行动，加强环境治理、农村“三大堆”清理等工作，巩固提升城乡环卫一体化全覆盖成果。深入推进移风易俗工作，在全市城乡社区绘制移风易俗文化墙1000多面，建立健全红白理事会组织，制定完善村规民约，引导农民移风易俗、喜事新办、厚养薄葬、丧事简办。坚持问题导向，宣传与民政、城管部门组成三个督查组，深入社区、村居开展城乡环卫一体化、村风民风、移风易俗工作专项督查，督查结果报有关市领导、各镇街（园区）主要负责人。同时，通过宣传栏、大喇叭、悬挂横幅、设置标语、张贴宣传画、进村入户等多种方式，千方百计扩大群众知晓率和参与率。在广泛调研、征求群众意见基础上，起草《关于加快推进全市移风易俗工作的实施意见》。

【推进“爱诚和孝”四进工程】 制定下发《关于深入推进“爱诚和孝”四进工程　进一步培育和践行社会主义核心价值观的实施意见》。实施“爱进百校”工程，深入挖掘中小学师德模范，组织开展“师德标兵”“最美教师”评选表彰活动，引导教师以身作则。实施“诚进百企”工程，在企业设立宣教基地，邀请高层专家围绕诚信经营作专题辅导报告，支持指导企业诚信文化建设，积极选树诚信标杆。实施“和进千村”工程，深入开展全民阅读活动，推动文化科技卫生“三下乡”、科教文体法律卫生“四进社区”，不断丰富群众业余文化生活。实施“孝进万家”工程，深化寻找“最美家庭”活动，持续开展“好婆婆、好媳妇”“最美孝婿、最美孝媳”“文明家庭”评选表彰等活动，树立孝道先进典范，在全社会营造出尊老爱幼，以德治家、以廉持家的浓厚氛围。

【未成年人思想道德建设】 加强未成年人思想道德建设，围绕活动主题，强化教育引领，注重实践养成，重点组织好“新时代好少年”学习宣传、“传承红色基因”系列教育、中华优秀

6月16日，诸城市举办中华传世经典家训展读活动。图为市青少年教育发展研究中心表演的经典诵读《师说》　（摄影　孔繁亮）

传统文化传承、学雷锋志愿服务、“劳动美”社会实践、“阳光成长”心理健康教育等6大活动。组织开展“扣好人生第一粒扣子”主题教育实践活动，开展“传承红色基因”系列教育活动，举办中华传世经典家训展读活动，在教育系统开展“国学小名士”海选活动，组织举办全市中小学生经典诵读大赛，择优推荐参加第五届“国学小名士”经典诵读电视大赛。16名学生获评潍坊市“新时代好少年”。

（宣传部）

组织机构

【市级领导班子】

中国共产党诸城市委员会

书　　记　桑福岭

副书记　刘峰梅（女）　孙吉海

其他常委　李庆华　王志强　何金波　赵治国　李永光　赵　莉（女）　薛宗刚　王爱民

诸城市人民代表大会常务委员会

主　　任　王玉邦

党组副书记　张福秀（女）　王洪伟

副主任　刘作勋　郑晓瑛（女）　于明堂　颜廷忠　葛淑彬

常　　委　杨景良

党组成员、常委　王金友

诸城市人民政府

市　　长　刘峰梅（女）

副市长　李庆华　王大伟　单东升　杨连富　王大鹏　刘天军（女，挂职）　陈之帅（挂职，4月起）

正县级干部　李耀武

副县级干部　李传岗

中国人民政治协商会议诸城市委员会

主　　席　孙利宝

副主席　张海铁　吴建智　臧晋运　韩培武　宗素霞（女）　袁柳天

党组成员　蒋德华

中共诸城市纪律检查委员会、诸城市监察委员会

书记、主任　何金波

副书记、副主任　杨乐友　刘福明

【市委工作机构】

办公室

主　　任　王爱民

常务副主任　孙志梁（9月起）

组织部

部　　长　李永光

常务副部长　宋明华（9月止）　毛玉东（9月起）

宣传部

部　　长　赵　莉（女）

常务副部长　于福臣

统战部

部　　长　赵治国

常务副部长　訾言志

政法委员会

书　　记　王志强

常务副书记　刘加清

机构编制委员会办公室

主　任　徐卫华

台湾工作办公室

主　任　孙志山（11月止）

市委防范和处理邪教工作领导小组办公室

主　任　岳言玺

市直机关工作委员会

书　记　徐　森

市委巡察工作领导小组办公室

主　任　蒋加平

农村工作领导小组办公室

主　任　于文亮

市委政策研究室

主　任　李培玉（9月起）

督查局

局　长　郑德惠（9月止）

陈　华（女，9月起）

信访局

局　长　孙业君

老干部局

局　长　刁立武

【市人大常委会工作机构和办事机构】

办公室

主　任　高彦青

农村经济工作委员会

主　任　王江涌

人事代表工作委员会

主　任　董茂强

财政经济工作委员会

主　任　董伟帅

预算工作委员会

主　任　王培强

法制工作委员会

主　任　曹爱兴（女）

城建环境资源工作委员会

主　任　王东泰

信访工作室

主　任　张　斌

教科文卫工作委员会

主　任　王孟丽（女）

调查研究室

主　任　车志锋

【市政府工作机构】

办公室

主　任　孙鲁安

发展和改革局

局　长　周华伟（3月止）

李臣波（3月起）

经济和信息化局

局　长　冷　强

教育局

局　长　李熙良

科学技术局

局　长　王增军

公安局

局　长　单东升

监察局

局　长　杨乐友（1月止）

民政局

局　长　韩瑞玉

司法局

局　长　孟庆春

财政局

局　长　韩培武

人力资源和社会保障局

局　长　臧　波

国土资源局

局　长　赵　凤（女）

住房和城乡建设局

局　长　管延贵

交通运输局

局　长　李跃志

水利水产局

局　长　张焕新

农业局

局　长　李臣波（3月止）

韩明光（3月起）

商务局

局　长　李学勇

文化广电新闻出版局

局　长　赵永福

卫生和计划生育局

局　长　胡善清

审计局

局　长　齐光慧

环境保护局

局　长　刘金明

统计局

局　长　袁柳天（9月止）

郑德惠（9月起）

安全生产监督管理局

局　长　陈会兵

市场监督管理局

局　长　王桂华

金融工作办公室

主　任　张保举

【市政协工作机构和办事机构】

秘书长、办公室主任　张　健

研究室

主　任　田洪文

政协委员联络工作室

主　任　孙小波

专委会工作一室

主　任　葛迎春

专委会工作二室

主　任　孟庆琪

专委会工作三室

主　任　王海勇

专委会工作四室

主　任　万　军

市人文自然遗产保护与开发促进会办公室

主　任　赵东芳

政协文史资料办公室

主　任　石恒福

【市纪委、监委内设机构和派出机构】

办公室

主　任　邱学江（10月止）

李金强（10月起）

组织部

部　长　祝炳政（10月止）

徐洪生（10月起）

宣传部

部　长　李淑勇

党风政风监督室

主　任　徐洪生（10月止）

祝炳政（10月起）

信访室

主　任　孙锡国（10月止）

邱学江（10月起）

案件监督管理室

主　任　岳　峰

第一纪检监察室

主　任　隋润芳

第二纪检监察室

主　任　范术欣（10月止）

孙锡国（10月起）

第三纪检监察室

主　任　王　丽

第四纪检监察室

主　任　崔　勇

第五纪检监察室

主　任　王　浩

第六纪检监察室

主　任　刘培超

第七纪检监察室

主　任　吕来江

第八纪检监察室

主　任　王宝娣

第九纪检监察室

主　任　王建军

案件审理室

主　任　刘承君

纪检监察干部监督室

主　任　李淑勇

市廉政教育中心

主　任　冯　杨

纪委信息中心

主　任　王志祥

市纪委、监委派驻机构

第一纪检监察组

组　长　王宗军

第二纪检监察组

组　长　崔光英

第三纪检监察组

组　长　祝永清

第四纪检监察组

组　长　郑学钧

第五纪检监察组

组　长　姜　伟

第六纪检监察组

组　长　王树德

市委巡察机构

市委第一巡察组

组　长　郭顺光

市委第二巡察组

组　长　葛淑军

市委第三巡察组

组　长　台桂宝

市委第四巡察组

组　长　宋瑞东

市委第五巡察组

组　长　王铭杰

【市委直属事业单位】

市委党校

校　长　桑福岭

【市政府直属事业单位】

潍坊市工程技师学院

院　长　高崇臻

常山生态林场管理委员会

书　记　张茂盛

潍河生态林场管理委员会

书　记　张振华

主　任　徐建国

恐龙文化研究中心

主　任　王克柏

林业局

局　长　訾青武

体育局

局　长　李　栋

畜牧兽医管理局

局　长　胡希俊

知识产权局

书　记　郭岩璐

局　长　张海轶

旅游局

局　长　孙加军

外事侨务局

局　长　王贞军

老龄工作委员会办公室

主　任　张　辉

供销合作社联合社

主　任　孙培玲（女）

地震局

局　长　脱炳春

为民服务中心

主　任　齐延青（女）

招商局

局　长　王福泉

规划局

局　长　郑泽军

市级机关事务管理局

局　长　赵锡利

政府采购和招标投标管理办公室
　　主　任　徐景超
社区化发展办公室
　　主　任　冯玉建（9月止）
　　　　　　徐　飞（9月起）
检验检测中心
　　主　任　袁　丁

【市政府派出机构】

诸城经济开发区
　　党工委副书记、管委会主任　宋明华
恐龙文化省级旅游度假区
　　主　任　徐兆辉（9月止）
　　　　　　郭　青（9月起）
政务服务中心管理办公室
　　主　任　齐延青（女）

【武装部　法院　检察院】

诸城市人民武装部
　　部　长　韩　震
　　政　委　薛宗刚
诸城市人民法院
　　院　长　韩旭东
诸城市人民检察院
　　检察长　王彦青

【工商联及群众团体】

工商业联合会
　　主　　　席　吴建智
　　常务副主席　陈　华（女，9月止）
　　　　　　　　王志伟（9月起）
总工会
　　主　　　席　赵　莉（女）
　　常务副主席　李瑞堂
共青团诸城市委员会
　　书　记　王明科（9月止）
　　　　　　王希云（9月起）
妇女联合会
　　主　席　许　莉（女）
文学艺术界联合会
　　主　席　张崇明（9月止）
　　　　　　马凤来（9月起）
科学技术协会
　　主　席　郑向前
社会科学界联合会
　　主　席　张崇明（9月止）
　　　　　　马凤来（9月起）
残疾人联合会
　　理事长　马志成（9月止）
　　　　　　郑德华（9月起）

【省、潍坊市驻诸城单位】

诸城市国家税务局
　　局　长　张洪亮（7月止）
诸城市地方税务局
　　局　长　陈　浩（7月止）
国家税务总局诸城市税务局
　　局　长　陈　浩（7月起）
海关办事处
　　主　任　张维敏
供电公司
　　总经理　韩金军（3月止）
　　　　　　杨连河（3月起）
盐务局
　　局　长　祝培斋
气象局
　　局　长　张晓辉
烟草公司
　　总经理　孟庆洪
公路局
　　局　长　王金双
国家统计局诸城调查队
　　队　长　王升夫

邮政局
局　长　黄绪华
移动公司
总经理　战金波
联通公司
总经理　蒋世杰
电信公司
总经理　赵国华
中国人民银行诸城市支行
行　长　陈关庆
中国银监会潍坊分局诸城办事处
主　任　郑凤楼
工商银行诸城支行
行　长　王海军
农业银行诸城支行
行　长　张雁冰
中国银行诸城支行
行　长　李军昌
建设银行诸城支行
行　长　张　鑫
农业发展银行诸城支行
行　长　张茂松
农村商业银行诸城支行
董事长　王学伟
行　长　张维平
邮政储蓄银行诸城支行
行　长　吉永平
潍坊银行诸城支行
行　长　李增海
交通银行诸城支行
行　长　牟存杰
招商银行诸城支行
行　长　陈　波
兴业银行诸城支行
行　长　王占涛
浦发银行诸城支行
行　长　秦潍东
民生银行诸城支行
行　长　臧磊
中信银行诸城支行
行　长　王金山
东营银行诸城支行
行　长　张军平
日照银行诸城支行
行　长　孙增明
光大银行诸城支行
行　长　王志强
恒丰银行诸城支行
行　长　刘丽军
中国人民财产保险公司诸城市支公司
总经理　稽晓东
中国人寿保险公司诸城市支公司
总经理　闫志勇
中国太平洋人寿保险公司诸城市支公司
总经理　王学芳（女）
中国太平洋财产保险公司诸城市支公司
总经理　王术梁

【镇街　园区】

密州街道
党工委书记　李　磊
办事处主任　孙海森（10月止）
王大勇（10月起）
龙都街道
党工委书记　冯士磊
办事处主任　徐开荣
舜王街道
党工委书记　秦嗣炜
办事处主任　李　刚
枳沟镇
党委书记　王学斌
镇　　长　耿　凯
贾悦镇
党委书记　管延升

镇　　长　武志平

石桥子镇

党委书记　张晓升

镇　　长　隋天宁

相州镇

党委书记　邱世峰

镇　　长　王　刚

昌城镇

党委书记　李　向

镇　　长　孙希海

冯玉建（9月起挂任）

百尺河镇

党委书记　张　伟

镇　　长　王先信（3月止）

王明科（3月起）

辛兴镇

党委书记　王雪玲（女）

镇　　长　马　良

林家村镇

党委书记　林　飞（10月止）

孙海森10月起任林家村镇四级调研员，主持镇党委工作

镇　　长　代　辉（女）

桃林镇

党委书记　方有海

镇　　长　王洪阳

皇华镇

党委书记　范昕昕（女）

镇　　长　张　雷

诸城高新技术产业园

党工委书记、管委会主任

韩明光（3月止）

王先信（3月起）

诸城南湖生态经济发展区

党工委书记、管委会主任

张茂盛

中国共产党诸城市委员会

重 要 会 议

【中共诸城市委十四届四次全体会议】 1月11日，中国共产党诸城市第十四届委员会第四次全体会议举行。全会由市委常委会主持，市委书记桑福岭讲话。全会深入学习贯彻党的十九大精神，听取和讨论了桑福岭同志受市委常委会委托作的工作报告，讨论了学习贯彻党的十九大精神、“四个城市”建设、“作风建设年”活动、重点项目建设“百日会战”情况报告和《中共诸城市委常委会2018年工作要点》，审议通过了《中国共产党诸城市第十四届委员会第四次全体会议公报》。

1月11日，中共诸城市委十四届四次全体会议召开 （摄影 孔繁亮）

【“全市大项目突破年”暨“春季百日会战”动员大会】 2月23日，全市“大项目突破年”暨“春季百日会战”动员大会召开。会议深入贯彻落实党的十九大精神，按照市委十四届四次全体会议确定的“14435”年度工作部署，对全市“大项目突破年”活动暨“春季百日会战”进行安排部署。市委书记桑福岭出席会议并讲话，市委副书记、市长刘峰梅主持会议，并就会议精神的贯彻落实讲了意见。孙吉海、王玉邦、孙利宝等市级领导班子成员出席会议。

【全市扫黑除恶专项斗争会议】 2月28日，全市扫黑除恶专项斗争会议召开。市委书记桑福岭出席会议并讲话，指出要坚决落实习近平总书记重要指示，切实把思想和行动统一到中央和省市委决策部署上来，奋力夺取扫黑除恶专项斗争全面胜利。强调要牢固树立以人民为中心的发展思想，坚持依法严惩，加强综合治理，坚持党的统一领导，坚决打赢扫黑除恶专项斗争攻坚战，向党和人民交上满意答卷。市委副书记孙吉海主持会议，副市长单东升出席会议。

【全市三级干部会议】 3月1日，全市三级干部会议召开。表彰先进单位和个人，研究分析当前发展形势，安排部署全年任务。市委书记桑福岭出席会议并讲话；市委副书记、市长刘峰梅主持会议，并就会议精神的贯彻落实讲了意见；市委副书记孙吉海宣读了《关于表彰2017年度先进单位、先进个人的通报》；市人大常委会主任王玉邦、市政协主席孙利宝等市级领导班子成员出席会议。

【全市开展“大学习、大调研、大改进”工作会议】 3月16日，全市开展“大学习、大调研、大改进”工作会议召开。会议认真传达学习潍坊市开展“大学习、大调研、大改进”工作会议精神，动员全市上下认真贯彻落实中央和省市决策部署，特别是习近平总书记在参加山东代表团审议时的重要讲话精神，紧密结合“大项目突破年”活动，全力做好重点区域开发、重点产业发展、重点企业培育等工作，坚决打赢乡村振兴战略、新旧动能转换等事关诸城前途命运的关键战役，确保在高质量发展中抢占先机、增创优势、走在前列。市委书记桑福岭出席会议并讲话，市委副书记、市长刘峰梅主持会议，孙吉海、王玉邦、孙利宝等市级领导班子成员出席会议。

【全市农村工作会议】 3月23日，全市农村工作会议召开。市委书记桑福岭出席会议并讲话，要求着力打造乡村振兴“诸城模式”。市委副书记、市长刘峰梅主持会议，并就会议精神的贯彻落实提出要求。市委副书记孙吉海解读了《中共诸城市委、诸城市人民政府关于贯彻落实中央和省市决策部署实施乡村振兴战略的意见》和《诸城市实施乡村振兴战略三年行动计划》。市人大常委会主任王玉邦等出席会议。

【诸城市全面展开新旧动能转换重大工程推进会议】 4月12日，诸城市召开全面展开新旧动能转换重大工程推进会议，深入学习贯彻习近平新时代中国特色社会主义思想和党的十九大精神、全国“两会”精神，认真落实省全面展开新旧动能转换重大工程动员大会、潍坊市全面展开新旧动能转换重大工程暨“四个城市”建设推进会议部署，动员全市上下聚焦实现高质量发展，坚决打好新旧动能转换攻坚战持久战，努力开创新时代全市转型发展新局面。市委书记桑福岭出席会议并讲话，市委副书记、市长刘峰梅主持会议，并就会议精神的贯彻落实作了强调。孙吉海、王玉邦、孙利宝等市级领导班子成员出席会议。

【全市经济运行分析会议】 5月11日，全市经济运行分析会议召开。市委书记桑福岭主持会议并讲话，市委副书记、市长刘峰梅总结分析了2018年前期全市经济运行情况，安排部署了下步经济工作任务。孙吉海、王玉邦、孙利宝等市级领导班子成员出席会议。

【全市深化“作风建设年”活动大会】 5月14日，全市深化“作风建设年”活动大会召开。要求进一步聚焦问题正作风、围绕发展强作风、优化环境转作风、健全机制提作风。市委书记桑福岭出席会议并讲话，市委副书记、市长刘峰梅主持会议，并就会议精神的贯彻落实讲了意见。孙吉海、王玉邦、孙利宝等市级领导班子成员出席会议，省委第六巡视组成员曹斌到会指导。

【全市创建全国文明城市动员会议】 5月24日，诸城市召开创建全国文明城市动员会议。省文明办副主任、活动协调处处长王龙飞，潍坊市委宣传部副部长、市文明办主任范明涛及诸城市领导桑福岭、孙吉海、王玉邦等出席会议。市委书记桑福岭讲话，市委副书记孙吉海主持会议，并就抓好会议精神的贯彻落实讲了意见。

会议要求全市各级各部门要提升政治站位，从全局和战略高度看待创城工作，自觉做主角、当主力、担主责，以强烈的使命感和责任感抓好创城工作。要认真学习借鉴各地成功经验做法，着力解决交通秩序、环境卫生、文明言行、服务质量、社会治安、生态建设等与人民群众生产生活密切相关的问题。健全完善党委统一领导、党政齐抓共管、文明委协调指导、部门各负其责、全社会共同参与的工作机制，推动创建工作向制度化、规范化、经常化发展。

6月30日，诸城市庆祝中国共产党成立97周年大会在市政府礼堂召开
（摄影　张永鹏）

【诸城市庆祝中国共产党成立97周年大会】 6月30日，诸城市召开庆祝中国共产党成立97周年大会，回顾党的光辉历程，展望党的光明前景，表彰先进集体和个人。桑福岭、刘峰梅、孙吉海、王玉邦等市级领导班子成员出席会议，并为受到表彰的先进集体和个人颁奖。市委书记桑福岭讲话，市委副书记、市长刘峰梅主持会议，并就会议精神的贯彻落实讲了意见，市委副书记孙吉海宣读《关于表彰优秀共产党员、优秀党务工作者和先进党组织的决定》和《关于表彰红旗支部、红领党务和红星工匠的决定》。

【中共诸城市委十四届五次全体会议】 7月9日，中国共产党诸城市第十四届委员会第五次全体会议举行。全会由市委常委会主持，市委书记桑福岭讲话。全会全面贯彻落实党的十九大精神，深入学习贯彻习近平总书记视察山东重要讲话精神，传达学习省委十一届五次全体会议和潍坊市委十二届六次全体会议精神，审议通过了《中共诸城市委关于落实潍坊市委十二届六次全会精神深入学习贯彻习近平总书记视察山东重要讲话精神的意见》。

【全市生态环境保护大会】 7月10日，诸城市召开生态环境保护大会，深入学习贯彻习近平生态文明思想，认真落实全国和省、潍坊市生态环境保护大会精神。市委书记桑福岭出席会议并讲话；市委副书记、市长刘峰梅主持会议，并就会议精神的贯彻落实讲了意见；市领导孙吉海、王玉邦、孙利宝等出席会议。副市长王大鹏宣读了《中央环保督察反馈意见诸城市整改督导检查工作方案》。

【全市“三清一增”集中行动工作动员会议】 9月14日，全市“三清一增”集中行动工作动员会议召开。市委书记桑福岭出席会议并讲话；市委副书记、市长刘峰梅主持会议，并就会议精神的贯彻落实讲了意见；市委副书记孙吉海宣读了《关于在全市农村实施“三清一增”集中行动工作方案》；市人大常委会主任王玉邦等出席会议。

会议指出，在全市开展以“清资金、清资产、清资源，增加集体收入”为主要内容的“三清一增”集中行动，是市委、市政府瞄准基层突出问题、强化农村综合治理、促进乡村全面振兴的重大决策部署。全市上下一定要从全局和战略的高度来把握和推动这项工作，做到思想上高度重视、措施上全面到位、行动上狠抓落实、组织上坚强有力，切实把“三清一增”集中行动抓紧抓细、务求实效。

重 大 决 策

1月19日，诸城市委印发《中共诸城市委常委会2018年工作要点》（诸发〔2018〕1号）。该《要点》提出，2018年市委工作的总体要求是全面贯彻党的十九大精神，以习近平新时代中国特色社会主义思想为指导，认真落实中央和省委、潍坊市委决策部署，坚持稳中求进工作总基调，坚持新发展理念，按照高质量发展的要求，统筹推进“五位一体”总体布局和协调推进“四个全面”战略布局，坚持以供给侧结构性改革为主线，加快实施新旧动能转换重大工程，按照围绕“一个总目标”、实施“四个更大力度推进”、加快“四个城市”建设、实现“三个新提升”、落实“五个从严”的“14435”工作思路，扎实做好稳增长、促改革、调结构、惠民生、防风险各项工作，积极推动质量变革、效率变革、动力变革，促进经济社会持续健康发展。

4月8日，诸城市委、市政府印发《关于进一步强化招商引资工作的实施意见》（诸发〔2018〕13号）。该《意见》指出，要深入贯彻落实中央、省、潍坊市新旧动能转换和扩大开放的一系列重大部署，进一步解放思想，牢固树立和贯彻落实开放发展新理念，把握国际化发展和产业转移的新趋势，坚持以调整结构、补齐短板、促进创新为方向，坚持引资、引智、引院并举，真正转变招商态度，把招商引资作为经济发展的第一动力，作为培育发展新动能的重要途径，作为赢得新一轮区域竞争的重要抓手，汇聚加快发展的积极因素和强大合力，助推诸城再造新优势、再创新辉煌，不断开创新时代转型发展新局面。

5月7日，诸城市委、市政府印发《关于稳步推进农村集体产权制度改革的实施意见》（诸发〔2018〕16号）。该《实施意见》指出，要认真贯彻落实党的十九大精神，以习近平新时代中国特色社会主义思想为指导，按照中央关于深化农村改革决策部署和省、潍坊市有关要求，大力实施乡村振兴战略，以明晰农村集体产权归属、维护农村集体经济组织成员权利为目的，以推进集体经营性资产改革为重点，以发展股份合作等多种形式的合作与联合为导向，大力发展农村集体经济组织，探索符合诸城实际的农村集体所有制经济组织形式和经营方式，完善农村土地“三权分置”办法，促进城乡要素双向流动、等价交换，激发农村要素活力，增强农业发展动力，加快培育农业农村发展新动能。

5月22日，诸城市委、市政府印发《关于开展创建全国文明城市的实施意见》（诸发〔2018〕17号）。该《实施意见》指出，要深入学习贯彻落实党的十九大精神，以习近平新时代中国特色社会主义思想为指导，以《全国文明城市测评体系》和《全国未成年人思想道德建设工作测评体系》为导向，以创建全国文明城市为抓手，以提高市民文明素质和城市文明程度为目标，在全市范围组织实施“八大工程”，着力完善城市功能、优化城乡环境、提高市民素质、提升城市形象，以创城工作促进城乡精细化管理水平提升，加快推进城乡文明一体化进程。到2020年，力争全市各项创建指标全面达到全国文明城市测评标准，跻身全国文明城市行列，切实增强人民群众的满意度和幸福感。

11月15日，诸城市委、市政府印发《关于打赢脱贫攻坚战三年行动的实施意见》（诸发〔2018〕28号）。该《实施意见》指出，要以习近平新时代中国特色社会主义思想为指导，全面贯彻党的十九大和习近平总书记视察山东重要讲话、重要指示批示精神，认真落实省委、省政府和潍坊市委、市政府坚决打好脱贫攻坚战的部署要求，突出在规范、品质、长效上下功夫，按照诸城“2018年稳定巩固、2019年巩固提升、2020年全面完成”的脱贫攻坚工作布局，坚持精准扶贫精准脱贫基本方略，坚持县镇抓落实的工作机制，坚持大扶贫格局，坚持脱贫攻坚目标和现行扶贫标准，把握扶贫开发工作阶段性特征，深化与实施乡村振兴战略衔接，着力激发贫困人口内生动力，着力夯实贫困人口稳定脱贫基础，着力加强扶贫领域作风建设，确保到2020年全面完成脱贫任务，做到全面小康路上不让一名群众掉队，为实施乡村振兴战略、打造新时代乡村振兴“诸城模式”升级版奠定坚实基础。

12月8日，诸城市委、市政府印发《关于推进“5+5”现代产业发展加快新旧动能转换的意见》（诸发〔2018〕33号）。该《意见》指出，要以习近平新时代中国特色社会主义思想为指导，全面贯彻落实党的十九大精神，认真学习贯彻习近平总书记视察山东重要讲话、重要指示批示精神，按照省委、潍坊市委部署要求，以打造全省新旧动能转换先行区、示范区为目标，践行新发展理念，聚焦高质量发展，深入实施创新驱动发展战略，以供给侧结构性改革为主线，以“四个城市”和“三区一城”建设为抓手，以“大项目突破年”活动为引擎，以深化“作风建设年”活动为保障，把推进“5+5”现代产业发展作为全市新旧动能转换的核心工程、引领全市转型发展的主导工程、打造产业强市的关键工程，建立“统分结合、权责明确、运转高效”的协调推进体系，整合资源、凝聚力量，压实责任、强力推进，加快优化提升传统产业、培育壮大新兴产业，带动重大工程全面起势、尽快见效，形成新动能主导经济发展的新格局，确保新旧动能转换走在前列。

12月8日，诸城市委、市政府印发《关于推进“三区”共建共享的实施意见》（诸发〔2018〕34号）。该《实施意见》指出，要坚持以习近平新时代中国特色社会主义思想和习近平总书记关于“三农”工作的系列重要讲话精神为指导，以乡村振兴“二十字”总要求和“五个振兴”总目标为引领，以习近平总书记肯定“诸城模式”为动力，以“五大工程”为抓手，以生活社区为单元，以生产园区为支撑，以生态景区为底色，深入推进“三区”共建共享，全面提升生产美、生活美、生态美“三生三美”水平，探索打造新时代乡村振兴“诸城模式”升级版。

市委主要工作

【概况】 2018年，诸城市委认真贯彻落实习近平新时代中国特色社会主义思想和党的十九大精神，按照中央决策部署和省委、潍坊市委工作要求，牢牢把握“干在实处、走在前列”的目标定位，以“大项目突破年”活动为引擎，以深化“作风建设年”活动为保障，抢抓机遇、主动作为，实干担当、激情创业，加快新旧动能转换，实施乡村振兴战略，打好“三大攻坚战”，深入推进“三区一城”建设，开创了全市高质量发展新局面。全市实现地区生产总值877.73亿元，财政总收入106.4亿元，一般公共预算收入72.8亿元。

【切实提高政治站位】 始终坚决做到“两个维

护”，切实增强政治自觉。牢固树立“四个意识”、不断强化“四个自信”、自觉践行“四个服从”，坚决维护习近平总书记党中央的核心、全党的核心地位，坚决维护党中央权威和集中统一领导。落实上级决策部署态度坚决、不打折扣、不搞变通，推动中央精神和省委、潍坊市委部署落地生根。

坚持用习近平新时代中国特色社会主义思想武装头脑，切实增强思想自觉。建立学习机制，加强理论学习中心组学习，组织各级领导班子和党员干部深入学习习近平新时代中国特色社会主义思想、党的十九大精神、《习近平谈治国理政》第一、二卷等，先后举办专题学习、研讨交流、读书会、高层辅导等16场次。组建市委宣讲团，围绕学习贯彻习近平新时代中国特色社会主义思想、实施新旧动能转换重大工程等主题，深入镇街（园区）、市直部门单位宣讲34场次，基层单位开展各类宣讲2200多场次，全市党员干部理论素养得到普遍提升。

认真贯彻落实党中央决策部署和省委、潍坊市委工作要求，切实增强行动自觉。牢固树立全局观念和大局意识，对中央决策部署和省委、潍坊市委工作要求，明确分工、完善机制、加强督查，确保真正落地见效。强化巡视整改落实，将中央巡视山东反馈意见细化分解为7大类41项具体问题，制定落实整改措施121条；将省委巡视潍坊及诸城反馈意见细化为4个方面48个问题，制定落实整改措施163条，组织开展10个专项行动，推动巡视整改工作全面到位、持续深化。认真践行新发展理念，确立围绕“一个总目标”、实施“四个更大力度推进”、加快“四个城市”建设、实现“三个新提升”、落实“五个从严”的“14435”年度工作思路，扎实推进稳增长、促改革、调结构、惠民生、防风险各项工作。

【推动新旧动能加速转换】 加快推进产业转型升级。制定《关于推进“5+5”现代产业发展加快新旧动能转换的意见》，聚焦高端化、智能化、绿色化、服务化方向，实施“七个一”产业推进计划，推进汽车、食品、服装纺织、装备制造、现代农业五大传统优势产业加快改造提升，推进生物医药、新能源新材料、再生资源与再制造、文化旅游、医养健康五大新兴产业加速扩容倍增。实施了桑莎智能针织服装、大业研发中心、新郎普兰尼奥工业化社区、东晓高品质氨基酸扩产等技改项目135个，完成投资146亿元。加快制造业与互联网融合发展，新增智能化改造企业12家、上云企业234家。得利斯、义和车桥被列入国家“两化”融合体系贯标试点。商用车及零部件产业和现代食品加工产业入选山东省主导产业集群。开工建设总投资53亿元的诸城·雪松恐龙探索王国旅游项目，打响“中国龙城”文化旅游目的地品牌，被评为山东省旅游新业态示范县。制定实施大企业培育“153”计划、骨干龙头企业“二次创业”计划、行业“隐形冠军”培育计划，新郎、得利斯、迈赫入选省“百年品牌”重点培育企业。加快汽车及零部件产业园、中坛循环经济产业园、生物科技产业园、悦东新材料产业园等园区建设提升，悦东新材料产业园被认定为省级化工园区，诸城市被评为国家资源循环利用基地。

深入实施创新驱动发展战略。实施“六个十”创新计划，提高企业创新能力，成功申报省级企业技术中心4家、省级工业设计中心1家，新备案国家科技型中小企业64家，高新技术企业达到58家，产业技术创新战略联盟达到22个。完成专利申请2000多件、专利授权1400多件，10家企业通过国家知识产权贯标认定。设立市长质量奖，新注册商标1272件、申请马德里商标国际注册2件，新创山东名牌4件，参与制修订国家标准9项、行业标准8项、团体标准1项。美晨科技入围省长质量奖，潍坊仅此一家。举办高层次人才项目对接会等招才引智活动20余次，引进3位国家“千人计划”专家到诸城创业，4人入选泰山产业领军人才，居潍坊各县市首位。实施“新诸城人”招引行动，引进“新诸城人”1.33万人。新增高校院所分支机构14家、国家地方联合工程研究中心1家、博士后科研工作站1家、院士（专家）工作站5家、国家级星创天地1家、省级科技创新平台7家。与北京航空航天大学、北汽集团合作，设立10亿元投资基金，共建军民融合产业园，北航青岛研究院诸城分院签约落地。与上海汽车创新港共建半岛慧谷，已有8家机构意向入驻。中科院山东综合技术转化中心诸城分中心成立，中海油天化院山东分院落户诸城。

持续深化重大项目建设。深入开展“大项目突破年”活动，组织实施了重点项目集中开工、春季百日会战、秋季百日攻坚，项目建设提速提效。谋划实施投资过千万元项目418个，总投资2275.5亿元，其中过亿元项目221个。实施大项目建设“710”工程，筛选83个重大项目全力突破。汽车及零部件产业园、雪松恐龙探索王国等3个项目入选全省新旧动能转换重大项目库第一批优选项目；26个项目列入潍坊市级重大项目。深入开展高质量“双招双引”，举办诸城一中（北京）校友情系家乡恳谈会、诸城（青岛）发展恳谈会、“百企百商”走访等招商活动，全年洽谈引进项目191个，总投资884.9亿元，计划利用市外资金841.4亿元。

【打造新时代“诸城模式”升级版】 着力建设生产园区。以获评国家农村一二三产业融合发展试点示范市为契机，深入推进现代农业“接二连三”“三调两提”“五化发展”，提升田园综合体和特色产业小镇品质，做优做精乡村旅游、休闲体验、特色民宿等新业态。新流转土地12.7万亩，新建田园综合体30个、500亩以上农业园区47个，健康食品小镇被认定为国家级农村产业融合发展示范园。组织开展以清资金、清资产、清资源，增加集体收入为主要内容“三清一增”集中行动，全市累计清理各类尾欠2.95亿元，理顺合同1.6万多份，规范机动地、“四荒”地7.9万亩。探索10条集体经济增收路径，集体经济收入达到30万元以上的农村社区169个，无收入自然村全部消除。

着力提升生活社区。建设地理信息典型应用示范平台，在全省率先实施乡村振兴“一张图”试点。扎实推进农村新型社区建设，新改造提升社区服务中心30个，建设示范智慧社区20个，7个社区（村）被确定为山东省乡村振兴示范村。推进“新时代文明实践中心”建设，成功举办社区文化节、蔡家沟乡村艺术节。以基层党建为统领，健全自治、法治、德治“三治”融合的乡村治理体系，推进网格服务管理实体化，乡村可防性案件年均下降10%以上。

着力打造生态景区。深入开展特色城镇打造、新型社区提升、美丽乡村建设“三大行动”，规划建设6个特色小镇，998个村庄达到美丽乡村B类以上标准。扎实开展“绿满龙城”五大行动，建成森林镇村15个，完成造林面积3.9万亩，村庄绿化环绕率达85%以上。深化农村人居环境整治，清理违章建设5056处，实现城乡环卫管理精细化、常态化、一体化。

【打好“三大攻坚战”】 打好防范化解重大风险攻坚战。把防控金融风险摆在突出位置，主动出击、有效防范、分类处置，全力化解涉企金融风险。强化金融支持实体经济，20家企业在蓝海股权交易中心挂牌。发挥政策性担保平台作用，为企业提供过桥资金，为中小企业提供担保，处置不良贷款。开展打击恶意逃废金融债务专项行动，将148家企业纳入信用“黑名单”。深入推进安全生产标准化建设，109家企业通过标准化评审验收，全市未发生较大以上生产安全事故，被评为安全生产工作先进县。

持续开展排查安全隐患防范四类风险专项行动和矛盾纠纷大排查大化解行动，累计化解四类风险隐患2493件，调处矛盾纠纷4143件，排查办结103件信访积案，圆满完成了重大活动安保维稳任务。创新基层社会治理，加快推进综治中心、网格化管理、雪亮工程“三位一体”系统工程建设。加强党对政法工作的领导，深化“扫黑除恶”专项斗争，共打掉各类犯罪团伙46个，破获刑事案件136起，刑事拘留172人，移诉涉恶案件3起12人，查办涉黑涉恶腐败问题保护伞9起10人。

打好精准脱贫攻坚战。把脱贫攻坚作为重大政治任务和第一民生工程，持续在规范、品质、长效上下功夫，统筹资源配置，强化政策保障，健全完善扶贫开发长效机制，强化产业扶贫、就业扶贫、行业扶贫、兜底保障等措施，制定“一户一策”帮扶方案。落实五级书记“遍访”贫困户行动，实施7个产业扶贫项目，拨付资金1028万元。大力开展公益扶贫行动，为贫困群众减免就医费用39.9万元，发放教育资助金2097万元，资助贫困学生23771人次。筹集123.7万元为享受政策的7128户13962人购买扶贫特惠保。

打好污染防治攻坚战。自觉用习近平生态文明思想武装头脑、指导实践，全面落实“四减四增”三年行动部署要求，打响蓝天、碧水、净土保卫战。认真抓好环保督察反馈问题整改，中央及省环保督察反馈的47个问题，已完成整改39项，其余8项正按照计划扎实推进，213件信访举报件全部完成整改销号。关停取缔“散乱污”企业及10吨以下燃煤锅炉305个，关闭搬迁养殖场（户）1064家。积极推行清洁生产，空气环境质量明显提升，空气质量优良率、重污染天气减少天数及PM2.5等重点监测指标列潍坊各县市前列。开展城乡环境综合整治百日提升行动，推行网格长制、街路长制，实现建筑垃圾、生活垃圾统管统运。完成三里庄水库、青墩水库饮用水源地区划调整，加强防护围网、雨污管网配套设施建设，实现饮用水源地精准保护。落实河长制、湖长制，实施“十河共治”行动，潍河水质达标率达100%。

【深化改革】 加快制度创新，打好改革“组合拳”，14项省级以上改革试点全部按时间节点如期推进。实施年度重点改革事项27个，梳理“一部门一改革”事项73个。深化“一次办好”改革，组建市行政审批服务局，全面实行“一窗受理、集成服务”，推行容缺受理、并联推进、模拟审批，审批提速60%以上。2018年，新登记各类市场主体18336户，其中新增企业4293户。深化农村集体产权制度改革，1327个经联社（居委会）全部完成清产核资；889个经联社（居委会）完成资产量化、股权设置工作，占总村数的67%。深入推进“三去一降一补”，全面清理规范涉企收费，落实国家结构性减税降费7.89亿元。积极推动国有企业改革，新组建隆嘉文旅、泰石投资控股、政泰城建3家国有公司。

【扩大开放】 实施开放发展三年行动计划，组织企业参加首届中国国际进口博览会、鲁台经贸洽谈会、中日韩产业博览会暨首届贸易投资洽谈会等节会，积极应对中美贸易摩擦，促进对外贸易平衡发展。加快“引进来”“走出去”步伐，新增外资企业8家，实际到账外资8.6亿元，同比增长52.3%。保税物流中心累计通关票数994票，通关车辆931车次，通关总金额6917万美元。桑莎检通高端出口检品物流平台建成投用，成为江北首家对日出口纺织服装合作机构，服务全市及周边200多家企业。跨境电商取得新突破，阿里巴巴国际站、全球贸易通签约用户发展到226家，实现跨境出口额2亿多元。全市外贸转型示范基地发展到13个，被认定为国家外贸转型升级基地（禽肉产品）。

【增进人民福祉】 城市品质全面提升。深入实施10大组团开发，开工建设棚改项目35个，完成拆迁6741户，腾空土地10336亩，超额完成全年棚户区改造任务。全年完成房地产开发投资51.8亿元、新开工150万平方米。实施汽改水供热提升工程，新增集中供热面积60万平方米。建设卧龙湖水库，新建南湖市民公园、三河湿地公园等公园游园14处。基本完成兴华西路西延、东坡街北延、八里庄路等9条市政道路改造工程，高标准建成舜井路潍河大桥、兴华路涓河大桥，相石路拓宽改造工程顺利完成。平日路绕城段改建具备通车条件，完成206国道和薛馆路大中修工程，潍日高速建成通车。持续做好京沪高铁二通道过境诸城并设站申请工作，青岛西客站经诸城与高铁连接线列入省新旧动能转换重大工程实施规划项目库和山东省综合交通路网规划。

文化品牌更加响亮。启动全国文明城市创建工作，新增省和潍坊市级文明单位20个，10人获评“潍坊好人”，5人获评“山东好人”。完成市图书馆改造提升，蝉联第六次全国县级公共图书馆一级馆。成功举办2018舜帝故里（诸城）大舜文化节、首届中国（诸城）古琴文化艺术节等节会，大型茂腔现代戏《失却的银婚》作为全省唯一大戏入选全国基层院团戏曲会演，文献片《王尽美》在中央电视台、山东电视台播出。被评为第三届山东省文化强省建设先进市县。

防汛救灾及时有效。科学应对多年不遇的强降雨，有效保障了人民群众生命财产安全，实现了无人员伤亡、无重大灾情。扎实做好抗灾救灾和灾后重建工作，发放专项救灾资金1195.6万元。投资6100多万元，组织实施98个交通公路和84个水利工程修复项目，让受灾群众尽早恢复正常生产生活。

社会事业全面发展。推进城乡义务教育一体化发展，规划建设京师学校、繁华中学等34个教育项目，总投资27.3亿元，建筑面积85.7万平方米。以创建省级医养结合示范市为抓手，加快人民医院康复医养中心、中医医院门诊医技综合楼、红星老年社区等项目建设，依托慈海医疗集团对5处敬老院进行托管，荣获全国基层中医药工作先进单位，顺利通过省级医养结合示范先进市评估验收。按照“兜底线、织密网、建机制”的要求，持续提升社会保障水平。严格执行降低社会保险费率政策，为企业减负8740万元。

【推动全面从严治党向纵深发展】 拧紧压实政治责任。坚持全面从严，压实党委主体责任、纪委监督责任、书记“第一责任”和班子成员“一岗双责”，推动述责述廉、廉政谈话全覆盖。始终把党的政治建设摆在首位，严守政治纪律和政治规矩，坚定执行党的政治路线，自觉加强党性锻炼，不断提高政治觉悟和政治能力。严格遵守党章和党内政治生活准则，坚持原则、敢于碰硬，从具体事情管起，强化党内监督，增强党内政治生活的政治性、时代性、原则性、战斗性。

强化意识形态工作。严格落实意识形态工作责任制，先后4次召开市委常委会研究意识形态工作，制定完善7个意识形态方面的制度文件，举办4期科级干部专题培训班，举办全员进党校培训班36期。巩固壮大主流思想舆论阵地，严控非法宗教、邪教活动风险点。

持续深化作风建设。把加强作风建设作为永恒主题，坚持从严从实，深化“作风建设年”活动，突出解决“旧”“满”“低”“怕”“慢”“松”“冷”“弱”等八个方面的问题，推动各级作风持续改进，党风政风进一步好转。积极推进“大学习、大调研、大改进”，组织党政考察团到粤浙7个县市区对标学访，在潍坊市寻标对标提标达标行动计划评估中获得“好”等次。市级领导牵头重点调研课题20个，各级干部共确立调研课题178个、查找解决问题660多个。坚持“一线工作法”，33名市级领导包靠15大产业、198个重点项目，现场解决问题、推进工作。

加强干部队伍建设。坚持把选好干部作为落实党委主体责任的关键环节，严把标准、严格程序、严明纪律，不断提高选人用人公信力。深化干部日常跟线考察调研制度，制定《关于重点项目重点工作一线干部考察调研办法》《关于大力选拔“一线七型”干部进一步树立选人用人良好导向的意见》，提拔重用35名表现突出的优秀干部。加强干部监督管理，对13名科级以上干部进行提醒或诫勉，完成83名超配干部的职务整改消化。加强干部调配规范化管理，加大干部挂职锻炼力度，选派5名干部到潍坊挂职，优选3名年轻女干部挂任群团组织领导班子副职。

切实强化基层基础。实施“领头雁”计划，探索创设1265个农村社区网格党支部，优化调整309个城乡联建党组织。探索实施“红色引擎”工程，评选表彰红旗支部10家、红领党务12人、红星工匠9人，累计投入红色薪酬资金180余万元。选派25名“两新”组织党组织第一书记，培育党建示范点22个。举办纪念王尽美同志诞辰120周年系列活动，规划建设王尽美党性教育基地，建成诸城市改革发展历程馆、刘家庄抗战纪念馆等党性教育基地，组织1.2万名党员干部参观学习。推进离退休干部党工委实体化运作，实现对34个党支部的直管，投资1.5亿元建设老年大学新校区。

加强党风廉政建设。驰而不息纠治“四风”，查处违反中央八项规定精神和形式主义、官僚主义问题72起，处理党员干部148人。立查违纪违法案件367起，给予党纪政务处分515人。问责主体责任落实不力的党组织108个，问责领导干部161人。查处群众身边腐败和作风问题190起，处理党员干部369人。开展3轮政治巡察，发现专项问题387个，立案47起，给予党纪政务处分25人。依法组建市监察委员会，推进监察工作向镇街延伸，派出14个监察室，配备81名干部。坚持把纪律和规矩挺在前面，做到抓早抓小、防微杜渐，运用“四种形态”处理党员干部1367人。

推进民主法治建设。坚持民主集中制原则，严格执行领导班子集体议事和民主决策程序。加强和改善党的领导，市委常委会定期听取市人大常委会、市政府、市政协、市法院、市检察院党组工作汇报。高度重视统战工作，民族、宗教、侨务及对台工作取得新成效。深化民兵预备役建设，支持群团组织开展工作。扎实推进法治诸城建设，智慧社区法律服务诊所建设、社会稳定风险评估等工作受到中国法学会肯定，被表彰为全国法治县（市、区）创建活动先进单位。

重 要 活 动

【全省“新六产”现场会在诸城召开】 2月27日，副省长于国安率参加全省推进农业“新六产”发展现场会议暨“两区”划定工作会议与会人员到诸城现场观摩。在潍坊市领导李宽端、马清民及诸城市领导桑福岭、刘峰梅、孙吉海、王爱民、杨连富陪同下，与会人员实地观摩了东方田园综合体、得利斯集团等企业，对诸城市推进农业“新六产”发展的做法和成绩给予充分肯定。认为，诸城市深入贯彻党的十九大关于实施乡村振兴战略的重大决策部署，把发展农业“新六产”作为现代农业新旧动能转换的重大工程，以深化农业供给侧结构性改革为主线，紧扣全环节升级、全链条升值、全产业融合，推动产业链延伸、价值链提升、供应链贯通“三链重构”，强力发展农业“新六产”，推动农业振兴发展，经验做法值得在全省借鉴推广。

中央政策研究室调研组在市领导桑福岭等陪同下实地察看相关企业

（摄影　孔繁亮）

【中央政策研究室调研组到诸城调研】 3月31日，中央政策研究室副主任张季率调研组到诸城调研全面深化改革和农村产业融合发展工作。在山东省农业厅副厅长庄文忠，潍坊市委常委、秘书长刘建国及诸城市领导桑福岭、王爱民陪同下，调研组实地察看了得利斯集团、东方田园综合体、诸城国家级农林科技孵化器，对诸城市以全面深化改革为动力，创新推进农村产业融合发展，积极打造农业产业化“升级版”的做法给予高度评价。

【纪念王尽美同志诞辰120周年座谈会在诸城召开】 6月5日，纪念王尽美同志诞辰120周年座谈会在诸城召开。省委常委、组织部部长杨东奇，潍坊市委书记、市人大常委会主任刘曙光，潍坊市委常委、组织部部长林红玉及诸城市领导桑福岭、孙吉海、李永光、赵莉、王爱民，中央和省内外有关专家学者，王尽美同志的亲属代表出席座谈会。杨东奇在座谈会上讲话，刘曙光主持会议，诸城市委书记桑福岭讲话，与会人员观看了《不忘初心　尽善尽美》专题片。座谈会结束后，与会人员集体瞻仰了王尽美纪念馆。

【杨东奇到诸城调研】 6月5日，省委常委、组织部部长杨东奇到诸城调研。在潍坊市委常委、组织部部长林红玉及诸城市领导桑福岭、李庆华、李永光、赵莉、王爱民、王大伟陪同下，杨东奇实地察看了超然台、新郎公司、迈赫机器人小镇，对诸城市经济社会发展和党的建设取得的成绩给予充分肯定。

【诸城王尽美研究会换届暨王尽美同志诞辰120周年研讨会在诸城举行】 6月5日，诸城王尽美研究会换届暨王尽美同志诞辰120周年研讨会在诸城举行。市委副书记、市长刘峰梅主持会议并讲话。会议通过了诸城王尽美研究会章程，选举产生了第二届诸城王尽美研究会理事和会长、副会长、秘书长，通过了特邀学术研究指导专家名单。清华大学马克思主义研究中心原副主任、人文社会科学学院原副院长韩冬雪当选第二届诸城王尽美研究会会长。

【全省乡村振兴暨脱贫攻坚现场会在诸城召开】 8月16日–17日，全省乡村振兴暨脱贫攻坚现场会（中片区）在诸城召开。省委副书记、省长龚正出席会议，并实地查看了大黑龙沟村、得利斯村、乔庄社区、诸城国家级农林科技孵化器、蔡家沟村等村庄（社区、单位）。

市委办公室工作

【概况】 2018年，诸城市委办公室围绕市委中心工作和全市发展大局，按照市委围绕“一个总目标”、实施“四个更大力度推进”、加快“四个城市”建设、实现“三个新提升”、落实“五个从严”的“14435”工作思路，以全面从严治党为统领，以建设“简优、协同、高效”的一流机关和打造“忠诚、干净、担当”的一流队伍为目标，强化作风建设，狠抓工作落实，为推动全市高质量发展发挥了积极作用。

【深化改革】 组建诸城“四个城市”建设项目储备库，年内已有225个项目入库，总投资603亿元。56个项目入选潍坊市“10·30·100”支撑项目库，5个典型案例列入潍坊市“四个城市”建设典型带动成果汇编，总数均列潍坊各县市首位。紧扣重点领域和关键环节，梳理确定27项年度重点改革事项和73项“一部门一改革”重点事项，积极推进14项省级以上改革试点任务。组织开展改革督察12次，编发《改革工作简报》9期，5个改革事项在上级改革简报刊发。开通“诸城改革”“活力诸城”微信公众号，关注人数已超过万人，发布信息1000余篇。在复旦大学举办诸城市全面深化改革专题培训班，培训学员42人。举办“改革开放40周年创新案例”评选活动，评选改革典型案例60个。“放活国有小企业”案例被评为全国“改革开放40年地方改革创新致敬案例”，“诸城市中小企业产权制度改革”被评为山东省“庆祝改革开放40周年最具影响力事件”。

【调查研究】 紧跟省市精神、紧贴发展前沿、紧扣工作重心，充分把握领导意图、思路风格，全年起草重要文稿100余篇，有效文字量90多万字，撰写审核重要新闻稿件300余篇。聚焦发展重点、改革难点、民生热点，密切关注新旧动能转换、乡村振兴、“四个城市”“三区一城”等工作，开展专题调研50余次，形成调研报告21篇。编发《调研与信息》12期，刊发领导批示、调研报告、考察报告、专题约稿、经验做法、工作信息等120余篇。深入挖掘总结“诸城模式”内涵，中央改革办在上报文稿基础上，提炼形成《农业农村改革发展的“诸城模式”》，呈送习近平总书记和中央深改委领导。

【信息工作】 全方位、多角度整编上报信息，既挖掘经验推介亮点，又反映问题提出建议，实现紧急信息报送零失误。2018年上报各类信息1935条，中央办公厅采用19条，省委办公厅采用120条，潍坊市委办公室采用365条，完成上级约稿98篇。其中《诸城市反映春节期间部分倾向性苗头性问题值得注意》《诸城市反映防汛形势发生五大变化需高度关注》《当前冬季安全生产隐患分析及建议》3篇信息获得省领导批示，问题反映信息《基层反映“煤改气”“煤改电”企业运营压力陡增积极性不高》被中办评为年度优秀信息。整理《信息参考》83期，获市委主要领导批示19次；整理外地先进工作做法169期，获市委主要领导批示31次。

【政务服务】 优化会议活动组织流程，完善协调机制，注重细节服务，全年服务市委领导开展调研200余次，组织筹备一类会议5次、二类会议138次；共完成各类接待任务320起，接待来宾2600余人次，圆满承办全省“新六产”现场会、纪念王尽美同志诞辰120周年系列活动、全省乡村振兴现场会等大型会议；办理上级公文780余份，转办市委主要领导批转文件830余份，人民来信110封；制发、审核各类党内文件312个，下发市委、市政府文件145个，“两办”文件87个，全部实现零失误、零差错。高标准规划建设电子政务内网机房、白机机房、专用通信机房和视频会议室，严格按照上级标准配备UPS、消防、监控等技术手段，相关设备完成调试。深入开展保密检查，制定印发保密手册300多本。以争创潍坊市首批国家数字馆先进单位为契机，全面加快馆藏档案数字化进程，数字化率和数字化进度列潍坊市首位。加强党史研究工作，完成《改革开放实录》《党和国家领导人在诸城》的编研工作，组织诸城市改革发展历程馆和“王愿坚生平展览”的材料征集。

【督查督办】 全力推进大项目建设。制定印发《关于开展“大项目突破年”活动的实施意见》，对全市6大类198个重点项目实行包靠目标责任制，每半月现场督查，每月对阶段性任务目标完成情况进行督查认定，全年开展专项督查活动2200余次，上报《督查专报》53期。到年底，全市124个重点项目完成投资270亿元。全部办理完善立项、土地、规划、环评、能评、安评、施工许可、工程验收等手续。紧盯市委、市政府年度重点工作，对《中共诸城市委常委会2018年工作要点》《市政府工作报告》和全市经济工作会议进行了分解立项，确定160项重点工作，全部导入诸城市网络督查平台，实现“红黄绿”台账式管理。坚持每月调度汇总进展情况，每季度对阶段性任务目标完成情况予以通报。

【全力助推“大项目突破年”】 广泛宣传“大项目突破年”工作动态和突出成果，及时发现和选树典型，总结推广先进经验做法，编发工作简报56期，通过微信公众号推送各类信息73期220余条，对重点项目建设“春季百日会战”和“秋季百日攻坚”进行全方位报道，营造起人人关心项目发展、人人参与项目建设的良好氛围。市委办公室招商并包靠的瑞普顿高端皮具制造项目已投产，新招引的辐全机器人关节减速器项目已开工建设。

【自身建设】 持续深化“作风建设年”活动，大力倡导“马上就办”、主动担当、锐意创新的作风，助推能力建设成果转化为扎实工作成效。抽调3名专门人员成立市委办公室党建办，健全完善市委办公室党总支《“三会一课”责任制》《理论学习制度》《谈心谈话制度》《集中议事制度》等11项制度机制。组织党员干部到王尽美纪念馆、刘家庄抗战纪念馆、诸城改革发展历程馆等地现场学习。各科室分4批到兄弟县市进行对标学访，全年24人次到知名院校、党校参加专题培训班。积极参与全国文明城市创建，扎实参与志愿服务活动，党员干部到陶家岭市场义务劳动40余次。注重人文关怀，“七一”前后对联建社区的老党员、困难党员、困难群众40余人进行走访慰问。积极参与扶贫攻坚，选派1名优秀干部到桃林镇臧家沟社区挂职第一书记，多方面开展帮扶工作。市委办公室连续三年被评为潍坊市级文明单位，获得省级文明单位提名资格。

（市委办公室）

组 织 工 作

【概况】 2018年，全市组织部门深入学习贯彻习近平新时代中国特色社会主义思想和党的十九大精神，紧紧围绕服务中央和省委、潍坊市委关于新旧动能转换、乡村振兴等重大战略部署，认真践行新时代党的建设总要求和党的组织路线，主动担当、积极作为，开拓创新、攻坚克难，有力推动了组织工作高质量发展。

【领导班子和干部队伍建设】 干部教育培训工作亮点纷呈。把学习贯彻习近平新时代中国特色社会主义思想作为首要政治任务，在市委党校举办主体班次8期，培训干部1446人。大力实施高端培训，在浙大、复旦等高校举办专题培训班9期，培训干部374人次。组织37名优秀企业家赴浙大开展学制1年的工商管理高级研修班，组织30名青年企业家赴贵州遵义、四川阿坝开展党性教育，举办首期领导干部家庭文明建设培训班。组织100名党务政工干部赴胶东党性教育基地举办2期培训班。举办讲评员专题培训班，不断提升全市党性教育讲评员队伍水平。加强党性教育基地建设，高标准规划建设王尽美党性教育基地（尽美干部学院），打造“山东党性教育的逻辑起点”；建成改革发展历程馆，改造提升超然台，建设王愿坚生平事迹展馆，打造党员教育新阵地、干部培训新课堂。举办纪念王尽美同志诞辰120周年座谈会和研讨会，省领导杨东奇莅临指导，给予充分肯定。被潍坊市委组织部通报表彰。

干部选拔任用管理监督水平不断提升。深化干部日常跟线考察，编辑《实绩跟踪》简报31期，制定《关于重点项目重点工作一线干部考察调研办法》《关于大力选拔“一线七型”干部进一步树立选人用人良好导向的意见》，提拔重用35名表现突出的优秀干部，相关做法被省委组织部《山东组工信息》刊发推介。考选20名年轻副科级干部到镇街担任党政机构副职，强化一线历练。对13名科级以上干部进行提醒或诫勉，完成对超配的83名科级以上干部职务的整改消化，对29名领导干部进行任中、离任审计，完成2318卷干部档案自查工作。制定实施《诸城市镇街（园区）和市直部门单位中层干部调整备案管理办法（试行）》《关于进一步规范全市机关事业单位人员调配工作的意见》，规范干部调配。做好挂职干部管理服务，接收上级下派挂职干部9名，选派5名干部到潍坊挂职，优选3名年轻女干部挂任市总工会、团委、妇联班子副职。全力抓好中央和省委巡视反馈意见整改，各项整改任务都已按照进度整改到位。

“作风建设年”活动高效推进。突出解决“旧”“满”“低”“怕”“慢”“松”“冷”“弱”等八方面问题，实施寻标对标提标达标行动，完成学访200余次，在潍坊市寻标对标提标达标行动计划评估中被评为“好”等次。扎实开展“大学习、大调研、大改进”，全市各级干部确立课题178个、查找问题660多个，逐一整改，有力推动了工作提升。坚持一线工作法，33名市级领导包靠198个重点项目，现场解决问题。组织镇街（园区）、市直部门单位制定年度目标任务，开展年度突出工作成果展示，引导党员干部在重点工作一线锤炼作风、担当作为。

发展软环境建设成效显著。到成都、沈阳、厦门等地开展对标学访，创新“三进三驻”服务模式，设立16处软环境建设服务站，零距离服务企业。在潍坊市率先实现零成本开办企业，印章刻制全免费，为683家企业免费刻章3415

校，降低企业成本49万余元。编印《诸城市企业服务指南》《诸城市企业服务手册》，方便企业查询。出台《诸城市优化营商环境绩效考核办法》，开展部门单位服务评议、“十佳营商环境建设”联络员、宣传员和先进单位评选活动，调动党员干部优化营商环境的积极性。发放“致社会各界朋友的一封信”20万份，扩大发展软环境建设影响力。

老干部工作不断丰富完善。推进离退休干部党工委实体化运作，实现对34个党支部直管。投资1.5亿元建设老年大学新校区，改建老年大学东校区，开工建设老年大学红星分校，大源分校建成并投入使用，16处镇街园区全部建立老年大学。筹建老干部志愿者协会，组建老干部志愿服务队伍40余支、1600余人。举办经典家训展读、“游度菊花丛”重阳雅集等活动，丰富老干部精神文化生活。到临沂和曲阜、滕州、台儿庄等地举办全市“五老”志愿者红色教育培训班和离退休干部党支部书记培训班，提升老干部工作水平。市教育局离退休干部党支部被评为潍坊市先进基层党组织。

【基层组织建设】 召开组织振兴推动乡村振兴理论研讨会。围绕贯彻落实习近平总书记视察诸城重要指示精神，与中央党校党建教研部联合成立课题组，从农业融合化、农村社区化、农民职业化、人才专业化、环境生态化、党建全域化六个方面，全面总结提炼近10年来诸城市在农村社区建设和基层党建方面的探索与实践，形成《诸城“三农六化”的创新实践》党建理论。12月8日，全国党建研究会在诸城召开“组织振兴推动乡村振兴理论研讨会”，为组织振兴引领乡村振兴贡献“诸城经验”。

农村社区党组织组织力全面提升。强化农村基层组织建设。在农村社区设立1265个网格党支部，将农村社区党组织工作的“触角”延伸到每一个聚合区（自然村），党组织引领发展、服务群众、维护稳定等方面的战斗堡垒作用不断提升。采取“1+1”模式精准调整309个城乡联建党组织，打造乡村振兴、精准扶贫长久坚固阵地，相关做法被《中国组织人事报》、省委组织部《山东组工信息》刊发推介。推行农村“两委”班子“月体检”制度，完成13个软弱涣散农村社区党组织整顿，相关做法被中组部《组工信息》刊发推介。实施“领头雁”计划。围绕提升农村基层有人管事、有钱办事、有地议事、有章理事“四有”水平，制定实施《深入实施“领头雁”计划全面提升社区党组织书记素质能力的办法》，印发《社区干部“十带头”行为规范》，对社区党组织书记进行标准化评审，对“两委”成员实行“四诺履职”管理。举办6期社区“两委”成员和监委会主任培训班、3期会计培训班，培训社区干部3700多名；组织63名优秀社区党组织书记、经联社负责人赴浙江、江苏学习，189名网格党支部书记赴寿光农村干部学院集中培训，推动农村干部队伍知识、能力更新换代。发展壮大集体经济。制定实施《关于发展壮大农村集体经济的实施意见》《诸城市发展壮大农村集体经济工作考核办法（试行）》，印发《村级集体经济发展案例选编》，推行社区公司带动等10种发展模式，208个农村社区全部成立农业发展公司，全面消除无集体经济收入的经联社。选派53名第一书记、208名“社区发展顾问”、87名“社区金融顾问”助力乡村振兴。深入开展以清资金、清资产、清资源，增加集体收入为主要内容“三清一增”集中行动，累计清理各类尾欠28472万元，增加集体收入28543万元。

两新组织党建实现创新发展。全面推行“三上”工作法，创新实施以红旗支部创建、红领党务认证、红星工匠评选和红色薪酬激励为主要内容的“红色引擎”工程，激发两新组织党员积极性，激活党建发展新动能。通过层层推荐、资格认证、组织考察等方式，评选红旗支部10家、红领党务12人、红星工匠9人，引导44家两新组织为党员发放红色薪酬180多万元，激励240名农村党员主动将组织关系转入所在两新组织党组织，相关做法被《中国组织人事报》《大众日报》等媒体刊发推介。以福田汽车公司党委为龙头组建“诸城汽车产业党建联盟”，凝聚党建合力引领汽车产业转型升级。选派26名第一书记指导、规范两新组织党建工作。筹资100万元充实两新组织党建工作专项经费，为每个两新组织党组织发放1300元党建工作经费补助。

机关党建实行标准化建设。承担潍坊机关党建标准化试点任务，研究制定《潍坊市党和国家机关基层党建工作标准》，顺利通过省标准化研究院专家评审，由潍坊市质监局于10月27日批准发布，形成基层党组织可遵照执行、上级党组织可评价监督的标准体系。编制《机关党务工作标准化指南》，组织300余名机关党务工作者进行标准化专题培训，增强抓党建工作能力。

城市社区党建逐步规范。严格落实城市社区党组织工作和服务经费标准，拨付169万元城市社区工作经费和540万元为民服务专项经费。加强城市社区党建示范点建设，对十里社区、万里社区进行重点打造。全覆盖培训27个城市社区两委成员和党务工作者，提升抓党建工作水平。

中小学校和医疗卫生行业党建不断深化。在中小学校实施“千名党员进红色基地、十万学子看红色影片、开发红色课程”三红工程，开发红色校本教材20余套，传承红色精神。实行优秀党员和骨干教师“双培养”机制，评选设立先锋岗906个，成立党员名师工作室、创客工作室91个，7名教师入选潍坊市“中小学青年党员教师先锋岗”。在医疗卫生行业开展以“亮身份、亮承诺、亮技能，提高群众满意度”为内容的“三亮一提”活动，打造医疗卫生行业党建示范点3个。

【党员队伍建设】 从严抓实发展党员工作。坚持标准条件，严格履行程序，提高党员发展质量，优化党员队伍结构。至2018年底，全市共有党员68432名，其中男性56576名，女性11856名，占17.3%；农民42539名，党政机关和事业单位8581名，企业9363名，离退休人员7404名，学生23名，社会组织321名，其他201名；初中及以下学历29359名，高中以上文化程度的39073名，占57.1%，其中高中（中专）学历19968名，专科学历9144名，本科学历9315名，研究生学历646名；35岁以下10436名，占15.3%，36－45岁10487名，46－55岁15266名，56－60岁6243名，61岁以上26000名，占38%。严格落实社区干部近亲属入党审查备案制度，深入排查党的十八大以来发展党员工作情况，对发现的6个方面、383项问题建立台账、逐一整改。扎实做好4名信教党员的思想教育工作，引导他们增强党员意识。高质量开展党员全员进党校培训，举办培训班49期，培训党员2万多人次。全面推行党员“政治生日”制度，在市直部门单位、中小学校、医疗卫生行业实行党员积分制管理。结合省委巡视反馈意见整改，开展党建材料弄虚作假专项治理，完成对16处镇街（园区）、83个市直部门单位、1200多个两新组织督查整改。扎实开展庆“七一”活动，表彰50名优秀共产党员、50名优秀党务工作者和100个先进党组织。开展党的十九大精神学习竞赛活动，95个党支部、217名党员进入全省排行前500名，四次获评潍坊优秀组织奖，在潍坊市线下决赛中获三等奖。加强在京流动党员党总支建设，在“流动的党旗·永恒的使命”主题活动中荣获一等奖2名、三等奖1名。

【党建信息化建设】 加强“灯塔—党建在线”综合管理服务平台管理，开展3次大规模集中排查专项整治，修改完善信息1万余条。管好用好党务运行分析平台，完善“龙城先锋”微信平台栏目设置，丰富党员学习形式。积极开展在线学习，1.4万名农村党员参加，累计学习29万学时；上传各类信息485条，采用185条；灯塔潍坊微信公众号采用信息76条，列各县市区第一名。改造升级78个市直部门单位视频会议直播系统，在潍坊市率先实现可视基层管理服务系统城乡部门单位全覆盖。加强精品课件制作，整合社会资源，编辑制作《念奴娇·追思焦裕禄》MTV，在省委组织部“践初心·庆七一”主题征稿评选活动中获奖；在全省优秀党员教育电视片评选中，纪录片《王尽美》、典型事迹片《我的爸爸王金鉴》、动漫《党费那些事》分获一、二、三等奖。在潍坊市第十届党员教育电视片观摩交流活动中，纪录片《王尽美》、微视频《小队伍　硬担当　大作为》分获一、二等奖，总分列潍坊各县市区第一名。

11月20日，诸城市在上海成立山东·诸城上海市人才工作站

（供图　人社局）

【人才队伍建设】 高端人才引进实现新突破。1人入选科技部创新人才推进计划，4人入选泰山产业领军人才，2个创业团队入围首届“创业齐鲁·共赢未来”创业大赛优胜人选，2名外籍专家分别荣获省政府“齐鲁友谊奖”、潍坊市政府“鸢都友谊奖”，2人荣获齐鲁和谐使者，1人入选齐鲁首席技师，7人入选鸢都产业领军人才。举办第45届世界技能大赛全国机械行业选拔赛数控铣项目比赛，2人获一等奖。积极开展招才引智活动，新建海外人才工作站4处，国内人才工作站2处，举办2018高层次人才项目对接会等招才引智活动20余次，引进3位国家“千人计划”专家到诸城创业，实现“千人计划”在诸城创业零突破。对接青岛招才引智取得新成果，与青岛农业大学、青岛理工大学、青岛科技大学分别签订战略合作协议。全市引进高层次人才170人，新增高技能人才701人。实施“新诸城人”招引行动，招引新诸城人1.2万人。组建农业专家顾问团，培养各类农业人才1.7万人。

人才载体平台建设实现再扩大。完善提升超然首新空间，已有13家高校院所和62家科技型小微企业（团队）进驻。推进产学研合作，全市有462家规模以上企业与高校院所建立合作关系，新增高校院所分支机构14家、博士后科研工作站1家、院士（专家）工作站5家，国家地方联合工程研究中心和国家级星创天地各1家，新增省级工程实验室、示范工程技术研究中心、工业设计中心、博士后创新实践基地、产业技术创新战略联盟、大学生创业孵化示范平台各1处，省级企业技术中心4处、省级科技孵化器3家，山东省首家县级医院孙颖浩院士工作站落户诸城。新增潍坊市级产业技术创新战略联盟3家、企业技术中心9家、示范工程技术研究中心3家、企业重点实验室2家、工程实验室5家、工业设计中心4家、科技孵化器1家。

人才发展生态环境实现再优化。制定出台《关于支持人才创新创业的实施细则》等政策，吸引人才创新创业。落实领导干部联系专家人才制度，建立高层次人才库，实现200多名专家人才一对一服务。建立人才服务墙外责任区，最大限度满足人才在企业墙外的需求。总结加强企业家队伍建设的经验做法，形成《坚持“四重”同步　助推民营企业家队伍“四心”建设》，被评为全省人才工作创新案例优秀案例，潍坊仅此1例。

（孙　刚）

宣　传　工　作

【概况】　2018年，全市宣传工作聚力重点工作，转变作风，真抓实干，努力推动宣传文化事业实现新突破、新发展。蝉联第三届山东省文化强省建设先进市。全国文明城市创建全面启动，顺利迎接首次年度测评。

【理论武装】　实现“三个改进”：改进党委（党组）中心组学习，内容更丰富；改进理论宣讲，更贴近百姓；改进学习调研，更注重实效。市委理论学习中心组围绕习近平新时代中国特色社会主义思想和党的十九大精神、新旧动能转换、乡村振兴战略等举办专题学习、研讨交流、高层辅导等16场次。市委宣讲团深入镇街、部门示范宣讲34场次，镇街（园区）和市直部门单位开展各类宣讲2200多场次。组织文化名市建设、乡风文明建设、核心价值观落细落小落实、乡村文化振兴、社区文化节品牌提升、文化旅游产业发展等6项调研，调研成果在工作中得到有效转化。

【意识形态工作】　做好“三个到位”：意识形态工作责任制落实到位，网格化体系建设到位，省委巡视意见整改措施到位。成立市委意识形态和宣传思想工作领导小组、网络安全和信息化领导小组，制定《党委（党组）意识形态工作联席会议工作职责》《意识形态工作责任清单制度》等7个示范化制度规定，构建起党委统一领导、党政齐抓共管、宣传部门组织协调、相关部门分工负责的工作格局。全面推行叠加式宣传、联动式防控、分类式处置、融合式管理、互动式交心“五式工作法”，“四网一点五加强”意识形态领域网格化工作体系不断完善。针对省委专项巡视反馈问题，研究制定整改方案、责任清单，逐一明确责任，推进整改落到实处。抓好舆情研判，注重源头处置，上报《舆情专报》4期、《网上舆情》11期、《每日舆情信息》330余条，妥善处置热点舆情1000余条。

【精神文明建设】　深化“五个推进”：推进全国文明城市创建、推进公民思想道德建设、推进“爱诚和孝”四进工程、推进未成年人思想道德

9月20日晚，2018舜帝故里（诸城）大舜文化节暨首届中国（诸城）古琴文化艺术节在市政府大礼堂开幕　（摄影　张永鹏）

6月12日晚，大型茂腔现代戏《王尽美》首场汇报演出在市政府大礼堂举行（摄影　别培海）

统文化发展实践调查》得到省委常委、宣传部部长关志鸥的批示，《大众内参》刊发的《乡村振兴看诸城》得到副省长孙继业的批示。中央电视台先后播出专题片《中国影像方志·诸城篇》《龙城人民笑声多》《中国龙城·大美乡村》和《中国龙城·尽美诸城》及3集文献片《王尽美》，其中《王尽美》荣获第24届中国纪录片系列片十优作品。组织举办“山东社科论坛·乡村振兴研讨会”，为打造新时代乡村振兴“诸城模式”现场把脉问诊，在中央、省、潍坊市各级各类媒体广泛刊播，引起广泛影响。

建设、推进乡村文明行动。全国文明城市创建工作全面展开，顺利迎接首次现场测评，针对测评发现问题进行整改提升。常态化开展道德模范和身边好人评选活动，共评选“诸城好人”100名，13人入选“潍坊好人”，3人入选“山东好人”，评选表彰文明家庭106个，全市注册志愿者队伍发展到300支、8.3万人。省委宣传部安排《大众日报》、山东广播电视台等媒体对诸城市“四德”工程建设进行集中报道。

【新闻宣传】 突出“五个重点”：围绕突出讲好诸城故事，突出重点媒体、重头稿件、重点区域、重点活动、重大主题宣传，在潍坊以上重点新闻媒体刊播稿件1500余篇。诸城市在潍坊新闻舆论宣传工作座谈会作典型发言，是潍坊两个作典型发言的县市之一。《农民日报》刊发的《构建城乡融合发展“新生态”——山东省诸城市乡村振兴路径探析》得到省委书记刘家义、副省长于国安的批示，《新华社政务智库报告》刊发的《打破“传承”“传播”藩篱　加快打造文化强省——诸城传

【文化名市建设】 抓实资源挖掘型、服务设施型、产业发展型、精品创作型、品牌打造型“五型项目”：有21个项目列入潍坊市文化名市建设“10·30·100”支撑项目；编印《尽美诸城文化粹览》丛书5部，创作演出现代茂腔戏《王尽美》《刘家庄的钟声》；现代茂腔戏《失却的银婚》入选2018年全国基层院团戏曲会演；完成市图书馆改造提升工程，蝉联国家一级馆；

7月18日–19日，诸城茂腔《失却的银婚》在北京梅兰芳大剧院成功演出，这是全省县级唯一一部入围中宣部、文旅部主办的2018年全国基层院团戏曲会演的舞台大戏（摄影　王　玮）

完成公益电影放映7100余场，“一年一村一场戏”演出680场；文化旅游产业实现较大突破，1个文化产业项目被评为潍坊市文化产业发展示范基地，3个项目获得潍坊文化名市建设和文化产业发展资金重点扶持项目，投资29.8亿元的诸城·雪松恐龙探索王国旅游项目一期开工建设。成功举办2018舜帝故里（诸城）大舜文化节、首届中国（诸城）古琴文化艺术节、第九届社区文化节，突出诸城元素拍摄电影《你想不到》。

（宣传部）

统 战 工 作

【概况】 2018年，诸城市统战系统认真学习党的十九大精神和习近平新时代中国特色社会主义思想，围绕市委工作中心，发挥统战优势，着力巩固思想政治基础，努力促进社会和谐稳定，深入开展各领域统战工作，为全市经济社会发展做出积极贡献。

【党外代表人士队伍建设】 围绕凝聚人心、增进共识，把思想教育引领作为团结凝聚党外代表人士的首要着力点，采取办班培训、理论研讨、座谈交流、外出参观等方式，组织系统学习党的理论和路线方针政策，凝聚思想共识；加强联谊交友，完善电商创业园、土墙工业园等党外人士“统战之家”，搭建党外人士联谊交友活动平台。成立诸城市新的社会阶层人士联谊会，举办“新阶层·党旗红”庆祝改革开放40周年暨迎新春晚会。市委常委和统战干部定期走访党外代表人士，掌握不同层面党外人士思想、生活、工作等方面情况，帮助解决困难和问题，做到互学互通、互促互进，使他们感受到党的关怀和温暖。围绕凝聚智慧、凝聚力量，畅通议政建言渠道，引导党外代表人士围绕“四个城市”和“三区一城”建设建言献策，先后召开议政建言协商会4次，收集有价值的意见建议20多项；加强与人大、政协和组织部门的沟通协调，完善党外人士的培养、选拔和任用机制，加大政治安排力度，引导有序政治参与。

【非公经济领域统战工作】 当好非公经济企业和非公经济人士的“桥梁纽带”，健全完善非公有制企业联系恳谈制度。对龙城青年商会会员企业进行了专门调研走访，73家会员企业基本走访一遍，收集意见建议50多条，帮助解决实际困难30多个。围绕“两个健康”主题，加强企业家教育培养，成立诸城市企业诚信联盟，引导非公经济人士参与社会公益事业。加强非公经济人士培训，在复旦大学举办培训班一期。开展“百企百商”走访活动，市领导带队分为33个走访小组，到近百家非公有制经济企业进行为期3个月的走访调研，了解企业的投资意向、诉求、发展动态，现场解决企业发展难题，促进项目快速落地。

【自身建设】 改变统战部门以往基本一成不变的工作模式，按照“静下心学、请进来讲、走出去看、沉下去研、坐下来谋”的思路，着力提高政策把握能力、组织协调能力和解决复杂问题能力。重点进行“三调”：调高标杆，既找综合标杆，更找单一标杆，根据单项工作，分设不同的标杆去追求；调转工作重点，按照市委中心工作，结合诸城实际，把工作的着力点更多地调到为企业服务上；调宽境界，围绕“实干担当、激情创业”这一主旋律，对统战干部提出了“换脑子、出路子、想点子、争位子、打板子”的“五子干部”要求，调动每一个机关干部为实现统战部“小机关大作为”的目标而积极献计出力，为决胜全面建成小康社会，谱写新时代诸城现代化建设新篇章做出积极贡献。

（统战部）

对　台　事　务

【概况】 2018年，市台办以开展“大学习、大调研、大改进”及深化“作风建设年”活动为契机，全面贯彻中央对台工作方针政策，紧密结合诸城实际，突出重点，履职尽责，对台各项工作稳妥有序推进。

【涉台经贸】 组织参加第24届鲁台经贸洽谈会，签约涉台项目2个、洽谈涉台项目5个。

签约的2个涉台项目：1.山东刘罗锅食品科技有限公司与台湾中砺新蓬莱食品股份有限公司合作的高档食品加工项目。2.潍坊工商职业学院与台湾大仁科技大学的合作办学项目。

洽谈的5个涉台项目：1.山东信得科技有限公司与台湾SBC公司下属的台湾福又达生物科技股份有限公司，合作CPCR（移动核酸诊断仪）项目。2.诸城市南湖区魏家花园片区与台湾连盛实业有限公司合作的商业综合体项目。3.山东泰吉星电子科技有限公司与台湾九齐科技股份有限公司合作的芯片设计加工项目。4.山东艾泰克环保科技股份有限公司与台湾乔英电机有限公司的“柴油发动机黑烟过滤器”合作项目。5.诸城市华宝食品有限公司与台湾大仁科技大学合作胎盘素项目。

【涉台交流】 接待台商台胞。全市共接待台胞台商14批次、130人次。其中，第24届鲁台会期间共接待7批次、103人次。

诸城赴台。共办理应邀公务和商务赴台16批次、28人次。其中，5月15日-22日，以潍坊工商职业学院董事郑志松为团长的潍坊工商职业学院参访团一行5人，赴台湾大仁科技大学进行了为期一周的参访交流，在课程设置、专业共建、人才培养、教学科研、实验实训基地建设等方面达成初步合作意向，特别是在学前教育、食品营养与检测、老年服务与管理等专业的学生互访交流、师资共享等方面达成一致意见；8月5日-11日，山东刘罗锅食品科技有限公司董事长、总经理邱兆青女士跟随潍坊市第24届鲁台会项目对接参访团赴台，就项目的新合作方台湾中砺新蓬莱食品股份有限公司进行了考察洽谈。

【服务台胞台属】 开展“法律服务进台企”活动。按照潍坊台办关于“法律服务进台企”活动的部署，对全市6家涉台企业的法律服务情况进行了调查，组织填写了法律服务情况调查问卷；协调市人社局等单位深入台企开展《劳动法》《劳动合同法》等内容的培训，为维护台企合法权益、促进台企依法经营提供了有力的法律支持；按照潍坊台办的统一部署，开展“服务大局、服务台胞、服务基层”主题实践活动，全方位服务涉台企业。台办科级以上干部分工包靠全市6家涉台企业，在招工用工、工伤保险、安全生产、场地租赁、居住证办理、注册审批、市场开拓等方面提供协调和服务，引导涉台企业以商引商、提质增效，实现高质量发展。

制订《诸城市涉台突发事件应急预案》。根据市政府安排，参照上级做法，结合诸城实际，制订了《诸城市涉台突发事件应急预案》。

指导协调成立“诸城市台胞台属联谊会”。9月19日，在密州宾馆召开诸城市台胞台属联谊会第一次会员代表大会，市委副书记孙吉海出席会议并讲话。诸城市社会各界37名注册台胞台属会员代表和全市17处镇街（园区）分管对台工作负责人，以及市台办全体工作人员参加会议。会议审议通过了《诸城市台胞台属联谊会章程》和《诸城市台胞台属联谊会选举办法》；根据国务院《社会团体登记管理条例》，在前期充分酝酿准备并经业务主管单位和登记管理机关审查同意基础上，采用等额选举方式，选举产生了诸城市台胞台属联谊会第一届理事会会长1名、副会长7名、秘书长1名和名誉会长2名。“诸城市台胞台属联谊会”的成立为服务全市台胞台属台企搭建了新平台，为促进诸台经济文化交流合作创造了新条件。

协调解决台胞台属求助。年内，协调解决台胞台属的两岸寻亲、子女入学、遗产继承、骨灰迁移等临时求助3批次。其中，1月27日，应龙都街道小水泊村村民董德鹏关于回迁其在台湾去世爷爷董砚斋骨灰的请求，经多方联系协调，历时半年多，终于将在台去世41年的董砚斋先生的骨灰迁回老家安葬。董德鹏家人专门给台办送上“漂泊海外叶落归根　感谢台办了结夙愿”锦旗表示感谢。

（郑德森　管丽娅）

保　密　工　作

【概况】 2018年，市委保密办在市委和上级主管部门的正确领导下，突出重点，认真履责，扎实工作，顺利完成各项目标任务。

【党政机关保密检查】 突出加强对保密要害部门部位的检查，按照“强化责任、规范细致、加强督查、务求实效”和“四个不漏”的要求，组织开展党政机关保密检查，以潍坊市保密委转发的35项当前安全保密风险点为重点，对涉密文件保密管理、计算机网络保密管理、涉密计算机使用管理、非涉密计算机使用管理、移动存储介质使用管理、技术装备配备使用情况等方面进行检查，推动了保密工作的开展。全市上下积极应对信息化条件下保密工作面临的严峻形势，认真做好保密管理工作，保密教育培训、计算机技术防护、办公网络管理和保密队伍建设等工作都取得较好成绩，有力保障了全市经济社会健康发展。

【机关单位保密自查自评】 根据《机关、单位保密自查自评工作规则（试行）》（国保发〔2014〕14号）要求，结合诸城市实际，研究制定全市保密自查自评信息管理平台建设方案，积极推进各级各部门的保密工作基本信息、自查自评情况、自查自评结果和督查的动态管理，提高保密工作的规范化、标准化、信息化水平，2018年全市保密自查自评信息管理系统部署安装率超过60%。

【保密教育培训】 加强对涉密人员的保密教育培训，增强责任意识和防范能力。认真组织全市学习《保密法》，开展网上答题，积极参加10月潍坊市保密局组织的保密技能比武竞赛活动，以团体第一名的成绩进入决赛，被潍坊市保密局授予“潍坊市保密技能比武竞赛优秀组织奖”。加强对保密“两识”的学习，制定印发保密手册，下发到市直部门单位和各镇街（园区），确保保密人员人手一册。加强与组织部、党校等部门合作，在新提拔的科级干部培训班上开设保密教育培训课程，增强全市干部的保密意识和能力。

【涉密案件查处】 坚持预防与查办相结合，切实加强计算机及网络保密管理，定期对全市各部门单位进行检查，全面提高保密管理水平。不断加大涉密案件查处力度，对发现的涉密事件及时调查取证，并对案件相关责任人员按程序严肃查处，在全市保密培训工作会议上进行通报，有效提升了全市机关工作人员的保密意识。

（保密办）

机构编制工作

【概况】 2018年，市编办在市委、市政府的正确领导和上级机构编制部门的业务指导下，持续强化理论武装，扎实推进改革任务落实，不断提升机构编制资源服务效能，为推进新旧动能转换重大工程和“三区一城”建设提供了有力保障。2018年，被省机构编制委员会办公室表彰为“山东省机构编制信息工作先进单位”和“2018年度《机构与行政》宣传工作先进单位”；被潍坊市机构编制委员会办公室表彰为“潍坊市机构编制工作绩效管理综合评价先进单位”和“潍坊市机构编制信息宣传调研工作先进单位”。

【行政审批制度改革】 动态调整行政权力事项清单。根据法律法规修订情况以及上级取消下放行政权力事项通知要求，依据《山东省行政权力清单动态管理办法》，按照“相关部门申请、编制部门审核、法制部门合法性审查、政府审定公布、编制部门调整”程序，对行政权力清单进行调整。全年共对市级行政权力事项清单进行3次调整，调整行政权力事项774项。其中，取消59项、新增382项、调整128项、承接205项。

编制完成《政务服务事项中介服务项目清单》。在原审批中介服务收费项目的基础上，由相关部门单位根据省下发的《县级政务服务事项中介服务项目参考目录》，对政务服务事项（含行政审批事项）涉及的中介服务事项进行清理规范，提出调整修改意见，并在财政、物价政策性审查和法制部门合法性审查的基础上，编制完成《诸城市级政务服务事项中介服务项目清单》（以下简称《清单》）。《清单》共纳入中介服务项目52项，涉及17个部门，关联政务服务事项92项。

动态调整山东省行政权力事项动态管理系统。根据《关于调整市级政府部门权力清单的通知》（诸政字〔2018〕5号）、《关于调整部分市级行政权力事项的通知》（诸政字〔2018〕10号）、《关于调整部分市级政府部门行政权力事项的通知》（诸政字〔2018〕11号）调整事项，及时更新山东省行政权力事项动态管理系统。对各部门录入的事项要素，按照《山东省政务服务事项清单要素动态管理规定》责任分工进行审核。

【行政管理体制改革】 扎实推进党政机构改革。成立市委深化机构改革协调小组，对机构改革工作统一领导和协调指导。按照上级部署，11月完成退役军人事务局组建，12月完成行政审批服务局组建。研究制定《诸城市机构改革方案》，按时上报潍坊市审批。

深入推进镇街行政管理体制改革。重点围绕优化镇街管理体制、理顺市镇职责关系、扩大镇级管理权限、推进基层行政执法和公共服务等内容展开调查研究，通过发放调查问卷和实地调研，掌握第一手资料，形成有针对性、可操作性的建议和思路。结合诸城市实际，研究制定《诸城市深入推进镇（街）行政管理体制改革方案》，按时上报潍坊市审批。

推进相对集中行政许可权改革组建行政审批服务局。在学习借鉴省改革试点县市平度市、莒县、寿光市先进经验的基础上，结合诸城市实际，研究制定《诸城市推进相对集中行政许可权改革组建诸城市行政审批服务局改革方案》，按时报送潍坊市审批。根据潍坊市批复意见，制定印发《关于诸城市推进相对集中行政许可权改革组建诸城市行政审批服务局的实施意见》（诸发〔2018〕29号），12月29日，市行政审批服务局正式挂牌运行。

【加强和创新机构编制管理】 加强机构编制管理。严格机构编制管理权限和审批程序，规范机构编制业务流程，推进机构编制事项跟踪问效。做好2018年度机关事业单位用编进人计划分配工作，共下达公务员招录计划65名、参照公务员管理事业单位招聘计划4名、事业单位招聘计划500名。

优化机构编制资源配置。先后明确市委非公有制经济组织和社会组织工作委员会有关事项、设立中共诸城市委教育工作委员会，支持全市相关领域党建工作开展。设立诸城市新旧动能转换重大工程推进办公室，核定领导职数，明确职责，助力全市新旧动能转换重大工程。规范公办幼儿园管理体制，将27所公办幼儿园设立为纳入机构编制管理的事业单位。完成全市镇街卫生院重新核编工作。

加强机构编制信息化建设。扎实推进机构编制人员经费共用信息管理平台建设试点工作。通过加强沟通、严格审核，完成机构和人员信息基础数据比对，共修改关键指标不一致数据2000多条，实现两库人员机构信息同步增减、同步修改、同步更新，进一步完善机构编制管理、优化人力资源配置、提升财政供养人员管理水平。

【事业单位改革与监管】 加强事业单位监督管理。严格落实事业单位法人年度报告公示制度。通过“主动问询服务”和“网络在线指导”等方式，为单位提供全程、全方位服务，截止到2018年3月31日，312家法人事业单位全部完成年度报告公开工作。完善事业单位监督管理工作联席会议制度。发挥市法院、市检察院等20个联席成员单位职能作用，加强对《事业单位法人证书》和统一社会信用代码的监督和管理。健全事业单位绩效考核体系。2018年度事业单位绩效考核新增“考核加减分”事项，根据各事业单位受到的不同奖惩情况分别按照已分类确定的分值加减考核分数，为事业单位提供公平、公正、公开的考核环境。

实行事业单位业务范围清单化管理。印发《2018年度市直事业单位业务范围清单化管理工作实施方案》，在市直教育、文化、卫生等系统开展试点工作的基础上，对市直其他纳入机构编制管理的228家事业单位全部实行业务范围清单化管理，建立完善业务清单动态调整和长效管理机制，实现业务范围清单全覆盖。

深化公立医院法人治理结构建设。认真落实省、潍坊市关于公立医院法人治理结构建设规定要求，修订完善《诸城市实行法人治理结构公立医院外部监事履职评价实施办法（试行）》《诸城市实行法人治理结构公立医院监事会（监事）发现问题处理办法（试行）的通知》《诸城市实行法人治理结构公立医院保障监事会（监事）履行职责工作规定（试行）的通知》等外部监事管理制度。组织开展公立医院外部监事履职评价，对外部监事任职单位法人治理结构运行、个人工作开展、出勤等重要情况进行评价打分，促进各监事之间抓关键、评重点，确保公立医院外部监事履职评价工作取得实效。

【机构编制监督检查】 扎实开展机构编制评估。制定印发《关于开展2018年度机构编制评估工作的通知》（诸编办〔2018〕20号）。10月，通过发放调查问卷、实地查看等方式，对工会、团委、妇联、科协、残联、计生协会等6个单位进行机构编制评估，听取被评估单位对深化体制机制改革的意见和建议，了解掌握被评估单位自评情况及管理服务对象对被评估单位的评价情况。

稳妥推进机构编制事项跟踪问效。根据《潍坊市机构编制事项跟踪问效实施办法》，从2017年编委、编办行文中梳理出机构变更类、机构设立类、机构撤销类、机构合并类单位名单，统筹安排全年跟踪问效计划。通过实地查看相关单位的变更事项，挂牌情况，公章启用情况，了解机构变更单位职责落实情况、实际运行效果，为下一步调整优化明确方向。2018年共开展跟踪问效2次，涉及单位14个。

开展议事协调机构集中清理清查。按照“能撤必撤”和“保证运行、精简人财物”的原则，会同市委组织部、市委市政府督查局对全市各类议事协调机构（包括领导小组、协调小组、委员会、指挥部、联席会议等非常设性、临时性的议事协调机构）及跨部门抽调人员情况进行全面清理，并将清理情况及处置意见呈送市委和市政府各位领导进行了研究。经研究，保留市委网络安全和信息化领导小组、市反腐败工作协调小组等119个议事协调机构，撤销市互联网舆情安全工作领导小组、市深化扩权强镇改革领导小组等20个议事协调机构；同意市“开展作风建设年”活动领导小组、市“三清一增”工作领导小组等8个议事协调机构阶段性跨部门借调工作人员。

（编　办）

全面深化改革工作

【概况】 2018年，中共诸城市委全面深化改革领导小组按照中央、省委和潍坊市委的改革部署，紧密结合诸城发展实际，坚持在实事求是中推动改革、在善谋实干中深化改革、在锐意创新中促进改革，着力疏通堵点、消除痛点、攻克难点，改革试点任务扎实推进，改革重点事项取得突破，基层改革探索富有成效，谱写了诸城市全面深化改革新篇章。

【强化改革组织领导】 突出政治责任。改革领导小组坚持把全面深化改革作为政治责任扛在肩上，以“钉钉子”精神推进改革。市委主要领导以身作则，对重要改革进行部署、对重大方案进行把关、对关键环节进行协调、对落实情况进行督察，从抓改革方案制定入手，一直抓到部署实施、政策配套、督察落实。年内主持召开市委全面深化改革领导小组会议2次，审定改革事项10余个，谋划实施了100项年度改革任务。

强化督察督办。强化改革工作批示，对涉及到改革工作的文件，进行批示、部署、督办，确保改革成效。建立改革约谈工作制度，对各地、各单位贯彻落实中央、省委和潍坊市委改革决策部署不力等有关情形，及时启动组织谈话，指导、督促整改落实。制订《诸城市2018年改革督察工作计划》，以督察推动改革不断深入。强化改革工作考核，将全面深化改革考核由定性考核改为定量考核，提高全面深化改革工作在考核中的占比，通过考核督促打通改革落地“最后一公里”。

加强统筹协调。充分发挥改革领导小组组长的统筹协调作用，对改革推进中需要解决的困难问题，全力以赴做好保障。年初根据工作需要及时对全市10个专项小组成员进行了调整，确保责任落实到位。组织研究形成《中共诸城市委全面深化改革领导小组2018年工作要点》，紧扣重点领域和关键环节存在的体制机制制约，组织梳理73项“一部门一改革”重点事项，以改革破难点、治痛点、疏堵点。

【创新工作方式】 创新活动载体。为充分展示改革开放以来诸城市改革创新成果，提高社会公众对改革的认同度和参与度，在全市营造人人支持改革工作、人人分享改革成果的良好改革氛围，向改革开放40周年献礼，自3月开始，在全市启动“改革开放40周年创新案例”评选活动，共评选精品创新案例20个、优秀创新案例20个、优秀提名案例20个、优秀组织奖20个，得到全市上下和方方面面的热烈响应和积极参与。

创新宣传渠道。制定出台《2018年改革宣传工作方案》，开通“诸城改革”“活力诸城”两个公众号，每周更新6期，重点宣传全市改革发展成效，公众号关注人数超过万人。围绕重点改革事项，制发《改革工作简报》9期，5个改革事项在公安部改革简报、潍坊市改革工作简报等刊发。建成诸城改革发展历程馆，以春满龙城为主题，分“春雷乍响”“春潮迭涌”“春华秋实”“春光无限”4个篇章，立体展现全市人民在改革开放浪潮中开拓创新、争先发展的恢弘画卷。

创新督察机制。对全市改革工作一月一督察、一月一通报，创新推出提醒函、督办单制度，对临近完成时限的任务提醒告知，对推进不力的镇街（园区）、部门单位督办整改。市委改革办全年牵头组织专项督察12次，发出提醒函30份，督办单7份。明确改革联络员职责规范，各镇街（园区）、部门单位分别确定改革工作联系人，确保各项工作通知第一时间传达、工作任务第一时间安排，有效提升改革工作传达效率。

强化学习培训。为引导全市各级干部准确把握全面深化改革的形势内涵，进一步提升谋划推动改革工作的能力水平，全力推进各项改革任务的落地生根，确保诸城全面深化改革工作继续走在潍坊市乃至全省的前列，5月在复旦大学举办了为期7天的全面深化改革研修班，培训改革学员50人。

注重改革案例总结推荐。及时向上级改革部门和新闻媒体推介诸城市改革先进经验，“山东省诸城市：放活国有小企业”案例被评为全国“改革开放40年地方改革创新致敬案例”，诸城市被授予全国“改革开放40年地方改革创新致敬案例单位”；“诸城市中小企业产权制度改革”“农业农村发展的‘诸城模式’”被评为山东省“庆祝改革开放40周年最具影响力事件”和潍坊市“改革开放40周年改革创新案例”。

【争创诸城经验】 积极争取上级试点。坚持“一月一对接”，积极主动与国家部委、省级部门对接，及时掌握上级全面深化改革的新政策、新动态、新试点、新要求，努力争取中央和省级在试点布局、政策、资金和项目上的支持。改革办每季度梳理上级拟部署的改革试点线索，及时跟进了解、对接、争取。2018年，全市共承担省级及以上改革试点任务14项，每项试点任务均建立任务台账，明确牵头单位、参与单位、责任领导、目标任务、试点时限、成果形式等，定期跟踪调度，各项试点任务全部按时间节点如期推进。

积极推介试点经验。农村产业融合、社会信用体系等试点成果受到国家级、省级等媒体的广泛关注，多次在报刊头版刊发。在全省创建和谐劳动关系综合试验区现场交流会、全国新教育实验研讨会等会议上作了典型发言，依托试点探索形成的小微企业“全托式”管理服务新模式，吸引了济南章丘等多地到诸城现场参观学习。

积极鼓励自主创新。注重坚持问题导向，把解决群众反映的突出问题作为提报自主创新改革项目的第一依据，真正做到群众有所呼，改革有所应。以“一部门一改革”和重点改革事项为抓手，建立事项追踪台账，定期调度相关创新改革事项推进情况，对有效提升人民群众改革获得感的改革项目，列入全市自主创新改革经验推广推介重点，在全市推广推介。自主探索开展的“在自然村建立村（居）民理事会”等改革创新，均取得良好成效。

（改革办）

督　查　工　作

【概况】 2018年，市督查局深入学习贯彻习近平新时代中国特色社会主义思想和党的十九大精神，以“四个城市”和“三区一城”建设为统领，围绕市委、市政府中心工作，紧贴领导工作思路，健全完善督查机制，突出督查工作重点，提高督查服务能力，有力推动了市委、市政府各项决策部署落地落实。全年共迎接上级各项督查活动69次；下发督查通知29期，编制督查专报151期、督查通报18期。

【决策督查和政务督查】 对年度重点工作进行督查。年初，对《中共诸城市委常委会2018年工作要点》《政府工作报告》和全市经济工作会议进行了分解立项，确定160项重点工作，每月调度汇总进展情况，每季度对阶段性任务目标完成情况予以通报，促进市委、市政府全年重点工作任务目标落实到位。共开展督查活动7次，上报《督查专报》3期。

对重点项目建设工作进行督查。始终把项目建设督查作为督查工作的重中之重，组织对198个“春季百日会战”重点项目和124个“秋季百日攻坚”重点项目每半月进行现场督查。共开展专项督查活动2200余次，上报《督查专报》53期，获得市委主要领导批示44次，确保了全市重点项目建设高效有序推进。健全完善重点项目考核评比、定期通报和评级制度，下发项目评级通报3期、问责通报3期；协调解决项目推进过程中遇到的问题203个，问题解决率达到95%以上。同时，持续跟踪潍坊2017年、2018年观摩点评项目落实，先后开展督查活动100余次。年内，2017年潍坊观摩停车点项目任务目标已全面完成，2018年项目已达到阶段任务目标要求。

对重要会议确定事项进行督查。对市政府常务会议、市长办公会、全市安全生产调度会议、悦东新材料产业园专项调度会议、市委主要领导南湖调度会议等专题会议决策事项全程跟踪督办，实行“台账式”管理，及时整理落实情况专报，在呈报市政府领导的同时，印发事涉相关部门，倒逼决策落地。

对代表议案和政协提案进行督查。重点督办“两会”人大代表建议10件、政协委员提案10件。每月开展专项督查，对办理工作实行动态管理，确保每一位代表、委员所提出的建议和意见真正落到实处，取得实效。年内已全部办结。

承办领导批示件的督查落实。根据市委主要领导批示要求，对国务院大督查群众反映问题，中央、省委巡视反馈意见整改落实情况，十九大安保维稳值班备勤情况，各镇街（园区）收听收看潍坊新旧动能转换重大工程暨“四个城市”建设推进会议情况，潍坊大观摩沿途路域整治情况，城区路灯亮化情况等多项重大紧急临时性工作开展了现场督查，做到了领导批示件的快督、快办、快结。

促进上级督查事项的落实和反馈。对党中央、国务院，省委、省政府，潍坊市委督查室、潍坊市政府督查室下发的69项督查事项进行了承办和反馈工作。

【专项督查】 重点围绕对接北京非首都功能疏解项目，推动落实潍坊市全面开展新旧动能转换重大工程和“四个城市”建设工作，土地“卫片”执法，潍坊市2018年重要工作通报事项，人民网留言处置，“新诸城人”招引行动，全面对接青岛工作，潍坊市乡村振兴战略工作调度会议确定重点任务，“民生零距离”栏目曝光问题整改等27项市委、市政府重点工作落实情况开展了专项督查活动。同时，每月汇总各镇街（园区）地方财政收入及全市重点企业上缴税收收入情况，以柱状图形式在市委、市政府办公楼内予以公示，营造了良好的比学赶超氛围。

【网络督查】 全面发挥诸城市网络督查平台作用，将重点项目、年度重点工作、人大代表建议、政协提案、会议督查、专项督查等督查事项全部纳入平台管理，做到从立项、分解、分派、反馈、办结、审核、归档、评分、考核、统计汇总等全方位动态监控和管理。通过对重点督查事项“晒进度”，实现了督查工作的规范化、可追溯化。

【督查调研】 2018年，紧盯领导关注重点，围绕全市30个田园综合体建设情况、中小学教师队伍建设情况、医疗服务质量提升工程实施情况、“十河共治”情况、“新诸城人”招引情况等热点事项开展专题调研20余次，编发调研类督查专报4期，获得市委主要领导肯定批示4次。

（督查局）

信　访　工　作

【概况】 2018年，信访工作以党的十九大精神及习近平总书记关于信访工作的重要指示为指导，按照市委、市政府关于信访工作的决策部署，围绕中心，服务大局，夯实基层基础，压实工作责任，畅通信访渠道，突出事要解决，攻坚信访积案，重点敏感时期信访形势平稳有序，未发生有影响的信访问题，为全市经济社会发展营造了良好的社会环境。市信访局全年共承办受理群众来信344件，接待处理群众来访1043起8621人次，办理群众网上投诉件1568件。

【排查化解矛盾纠纷】 坚持社区每周一次、镇街（园区）每半月一次排查，及时准确收集信访信息，增强工作预见性和针对性。重大活动、重点时期在全市组织开展集中排查，实现第一时间、第一地点调处。2018年，围绕全国“两会”、王尽美诞辰120周年系列纪念活动、中非合作论坛北京峰会信访维稳集中排查4次，排查不稳定因素70起。对排查出的问题，逐件按信访人姓名、住址或单位、反映问题等要素建立台账，明确责任单位和包靠人员，交办到责任单位限期化解。对因客观原因短期确实难以化解的，要求责任单位落实人员疏导稳控责任，确保不出问题。

【就地解决群众诉求】 高度重视并解决好群众

初信初访，按照《诸城市信访事项处置工作规范》要求受理办理信访事项。建立初信初访台账，明确专人具体负责，全程跟踪督查，对适宜信访简易程序办理的信访事项，遵循简易务实、灵活高效的原则进行妥善办理，将问题一次性解决到位，避免矛盾积累，信访上行。全国“两会”、王尽美诞辰120周年系列纪念活动、中非合作论坛北京峰会期间，坚持“全天候”接访，对所有群众来访随有随接，随接随交，在解决群众合理诉求的同时，做好思想疏导和稳控工作，确保件件有着落，事事有回音。2018年，共受理群众初访事项434件，及时受理率、按期办结率均达到100%，最大限度地实现了将上访人员吸附在当地，矛盾化解在基层。

【攻坚化解信访积案】 组织开展集中化解信访突出矛盾活动，对排查出的2批70件重点信访事项，市委、市政府“两办”发文集中交办，市信访局跟踪督办，全力推动案结事了，截至2018年底，已化解64起，化解率91.4%。8月下旬，在全市组织开展“四个重点”信访矛盾化解百日攻坚战，市委、市政府“两办”印发《关于开展打好“四个重点”信访矛盾化解百日攻坚战的通知》，对国家信访局交办的4起重点信访案件、省信访局交办的19起重点信访案件及自行排查的10起重点信访案件，逐案落实市镇两级领导干部包案，实行包调查处理、包思想转化、包化解稳控、包息诉息访的“四包”责任制，市信访局到责任单位“点对点”督导、“面对面”会商，一起研究工作方案，制定化解措施，集中多方力量资源全力推动问题化解。至2018年底，33件“四个重点”信访案件化解29件，其中上级交办的23件重点案件10月中旬前全部化解，提前一个月完成上级既定任务目标，相关经验做法被潍坊市信访局以简报方式宣传推介。

【重点时期信访值守】 全国“两会”、中非合作论坛北京峰会、改革开放40周年庆祝大会等重点时期，实行信访矛盾日排查、领导干部公开接访、信访部门“全天候”接访、信访维稳信息“零报告”等制度，加强重点信访老户稳控，把上访人员吸附在当地，把信访矛盾化解在基层。市委分管领导和市信访局主要负责同志带队，从镇街（园区）和市直有关部门抽调精干力量4次驻京赴青信访值守，做好相关涉访人员查找、劝返、疏导和带离工作，妥善处置异常突发情况。加强与上级的汇报沟通，争取工作支持，实现不发生群众大规模进京集体上访，不发生上访人员在京滞留、丢丑滋事问题，不发生有影响的非正常上访特别是极端恶性事件，不发生因信访问题处理不当引发的群体性事件，不发生被有关部门通报和媒体网络炒作等信访安全问题“五个不发生”任务目标。

【信访信息分析研判】 利用信访信息资源丰富、能够体现民意的优势，从群众来信来访中发现带有普遍性、苗头性的问题，加强综合分析研判，提出相应意见和工作建议，增强工作超前性和主动性。每月对群众上访总量、地域分布、诉求构成等进行汇总分析，对群众反映强烈、容易引发大规模群体访的苗头性信息，及时提出工作建议，通报责任单位，汇报有关领导，便于及时决策，正确应对。2018年，共报送《每月上访情况》12期、《信访专报》2期，为领导决策提供了信息支撑。及时总结全市信访工作经验做法，加大对外宣传力度，多角度展示诸城信访工作亮点，多篇稿件被潍坊市《信访情况》采用刊发，树立了良好的对外形象。

（崔志高）

市直机关党的工作

【概况】 2018年，市委市直机关工委以习近平新时代中国特色社会主义思想为指导，按照新时代党的建设总要求，围绕市委“14435”年度部署，不断提升政治站位，发挥职能作用，市直机关党建水平明显提升。

【抓好理论武装】 突出学习重点。把学习宣传贯彻习近平新时代中国特色社会主义思想和党的十九大精神作为全年重要政治任务，引导市直机关广大党员干部深入学习领会党的十九大的精神实质、丰富内涵和根本要求，切实用习近平新时代中国特色社会主义思想统一全体党员干部的思想和行动。积极推动贯彻落实工作向广度深度拓展，着重在学懂弄通做实上下功夫，通过举办活动、开展培训等，不断巩固对习近平新时代中国特色社会主义思想和十九大精神的学习成效，在市直机关形成了持续用力、久久为功的学习氛围。

创新学习方式。积极搭建学习平台，创新学习方式方法，推进科学理论入脑入心、弄通做实。组织市直机关广大党员干部，踊跃参与党的十九大知识网上答题活动，对进一步学习掌握十九大精神起到很好的促进作用；5月，与市总工会联合，举办习近平新时代中国特色社会主义思想和党的十九大精神演讲比赛，收到良好的社会反响；组织参与全市党的十九大知识竞赛，取得第一名的好成绩；9月，围绕庆祝改革开放40周年，举办“奋进新时代、展现新风貌，献礼改革开放40周年知识竞赛”。通过这些形式新颖的活动，提高了机关干部学习的主动性和自觉性。

抓好转化提升。引导机关党员干部在学深学透的基础上，理论联系实际，突出问题导向，聚焦任务目标，以“大学习、大调研、大改进”为契机，对照省、潍坊市委提出的新旧动能转换、“四个城市”和“三区一城”建设重大部署以及全国文明城市创建等重点工作，检视自身思想认识上的不足，找准工作中的短板，制定整改措施，狠抓任务目标的落实，不断提升学习实效，党员干部的业务素质和服务能力明显提升。

【机关党建提升计划实施】 狠抓基本制度的落实。细化量化重点任务目标，抓好抓实市委常委所在支部规范化建设，引领带动机关党组织建设提档升级。完善考评督导，抓好“三会一课”责任制、支部生活日等组织生活制度的落实，及时跟进督导检查；落实好上级党组织派驻联系指导员全程参与学习等各项制度，推进组织生活全程纪实制度，做到内容全面、记录规范，实名签到，建档备查。

推进党务工作标准化建设。认真梳理总结机关党务工作的内容、标准、程序，将常规性工作转化为标准，对那些特色突出、效果明显的做法提炼为标准，严格按标准程序推进党建工作，做到不随意删减程序、省略步骤。与市委组织部联合，集中力量编写了《机关党务工作标准化指南》一书，并征求各部门单位的意见，分发到市直机关各基层党组织，以此指导党建工作规范化开展，切实增强党务工作的严肃性，提升机关党建工作制度化、科学化水平。

参与起草《潍坊市党和国家机关基层党建工作标准》。根据潍坊和诸城市工作安排，以进一步提高机关党建工作质量、全面提升机关基层党组织组织力、领导力为目的，参与起草编制《潍坊市党和国家机关基层党建工作标准》，内容包括19项工作标准，涵盖了机关基层党建基础性工作和创新性工作，为实现以科学的制度保障党的建设、以科学的方法推进党的建设打下坚实基础。

持续开展过硬支部建设。坚持一切工作到支部的导向，根据《关于加强过硬支部建设的指导意见》，指导各基层党支部，立足岗位职责和职能作用发挥，实现党建工作和业务工作的有机融合、相互促进，真正解决“两张皮”问题，使机关党建工作与业务工作目标相统一、发展需要相契合，使每个基层党支部都成为推动发展、服务群众、凝聚人心、促进和谐的一面旗帜。

推进督导检查常态化。加大检查督导力度，分批次、不定期对基层党组织规范化建设、“两学一做”学习教育常态化制度化、机关党建提升计划、深化作风建设年等工作开展情况进行检查督导，检查结果纳入年度科学发展综合考核，以督查促规范、促进工作全面落实。

【机关党员素质提升计划实施】 做好新党员发展工作。按照“控制总量、优化结构、提高质量、发挥作用”总要求，严格发展党员计划和结构比例，确保结构优化，质量提高；切实抓好对入党积极分子和党员发展对象的教育培训，规范各项程序，确保党员发展工作的严肃性。全年共发展接收新党员28名，预备党员转正17名，举办基本积极分子和发展对象培训班3期，培训180余人次。

实现党员培训全覆盖。落实好市委组织部《关于推进党员进党校培训常态化的意见》和《市直机关党员“每三年进县级以上党校至少培训一次”实施方案》。5月中旬，组织系统内1400余名科级以下党员，分4期到市委党校进行党的理论知识、基本制度、党风廉政等方面的培训，完成了市直机关“党员进党校”第一轮的培训任务。

抓好机关党务政工干部培训。实施好到红色教育基地“补钙”和外出考察、进课堂培训“补脑”工程。4月中旬，组织市直部门单位分管党务工作的同志共96人，分两批到胶东红色教育基地进行为期4天的党性教育专题培训；4月下旬，组织市直部门单位的党务政工干部213人，在市委党校举办了党务政工干部业务理论培训班，党务政工干部的党性观念进一步增强，思想境界进一步升华，履职能力和服务水平不断提升。

抓好中央和省委巡视反馈问题的整改落实。针对中央巡视组巡视省委和省委巡视组巡视潍坊及诸城市反馈的意见，认真梳理，统筹把握，对反馈意见逐项进行学习研究，主动认领，不回避、不漏项。针对认领的14方面存在的问题，共制定整改措施34条，列出问题清单，形成整改方案，细化整改措施，明确责任人和整改时限，以扎实的行动确保整改工作见底到位，落到实处。

深入开展城乡党组织联建。将城乡联建党组织作为培养锻炼人才的基地、展示部门形象的窗口。扎实开展“联建党组织在行动”活动，进一步理顺联建关系，落实项目化管理，一项一项抓好落实；实施经常化的联谊机制，组织机关干部经常深入城乡联建党组织，加深对基层、对群众的了解，进一步改进服务态度和工作作风；认真落实每月一督查、每季度一通报、每半年一调度、每年一评估考核“四个一”措施，保证联建的常态化、长效化，确保联建工作取得实实在在的成效。

【转变作风】 深化“作风建设年”活动。根据全市深化“作风建设年”活动统一部署，紧扣时间节点，坚持标准更高、要求更严，持之以恒开展形式主义、官僚主义专项治理，逐项列出问题清单，对号入座，明确整改时限和责任人员，对全市深化作风建设年活动大会上提出的“旧”“满”“低”“怕”“慢”“松”“冷”“弱”等八个方面的问题开展重点整治，以扎实的作风提升服务水平，促进各项工作取得新进展。

推进“寻标对标提标达标”活动。进一步深化提标达标行动，坚持高点定位，市内对标寿光机关工委，省内对标淄博市张店区机关工委，突出问题导向，理清思路举措，明确赶超任务和完成时限，确保学有目标、赶有方向、做有措施，全面提升思想境界、工作标准和质量水平，推动机关党建工作创新和质量提升。

做好机关党员到社区报到工作。坚持以支部为单位，采取机关在职党员个人报到与党组织集体报到相结合的方式，以创建全国文明城市确定的网格为主，围绕发挥部门职能，定期组织机关党员到社区开展志愿服务；不断加强党员服务小分队建设，及时充实服务力量，完善服务机制和模式，增强服务的针对性和实效性。

大力推进脱贫攻坚工作。牢固树立精准帮扶意识，针对包靠帮扶的百尺河镇9户贫困户，聚焦热点难点问题，实施精准化帮扶，多方整合资源，帮助贫困户解难题、增收入。年内，所帮扶的贫困户全部脱贫，有5户继续享受帮扶政策。

加大党风廉政建设检查督导力度。强化对党风廉政建设各项制度贯彻落实情况的检查督导，积极配合开展作风整治工作；配合做好查处党员干部违法乱纪等破坏经济发展环境的问题，营造风清气正的良好机关环境。

【精神文明建设】 加大舆论宣传引导。拓展宣传渠道，充分利用传统媒体、新媒体和形式新颖的活动，广泛宣传报道各部门单位干事创业涌现出的先进典型。以评选表彰作为激发活力的重要手段，认真组织评选推荐7名诸城市优秀共产党员、6名诸城市优秀党务工作者、13个诸城市先进党组织；推荐潍坊市委表彰的优秀共产党员1名、优秀党务工作者1名、先进党组织3个，并进行了大张旗鼓的表彰。持续更新市委院内的宣传栏，及时宣传市直机关转作风、提效能的好经验好做法。

强化宗旨观念引导。清明节前夕，组织市直机关干部职工200余人，到王尽美纪念馆开展清明祭扫活动，缅怀革命先烈、增强党性觉悟，强化干部职工的责任感和使命感。“七一”前夕，组织机关党员干部代表160余人，到王尽美纪念馆举行重温入党誓词党性教育活动；多次组织党员干部到王尽美故居、刘家庄抗战纪念馆开展红色教育活动，进一步增强广大党员干部的党性修养和宗旨意识。

6月22日，市直机关系统党员代表在王尽美纪念馆举行庆“七一”宣誓活动 （摄影 张庆宁）

开展系列活动。3月—5月，与市总工会等部门联合，围绕深入贯彻落实党的十九大精神、打造文化名市“尽美诸城”，举办了以“筑梦新时代”为主题的职工文化艺术节，营造弘扬“劳模精神”和“工匠精神”的良好氛围；9月，与总工会等部门联合，举办“传承红色基因、提升素质能力”工作展，大力宣传各部门单位干事创业的好经验、好做法、好成果，在市直机关形成学习先进、崇尚先进、争当先进的良好风尚。年内，联合市总工会、市体育局等部门，以落实十九大精神、庆祝改革开放40周年为主题，分项目、分阶段举办“走进新时代、展现新风貌”全民健身运动会，以活动激发活力，激发凝聚力和战斗力，进一步促进机关党组织和党员在新旧动能转换、“四个城市”和“三区一城”建设、争创全国文明城市中“实干担当、激情创业”。

（董　岩　张庆宁）

巡　察　工　作

【概况】　2018年，市委巡察机构牢牢把握政治巡察的工作方向，以“发现问题、形成震慑”为主要任务，聚焦坚持和加强党的全面领导、新时代党的建设总要求、全面从严治党，突出关键少数，查找政治偏差，巡察工作的反腐利剑与震慑、遏制作用取得了新成效。

【开展集中巡察】　按照《十四届诸城市委巡察工作规划（2017—2021年）》的部署，制订了《十四届诸城市委2018年巡察工作计划》。2月，对第二轮巡察进行了反馈，问题线索向有关部门进行了移交。3月—5月，在开展政治巡察的过程中，把扶贫惠农政策落实、打造最优营商环境作为巡察的重点，对市政务服务中心管理办公室、市经信局等10个市直部门单位开展第三轮巡察。第三轮巡察共发放调查问卷536份，个别谈话258人次，走访单位79个，发现专项问题137个，其中问题线索27件。7月—9月，把打造最优营商环境作为巡察的重点，对市规划局、市环保局等10个市直部门单位党组织开展第四轮巡察。第四轮巡察共发放调查问卷296份，个别谈话174人次，走访单位56个，发现专项问题128个，其中问题线索8件，边巡边改问题19个。第二至四轮巡察共立案37起，给予党纪政务处分15人。11月—12月，对高新园、舜王街道、贾悦镇、石桥子镇、昌城镇等5处镇街（园区）党（工）委及所属84个社区、105个部门开展第五轮巡察，在开展政治巡察的基础上，聚焦脱贫攻坚、扫黑除恶、“三清一增”等重点工作。针对巡察对象的实际情况和不同特点，灵活采取多种方式方法，精准发现问题。本轮巡察，共发放调查问卷6168份，个别谈话1778次，走访单位及农户1556个，发现专项问题389个，其中问题线索137件，边巡边改问题18个。省委巡视办调研组到诸城就巡察向村居延伸工作进行调研，对诸城广泛动员发动、进村入户访的做法给予充分肯定。对第三至五轮巡察发现的问题线索，梳理后已向有关部门办理移交，同时分门别类建立整改台账，为整改落实打好基础。在第三轮、第四轮巡察中，共对20个部门单位的党建问题除对单位党组织进行通报批评外，还对单位主要负责人、分管负责人、具体工作人员进行了问责。根据市委书记专题会意见，针对前四轮巡察发现的问题，进行梳理汇总，印发到全市各级各部门，要求认真对照整改，压实整改责任，严格责任追究，确保问题整改到位。年内，结合学习中央巡视工作5年规划和诸城巡察工作开展情况，市委巡察办向市委常委会作专题汇报2次，到市委党校等单位授课3次，为巡察工作顺利开展营造了良好氛围。

【开展“素质提升年”活动】　加强巡察干部队伍建设，在配齐巡察办主任、副主任和各巡察组组长、副组长的基础上，根据上级要求，2018年公开遴选工作人员9名，招考公务员2名，已按照编制数配齐人员。年初，确定2018年为诸城市委巡察机构和全体巡察干部的"素质提升年"，在市纪委监委机关的统筹协调下，成立了市委巡察机构党支部，制订党建学习计划，严格落实"三会一课"制度，并通过个人自学、组织研讨、集中培训、外出深造、政治锤炼等形式，提高每个巡察干部在巡察业务、政治本领、作风素养等方面的水平，打造一支特别讲政治、特别能吃苦、特别能战斗、特别出成绩的巡察干部队伍。

【探索实施"规范提升工程"】 在总结工作的基础上，认真研究工作的经验和不足，特别是工作制度和工作程序上存在的问题，实施"规范提升工程"。通过争取上级指导、学习外地经验、总结自身工作、探索问题规律，形成切合实际的管理制度和工作程序，规范巡察工作，管好巡察干部。制订出台《中共诸城市委巡察工作领导小组工作规则》《诸城市实施巡察与审计工作联动试点方案》和《关于建立市委巡察机构与有关部门协作配合机制的意见》等文件，以规范工作，提升巡察水平。在"规范提升工程"实施过程中，严格落实党风廉政建设责任制和意识形态责任制，突出巡察干部的纪律作风教育，完善《中共诸城市委巡察工作机构管理制度》，特别强调学习纪律、请销假纪律、保密纪律、群众纪律和廉洁纪律。严格执行民主集中制，坚持大事讲原则、小事讲风格，深入开展"作风建设年"活动，严格执行《巡察干部十不准》，依纪依规开展巡察，扎紧严管厚爱、到边到底的制度笼子，靠制度管事管人。

（巡察办）

档　案　工　作

【概况】 2018年，诸城市档案局紧紧围绕市委、市政府工作大局，以服务民生为根本，推动全市档案事业持续健康发展。有9项成果获得山东省档案学优秀成果，1篇论文获得潍坊市社会科学优秀成果二等奖，是诸城唯一的二等奖。

【档案馆业务建设】 档案接收工作。年内，接收社会各界捐赠的《中国共产党创始人之一——王尽美》丛书、《琅琊诗刊》等各类资料，共计86种、177册；协助潍坊市档案局拍摄王尽美口述档案，接收进馆光盘2张。

档案利用工作。共接待利用者4100余人次，提供利用档案资料13700卷（册）。特别是应对本年度全市退役士兵信息登记，市委、市政府规范性文件清理等重大活动需求进行查档，取得良好的效果。开展档案馆开放日活动，发放《小红的兰台奇遇记》漫画宣传资料，举行了档案捐赠仪式，邀请电力系统档案工作人员走进档案馆参观学习。

档案数字化工作。开展质量检查，2018年完成三分之一的条目抽检，共计134820条；对二期数字化数据，包括文书、音视频、照片、老照片、特殊门类档案等的编辑、PDF、目录数据进行备份共计4.5T，并报省档案馆异地保存。

【机关企事业档案】 文书立卷。开展全市2017年度文件材料立卷工作。年初，市委办公室、市政府办公室印发开展文书立卷的通知。对全市330多个机关企事业单位、16处镇街（园区）的文书立卷工作进行了立卷指导，共立5801卷。

科学化管理测评。对国家统计局诸城调查队、法院、兴贸玉米公司、纪委等单位进行指导，兴贸玉米公司、国家统计局诸城调查队分别通过省示范和先进单位测评。

档案业务培训。举办市直部门和镇街（园区）102个单位《档案文书立卷知识》培训班，邀请潍坊市档案局王俊华科长对全市100多家企业进行了企业档案业务培训，对供电公司全体专兼职档案员40人进行了档案管理知识培训，对高新园部门和社区30余人进行了文件管理和文书立卷工作培训。

村级档案管理。在先期调研基础上，印发《关于认真贯彻落实〈村级档案管理办法〉的通知》；编制印发《村级档案工作服务手册》；市委办公室、市政府办公室印发了《关于贯彻国家档案局、民政部、农业部〈村级档案管理办法〉的实施意见》；11月22日，在龙都街道召开全市农村档案工作会议，全面展开村级档案管理工作。

【档案宣传与学术研究】 编写《诸城档案信息》6期。参与诸城市纪念王尽美同志诞辰120周年系列活动，呈报论文1篇，编辑《红色春秋》2期，审阅研讨会、座谈会稿件100余篇，撰写发言稿件计3万余字。积极撰写理论文章，全年在省级以上正规刊物发表论文6篇。有9项成果获得山东省档案学优秀成果，1篇论文获得潍坊市社会科学优秀成果二等奖。

【档案编研】 为纪念诸城撤县设市30周年，充分展示撤县设市以来诸城经济社会发展所取得的辉煌成果和社会和谐、人民幸福的崭新面貌，激发市民热爱家乡、建设诸城的热情，组织编写了《龙城壮歌——诸城撤县设市三十周年档案史料选萃》一书，该书30万字，于6月由中国石油大学出版社出版发行。另外，每月定期编写《诸城大事记》，为领导决策及时提供信息服务。

（档案局）

党 史 研 究

【概况】 2018年，党史研究工作坚持改革创新、与时俱进，紧紧围绕市委工作大局，以服务社会、服务发展、服务基层为目标方向，以“以史鉴今，资政育人”为出发点和落脚点，全方位开展研究和宣传，实现新突破、取得新进展。

【编研成果】 编纂完成《中共诸城年鉴（2018）》并定稿；按照省、潍坊市党史部门安排，县（市）委书记口述史采访编辑工作全面启动，上半年对十五任县（市）委书记口述史进行了初步整理研究，下半年又增加了两任书记的采编工作，在拟定采访提纲、收集查阅资料的基础上，完成采编初稿；完成了《中共山东年鉴》《中共潍坊年鉴》的供稿任务；初步完成诸城“农业生产大包干责任制”专题调研工作。

【参与纪念王尽美同志诞辰120周年系列活动】 党史研究室积极参与纪念王尽美同志诞辰120周年系列活动。配合市委办公室、市委组织部，在全市范围内开展了“纪念中共一大代表王尽美诞辰120周年与诸城改革开放四十周年”论文征集活动，共收到论文216篇，筛选出206篇，结集印刷；以党史研究室为主力，编写出版《中国共产党创始人之一——王尽美》丛书（《王尽美》《王尽美画传》《王尽美诗文集》《王尽美研究文集》《王尽美纪念文集》），计116万字。

【党史宣教】 党史研究室配合市委宣传部门在《光明日报》《经济日报》《大众日报》《农村大众》《潍坊日报》、新华网、中国纪检监察网、齐鲁网、中红网、半岛客户端等媒体发表宣传王尽美等文章21篇；配合上海音像资料馆拍摄《不忘初心　尽善尽美》专题片；配合山东卫视拍摄了三集文献纪录片《王尽美》，在中央电视台第9频道播出；向市直有关部门、镇街社区赠送《王尽美》《中共诸城年鉴》《红色春秋》等党史书刊1000余册。

【诸城王尽美研究会工作】 6月5日，召开第二届诸城王尽美研究会换届暨会员大会，会议通过了诸城王尽美研究会章程，选举产生了第二届诸城王尽美研究会理事和会长、副会长、秘书长，通过了特邀学术研究指导专家名单；清华大学马克思主义研究中心原副主任、人文社会科学学院原副院长韩冬雪当选为第二届诸城王尽美研究会会长；向社会知名学者、专家征集论文30余篇，结集印刷，在研讨会上发放学习。诸城王尽美研究会会刊《红色春秋》印刷了4期（总第8、第9、第10、第11期）和1-8期合订本。承担的山东省社会科学规划研究项目——《“尽美精神”与诸城红色基因的传承延续研究》，上半年主要做了资料的搜集、研究和实地调研工作，下半年开始撰写初稿。

【举办王愿坚生平展览】 著名党史人物、当代红色作家王愿坚是诸城人，在当代文学史上占有重要地位。由党史研究室主要领导牵头，全员参与，到王愿坚曾经生活和战斗过的地方，调查研究，查阅档案，采访王愿坚的家人、知情人、当事人，收集照片200余张，精心布置，完成初展，并为建设“王愿坚生平事迹展馆”做好准备。

【参与筹建诸城市改革发展历程馆】 2018年是改革开放40周年。诸城自改革开放以来，从农村改革入手，先是实行农村大包干责任制，后又创造了商品生产大合唱、贸工农一体化、农业产业化经营、为民服务联动、农村社区化等一系列在全省乃至全国都有影响的“诸城经验”，市委决定建设诸城市改革发展历程馆，并确定党史研究室为主要资料收集单位。从2017年9月开始到2018年5月建成开馆，收集资料30多万字，图片2000余幅，实物480余件。

【革命遗迹遗址保护利用】 党史研究室配合民政局、王尽美党性教育基地筹建办等部门单位，对王尽美故居、王尽美纪念馆进行了修缮和场馆内容布局改造；积极参与王尽美党性教育基地规划筹建工作；协助石桥子镇党委、政府，改建扩建了刘家庄抗战纪念馆，充实了新的内容，规范了布展形式。

（刘培泉）

党　校　工　作

【概况】 2018年，诸城市委党校认真学习贯彻落实习近平新时代中国特色社会主义思想和党的十九大精神，积极适应新时代经济社会发展新目标新战略和干部教育培训新形势新任务的要求，坚持党校姓党、从严治校原则，充分发挥干部教育培训主渠道作用，各项工作开创了新局面。

【干部培训】 诸城市委党校紧紧围绕提升党员干部理想信念、党性党风、理论政策等方面素质，开展全方位培训。2018年共举办各类班次67期，培训各级各类党员干部17731人。在主体班次培训中，党的理论教育和党性教育占总课时的70%以上，将习近平新时代中国特色社会主义思想、党的十九大精神、新旧动能转换重大工程、乡村振兴战略等内容融入课堂，领导干部上党课占总课时的20%以上。

【科研工作】 科研工作坚持以提高教学水平和为党委、政府提供理论服务为主攻方向，积极承担省委党校、潍坊市委党校、潍坊社科联及诸城市委、市政府课题调研任务，4月开展了为期一个月的“集中调研月”活动，组织全体教师深入基层，掌握一手课题资料。2018年共形成重要调研成果36项，其中市委领导签批4项，省、潍坊市各级重点社科课题研究成果12项，获省、潍坊市科研成果奖8项，在各类报刊杂志发表12项（其中1项被省党建灯塔在线采用）。

【基层党校建设】 拓展教育阵地，充分发挥基层党校服务党员的作用。打造由分校独有师资、市委党校师资和全市统筹师资三方师资组成的师资库，共有专兼职教师147人。将《基层党校工作规范》的要求纳入对镇街的科学发展考核，推进管理精细化、规范化、常态化，全面完成了基层党员进分校培训全覆盖工作任务。充分发挥市委党校对基层党校的指导督导作用。将分校教学管理骨干纳入主体班次进行培训，市委党校在举办培训班的同时，将课程安排发放到分校，充分发挥市、镇街、社区教学点三级视频系统效能，由分校组织党员干部进行同步培训。

【创新工作】 不断加强创新引领，激发党校工作活力。组织开展对“诸城模式”的研究。通过对“诸城模式”的深入研究，进一步理清“诸城模式”的内涵特征及其时代背景、改革历程、成效影响等，进一步总结提炼经验规律，为诸城持续深入改革创新，打造乡村振兴“诸城模式”升级版提供借鉴。努力构建党性教育教学新体系。突出以习近平新时代中国特色社会主义思想为指导，以“初心·起点”“担当·发展”“勤政·清廉”三大主题板块为内容，以促进党员干部“不忘初心、担当发展、勤政清廉”为目标，系统完整打造以现场参观讲解为基础、以现场专题课和党性精品课教学为提升的教育教学体系，在全市党员干部教育培训中发挥重要作用。着力打造党校培训+专业化提升的高质量干部培训格局。在党校“全员、全年、全覆盖”培训的基础上，组织干部到高等院校开展专业化高端培训。全年举办全市党员干部外出赴高等院校专题研讨（培训）班11期，培训党员干部453人。

（王晓敏）

老干部工作

【概况】 2018年，全市老干部工作紧紧围绕“老干部工作质量提升年”，坚持走在前列目标定位，坚持稳中求进工作总基调，坚持精准服务工作理念，坚持求真务实工作作风，以打造“尽美”老干部系列工作品牌为总抓手，切实提升新时代老干部工作转型发展质量和水平。

【强化政治引领】 坚持把政治建设摆在首位。部署开展深化“作风建设年”活动，树立“四个意识”，坚定“四个自信”，严格落实“三会一课”、主题党日和政治生日制度。抓好读书学习和刊物订阅，从党费中拿出5万余元为县级老领导、城区老干区党支部等订阅报刊10余种，组织离退休干部开展学习。组织离退休干部党员开展“传承红色基因”主题日、纪念王尽美诞辰120周年主题党日和政治生日等活动，举办全市“五老”志愿者红色教育培训班和全市离退休干部党支部书记培训班。

【突出组织凝聚】 规范各单位离退休干部党组织建设，修订下发诸城市《关于健全完善离退休干部党组织工作经费保障机制的意见》《关于做好离退休干部党组织书记工作补助发放工作的通知》，教育局离退休干部党支部被评为潍坊市先进基层党组织；做好离退休干部党支部进单位、进社区、进社团、进老年大学、进互联网等工作，打造精品示范点，进一步扩大党组织覆盖面。推进离退休干部党工委实体化运作。以市委办公室文件下发《关于加强离退休干部党工委实体化建设的实施意见》，新审批成立建制党支部5个，非建制党支部28个，实现对2个老干区党支部、25个老年大学班级党支部、3个老年大学文艺团队党支部和4个老干部社团党支部的直管。规范老干部党费的收缴、返还和管理使用。编写潍坊市离退休干部党建工作纪实《领航》（诸城卷）和《山东省离休干部名录（诸城分卷）》。指导离退休干部党建研究中心开展工作，加强党建理论研究。

【升级教育资源】 围绕高起点规划建设，高标准运营管理，高水平发挥作用，结合诸城实际，提出按照“中国一流、山东特色、诸城品质”的定位，形成顺应管理服务扁平化、网格化新趋势的老年教育“诸城模式”——全力打造以市区“东西南北中”老年大学五校区为主体、以镇街（社区）老年大学为分支的老年教育综合体：在保留原老年大学的基础上，新建一所占地35亩、建筑面积3.25万平方米、总投资1.5亿元的老年大学新校区；投资300万元，改建一所占地15亩、建筑面积4700平方米的老年大学东校区；借助企业养老地产项目开展联合办学，新建两处老年大学分校，其中老年大学大源分校面积7200平方米，老年大学红星分校面积7000平方米；借助社区学院资源，在16处镇街（园区）全部建立老年大学，在17个社区建立老年大学教学点。《老年教育》杂志社对诸城进行了专题采访并给予高度评价。《中国老年报》和《大众日报》分别对诸城探索社区老年教育发展创新方式和特色路径的做法进行了报道。

【深化文化养老】 承办全市庆新春和文明之夏广场文艺演出老年大学专场，参加“中秋月更明”中秋晚会演出。组织参与各级比赛及演出并获奖；选送节目京剧《红梅赞》参加潍坊市“离退休干部纪念潍县战役胜利70周年文艺演出”。参加全省高智尔球比赛并获第五名，举办诸城·高密老干部乒乓球联谊赛。全方位搭建书画交流平台，邀请专家举办老年书画创作专家讲座；与省老年大学协会、老年教育杂志社共同举办“纪念改革开放40周年”——《老年教育》书画大讲堂走进诸城市老年大学活动，成功举办“游度菊花丛”重阳雅集活动。积极组织参与各级书画摄影展览、比赛，省老年大学刊物《老年教育·书画艺术》第二期专门登载诸城市老年大学书画艺术风采专版《铅华洗尽见真淳　龙城翰墨丹青新》。

10月17日，市委老干部局主办“游度菊花丛”重阳雅集主题活动。图为文艺节目表演
（供图　老干局）

【搭建平台载体】 部署开展“纪念潍县战役胜利70周年——老干部讲革命故事、唱革命歌曲、做红色传人”活动，参加潍坊市“记忆潍坊”主题征文活动，多篇作品获奖，并获得优秀组织奖。召开全市关心下一代工作会议和企业关工委座谈会，在王尽美纪念馆承办潍坊市“传承红色基因 争做时代新人”启动仪式，举办全市经典家训展读活动、“传承好家训·建设好家风”巡回报告会。积极发挥老干部志愿服务协调指导中心作用，筹建老干部志愿者协会，建起老干部志愿服务队伍40余支，志愿者1600余人；全年开展送春联送书画送文艺进校园、进社区和捐资助学等正能量活动10余次，受到社会各界欢迎。联合市公安消防大队制定印发了《全市老干部工作系统加强消防宣传教育工作实施方案》，建起市老年消防志愿者服务分队。抓好老干部典型选树和信息宣传工作，先后在《中国火炬》《老干部之家》《中国老年报》《大众日报》等报刊发表稿件10余篇。

【聚焦精准服务】 畅通离退休干部沟通交流渠道。开展“面对面、户户到”全市老干部诉求大走访活动，进一步完善老干部诉求信息台账，实行动态管理和销号制度，处结率、老干部满意率均实现100%。下发《关于建立健全市直老干部工作联络员制度的通知》，确保老干部对重大事项的知情权、参与权、表达权、监督权，引导他们积极参与各项活动。采纳县级老干部和参与改革老同志的建议，修建了诸城市改革发展历程馆，邀请他们参与设计、建设全过程，并组织县级老干部参观，请他们提出建议；定期组织老年大学教师、学员代表座谈，听取意见建议，并及时反馈到老年大学建设和教学工作中。深入白玉山子老干区走访调查，了解老干区党支部学习活动情况，研究加强老干区党员学习的措施和办法，满足老干部学习活动需求。根据老干部的诉求，综合利用社会资源、社会力量和公益资源、公益力量，积极为老干部办实事、解难事，为离退休干部提供更多、更好、更便利的服务。

（李 彤）

关心下一代工作

【概况】 2018年，诸城市关工委以习近平新时代中国特色社会主义思想为指导，在市委、市政府的领导和上级关工委的指导下，主动作为，扎实工作，谱写了关爱工作的新篇章。年内，在潍坊市关工委工作会议上作了典型发言，并被中国关工委《中国火炬》杂志社和潍坊市关工委评为“宣传工作先进单位”。

【关爱主题教育】 重点开展以传承尽美精神为主题的“传承红色基因 争做时代新人”主题教育活动。4月，潍坊市关工委在诸城王尽美纪念馆举行了“传承红色基因 争做时代新人”教育活动启动仪式。诸城市关工委借助东风，迅速启动，各级关工委积极组织青少年参与活动。市关工委、市委组织部、市文明办、市教育局联合制定下发《关于开展“传承红色基因 争做时代新人”主题教育活动的意见》。同时，关工委以纪念王尽美同志诞辰120周年为契机，加强与组织、宣传、教育、团委等部门的协同配合，大力开展各种纪念活动。到王尽美纪念馆瞻仰和开展青少年教育活动达160场（次），受教育者2.7万多人次。在枳沟镇北杏社区，参观王尽美故居的青少年也络绎不绝。在王尽美诞辰日前后，组织广大青少年观看了《不忘初

心　尽善尽美》专题片；各学校普遍举行了一次纪念王尽美诞辰的主题校会、班会队会，组织学生读一篇关于王尽美的文章，讲一个王尽美的故事，写一篇学习王尽美的体会。

利用诸城市丰富的红色资源和众多红色基地对青少年进行全方位、立体式的党史国史教育。2018年，刘家庄抗战纪念馆接待参观青少年2万多人次。相州镇中心学校开辟“红色文化沙龙”，研读王统照、王愿坚的作品，学习了解习总书记与王愿坚的交往故事，开展“红色相州”社会调查，弘扬相州红色文化。全市各企业关工委也大力开展活动，福田汽车诸城厂区关工委组织青年员工到王尽美纪念馆、威海天福山起义纪念馆等地，接受红色文化熏陶，开展红色教育活动。

注重做好结合文章。在中国梦和社会主义核心价值观的宣传教育、“三爱”教育、家风教育、“纪念改革开放四十周年”和争创文明校园等活动中渗透红色基因教育内容，使其有机结合，相得益彰。贾悦镇关工委举办唱响长征组歌、红色人物剪纸等9个系列活动。百尺河镇关工委开展“我与爸妈比童年”活动，直观感受改革开放40年来的发展变化。教育系统开展了“红旗飘飘　引我成长”“崇尚英雄　精忠报国”——做新时代好少年等一系列针对性强、具有吸引力的红色教育活动。

开展家风家训教育活动。上半年，分别在实验初中体育馆和市政府礼堂广场举办了两场“经典家训展读”活动，有6000余人参加。活动分经典家训作品展览和经典家训诵读两个环节。展出经典家训书法手卷、绘画、剪纸作品114件。老年大学等10个团队参与经典家训诵读，诵读者既有“五老”志愿者，又有党政机关企事业单位工作人员，还有劳模代表、文明家庭等。通过层层筛选，选出5人成立家风报告团，在全市开展“传承好家训　建设好家风”巡回报告活动。年内举行报告会8场，先后走进市委党校、府前街小学等单位，为1万余名青年干部和学生家长作报告，9万余人通过诸城手机台收看，引起热烈反响。教育系统关工委积极推介名人家风，传承优秀家教文化，向学生和家长推荐《毛泽东家风》等经典名作。龙源学校创作了歌曲《好家风是个宝》，在本校师生、家长中广泛传唱。贾悦镇关工委将征集到的优秀家风作品汇编成书，发放到社区、学校和企业。

【开展关爱活动】 深入开展普法活动。继续开展“关爱明天　普法先行”全市青少年法治教育巡回活动，在全市30多所学校举办，10万余名青少年接受教育。8月，市关工委联合市政法系统关工委等5个部门单位，召开全市青少年法治教育工作会议，总结和交流全市青少年法治教育工作情况，安排部署工作任务，进一步推动全市面上普法工作。12月，在首个宪法宣传周，市关工委联合市法学会、市政法系统关工委、市教育局，在全市开展普法大讲堂活动，利用检察院的直播系统，邀请法律专家，通过现场直播的形式为全市在校学生作报告，各学校通过网络在线收听收看，效果良好。发挥法律知识宣讲团作用，组织多名政法系统老同志，开展普法进校园、进社区活动40余次，引导青少年参与无犯罪学校、无犯罪社区创建活动，2万余名青少年接受教育；暑假期间，组织10多名老同志开展了一次大规模的网吧监督工作，到全市多处网吧进行巡查，防止未成年人上网，为青少年健康成长筑牢防火墙。

推动办好“四点半学校”。市关工委会同有关部门，积极谋划部署，不断推进全市“四点半学校”工作制度化、常态化。年内，全市挂牌新增“四点半学校”1处，总数量达到53处。农商银行兴华路支行开办以“小神龙宝贝营”为主题的关爱儿童主题银行，211名儿童参加。

做好特殊青少年的关爱帮扶工作。5月，联合市妇联举办“让爱在益起——诸城首届520爱心公益活动”，10家爱心公益组织、120余名志愿者参与，贝倍佳母婴连锁店为130个家庭捐赠了奶粉、书包等价值10万多元的物品。联合团市委、教育局、扶贫办、民政局举办农村贫困少年儿童牵手关爱行动启动仪式暨“感受城市魅力·立志振兴乡村”活动，义工协会志愿者和200名留守儿童参与活动。全市广大企业积极参与捐资助学，全年有30余家企业捐资550余万元，资助贫困学生和留守儿童1000余名，并为多所学校捐建实验室、活动室。

【强化关爱保障】 强化基层组织保障。2018年，在继续抓好镇街（园区）关工委、系统关工委班子建设的同时，重点推进企业关工委组织建设。4月，召开了企业关工委座谈会，市总工会、经信局、3个镇街关工委以及福田汽车诸城厂区、义和车桥等6家企业参加，这6家企业均已成立关工委，并做到了“五有”，即有班子、有牌子、有队伍、有制度、有活动。以此为基础，推进企业关工委组织建设。

加强培训提升基层工作水平。全年共召开1次全市工作会议、2次大型交流会议、10次小型座谈会，通过以会代训的方式，分层次、分类别的对镇街关工委和“五老”骨干进行培训，着重解决有人干事和会干事的问题。

组织红色教育考察培训。市关工委、各镇街（园区）、市直各系统关工委、市“五老”关爱团共计45人参加培训活动。培训中，充分利用沂蒙红嫂纪念馆、孟良崮战役纪念馆、莒南山东省政府旧址、台儿庄大战纪念馆以及周边地区的革命历史资源，综合运用现场教学、研讨交流、访谈互动等多种培训方式，对“五老”志愿者进行红色革命教育、党性党风教育，提高基层关工委的政治站位，增强做好关心下一代工作的自觉性。

强化“五老”队伍保障。市关工委对各基层关工委“五老”骨干数量作出明确要求：各镇街不少于10人，各园区不少于5人，各学校不少于2人。各基层关工委按照要求，积极发动，将有热心、有专长的老同志作为骨干力量纳入“五老”队伍，全市“五老”骨干数量达500余人，关工委为他们颁发了“五老”志愿者证书，增强他们参与开展关心下一代工作的自豪感、荣誉感。

发挥“五老”关爱团作用。以八个“五老”关爱团为平台，开展有针对性的青少年教育活动。如才艺特长指导团，开展了“水墨丹青献爱心——走进孔戈庄学校”活动，邀请市知名老书画艺术家为学生们讲授书法、绘画等方面的专业知识，并现场泼墨挥毫创作，共创作书画作品30余幅。各“五老”团涌现出了许多好典型，如李志诚、赵伟老人，在家中开展公益书法授课活动，免费教授50余名青少年学习书法；市公安局原指导员高秀琴，多年来坚持到学校为青少年作法治报告，为100多名学生和家长做心理辅导，帮助10多名厌学学生端正态度，健康成长。

强化社会力量保障。大力开展“汇聚社会组织关心爱护下一代”工作，凝聚社会力量，共同做好关爱青少年工作。举办了“经典家训展读”活动，9个部门单位和10个社会组织参与，通过各方力量的汇集，极大提升了活动影响力。联合市剪纸协会开展红色文化剪纸活动，通过剪纸这门传统技艺，让红色文化浸润青少年心灵；联合老年书画研究会，开展红色书法绘画进校园活动。9月，联合市文学研究会，面向全市青少年开展了“传承红色基因、争做时代新人”主题征文活动，优秀作品计划2019年上半年结集出书。

强化宣传舆论保障。注意总结推广单位典型和“五老”个人典型。如府前街小学关工委依托王尽美纪念馆，组织教师开发“红色经典文化”特色课程，开展“红色研学”。石桥子镇关工委依托刘家庄抗战纪念馆，定期对青少年开展红色教育。枳沟镇北杏社区“五老”志愿者小组，以实际行动做王尽美精神的守护人和传播者。诸城市优秀“五老”志愿者刘光伟自办“四点半学校”，并多次到百尺河中心校、大仁和小学等，为学生举办党史国史、国防教育知识讲座。对这些典型，通过现场会、交流会、培训班等多种形式在全市推广，推动面上工作开展。

加强关爱工作宣传。加强与各级新闻媒体的合作，对全市关心下一代工作进行重点宣传。年内，在各级新闻媒体刊载各类信息、图片150余篇（幅）。省关工委《关爱》杂志和网站，先后刊发了反映诸城市汇聚关爱工作和传承红色基因教育活动的长篇通讯。市关工委被中国关工委《中国火炬》杂志社和潍坊市关工委评为“宣传工作先进单位”，一名同志被潍坊市关工委表彰为“宣传工作先进个人”。

（钟兆鹏）

诸城市人民代表大会

综　　述

2018年，诸城市人大常委会在中共诸城市委坚强领导下，认真学习贯彻习近平新时代中国特色社会主义思想和党的十九大精神，坚持党的领导、人民当家作主、依法治国有机统一，紧扣全市大局，依法履职，积极作为，为推动全市经济社会发展和民主法治建设作出了积极贡献。

主动服务发展大局

坚定不移坚持党的全面领导，旗帜鲜明讲政治，自觉把党的领导贯穿于履职各方面、全过程。

【贯彻市委决策】　紧扣市委部署要求，科学谋划、统筹推进人大工作，召开常委会会议11次、主任会议15次，听取审议“一府一委两院”专项报告20项，作出决议决定10项。对工作中的重大问题、重要事项及时向市委请示报告，主动争取领导和支持，时刻保持与市委同心同向、同力同行。按照深化国家监察体制改革试点工作要求，依法选举产生了市监察委员会；坚持党管干部原则与人大依法行使任免权相统一，通过法律考试、供职报告、投票表决、宪法宣誓等法定程序，依法任免地方国家机关工作人员52人次、备案员额法官、检察官6人，保证了市委人事安排的全面落实，为深化机构改革提供了坚实的法治和组织保障。

12月4日，市人大常委会举行宪法宣誓仪式　　（摄影　刘培健）

【助推新旧动能转换】　为落实市委“大项目突破年”、推动新旧动能转换部署，组织四级人大代表年初视察工业服务业重点项目开工情况、年底视察项目落实情况，提出突破瓶颈制约、强化载体支撑、凝聚整体合力等建议，助推政府打好项目建设“十大攻坚战”。对科技创新平台建设情况进行视察，提出完善政策体系、增强企业自主创新能力、完善平台功能等有针对性的建议，助力全市创新驱动战略实施。专题调研重大交通基础设施建设情况，支持政府进一步完善路网结构，补齐区域交通短板。对商业银行法进行执法检查，以法律正确实施促进金融业健康发展，为新旧动能转换提供要素支撑。

【参与乡村振兴】 紧紧围绕市委“在实施乡村振兴战略中走在前列”的目标，集中力量利用三个多月的时间，深入全市16处镇街、园区进行调研，赴沂南、蒙阴等县市学习先进经验，先后召开18次座谈会征求意见，汇总形成的调研报告，提出了科学规划、产业融合、基础设施建设、社区化发展和“三农”队伍建设等六个方面30余条建议意见。同时，将涉及农业农村方面的工作紧靠乡村振兴要求，针对乡村旅游、高标准基本农田建设、现代农业技术推广与应用等工作进行视察调研，从各个角度为打造乡村振兴“诸城模式”升级版提供人大智慧。

【预决算审查监督】 听取和审议市政府关于2017年财政决算情况报告、2017年度市本级财政预算执行和其他财政收支的审计工作报告、2018年上半年国民经济和社会发展计划执行及财政预算执行情况报告，审查和批准了2017年度市级财政决算、2018年预算调整方案。落实预算法要求，提前介入、主动审查了2019年预算草案编制工作。首次将审计问题整改列入监督工作重点，听取审计查出问题整改情况报告，推动问题整改到位，有效维护了人大监督的权威性和审计监督的严肃性。

全力增进民生福祉

尊重民意、关注民情、致力民生，通过依法高效监督，让人民有更多、更直接、更实在的获得感、幸福感。

【推进品质城市提升】 积极贯彻市委创建全国文明城市部署，通过会议部署、发公开信等多种方式，引导广大代表主动参与到创建全国文明城市活动中，充分发挥模范带头和示范引领作用。听取审议市政府品质城市建设专项工作报告，提出加强规划调控、完善城市公共服务体系、创新城市治理模式等审议意见，督促政府抓好落实。深入调研棚户区改造工作，支持政府抓牢政策机遇期，着力推动棚改旧改攻坚突破，充分运用棚改和旧改腾退空间培育发展壮大城市产业，优化城市功能布局，提升城市发展内生动力、功能品质，努力建设“本地人自豪、外地人羡慕”的“品质诸城”。

【推进社会事业发展】 高度关注学前教育，对全市学前教育发展情况进行全方位、多维度的深度调研，形成的调研报告得到了市委主要领导的充分肯定和高度重视，有效助推了全市学前教育发展。推进健康诸城建设，听取审议市政府关于健康素养提升工程开展情况报告，提出有针对性的审议意见，支持政府全面深化健康素养提升工作，切实保障人民群众健康。关注群众精神生活，对公共文化服务保障法进行执法检查，督促政府丰富优质公共文化产品供给，开展形式多样的文化惠民活动，进一步提升诸城文化内涵和文化魅力。

【关注生态文明建设】 满足人民群众对优美生态环境的需要，开展山东省水资源条例执法检查，建议政府加快重点工程建设、强化水源地保护、深化水环境综合整治、完善执法管理机制。对森林法贯彻实施情况进行执法检查，支持政府以创建全国森林旅游示范县为引领，将林业发展与旅游、生态保护等有机融合，让广大人民群众享受更多生态红利。组织代表视察病死畜禽无害化处理工作情况，督促政府构建病死畜禽无害化处理长效机制，加强农村生态环境综合整治，保障全市畜禽产品质量安全和公共卫生安全。

【回应人民群众关切】 常委会在坚持台账式管理、滚动式督办、面对面答复的基础上，不断完善代表建议办理机制，探索实行党政主要领导批示、人大分管领导和政府分管副市长包靠，专题听取办理情况报告，列为市委、市政府督查重点等举措，不断提升建议办理实效。经过市政府及各承办部门的积极努力，市十八届人大二次会议以来代表提出的124件建议，全部办结并答复代表。关于加强幼儿教育监督、加强食品安全监管、提高冬季供暖质量等一些群众关切的问题得到有效解决。

依法加强法律监督

把推进全面依法治市作为重要任务，积极推进依法行政、公正司法和全民守法，努力营造良好的法治环境。

【开展履职监督】 在2017年对40个部门开展以作风建设为主题的工作评议基础上，2018年将评议重点放在常委会任命人员上。经主任会议研究，分三批在常委会会议上对部分市政府组成人员进行履职评议，被评议对象分别向会议口头报告履职情况、回答常委会组成人员的询问，并以无记名投票方式进行满意度测评。通过履职评议，进一步提高被评议人员依法履行职责和自觉接受监督的主动性，收到很好的监督效果，该工作被潍坊市人大常委会确定为亮点工作。

【推动法治建设】 常委会选取森林法、商业银行法、公共文化服务保障法和水资源条例等四部法律法规，深入、规范地开展执法检查，并对整改情况进行满意度测评，有效保障了相关法律法规在全市的正确实施。视察全市扫黑除恶工作，听取“一府一委两院”专项报告，推动各部门扎实做好扫黑除恶专项斗争，切实维护人民群众利益。同时，强化对普法宣传的督导，举办宪法知识讲座、参与“12·4”宪法日及宪法宣传周系列活动，增强了全市人民的宪法法律意识。

【强化司法监督】 听取审议市法院民商事审判工作报告、市检察院刑事执行监督工作情况报告，定期到“两院”视察、调研，组织代表旁听案件审理，依法监督人民陪审员的选任工作，支持“两院”深化司法体制改革，促进职能优化和办案质量提升，保障社会公平正义。专题听取公安执法规范化建设情况报告，支持公安机关提高一线干警执法质量和执法公信力。认真做好涉法涉诉信访工作，接待来信来访113件次，有效维护了群众合法权益、促进了司法公正。

【规范备案审查】 常委会按照有件必备、有备必审、有错必纠的原则，建立健全规范性文件备案审查衔接联动机制，完善报备、审查、反馈等工作流程，切实提高审查工作质量。在做好对政府规范性文件备案审查工作的同时，强化对镇人大有关决议决定的备案审查工作，保证了宪法确立的制度、原则、规则得到全面实施。

激发人大代表履职热情

尊重代表主体地位，支持和保障代表依法履职，确保人大及其常委会成为同人民群众保持密切联系的代表机关。

【开展“两进三诺”活动】 将全市1200多名各级人大代表混合编成211个社区代表小组，建成了以社区代表小组为基点、覆盖城乡的代表工作网络。加强对年初计划定诺、年中交流践诺、年底述职评诺情况的督导检查，组织观摩交流，推动活动协调推进、纵深发展。全市各级人大代表共接待选民群众12800多人次，收集意见建议6200余条，帮助处理具体问题1660多件。这一做法得到省、潍坊市人大常委会的充分肯定。

【重视履职载体建设】 加强代表培训，举办第二期人大代表培训班和议案建议工作培训班，邀请有关专家教授对新修订的宪法、党的十九大精神及代表履职相关知识进行辅导。建设人大代表信息管理系统，定期寄送人大报刊资料，扩大了代表知情知政渠道，密切了常委会与代表的联系。试点建设人大代表“民情通”手机APP，方便代表及时有效地解决群众反映问题。加强对代表小组的指导，提升小组活动室和代表活动站（点）建设水平。省人大代表小组被确定为潍坊市唯一的省人大常委会联系点，相州镇人大被确定为潍坊市人大常委会联系点。

【深化代表主题活动】 引导广大代表根据市委不同阶段的工作重点，及时调整“实干担当、激情创业”主题活动目标、充实活动内容，使活动更加扣紧市委中心工作。在报社、电视台开辟专栏，对活动中涌现出来的12名先进典型进行集中宣传，为主题活动深入开展营造了良好氛围。开展主题活动先进个人评选活动，经民主评议、层层推荐、审查考核，评选出60名主题活动先进个人，影响和带动全体代表积极争做创业先锋、岗位能手、服务标兵，凝聚起了全市上下推进“三区一城”建设的磅礴力量。

持续加强自身建设

按照做好新时代人大工作的要求，不断提升履职能力和水平，努力成为全面担负起宪法法律赋予的各项职责的工作机关。

【加强能力建设】 持续推进“两学一做”学习教育常态化、制度化，及时传达落实中央及省委、潍坊市委的重大部署、重要会议和重要讲话精神。组织开展集中培训和专题讲座，坚持传承和发扬历届人大老领导们的优良传统，努力实现经济、政治、文化、社会、生态文明和党的建设理论与实践知识水平的全面提升。加强对镇街、市属重点园区人大的联系指导，联动开展执法检查、视察、调研，邀请镇街人大负责人参加常委会的会议、活动，定期召开镇街人大主席（主任）座谈会，总结交流经验、指导改进工作，全市人大工作整体质效显著提升。

【加强专门委员会建设】 注重发挥人大专门委员会在新时代人大工作中的重要作用，着力提升工作规范化、制度化水平，健全完善专门委员会工作规则、向常委会述职等工作制度机制，配齐配强工作机构人员力量，支持专门委员会独立负责地开展工作，充分调动其履职积极性、主动性。全年开展专题调研、集中视察、执法检查22次，对15项审议意见办理情况进行跟踪督办，为人大及其常委会依法履职提供了有力保障。

【加强作风建设】 扎实开展“作风建设年”活动，大力倡导担当作为、求真务实、比学赶超的工作作风。对标滕州、正定、临清、龙口等先进地区，提升标准境界、改进工作方式方法，努力推动“对标学访”迈向“提标达标”。密切与代表的联系，全年共邀请各级人大代表列席常委会会议350余人次，参加执法检查、视察、调研等活动300余人次。将门户网站升级为适应新时代的“一网三端”平台网站，使代表和群众能够多途径阅览诸城人大网站，提升了工作的透明度和影响力。2018年多地发生洪水灾害后，各级人大代表及常委会机关共计捐款捐物400余万元，贡献了人大的爱心和力量，树立了人大的良好形象。

重　要　会　议

【第十八届人民代表大会第二次会议】 2018年1月17日–19日在市政府大礼堂召开。会议听取审议了诸城市人民政府工作报告；审议了诸城市人民政府关于诸城市2017年国民经济和社会发展计划执行情况与2018年国民经济和社会发展计划（草案）的报告，审查批准了诸城市2017年国民经济和社会发展计划执行情况的报告与2018年国民经济和社会发展计划；审议了诸城市人民政府关于诸城市2017年财政预算执行情况与2018年财政预算（草案）的报告，审查批准了诸城市2017年财政预算执行情况的报告与2018年财政预算；听取审议了诸城市人民代表大会常务委员会工作报告；听取审议了诸城市人民法院工作报告；听取审议了诸城市人民检察院工作报告；会议选举何金波为诸城市监察委员会主任。

【市十八届人大常委会第九次会议】 1月12日，市十八届人大常委会召开第九次会议。市人大常委会领导王玉邦、王洪伟、刘作勋、郑晓瑛、于明堂、杨景良、王金友、葛淑彬出席会议，市委常委、常务副市长李庆华，市法院院长韩旭东，市检察院检察长王彦青列席会议。市人大常委会党组副书记王洪伟主持会议。会议传达了潍坊市十七届人大二次会议精神。听取审议了市人大内务司法委员会、财政经济委员会、教育科学文化卫生委员会、城乡建设与环境资源保护委员会、农业与农村委员会的工作报告。表决通过了市政府提报的人事任免

1月17日–19日，诸城市第十八届人民代表大会第二次会议在市政府大礼堂召开 （供图　报社）

事项。市人大常委会主任王玉邦为被任命人员颁发了任命书。市人大常委会副主任刘作勋就代表变动、代表补选情况作了说明。会议以举手表决的方式通过了代表资格审查报告，市十八届人大二次会议主席团、秘书长、常务主席、副秘书长建议名单，议案审查委员会、计划审查委员会、预算审查委员会组成人员建议名单，列席人员范围，市人大常委会在市十八届人大二次会议上的工作报告和2018年工作计划。

【市十八届人大常委会第十次会议】 1月19日，市十八届人大常委会召开第十次会议。市人大常委会领导王玉邦、张福秀、王洪伟、刘作勋、郑晓瑛、于明堂、颜廷忠、杨景良、王金友、葛淑彬出席会议。会前，市人大常委会召开主任会议专题研究了本次会议的有关事项。在通过会议议程后，市委常委、纪委书记、市监察委员会主任何金波提报人事任命事项，被提报任命人员作了供职发言。会议以无记名投票方式，表决通过了人事任命事项。决定任命：杨乐友、刘福明为诸城市监察委员会副主任；丁丽文、王辉、赵公欣、白波涛为诸城市监察委员会委员。市人大常委会主任王玉邦为新任命人员颁发了任命书。市委常委、常务副市长李庆华，市法院院长韩旭东，市检察院检察长王彦青列席会议。

【市十八届人大常委会第十一次会议】 4月20日，市十八届人大常委会召开第十一次会议。市人大常委会领导王玉邦、张福秀、王洪伟、于明堂、颜廷忠、杨景良、王金友、葛淑彬出席会议，市委常委、纪委书记、市监察委员会主任何金波，市政府副市长单东升，市法院院长韩旭东，市检察院检察长王彦青列席会议。市人大常委会党组副书记王洪伟主持会议。会议集体学习了《中华人民共和国宪法修正案》。受市政府委托，市教育局报告了学前教育发展情况，市住建局报告了棚户区改造工作情况。市法院院长韩旭东报告了民商事审判工作情况。市人大常委会视察组报告了视察工业服务业重点项目开工建设情况。会议以无记名投票的方式通过了市人大常委会副主任葛淑彬受主任会议委托提报的人事任免事项、市政府副市长单东升受市长刘峰梅委托提报的人事任免事项和市检察院检察长王彦青提报的人事任免事项。部分被提请任命人员作了供职报告。会议以举手表决的方式通过了《诸城市人大常委会关于接受韩明光、王明科辞去代表职务的决定》。

【市十八届人大常委会第十二次会议】 6月22日，市十八届人大常委会召开第十二次会议。市人大常委会领导王玉邦、张福秀、王洪伟、刘作勋、郑晓瑛、于明堂、杨景良、王金友、葛淑彬出席会议，市委常委、常务副市长李庆华，市法院院长韩旭东，市检察院检察长王彦青列席会议。受市政府委托，市政府办公室负责同志报告了乡村振兴战略实施情况，市旅游局局长孙加军报告了乡村旅游发展情况，市政府法制局局长葛瑞祥报告了代表建议办理情况。受市人大常委会执法检查组委托，市人大常委会农经委主任王江涌报告了森林法执法检查情况。会议以无记名投票的方式通过了市委常委、常务副市长李庆华受市长刘峰梅委托提报的人事任免事项，决定任命陈之帅为诸城市人民政府副市长（挂职）。会议按照市人大常委会履职评议工作方案的部署，对市经信局局长冷强、市人社局局长臧波进行了履职评议。会议还审议了人大各专门委员会工作报告，以无记名投票方式对棚户区改造工作、学前教育发展和民商事审判工作审议意见办理情况的报告进行了票决。

【市十八届人大常委会第十三次会议】 8月23日，市十八届人大常委会召开第十三次会议。市人大常委会领导王玉邦、张福秀、王洪伟、刘作勋、郑晓瑛、于明堂、颜廷忠、杨景良、葛淑彬出席会议，市委常委、常务副市长李庆华，市法院院长韩旭东，市检察院检察长王彦青列席会议。会议对市科技局局长王增军、市住建局局长管延贵、市交通局局长李跃志进行了履职评议。受市政府委托，市发改局局长李臣波报告了2018年上半年国民经济和社会发展计划执行情况，市财政局负责同志报告了2018年上半年财政预算执行和2017年财政决算情况，市审计局局长齐光慧报告了2017年度市本级预算执行和其他财政收支的审计情况，市卫计局局长胡善清报告了健康素养提升工程开展情况。市检察院检察长王彦青报告了刑事执行监督工作情况。受执法检查组委托，市人大城乡建设与环境资源保护委员会副主任委员赵光福报告了检查山东省水资源条例实施情况。受主任会议委托，市人大常委会领导杨景良宣读了《诸城市人大常委会关于批准诸城市2017年市级财政决算的决定（草案）》。会议以无记名投票方式对关于实施乡村振兴战略审议意见和森林法执法检查报告办理情况的报告进行了票决，书面审议了市经信局局长冷强和市人社局局长臧波关于对履职评议意见落实情况的报告。

【市十八届人大常委会第十四次会议】 10月29日，市十八届人大常委会召开第十四次会议。市人大常委会领导王玉邦、张福秀、王洪伟、刘作勋、郑晓瑛、于明堂、颜廷忠、杨景良、王金友、葛淑彬出席会议，市政府副市长单东升，市法院院长韩旭东，市检察院检察长王彦青列席会议。受市政府委托，市公安局相关负责同志报告了公安执法规范化建设情况，市规划局局长郑泽军报告了品质城市建设情况，市农业局局长韩明光报告了现代农业技术推广与应用情况。受执法检查组委托，市人大财政经济委员会副主任委员曲春生报告了商业银行法贯彻实施情况，市人大教育科学文化卫生委员会副主任委员陈瑞田报告了公共文化服务保障法贯彻实施情况。会议以无记名投票的方式通过了市政府副市长单东升受市长刘峰梅委托提报的人事任免事项。市人大常委会主任王玉邦为新任命的市统计局局长郑德惠颁发了任命书。会议对市商务局局长李学勇、市文广新局局长赵永福、市发改局局长李臣波、市农业局局长韩明光进行了履职评议。会议还以无记名投票方式对健康素养提升工程开展情况和刑事执行监督工作审议意见及山东省水资源条例执法检查报告办理情况的报告进行了票决。书面审议了市科技局局长王增军、市住建局局长管延贵和市交通局局长李跃志对履职评议意见落实情况的报告。

【市十八届人大常委会第十五次会议】 12月28日，市十八届人大常委会召开第十五次会议。市人大常委会领导王玉邦、张福秀、刘作勋、郑晓瑛、于明堂、杨景良、王金友、葛淑彬出席会议，市委常委、常务副市长李庆华，市检察院检察长王彦青列席会议。受市政府委托，市财政局相关负责同志报告了2018年财政预算调整情况，市政府法制局局长葛瑞祥报告了代表建议落实情况。受人大常委会视察组委托，王润洪委员报告了视察病死畜禽无害化处理情况，王聚培委员报告了视察科技创新平台建设情况，赵光福委员报告了视察高标准基本农田建设情况。会议以无记名投票的方式通过了市委常委、常务副市长李庆华受市长刘峰梅委托提报的人事任免事项。市人大常委会主任王玉邦为新任命的市退役军人事务局局长孙志山颁发了任命书。会议听取了市检察院检察长王彦青作的关于员额检察官履行法律程序的报告，市法院相关负责同志作的关于员额法官履行法律程序的报告和关于人民陪审员名额数的报告。会议以举手表决的方式通过了郑晓瑛宣读的关于接受徐公波辞去代表职务的决定、杨景良宣读的关于批准诸城市2018年财政预算调整的决定、葛淑彬宣读的关于确定人民陪审员名额数的决定。会议还以无记名投票方式对公安执法规范化建设、品质城市建设、现代农业技术推广与应用工作审议意见及商业银行法、公共文化服务保障法执法检查报告办理情况的报告进行了票决。书面审议了市商务局局长李学勇、市文广新局局长赵永福、市发改局局长李臣波、市农业局局长韩明光履职评议意见落实情况的报告。

其他重要工作

【欢送全国人大代表赴京参会】 2月27日下午，诸城市举行仪式，欢送全国人大代表王桂波出席十三届全国人大一次会议。市领导桑福岭、刘峰梅、孙吉海、王玉邦等出席欢送仪式。

【工业服务业重点项目开工建设情况视察】 3月29日，市人大常委会组织部分省、潍坊市及诸城市人大代表对工业服务业重点项目开工建设情况进行视察。市领导王玉邦、李庆华、张福秀、王洪伟、郑晓瑛、于明堂、颜廷忠、葛淑彬参加视察。视察组实地察看了中坛钢材物流、诸城检通高端出口检品物流中心、美晨工业集团二期、迈赫机器人智能化产品升级扩建等重点项目建设现场，听取了有关情况介绍。

【全市宪法知识讲座】 4月9日，全市宪法知识讲座在市政府大礼堂举行，孙吉海、王玉邦、孙利宝等市级班子领导参加。省委党校政法教研部教授、政治学教研室主任、省宪法学会常务理事王庆德以“弘扬宪法精神　推进依宪治国”为主题，作了辅导报告。王庆德从现行宪法第五次修改的背景、程序、内容及加强合宪性审查、推进依宪治国等方面作了辅导。市人大常委会主任王玉邦主持讲座并讲话。

【市十八届人大代表第二期培训班】 4月9日，市人大常委会举办市十八届人大代表第二期培训班。市人大常委会主任王玉邦出席开班仪式并讲话，市人大常委会副主任葛淑彬主持开班仪式。市人大领导郑晓瑛、于明堂、颜廷忠、王金友参加。

【市人大常委会党组召开务虚会】 4月27日，根据省委、潍坊市委关于开展“大学习、大调研、大改进”部署要求，市人大常委会党组召开务虚会。市人大常委会主任、党组书记王玉邦主持会议并讲话，市人大常委会领导张福秀、刘作勋、颜廷忠、王金友、葛淑彬参加会议。与会人员结合自己学习、思想和工作实际进行了交流发言，并研究了深入开展“大学习、大调研、大改进”活动的思路举措。

【市人大常委会领导走访联系代表】 根据市人大常委会工作计划安排，6月中旬，市人大常委会领导王玉邦、张福秀、王洪伟、刘作勋、郑晓瑛、于明堂、颜廷忠、杨景良、王金友、葛淑彬分别到各代表小组走访联系市人大代表。常委会各位领导分别召集召开座谈会，深入了解代表议案建议办理、答复情况和代表对办理工作的意见诉求，征集代表对市人大常委会和“一府一委两院”有关工作的意见建议，检查指导“实干担当、激情创业”代表主题活动和“两进三诺”代表履职活动开展情况。代表们踊跃发言，畅谈感受和体会，积极提出意见和建议，并认真填写了“代表建议办理情况意见反馈表”。

【潍坊市人大视察诸城“活力城市”建设】 7月19日上午，潍坊市人大常委会视察组就推进

“活力城市”建设情况到诸城视察，市人大常委会党组副书记王洪伟陪同。视察组实地察看了金盛元大学生创业孵化基地、诸城国家级农林科技孵化器、超然首新空间等现场，并听取了相关情况汇报。视察组对诸城在推进“活力城市”建设方面取得的成就表示肯定。

【潍坊市人大调研组到诸城开展立法调研】 9月13日，潍坊市人大常委会调研组到诸城就《潍坊市会展业促进条例》开展立法调研，市人大常委会党组副书记王洪伟、市政府副市长王大伟陪同。座谈会上，调研组听取了诸城会展业工作情况汇报，并征求了商务、法制、公安、城管、文化、市场监管、体育等多个部门和部分人大代表的意见建议。

【昌邑市人大考察团到诸城考察学习】 10月11日，昌邑市人大常委会主任李中福带领考察团到诸城考察学习开展履职评议、代表活动和美丽乡村建设等方面的经验做法，市人大常委会主任王玉邦、副主任刘作勋陪同。考察团一行到昌城镇为民服务中心、社区人大代表活动站、诸城国家级农林科技孵化器、蔡家沟艺术试验场、东方田园综合体进行了实地察看，听取了相关情况介绍。

【安丘市人大考察团到诸城考察学习】 10月16日，安丘市人大考察团到诸城考察学习新旧动能转换和产业转型升级等方面的经验做法。市人大常委会主任王玉邦、副主任刘作勋陪同考察。考察团一行先后到迈赫机器人小镇、福田M4生产车间、大业研发中心、美晨科技产业园、中坛循环经济产业园等地进行了参观考察，对诸城在推进新旧动能转换、加快传统产业转型升级和战略性新兴产业培育发展方面取得的成就给予高度评价。

【潍坊市人大调研组到诸城调研】 11月14日，潍坊市人大常委会副主任、城建环资委主任委员毛秀凤带领调研组，对诸城实施棚户区改造、提升城市建设品质情况进行调研，市领导于明堂、王大鹏及有关部门负责人陪同调研。调研组实地察看了龙海文苑、湖东片区和湖西片区等现场，听取了有关情况介绍。调研组对诸城实施棚户区改造、提升城市建设品质的做法给予高度评价。

【代表议案建议工作培训班】 12月25日，市人大常委会举办第十八届人大代表议案建议工作培训班。市人大常委会领导王玉邦、刘作勋、郑晓瑛、于明堂、杨景良、葛淑彬出席。刘作勋主持培训班。住诸城潍坊市人大代表受邀参加。培训班上，省人大常委会人事代表工作委员会代表议案建议办理处处长陈树斌作了“关于代表议案建议工作若干问题”的辅导报告。

【四级人大代表开展会前集中视察】 12月26日，市人大常委会组织住诸城的全国、省和部分潍坊及诸城市人大代表，开展人代会前集中视察，为代表出席各级人代会做准备。市领导刘峰梅、王玉邦、何金波、王洪伟、刘作勋、王金友、葛淑彬、单东升、韩旭东、王彦青参加视察。本次视察采取看、听、议相结合的方式，围绕全市经济和社会民生项目建设、扫黑除恶工作开展和监察委员会成立后的运行情况，组织代表分别到中医院门诊医技综合楼、中坛再生资源循环利用产业园项目、市检察院12309检察服务大厅、市法院立案大厅、刑庭庭审现场、市纪委监委机关谈话场所和群众来访接待中心等现场进行了实地察看。之后召开座谈会，听取“一府一委两院”相关工作汇报。代表们结合视察和平时调查了解的情况，踊跃审议发言，提出了建设性的意见和建议。

（刘培健）

诸城市人民政府

组 织 机 构

2018年，诸城市设置政府工作部门24个：政府办公室、发展和改革局、经济和信息化局、教育局、科学技术局、公安局、民政局、司法局、财政局、人力资源和社会保障局、国土资源局、住房和城乡建设局、交通运输局、水利水产局、农业局、商务局、文化广电新闻出版局、卫生和计划生育局、审计局、环境保护局、民族宗教事务局、统计局、安全生产监督管理局、市场监督管理局、金融工作办公室。其中民族宗教事务局与中共诸城市委统一战线工作部合署办公，不计入政府机构个数。

重 要 会 议

【全市安全生产暨生态环境综合整治会议】 2月27日，在密州宾馆小礼堂二楼会议室召开。市政府领导班子全体成员；各镇人民政府、街道办事处，市属各重点园区管委会主要负责人和分管负责人；市安委会成员单位、市环委会成员单位、市政府组成部门、直属事业单位主要负责人，环保局、安监局领导班子成员；有关重点企业主要负责人；市纪委机关、市委办公室、市人大办公室、市政协办公室负责人参加会议。会上，市政府与各级各部门单位签订2018年度安全生产目标责任书；各副市长就分管领域安全生产和生态环境综合整治工作讲了意见。市委副书记、市长刘峰梅就加强全市安全生产和生态环境综合整治工作讲了意见：提高政治站位，充分认识抓好安全环保工作的极端重要性；坚持问题导向，提升安全环保工作水平；强化责任落实，确保安全环保工作扎实推进。

【市政府全体（扩大）会议暨廉政建设工作会议】 4月27日，在密州宾馆小礼堂二楼会议室召开。市政府领导班子成员；各镇人民政府、街道办事处，市属各重点园区管委会主要负责人；市政府组成部门、直属机构和垂直管理部门单位主要负责人；市委有关部门单位、市人大办公室、市政协办公室、市法院、市检察院、市人武部负责人参加会议。市委副书记、市长刘峰梅分析了当前全市经济社会发展面临的问题和挑战，就推进工作落实和加强廉政建设讲了五方面意见：一是把握大势、自我加压，集聚加快转型发展的精气神；二是提高站位、增强本领，全面提升干事创业的标准境界；三是改进作风、强化担当，凝聚真抓实干的强大合力；四是突出重点、以点带面，确保各项工作扎实有效推进；五是廉洁勤政、严守规矩，打造人民满意政府。

【第4次市政府常务会议】 1月10日召开。研究《政府工作报告（征求意见稿）》《关于诸城市2017年国民经济和社会发展计划执行情况与

2018年国民经济和社会发展计划（草案）的报告（征求意见稿）》《关于诸城市2017年财政预算执行情况和2018年财政预算（草案）的报告（征求意见稿）》《诸城市关于推进养老服务业转型升级的意见（征求意见稿）》《关于进一步加强村级专项资金管理的通知（征求意见稿）》《关于坚持和完善计划生育目标管理责任制的实施意见（征求意见稿）》《关于城乡居住区配套幼儿园规划建设及管理使用的意见（征求意见稿）》《关于加强税收保障工作的实施意见（征求意见稿）》；听取冬季困难群众救助、重点项目建设、退役士兵安置工作情况汇报，研究下步工作措施。

【第5次市政府常务会议】 3月9日召开。研究《关于进一步强化招商引资工作的实施意见（征求意见稿）》《诸城市市长质量奖管理办法（征求意见稿）》《诸城市市长质量奖评审通则（征求意见稿）》《关于贯彻落实中央和省市决策部署实施乡村振兴战略的意见（征求意见稿）》《诸城市实施乡村振兴战略三年行动计划（征求意见稿）》《诸城市开放发展三年行动计划（征求意见稿）》《诸城市应急救援装备备用协议书（征求意见稿）》、给予市经信局和冷强同志分别记三等功奖励事宜，研究下步工作措施。

【第6次市政府常务会议】 5月29日召开。研究《关于加快公墓建设推进殡葬改革的实施方案》以及有关项目合作协议和扶持政策事宜；听取规范市政府决策机制、安全生产、金融风险防控、改善劳动模范待遇、中央商务区安置情况汇报；传达潍坊市河长制湖长制工作推进会议精神，研究诸城市贯彻落实意见。

【第7次市政府常务会议】 6月30日召开。研究《诸城市人民政府关于进一步加强统计工作的意见（征求意见稿）》《中央环境保护督察反馈意见诸城市整改督导检查工作方案（征求意见稿）》《诸城市贯彻落实中央环境保护督察组督察反馈意见整改落实实施方案（征求意见稿）》《诸城市自然人信用积分等级评价规定（试行）（征求意见稿）》《诸城市工业企业综合评价实施办法（试行）（征求意见稿）》《诸城市政府采购项目操作规程（征求意见稿）》《诸城市政府采购项目自行采购操作规程（征求意见稿）》《诸城市政府采购活动采购人及专管员管理制度（征求意见稿）》《工业企业“大走访、大调研”活动实施方案（征求意见稿）》《关于支持人才创新创业的实施细则（征求意见稿）》《关于进一步规范党政机关办公用房管理的意见（征求意见稿）》《诸城市建设省级医养结合示范先行市实施方案（征求意见稿）》《诸城市中医药事业发展规划（2018-2020）（征求意见稿）》以及有关项目合作协议和扶持政策事宜；听取散煤清洁化治理、化工企业评级评价、第四次经济普查、创建全国义务教育优质均衡发展市情况汇报；传达全省公安机关扫黑除恶专项斗争视频会议精神，研究诸城市贯彻落实意见。

【第8次市政府常务会议】 7月27日召开。研究《关于深入推进“一次办好”改革优化营商环境工作方案（征求意见稿）》《诸城市银行业金融机构支持实体经济发展考核评价暂行办法（征求意见稿）》《诸城市公共企事业单位信息公开办法（征求意见稿）》《诸城市创建省级健康促进示范市工作实施方案（征求意见稿）》《诸城市国家慢性病综合防控示范区复审工作实施方案（征求意见稿）》《诸城市健康城市健康村镇建设实施意见（征求意见稿）》《关于开展城市生活垃圾处理费征收工作的实施方案（征求意见稿）》《诸城市建筑垃圾管理办法（征求意见稿）》《诸城市建筑垃圾运输处置管理工作实施方案（征求意见稿）》《诸城市片区开发改造管理暂行办法（征求意见稿）》《“十三五”诸城市老龄事业发展和养老体系建设规划（征求意见稿）》、青少年科技创新教育实践基地迁建以及部分项目合作协议和扶持政策事宜；听取全市防汛工作情况汇报，研究下步工作措施。

【第9次市政府常务会议】 8月31日召开。研究《关于加快推进生猪养殖转型升级实施意见（征求意见稿）》《诸城市水安全保障规划（征求意见稿）》、违法用地地上建筑物及附属设施移交处置以及有关项目合作协议和扶持政策事宜；听取扫黑除恶专项斗争、禁毒、第三次农业普查、防汛救灾、乡村振兴“一张图”、S220平日线南段等四条国省道改建、退役士兵安置工作情况汇报，研究下步工作措施。

【第10次市政府常务会议】 11月16日召开。研究《关于深入推进安全生产领域改革发展的实施意见（征求意见稿）》《关于省审计厅专项审计潍坊市安全生产反馈问题整改落实方案（征求意见稿）》《贯彻落实〈潍坊市燃放烟花爆竹管理条例〉实施方案（征求意见稿）》《诸城市大中型水库移民后期扶持人口自然变化管理办法（征求意见稿）》《关于改革社会组织管理制度促进社会组织健康有序发展的实施意见（征求意见稿）》《诸城市人民政府与中国铁塔股份有限公司潍坊市分公司以“共享经济”模式推动5G发展战略合作协议》《诸城市农村饮用水水源保护区划分方案（征求意见稿）》《诸城市推进相对集中行政许可权改革组建市行政审批服务局实施意见（征求意见稿）》《关于公布市政府文件集中清理结果的决定（征求意见稿）》《诸城市“十三五”深化医药卫生体制改革规划（征求意见稿）》《诸城市行业协会商会与行政机关脱钩实施方案（征求意见稿）》以及有关项目合作协议和扶持政策事宜；听取灾后重建、退役士兵安置、资源循环利用基地建设情况汇报，研究下步工作措施。

【第11次市政府常务会议】 12月14日召开。研究《关于落实食品安全党政同责的实施意见（征求意见稿）》《关于在全市开展新型农业经营主体提升专项行动的实施方案（征求意见稿）》《诸城市今冬明春水利设施大会战实施方案（征求意见稿）》《关于加快推进全市移风易俗工作的实施意见（征求意见稿）》《诸城市邀请市民代表列席市政府常务会议工作制度（征求意见稿）》《关于打造中国龙城精品旅游线路的实施方案（征求意见稿）》、关于调整《关于进一步加快推进城乡建设用地增减挂钩工作的意见（征求意见稿）》、桃园生态经济发展区教师招聘以及有关项目合作协议和扶持政策事宜；听取购买阶段性社会服务补充第四次经济普查工作人员、消防工作、政务公开、独生子女父母奖励扶助政策、电力线路改造工程情况汇报；传达潍坊市保障农民工工资支付视频会议精神，研究诸城市贯彻落实意见。

重 大 决 策

【经济发展】 3月22日，印发《诸城市创新平台建设和功能提升计划》（诸政办字〔2018〕11号）。该计划建立完善各类科技创新平台运行机制、管理机制和激励机制，加快推进国家、省、潍坊市级创新平台建设。配套制定诸城市工程技术研究中心认定管理办法、工程实验室认定管理办法、企业技术中心认定管理办法。

7月12日，印发《诸城市工业企业综合评价实施办法（试行）》（诸政发〔2018〕5号）。该办法明确以亩均税收、亩均工业增加值等7项指

4月19日，诸城市市长质量奖设立新闻发布会召开

（供图　市场监管局）

标为重点的综合评价体系，按企业综合评价得分落实差别化资源要素配置。

9月21日，印发《关于加快推进生猪养殖转型升级的实施意见》（诸政发〔2018〕6号）。该意见重点实施调整生猪产业布局，扶持生猪生产标准化建设，加快生猪良种繁育，强化生猪疫病防控，提高生猪产业化水平，健全生猪政策性保险与无害化联动机制，推动科技成果转化及技能培训等任务，不断提升全市生猪产业发展水平。

11月20日，印发《诸城市资源循环利用基地建设方案》《中坛再生资源循环利用产业园管理办法》（诸政办发〔2018〕13号）。文件明确基地建设模式、建设目标、时间安排、保障措施和管理办法，加快推动再生资源循环利用产业规范有序健康发展。

12月15日，印发《诸城市新型农业经营主体提升专项行动实施方案》（诸政办字〔2018〕58号）。该方案重点提升农业龙头企业、农民合作社、家庭农场，实施清理规范、质量提升、示范创建、多元融合发展“四大行动”，优化完善财政支持、金融保险支持、用地支持、人才培养支持等政策，全面提升新型经营主体发展质量和运营水平，增强农业发展新动能。

【改革开放】 7月23日，印发《诸城市推进社会公益事业建设领域政府信息公开实施方案》（诸政办字〔2018〕22号）。该方案坚持“以公开为常态、不公开为例外”，重点围绕人民群众最关心最直接最现实的利益问题，明确相关信息公开的主体、内容、标准、方式、程序，运用多种方式发布信息、解读政策、加强引导，不断推进社会公益事业建设领域决策、执行、管理、服务、结果公开。

7月27日，印发《诸城市片区开发改造管理办法》（诸政办发〔2018〕7号）。该办法明确土地储备政策，强化规划和土地出让管理，建立规范有序用地机制，不断提升城镇开发建设水平。

8月14日，印发《诸城市“一窗受理”集中行政审批服务改革实施方案》（诸政办字〔2018〕27号）。该方案全面推行“前台综合受理、后台分类审批、统一窗口出件”审批服务模式，加快建立集中受理、集中评审、集中勘察、集中收费、集中发证（照）、集中验收六集中运行机制，进一步转变政府职能，优化服务环境。

10月23日，印发《诸城市“一次办好”改革推进方案》（诸政办字〔2018〕40号）。深入开展大排查、大调研、大整改、大督查、大宣传五大专项行动，强力推进改革方案落实。确定“一次办好”改革推进工作组成员名单、工作专班成员名单。

【社会事业】 6月30日，印发《诸城市中医药事业发展规划（2018-2020）》（诸政办字〔2018〕17号）。该规划围绕推动中医药事业发展，重点实施基层中医药服务网络、中医药服务能力、中医药人才队伍、中医药信息化水平、中医药适宜技术推广、中医药城乡对口支援、中医药规范管理等建设任务，加快推动健康诸城建设，实现中医药振兴发展。

6月30日，印发《诸城市义务教育优质均衡发展市创建工作方案》（诸政办字〔2018〕20号）。该方案明确诸城市义务教育优质均衡发展市创建时间安排、牵头部门工作职责，确保全市义务教育学校在资源配置、政府保障程度、教育质量、社会认可度四个方面达到评估认定标准，顺利通过国家义务教育优质均衡发展县市区的评估认定。

8月23日，印发《“十三五”诸城市老龄事业发展和养老体系建设规划》（诸政办字〔2018〕30号）。该规划对“十三五”时期老龄事业发展和养老体系建设规划的指导思想、基本原则、发展目标和重点任务进行了明确，不断完善养老服务体系，努力提高老年人的获得感和幸福指数。

11月14日，印发《诸城市打赢蓝天保卫战三年行动计划》（诸政办字〔2018〕45号）。该计划明确提出调整优化产业结构、能源结构、运输结构和用地结构，积极完善城市管理、末端治理、应急管理和基础能力建设，统筹兼顾，系统谋划，精准施策，坚决打赢蓝天保卫战，实现环境效益、经济效益和社会效益多赢。

11月16日，印发《诸城市农村饮用水水源保护区划分方案》（诸政办字〔2018〕47号）。该方案明确了保护区划分依据、划分范围、划分标准、划分方案以及饮用水水源地保护有关标准要求，不断健全饮用水水源地环境管理机制，推动农村水源地规范化建设。

11月20日，印发《诸城市“十三五”深化医药卫生体制改革规划》（诸政办发〔2018〕12号）。该规划统筹推进分级诊疗、现代医院管理、全民医保、药品供应保障、综合监管等制度建设，努力构建更加公平、更加高效、更可持续的基本医疗卫生体系。

12月21日，印发《诸城市今冬明春水利设施大会战实施方案》（诸政办字〔2018〕62号）。该方案深入实施保障饮水安全战役、农田水利建设战役、病险水库除险加固战役、水毁工程修复战役、河道生态治理战役、农田排涝工程建设战役六大战役，加快消除水利工程隐患，增强水利工程防洪减灾能力，保障水安全。成立诸城市今冬明春水利设施大会战工作领导小组，领导小组办公室设在市水利局。

市政府主要工作

【概况】 2018年，市政府坚持以习近平新时代中国特色社会主义思想和党的十九大精神为指导，在市委的坚强领导下，扎实推进中央、省和潍坊市决策部署落实落地，全力加快“三区一城”建设，保持了经济社会平稳健康发展的良好势头。全年地区生产总值同比增长6.5%；完成财政总收入106.4亿元、一般公共预算收入72.8亿元，分别增长14.3%和2.2%。

【新旧动能转换】 “大项目突破年”活动扎实开展。实施过千万元项目418个，3个项目入选全省新旧动能转换重大项目库第一批优选项目，26个项目列入潍坊市级重大项目，完成投资193亿元。福田超级卡车工厂、大业胶管钢丝、美晨科技产业园一期等重点项目如期投产达效。工业动力加速变革。实施技改项目135个，完成投资146亿元。新增智能化改造企业12家、上云企业234家。得利斯、义和车桥被列入国家“两化”融合体系贯标试点。新郎希努尔、得利斯、迈赫机器人入选省“百年品牌”重点培育企业。新兴产业蓬勃发展，入选首批国家资源循环利用基地，悦东新材料产业园被认定为省化工园区。服务业潜力加速激发。社会消费品零售总额260亿元，增长8.8%。引进世界五百强雪松控股集团建设恐龙探索王国项目，全域旅游工作得到省政府主要领导批示肯定，被评为山东省旅游新业态示范县。引进滨海旅游集团建设渤海水产城，骨干物流企业发展到85家。规模以上企业电商普及率达到80%，网销过千万元企业突破200家，线上交易额600亿元。被评为省现代服务业产业集群（集聚区）。创新创业活力加速释放。半岛慧谷、中汽汉阳专用汽车研究所诸城实验基地开工建设。新增高校院所分支机构14家、国家地方联合工程研究中心1家、院士（专家）工作站5家、博士后科研工作站1家、省级科技创新平台7家，组建产业技术创新战略联盟3家，备案国家科技型中小企业68家，新增高新技术企业21家，高新技术产业产值占比达到47%。完成专利申请2000多件、专利授权1400多件，10家企业通过国家知识产权贯标认定。新注册商标1272件、申请马德里商标国际注册2件，新创山东名牌4件。美晨科技获得省长质量奖提名奖。奥扬科技被认定为全省第二批“瞪羚企业”。备案国家级星创天地1家，省级科技企业孵化器、众创空间各3家。登记各类市场主体18336户，其中企业4293户。被评为省级创业型城市。

【乡村振兴】 以习近平总书记两次肯定“诸城模式”为动力，乡村振兴“五大工程”全面铺开。全省农业“新六产”发展现场会、全省乡村振兴暨脱贫攻坚现场会（中片区）在诸城召开，承办全国组织振兴推动乡村振兴专题研讨会、山东社科论坛·乡村振兴研讨会，被列为全省乡村振兴“十百千”工程示范县。现代农业层级提升。流转土地12.7万亩，新建田园综合体30个、500亩以上农业园区47个、标准化养殖场10个，连续12年被评为全国生猪调出大县。新创省知名农产品品牌1个，认证“三品一标”24个，“诸城味道”区域公用品牌在北京钓鱼台国宾馆推介。国家农产品质量安全县创建工作通过验收。被评为省农产品加工示范县。社区建设提档升级。实施城乡建设用地增减挂钩项目46个，建设安置楼28万平方米，推动了社区聚集融合。创新社区经营管理机制，208个农村社区全部成立社区农业发展公司。开展“三清一增”集中行动，全面消除集体经济“空壳村”。启动乡村振兴“一张图”建设，被省国土资源厅列为全省唯一试点。农村人居环境持续改善。深入开展城乡环境综合整治和美丽乡村精品片区打造行动，完成危房改造103户、农厕改造1.1万户，新建改建农村公路150公里，新增美丽乡村B类以上村庄132个。实施“绿满龙城”行动，完成造林面积3.9万亩，建成省级、潍坊市级森林镇村各5个，被评为全国森林旅游示范县。

7月3日，全省食品工厂规范化现场推进会议在诸城召开
（摄影 张永鹏）

【改革开放】 “双招双引”扎实推进。洽谈引进项目205个，到位市

外资金120亿元。中海油天化院山东分院、军民融合产业园、北航青岛研究院诸城分院、石墨烯研究院、页岩油大规模开采装备研发等一批创新项目相继签约落地。成立6处国内外人才工作站，招引国家级特聘专家3人，引进培育高层次人才300余人、高技能人才600余人、“新诸城人”1.33万人。重点领域改革取得新进展。被授予“改革开放40年地方改革创新致敬案例单位”。农村集体产权制度改革等14项省级以上改革试点按时间节点如期推进。土地节约集约利用工作受到国务院表彰，获得1000亩用地计划指标奖励。被评为全省农村集体产权制度改革试点工作先进单位、全省社会信用体系建设示范城市。深化投融资体制改革，积极对接资本市场，大业股份5亿元可转债申请通过证监会审核，新增区域性股权交易市场挂牌企业20家。积极推动国有企业改革，新组建隆嘉文旅、泰石投资、政泰城建3家国有公司。对外开放全面扩大。实现外贸进出口总额116.6亿元，增长12.4%，其中出口103.2亿元。新设立外资企业8家，实际到账外资增长55.5%。外贸转型示范基地发展到13个，被认定为国家外贸转型升级基地。

【城镇建设】 城市功能持续改善。十大组团开发有序推进，超额完成年度棚改任务。实施汽改水供热提升工程，新增集中供热面积60万平方米。基本完成兴华西路西延、环湖南路东延等9条市政道路改造，高标准建成舜井路潍河大桥、兴华路涓河大桥，相石路、平日路绕城段、潍日高速竣工通车。建设南湖市民公园、花朝水乡等公园游园14处。生态建设持续加强。设立桃园生态经济发展区。全面落实河长制、湖长制，启动“十河共治”，建成卧龙湖水库，境内水质达标率100%。被评为全国县域节水型社会达标建设县。统筹工业点源和非工业点源大气污染综合整治，关停取缔“散乱污”企业及10吨以下燃煤锅炉305个，关闭搬迁养殖场（户）1064家。全面落实建筑工地“六个百分百”。空气质量优良率、重污染天气减少天数及PM2.5等重点监测指标列潍坊各县市前列。中央、省环保督察及“回头看”反馈问题整改扎实推进。公共服务持续优化。投资27.3亿元，规划建设繁华中学新校、京师学校等教育项目34个，增加中小学学位3.5万个、幼儿园学位5000个。新招聘教师641人。中医医院门诊医技综合楼主体完成。顺利通过全国文明城市首次测评、全国基层中医药工作先进单位复审、省级医养结合示范先行市评估。

【民生事业】 完成民生领域支出66.3亿元，占一般公共预算支出的84.7%。城镇居民、农村居民人均可支配收入分别达到39810元和20089元。文体事业全面发展。市图书馆完成改造提升，蝉联第六次全国县级公共图书馆一级馆。新建王尽美党性教育基地、诸城改革发展历程展馆，举办纪念王尽美同志诞辰120周年系列活动和大舜文化节、首届古琴文化艺术节等节会，建成乡村历史文化展览馆（室）40多处，大型茂腔现代戏《失却的银婚》作为全省唯一作品进京会演。被评为第三届山东省文化强省建设先进县。新建全民健身设施145处，举办市级规模以上赛事近40场次。被表彰为全省老年体育工作先进市。社会保障日益完善。投入财政保障资金1亿多元，救助城乡低保、城乡特困人员等困难群众5万余人。健全扶贫开发长效机制，对继续享受政策的7128户制定“一户一策”帮扶方案，整合财政涉农资金2016万元支持脱贫攻坚。灾后重建有序推进。发放专项救助资金1195.6万元。78户严重倒损房屋全部完成重建，60户分散安置的受灾群众基本回迁完毕。基层治理成效明显。深化安全生产标准化建设，事故起数、死亡人数保持双下降，被评为全省安全生产工作先进县。创新推进综治中心、网格化管理、雪亮工程“三位一体”社区治理系统工程建设，可防性案件下降10.7%。扫黑除恶专项斗争取得阶段性胜利。被评为全国法治县创建活动先进单位。国防动员、人防消防、史志档案、地震气象、民族宗教、妇女儿童、残疾老龄、统计物价、粮食供销、外侨对台等工作，均取得新进展。

【自身建设】 组建市行政审批服务局、退役军人事务局。深化“一次办好”改革，推进“一窗受理、集成服务”，项目审批效率提高35.6%以上。政务公开工作第三方评估成绩保持全省领先。深化“作风建设年”活动，扎实开展“大学习、大调研、大改进”，党员干部实干担当精神进一步增强。全面清理整治涉企收费项目，落实结构性减税降费12.9亿元。加大对困难企业扶持力度，为25家企业提供过桥资金26.7亿元，为75家企业提供担保、担保余额8.5亿元。积极回应民生关切，解决不动产登记遗留问题小区20个。认真执行市人大及其常委会决议决定，办理人大代表建议121件、政协提案178件，办结率100%。自觉落实全面从严治党主体责任和意识形态工作责任制，持续加强政府系统党风廉政建设，全市政务生态环境持续改善。

重　要　活　动

【中海油天化院山东分院落地诸城暨2018年诸城新旧动能转换绿色安全发展高峰论坛】 4月20日，中海油天津化工研究设计院山东分院落地诸城暨2018年诸城新旧动能转换绿色安全发展高峰论坛在密州宾馆举行，市委副书记、市长刘峰梅出席论坛并致辞。中海油天津化工研究设计院山东分院落地实施，将为诸城产业转型、企业创新、大众创业提供强力支持。

【陈卫中摄影图片展】 7月5日，“世界遗迹·诸城恐龙”——陈卫中摄影图片展在上海东方明珠电视塔开幕，市委副书记、市长刘峰梅出席开幕式并致辞。“世界遗迹·诸城恐龙”摄影图片展完美展现了中国龙城的人文历史和自然风光，为诸城打开了一个新的窗口，让越来越多的人走进诸城、认识诸城、记住诸城。

【大业公司院士工作站签约】 7月10日，山东大业股份有限公司与中国工程院院士、武汉理工大学张联盟教授共建院士工作站签约仪式在密州宾馆举行，市委副书记、市长刘峰梅出席仪式并致辞。张联盟院士是功能梯度材料领域国际著名专家，大业公司院士工作站的成立，将进一步提升诸城产业发展层次，加快新旧动能转换步伐。

【诸城·临清东西协作签约】 7月11日，诸城·临清东西协作签约仪式在密州宾馆举行，市委副书记、市长刘峰梅出席仪式并致辞。诸城·临清东西协作签约是两市深化协作的重要开端，标志着双方合作迈进新阶段。

【北汽集团·北航·诸城市政府战略合作协议签署】 7月19日，北汽集团·北京航空航天大学·诸城市政府战略合作协议签署仪式在北汽研发基地举行，市委副书记、市长刘峰梅出席仪式并致辞。诸城与北汽、北航成功合作，将有效整合军地资源，构建协同创新体系，加快新旧动能转换步伐。

【诸城市人民政府与机科公司战略合作签约】 8月31日，诸城市人民政府与机科发展科技股份有限公司战略合作签约仪式在华玺大酒店举行，市委副书记、市长刘峰梅出席仪式并致辞。机科公司与诸城的战略合作，将有效整合双方在人才、科研、信息资源和产业基础的优势，对加快诸城汽车和装备制造产业转型升级、提升新旧动能转换质量具有重要意义。

【2018舜帝故里（诸城）大舜文化节暨首届中国（诸城）古琴文化艺术节】 9月20日，2018舜帝故里（诸城）大舜文化节暨首届中国（诸城）古琴文化艺术节在密州宾馆开幕，市委副书记、市长刘峰梅出席开幕式并致辞。大舜文化节共举行“大舜文化、非遗文化、苏轼文化”三大板块系列活动，于10月底闭幕。

【2018年首届人工智能助推新旧动能转换峰会】 9月26日，首届人工智能助推新旧动能转换峰会在迈赫机器人公司举行，市委副书记、市长刘峰梅出席峰会并致辞。本次峰会的举行将深化诸城与有关院校的合作，进一步推动校地科技资源共享、产学研协同创新，提高全市智能技术装备应用水平。

【2018中国龙城（诸城）半程马拉松赛】 10月21日，2018中国龙城（诸城）半程马拉松赛开赛仪式在和平街广场路路口主会场举行，市委副书记、市长刘峰梅出席仪式并致辞。来自国内外的4000多名选手参赛。

【诸城（青岛）发展恳谈会】 12月28日，在青岛府新大厦会议中心举行“共话桑梓情深　共谋发展大计”诸城（青岛）发展恳谈会，市委副书记、市长刘峰梅出席恳谈会并致辞。诸城（青岛）发展恳谈会的召开，将进一步提升两地合作层次、拓展合作领域，对助推诸城市打造知名的先进制造业基地和青潍组团式发展先行区具有重要意义。

市政府办公室工作

【概况】 2018年，市政府办公室紧扣市委、市政府安排部署，创新思路、转变作风，全面加强业务建设、制度建设和能力建设，各项工作再上新台阶。

【调查研究】 围绕市委、市政府中心工作、社会关注的热点工作，整合调研力量，深入镇街社区、部门和企业开展调研，形成了一批较高质量的调研报告，提高了为领导决策服务的实效性和创新力。先后形成了《现阶段诸城市加快产业新旧动能转换路径探析》《关于推进企业创新发展的调研报告》等近20篇高质量调研报告。其中《关于企业劳动用工情况的调研报告》《关于加快推进全域旅游建设的调研报告》分别荣获潍坊市政府系统优秀调研成果二、三等奖。

【综合材料】 深入研究吃透上级精神，及时跟进领导关注的新情况、新问题，创新思路举措，精心锤炼文字，不断提高文稿的针对性、指导性和前瞻性，转化为市委、市政府决策部署。先后起草《政府工作报告》、半年工作专题读书交流会等重要讲话材料近20篇，各类汇报、典型发言20多篇，致辞30多篇，会议纪要10多篇、新闻稿件110多篇。

【信息工作】 加强信息调研，挖掘各领域亮点做法和成功经验，及时反映经济社会发展中出现的新成效、新情况、新问题。全年共编发、上报各类信息2300余篇，被省、潍坊市采用300余篇。其中，创新模式推动全域旅游快速发展、构建“五化”机制提升新旧动能转换用地效率等做法经验被省政府领导批示推广。同时，依托省政府决策服务调研基地，加大对外宣传力度，积极推介诸城先进做法和典型经验，《培育壮大农业“新六产”为乡村振兴注入新动能》典型文章在省相关刊物发表。

【协调服务】 认真贯彻执行上级关于改进文风的相关要求，大力精简文件，严格公文制发规格，强化文件审核把关，办文工作质量和效率进一步提高。会务及接待工作水平不断提升，组织全省农业“新六产”发展现场会暨“两区”划定工作会议、全省乡村振兴暨脱贫攻坚现场会议、全省食品工厂规范化现场推进会议等各类大型会议、活动110多次，接待调研考察团30多次、320余人。完善应急值守工作机制，严格落实24小时值班制度，工作中未出现任何纰漏。

【政务公开】 健全制度机制，夯实政务公开基础。调整市政务公开领导小组，突出顶层设计和重大问题协调职能。印发《关于建立政府信息公开属性源头认定制度的通知》《关于做好政府政策性文件解读工作的通知》《关于进一步做好全市政府信息依申请公开工作的通知》《公共企事业单位信息公开办法》《推进公共资源配置领域政府信息公开实施方案》《推进重大建设项目批准和实施领域政府信息公开实施方案》等一系列文件，制定公开要点、发布年度报告、编制考核办法等，制度和规范更加完善。

突出重点领域，助力政策落实落地。重点推进了职业资格事项清单、中介服务事项清单、政府定价或指导价经营服务性收费清单、“双随机”抽查结果和事项等“放管服”改革信息，财政总预决算、部门预决算、“三公”经费预决算信息，重点建设项目的审批、建设、招投标等信息，安全生产、生态环境、卫生防疫、食品药品、保障性住房、国土资源、质量价格等事关民生福祉的公共信息，减税、降费、降低要素成本信息，促进创业创新、保障和改善民生等方面的税收优惠和减免政策信息，扶贫政策、城乡低保、全市环境质量状况、义务教育招生、食品抽检情况等各类民生领域信息，棚户区改造、老旧小区改造和保障性住房信息，土地供应和土地征收信息，安全生产警示提示和执法检查信息等领域的信息公开，重点领域信息公开数量达到1.5万余条。

强化载体建设，不断拓宽公开渠道。充分发挥中国诸城门户网站政务公开第一平台作用，设置政务公开专栏，将各类政府信息依照公众关注情况梳理整合成相关专题在网站上予以展现，方便公众查询。运营维护市级政务微博微信和客户端，鼓励各级各部门单位开通政务微博微信，基本形成了新媒体“二微一端”的政务公开工作格局。建立了新闻发布工作制度化和常态化机制，围绕政府重大决策措施、群众关心关注的热点问题，加大新闻发布力度，先后召开15场新闻发布会，主动解读政策，回应社会关切，提升公众知晓度。加强与广播、电视、报纸等传统媒体的协同联动，充分发挥公示栏、便民服务窗口的作用，针对不同的受众和不同的信息需求选择合适的发布手段。2018年，全市共主动公开2.1万余条政府信息。被评为潍坊市政务信息工作先进单位。

狠抓培训督导，持续提升工作水平。制定政务公开培训计划，召开政务公开工作培训会议，邀请潍坊政务公开工作专家对政务公开基础知识、政务公开工作要点、政务公开工作考核指标体系等内容进行授课培训，有效提高了工作人员的业务水平。把督查、考评作为做好政务公开工作的重要抓手，建立政务公开定期专项督查制度，年内开展专项督查6次，对发现问题及时反馈各级各部门并督促整改；坚持平时考核和年终考核相结合、内部工作落实考核和社会客观效果评估相结合，对考评对象在"五公开"、重点领域信息公开、依申请公开等8个方面工作实绩进行客观公正的评价考核，确保各项工作任务落实到位。

（王海涛）

史 志 工 作

【概况】 2018年，史志工作坚持"立足职能、围绕中心、服务大局"的指导思想，充分发挥史志"存史、育人、资政"作用，开拓创新，拼搏实干，各项工作取得新进展。4月，史志办编纂的综合年鉴——《诸城年鉴（2017）》获得山东省优秀史志成果奖。

【《诸城年鉴》编纂与出版】 年初启动《诸城年鉴（2018）》编纂工作，4月完成初稿汇编。本着精益求精、打造精品的原则，对稿件进行反复修改、反复打磨，最后定稿；同时精心挑选、精心组织，编排卷首图片专栏，并选用一批有代表性的随文图片，做到图文并茂，增强吸引力和可读性，提升了年鉴的整体水平。9月初由方志出版社出版发行，比往年提前2个多月。

【完成上级工作任务】 年内，按照省、潍坊市业务部门要求，先后按时完成《山东年鉴（2018）》《山东地方史志年鉴（2018）》及《潍坊年鉴（2018）》等书籍的供稿任务；对《潍坊市志（1991-2012）》诸城部分的资料进行审核、补充和完善。参与兄弟县市志书的审读，先后对《寒亭区志》《昌邑市志》《青州市志》等志书进行审读，并提出意见建议。

【整合资源组建新方志馆】 按照《全省方志馆建设管理规定》，积极推进诸城市新方志馆建设，史志办主动汇报，积极争取市领导的支持，整合诸城名人馆已有资源，组建诸城市方志馆新馆，并于8月挂牌。方志馆分为序厅、自然环境、文明起源、建置沿革、历史名人、改革历程、方志文化等部分。内部设计利用展板、文物、雕塑、绘画、影像等形式，通过声光电等现代高科技手段展示诸城历史文化和当代地情，让社会各界认识诸城、了解诸城。

【完成旧志整理工作】 按照上级旧志整理工作要求，史志办于2014年启动地方旧志整理工作，对具有经典性、代表性的明万历《诸城县志》，清康熙、乾隆、道光、光绪《诸城县志》进行点校、出版。至年底，旧志点校工作全部完成。

【基层志编纂备案】 采取措施积极推进基层志编纂，为《诸城财政志》《诸城审计志》等部门志编纂提供咨询服务，并按规定进行备案。

【助力企业申请"老字号"】 立足部门职能和资料优势，积极为经济建设服务。年内，为诸城外贸公司、诸城市新华宇家具公司申请"老字号"查阅资料提供热情服务，并出具志书记载资料的相关证明。

（刘　云）

市长公开电话

【概况】 2018年，诸城市市长公开电话受理中心以深化“作风建设年”活动为载体，围绕“听民声、知民情、解民忧、暖民心”，积极协调解决人民群众的利益诉求，在促进社会和谐稳定、维护党委、政府良好形象方面发挥了重要作用。市长公开电话受理中心的经验做法受到潍坊市政务服务热线办公室的肯定。2018年11月，潍坊市政务服务热线督办科到诸城市调研，并到舜王街道办事处、相州镇政府进行现场调研。年内，青州市、高密市等县市区热线承办机构到诸城市参观学习达30多人次。

【受理群众诉求】 2018年，市长公开电话受理中心共受理群众各类诉求事项43550件次，承办总量列潍坊市各县（市、区）第一位。与上年度相比，总受理量增加6580件次，同比增长17.8%。中心坚持来电必接、每接必办、每办必果，实实在在地为群众解决疑难问题，承办事项一次办结率96.8%，办理结果向来电人反馈率100%，合理诉求满意率达97.2%。连续八年被评为潍坊市政务服务热线工作先进单位。其中，年终考核连续六年列潍坊各县（市、区）第一名。

【强化督查督办】 受理中心采取日常催办、重点督办、联合督办、定期督查相结合的督查督办方式，对群众反映的热点难点问题进行全程跟踪督办、协调处理；对各单位上报的办理结果严格审核，再次回访反馈，对办理质量不高、回访不满意的，坚决退回重办、跟踪督办，进一步提高办理水平。2018年，共开展督查督办15次，对城乡供暖管理、不动产权证办理、农村供水管理、排水设施建设与管护等56件热点难点问题进行了重点督办，对3650多件重复投诉和不满意事项进行了现场审核，并及时报潍坊热线办进行复核，督促各责任主体单位不断提高办理质量和效率，进一步提升了群众满意度。

【注重分析研判】 受理中心健全分析研判制度，强化数据分析应用，服务科学发展、和谐发展，及时对受理的群众诉求事项进行分类汇总，从中找出规律性、苗头性、倾向性等敏感问题，通过日专报、月分析、季通报等形式呈报市领导，更好地为党委、政府科学决策提供准确参考。2018年，共上报日专报296期、月分析12期、季通报4期。9月6日，市委副书记、市长刘峰梅在《接听12345政务服务热线情况汇报》上作出批示。

（市长公开电话受理中心）

智慧城市建设

【概况】 2018年，市智慧办以诸城智慧城市建设工作为引领，立足本职，服务大局，扎实工作，圆满完成了年度工作目标任务，有序推动了地方智慧城市建设。

【政务资源信息系统共享整合】 根据《山东省人民政府办公厅关于印发山东省政务信息系统整合共享实施方案的通知》和潍坊“12345”目标任务的要求，制定了资源信息系统共享整合工作方案。优化升级电子政务外网建设，整合全市政府专网，通过汇聚到全市核心交换机，通过便捷路由上联潍坊、省，实现了省、市、县、乡四级政府网络全覆盖全贯通。统筹全市电子政务云，对全市电子政务系统实行一体化管理，按上级要求全部迁移部署到潍坊政务云。数据资源体系建设方面，规范政务信息资源目录，实现政务信息资源共享交换和统筹管理，推进公共数据开放、完善数据资源政策和标准。

【乡村振兴“一张图”建设】 5月29日，省国土资源厅会同诸城市有关部门单位，对诸城市乡村振兴“一张图”工作进行了深入调研，计划依托省级地理空间大数据中心建设，按照省市县一体化统筹的建设模式，紧密围绕依托地理信息服务乡村振兴战略的总体定位，开展乡村振兴“一张图”建设。在充分利用现有成果基础上，收集整理全市国土资源、经济运行、环境监测、农业、畜牧业、社区界线、旅游、信用数据等与乡村振兴相关政务信息资源，夯实诸城市乡村振兴战略的空间基础设施；同时以规划、农业、环保、旅游等领域作为切入点，分步骤开展密切关联三农问题的典型应用示范建设与运营支持，确保项目成果充分服务于诸城市乡村振兴战略。

【不动产“一窗受理”平台建设】 通过政务服务中心、国土、房管和地税等部门的联通协作，以业务数据实时共享为核心，打通不动产同契税缴纳系统、房管备案系统的数据互通，在不动产登记系统基础上进行升级，打造诸城市不动产登记“一窗受理”平台，辅助实现统一窗口受理、后台并联审核、窗口统一出件的工作机制，实现信息多跑路、群众少跑腿的不动产统一登记最多跑一次工作目标，不动产办理时限最快压缩到30分钟。

【物联潍坊建设】 根据《加快建设“物联潍坊”实施方案的通知》（潍政办字〔2017〕83号）要求，加快推进“物联潍坊”建设，全面提升城市管理和公共服务的实时化、精细化、智能化水平，打造全国窄带物联样板城市。诸城市智慧水务平台作为“物联潍坊”试点应用项目开展建设，并完成了与潍坊物联平台的对接工作。下步诸城市将积极与潍坊智慧办对接，在全市扩大依托“物联潍坊”公共服务平台推广“NB-IOT”等新一代物联网技术的应用范围。

（智慧办）

人事人才工作

【概况】 2018年，诸城市人社局紧紧围绕就业创业、社会保险、招才引智、人事管理、劳动关系等重点工作，聚焦聚力，精准施策，人社事业发展呈现稳中有进、进中提质的良好态势。被国家人社部办公厅表彰为“新闻宣传工作先进单位”，被山东省人社厅办公室表彰为“全省人力资源社会保障宣传工作先进单位”，被潍坊市文明委表彰为“潍坊市级文明单位”。诸城市先后被表彰为省级创业型城市、潍坊市级创业型示范城市。

持续规范人事制度管理。完善公务员考录机制和事业单位公开招聘工作规程，公开考录公务员57人，公开招聘事业单位人员500人、聘用制教师194人、控制总量人员89人。继续深化机关事业单位工资制度改革，建立预防和治理“吃空饷”问题长效机制。认真落实退役士兵安置和权益保障政策，积极落实自主择业军转干部待遇，扎实做好企业军转干部解困维稳工作，没有发生外出上访问题。

全面落实人才强市战略。新建德国、瑞典、澳大利亚、日本等4处国外人才工作站和上海、南京2处国内人才工作站，邀请日本、澳大利亚等国家的4名专家到诸城市进行实地对接。全年引进高层次人才306名。新增“全国技术能手”1名、“齐鲁友谊奖”1名、“齐鲁首席技师”1名、“山东省技术能手”2名、“山东省突出贡献技师”1名、“鸢都友谊奖”1名、“潍坊市首席技师”4名、“鸢都产业领军人才（产业技能类）”1名、“潍坊市有突出贡献的中青年专家”3名。10月，山东大业股份有限公司成功获批博士后科研工作站。至年底，诸城设立的6家博士后科研工作站已累计招收博士11名，出站博士后6名，在站博士5名。12月，山东信得科技股份有限公司被省人社厅批准设立为省博士后创新实践基地。积极开展山东省“惠才卡”申领工作，共提交申请16项，已办卡14人，提交数量、办卡数量均位居潍坊市首位。在第十届省“海洽会”活动期间，征集并发布项目60项，发布数量居潍坊市首位，其中重点推介项目6项，被对接项目10项。举办全市职业技能大赛，新增高技能人才605人。2人获第45届世界技能大赛全国机械行业选拔赛数控铣项目比赛一等奖。

【干部队伍】 截至2018年12月，诸城市共有干部18455人；其中，行政人员2427人，参公人员293人，事业单位管理人员1375人，专业技术人员13694人，其他人员666人。

考试录用公务员。2018年，诸城市共考试录用57人充实到公务员队伍。

事业单位工作人员招聘。2018年全市共招聘事业单位工作人员500人；其中，综合类79人，卫生类14人，教育类407人。

退役士兵安置考试。2018年实行档案考核赋分的办法从高分到低分依次排序、公示、选岗、体检等程序，接收安置21名退役士兵到事业单位工作。

军转干部及随调家属安置。2018年共接收军转干部32人。其中，计划分配的16人（副团职以上3人，营职及以下13人），自主择业军转干部16人。随调家属3人。现役军官转改文职人员1人。

【工资福利】 调整机关事业单位工作人员基本工资标准和增加机关事业单位离休人员离休费。从2018年7月1日起，调整机关事业单位工作人员基本工资标准，这次调资，加大对义务教育教师的倾斜力度，义务教育教师执行单独的基本工资标准，不再执行提高10%的政策。义务教育教师以外的其他中小学教师的基本工资标准，继续按高于事业单位专业技术人员基本工资标准10%确定。全市调整基本工资标准工作于2018年12月底前全部完成，月人均增加300元，义务教育教师月人均增加额为348元。从2018年7月1日起，机关事业单位离休人员增加离休费，其中县处级正职600元，县处级副职500元，乡科级及以下400元；教授及相当职务820元，副教授及相当职务580元，讲师（含相当职务）及以下职务400元。

落实公务员职务与职级并行制度试点配套工资政策。职级公务员的基本工资，分职级工资和级别工资两项。职级工资实行一个职级一个标准，级别工资实行与领导职务公务员相同的标准。非领导职务公务员套改职级后，从确定职级的次月起，按套改后的职级执行相应的职级工资标准，级别和级别工资不变。全市职级公务员套改工资自2017年7月起执行。公务员晋升职级后，从晋升职级的次月起，执行新任职级的职级工资和相应的级别工资。

机关事业单位工作人员退休审批。2018年，全市机关事业单位办理退休审批646人。改革过渡期内（2014年10月1日至2024年9月30日）按新老办法待遇计发办法对比确定退休待遇。

机关事业单位工人技术等级考核。机关事业单位2017年考核合格的53名工勤人员，全部进行了技术等级聘任并兑现待遇。参照执行潍人社办发〔2018〕39号《关于市直机关事业单位高级技师和技师岗位有关待遇问题的通知》，全市有8名技师（技术工二级岗位）兑现待遇，系诸城市首次。

落实政法委机关工作津贴。根据人社部、财政部《关于建立政法委机关工作津贴有关问题的通知》（人社部规〔2017〕12号）和省、潍坊市要求，落实政法委机关工作津贴。执行范围为政法委机关中执行公务员工资制度的正式在编工作人员，司法局机关及610办公室中除人民警察以外其他执行公务员工资制度的正式在编工作人员，标准为每人每月1200元。

调整生活困难补助费标准。从2018年10月1日起，调整增加精简（减）退职人员生活困难补助费标准，机关事业单位按鲁组〔1981〕553号和（85）鲁劳管字第092号文件规定按月领取生活困难补助费的精简（减）退职人员每人每月增加130元；按鲁人社字〔2015〕474号文件规定享受生活困难补助费人员待遇标准，每人每月增加40元。从2017年12月1日起，遗属生活困难补助标准由每人每月750元调整为765元；因公死亡人员的遗属生活困难补助标准由每人每月900元调整为918元。

巩固机关事业单位防治“吃空饷”问题工作成效。按照上级要求，开展机关事业单位“吃空饷”问题专项整治，重点规范长期病休人员病假工资核批和受处分人员采取强制措施期间生活费核减问题。人社局、财政局和教育局等多部门联合，组织各相关单位认真梳理核实本单位享受遗属生活困难补助人员情况，对失去补助条件的，及时取消其生活困难补助费。

加强带薪年休假管理。2018年10月，诸城市委组织部、诸城市人社局、诸城市财政局联合转发了潍坊市委组织部、潍坊市人社局、潍坊市财政局《关于进一步加强机关事业单位带薪年休假管理的通知》（潍人社发〔2018〕65号），要求各部门、单位规范年休假日常管理，督促年休假制度落实。

【专业技术人员】 专业技术职务评审申报。2018年职称申报评审人数较上年大幅增加，全市企事业单位1700人参加工程、卫生、经济、农业、群文等系列的专业技术职务评审申报工作。其中工程技术研究员2人，高级工程师71人，工程师244人；正高级教师2人，高级教师149人，一级教师220人；高级经济师22人；主任医师16人，副主任医师70人。

专业技术人员继续教育。2018年全市共有17918人次参加专业技术人员继续教育培训。

专业技术拔尖人才。全市共有在管理期内的潍坊市级以上专业技术拔尖人才13人，其中享受国务院特殊津贴5人，潍坊市专业技术拔尖人才8人，发放政府津贴57600元。

事业单位专业技术人员竞聘上岗备案。2018年12月，事业单位专业技术人员三年聘期结束，根据山东省人社厅、潍坊市人社局的文件要求，全市各单位组织专业技术人员全员等级竞聘上岗，诸城市人社局对完成竞聘上岗工作的单位进行审核备案。

【招才引智】 全年引进高层次人才306名。

设立多家海内外人才工作站。2018年11月20日、21日，诸城市分别在上海、南京举行人才工作站签约授牌仪式，设立山东·诸城上海市人才工作站和南京市人才工作站。2018年诸城市已先后设立德国法兰克福市、瑞典韦斯特罗斯市、澳大利亚悉尼市、日本福冈人才工作站4处海外人才工作站。

新增一家博士后科研工作站。2018年11月5日，人社部、全国博士后管理委员会下发通知公布2018年获批准设立博士后科研工作站的单位名单，诸城市的山东大业股份有限公司入选。至2018年底，诸城市设立的博士后科研工作站已达6家。

【外国专家服务】 引进外国专家项目计划申报。根据山东省人社厅《关于印发2018年山东省省级引进外国专家项目资助计划并核拨经费的通知》（鲁人社字〔2018〕377号），山东信得动物疫苗有限公司申报的“多联多价疫苗的研发与产业化”项目获批2018年省高端外国专家项目，获得资助经费30万元。

引进国外智力成果示范推广项目申报。根据山东省人社厅《关于印发2018年省级引智成果示范推广项目资助计划并核拨经费的通知》（鲁人社字〔2018〕178号），诸城市万景源农业科技有限公司申报的“引进国外大樱桃优良栽培模式示范推广”项目获批2018年省引智成果示范推广优秀项目，获得资助经费30万元。

山东省引智成果示范推广基地申报。根据山东省人社厅《关于公布山东省引智成果示范推广基地名单的通知》（鲁人社字〔2018〕179号），山东汇发农业发展有限公司被批准命名为山东省引智成果示范推广基地。

省政府“齐鲁友谊奖”人选推荐申报。根据山东省人民政府《关于授予皮特·谭伯格先生等20名外国专家齐鲁友谊奖的决定》（鲁政字〔2018〕169号），山东建华阀门制造有限公司的美籍专家约翰·拜伦被省政府授予“齐鲁友谊奖”，获得奖励经费10万元。

潍坊市引进海外专家项目申报。根据《关于印发2018年度潍坊市引进海外专家项目资助计划的通知》（潍人社字〔2019〕1号），诸城市义和车桥有限公司申报的“汽车前桥系列产品的质量提升与技术升级”项目获批潍坊市引进海外专家项目，获得资助经费10万元。

潍坊市政府“鸢都友谊奖”人选推荐申报。根据潍坊市人民政府《关于授予彼得·扬·莱姆特塔等11名外国专家第七届鸢都友谊奖的决定》（潍政字〔2018〕45号），山东信得动物疫苗有限公司的澳籍专家崔现兰被潍坊市政府授予“鸢都友谊奖”，获得奖励经费2万元。

【高技能人才队伍建设】 全年新增高技能人才605人。

“金蓝领”高级技师培训项目。全年共有42人参加“金蓝领”高级技师项目培训。

潍坊市“青年技师素质提升计划”项目。全年共有236人参加潍坊市“青年技师素质提升计划”项目培训。

全国技术能手。2018年11月16日，根据人社部《关于表彰第十四届中华技能大奖和全国技术能手的决定》（人社部发〔2018〕71号），新郎希努尔集团股份有限公司的马耀霞被授予“全国技术能手”称号。

山东省技术能手。2018年4月16日，根据山东省人社厅《关于授予辛鑫等169人“山东省技术能手”称号的通报》（鲁人社字〔2018〕122号），诸城威仕达机械有限公司的李世光和诸城市畜牧兽医管理局的臧建金被授予“山东省技术能手”称号。

齐鲁首席技师。2018年11月29日，根据山东省人民政府办公厅《关于公布2018年度齐鲁首席技师名单的通知》（鲁政办字〔2018〕228号），北汽福田汽车股份有限公司诸城奥铃汽车厂的王浩名被评为“山东省首席技师”。

山东省突出贡献技师。2018年12月20日，根据山东省人社厅《关于公布2018年度山东省突出贡献技师名单的通知》（鲁人社办发〔2018〕41号），山东美晨工业集团有限公司的孙秀平被评为“山东省突出贡献技师”。

潍坊市首席技师。2018年12月24日，根据潍坊市委组织部和潍坊市人社局《关于公布2018年度潍坊市首席技师名单的通知》（潍人社办发〔2018〕64号），潍坊市工程技师学院的董玉华、刘衍文，诸城市红星建筑有限公司的臧磊，北汽福田汽车股份有限公司诸城汽车厂的王海明被评为潍坊市首席技师。

鸢都产业领军人才（产业技能类）。2018年12月29日，根据潍坊市人民政府办公室《关于公布2018年度鸢都产业领军人才名单的通知》（潍政办字〔2018〕197号），北汽福田汽车股份有限公司诸城奥铃汽车厂的王浩名被评为“鸢都产业领军人才（产业技能类）”。

全市职业技能大赛。2018年10月下旬至11月中旬，诸城市举办全市职业技能大赛。大赛产生17名诸城市技术能手。

（刘泽霖）

政府职能转变

【概况】 2018年，诸城市严格按照省和潍坊市部署要求，突出重点、攻克难点，深入推进“一次办好”改革，不断优化营商环境，在放权上求实效，在监管上求创新，在服务上求提升，不断激发市场活力和发展内生动力，工作取得明显成效。

【健全组织领导体系】 加强协调调度。专门召开市政府常务会议，研究“一次办好”改革方案，确定了推进“一次办好”改革优化营商环境工作领导小组成员名单，制定了工作任务分解表，安排了优化营商环境相关工作任务。同时，召开市委常委会议，就深化“一次办好”改革的6项重点任务、10个专项行动和7条配套措施，进行了专题研究。随后，召开全市深化“一次办好”改革优化营商环境工作专题调度会议，3个市直部门作了表态发言。

成立工作专班。印发《关于公布全市推进“一次办好”改革工作专班的通知》（诸政办字〔2018〕35号）、《关于印发诸城市“一次办好”改革推进方案的通知》（诸政办字〔2018〕40号），负责统筹研究推进全市“一次办好”改革和重要领域、关键环节重大改革措施，研究拟提请市委、市政府审议的有关重要事项，协调推动解决改革中遇到的困难和重点难点问题，督促各部门落实改革措施。

制定工作方案。省和潍坊市下发“一次办好”改革工作方案后，诸城市拟订了《关于深入推进“一次办好”改革优化营商环境工作方案（征求意见稿）》，先后向各位市委常委和32个市直部门、16处镇街（园区）征求了意见建议，修订完善后以“两办”文件（诸办字〔2018〕33号）印发实施，共安排部署了6项重点任务、10个专项行动和7条配套措施。根据省和潍坊市要求，市委宣传部和市职能办联合印发了《2018年深入推进“一次办好”改革优化营商环境宣传工作方案》（诸职能办发〔2018〕11号），对做好全市“一次办好”改革宣传报道工作进行了部署。

【深化行政审批改革】 衔接落实好上级取消下放事项。根据上级取消下放行政权力事项通知要求，依据《山东省行政权力清单动态管理办法》，按照“相关部门申请、编制部门审核、法制部门合法性审查、政府审定公布、编制部门调整”程序进行调整。年内，共对市级行政权力事项清单进行了3次调整，调整行政权力事项774项。其中，取消59项、新增382项、调整128项、承接205项。公布“一次办好”事项清单1213项。

推进相对集中行政许可权改革组建行政审批服务局。外出考察学习，借鉴改革经验。分别赴省相对集中行政许可权改革试点县市平度市、莒县、寿光市学习考察，通过实地考察、召开座谈会等方式进行面对面学习交流，认真学习改革县市的经验做法，为推进全市相对集中行政许可权改革组建行政审批服务局提供借鉴。深入调研论证，研究确定划转事项。逐一梳理全市行政许可事项，摸清全市部门（单位）的行政许可事项有关情况，为做好行政许可事项划转工作掌握第一手基础资料。专门下发通知，全面征求部门（单位）和市政务服务办对划转行政许可事项的意见建议。在此基础上，积极与上级沟通对接，按照上级的有关要求，结合诸城市实际，研究确定了全市拟划转行政许可事项、相关关联事项及收费事项清单。拟订改革方案，及时上报审批。研究拟订了《推进相对集中行政许可权组建市行政审批服务局改革方案（征求意见稿）》，在经潍坊市编办审核的基础上对《改革方案（征求意见稿）》进行了修改完善，经研究通过后，以市政府文件将《诸城市推进相对集中行政许可权组建诸城市行政审批服务局改革方案》上报潍坊市审批。印发实施意见，全面推动工作开展。根据潍坊市人民政府办公室批复的《诸城市推进相对集中行政许可权组建市行政审批服务局改革方案审核意见》，研究拟订了《诸城市推进相对集中行政许可权改革组建市行政审批服务局的实施意见（征求意见稿）》，分别经市政府常务会议、市委常委会议研究通过后，以市委、市政府文件印发了《诸城市推进相对集中行政许可权改革组建市行政审批服务局的实施意见》（诸发〔2018〕29号），推进相对集中行政许可权改革组建市行政审批服务局工作全面开展。年内，诸城市行政审批服务局正式挂牌成立。

12月29日，诸城市行政审批服务局正式挂牌成立　（供图　政管办）

【创新工作方式】 实现全覆盖监管。提升督查暗访和转办案件处置力度。由市纪委监委、软环境办和作风办联合组成3个暗访督导组，重点对市镇两级政务服务、公共服务等场所、窗口进行常态化暗访督导，进一步转变工作作风、提高服务效能。迎接潍坊软环境办督导组5次督导暗访，走访企业60余家，未出现一例因破坏发展软环境被潍坊通报的案件。出台《诸城市优化营商环境绩效考核办法》，对镇街（园区）和市直部门单位进行量化考核，并延伸考核到业务科室和具体责任人。加大对潍坊软环境办转办案件处理力度，共办理潍坊转办投诉案件1起，按期办结率及满意率均100%。提升服务效能。对镇街（园区）、市直部门单位实行软环境建设年度目标责任制，建立工作台账。对市直部门单位开展服务评议，利用诸城发展软环境公众号，组织社会各界人士，对各镇街（园区）以及49个潍坊市营商环境试评价责任单位，分满意、基本满意和不满意3项进行网上评议。通过留言、拨打电话、微信回复等方式，对镇街（园区）、责任单位服务情况提出意见建议，评议结果作为评先树优的重要依据。

推进信用监管体系建设。扎实开展行政许可、行政处罚“双公示”工作。将“双公示”作为加强事中事后信用监管、优化服务的重要举措，加大对相关部门单位的工作调度，确保每周按规范要求，全量、及时报送“双公示”信息。年内，全市共通过“信用诸城”官方网站公示各部门、单位报送的行政许可信息79811条、行政处罚信息8218条，所公示的信息全部同步推送到潍坊市级公共信用信息平台。强力推进信用“红黑”名单发布制度。调度法院、市场监管、安监、人社、环保、住建、税务等相关部门单位，结合各自职能，制定详细的“红黑”名单实施方案，分别明确各领域“红黑”名单的认定标准和管理办法。年内，全市共发布各类黑名单6883个，其中法人黑名单989个，自然人黑名单5894个；共发布各类红名单3890个，其中法人红名单3890个。积极构建信用联合奖惩机制。对信用记录良好的个人或企业，同等条件下，给予优先办理、简化程序、容缺办理等信用“绿色通道”激励政策。年内，为文德外国语学校、金查理文旅小镇等10个项目启动模拟审批程序，“容缺受理”审核事项1680件。对法院、市场监管、安监等9个领域37类严重失信行为“黑名单”进行跨部门、跨领域联合惩戒。年内，通过采取联合惩戒措施限制失信被执行人贷款510笔，共计7650余万元；限制乘坐高铁、飞机54人次，有247人因联合惩戒自动履行了义务。

加强舆论引导。依托《潍坊日报·今日诸城》、诸城广播电视台等媒体，结合深入推进“一次办好”改革优化营商环境工作进展，在召开全市推进改革重要会议、印发重要文件等节点刊发评论或新闻。利用诸城广播电视台党风政风监督热线，邀请各镇街（园区）和市直部门单位主要负责人、人大代表、政协委员、专家学者、企业负责人等进行访谈，及时解读诸城市深入推进“一次办好”改革优化营商环境政策，宣传经验做法。

严格监督检查。根据潍坊市《深入推进“一次办好”改革优化营商环境督查工作方案》，制订出台诸城市《深入推进“一次办好”改革优化营商环境督查工作方案》，下发到各镇街（园区）和市直有关部门单位。由市委办公室、市政府办公室牵头，从市直有关部门单位抽调人员组成4个督查组，对16处镇街（园区）、27个市直部门单位的改革工作推进情况进行了专项督查。编制了《诸城市深入推进“一次办好”改革优化营商环境工作台账》，每月对市直各相关部门单位进行专项督查，定期通报台账报送情况，确保改革任务落到实处。

【推进减税降费】 贯彻落实清费降负政策。减轻企业负担。紧跟上级减负清费步伐，抓好贯彻落实。年内根据上级文件精神，停征首次办理居民身份证工本费，减轻社会负担15万元。至年底，清理后保留收费项目27项（不包括教育费附加、地方教育附加、水利建设基金、残疾人就业保障金四个地税代征项目），其中涉企收费11项（不包括地税代征项目）。推行收费目录“一张网”。参考省市收费目录，整理形成《诸城市行政事业性收费项目目录清单》《诸城市政府性基金项目目录清单》《诸城市涉企行政事业性收费项目目录清单》《诸城市考试考务费项目目录清单》，在政府门户网（中国诸城）上进行常态公示、动态公示。明确目录清单之外的收费基金项目一律不得收取；设立监督电话，及时处理收费过程中的违规问题和其他问题。

助力破解企业融资难题。充分发挥舜邦、舜域2家担保公司作用，破解中小企业融资难题，助推企业平稳健康发展。年内，为24家中小企业提供过桥资金25.66亿元；为47户企业提供贷款担保，担保余额8.5亿元；利用信华资产管理公司加强与银行合作，通过收购、打包核销、息差找补等方式，新增处置企业不良贷款7900万元，促进了银企的良性互动。

推进商事制度改革。按照“能整合的尽量整合”的原则，对证照种类、数量进行全面梳理。在“三证合一”“五证合一”“31证合一”的基础上，实行“45证合一”。山东政务服务网—企业开办“一窗通”服务平台初始运行后，实现新开办企业在3个工作日内完成营业执照办理、公章刻制、银行开户、涉税办理、社保登记等事项。在工商登记方面，工作时限由原来的3个工作日压缩到1个工作日，材料齐全有效的，登记人员予以当场受理、当场办结、当场发照。

优化营商软环境。为新开办企业实行免费刻章。协调财政、公安、市场监管等部门，为新开办企业提供免费刻制合同、财务、法人等公章一套5枚，支持企业发展。有683家企业享受了免费刻章服务，共刻制印章3415枚，减轻企业负担49万余元。编印《诸城市企业服务指南》和《诸城市企业服务手册》。编印项目投资服务和商事登记服务《诸城市企业服务指南》两套，明确每个事项的法定依据、办理条件、提交材料、办理流程、承诺时限、收费标准等；编制行政审批类、社会服务类和其他服务事项类3套《诸城市优化营商环境手册》，对营商环境涉及事项做出情况说明，对工作进展、责任单位、责任科室和联系电话等逐一明确。

打造离厅式24小时自助办税服务厅。协调税务局与农商银行联合推出银税24小时自助办税服务，在市、镇街交通便利的地区设立3处离厅式24小时自助办税厅，让纳税人在8小时之外和节假日真正体验到“全天候、人性化、高效率”的“不掉线”服务。年内，为纳税人办理领取发票业务552笔。

【简化优化办事流程】 推进省政务服务平台的推广和应用。按照《山东省政务服务平台建设指南》（鲁政办字〔2015〕109号）要求和有关规范、标准，潍坊市投资建设了全市统一的政务服务平台，诸城市已将46个部门办理的492项（小项）行政许可事项及纳入政务服务中心办理的280项（小项）政务服务事项全部纳入新平台办理，实现了省、市、县三级业务联动和协同。在此基础上，积极推进省政务服务平台向镇街（园区）、社区延伸，实现了省、市、县、社区四级业务联动和协同，着力打通为民服务最后一公里。

全面实施“一窗受理、集成服务”。2017年12月在潍坊市率先推出不动产登记“一窗受理”，2018年在投资服务、社会事务、商事登记等领域全面推行“一窗受理、集成服务”改革。共整理出“一窗受理”事项369项，编制了三大板块《诸城市“一窗受理、集成服务”标准化手册》。通过改革，成功实现不动产登记等多项业务“一次办好，30分钟领证”，商事登记当场受理、1小时发证，投资服务建设项目从立项到竣工验收审批全环节32个工作日办结。通过实施“一窗受理、集成服务”，实现了“排一次号、提交一次材料、一个窗口受理、一个窗口收费、一个窗口出件”的“五个一”审批新模式。

深入推进代办协办。起草《诸城市重点投资项目审批代办制实施细则》，进一步规范和细化重点投资项目审批的代办范围、内容和流程等。配备市镇级代办人员23名、专办人员52名，积极推动社区代办点建设，为重点投资项目开辟绿色通道。年内，为58个项目提供无偿代办服务，节约时间成本361个工作日，审批提速约35.6%。

全面推进审批流程再造。实现建设工程项目“一链办理”。将建设工程项目审批流程整合优化，实行并联审批，将审批时限压缩在32个工作日以内，提速60%以上。同时针对部分未取得土地的建设项目，组织实施“模拟审批”，提前介入项目的审批相关工作。年内，共为55个项目审批实施“一链办理”，为企业节约时间成本345个工作日。实现政务服务“一网通办”。依托山东省政务服务网，实现省、市、县、镇、社区五级平台互联互通。1-11月，中心通过外网申报6.24万件，外网申报率达到79%。各镇街（园区）、社区中心通过平台申报23.14万件，按时办结率100%，网上申报率达到98.2%。同时，在大厅设立邮政EMS服务窗口，为群众提供申报材料、证照批文等“淘宝式”服务。

（职能办）

政务管理服务

【概况】 市政务服务中心管理办公室成立于2015年2月，为市政府派出机构，正科级规格，行政编制11人，负责行政审批工作。政务服务中心是一个集民生服务、行政审批、公共资源交易和行政效能监察于一体的信息化综合性公共服务平台，2018年全年共办理各类事项10.1万余件，外网申报率83.63%，按期办结率100%。

【“一窗受理”改革】 在潍坊市率先推行不动产登记“一窗受理”，2018年8月底前，又在投资服务、社会事务、商事登记等领域全面推行“一窗受理、集成服务”改革。整理出369个“一窗受理”事项，编制出三大板块《诸城市“一窗受理、集成服务”标准化手册》，为办事群众提供清晰、准确的指引；开发一窗受理信息平台，实行数据共享。通过改革，成功实现不动产登记等多项业务“一次办好，30分钟领证”，商事登记当场受理、1小时发证，投资服务建设项目从立项到竣工验收审批全环节32个工作日办结。

【投资创业服务】 将建设工程项目审批流程整合再造，实施“一链办理”，打破部门界限，实行并联审批，将审批时限压缩在32个工作日以内，提速60%以上。同时针对部分未取得土地的建设项目，组织实施模拟审批，提前介入项目的审批相关工作。2018年，共为55个项目的审批组织实施“一链办理”，为企业节约时间成本345个工作日；组织实施17次模拟审批，推动项目早投产、早落地。

【全程无偿代办协办】 围绕市委、市政府大项目突破年的工作部署，进一步完善代办协办服务，安排专人重新梳理代办服务相关事项，起草《诸城市重点投资项目审批代办制实施细则》，进一步规范和细化代办范围、代办内容、代办流程等。配备市镇级代办人员23名、专办人员52名，积极推动社区代办点建设，为重点投资项目开辟绿色通道，提供政策咨询、代办协办等服务，协助项目单位编排项目审批进度计划，动态跟踪项目审批进展情况等。2018年，共为58个项目提供无偿代办服务，节约时间成本361个工作日，审批提速约35.6%。

【推进政务服务“一网通办”】 依托山东省政务服务网，以让企业和群众“零跑腿、最多跑一次”改革为目标，将入驻中心的所有审批服务事项全部纳入网上政务大厅，按照“外网申请，内网审核、审批，全程公开，网端推送，快递送达”的审批模式，实现一网通办、全程在线。不断拓展完善网上平台建设，构建以省市级平台为引领、县市级平台为核心、16处镇街（园区）平台为骨干、235个城乡社区平台为触角的五级联动、一体化网上政务服务平台体系，不断提升政务服务信息化、智慧化水平。2018年，中心通过外网申报8.4万余件，外网申报率达到83.63%。

【政务服务向基层延伸】 加强对各镇街（园区）、社区服务中心的组织协调和业务指导，将市里下放的事项全部纳入各镇街便民服务中心就近办理，将有关综治维稳和民生保障便民服务事项下沉到社区。组织对16处镇街（园区）便民服务中心服务质量进行明察暗访，发现的问题以整改通知单形式下发至各镇街（园区），整改情况作为科学发展年度综合考核重要依据。加强对镇街（园区）、社区网上政务厅建设指导，强化对政务服务平台运行情况的宣传和日常监督，及时协调处理平台出现的问题，确保不出问题件、超期件。2018年，各镇街（园区）、社区中心通过平台申报30余万件，按时办结率100%，网上申报率达到98.58%。

【提升政务服务质效】 多措并举打造优质政务服务环境，全面提升群众满意度。

扎实推进群众办事百项堵点疏解行动。就涉及的群众反映最强烈的堵点问题及时安排部署，督促调度各相关入驻部门、单位采取有效措施，切实疏解堵点问题，方便群众办事。要求各涉及的入驻部门、单位最大限度精简材料，不得要求群众重复提供，能通过数据共享获得的材料、个人身份证明等也不得再要求群众现场提供，确保群众堵点问题线上不能解决的线下解决。年内，所有涉及的堵点问题均已解决。

加大督查力度，保障良好政务服务环境。加强政务大厅日常管理，逐步探索形成了分管负责人协调、督查科分片区包靠、党支部发挥战斗堡垒作用等一系列行之有效的督查模式和工作创新，对窗口工作人员的在岗情况、工作纪律、规范服务、着装、卫生等方面进行督查，发现问题及时通报并予以纠正，对群众的投诉及时妥善处理，着力打造一流营商环境。

【创先争优】 将各进驻部门、单位在窗口工作情况列入市直部门、单位年度创先争优责任书，从服务效率、办件质量、网办率、承诺时限、服务质量、群众满意度等方面进行量化考核。每月评选“优秀派驻单位”“先进个人”，对年度表现突出的派驻部门、单位和先进个人予以通报表彰。组织开展庆“三八”手工艺品比赛、庆“五四”朗诵比赛、庆“国庆”歌咏比赛、庆“元旦”书法比赛等活动，充分调动窗口工作人员的积极性。

【12341民生服务热线】 24小时不间断热情受理群众诉求，引入巡查技术，对漏接来电及时回拨，保证热线受理率100%。开发“市民通”手机客户端、民生服务网和微信公众号，方便群众通过手机客户端、网站等提出诉求和建议。狠抓疑难办件，加大对重点领域、重点镇街热点难点问题的调度。强化媒体舆论监督，与电视台联合办好《直通“12341”》栏目，积极帮助企业、群众解决好生产生活中遇到的困难和问题。2018年，诸城民生服务热线共受理群众需求诉求21.27万件，形成工单转承办部门单位、镇街（园区）办理的共有6.64万件，按期办结率99.12%，群众满意度95.21%。

（政管办）

外　事　侨　务

【概况】 2018年，市外事侨务局以习近平新时代中国特色社会主义思想和党的十九大精神为指导，按照市委、市政府“干在实处、走在前列”的总要求，实干担当、激情创业，深入实施抓牢重点、促成热点、打造亮点、夯实基点“四点战略”，充分发挥对外开放生力军、涉外工作桥头堡和聚侨创业主阵地作用，各项工作继续走在潍坊乃至全省全国县市前列，为助推全市开放发展、加快新旧动能转换和“四个城市”“三区一城”建设做出积极贡献。

【外事工作】 本着“外事绝对无小事、外事能够成大事”的原则，高质量、高水平、高效能做好外事管理服务工作，切实加大“请进来、走出去”力度，创新推进全市对外经济技术合作交流，促进外事管理服务再上新水平。

做实出国服务文章。认真执行上级关于党政干部因公出国管理有关规定，根据全市开放发展的现实需要，科学拟定年度因公出国计划，积极做好德国、瑞典、日本、韩国、澳大利亚等6个因公出访团组的审核报批、证照办理、签证服务工作，有效提高出访活动成效；帮助企业申办APEC商务旅行卡5批10人次，全力助推企业“走出去”，为企业吸纳境外资源、开拓国际市场提供优质服务。

做新涉外管理文章。积极争取外国政要和经济界知名人士到诸城访问考察，办理外国人来华邀请函35批10人次。扎实做好境外非政府组织、外国记者和到诸城市的外国人管理工作，先后深入东晓生物科技公司、桑莎制衣集团、得利斯集团公司、外贸集团公司、义和车桥公司、佳士博食品公司、建华阀门公司、顺达木业公司、松源木业公司等与外国人员联系较多的企业进行调查摸底，详细了解情况，实行跟踪管理，确保涉外安全维稳工作扎实有效。完善涉外突发事件应急预案，协助相关部门、镇街做好重大涉外事件处理处置工作。其中诸城市新日东机械公司在印尼职工发生两死一伤事件后，及时启动应急预案，克服重重困难，想尽一切办法，采取果断措施处理，取得圆满成功，得到潍坊市外侨办、省外办领导高度评价。全面提高涉外礼宾工作水平，成功接待美国、加拿大、瑞典、波兰、荷兰、日本、韩国、马来西亚、澳大利亚等涉外涉侨重要来宾90余人次，为全市吸纳境外资源、开拓国际市场、争取国际支持增添正能量。

做好对外友协文章。通过官民并举的办法，选择与诸城市有明显互补优势的国外城市，建立相对稳定的交往关系或缔结友好城市。重点推进诸城市与日本山梨县、美国圣拉蒙市的友好交往工作，加强联系对接，探寻合作空间，拟缔结友好关系，实现全市对外友协工作的新突破。

做活对上对外联络文章。加强与潍坊外事与侨务办公室、省政府外事侨务办公室、外交部、中联部、全国友协等业务上级和各国驻华使领馆、中国驻外使领馆的交流联系，积极推介诸城市的产业产品、投资项目、创业环境及人才需求情况，拓展诸城对外开放的广度和深度。

【侨务工作】 以开放的视野、发展的理念、灵活的策略，深入挖掘、有效集聚和科学利用侨务资源，全面构建服务“四个城市”“三区一城”建设的侨力资源网。

挖掘侨务资源。对全市归国华侨、华侨华人及侨资企业进行调查摸底，把相关信息统一收集归档，并实行动态管理，年内新预审认定侨眷2批4人次，提高了侨情资源信息化管理水平。日常工作中，主要通过电话、信函、电子邮件、微信短信等方式，与归侨侨眷、华侨华人及海外留学生主动保持联系，进一步凝聚侨心、汇集侨力，为推进全市开放发展争取更多有效资源。

涵养侨务资源。深入宣传侨法及各项侨务政策法规，在全市上下形成依法护侨、为侨服务的共识；深入实施“关爱工程”，建立起由市政府统一领导、侨务部门牵头落实的长效工作机制，并将诸城市早期归国华侨的困难生活补助纳入市级财政临时预算，实行定期发放，真正解侨之所困、谋侨之所需、帮侨之所急；积极落实“三侨考生”照顾政策，不断提高为侨服务水平；扎实做好社区侨务工作，把为侨服务落实到基层，促进和谐侨界建设；积极参加山东省“2018海外华商博士投资创业潍坊行”活动，与20多名全国知名侨商、博士洽谈合作、建立联系，涵养培植更多可用的侨智侨力。

开发侨务资源。牢固树立“海外6000万华侨华人都是工作对象”的大侨务观念，广泛开展海外侨务工作，重点与美国山东工商总会、加拿大中加华商联合会、瑞典YES国际集团、波兰欧洲商会会长联盟、法国亚欧洲际机构、新加坡环球华商机构、新西兰山东总商会、日本日中韩经贸文化交流联合总会等30多个海外侨团（商会）、近百位海外华侨华人和港澳台同胞保持密切联系，构建起服务诸城开放发展的侨力资源网，不断拓展诸城开放发展的新领域；依托省政府侨务办公室在诸城市挂牌设立的“山东海外华侨华人投资创业基地”和“山东省中华文化传承基地”，对外广泛宣传推介，全力引进海外高端创新创业人才及团队到诸城创业发展，与旅美华侨、美国好莱坞集团中国区首席代表、好莱坞文化产业发展（上海）有限公司董事长James Wu建立起密切联系，初步达成合作意向，参与开发以“好莱坞”为亮点的国际文化旅游产业项目，进一步提升诸城的国际知名度和影响力。

【“三招三引”工作】 坚持“跳出外事抓外事、跳出侨务做侨务”，将招商引资、招才引智、招院引所作为全局工作重点不动摇，充分发挥外事与侨务工作的独特优势，努力为全市新旧动能转换和“四个城市”“三区一城”建设增砖添瓦、加油聚力。全年共对接联系国际商会负责人和外商投资者60多人次，洽谈推动的中欧现代农牧装备产业园、瑞典高端木屋加工基地、日本高端林果产业示范区、马来西亚康养文旅度假区、美国好莱坞影视传媒产业基地、中国供销农产品批发市场控股有限公司农产品物流园6个项目初步达成合作意向，成为全市“三招三引”工作的重要新生力量。

招商引资。认真梳理招商引资已有资源和诸城市重点产业项目情况，先后联系美国、日本、韩国、新加坡、马来西亚、德国、瑞典、澳大利亚以及中国香港、台湾的国际商会组织和投资者，培育招商引资优势资源。同时与市属重点园区和有关镇街，以及发改、商务、经信、招商等有关部门进行积极衔接，筛选招商项目，集中力量强力推介，积极引进利用外资项目。

招才引智。建立海外人才资源信息库，对接联系世界500强企业高管、国际商会负责人、海外专家学者；创新做好“诸城海外人才工作站”工作，在积极做好美国旧金山、美国哥伦布、加拿大多伦多、韩国首尔、日本东京5个人才工作站相关工作的基础上，2018年又在德国、瑞典、澳大利亚等发达国家的重点城市设立“诸城海外人才工作站”，加快构建覆盖全球、务实高效的海外人才“诸城网”，加快引进带技术、带项目、带资金的创新创业人才。年内已联系海外专家和优秀人才60人，其中28人达成合作意向。

招院引所。围绕全市发展重点，委托美国华侨丛淑萍和美籍华人吴郡、加拿大籍华人李毓玺、瑞典籍华人李慎之、法国籍华人姚国强、韩国华侨李长作、新加坡籍华人董桂田、澳大利亚籍华人李复新、波兰籍华人张铭飞8位代表，联系对接海外著名高等院校和科研机构，为全市招院引所提供信息服务；不断拓展招院引所渠道，加强与海外华人机构联系，为全市深入开展招院引所工作架桥铺路。

【风筝扎制与放飞比赛】 市外事侨务局代表诸城参加第35届潍坊国际风筝会“潍柴英致杯”比赛活动。按照潍坊市政府办公室通知要求，科学筹划、周密安排，抓好落实，圆满完成风筝扎制和放飞比赛任务，获得县市区团体比赛和最佳巨型风筝创新风筝2个一等奖。

（外侨局）

机关事务管理

【概况】 2018年，机关事务管理工作紧紧围绕服务全市中心工作，深入贯彻落实习近平新时代中国特色社会主义思想和党的十九大精神，坚持节约型机关建设工作主线，以“大学习、大调研、大改进”活动为抓手，认真履行职责，全面改进作风，深化改革创新，狠抓工作落实，为市级机关高效运转提供了有力保障。

【机关后勤服务保障】 加强机关安全保卫工作。严格执行安全生产目标责任制，定期开展安全生产大检查，对发现的安全隐患及时整改，确保机关电力、燃气及楼房建筑等基础设施的安全使用。严格执行保卫工作制度，强化保安队伍管理教育，加强与有关部门的沟通配合，合力维护市级机关正常的办公秩序。

加强设施设备管护。对道路管网等基础设施每月定期开展检修，对老化破损的设备进行更新改造，及时有效地处理好市级机关水、电、暖等应急维修。

抓好机关卫生保洁。责成物业服务部严格按照创建国家卫生城市标准做好机关日常保洁，办公区卫生每日两次定时清扫，垃圾日产日清，坚决杜绝卫生死角，维护整洁优美的办公环境。

做好机关绿化美化。指导监督外协单位根据季节变化，及时跟上对市级机关办公区、生活区绿化带的管护，定期修剪、划锄、浇灌，及时修除枯树残枝，确保苗木茁壮生长。

完成局属单位的管理划转。根据市政府有关意见，10月，配合市财政局、教育局完成了所属市直机关幼儿园的资产清查及人员转接等工作，市直机关幼儿园正式划归市教育局管理。

【公共机构节能】 强化节能宣传。通过举办公共机构节能宣传周、节能讲座等活动，进一步提升机关干部职工的资源忧患意识和节约意识，充分发挥公共机构在全民节能中的示范引领作用，推动形成节约节能、绿色低碳的社会风尚。

抓好能耗统计上报。督促各公共机构每季度按时通过国管局网络平台上报能耗数据，加强对数据报送的催办督办和审查验收，确保上报数据真实可靠，能耗数据上报率达到100%。

开展节能监督检查。落实“双随机、一公开”制度，开展节能监督检查和不定期抽查，对在节能工作中存在问题的单位督促其限期整改，通过监督检查，不断推进节能目标任务落实。

【机关房产管理】 开展办公用房自查整改。按照巡视反馈问题专项整改有关精神，拟定了《关于进一步规范党政机关办公用房管理的意见》，要求全市机关事业单位严格落实《党政机关办公用房管理办法》，对照标准认真开展自查自纠，坚决杜绝违规配备和超标准使用办公用房问题。机关事务管理局协同纪检、督查、财政等部门对整改情况进行监督检查，截至6月底，91家机关事业单位全部完成整改。

做好市级机关周转房的管理使用。拟定了《诸城市处级干部周转房管理办法》《周转住房租金暂行意见》，严把周转房入住资格审查，开展周转住房清查整改，不符合入住条件的按规定进行腾退。主动协调外调和新调任的市级领导办理腾退、入住交接手续，按规定做好室内物品的更新配备，及时收缴相关费用，保证周转住房合规使用。

加强对机关危旧房屋的监控维护。根据机关办公用房安全检测鉴定情况，对市级机关办公用房提出维修整改意见并组织实施。强化对生活区老旧建筑的安全监控，对相关房屋建筑开展经常性巡查，破损部位及时维修，切实消除安全隐患。

【公务用车管理】 推进全市事业单位公车改革工作。根据所承担的职责，主动配合市车改办开展事业单位公务用车改革，确保按规定时间、规定要求完成改革任务，本年度完成了事业单位车辆及人员情况摸底工作。完善落实公务用车管理制度，严格按规定核定公车编制计划，从严控制配备标准，督促指导公车使用单位建立健全内部管理制度，强化日常使用管理。严格落实《党政机关公务用车管理办法》，对公车使用管理情况开展经常性监督检查，发现违反有关规定的问题线索，及时移交市纪检监察机关处理。

（孙夕伟）

中国人民政治协商会议诸城市委员会

综　　述

2018年，在市委的坚强领导下，市政协紧紧围绕学习贯彻习近平新时代中国特色社会主义思想和党的十九大精神这一主线，牢牢把握团结和民主两大主题，认真履行政治协商、民主监督、参政议政三项职能，坚持围绕中心、服务大局，维护党委、支持政府，集思广益助力发展，倾情付出关注民生，团结联谊凝聚力量，为深入推进“三区一城”建设作出了积极贡献。

聚力改革发展

市政协牢记发展是第一要务，选准履职着力点，找好助推发力点，在促进高质量发展中履职尽责、建功立业。

【服务重点项目建设】　围绕“大项目突破年”活动，市政协把服务重点项目建设作为2018年工作重点，召开常委会议专题视察大项目建设情况，通过察看项目建设现场、进行座谈交流、提出意见建议等，为推进项目建设贡献智慧力量。在项目建设“春季百日会战”和“秋季百日攻坚”行动中，市政协主席们深入包靠重点项目，坚持问题导向，工作靠前指挥，现场一线调度，政协机关贴紧服务、全力配合，加快推进项目建设进程。全市政协自上而下形成了抓项目、促项目的浓厚氛围。

【助推新旧动能转换】　市政协全面落实新发展理念，紧扣新旧动能转换履行职能、贡献力量。先后组织开展了产业转型升级、科技创新、智能装备制造等调研视察活动，采取实地视察、听取汇报、座谈交流等形式，围绕科技投入、人才招引、校企合作等方面，进行深入探讨并提出意见建议。为进一步拓展、加深和增厚诸城市汽车产业链条，瞄准专用汽车产业进行专题调研。在前期调研的基础上，赴湖北随州、河南郑州等地的专用汽车产业园、生产企业和研发机构学习考察，向市委、市政府报送了《关于建设专用汽车产业园的调研报告》，提出了建设专用汽车产业园、把诸城市打造成为国内知名专用汽车产业基地的建议。市委书记桑福岭在批示中指出，要认真参阅报告内容，研究落实意见，将专用汽车产业打造成为诸城新的重要经济增长点。

【助力乡村振兴战略】　市政协充分发挥人才智力优势，组织农业、科技界委员深入开展科技下乡和帮农助农活动，把农业先进实用技术、良种良法、强农惠农政策等送到农业一线和农民手中。聚焦农业发展、农民增收的关键领域，围绕农业种植业结构调整这一课题进行调查研究，利用两个多月的时间深入镇街农村和田间地头，多次召开座谈会议，广泛征求听取意见，形成了《关于加大种植业结构调整力度 促进农民增收的调研报告》。市委、市政府对该报告高度重视，要求相关部门和各镇街（园区）研究报告内容并认真抓好落实。为宣传乡村振兴“诸城模式”，争取潍坊市政协主席、全体副主席带队，组织住潍坊的省政协委员专门到诸城调研视察乡村振兴战略，视察组对诸城市探索打造乡村振兴“诸城模式”升级版的各项工作给予充分肯定。

【关注文化名市建设】 市政协通过开展传统文化进校园、文艺进社区，组织文化旅游、休闲观光视察，引导委员举办书画展、打造网络春晚等，积极为文化名市建设增砖添瓦。为提升诸城市的文化竞争力、持续发展力，开展了文化名市建设专题调研，组织委员视察了尽美红色文化小镇、刘家庄抗战纪念馆和庙山民俗文化旅游度假区等文旅项目，召开了由宣传、文化、旅游和作协、美协等部门、行业协会参加的座谈会，形成了《关于提升我市文化软实力的调研报告》，为推动全市文旅产业大发展大繁荣建言献策。

聚焦民生福祉

市政协关注民生、服务民本，围绕人民群众关注的问题积极建言资政，深入一线基层多办民生实事好事，使人民群众有更多的获得感、幸福感。

【政协提案工作】 广大政协委员充分运用提案履行职能、建言献策，共提出提案199件，经审查立案184件。对于这些提案，市委、市政府专门研究部署、抓好落实，各承办单位采取多种措施加大办理力度。市政协狠抓提案质量，通过开展委员培训、发放提案征集目录等形式，使得提案质量有了大幅提升；狠抓提案督办，联合市政府与各承办部门积极协调沟通，通过落实重点提案督办制度、召开重点提案办理现场会等，有力提升了提案办理成效。年内，市政协十届二次会议以来的提案已经办理答复完毕。

【社情民意信息工作】 把提升委员捕捉信息敏感度、提炼信息能力和报送信息积极性作为信息工作的常态来抓，多次分组召开座谈会，以会代训持续帮助委员出题目、理思路，委员提报信息的数量质量明显提升。健全了与党政系统信息工作的互通共享机制，各镇街（园区）、部门密切配合社情民意信息工作，征集信息的渠道更为畅通、路径更为宽广。全年，梳理发布重点信息选题21条，收到各类社情民意信息358篇，编报175篇，被上级政协采用107篇，其中被全国政协采用5篇，被中央领导批示1篇，并在全国政协信息工作座谈会上予以通报表扬。市委、市政府高度重视社情民意信息工作，主要领导多次签批委员信息。在省和潍坊市政协社情民意信息工作考核中，诸城市政协连续五年获得第一名；省政协专门发来表扬信，对诸城市政协信息工作给予表扬鼓励。

【委员服务社区】 市政协把委员服务社区活动作为联系群众、反映民意的重要平台，引导委员发挥自身优势，找准服务社区的契合点，不断延伸工作触角、拓展服务内涵。张博、唐勇、林镇奎等委员为帮助贫困家庭、困难学生、改善社区条件等踊跃捐款捐物；刘霞、聂洪英等委员开展农超对接和农银对接活动，帮助农民解决产品销路和贷款融资难问题；李佳枫、王德高、丁凯、曹芍芬等委员坚持开展“三下乡”活动，组成医疗卫生、农技推广、文化服务、文艺演出等多支小分队，为基层群众提供更加丰富、更为贴心的便民服务。广大政协委员听民声、聚民意，解民忧、助民乐，开展服务社区活动40多次，其中“三下乡”活动15次，帮助困难群众280多户，救助贫困学生350多人，累计捐款捐物过百万元，拉近了与基层群众的感情，架起了党委、政府与人民群众的“连心桥”。

聚合力量共识

市政协把团结联谊、凝聚力量作为履行职能的重要内容，积极宣传诸城、推介诸城，扩大诸城影响力，做大诸城“朋友圈”。

【团结联谊】 拓宽联谊渠道，专门赴厦门举办了“山东省异地商会·诸城联谊招商推介会”，成功搭建起厦门工商界人士与诸城市沟通合作的桥梁纽带。拓展联谊范围，以外出学习考察专用汽车产业、举行招商推介活动为契机，专程拜访了湖北省山东商会、河南省山东商会、厦门市山东商会，与其进行亲情友情上的交流，向其宣传推介诸城的营商环境和“双招双引”政策，吸引客商到诸城投资兴业、共谋发展。选好联谊节点，组织女委员举办“走进新时代、共话新发展”庆“三八”联谊活动，走访慰问驻军部队和酷暑高温中坚守岗位一线的交警，团结凝聚民族宗教和港澳台侨等各界人士，组织政协老干部视察全市重点项目建设情况，凝心聚力、形成合力，助力党委、政府画好最长半径的“同心圆”。

【文史宣传】 以潍坊市政协编辑出版《纪念改革开放四十周年文史特辑》为契机，向其提供7篇、3万余字的文史稿件，生动纪录宣传了诸城市改革开放40年来波澜壮阔的历史进程。把握占领好各级政协系统的舆论阵地，围绕全市工作大局和政协履职亮点，利用《人民政协报》《联合日报》等新闻媒体，开展了尽美文化、新旧动能转换、乡村振兴战略和改革开放诸城经验等专题宣传活动，不断扩大宣传面和影响力。在地市级以上新闻媒体共发表稿件261篇，编印《诸城政协》内刊四期，在市内媒体发表稿件85篇。市政协被省和潍坊市政协分别表彰为新闻宣传工作先进集体，并作为县市区政协代表在全省政协新闻宣传工作会议上作了典型发言。

【联系交流】 积极承接上级政协到诸城市开展的调研视察活动，接待了全国政协关于“发展实体经济”，省政协关于“保护企业家精神”“环保督查整改”“非公有制企业发展”，潍坊市政协关于“实施乡村振兴战略”“土壤污染防治”“中医药产业振兴”等17次上级政协到诸城市开展的调研视察活动。全国政协经济委员会副主任冯健身，省政协副主席吴翠云、郭爱玲和潍坊市政协主席苏立科及全体副主席都莅临诸城，对诸城市各项工作给予充分肯定。同时，接待了辽宁、河南、湖南、广西、内蒙古等其他省份和省内兄弟市县政协考察团21批次。市政协抓住这些时机，认真准备，热情服务，最大限度地宣传诸城、推介诸城，尽心尽力为全市发展营造良好环境。

聚准方向站位

市政协把加强思想政治建设和政协自身建设作为履行职能的根本保证，坚持党建引领坚定方向、提升能力履职担当，为实现政协工作新发展创造有利条件。

【强化党的建设】 把学习习近平总书记关于加强和改进人民政协工作的重要思想，作为全市政协系统最为重要的党建任务和提升履职能力的重要手段，开展了“五个一”专题学习活动，即制定一套详细的学习方案、召开一次专题党组（扩大）会议、举办一次庆七一“牢记初心、做新时代政协人”演讲比赛、开展一次主题宣讲活动、举行一次论文征集活动，确保学习活动入脑入心、推动工作。召开了全市政协系统党的建设座谈会，市委出台了《关于加强新时代人民政协党的建设工作的实施意见》，把全市政协系统党的建设工作推向新高度。把2018年确定为“党建工作规范年”，注重提高“三会一课”、民主生活会和组织生活会的质量，召开政协党组会议16次、机关党支部会议12次、开展集体学习48次。市政协党组成员带头落实双重组织生活会制度，按规定以普通党员身份参加机关党支部活动。组织机关党员到王尽美党性教育基地、诸城市改革发展历程馆、刘家庄抗战纪念馆等地开展“主题党日”活动。党员政协委员注重发挥先锋模范作用，时刻牢记党员第一身份，影响带动其他委员紧密团结维护在党组织周围。全市政协系统党的建设得到进一步加强和规范，诸城市政协在潍坊市政协系统党的建设座谈会上作了典型发言。

【履职能力建设】 坚持市政协领导联系委员企业制度，落实包靠责任制，加大对委员领办企业的帮扶力度。制定出台了《市政协党组关于加强党组成员同政协各方面经常性联系的意见》，强化思想政治引领，确保委员履职始终行走在正确轨道上。切实加强对委员的教育管理，采取选送到复旦大学学习、参加辅导报告会等形式加大对委员的培训力度；落实好委员履职考评管理制度，年底量化考核委员履职情况，创新开展了委员书面述职，引导委员珍惜政治荣誉、充分履行职能。发挥委员主体作用，组织各活动组开展了形式多样、内容丰富的参政议政活动，组织住镇街（园区）委员开展了横向性、跨区域的履职交流活动，委员队伍得到充分活跃。市政协机关以“作风建设年”活动为切入点，增强服务意识，摆正工作定位，切实为人民群众服好务、为政协工作服好务；以提升服务能力和保障水平为抓手，坚持机关干部半年述职、季度总结和每周调度制度，工作积极性得到充分调动，形成了机关上下团结奋进、机关服务你追我赶的良好氛围。

【开展主题实践活动】 深入推进“‘三区一城’建设有我有作为”主题实践活动，极大地激发了广大政协委员激情创业、投身发展，担当作为、争创一流的热情和干劲，涌现出一批先进事迹和先模人物。郑兆怀委员累计为教育、民生等各项公益事业捐款近170万元；于瑞波委员所在的得利斯集团向寿光、青州灾区捐赠了价值100万元的物资；惠增玉委员在第一时间为抗洪官兵和受灾群众送去价值10万多元的食品；委员企业百盛商场和顾琳礼仪庆典公司向明诚学校捐赠了价值30万元的电子显示屏，等等。在推进高质量发展中，委员领办企业以科技求发展，向创新要效益，转型升级成效显著。有

13家企业被认定为国家知识产权优秀企业、高新技术企业和中小企业隐形冠军，获得各类专利230多项。据统计，委员中有129人次获得各级党委、政府和部门行业的表彰奖励。为弘扬先进、推广典型，市政协在电视台和《今日诸城》开辟了“‘三区一城’建设政协委员在行动”专栏，对表现突出的8名优秀委员事迹进行展播和刊载，赢得了广泛赞誉。

重 要 会 议

【市政协十届四次常委会议】 1月12日，市政协召开十届四次常委会议，市领导孙利宝、王大伟、张海铁、吴建智、臧晋运、宗素霞、袁柳天出席。会议听取了市政府关于提案办理工作情况的通报，对市政府及有关承办部门提案办理工作表示满意。听取了市政协十届二次全委会议筹备工作情况的通报，增补了部分政协委员，审议通过了召开大会的有关事项。

【市政协十届五次常委会议】 1月17日，市政协召开十届五次常委会议，市政协领导孙利宝、张海铁、吴建智、臧晋运、蒋德华、韩培武、宗素霞、袁柳天出席会议。各镇街、市属各重点园区负责政协工作的副书记、副主任，市政协各专委会下设组长，政协各委室主任、副主任列席会议。会议审议通过了提案审查情况的报告（草案）和大会决议（草案）。

【市政协十届六次常委会议】 3月7日，市政协召开十届六次常委会议，市政协领导孙利宝、张海铁、吴建智、韩培武、袁柳天出席会议。会议传达学习了全市三级干部会议精神，审议通过了《政协诸城市委员会2018年工作要点》。会议要求，全市政协组织和广大政协委员要深入学习贯彻“大项目突破年”活动暨“春季百日会战”动员会议和全市三级干部会议精神，围绕落实市委“14435”工作思路和“大项目突破年”活动，切实发挥政协作用，充分履行职能，在奋力夺取全市2018年工作新胜利中贡献力量。

【市政协十届七次常委会议】 8月22日，市政协召开十届七次常委会议，市领导孙利宝、王大鹏、张海铁、吴建智、臧晋运、宗素霞、袁柳天出席会议。会议传达了市委半年工作专题读书交流会会议精神，听取了市政府关于乡村振兴战略实施情况的通报，听取了部分委员的讨论发言。会议指出，乡村振兴的号角已经全面吹响，农业和农村必将迎来蓬勃发展的新时代。政协组织要积极响应中央和省委、市委的号召，团结和带领全市广大政协委员，积极作为，勇于担当，为乡村振兴贡献力量。与会政协委员先后到诸城国家级农林科技孵化器、东方田园、榛缘欢乐谷等乡村振兴项目建设现场进行视察，并围绕落实市委会议精神和推动乡村振兴战略谈了看法，提出了意见建议。

【市政协十届八次常委会议】 10月31日，市政协召开十届八次常委会议，市领导孙利宝、李庆华、张海铁、臧晋运、宗素霞、袁柳天出席会议。会议学习了中共中央办公厅、省委办公厅关于加强新时代人民政协党的建设工作的有关文件精神，视察了全市部分大项目建设情况，听取了市政府关于全市工业项目建设情况的通报，协商讨论了《关于建设专用汽车产业园的调查报告》（讨论稿），部分委员作了讨论发言。市政协主席孙利宝在讲话中指出，中共中央办公厅、省委办公厅下发的关于加强新时代人民政协党的建设工作的有关文件精神，是新时代新形势下加强人民政协党的建设工作的行动指

1月16日—18日，中国人民政治协商会议第十届诸城市委员会第二次会议在市政府大礼堂召开 （供图　报社）

南和重要遵循，对指导政协工作具有重大意义。作为政协系统，一定要提高思想认识，把贯彻学习中央和省委有关文件精神，作为当前首要政治任务，认真制定学习工作方案，切实组织好委员和机关干部的学习，确保在政协组织中实现全覆盖。与会政协常委先后到中坛再生循环经济产业园、大业股份80万吨钢帘线、美晨产业园、汽车及零部件产业园等重点项目建设现场进行视察。

【中国人民政治协商会议第十届诸城市委员会第二次会议】 中国人民政治协商会议第十届诸城市委员会第二次会议于2018年1月16日-18日在诸城举行。

会议听取并讨论了市委书记桑福岭的讲话，听取并审议了十届市政协常委会工作报告和提案工作报告；列席了市十八届人大二次会议，听取并协商讨论了市政府工作报告及相关报告；举行了大会发言和联组讨论。

市委书记桑福岭在开幕会议上总结了上年全市经济社会发展取得的显著成就，深刻分析了诸城市当前面临的形势和任务，对十届市政协开局之年紧扣党政工作大局，服务发展立新功、议政建言高水平、团结民主有成效、关注民生见真情、主题活动创特色、自身建设激活力等工作给予充分肯定，对新一年市政协充分发挥协商民主重要渠道和专门协商机构作用，认真履行政治协商、民主监督、参政议政职能提出了殷切期望和明确要求。

会议高度评价市政府过去一年的工作。市政协主席孙利宝代表市政协常委会作了工作报告。会议指出，2018年是深入贯彻落实党的十九大精神的开局年，是加快新旧动能转换的关键年，也是全面推进“四个城市”和“三区一城”建设的攻坚年。全市政协组织和广大政协委员要全面贯彻党的十九大精神，以习近平新时代中国特色社会主义思想为指导，按照市委“14435”工作思路，着力提高政治把握能力，服务发展能力，调查研究能力，联系群众能力，合作共事能力，保持“一线”状态，追求“一线”作为。要汇聚优势资源，紧扣全市党政中心工作、围绕加快新旧动能转换广搭发展平台，认真履行职能，主动献计出力，党政工作部署推进到哪里，政协工作就跟进关注到哪里。要充分发挥政协协商民主重要渠道和专门协商机构作用，进一步搭建协商平台、丰富协商形式、细化协商内容、促进协商成果转化运用。要牢牢把握团结和民主两大主题，促进社会各界、各行各业的大团结大联合，以团结凝聚智慧，以团结形成合力，以团结促进和谐。要坚持为人民履职、为民生尽责，脚步往下走，眼睛朝下看，深入基层，走进群众，多做一些宣传解释工作，多办一些民生福祉实事。大会号召，全市政协组织和广大政协委员，要高举中国特色社会主义伟大旗帜，更加紧密地团结在以习近平同志为核心的党中央周围，在中共诸城市委的坚强领导下，实干担当、激情创业，履职尽责、服务发展，开启新时代政协工作新篇章，为开创新时代全市转型发展新局面而努力奋斗！

【全市政协系统党的建设工作座谈会】 12月7日，全市政协系统党的建设工作座谈会召开。市政协主席、党组书记孙利宝，副主席、党组成员韩培武、宗素霞参加会议。

会议传达学习了全国、省、潍坊市政协系统党的建设工作座谈会精神，学习贯彻中央办公厅、省委办公厅、潍坊市委办公室和市委办公室关于加强新时代人民政协党的建设工作的文件精神。孙利宝在讲话中指出，要提高认识，不断增强做好新时代政协党建工作的责任感和紧迫感，充分认清新时代人民政协党的建设的重大意义和时代背景，结合实际深刻领会，切实增强抓好政协党建工作的思想自觉和行动自觉。要突出重点，不断提高新时代政协党建工作的质量和效益，牢牢把握新时代加强政协系统党的建设的总要求，全面推进政协党的建设，发挥好政协党组在政协工作中的领导核心作用、基层党组织的战斗堡垒作用、政协组织中共产党员的先锋模范作用，推动全市政协党的建设工作再上新台阶。要狠抓落实，不断以党的建设新成绩促进政协履职新成效和新作为。按照新时代党的建设总要求，把牢发展导向、基层导向、落实导向，探索创新，以更加科学、更加有效的思路和举措，将政协党的建设不断推向前进，不断激发履职活力。

会议邀请市委组织部、市委宣传部、市委统战部、市直机关党工委负责人列席会议，部分市直、镇街活动组的负责人和党员委员代表作了交流发言。

上级政协和外省市政协调研考察

【联合日报社到诸城调研采访】 3月29日-30日，省政协联合日报社副总编辑王世鹏一行4人到诸城采访委员事迹，调研尽美文化、新旧动能转换和乡村振兴战略工作，市政协领导孙利宝、吴建智陪同活动。

【大连市甘井子区政协到诸城调研学习】 4月20日，大连市甘井子区政协主席王鹏一行4人到诸城就"实施乡村振兴战略、文化产业建设"等方面进行调研学习。市政协领导孙利宝、张海铁陪同。

【省政协副主席郭爱玲到诸城调研】 5月7日-8日，省政协副主席郭爱玲带领调研组一行10人到诸城就"如何激发和保护企业家精神，大力营造尊重、关怀、宽容、支持企业家的社会文化环境"进行调研。市政协主席孙利宝、副主席宗素霞陪同。

【全国政协调研组到诸城调研】 5月10日，全国政协经济委员会副主任、甘肃省政协原主席冯健身带领调研组到诸城就"发展实体经济，提高供给体系质量"进行专题调研。潍坊市政协副主席刘树亮及诸城市领导刘峰梅、孙利宝、吴建智陪同调研。

【省政协调研组到诸城调研】 6月20日，省政协研究室副主任盖文兴带领省政协调研组到诸城就政协系统推动中央环保督查整改工作落实情况进行调研。市政协副主席吴建智陪同。

【河南省政协到诸城考察】 8月8日，河南省政协农业委员会副主任张继敬等一行10人，在潍坊市政协副主席李传恒陪同下，到诸城考察学习“加快培育新型农业经营主体”工作经验。市政协副主席吴建智陪同。

【抚州市政协到诸城考察】 10月16日，江西省抚州市政协副主席黄耀波一行11人到诸城围绕“培育乡村产业，助推乡村振兴”进行考察。潍坊市政协副主席刘树亮，诸城市政协主席孙利宝、副主席张海铁陪同。

【省政协副主席吴翠云到诸城调研】 11月6日，省政协副主席、党组副书记吴翠云到诸城非公有制企业联系点——得利斯食品股份有限公司进行专题调研。潍坊市政协主席、党组书记苏立科，副主席、党组副书记孙忠礼，诸城市领导刘峰梅、孙利宝、宗素霞陪同。

重　要　活　动

【文化下乡活动】 1月31日，市政协组织文化界委员和诸城市部分书画家到龙都街道大村社区，开展文化下乡活动，市政协主席孙利宝、副主席张海铁参加活动。书画家们挥毫泼墨，现场创作国画、楹联、“福”字近200幅（副）；为社区居民送上新春的祝福；市政协为社区赠送了文史图书，受到社区居民的欢迎。

1月31日，市政协组织文化下乡活动　　（摄影　巩向红）

【科技下乡活动】 4月3日，市政协组织农业界、科技界委员及涉农企业，开展“科技下乡”活动，市政协副主席臧晋运参加活动。市政协组织委员和种植户到百尺河镇开展学习交流大棚西红柿种植技术，农技专家现场指导种植技术和病害防治措施。在辛兴镇朱庙社区蔬菜大棚，围绕种子、化肥、农药、蔬菜管理等进行了集中培训，现场解答菜农在种植方面的疑问。活动中向菜农赠送科普读物，并到青鸟果蔬专业合作社参观学习大棚蔬菜管理与特种蔬菜的种植。

【“文心融盛世　翰墨蕴家风”书画展】 5月22日，市政协举办“文心融盛世　翰墨蕴家风”书画展暨华融东鲁展览馆开馆仪式。市政协主席孙利宝、副主席张海铁参加。书画展共展出来自青岛、烟台、日照、潍坊等地100多名书画家的160余幅作品。这些书画作品特色鲜明，风格各异，多角度反映了书画界艺术家的专业综合实力，作品中有不少在全国获奖的精品佳作，充分展示了书画社成立5年来的创作成果。

【“牢记初心　做新时代的政协人”演讲决赛】 6

月26日，市政协组织开展庆七一“牢记初心 做新时代的政协人”为主题的演讲比赛决赛，市领导孙吉海、孙利宝、张海铁、吴建智、宗素霞参加，并为获奖选手颁奖。本次演讲比赛是市政协迎“七一”系列活动的重要内容之一，通过前期的预赛，有11名委员进入决赛。演讲者围绕“牢记初心 做新时代的政协人”这一主题，结合各自工作实际畅谈认识体会、分享感悟收获，展现了新时代的政协委员爱岗敬业、奋发进取的精神风貌。决赛产生一等奖1名，二等奖2名，三等奖3名，优秀奖5名，有12个委员活动组获得组织奖。

【政协离退休老干部考察全市经济社会发展】 为庆祝“九九老人节”，10月17日，市政协机关组织离退休老干部，在市政协主席孙利宝、副主席宗素霞的陪同下考察诸城市经济社会事业发展情况。孙利宝向老干部介绍了诸城市经济社会发展和政协工作的开展情况，并代表政协党组向机关离退休老干部致以节日的问候，对他们长期以来的关心和鼓励表示感谢。希望老干部们继续关注和支持诸城市各项事业发展和政协工作。老干部们先后到南湖市民公园、繁华中学新校、新东外环，以及竹山生态旅游区实地考察参观，并听取了情况介绍。看到诸城的发展变化，老干部们感到非常振奋，纷纷表示要积极传递正能量，继续发挥余热，为诸城经济社会发展作出自己的贡献。

【重点提案督办现场会】 11月1日，市政府、市政协召开重点提案督办现场会，市领导孙利宝、陈之帅、张海铁、吴建智、臧晋运、宗素霞、袁柳天出席。与会人员实地视察了绿谷田园综合体项目、卧龙湖水库、诸城一中慈海学校等重点提案办理现场，听取了教育局、水利局、经信局、农业局、交通局、市场监管局、卫计局关于提案办理情况汇报。部分政协委员和提案人对提案办理工作提出了意见和建议。市政协主席孙利宝就做好下步提案工作提出要求，副市长陈之帅代表市政府就切实抓好提案办理工作讲了意见。

（吴洪强）

中国共产党诸城市纪律检查委员会、诸城市监察委员会

组 织 机 构

2018年1月，撤销诸城市监察局（诸政字〔2018〕 1号）。

2018年1月19日，由诸城市人民代表大会产生诸城市监察委员会。诸城市第十八届人民代表大会第二次会议，于2018年1月19日，选举何金波为诸城市监察委员会主任。根据诸城市监察委员会主任何金波的提名，诸城市第十八届人民代表大会常务委员会第十次会议于2018年1月19日通过，决定任命：杨乐友、刘福明为诸城市监察委员会副主任；丁丽文、王辉、赵公欣、白波涛为诸城市监察委员会委员。

市纪委、市监委机关内设机构增加到17个，分别为：办公室、组织部、宣传部、党风政风监督室、信访室、案件监督管理室、第一纪检监察室、第二纪检监察室、第三纪检监察室、第四纪检监察室、第五纪检监察室、第六纪检监察室、第七纪检监察室、第八纪检监察室、第九纪检监察室、案件审理室、纪检监察干部监督室。

6个市纪委派驻纪检组统一更名为市纪委市监委派驻纪检监察组，授予部分监察职能和权限。

市纪委、市监委机关行政编制由47名增至74名（从市检察院划转行政编制27名）。

综 述

2018年，诸城市纪委、监委坚持以习近平新时代中国特色社会主义思想和党的十九大精神为指导，紧紧围绕推动全面从严治党向纵深发展、向基层延伸，忠诚履行党章和宪法、监察法赋予的职责，严格监督执纪问责和监督调查处置，全市党风廉政建设和反腐败各项工作迈出新步伐、取得新成效。

政 治 建 设

坚守政治机关定位，把“两个维护”作为根本政治任务，融入到思想中、落实到行动上、体现在工作中。

【认真学习习近平新时代中国特色社会主义思想】 市纪委常委会把学习贯彻作为首要政治任务，组织市纪委常委会开展习近平新时代中国特色社会主义思想学习研讨7次，带动全体纪检

监察干部树牢“四个意识”、坚定“四个自信”、做到“四个服从”。带头践行“两个维护”，严格落实“两个为主”要求和请示报告制度，市纪委、市监委主动及时向市委和潍坊市纪委、监委请示报告工作。

【扎实履行协助党委推动全面从严治党职责】 协助诸城市委制定党风廉政建设责任书，开展市级领导班子成员向市纪委全委会述责述廉、镇街（园区）党政主要负责人和市直部门单位主要负责人向市纪委全委会述责述廉、镇街（园区）和市直部门（单位）党政班子成员述责述廉。开展纪委常委与下一级党政主要负责人廉政谈话活动，共开展廉政谈话108人次。

【严明政治纪律和政治规矩】 突出政治标准，注重坚持用政治的眼光发现、纠正和处置问题。全力配合诸城市委迎接山东省委巡视工作，共接收省委巡视组交办件129件，均按时办结。结合中央巡视山东、山东省委巡视潍坊及诸城市的反馈意见，逐一梳理、主动认领11个方面43个问题，全部整改到位。

服务中心工作

牢牢把握市委中心工作与纪检监察工作的结合点，充分发挥自身职能作用，坚决做到到位不缺位，确保市委各项工作扎实开展。

【加强对市委重大决策部署的监督检查】 围绕开展“三清一增”，加强监督检查，深挖工作中违反工作纪律、弄虚作假、欺上瞒下等问题，共立案调查4起，处理6人。围绕优化营商环境，组成7个调研组深入17个部门、单位开展专题调研，形成专题调研报告，提出关于加强诸城市非公企业廉洁从业体系建设的意见，供市委决策参考。围绕市委确定的“作风建设年”、重点项目建设“百日会战”、社会稳定等重点工作，问责党组织86个，问责党员领导干部117人。

【项目建设领域违纪违法行为专项治理】 在认真总结创卫迎审监督检查工作经验的基础上，坚持主动作为、靠前监督，针对项目建设领域恶意阻挠、徇私舞弊、滥用职权、不担当不作为等问题，制定出台《关于开展项目建设领域违纪违法问题专项治理的实施方案》，集中利用5个月的时间开展专项治理，分两批对未按期完成阶段性目标任务的25个项目的包靠单位、责任单位进行通报批评，立案调查8起，对发现的1个拒不拆迁的党员“钉子户”，综合运用多种手段，督促该户签订了拆迁协议；对1起党员干部强行销售中秋节礼问题进行严肃查处并通报曝光。

【营造实干担当的创业环境】 认真落实山东省纪委机关、山东省委组织部《关于激励干部担当作为实施容错纠错的办法（试行）》，在电视台、报纸滚动播出、刊发三篇述评文章，形成容错纠错的浓厚氛围。出台《市纪委监委机关关于规范容错纠错工作程序的意见（试行）》，从制度层面建立起责任明晰、措施具体、程序严密、配套完善、可操作性强的容错纠错体系，真正为敢于担当的干部担当，为敢于负责的干部负责。

深化监察体制改革

坚决落实山东省、潍坊市关于深化国家监察体制改革的决策部署，全力以赴抓好改革试点工作的落实，着力构建全覆盖的监督体系。

【推进监察体制改革】 诸城市委扛牢主体责任，诸城市纪委精心组织实施，按要求划转诸城市检察院原有政法专项编制27个，实际转隶14人。2018年1月19日，在诸城市第十八届人民代表大会第二次会议上，经法定程序选举产生了诸城市监察委员会主任。当日，诸城市监察委员会正式挂牌运行。将原山东省电力行业职业技能鉴定中心潍坊诸城基地作为集中办公场所，实现纪委、监委、巡察机构、派驻机构集中办公。完成监察工作向镇街、功能区延伸，设立派出监察机构14个，配备纪检监察干部81人。

【强化派驻监督】 牢固树立“有问题发现不了是失职、发现问题不报告是渎职”的理念，主动把脉部门政治生态，充分发挥派驻机构“探头”作用，及时发现驻在部门党组织和党员干部中存在的问题，共监督部门“三重一大”事项260余项，列席部门重要会议67次。

【推进巡察监督】 完成诸城市委第三轮、第四轮巡察工作，共巡察部门单位20个，发现专项问题365个。第五轮巡察工作基本结束，共巡察5个镇街（园区）及所属84个社区、105个部门，发现专项问题337个，问题线索179条。其中，“三清一增”方面的问题34个，正在形成巡察报告。

完善执纪执法机制

坚持一体履行纪检、监察两项职能，推动纪律、法律双施双守，坚定不移、精准有序惩治腐败，反腐败斗争取得压倒性胜利。

【驰而不息纠正“四风”】 实行常规检查、专项检查、突击性明察暗访相结合，严肃查处违规公款吃喝、违规接受管理服务对象宴请、违规配备使用公车等行为，共查处违反中央八项规定精神问题8起，处理31人。集中开展形式主义、官僚主义专项整治，把形式主义、官僚主义作为纪律审查的重点，查处问题64个，处理117人。

【扎实推进审查调查】 对诸城市纪委、监委领导班子工作分工重新调整，除1名常委分管办公室、宣传等工作外，其他常委、委员全部靠在审查调查一线，共受理信访举报件213件，运用“四种形态”处理党员干部1367人，一至四种形态分别为835人、443人、52人、37人。处置反映问题线索713条，立查违纪违法案件367起，给予党纪政务处分515人。其中采取留置措施2人，移送司法机关6起6人，已全部作出有罪判决，挽回经济损失686.4万元，彰显了监察体制改革带来的新成效。

【深入开展专项治理】 深化群众身边腐败和作风问题专项治理，坚决纠治弄虚作假、履责不力等形式主义、官僚主义问题，严肃查处向扶贫资金财物动“奶酪”、伸黑手等腐败行为，查处群众身边腐败和作风问题190起，处理党员干部369人，其中党纪政务处分258人。强化扫黑除恶专项斗争监督执纪监察，加强与政法机关的联动协作，建立涉黑涉恶腐败问题线索、黑恶势力违法犯罪线索双向移送制度和查办结果反馈机制，召开新闻发布会通报情况，共立案涉黑涉恶腐败问题9起，涉及10名党员干部。

宣传教育

充分发挥诸城市文化底蕴厚、廉政资源多的优势，深入挖掘、精心提炼，着力打造廉政教育的诸城品牌。

【廉政教育】 积极推动反腐茂腔戏《失却的银婚》到省晋京演出，得到中央和山东省委领导的高度评价。山东省委常委、省纪委书记、省监委主任陈辐宽专门作出批示，对诸城市利用当地传统文化开展廉政教育的做法给予充分肯定。《中国纪检监察报》、中央纪委国家监委网站首次以“报网联动”的方式对展演进行报道。被潍坊市纪委授予全市唯一廉政文化建设特殊贡献奖。先后3次组织全市领导干部观看山东省纪委下发的《失衡的代价》《失控的“雅好”》等警示教育片，社会反响强烈。加大“一报两刊”征订学习力度，分别被中国纪检监察杂志社、中国纪检监察报社表彰为“学刊用刊先进单位”“学报用报先进单位”。

【廉洁文化建设】 争取中央纪委方正出版社支持，在诸城市纪委监委机关、市图书馆、16处镇街（园区）、部分社区建设首批20个廉政书屋，被中央纪委方正出版社确定为廉政书屋建设示范点。积极参与山东省纪委廉洁主题艺术作品征集活动，入选6件，其中优秀奖2件、入围奖1件。举办习近平新时代中国特色社会主义思想和党的十九大精神知识竞赛，与关工委等部门联合举办经典家训展读活动并组队参加诵读，传承好家风，营造新风尚。

【党纪法规教育】 下发学习贯彻意见和工作分工方案，安排部署全市的《纪律处分条例》和《监察法》学习宣传贯彻工作，把《纪律处分条例》和《监察法》纳入党员干部培训“必修课”，分层级轮训、全覆盖培训党员干部。开设“监察干部论监察”讲堂，安排市、镇街纪检、监察干部开展监察法学习研讨。组织全市5637名党员干部参加了党纪法规和德廉知识测试，合格4635人，合格率82.5%。针对农村党员干部年龄老化、文化层次低的实际，组织创作《漫说监察法》普及教育读本，由中央纪委方正出版社出版，面向全市免费赠阅，被评为潍坊市廉政文化建设5项精品工程之一。

【新闻宣传】 实行传统媒体和新媒体相结合，在巩固报纸、电视等传统教育阵地的基础上，利用“清廉诸城”微信公众号推送廉政信息87期149条，播出“龙城廉政之声”电台节目52期，印发《诸城纪检监察信息》12期，进一步放大纪检监察声音。积极宣传全市工作中的好经验、好做法，共向上级纪检、监察机关和诸城市委报送稿件196篇、网评36篇。其中，中央级采用16篇，省级采用42篇，潍坊市级采用71篇。

队伍自身建设

坚持把纪律和规矩挺在前面，注重抓早抓小、强化日常管理，既严格管理约束、又关心厚爱，干部队伍向心力、凝聚力、战斗力进一步加强。

【强化党建引领】 诸城市纪委主要领导定期听取机关党建工作汇报，党组织领导班子成员结合实际列出全面从严治党责任清单和抓党建工作责任清单，明确分工，细化措施，层层传导压力。调整优化党组织设置，在市纪委、监委机关设立党总支，下设6个党支部。规范开展组织生活，加强机关党员党性修养，市纪委机关党支部被表彰为诸城市先进基层党组织。

【加强队伍建设】 坚持“打铁必须自身硬”，着力加强纪委常委班子建设，以上率下带队伍。从提升业务能力入手，在自主举办综合业务培训班的基础上，分两批组织全员到西南政法大学进行专题业务培训，提升了审查调查能力。公开考选10名法律、财会审计、保密技术、公安专业的公务员，遴选9名工作人员，充实到纪委机关和巡察机构，增强工作力量。扎实推进监察体制改革，紧抓关键环节，依法组建产生市监察委员会，完成办公场所搬迁，实现纪委机关、巡察机构、派驻机构集中办公。积极推动监察工作向镇街（园区）延伸，全市14个派出监察室集中挂牌运行。

【完善制度保障】 修订完善会议、值班、请假等30项机关规章制度，完善纪检监察干部个人事项报告、外出审批、工作首问责任制、过错责任追究等内部监督制度，对纪检、监察干部打听案情、过问案件、说情干预情况进行登记备案和责任追究。开展三轮次纪检、监察干部谈心谈话和家访活动，增强了队伍凝聚力。开展内设机构、派驻机构负责人向市纪委常委会、监委委务会述职述廉述责工作，加强对纪检、监察干部的监督。

重要活动　重要会议

【诸城市监察委员会挂牌成立】 1月19日，诸城市监察委员会正式挂牌成立。市委书记、市深化监察体制改革试点工作小组组长桑福岭，市委常委、市纪委书记、市监察委员会主任何金波共同为市监察委员会挂牌。这标志着诸城市深入贯彻落实党的十九大精神、全面推进国家监察体制改革试点工作又迈出了关键性的一步。之前，在市第十八届人民代表大会第二次会议上，经法定程序选举，何金波当选为诸城市监察委员会主任，并在全体代表的见证下，现场向宪法宣誓。根据何金波提名，在随即召开的市第十八届人民代表大会常务委员会第十次会议上，表决任命杨乐友、刘福明为诸城市监察委员会副主任，丁丽文、王辉、赵公欣、白波涛为诸城市监察委员会委员，随后市监察委员会成员举行了宪法宣誓仪式。

深化国家监察体制改革，成立各级监察委员会，是党中央作出的一项重大决策部署。自改革试点工作全面推开以来，市委切实提高政治站位，从践行“四个意识”、落实党的十九大

1月19日，诸城市监察委员会正式挂牌成立　　（摄影　孔繁亮）

精神高度，把思想和行动统一到中央、省委、潍坊市委和潍坊市纪委的部署要求上来，坚决把主体责任扛在肩上，以强烈的责任感、使命感和紧迫感，推动监察体制改革试点工作在诸城不折不扣落实到位。市委成立了改革试点工作小组，市委书记任“施工队长”，把改革试点工作作为当前重大政治任务，列入重要议事日程，认真谋划、精心组织，多次召开市委常委会议和改革试点工作小组会议研究部署改革工作，蹄疾步稳、积极稳妥地推进改革。紧密结合诸城市实际，制定了详实的施工图，压实责任、倒排工期。市纪委负起专责、牵头推进，各部门分工协作、密切配合，按图施工、挂图作战，统筹做好前期筹备、人员转隶、机构调整、编制划转、合署办公等工作。

市监察委员会组建后，完成转隶14人，纪检监察室由4个增设至9个，监督执纪部门达到14个，占内设机构数的83.35%，监督执纪部门编制数占总编制数的70.67%。完善各项规章制度，保障纪法工作的顺畅衔接。举办纪检、监察干部综合业务培训班，加快推进思想、理念、感情、人员、工作全面融合。市委常委、市纪委书记、市监察委员会主任何金波要求，全市各级纪检、监察机关要以监察委员会成立为契机，认真贯彻落实党的十九大对纪检、监察工作提出的新要求，坚持不懈用习近平新时代中国特色社会主义思想武装头脑、指导实践，主动适应深化国家监察体制改革的新形势新任务，树牢“四个意识”，坚定“四个自信”，认真履职尽责，确保反腐败斗争不松劲、不停步、再出发。打铁必须自身硬，全体纪检监察干部一定不忘初心、牢记使命，增强履职本领，强化自身监督，锤炼过硬作风，确保党和人民赋予的权力不被滥用、惩恶扬善的利剑永不蒙尘，把党风廉政建设和反腐败斗争不断引向深入，推动全面从严治党向纵深发展，为深入推进“四个城市”和“三区一城”建设、努力开创新时代全市转型发展新局面作出新的更大贡献。

【市纪委十四届四次全体会议】　2月5日，中共诸城市纪委十四届四次全体会议召开。会议认

中共诸城市纪委十四届四次全体会议召开　　（供图　市纪委）

真贯彻落实习近平总书记重要讲话和十九届中央纪委二次全会、省纪委十一届三次全会、潍坊市纪委十二届三次全会精神，总结全市2017年党风廉政建设和反腐败工作，研究部署2018年工作任务，以永远在路上的韧劲和执着，不松劲、不停步、再出发，努力夺取全面从严治党的更大胜利。桑福岭、刘峰梅、孙吉海、王玉邦、孙利宝等市级班子领导出席会议。

市委书记桑福岭在讲话中指出，全市各级党组织要紧紧围绕中心、服务大局，坚持党要管党、从严治党，扎实推进党风廉政建设和反腐败斗争，把严的要求贯穿到管党治党全过程、落实到党的建设各方面。桑福岭要求，要把政治建设摆在首位，提高政治站位，增强“四个意识”，坚定“四个自信”，始终在政治立场、政治方向、政治原则、政治道路上同党中央保持高度一致。要持续深化“作风建设年”活动，不断把作风建设引向深入，以优良的作风保证全年各项目标任务圆满完成。要把纪律建设作为全面从严治党的治本之策，坚持挺纪在前、执纪从严，使铁的纪律转化为党员干部的日常习惯和行动自觉。要强化党的自我监督，要以党内监督带动和促进其他监督，不断增强自我净化、自我完善、自我革新、自我提高的能力。要始终保持永远在路上的清醒坚定，坚持无禁区、全覆盖、零容忍，坚持重遏制、强高压、长震慑，坚持受贿行贿一起查，一刻不停歇地深入推进反腐败斗争。桑福岭强调，要强化“抓好党建就是最大政绩”的意识，切实把管党治党的主体责任和政治责任扛在肩上、落到实处。纪检机关作为党内监督的专责机关，要按照党章赋予的职责，协助党委推动全面从严治党，强化监督执纪问责，坚持原则、敢于担当，主动作为、善于监督，坚决同违纪行为和腐败问题作斗争。广大纪检干部要以更高的标准、更严的纪律要求自己，忠诚坚定、担当尽责、遵纪守法、清正廉洁。要强化日常监管，坚决防止“灯下黑”，树立起忠诚、干净、担当的标杆。要真正让失责必问、问责必严成为常态，以问责激发担当精神、倒逼责任落实，坚定不移推动全面从严治党向纵深发展、向基层延伸，为加快推进“四个城市”和“三区一城”建设，努力开创新时代全市转型发展新局面提供坚强保证。

市委常委、市纪委书记、市监委主任何金波代表市纪委常委会作了题为《以习近平新时代中国特色社会主义思想为指导坚定不移推动全面从严治党向纵深发展向基层延伸》的工作报告。

【十四届诸城市委第三轮巡察工作启动】 3月13日，十四届诸城市委第三轮巡察工作动员部署会议在密州宾馆小礼堂召开，标志着市委第三轮巡察工作正式启动。市委常委、市纪委书记、市监委主任、市委巡察工作领导小组组长何金波出席会议并讲话，市委常委、组织部部长、市委巡察工作领导小组副组长李永光主持会议。会议传达了市委书记桑福岭关于巡察工作的讲话精神，要求准确把握形势，统一思想认识，从政治和全局高度，深刻认识巡察工作的重大意义，落实全面从严治党责任，构建良好政治生态，推动基层管党治党真正走向“严紧硬”。

会议指出，巡察机构承担的是政治任务，肩负的是政治责任，必须站稳政治立场，把好政治方向，切实把政治要求贯穿于巡察全过程。会上，宣布了十四届市委第三轮巡察工作方案和本轮巡察组成员名单及任务分工。

【十四届诸城市委第四轮巡察工作启动】 7月4日，十四届诸城市委第四轮巡察工作动员部署会议在密州宾馆小礼堂召开，标志着市委第四轮巡察工作正式启动。市委常委、市纪委书记、市监委主任、市委巡察工作领导小组组长何金波出席会议并讲话。何金波强调，要深入学习贯彻党的十九大精神和习近平新时代中国特色社会主义思想，自觉从“新时代”的历史方位认识巡察工作，用“新思想”的科学理论指导巡察工作，以“新要求”的更高标准提升巡察工作，学思践悟、融会贯通，内化于心、外化于行，以更加鲜明的政治态度、更加准确的政治定位、更加有力的政治担当、更高的政治标准做好巡察工作，推动全面从严治党向纵深发展。会上，传达学习了上级巡视巡察会议精神，宣布了十四届市委第四轮巡察工作方案和本轮巡察组成员名单及任务分工。

【十四届诸城市委第五轮巡察工作启动】 11月3日，十四届诸城市委第五轮巡察工作动员部署会在密州宾馆小礼堂召开，标志着市委第五轮巡察工作正式启动。市委常委、市纪委书记、市监委主任、市委巡察工作领导小组组长何金波出席会议并讲话，市委常委、组织部部长、市委巡察工作领导小组副组长李永光主持会议。会议传达了市委书记桑福岭关于巡察工作的讲话精神，要求对照桑福岭讲话精神，从全面从严治党的战略高度，深化对政治巡察内涵的认识，发挥政治“显微镜”和政治“探照灯”作用，增强政治意识，提高政治站位，保持政治定力，推动全市巡察工作深入扎实开展。

【市级领导班子成员向市纪委全委会述责述廉会议】 12月15日，诸城市召开市级领导班子成员向市纪委全委会述责述廉会议。市委书记桑福岭主持会议并讲话，刘峰梅、孙古海等市领导出席会议，潍坊市纪委有关负责人到会指导。会上，市委、市政府领导班子成员依次向市纪委全委会进行口头述责述廉，报告了遵守党的纪律、履行管党治党责任、自觉廉洁从政情况，以及存在的问题和今后努力方向；其他市级领导班子成员进行书面述责述廉。市纪委委员对述责述廉对象进行了现场询问和民主评议。桑福岭在讲话中指出，开展述责述廉是贯彻落实党风廉政建设责任制的重要环节，是推动领导干部廉洁自律的重要手段，是加强党内监督的重要举措。市级领导班子成员要提升政治站位，带头强化理论武装，真正学懂弄通做实习近平新时代中国特色社会主义思想，把“两个维护”作为第一位的政治要求，进一步增强“四个意识”，做到政治上讲忠诚、组织上讲服从、行动上讲纪律。要压紧政治责任，贯彻落实好“一岗双责”，牢固树立不管党治党就是严重失职的观念，把党风廉政建设摆上重要议事日程，层层传递压力，确保责任落到实处。要树立严管才是厚爱的理念，坚持抓早抓小、抓细抓实，实践运用好监督执纪“四种形态”，做到防患于未然，真正把纪律的“红线”烧红，把警示的钟声敲响。要强化政治担当，扎实做好中央、省委巡视反馈意见整改落实工作。要带头率先垂范，切实增强自律意识、标杆意识、表率意识，自觉树立勤勉尽责、清正廉洁的良好形象，更好发挥示范引领作用，推动全市党风廉政建设和反腐败工作不断走向深入。

【镇街（园区）党政主要负责人和市直部门单位主要负责人向市纪委全委会述责述廉会议】 12月25日，诸城市召开镇街（园区）党政主要负责人和市直部门、单位主要负责人向市纪委全委会述责述廉会议。会上，6名镇街（园区）党政主要负责人和市直部门、单位主要负责人进行了口头述责述廉，其他103名人员进行了书面述责述廉。市纪委委员对述责述廉对象进行了现场询问和民主评议。市委常委、市纪委书记、市监委主任何金波出席会议并讲话。

（李媛媛）

工商联　群众团体

诸城市工商业联合会

【概况】 2018年，诸城市工商联积极发挥党委和政府联系非公有制经济人士的桥梁纽带作用，坚持不忘初心强服务，凝心聚力促发展，引导会员企业全面实施新旧动能转换工程，推动诸城市非公有制经济高质量发展。

【政治引领】 开展党性修养专题培训班。组织青年企业家到红色圣地——遵义进行培训，通过培训固本培元，凝魂聚气，深化青年企业家对中国共产党、对新时代中国特色社会主义思想的政治认同、思想认同和情感认同。

组织实施“创二代领航成长”行动。邀请青商会创业导师、诸城老一代企业家与青年一代同台对话，围绕企业创业初心、新时代经营理念、如何接力传承等问题倾诉创业心声、交流守业感悟。引领年轻一代继承和发扬好老一辈企业家的优良传统，争做爱国敬业、创新创业表率和践行亲清新型政商关系的典范。

加强企业党建工作。组织会员参与非公有制经济党建，助推企业发展。实施以“红旗支部创建、红领党务认证、红星工匠评选、红色薪酬推广”为主要内容的“红色引擎”工程，把党建做成企业的“第一红利”，成为非公企业实现新旧动能转换的“红色引擎”。“七一”期间，龙城青年商会党支部被诸城市委授予“先进党组织”荣誉称号。

成立诸城市企业文化研究院。该研究院致力于开展企业文化研究、应用和推广，助推企业文化建设。

【教育培训】 搭建会员交流互动平台。举办诸城市青商会·青企协商务年会，美晨科技与丰翊节能、潍坊远方与新华宇家具、万嘉天源物流与明诚制衣等6家企业通过商务年会达成项目合作事宜。组织会员单位参加“浙江大学诸城市企业家工商管理高级研修班”，开设《公司治理与资本运作》《组织行为与领导力》等课程，邀请北京大学法学学士杨晓波、市场营销专家胡斌等教授为学员授课，提高民营企业家战略思维能力和经营管理水平。设立燕园企业家俱乐部诸城分部秘书处，对会员企业进行系统性学习培训。邀请国务院发展研究中心研究员石章强等专家，举办“互联网+助推新旧动能转换”专题讲座，为广大会员企业探索新旧动能转换、寻找创新转型发展新方向开启了新思路；举办“云数智时代的商业模式创新与设计”专题报告会，指引会员企业家突破固有思维、创新发展。

【责任担当】 积极实施“诚进百企”工程。鼓励企业守法诚信经营，组织开展诸城市诚信模范企业评选活动，诸城百盛商场有限责任公司、山东大业股份有限公司、山东佳士博食品有限公司、诸城市义和车桥有限公司、山东美晨科技股份有限公司等10家企业被评为诸城市诚信模范企业。

引导会员企业履行社会责任。组织会员企业积极参与抗洪救灾，在救助寿光等灾区捐助活动中，共筹集救助款物总价值144.85万元，为灾区重建奉献了爱心；深入实施精准扶贫，全年会员企业参与精准扶贫捐资等累计达700万元。

组织企业家参与公益事业。组织会员企业参加“帮学助教”结对困难学生、捐建爱心书屋、服务农村社区建设、文明出行等形式多样的公益活动，树立新时代诸城民营企业家乐于奉献、勇于担当的良好形象。

【交流合作】 搭建交流沟通平台。通过企业家私董会、恳谈会、面对面沙龙等活动，为企业解读政策、答疑解惑、解决问题。先后联系上海锦坤有限公司、上海云意网络科技公司为佳士博、新华宇、鲁玉减震、瑞特机械、永泰机械等22家企业会诊把脉，在品牌营销、互联网应用等方面提出科学建议。

搭建异地商会合作平台。借“潍坊发展大会”之势，积极搭建与异地商会的沟通桥梁，加深与外地山东商会、潍坊商会、诸城商会的联系，为诸城县域经济的发展寻找更多的资源。组织参加青岛潍坊商会招商合作推介会，厦门“山东省异地商会·诸城联谊招商推介会”，向外推介诸城重点产业、重点项目、资源优势及发展规划，吸引更多在外“诸商”回乡投资创业。

搭建政企对话交流平台。针对“建立企业诚信激励机制，加快推进企业诚信建设”开展专题调研，通过走访企业、召开座谈会、发放调研问卷、微信群线上交流等方式，广泛征求关于企业诚信激励机制建设方面的意见建议，从资源配置、项目建设、融资服务、安全管理、人才培育等方面提出了可行性建议。

【工商联队伍自身建设】 完成市工商联换届。4月25日，诸城市工商联（总商会）召开第九次代表大会，选举了新一届执委201人，其中主席1人、副主席23人、秘书长1人。

建立市工商联联系商会企业服务制度。及时掌握会员企业动态，加强与非公企业家的交流沟通，积极营造亲清新型政商关系。

组织开展入企调研活动。深入会员企业走访调研，制定《诸城市食品产业寻标对标提标达标工作计划》和《诸城市食品产业推进体系工作方案》，对食品产业补齐短板、实现发展目标提出可行性达标措施。

加强基层商会建设。围绕班子建设好、团结教育好、服务发展好、自律规范好“四好”商会建设，组织13处镇街商会进行换届，协调3处市属重点园区新成立了商会，选举思想政治强、行业代表性强、参政议政能力强、社会信誉好的非公有制经济人士组成商会，会员整体素质明显提高。

（工商联）

4月25日，诸城市工商业联合会（总商会）在密州宾馆召开第九次代表大会，完成换届工作 （供图 工商联）

诸城市总工会

【概况】 2018年，全市各级工会组织以习近平新时代中国特色社会主义思想为指导，认真贯彻落实习近平总书记同新一届全总领导班子集体谈话时的讲话精神、中国工会十七大精神和省工会十五大精神，深入贯彻落实中央和省、潍坊、市委党的群团工作会议精神以及市第十四次党代会精神，主动服务大局，竭诚服务职工，各项工作都取得新的进展和成效。全市工会工作受到省总工会党组书记、常务副主席刘贵堂的批示肯定，市总工会先后两次在省总工会组织的会议上作典型发言。市总工会先后获得“山东省工会工作创新奖”“潍坊市四德工程建设示范点”“‘美晨杯’第三届潍坊市职工创新创业大赛优秀组织奖”等荣誉。

【开展建功立业活动】 牢牢把握工人运动的时代主题，积极组织职工开展劳动竞赛、合理化建议等群众性技术创新活动，组织开展了车工、电工、计算机辅助设计、食品检测项目、妇幼健康服务技能、护理技能6大专场的职工职业技能大赛，培养选树“潍坊金牌工匠”1名、“潍坊工匠”9名，“诸城金牌工匠”10名、“诸城能工巧匠”50名。承办潍坊市“美晨杯”第三届职工创新创业大赛，推选出40个优秀项目参赛，有4个项目获奖。扎实做好省劳模和先进工作者、潍坊市富民兴潍劳动奖状（章）和工人先锋号的推荐评选工作，有9人被评为山东省劳动模范和先进工作者，1家单位荣获“富民兴潍”劳动奖状，6人获“富民兴潍”劳动奖章，3个班组被评为“潍坊市工人先锋号”，孙秀平劳模创新工作室荣获潍坊市劳模创新工作室称号。落实诸城市级劳模荣誉津贴，为年满60周岁的各级农民劳模发放荣誉津贴。开展“五一劳模宣传月”活动，在报纸、电台、电视台设立《三区一城——劳动者风采》专栏，对10名劳模的先进事迹进行集中宣传，为全市656名各级劳动模范免费健康查体。从全市各行各业中选取劳模、工匠代表16人，组成“乡村振兴”劳模、工匠事迹报告团，进镇街、入社区开展宣讲活动23场。组织召开潍坊工匠（金牌工匠）年度工作交流会，为各级劳模、工匠交流搭建平台。积极培育劳模服务乡村振兴工作品牌，分批次组织各行各业劳动模范代表到中国劳动关系学院、山西、浙江等示范基地参观学习，其中在中国劳动关系学院举办的全市劳动模范培训班，不仅是诸城市第一次举办劳模培训班，也是中国劳动关系学院承接的首期劳动模范培训班。

【搭建党与职工沟通桥梁】 持续推进中小企业工会主席公推直选，结合“三亮三百”活动，推动全市基层工会组织规范化建设。以“物流货运司机入会集中行动”大调研活动为基础，推动“八大领域、八大群体”农民工、灵活就业人员等建会入会集中攻坚行动。积极推进新时期产业工人队伍建设改革，成立诸城市汽车制造业工会联合会，囊括全市22家汽车制造企业。开展“规范建会入会 增强会员意识 激励干事创业”主题活动，不断规范全市机关事业单位工会组织建设。市总工会机关赴浙江省象山县总工会学习增强基层工会活力新举措，积极探索符合诸城市实际情况的非公企业工会主席“1+X绩效积分”岗位津贴制度，2018年预算20万元作为非公企业工会主席岗位津贴奖励，全市共有220余家企业开展此项工作。全年新建基层工会58家，有62家非公企业及合作组织实行直选，新建“党工共建”示范点28个，发展会员6700余人。

【构建和谐劳动关系】 以构建社会主义新型劳动关系为主线，积极宣传贯彻落实《山东省厂务公开条例》《山东省企业工资集体协商条例》，印制各类宣传册5000份，组织开展“两个条例”知识竞赛活动16场，全市6154名干部职工参加。扎实推动企业工会与行政沟通协商机制建设，提高全市职工参政议政整体水平。深入开展“工资集体协商集中要约”行动，工资集体协商指导员作用发挥明显，工资集体协商建制率动态保持在96%以上，并迎接了潍坊市总工会的观摩。

积极开展以“安康杯”竞赛和“查保促”活动为主要内容的安全知识宣传活动，开展竞赛答题16场，发放“倡议书”“一法三卡”明白纸等宣传资料20000份，组织职工开展消防安全演练36场。扎实开展职工互助保障工作，举办了由全市200名职工参加的在职职工互助保障工作暨心理健康教育培训班，累计发放宣传册25000份、告知书1000份，印制发放宣传雨伞1000把、笔记本800本。全市累计参保单位264家，参保职工13.9万人次，累计保额659.8万元。有3686名因病、意外伤残职工获得保障理赔金303万元，超额完成潍坊市总工会下达的目标任务。

【开展“四季服务”活动】 扎实开展“四季服务”活动：“送温暖”活动，筹集资金50万元，走访慰问困难职工230人；“送岗位”活动，市总工会与人社局联合举办为期10天的“春风行动”就业招聘会，达成就业意向7562人；“送清凉”活动，出资20余万元，到16个镇街（园区）、供电公司、人武部、交警队、环卫公司、建筑工地等场所，走访一线职工1320人；“金秋助学”活动，为6名困难职工子女发放助学金15640元。以“诸城晨德志工公益发展中心”为依托，开展“遵法守法　携手筑梦”等公益法律服务行动4场，开展“百善孝为先　爱老助老”志愿服务活动6场，开展道路交通“平安行　你我他”等志愿服务活动5场。组织开展“放飞心情　疗养快乐”职工疗休养活动3场，受益职工120余人。

【服务职工群众】 进一步整合资源，加强职工服务中心建设，仲裁庭、益心坊、国学讲堂、剪纸室、瑜伽课堂等公益活动持续开展，全年累计开庭、开课168次，惠及职工5210人。为延长服务职工手臂、拓展工会工作外延，建立起劳动关系领域社会组织孵化基地，入驻社会组织18家，其中社会团体12家、民办非企业单位6家。同时，联合15家培训类机构成立由工会主导的社会组织联合会。加强职工维权服务体系建设，职工法律服务、法律援助、劳动争议、普法宣传、EAP职工成长等维权服务机制建设不断完善。“七种模式关爱女工”深化发展，妈妈小屋、心理护航、女职工维权等各项工作深入开展，女职工专项合同履约率达100%，女职工的特殊权益得到有效维护。

【工会大学校作用发挥】 认真学习宣传贯彻党的十九大精神和习近平新时代中国特色社会主义思想，引导全市各级工会干部准确把握工会工作前进方向。扎实开展社会主义核心价值观教育，组织“诵读经典　传扬家风家训”“倡导职工阅读　建设书香龙城”等系列读书活动12场，开展“传承家风家训　建设幸福家庭”教育实践活动30期。先后举办“金盛元杯”跳绳比赛、“玫姿蓝”杯登山比赛、“快典漆修杯”三人制篮球比赛、“庆五一”台球比赛、“中国梦劳动美”演讲比赛、“大业杯”乒乓球比赛、“慈海杯”拔河比赛等体育赛事22场，组织第二届职工文化艺术节、“筑梦新时代”2018年“庆五一”文艺晚会、推动新旧动能转换专场文艺演出等文化活动34场，累计2.3万余名职工参与。开设拔河教练员课堂，培训拔河教练员23名。开设职工声乐演唱课堂，坚持每周开课，累计培训职工386人次。组织新时代职工艺术团开展“公益微演一线行”送文艺进企业演出活动23场。完成《职工文化撷英》的编辑校对、CIP申请和印刷工作。新时代职工艺术团创演的小品《一万公里的爱》、歌曲《亲人的目光》、器乐合奏《弯弯的月亮》、山东快书《文明出行》等节目，除在全市职工文化艺术节、“五一”晚会和公益微演中演出、巡演外，还在省、市级重要活动中演出。积极发挥“诸城职工之家”微信公众号的作用，每周至少四期为职工推送实用信息，年内公众号有48056人关注，累计发布信息620条。

11月6日，市总工会组织全市各行业的40名劳动模范代表，到山西平顺县参观平顺县劳模事迹展览馆、纪兰党性教育基地，并看望全国唯一任职64年的全国人大代表、知名全国劳动模范申纪兰（前排左八） （摄影 袁增海）

（总工会）

共青团诸城市委员会

【概况】 2018年，全市共青团工作深刻把握新时代特点，立足于服务党政中心工作，充分借助“三联四促”常态化下基层平台载体，按照“预设改革创新目标+全面深入调研+优化传统项目+探索新项目”的思路，细化措施，扎实推进，收到良好成效。

【强化学习】 全面组织与深入推动相结合。印发《关于全团学习贯彻习近平新时代中国特色社会主义思想的通知》，先后四次召开专题会议，传达、学习贯彻相关会议精神，在团干部中引起广泛重视，调动了基层团组织的学习积极性。

深度学习与媒体宣传相结合。在市“青年之家”、青年服务站以及青年服务岗亭开设习近平新时代中国特色社会主义思想解读专栏，并通过团属微信公众号广泛宣传。年内，公众号“微诸城·锐青年”共发布五次学习习近平总书记“7·2”重要讲话精神、视察山东重要讲话、重要指示批示精神，在青年中引起了强烈反响，营造了良好的学习氛围。

理论学习与多种形式相结合。创新参与方式，将学习寓于答题活动之中，组织广大青年群体以主题团课形式开展答题，并通过基层团委书记微信群和中学团委书记群，实时督促工作开展。诸城共青团共有团员青年46500名，年内参与答题人数6000余人，已答题24000余人次，占比51.6%。

【推进共青团改革攻坚】 推动社区服务型团组

织优化调整。本着“党建带团建”的原则，将社区服务型团支部设置调整为“4+X”：“4”是指每个社区固定设立青年志愿服务、青少年权益保护、青少年文化事业发展和青年经济互助发展4个团支部；“X”是指社区结合实际，增设1—3个服务型团支部。通过“4+X”设置，进一步完善镇街团委的工作架构，增强社区团支部的依靠力量。镇街各青年公益组织和志愿服务组织直接与社区青年志愿服务团支部沟通对接，增强了活力；联系每个社区的法官、检察官和法律服务工作者以及社区民警成为社区青少年权益保护团支部的智囊团，工作开展更加务实。

激活基层团组织、非公企业团组织活力。针对部分社区团组织活力严重不足的实际，由团市委牵头，每个月选取5-7个基层团组织进行重点指导，直接给予活动策划、资源统筹、经费协调等支持，激活组织；在全市选取50个非公企业团组织，重点指导开展团的工作。全年协调27个企业团组织直接参与团市委大型活动；引导23个企业团组织自主开展志愿服务、青工比武、体育竞技等活动115次。

推进乡镇实体化大团委建设。12月3日，诸城市委组织部和团市委联合发文，在全市启动乡镇实体化大团委建设。年内，全市有10处镇街（园区）发文成立实体化大团委，镇街（园区）团委班子进一步充实，均达到13人以上，新建乡镇直属团组织51个，有效推动了对新兴青年群体的覆盖。

确保“三联四促”下沉常态化。诸城团市委坚持以党建带团建为引领，扎实开展团干部“三联四促”常态化下沉基层工作，7名下沉干部摆布好时间精力，真正深入基层、深入青年，在做好“八个一”规定动作的基础上，加强对基层团干部队伍建设、阵地建设、环境优化和服务青年创新创业等方面的调研，出台一系列制度方案，做了大量实事。实施百个基层团组织激活行动，全年协调127个基层组织直接参与团市委大型活动，抓活了一批基础薄弱的村级团组织、非公企业团组织。深入开展“团务培训月”活动，全市16个镇街（园区）700余名基层团组织书记全员培训。在32个社区建设“一站四室”重点青少年群体服务平台，推出一批青少年权益保护项目。统筹社会组织资源，建好7支志愿服务队伍，分赴边远山区开展支教、文艺演出、课业辅导、心理疏导等工作。推行“规定工作与自选工作相结合”的工作适用机制，对各镇街共青团工作考核实行“六四分”，即“规定工作”占60%、“自选动作”占40%，为当地团组织做一本明白账。启动“青春育才”工程，培养选树好青年，开展青工技能大赛、青年岗位能手评选、青年突击队等“青”字号品牌活动，全方位助力乡村人才振兴。建立“e+1”共青团工作协商共治机制，在基层青年中交一批好朋友。深化牵手关爱工作，与当地困难群众结一批帮扶对子。

【服务党政中心工作】 创新扶贫模式，助力青春扶贫。按照精准扶贫的要求，依托希望工程品牌，团市委实施了针对中小学生的“雏鹰助力”助学金项目、针对高中学生的“飞鹰助力”助学金项目，累计发放助学金15.15万元，帮助贫困中小学生、大学新生53人；联系诸城市爱心协会承办感恩培训班，引导受助困难青少年在感受关心、体验温暖中，懂得感恩社会，传递爱心。年内，举办学习班两期，受教育的贫困青少年共计160人。

坚持“选育结合”，推动新旧动能转换和乡村振兴。积极发挥青年企业家协会的作用，开展“青年企业家工商资本助力乡村振兴”观摩交流项目，先后组织89名青年企业家参观东方田园综合体项目；召开招商推介会，引导青年企业家深入了解乡村，拓展创业思维；开展“我是青工·我助力新旧动能转换”项目，策划了“青年技能比武”“青年科研攻关”等活动，培树了迈赫团委、美晨团委、福田诸城汽车厂团委等一批先进典型；注重典型带动，团市委联合市委组织部、市委宣传部、市委农工办等召开2018年诸城“乡村好青年”评审会议，评选出55位“乡村好青年”，加大对“乡村好青年”的跟踪培养力度，引导和鼓励有志青年到乡村创业，为乡村振兴提供人才支持。

对接社会资源，活跃社会氛围。在生活上继续为广大青年提供服务，6月举办“‘时光遇见’第四季——盛夏光年”单身青年联谊活动，为500余名企事业单位单身青年搭建起沟通交流的优质平台；深化“小手拉大手”活动，全市122所小学、30所初中学校依托主题队日、社会实践等开展活动490余场次，在少先队员中营造了浓厚的遵守交规、低碳环保、移风易俗、植绿护绿、抵制烟花爆竹的氛围，各级少先队员争当文明标兵成效初现。

【推进全面从严治团】 坚持“党建带团建”理念，狠抓队伍建设。按照“坚持问题导向、突出服务主题、突破薄弱环节”思路，分析查摆党建工作中存在的基础工作规范不足、制度落实不到位等问题，明确改进方向，并制定了《共青团诸城市委2018年党建和党风廉政建设工作方案》，健全党建工作领导机制，明确党组书记负总责、支委分工协作的党建工作格局，通过开会部署、基层调研、定期调度等方式，抓好团干部、团员队伍建设，充分发挥共青团的旗帜引领作用。

落实“一岗双责”，强化党风廉政建设。将党建工作纳入年度工作目标，与业务工作同部署、同检查、同考核，定期召开党建会议，对开展的党建工作、承接的党建任务定期进行“回头看”，认真查摆问题，严肃整改落实，确保党建各项工作分工明确、责任到人；切实增强党员干部廉洁从政意识和履职尽责能力，定期带头学习新修订的《中国共产党廉洁自律准则》和《中国共产党纪律处分条例》，以纪律约束自身，加强党风廉政建设，严明纪律规矩，进一步增强党员干部拒腐防变的意识。

落实“三项举措”，扎实推进智慧团建系列工作。责任上压“实”。将“智慧团建”作为全市团建的一项基础性工作抓好落实，成立领导小组，明确责任分工，安排专人负责，每周通报智慧团建完成进度。工作上保“畅”。创建专门的QQ群、微信群，在群里及时发布通知和操作步骤，并明确专人负责解答各基层团组织的疑问，确保问题得到及时解决。督查上求“严”。加强工作督查调度，对于工作进度落后的进行提醒调度。年内，团市委“智慧团建”系统组织树已经录入团委213个、团工委8个、团总支80个、团支部2219个，录入基层团干部5502名、团员21944名。

【联系和服务青少年】 开展“情系家乡　筑梦龙城”千名优秀学子家乡行活动暨诸城市2018青年精英人才洽谈项目。第一期组织60余名优秀学子观摩诸城经济社会发展情况，重点参观考察创业园区、孵化基地、高新技术企业、新旧动能转换重大项目等，组织21个用人单位与学子进行面对面交流洽谈，活动现场确定就职意向的大学生共计16人。第二期采取私人订制形式，建立微信群，专门确定1人负责沟通协调，直接根据学子意向推荐企业和职位，并帮助联系企业人才资源部门，开辟绿色通道，方便学子和企业联系，累计向企业推荐优秀学子87名，有21名大学生达成就业意向。

深化“牵手关爱·心愿达成”项目。按照“牵手关爱行动”的部署要求，充分利用互联网载体，通过微信、微网站、爱心微店等前沿媒介发布留守儿童和特殊少年儿童的心愿清单，利用网络公开、透明、交互、海量的特征，高效率推动心愿征集与对接、心愿达成与长效帮扶。年内，先后开展“我的儿童节礼物”“爱心书包”“爱的小棉衣”“益满中秋”等4个心愿达成项目，完成心愿1341个。

推出农村娃娃看城市项目。启动“感受城市魅力·立志振兴乡村”主题项目，累计组织全市16个镇街（园区）的200名农村留守儿童、特殊困难儿童感受城市。历时一天的时间，孩子们走进诸城市博物馆、青少年宫、恐龙国家地质公园、野生动物园……通过聆听讲解、实地参观、亲身体验，近距离感受城市发展、了解家乡文化。

创建青年公益组织陪伴疏导项目。全面审视、深入分析与青年公益组织的关系，扎实实施“青年公益组织牵手关爱项目化运作”，着力建设“社会化”结对帮扶志愿服务队伍。依托格林达尔公益协会，为山区困难留守儿童建起18个“流动书架”，藏书3万余册，让孩子有书读、有事做。依托龙城慈善义工协会，开展“托起梦的太阳”“我们的希望”2个公益支教项目，定点联系支教帮扶皇华镇和桃林镇的4个偏远山区小学，受益少年儿童169人。依托诸城市爱心协会，开展受助学生“感恩文化”学习班，让受助的160名学生懂得如何感恩社会、感恩国家，做到明德明理，好好学习，报效祖国。依托诸城市青少年宫，实施“流动青少年宫山区行”项目，帮助留守儿童接触现代化的音乐、美术、舞蹈等教育形式，丰富他们的业余文化生活。依托青少年心理学会，开展“爱的呼唤”心理疏导项目，及时发现青少年在成长中的心理问题，给予教育纠正，引导健康成长。

（团市委）

诸城市妇女联合会

【概况】 2018年，全市各级妇联组织坚持以习近平新时代中国特色社会主义思想和党的十九大精神为指导，以“巾帼心向党　建功新时代”为主线，全面贯彻中国妇女十二大精神，团结带领广大妇女在加快新旧动能转换、实施乡村振兴战略等活动中，推动妇女事业全面发展。

【参与乡村振兴、新旧动能转换工程】 全市“大项目突破年”活动暨“春季百日会战”动员部署大会后，市妇联迅速行动，在全市第一个召开贯彻落实大会，召开了诸城市投身大项目突破年·巾帼争当排头兵行动大会，向全市广大妇女特别是广大女企业家、创业者发出倡议，抢抓发展机遇，勇担时代使命，全力投身到大项目招引、新项目提升和新旧动能转换工程。

3月7日，诸城市女企业家协会进行换届选举，配齐配强新一届领导机构。协会换届后，

3月7日，诸城市召开庆三八暨投身大项目突破年·巾帼争当排头兵行动大会

（供图　市妇联）

紧跟形势变化、紧盯前沿动态、紧贴企业实际，开展丰富多彩的活动。组织女企业家和创业骨干开展“深化作风建设年 创新实干勇担当”观摩交流活动，赴青岛西海岸开展“大学习、大调研、大改进”项目对接活动，举办“不忘党恩 依法治企”——企业合同管理与风险管控以及财税知识专题培训班，组织开展“巾帼拥军 助力强军”双拥共建活动，征集设计了女企协会徽、会歌，成立女企协合唱团、旗袍队，进一步凝聚了巾帼力量，汇集了发展合力，女企业家协会会员由原来的86人增加到109人。潍坊市乡村振兴巾帼行现场会暨潍坊市巾帼好农品与电商平台对接洽谈签约活动在诸城市举行后，市妇联以此为契机，推动广大妇女在新旧动能转换和乡村振兴主战场建功立业。同时，围绕“双招双引”工作，市妇联主动牵线搭桥，利用人脉资源，促成诸城市与上海产业合作促进中心建立紧密合作关系，为承接上海产业转移、项目技术引进发挥了重要作用。与市委组织部联合在浙江大学举办诸城市巾帼创业创新带头人战略思维能力提升培训班，培训班为期1周，共有45名女企业家、女干部参训。

大力开展乡村振兴巾帼行动。市妇联协调市邮储银行联合开展“巾帼送贷工程”，加大金融扶持力度，支持妇女参与乡村振兴。市邮储银行与市女企业家协会签署银企战略合作意向书，与女企业家代表签订授信意向书，共为21户创业妇女放款1439万元。11月，市妇联与诸城农商行联手开展乡村振兴、巾帼居家创业贷活动，广覆盖、多渠道为广大创业女性提供资金扶持和融资服务，为68户创业妇女授信6630万元。着力实施“农村妇女素质提升计划”，深化新农村新生活教育培训，持续加大对巾帼家政服务业推进力度，巡回镇街、社区举办各类专题讲座160期，培训妇女10000余人。诸城阳光大姐家政服务公司代表诸城市参加潍坊市第四届巾帼家政技能大赛，荣获团体一等奖，个人一等奖、三等奖等多个集体和个人奖项。

【深化家庭文明建设】 坚持整合资源、乘势而上，与市委宣传部联合开展全市文明家庭、“十大孝星”评选活动，通过群众广泛推荐、评委会投票、入户实地了解、相关部门审核、新闻媒体公示等环节，在全市营造崇德向善、家庭和睦、社会和谐的浓厚氛围。6月15日，召开全市文明家庭表彰大会，对评选出的106户文明家庭进行隆重表彰，5位家庭代表作了典型发言，在全社会起到很好的宣传示范作用。市委书记桑福岭作出批示，对全市文明家庭表彰活动给予充分肯定。12月，与市委组织部联合在济宁政德教育基地、沂蒙党性教育基地举办诸城市首期家庭文明建设培训班。深入开展“巾帼美家”创建活动，召开“巾帼美家”活动推进会议，印发《诸城市“巾帼美家”行动实施方案》和《十要十无行动标准》，通过组织外出参观学习，先行试点推动、定期督导调度、组织观摩交流等措施，推动“巾帼美家”行动点上突破、面上展开，在全市营造了从自身做起、从家庭做起，推进家庭生活文明化、家庭教育科学化、家庭成员知识化的浓厚氛围，全市涌现出“巾帼美家”示范社区36个，“巾帼美家”示范户100户。以传承弘扬良好家风家训为重点，举办“经典家训展读”活动，诵读人员中既有文明家庭、最美家庭、优秀青少年代表，也有“五老”志愿者、党政机关企事业单位工作人员、劳模等，通过朗诵、表演、展览等形式传诵国学经典，传播家风家训，倡树文明新风。举行“时刻听党话 永远跟党走”爱国主义读书教育活动，举办女子乒乓球团体友谊赛。在广大儿童中广泛开展“争做生态文明小使者”活动，向全市市直小学、幼儿园授旗68面，号召广大儿童少年做绿色社会的播种者、建设者，低碳生活的倡导者、实践者，环境保护的宣传者、监督者，为争创全国文明城市贡献力量。与市教育局、文明办、民政局等9部门联合成立诸城市家庭教育指导中心和家庭教育研究会，特邀全国著名家庭教育专家、高级心理咨询师张宝萍为全市1100多名家长作了“幸福家庭、智慧父母”专题讲座。市镇两级规范成立了家庭教育工作领导小组，分管副书记担任组长，组建完善了家庭教育专家指导委员会、家庭教育讲师团、家庭教育志愿者三支队伍，构建起多元化的家庭教育组织网络。同时，持续开展家风家训和家教知识进社区巡讲活动，受益群众10000多人，推动全市家庭教育工作朝着资源更整合、队伍更专业、机制更完善、内容更多元、平台更优化、服务更有力的方向发展。

【推进妇女儿童工作】 年内，市委、市政府召开了全市妇女儿童工作会议，表扬通报了30个全市妇女儿童工作先进集体和80名全市妇女儿童工作先进个人，对做好妇女儿童发展“十三五”规划中期监测评估工作作了部署安排。市委还专门召开了市妇女儿童工作委员会全体会议，研究调度“两个规划”实施工作，推动解决痛点、难点问题，从源头上维护妇女儿童合法权益，全面推进妇女儿童工作健康发展。

持续开展农村妇女“两癌”免费检查工作，建立“两癌”贫困妇女长效救助机制。2018年，共为17417名妇女进行了宫颈癌检查，为18742名妇女进行了乳腺癌检查。与民政局联合为16名家庭困难的“两癌”患病妇女发放救助金32000元。深入开展“童在蓝天下”春蕾计划系列结对捐助活动，仅“六一”期间就收到春蕾计划捐款20.3万元，救助贫困家庭儿童306人。积极整合维权资源，分别成立了婚前教育培训中心和婚姻家庭辅导服务中心，向社会公开招募了95名志愿者，组织婚姻家庭辅导志愿者全力开展婚前培训和辅导劝和服务，取得明显成效。年内，共组织婚前培训35次，培训628人，开展婚姻家庭辅导721对，劝和或暂缓离婚的298对，成功率达41.33%，以实际行动为城乡家庭“幸福护航”。大力实施“女性安康工程”，召开了全市女性安康工程推进会议，全市女性承保人数达15661人，保费共计1177260元。

【增强妇联组织内生动力】 按照党建带妇建原则，市妇联与市委组织部联合出台《关于在“两新”组织中建立妇联组织的实施意见》，制定印发“两新”领域建立妇联工作流程，对妇联组织的机构设置和职数作了明确规定，“两新”组织中女职工较集中、人数达到50人以上的应直接建立妇联。6月，在鑫城广场召开了全市两新领域深化妇联改革现场推进会，通过观摩为两新领域妇联组织建设树立了示范样板，推动妇联改革向纵深发展。年内，全市已在两新领域建立妇联组织655个，做到哪里妇女集中哪里就有妇联组织。加强妇联领导班子建设，市妇联增配兼职副主席3人，挂职副主席1人。

全面推进镇街妇联改革。全市13处镇街妇联主席全部使用行政编制，其中7处镇街由党政班子成员或副科级女领导干部兼任妇联主席，设专职副主席7人，享受中层正职待遇，副主席18人，享受中层副职待遇，兼职副主席36人。社区妇联换届全部完成，选举出社区妇联主席257人，副主席312人，兼职副主席780人，扩大了社区妇联职数。社区（居）妇联主席全部进“两委”。

广泛开展“提素质、上水平，强作风、争一流”主题教育活动。3月，市妇联与市委组织部联合举办为期3天的全市社区“两委”女干部暨妇联主席培训班，提升基层女干部参与基层管理决策和服务妇女的能力。建立执委述职制度，在市妇联执委扩大会上，有4名妇联执委作了述职报告。各级妇联干部锲而不舍落实中央八项规定精神，严格按照“两学一做”学习教

育、“大学习、大调研、大改进”和深化“作风建设年”活动要求，扎实开展“下基层、访妇情、办实事”活动，真正了解妇女群众的新变化新特点，深入基层问需于民，帮助解决实际困难，进一步树立了妇联组织“温暖之家”的良好形象。

（黄梦婕）

诸城市科学技术协会

【概况】 2018年，全市科协工作深入贯彻落实党的十九大和中央、省委、潍坊市委群团工作会议精神，紧紧围绕“四个城市”和“三区一城”发展战略，不断创新工作思路，挖掘工作亮点，突出重点，体现特色，在加强自身建设、推进群团改革、提升科普服务能力、推动学术交流、服务广大科技工作者等方面都取得新进展。市科协先后获得中国科协全国科普日活动“优秀组织单位”，中国科协、农业农村部全国农民科学素质网络竞赛“县区级优秀组织单位”、潍坊科协科普工作“先进单位”等荣誉称号。

【科普工作】 扎实提高重点人群全民科学素质水平。强化组织领导，全民科学素质工作纳入“十三五”规划，明确任务，落实责任。重点人群科学素质行动丰富多彩，组织全市青少年积极参加各类素质竞赛，在潍坊市第十八届机器人竞赛中，诸城市青少年2人获一等奖、5人获二等奖、7人获三等奖。组织广大市民参加各类科学素质培训，通过“防灾减灾日”“全国科技工作者日”等活动向广大市民宣传防震减灾、应急自救、健康生活等科学知识。组织动员广大市民参与全国公民科学素质竞赛和全国农民科学素质网络竞赛，都取得优异成绩。

重点开展品牌科普活动。开展“公益科普亲子游”活动，组织230名学生和家长参观潍坊科技馆，让孩子在科普之旅中感受科学魅力。举办“全民健身徒步”活动，宣传低碳环保理念，全市各界群众600余人参加比赛，通过赛事鼓励市民支持节能减排。举办急救知识专题培训班，桑莎集团39名员工参加了培训，为考试合格的学员颁发“救护员资格证”；通过科普讲座让广大学员掌握了心肺复苏的急救知识。举办“青少年近视防控科普进校园”活动，邀请青岛眼科医院王强教授、潍坊市第一人民医院刘永美主任为学生作了预防近视专题科普讲座，1200余名师生参加了活动，发放科普资料1200余份，增强了学生的爱眼护眼意识。

积极参与全民科学素质网络知识竞赛和全国农民科学素质网络竞赛。动员广大青少年、科技工作者、农技人员、社区群众和农民积极参与全民科学素质网络竞赛和全国农民科技工作网络竞赛，其中全国农民科学素质网络竞赛成绩列全国第2名、山东省第1名；201名个人获全国优胜奖，占全国受表彰总人数的五分之一；诸城市科协被中国科协科普部和农业农村部科技教育司表彰为“优秀组织单位”。

【学会工作】 承办潍坊市“全国科技工作者日”庆祝大会。5月29日，潍坊市“全国科技工作者日”庆祝大会在潍坊工商职业学院召开，潍坊市各县市区科协领导、优秀科技工作者50余人以及潍坊工商职业学院师生800余人参加了大会，潍坊市科协主席王志亮、副主席曹丽华出席会议并讲话，向全市科技工作者致以节日的祝贺。大会宣读了“致全市广大科技工作者的一封信”，进一步营造关心科技工作者、支持科技工作者、尊重科技工作者的良好社会氛围。

5月29日，潍坊市“全国科技工作者日”庆祝大会暨潍坊工商职业学院科学技术协会揭牌仪式举行 （供图 科协）

搭建学术交流平台。邀请山东大学控制科学与工程学院副院长、机器人研究中心主任、博士生导师李贻斌教授为广大科技工作者作了题为“十三五中国智能机器人重点发展方向”的学术报告。讲座不仅增长了广大师生的知识，还对诸城市智能装备制造、机器人产业发展启发了思路，

加强论文成果学术交流。加强学术交流，活跃学术氛围，促进科技成果转化。在潍坊市第十二届自然科学优秀成果奖评选中，有4篇学术论文获三等奖，13篇学术论文获优秀奖。

推进企事业科协组织建设。不断加强企事业科协组织建设，充分发挥科技人才作用，全面提升企事业单位科技创新能力，有效推动企事业科协工作的创新发展。年内，成立潍坊工商职业学院高校科协1家，迈赫机器人股份有限公司等企业科协5家，其中3家为高新技术企业科协。

【人才工作】 表彰诸城市首批“优秀科技工作者”。11月27日，以市委、市政府名义表彰首批44名优秀科技工作者，弘扬优秀科技工作者的时代精神。优秀科技工作者的评选共分科研、企业、农村、科普和卫生医疗五大领域，经单位推荐、专家组评审、评审委员会审议和征求相关部门意见等程序，最终确定诸城市优秀科技工作者候选人。诸城市优秀科技工作者评选表彰工作的开展，极大地鼓舞了全市广大科技工作者创新创业的热情，在全社会营造爱才、敬才、惜才、用才的良好氛围。

推进院士专家工作站建设。充分发挥市科协组织联系科技工作者的桥梁纽带作用，引才聚智，推动高端人才集聚。联系中国工程院刘秀梵院士与诸城外贸有限责任公司签订合作协议，建成诸城外贸有限责任公司院士专家工作站。

加强新型智库建设。深入落实中央和省委关于加强新型智库建设的部署要求，集聚海内外智库高端人才，服务党委、政府科学决策，推荐得利斯集团公司林秀坤教授和江南大学胥传来教授2人入选经济建设类智库高端人才。

【反邪教工作】 结合“科技活动周”“全国科普日”活动开展反邪教科普教育宣传，向广大公众深刻揭露邪教反科学、反人类、反社会的邪恶本质，让广大群众从内心深处自觉抵制邪教。活动期间共计发放“崇尚科学、关爱生命、反对邪教”宣传单1500余份、《反邪教宣传手册》450余册。做好重大节日、重要敏感时期的反邪教预警预案工作，及早发现邪教群体事件的发生，及时制止。

【科普惠农】 深入实施科技扶贫工程，助力乡村振兴战略。进一步推动农村科学技术知识的普及，不断提升广大农民的科学素养，加强新型职业农民队伍建设，为乡村振兴插上科技的翅膀。年内，市科协组织“乡村振兴科普先行”专题培训3场次，140余人次参加了培训，达到

"知识、经济"双丰收的目的，受到了广大参训者的肯定与欢迎。

积极挖掘活动设施规范、示范带动明显的基层科普行动计划项目，诸城市密州街道东山社区被表彰为"社区科普益民计划先进单位"，诸城市桃林镇苗木协会被表彰为"科普惠农先进单位"。

（孙金文）

诸城市文学艺术界联合会

【概况】 2018年，诸城市文联以党的十九大精神和习近平总书记在文艺工作座谈会上的讲话精神及《中共中央关于繁荣发展社会主义文艺的意见》为指导，紧紧围绕市委中心工作，大力实施"六大工程"，在志愿服务、主题活动、精品创作、文化传承、人才培育、组织建设等方面强化措施、狠抓落实，不断丰富人民群众精神文化生活，为推动"文化名市"和"三区一城"建设、开创全市文学艺术事业繁荣发展新局面做出了新的贡献。

【文艺精品创作】 黄鑫儿童文学作品《姥娘的黑狗》发表在国家级刊物《中国校园文学》，散文《花匠父亲》被国家级刊物《儿童文学》选载；宋兆梅散文《出果子》发表在《散文选刊》；出版儿童文学集《泪王子》、长篇小说《相州王》、散文合集《谷雨出行》、散文集《野有蔓草》、散文集《香草》、儿童文学集《精灵树》等图书10余部。

出版《东鲁》《诸城文学》《格林村》《舜风》《东鲁诗词》《古城新韵·老诸城》等协会期刊20余部。

4部文学作品入围山东省第四届"泰山文艺奖"（文学创作奖）参评作品；2部文学作品参加潍坊市重点文艺作品扶持专家评审。

臧恒望、王法堂、刘忠臣三位画家作品入展由中国美协、山东省委宣传部主办的"能量——改革开放40年山东美术创作成果展"；许传良草书作品应邀参加当代草书名家书法精品展；王烁金、许光波、雷鸣等书法作品入展或获省市级以上表彰奖励30余次。

【主题文艺活动】 围绕纪念改革开放40周年开展系列主题活动，重点策划、组织了2018诸城新年音乐会、丁凯中国画展暨作品汇报展、2018诸城市首届网络春节联欢晚会、"文心融盛世 翰墨蕴家风"书画展、2018诸城派古琴音乐会、第四届交响管乐音乐会、商士禄中国画作品展、"书为心画"刘培波书法作品展、庆祝改革开放40周年首届体育剪纸作品展、全市钢琴大赛、第二届书法临帖创作展等重点文艺活动30余场次。

【文艺志愿服务】 组织市摄影家协会、市书法家协会、市剪纸艺术协会、市硬笔书法家协会等有关文艺家协会共创建志愿服务工作站、实践服务基地20余处，开展志愿服务180余场次，服务对象约8000人次。

【文艺人才队伍】 推荐2人加入中国美协、2人加入中国书协、4人加入中国民协、1人加入中国音协，为历年来加入国家级协会人数最多一次；推荐1人加入省书协；推荐5人加入省作协、12人加入山东省散文学会、5人成为山东省青年作协会员、15人成为潍坊市作家协会会员；"五一"期间，诸城市管乐团参加中国第十二届优秀管乐团队展演，并获优秀展演团队荣誉。

（文联）

诸城市残疾人联合会

【概况】 2018年，市残联坚持以习近平新时代中国特色社会主义思想和党的十九大精神为指导，认真贯彻落实市委、市政府关于残疾人工作的各项决策部署，以“干在实处、走在前列”为目标定位，勇于担当、激情创业，有力促进了全市残疾人事业与经济社会协调发展。

【精准康复救助项目实施】 精准康复服务。按照潍坊市残疾人精准康复服务行动的工作要求，举办了全市残疾人工作者精准康复服务行动培训班，针对精准康复服务工作过程中有关程序、表格填写、调查要求、辅具申请等业务工作进行培训。2018年，精准康复系统有需求残疾人3752人，服务3752人，服务率100%；其中辅具服务2189人，儿童康复训练、成人康复治疗与训练等1563人。

康复服务体系建设。加大残疾人康复机构建设力度，完善市、镇、社区三级康复服务网络，建立残疾预防、抢救性康复、督导检查等工作机制，进一步健全残疾人康复机构的康复服务体系。

实施康复救助项目。大力实施残疾人康复救助项目。2018年为200名贫困白内障患者实施免费复明手术，手术成功率100%；为194名贫困精神病患者提供服药救助；为61名听障残疾人适配助听器；为55名肢体残疾人安装大腿假肢、小腿假肢、上肢、矫形器等；为1150名残疾人开展免费健康查体；为145名残疾儿童实施了残疾儿童抢救性康复救助项目；为8名儿童安装了人工耳蜗。助残日、“六一”儿童节期间，联系爱心组织和爱心人士开展走访慰问残疾儿童活动。

【教育就业扶贫】 市残联配合民政部门落实好残疾人“两项补贴”政策，2018年共有3030人享受困难残疾人生活补贴，8667人享受重度残疾人护理补贴；大力实施“阳光家园计划”，共为160名残疾人开展了居家托养上门服务。申报省级残疾人就业扶贫基地3家、自主创业标兵1人，潍坊市级自主创业标兵2人；申报省、潍坊市级残疾人致富能手各1人。扶持47名残疾人自主创业，扶持12名残疾人网上创业。共对全市68家用工单位进行了残疾职工用工情况审核，安排170名残疾人就业。为575名符合条件的残疾学生及贫困残疾人子女发放补助资金共计62.08万元；为10名升入本专科院校的残疾学生发放励志助学资金5.2万元；开展盲人保健按摩培训、中草药种植培训、蚂蚱养殖技术培训、电子商务培训等，共培训残疾人191人次；建立了残疾人精准扶贫台账和残疾人扶贫领域作风治理工作台账，2016年底全市残疾人全部实现脱贫，至2018年底返贫率为零。

【完善残疾人组织网络】 3月，市残联及各镇街、园区残联完成了换届工作。组织实施了“强基育人”工程，2018年共组织培训残疾人专职干事、专职委员255人次，残疾人工作者16人次；为210户残疾人家庭实施无障碍改造；全面完成了残疾人基本需求和服务专项调查网上核查18844人。严格执行残疾人证“一次办好”制度，将残疾人证办理工作纳入“一次办好”窗口，按照省、潍坊市残联残疾人证办理工作有关规定，诸城市于2018年7月1日起，将残疾人申请办证工作下放至镇街、园区残联办理，并严格执行异地办理和办理残疾人证免工本费政策。积极开展普法和残疾人事业宣传，年内未发生残疾人越级上访和群体上访事件。

【扶残助残宣传】 大力宣传残疾人事业。制定年度宣传计划，依托电视台、报社、网络等媒体，重点围绕残疾人优惠政策、重大节日活动、典型人物等展开宣传，特别是在“全国助残日”期间，全市举办8项活动，分别是：“第五届残疾人书画艺术作品展”“启动残疾人无障碍改造项目”“关爱特殊儿童公益活动”“中草药种植培训班”“启动为200名贫困白内障患者复明工程”“启动残疾人免费健康查体活动”“残疾儿童拓展训练活动”。为进一步丰富残疾人的精神文化生活，市残联还开展了“残疾人文化周”活动，内容涵盖送电影下乡、书画培训、宣传义诊、才艺展示等。

（焦平明）

诸城市红十字会

【概况】 2018年，诸城市红十字会依照《中华人民共和国红十字会法》等法律法规，弘扬“人道、博爱、奉献”的红十字精神，认真履行职责，顺利完成年度工作任务。市红十字会被省红十字会授予“山东省造血干细胞捐献工作先进集体”荣誉称号。

【学习教育】 重视红十字队伍政治学习，不断提高政治素养。组织学习并认真贯彻党的十九大和二中、三中全会精神，学习领会习总书记系列讲话精神，坚决执行党的路线，严格执行政治纪律和组织纪律，维护党的权威。树立大局意识、责任意识和服务意识，紧紧围绕市委、市政府中心工作开展工作，充分发挥党和政府在人道领域联系群众的桥梁和纽带作用。重大事项做到公开透明，按照有关规定向主管部门报告。

【红十字核心业务】 依据《中华人民共和国红十字会法》，以《中国红十字会章程》为指导，通过强化管理，依法依规履职，以各项红十字基本业务为重点，积极开展红十字工作。

做好红十字宣传工作。利用举办救护知识培训班、艾滋病日集中宣传等活动，通过悬挂宣传横幅、散发宣传资料等形式做好红十字现场宣传。利用网络媒体进行宣传，强化宣传效果。组织做好红十字一报一刊的征订工作，发挥其红十字宣传主阵地作用。

开展救助工作。继续开展春节送温暖活动，发放慰问金1.45万元和部分温暖箱。帮助符合条件的求助患者办理红十字基金救助申请手续，共有5名求助患儿成功获得“小天使基金”救助15万元。4月，在全市开展先心病患儿摸底筛查，共检查孩子52名，对符合条件的26名患儿安排救助手术治疗。11月，及时将上级红会下拨的企业捐赠药品进行合理分配，通过部分乡镇卫生院分发给部分贫困病患群众。

做好遗体捐献、造血干细胞捐献工作。年内成功实现遗体捐献和角膜捐献各1例，造血干细胞捐献1例。造血干细胞捐献志愿者进行捐献时，市红十字会工作人员到济南全程陪护，做好服务。

做好救护培训工作。多次组织举办初级卫生救护知识培训班，为7家企业和马协培训救护员，并办理急救员证57个。

（红十字会）

军　事

中国人民解放军诸城市人民武装部

【综述】 2018年，市人武部党委认真贯彻落实上级决策部署，紧紧围绕党在新形势下的强军目标，以坚决落实改革强军任务为牵引，突出首位固根本，聚焦中心抓备战，担当尽责促改革，着眼长远打基础，开拓创新谋发展，改进作风抓落实，圆满完成了年度各项任务，部队、民兵预备役建设得到科学发展、创新发展。2019年1月，诸城市人武部被潍坊军分区表彰为二〇一八年度“军事训练先进单位”“民兵调整改革先进单位”“征兵工作先进单位”。

思想政治建设扎实有效。坚持用党的创新理论，特别是习主席系列重要讲话精神武装头脑、统领思想，确保全部人员思想稳定、政治纯洁。先后开展改革强军主题教育、“服从改革大局、走留听党安排”专题教育、“新体制新职能新使命”大讨论和“不忘初心、牢记使命”“传承红色基因、担当强军重任”等主题教育，组织全体机关干部职工和专武干部先后到王尽美纪念馆、刘家庄抗战纪念馆进行现场教学，打牢干部职工看齐追随、矢志强军、拥护改革的思想根基。抓好全市民兵预备役人员思想教育。深入学校、社区开展征兵宣传月活动，实现了征兵宣传全民覆盖。

军事斗争准备不断深化。从规范战备秩序入手，认真抓好节假日战备值班和日常值班，修订了9个战备方案和18个非战争军事行动预案，补充配备市镇两级战备器材，大力加强民兵应急分队和民兵信息员队伍建设，巩固战备基础。突出抓好应急力量建设，理顺军地联合指挥关系，组织了一次应急处突综合演练，锻炼队伍。按照上级训练工作指示，先后组织专武干部、应急分队、专业保障分队训练，足额完成年度训练任务。

深化民兵组织调整改革落实。按照任务要求，周密组织民兵组织调整改革工作，部领导带队分组对全市整组情况进行全面检查验收，连续4年在军分区整组检查中到位率、人册相符率达到100%。在民兵组织调整改革中，先后3次召开专武干部例会、2次集中办公，明确任务标准，统一规范静态、动态资料模式，在军分区组织的专项检查拉动中各项均评为优秀等次。积极探索适应农村社区民兵组织建设的方法路子，社区建立民兵连的格局基本形成。扎实抓好非公有制经济企业武装机构审查整顿，迎接了上级工作组检查验收。严密组织国防动员潜力调查和国防工程数据普查工作，进一步摸清了地方物资、人力、交通等资源底数，为战时需求提供了数据支撑。

国防动员基础有力夯实。把国防教育纳入各级党委中心组学习和党校教育培训内容，着力提高领导干部国防意识。以“两报两刊”为主要教材，在全市民兵预备役人员中开展学刊用刊和党史军史知识竞赛活动，提高了参与国防建设的自觉性主动性。利用春节、暑假等时机，深入学校、商场、集市，采取张贴标语、发放宣传册、悬挂横幅等形式，多渠道、全方位开展征兵宣传月活动，实现了征兵宣传全时节、全覆盖。联合市委、市政府出台《关于进一步做好大学生士兵征集工作的通知》，明确大学生入伍家庭优待金上涨政策措施，进一步激发了大学生参军入伍热情。

后勤保障效能得到增强。严格落实财务、车辆、油料、食堂、固定资产、营房、水电等管理规定，定期组织营房、水电、绿化等维护保养，持续开展建设“节约型”人武部活动，坚持党委理财、联审会签、双主官签字等制度，认真执行“先预算后花钱、先报告后花钱、先请示后办事”的经费使用规定，后勤精细化管理水平不断提升。

【战备】 狠抓战备制度落实。认真组织节假日战备值班和日常值班，修订完善各类战备方案预案，加大国防工程维护管理力度，补充配备市镇两级战备器材，大力加强民兵应急分队和民兵信息员队伍建设，战备基础进一步巩固。严格落实干部值班制度，民兵战备教育制度，民兵军事训练制度，拟制战备方案制度，民兵信息员管理制度，民兵开展敌情、社情研究制度，民兵战备物资管理制度，民兵战备设施责任制管理制度，民兵担负战备值班（包括日常值班、节日值班和等级战备值班）制度，请示、报告制度等各项制度。重大节假日前，召开办公会议，专题研究修订各类计划方案，制订军警民联防方案的人武部内部应急行动预案，及时上报潍坊军分区审批。每天安排相应的应急力量担负战备值班，明确值班民兵的具体任务、时限和位置，落实兵力，熟悉方案，坚守岗位，保持通信联络畅通并使武器装备处于良好状态，做好随时执行任务的准备。

【军事训练】 2018年，市人武部以上级关于军事训练一系列重要指示为指导，以军事斗争准备任务为牵引，以军事训练大纲为依据，以提高民兵预备役队伍战斗力为核心，突出首长机关和分队成建制训练，强化民兵专业分队、应急分队和专武干部训练，努力提高民兵预备役队伍遂行任务的能力，确保信息化条件下民兵军事训练的质量效益。始终把提高“打赢”能力作为贯彻按纲施训的出发点和落脚点，加强领导，严格施训，突出重点，整体推进，人武部首长机关、专武干部、应急分队、专业保障分队训练，足额完成年度训练任务。

首长机关训练。坚持以《军事训练条例》和人武部《军事训练与考核大纲》为依据，深化对训练条例、大纲、战备工作规定等内容的学习和理解，强化智能、体能、技能的训练，注重提高人武部首长机关的整体军事素质，组织现役干部一体化指挥平台训练和体能强化训练。

民兵预备役训练。严格按照民兵军事训练新大纲规定的要求组织实施，按标准组织考核，确保了参训民兵的训练质量。组织民兵“四会”教练员和专武干部、民兵应急分队、专业保障分队训练。训练中采取有效形式，激发练兵热情，提高训练效能，经过严格的考评，所有参训人员考核合格，总评成绩良好。

【安全管理】 始终把安全管理作为“保稳定、促发展”的经常性基础性工作，做到常抓不懈。搞好安全教育。坚持利用周一“大交班”时间，及时传达上级关于加强安全管理工作的一系列指示要求和有关事故通报，进行安全常识教育。持续开展“四清两统”“百日安全”、隐患排查和“学法规、用法规、守法规”活动，不断强化安全意识和条令意识。重视抓好保密工作。有针对性地做好涉密文电、办公电脑、存储介质、信息网络等保密工作，加强文电收发、传阅、立卷、保管及印刷工作，保持了良好的保密秩序。重视抓好日常管理工作，完善考勤、请销假、车辆派遣等制度，工作、生活、战备秩序进一步规范，实现全年安全无事故。

【政治工作】 党委建设。部党委认真贯彻党委领导下的首长分工负责制，认真贯彻落实习主席重要批示精神，站在强化“四个意识”、落实

“三个维护”高度，坚决做到闻令而动、令出即行，坚持把对党忠诚要求体现到听招呼守规矩上。从完善机制、坚持制度入手，严格遵守《党委议事规则》。注重加强对中心工作的领导，把握好事关民兵预备役建设方向和全局的重大问题。工作中坚持以强化理论武装为根本，以增强班子团结为核心，以提高能力素质为关键，以谋求创新发展为动力，保证了党委决策的科学性和正确性，增强了党委班子的凝聚力、创造力和战斗力。

理论学习。始终把思想政治建设摆在突出位置，坚持用党的创新理论，特别是习主席系列重要讲话精神武装头脑、统领思想，组织开展“不忘初心、牢记使命”“传承红色基因、担当强军重任”等主题教育，提高了理论学习质效，确保全部人员思想稳定、政治纯洁。学习党内政治生活若干准则和《党内监督条例》；组织一次民主生活会，围绕学习讨论严肃党内政治生活和加强党内监督专题，组织干部职工从理想信念、党的政治纪律政治规矩、作风、党的组织生活、落实全面从严治党责任等方面，认真查找问题不足。严格落实学习、点名、补课、检查、讲评等制度，保证学习教育内容、时间、人员、效果落实。在理论学习上，通过集中上课、专题辅导、组织讨论、个人自学、撰写心得体会、开展笔记展评等方法，督促提高认识，全心投入，巩固和扩大了教育成果。以“两报两刊”为主要教材，抓好全市民兵预备役人员思想教育。

【后勤保障】扎实开展争创“节约型”人武部活动。定期开展勤俭节约、艰苦奋斗教育，强化全员节约意识。加强后勤精细化管理，进一步完善了财务管理规定、车辆维修使用与油料管理规定、食堂管理规定等八个管理规定。加强后勤精细化管理，突出发挥党委理财管财制度作用，认真执行“先预算后开支、先报告后花钱、先请示后办事”的“三先三后”经费使用规定，严格落实“联审会签”和“双主官签字”制度。严格经费支出管理，从制度上杜绝无预算开支、超预算开支及超范围开支等问题发生。在油料和车辆管理中，坚持加油专人管理，加油员与驾驶员会签，严格落实定点加油、定点维修制度，严把油料消耗关。在购买物品上，做到集中购买，确保有限经费的有效使用。严格执行车辆派遣实行派车单制度，组织了驾驶证及车辆审验，消除各种车辆安全隐患。圆满完成了专武干部、民兵应急分队集训、现役干部训练和征兵等工作的保障任务。

【兵役工作】组织召开兵役登记和网上预征工作会议。6月，对各镇街兵役登记情况进行了检查验收和调查摸底。工作中，把大专以上学历和具有专业技术特长的适龄青年作为兵役登记的重点，采取多种措施，提高兵役登记率，人武部联合市委、市政府出台《关于进一步做好大学生士兵征集工作的通知》，明确大学生入伍家庭优待金分别上涨5%-15%的政策措施。认真组织适龄青年网上报名，紧紧扭住兵员质量、廉洁征兵这两个关键，抓好兵役登记、初审初检、体格检查、政治考核、审定新兵各个环节，集中组织预定新兵役前教育训练。圆满完成年度征兵任务。

【国防动员指挥设施建设】按照一体化联合作战、一体化联勤保障和一体化联合动员的要求，建立了诸城市国防动员指挥部，功能集中了国防动员指挥网、公安“天网”系统、国防动员文电传输网。同时，依托人防办移动指挥车搭建指控接收平台，接入人民防空指挥系统，实时接收人民防空指挥车及移动设备终端图像，指挥部可根据现场情况作出指挥决策，通过人防指挥通联系统，对下下达指挥命令。为战时应战提供快速、高效、精确的人民武装动员、国民经济动员、交通战备动员和政治动员等方面的有力保障和战备支撑。

【军民融合】 严格落实议军会议制度、军事日制度、现场办公制度、党管武装述职制度等各项工作制度，使党管武装工作走上制度化、规范化轨道。人武部协调市委，把军民融合纳入各级党委中心组学习内容，纳入党校培训的教学内容。在全市干部培训班上都安排国防知识讲座，印发学习材料，列入考试范围，推动了军民融合工作的落实。

（董福春）

双 拥 工 作

【概况】 年内，建立完善地方领导与部队定点联系、军地相互通报、军地节日和重大活动互访、定期召开议军会等制度，并抓好双拥活动的落实，推动双拥工作深入开展。

【建立双拥工作网络】 市里成立由市长任组长的市双拥工作领导小组，镇街和双拥工作领导小组成员单位及驻诸城部队成立了双拥共建领导小组。235个社区建立社区双拥工作站，健全社区双拥志愿者队伍。企事业单位、“两新”组织同时设立拥军优属服务组织，在全市构建起党政军一体、群团组织广泛参与、全方位覆盖的双拥工作网络。

【走访慰问】 春节、“八一”期间，市委、市政府慰问团走访慰问潍坊、安丘驻军单位的官兵及人武部，慰问物资折合人民币共38万元。走访慰问了32户重点优抚对象代表及39户烈属，为每户送去了慰问金、面粉、花生油、棉被等，折合人民币24.7万元；拨发救济款40万余元，用于503户特困优抚对象的临时救济。开展送立功受奖喜报、慰问信、挂光荣牌匾、贴慰问画等活动，共发放11万余张。

【开展纪念活动】 年内，组织开展“纪念王尽美同志诞辰120周年”“弘扬革命传统践行群众路线”等一系列活动，共接待社会各界510场次53400余人。投资10多万元，对王尽美纪念馆一楼王尽美同志的生平事迹展进行了改陈布展。组织烈士纪念日祭扫活动，加强烈士墓地维护和管理。

【奖励立功受奖军人家庭】 向2名荣立二等功现役军人的家属发放慰问金共计8000元；向参加维和、亚丁湾护航“潍坊舰”官兵及荣立三等功的135名现役军人和军人家属发放慰问金23.9万元。发放42名随军未就业家属补助金13.95万元。

【职能部门拥军优属活动】 粮食部门对部队粮食供应做到“两优先、三保证”，开展军粮供应优质服务活动；交通部门专门开辟“拥军”公交专线，铺筑了部队附近主要交通路口的减速带，为部队家属工作和子女就学提供方便；教育部门按照政策规定，不分区域界限接收部队子女就近入学，妥善解决了部队子女的上学问题；电力部门采取“一优惠、二倾斜、三减免”的办法，补贴部队电费10多万元；山东广电网络公司诸城分公司把有线电视光缆架设到营区，定期到营区检修有线电视和网络，保障日常使用。

（王希杰　董福春）

人 民 防 空

【概况】 2018年，全市人防工作紧紧围绕市委、市政府中心工作，统筹谋划，创新实干，防空防灾应急准备有序推进，人防建设持续发展，圆满完成年度目标任务。

【“两防一体化”建设】 进一步完善和加强指挥通信建设，人防办已完成机动指挥车的初步建设，构建了包括有线、无线等各种通信方式于一体、固定与移动指挥通信相结合的人防指挥通信体系，为全市防空防灾的信息采集、传输、现场指挥提供重要保障；修订完成《诸城市人民防空方案》，组建疏散组织能力强的指挥机构，修订人口疏散体系建设方案，加大疏散体系建设力度，适时开展应急疏散演练；按照潍坊市人防办的要求，加快了人防工程的建设步伐。组织人员对警报设施进行检查维护保养，使警报设施始终处于良好的战备状态。

【教育与宣传】 人防办聘请有关专家，利用党校对本地党员干部培训的机会，举办专题培训班进行授课，使受训的党员干部能够真正体会到人防工作的重要性及搞好人防工作的重大意义，把关心和支持人防工作变成一种自觉行动。同时，在城区中小学校开设人防知识课，聘请部分兼职教师，开展人防教育，并在青少年教育基地设立人防专题教室，年受教育的学生有4000多人。6月10日，印制了2000多份防空防灾警报试鸣公告，在全市各行各业分发和市民居住区进行张贴，并协调市电台、电视台以图文播报的形式，将试鸣信息向广大市民进行告知，做到全民知晓。6月15日，防空警报鸣放圆满成功。此外，利用国防动员宣传日、防灾减灾日等机会，通过在电台、电视台、报刊等多种媒体宣传、到人群集中的地方发放宣传材料等方式，宣传防空防灾知识，增强市民防空防灾意识。

【人防队伍建设】 人防办按照“政治坚定、业务精湛、纪律严明、作风过硬、廉政高效”的总要求，着眼内修素质、外树形象，对干部职工积极开展世界观、人生观、价值观教育，组织干部职工进行政治理论学习和开展思想政治教育；积极推进作风纪律建设，在全办广泛开展“创先争优”活动，弘扬正气，及时解决懒散懈怠、不求进取的苗头性问题，树立爱岗敬业、创新实干的作风，努力激发干部职工干好本职工作的积极性。

【依法行政】 人防办结合民用建筑修建防空地下室审批、防空地下室易地建设审批、开发利用人防工程和设施审批、人防工程拆除审批、人防警报设施拆除审批、单建人防工程五十米范围内采石、取土、爆破、深挖作业审批六项人防行政审批事项，开展人防易地建设费的收取工作；人防审批事项实行网上公示制度，并与国土、规划、住建、财政等部门建立信息录入流程控制制度，形成了信息共享机制。

【人防工程建设】 认真贯彻落实上级关于人防工程“应建必建”的精神，按照“平战结合”的要求，结合城市新建民用建筑做好防空地下室建设工作，人防工程总量有了突飞猛进的增长。

（张志博）

法 治

综 述

【概况】 2018年，全市政法工作深入贯彻落实中央和省委、潍坊市委决策部署，按照“围绕一条主线、确保五个不发生、加强六化建设、夯实三大保障”的“1563”总体思路，狠抓各项措施落实，保持了社会大局稳定的良好局面，获得了“全国法治县（市、区）创建活动先进单位”“全省全国‘两会’安保维稳工作先进集体”“潍坊市社会治安综合治理先进集体”等荣誉称号。

【维护社会稳定】 市委、市政府高度重视维护稳定工作，牢固树立“稳定是第一责任”的理念，常委会先后5次研究综治维稳工作，市委书记桑福岭作出30多次批示。健全完善信息预警、信息零报告、驻京值班、督导暗访等战时工作机制，组织开展社会面集中整治、排查安全隐患防范四类风险、信访积案攻坚化解等专项行动，圆满完成了全国“两会”、上海合作组织青岛峰会以及庆祝改革开放40周年等重大活动安保维稳任务，实现了“六个坚决防止”“三个确保”的目标。

【社会治理创新】 按照省和潍坊市统一部署，积极推进市、镇街、社区三级综治中心标准化、“雪亮工程”以及网格化管理服务“三位一体”社会治理系统工程建设。综治中心为信息采集、综合管控、应急处突等提供平台支撑，起到“大脑”作用；“雪亮工程”通过对重点部位、薄弱地区视频监控有效覆盖，提高线索提供、案件侦破、服务群众的频率和效率，起到“眼睛”作用；网格化服务管理通过发挥网格长、信息员在社区民意搜集、政策法规宣传、治安防控的主体作用，各类矛盾纠纷底数清、情况明、信息准，起到“腿脚”作用。搭建起了“四室一厅一平台”，网格化管理办公室、监控研判室、矛盾纠纷调处室、心理咨询室和群众接待大厅、综治信息平台，依托综治信息平台和“民情通”手持终端收集平安信息46.8万条，办理管理服务事项1.9万余件，市综治中心信息平台与市公安局视频监控平台实现互联共享，“雪亮工程”累计安装监控探头4.8万余个，一二三类目标视频监控覆盖率分别达到100%、100%、89%，信息联通、矛盾联调、治安联防、问题联治的效率大幅提升。

3月31日，中国法学会党组成员、副会长王其江(右五）到相州社区法律服务诊所调研 （供图 政法委）

【扫黑除恶专项斗争】 按照中央和省委、潍坊市委部署，市委、市政府将扫黑除恶专项斗争纳入总体布局，健全完善了市扫黑除恶专项斗争领导小组会议、联席会议、会商会议等制度，形成党委、政府统一领导、政法部门积极作为、有关部门齐抓共管、社会各界广泛参与的扫黑除恶体制机制。市委常委会先后4次专题研究，领导小组召开会议5次，召开“大三长”“小三长”会议18次，出台工作文件12个，组织开展了两轮巡回督导。启动涉黑涉恶线索大排查、大核查行动，受理各类举报线索233件。9月，集中打响扫黑除恶专项斗争“诸城战役”；12月，在住建等8大领域组织开展集中整治百日行动；持续组织开展扫黑除恶诸城战役“攻坚战”，向黑恶势力、腐败势力、宗族恶势力、“保护伞”势力发起冬季攻势。打掉涉恶团伙46个，其中涉恶犯罪集团2个，破获刑事案件141起，刑事拘留218人，公诉3件12人，判决1件3人，查实处理党员7案7人，社会治安形势不断好转，人民群众的获得感、幸福感和安全感不断增强。在公安系统组织的年度群众安全感测评中，诸城市列潍坊第2名、全省第8名。

【法治建设】 制定出台了《关于全市政法机关服务保障新旧动能转换20条意见》《关于做好农村“三清一增”集中行动司法保障工作的意见》等文件；共审结各类案件14443起，执行4400件，标的额11.76亿元；依法审查逮捕、公诉扰乱市场经济秩序等犯罪60件139人，批捕、公诉金融诈骗和破坏金融管理秩序罪11件13人，涉案金额2200余万元。深化警务体制改革，提升服务保障效能，经验做法被公安部刊发推广。组织法学、法律人才参与重大项目社会稳定风险评估、搭建社区法律服务诊所等做法得到中国法学会会长王乐泉等领导批示肯定，并先后2次安排调研组到诸城市总结经验；在全省法学会服务基层法治建设现场会上，诸城市作为唯一的县级市介绍了经验。突出强化法治宣传，协调督促各责任单位落实“谁执法谁普法”普法责任制，在执法司法实践中广泛开展以案释法和警示教育，使案件审判、行政执法、纠纷调解和法律服务的过程成为向群众宣传法律知识、弘扬法治精神的过程。共开展集中法治宣传教育54次，发放宣传材料10万余份，受教育群众达20万余人次。

【政法队伍建设】 在全市政法系统深化“两学一做”学习教育，开展执法司法工作“三评议”（案件评查、相互评议、社会评议）活动，对查摆的执法司法问题逐一进行整改，推动了政法机关执法司法协作，规范了执法司法行为，改进了干警工作作风。开展“晋级升位创品牌”活动，组织政法干警到浙江衢州、青岛市南区、临沂兰山区等地区寻标对标，持续转变理念、转变作风、提升素质、提升能力。开展“大学习、大调研、大改进”活动，组织人员到青岛、日照以及寿光、滨海等地学习调研，提升境界标准。组织开展深化“作风建设年”活动，强化机关作风建设，为政法工作有序开展提供坚强保障。落实政法干部下基层化解矛盾常态化机制，定期组织开展城乡联建活动，走访慰问贫困户，确保精准扶贫责任落实。积极参与全国文明城市创建活动，组织全体人员广泛开展文明创建活动，市委政法委被评为“潍坊市级文明单位”。市法院被授予“全国法院党建工作先进单位”，市公安局党委获得“潍坊市先进基层党组织”，副市长、市公安局局长单东升入选“法治山东人物”，市法院杨宁被最高法院评为“全国法院办案标兵”，市检察院尹丽玮、邱召伟入选“潍坊最美检察官”。

（赵慧宝）

法治政府建设

【概况】 2018年，政府法制工作紧紧围绕市委、市政府中心工作，认真贯彻落实《诸城市法治政府建设实施纲要（2016-2020年）》，不断健全依法决策机制，提高规范性文件质量，加强法制宣传和执法业务培训，强化行政执法监督检查，全力做好行政复议和行政应诉工作，不断提高依法行政工作水平，推进了法治政府建设进程。

【依法行政】 认真落实《诸城市法治政府建设实施纲要（2016-2020年）》（诸发〔2017〕17号）。对《纲要》确定的各项任务进行分解，明确责任分工，强化工作措施，将工作任务层层分解到责任单位，落实到具体岗位、具体人员。6月进行了法治政府建设中期总结评估，8月组织有关人员对法治政府建设工作进行专项督查，通报了督查情况。

印发《2018年全市法治政府建设工作重点》。将年度重点工作明确为22项具体任务，对所有事项实行台账式管理，对圆满完成的工作事项逐项销号。

严格执行法治政府建设情况报告制度。1月公布了上年度《诸城市法治政府建设情况报告》。对全市法治政府建设情况、存在的问题进行总结分析，提出下步的工作思路，按规定向市委、市人大常委会和潍坊市政府报告。

加强督查考核。将法治政府建设工作列入全市经济社会发展综合考核，科学设置考核指标体系，完善考评要素设计，对考核指标进行优化细化量化，实行专项督导，半年预考，及时发现问题，督促整改落实。

【法制宣传培训】 成立60余人的政府法制信息宣传员队伍，并加强业务培训，建立起“上下沟通、左右互联”的全市政府法制信息宣传网络体系。制定政府法制信息宣传考核办法，不定期调度、通报信息报送情况，表彰信息宣传先进单位和先进个人，注重发挥政府法制信息的宣传交流推广作用，进一步扩大社会影响，营造法治政府建设的良好氛围。

【健全完善政府法律顾问制度】 印发《诸城市政府法律顾问管理办法》，加强法律顾问队伍规范管理。落实经费保障，将政府法律顾问经费纳入财政预算，每年拨付10万元经费对政府法律顾问报酬进行保障。充分发挥法律顾问职能作用，加强重大法律事务审查工作。2017年至2018年底，政府法律顾问先后参与审查、论证重大行政决策2项，规范性文件6件，政府合同12件，协助处理其他重大涉法事务26件，对推进依法行政、建设法治政府发挥了重要作用。

【规范性文件和政府合同管理】 严格落实规范性文件“三统一”制度，进一步健全规范性文件合法性审查、备案及清理制度，所有规范性文件及政府合同未经法制机构合法性审查不予公布或签订，规范性文件公布后及时报送市人大常委会和潍坊市政府备案，适时清理规范性文件。2018年共出台政府规范性文件5件，全部通过政府法制部门合法性审查并及时报送备案，提高了文件的科学性和实效性。对1984-2017年出台的市政府文件进行了集中清理，废止526件，继续有效276件，宣布失效199件，修改13件，以市政府文件公布实施（诸政发〔2018〕8号）。严格审查政府合同。建立政府法制机构审查为主导，政府法律顾问、部门行业专家提供专业建议的审查机制。全年共审查政府合同12件，涉及标的额80多亿元，提出审查意见30多条，有力地防范了政府合同的法律风险。

【规范行政执法行为】 开展行政执法主体资格清理和审核公告工作。共确认75个单位具有行政执法主体资格，其中法定行政机关26个，法律法规授权的单位41个，依法受行政机关委托的单位8个，面向社会公告。

加强执法人员管理培训。严格落实行政执法人员资格管理和持证上岗制度，结合行政执法证件申领和年审，科学制订行政执法人员培训方案，分批次对全市申领、审验行政执法资格证的人员进行法律知识培训和执法资格考试，严格把好新进执法人员资格准入关。

严格落实行政执法“三项制度”。对《山东省行政执法全过程记录办法》《山东省行政执法案卷评查办法的通知》《山东省行政执法案卷评查标准》《山东省行政执法文书示范文本》予以转发并严格落实，督促各执法部门制定相关工作制度，编制三项制度汇编并严格落实。

【行政执法监督】 行政处罚（强制）权力全部上网运行。深入推进行政权力网上公开透明运行，加强网上监督平台建设，提高执法程序规范化，推进综合执法，提升执法效能。推进行政执法监督体制改革，将执法部门依法履职情况作为执法监督重点，综合采取规范自由裁量权、启用行政执法业务监督系统、落实案卷评查制度等方式，全面监督检查涉及民生领域执法部门的行政执法责任制落实情况、行政执法裁量权基准制度实施情况。

开展案卷评查活动。组织专业人员对全市行政执法部门上报的案卷进行集中评查，针对存在的问题，以整改意见函的形式反馈部门，进一步提高部门的执法水平。

认真办理人大代表建议和政协委员提案。对收到的121件人大代表建议、178件政协委员提案，根据部门职责落实到42个承办单位。严格落实承办部门责任，明确办理时限和要求，加强与代表、委员们的沟通联系，按期办结率达100%。

加强与检察机关的协作配合。探索与检察机关的协作配合机制，由市政府法制局与市检察院联合制定《关于建立行政执法监督协作机制的实施意见（试行）》，建立信息沟通共享、案件移交移送和联席会议三项制度，落实工作联动机制，实现行政执法与刑事司法相衔接。

【行政复议和行政应诉】 加强和改进行政复议工作。2018年共审结行政复议案件32件，纠错率达19%。落实行政复议各项报告制度。严格落实行政复议被纠错案件向潍坊市政府和本级政府逐级报告、复议决定落实情况报告、行政复议意见书、建议书落实情况报告等制度。加强行政复议规范化建设。配套建设了行政复议裁决立案室、审理室、听证室、调解室、档案室、接待室等办公场所并统一标识，办公用房总面积150余平方米。更换了办公桌椅、档案橱、电脑仪器等办案设施，新购置更换了复印机、摄像机、微机等办案设备，在复议裁决听证室配备了听证笔录同步显示系统、全程录音录像设备及播放投影多媒体等电子设备，按照潍坊市行政复议规范化建设要求，新上了行政复议应诉办案平台相关设施设备并投入运行。提高案件审理质量。进一步规范行政复议办案流程，严格把好案件受理、审理、评析三个关口，改进受理方式，畅通受理渠道，建立快审快结机制，用好用活调解、和解手段，对重大、疑难、复杂的行政复议案件，及时组织行政复议委员会集中讨论，启动听证程序，广泛听取法律专家、相关部门和管理相对人的意见，积极主动做好每一项行政复议案件的办理工作，提高复议裁决案件审理质量和效率，提高行政复议公信力。

加强和改进行政应诉工作。积极推行行政机关负责人出庭应诉制度。年内以市政府为被告的行政诉讼案件共10件，以部门为被告的行政诉讼案件共45件，行政机关负责人出庭应诉率达100%。加强行政应诉能力建设。加强对部门行政应诉人员的业务培训，多次组织庭审观摩活动和培训会，建立法制部门与法院行政庭联席会议制度，人民法院年初形成《行政案件司法审查报告》，向市政府提出行政执法意见建议，根据各行政机关执法过程中出现的问题，及时提出具体司法建议，实现行政与司法的良性互动。落实行政应诉工作报告制度。建立和落实行政应诉三告知、统计分析报告、庭审观摩、案例分析评估及败诉报告五项制度，严格依法履行人民法院生效裁判。

（耿跃志）

公 安

【概况】 2018年，全市公安工作按照“大部门、大警种”和“着眼实战、着力实效”的思路，树立以人民为中心的理念，以“专业化、规范化、集约化”为目标导向，以深化警务机制改革为动力，以基层基础建设三年攻坚战为抓手，创新实施信息化条件下的整体警务战略，有力地维护了全市政治社会大局稳定。市公安局被潍坊市公安局评为“优秀公安局”、上合峰会安保“突出贡献单位”，有4个单位分别记集体二等功、集体三等功和集体嘉奖，有37名民警受到嘉奖以上奖励，110人次受到通报表扬。

【全面实施整体警务战略】 以信息化建设助推警务机制改革，实施信息化条件下的整体警务战略，构建“统一指挥保障、整体刑事侦查、整体治安管理、整体执法监督”警务运行体系，实现整体警务效能最大化。

构建整体刑侦工作体系。把刑警、经侦、禁毒、食药环侦、合成作战、反信息诈骗等大队整合为刑事侦查大队，设立禁毒、经侦、食药环侦、打黑、反诈骗5个大要案专业队，5个责任区中队全部驻所，增设基层基础科、打黑中队、警犬训练中队以及8个刑事技术专业实验室，推动刑侦工作向专业化、规范化、集约化转变。依托合成作战中心，打破警种壁垒，汇聚各平台资源和专业手段，常态研判、按需研判、应急研判，分级合成作战，多轨联控串并，抓捕人数、破案数分别占总量的39.2%、31.8%。

完善统一指挥保障体系。把指挥中心、情报大队、警务保障处、信通中心整合为情指中心，集指挥调度、情报研判、辅助决策、保障服务于一体。设置指挥调度、视频巡控、人员管控、事件预警、资源管理、数据决策、应急联动等工作岗位，保障指挥调度和情报研判工作一体融合，相互支撑。形成《情指日报》365期，呈阅领导并刊发全局，辅助党委决策，指导、服务基层实战。

完善整体基础管控体系。整合治安大队内设机构，组建5个责任区中队，每个责任区中队包靠负责3－5个派出所，在赋予每个责任区中队管理责任区内治安管理职能的同时，又负责督导、检查、指导派出所开展基础管控服务工作，实现了单项执法向综合执法，偏重业务指导向业务督导、指导并重的“两个转变”。责任区包片中队共实际检查学校幼儿园、托管机构、加油站、烟花爆竹专卖店、宾馆、KTV、网吧等各类场所行业，以及其他企业共390余家，将发现的问题通报给责任派出所，下发《关于对派出所基础工作检查情况的通报》9期，督促派出所全部落实整改。

完善整体巡逻盘查体系。坚持“防为主、巡为上、控为本”，把城区划分为五个网格，整合交警、特警、治安、城区所及机关警力，统一编排勤务，屯警街面，“常态化巡防、专业化处警”，负责处置发生在街面的110警情、查纠交通违法行为、疏导交通、调解纠纷、制止违法犯罪行为、受理群众求助。全年共抓获各类违法犯罪人员175人，上网逃犯23名；共查处交通违章一般程序357起，简易程序1.68万起；救助服务群众162人次，调处纠纷113起次。

【深化安保维稳应急处突】 强化重点人员管控，落实安保维稳责任。切实加强各级“两会”、上合组织青岛峰会、中非合作论坛北京峰会、进口博览会等重大活动安保，严密全市易肇事肇祸精神病人等各类重点人员、群体管控，将摸排出的1771名重点人员，全部分类建档、录入情报平台涉稳重点人员系统，实施动态监测，掌握行踪轨迹，并及时报告党委、政府，把责任分解落实到相关单位，全程做好稳控工作。

加强情报预警，严打邪教违法犯罪。共破获各类邪教案件22起，抓获违法犯罪嫌疑人180人。成功破获倪某某、冯某某“全能神”专案，抓获犯罪嫌疑人4名，摧毁“全能神”窝点2处、聚会点1处；破获“12·10”“全能神”专案，抓获人员29名，解救未成年人7名，收缴邪教书籍资料3600余份。

突出矛盾排查调处，着力化解社会矛盾及信访案件。进一步完善社区警务室、派出所警民联调工作体系，规范接警、汇报、分流、联调等各个工作环节，多元化调处矛盾纠纷，最大限度地降低因小隐患而引发群体性事件的机率。

强化应急处突队伍建设，妥善应对突发事件。健全突发事件应急处置联动机制，完善《关于处置群体性突发事件的应急预案》，充实和加强了专门处突力量建设和实战演练，坚持维护社会正常秩序和人民群众合法利益这一核心原则，做到了人员集结快、到达现场快、处置措施得力，平息事态及时。先后出动警力1200余人次、车辆110余台次，圆满完成了寿光抗洪救灾、应急处突备勤、平度应急处突增援，潍坊屯警点集中备勤施训，赴潍坊参加全国维稳处突汇报演练、赴安丘看押守护和本局的统一抓捕、长途押送、专案看押等特殊勤务任务。

【强化打击破案】 以扫黑除恶为主线，开展了35次“打现行、除枪患、追逃犯、治乱点”等系列铁拳行动和集中清查行动。共破获刑事案件4474起，抓获犯罪嫌疑人1129名，共抓获各类逃犯126名；其中，历年逃犯23名；刑事发案率同比下降4.6%。

严厉打击违法犯罪。快侦快破重大刑事案件，破获了“3·07”故意杀人案、“5·02”故意杀人案、“5·26”故意杀人案，6起现行命案全部破获。深入推进扫黑除恶专项斗争。完善涉黑恶犯罪专案侦办工作机制，明确刑侦大队牵头，相关警种部门全力参与，组织力量侦破。打掉恶势力犯罪集团2个，涉黑恶团伙46个，抓获团伙成员218名。

深入推进禁毒斗争。以禁毒三年人民战争为重点，先后组织开展了易制毒化学品集中整治、“三品”联合执法检查、联合打击制毒犯罪“4·14”专项行动、“天日”铲毒战役等系列攻坚行动。强化缉毒严打。抓获涉毒犯罪嫌疑人45人，缴获毒品2331.54克。先后侦破省督杜承霖等人贩卖毒品案（“2018-25”）、部督褚凤学等人贩卖毒品案（“2018-732”）。严格禁吸戒毒。推进社区戒毒（康复）工作办公室建设，已建成14处社区戒毒（康复）办公室，配备专职社工21名，被评为全省社区戒毒康复工作示范单位。强化禁毒宣传教育。建成投用东鲁学校禁毒预防教育基地、岔道口禁毒展馆和主题公园，提升禁毒预防教育效果。创作的禁毒宣传歌曲《亲人的目光》，获得全省禁毒公益歌曲征集大赛二等奖。

严打经济领域犯罪。深入开展打击网络传销犯罪、打击侵犯知识产权犯罪、假币、保险诈骗等多个专项行动。共立各类经济犯罪案件39起，破案22起，抓获犯罪嫌疑人47名，抓获逃犯5名。参与公安部集群战役并查破案件13起。查破苏鹏伪造货币案，捣毁伪造货币窝点1处。

严打食药环侦领域犯罪。通过主动出击、顺线摸排、深度经营，实现破小案牵大案，破大案带小案。共抓获食药环类犯罪嫌疑人161名，抓获逃犯1名，移诉156名。破获部督“18・01”专案，抓获犯罪嫌疑人74人，扣押涉案车辆9台，取缔病死猪屠宰黑窝点1处；侦破“4・08”生产销售有毒有害食品案，抓获犯罪嫌疑人34人，查扣瘦肉精100余公斤，涉及食用肉牛150余头。

【夯实基层基础工作】 加强基础信息采集录入。应用“一标三实”三维警务管理应用系统，共采集录入信息222万条，对接相关平台数据14项95万条。应用“山东省治安综合管理信息平台——居住管理系统”，新登记流动人口16108人，新办理居住证3864人，新登记出租房屋2878家，新增社会用户2024家，新增比对报警信息59人；其中，逃犯4人，违法人员34人，涉毒人员16人，涉稳人员4人，抓获比对报警的逃犯3人。

高质高效推进信息化建设。采取PPP方式，初期投资3.45亿元，按照“统一规划、统一布点、统一管理、统一运维、统一平台、统一支付”的模式，推进“智慧公安”项目建设，已签订合同、开工建设。视频监控模块化机房、视频专网等硬件及视频云+等系统平台已建成投用，与佳都科技合作，建设完成大数据实战应用联合实验室，融合了人脸大数据、视频结构化、车辆大数据、交通大脑以及综合指挥等多项前沿技术。在人员密集场所、人行道、公交站点、背街小巷、街面等共安装700个摄像头，在全市安装制高点高空球26个，鹰眼摄像机3个，对全市信号灯进行自适应改造，并建设高清卡口式电子警察30处，在国省道建设高清测速卡口22处及视频云+大数据系统等，实现公交站点、铁路涵洞、人行道、城区路口及“三圈”的全覆盖，新增公交站点监控340个、涵洞监控70个、人行道监控310余个、人脸监控500余个。加强三级视频防控圈建设，201处边界全部并入潍坊市局联网，实现视频巡控城乡一体、全域覆盖。

新建看守所项目。投资1.8亿元，建设占地152亩的看守所、拘留所和武警营房，同步建设特警训练中心、警犬训练基地、射击训练馆、刑事审判庭、检察官派驻工作室等，建设更加规范的涉案财物管理中心。看守所已通过省公安厅验收搬迁。

【完善警务监督体系】 进一步完善执法监督、案件管理、执法办案、涉案财物管理“四个中心”，建立以审判为中心的执法质量管理体系。

加强执法监督。充分发挥执法监督中心监督效能，成立执法监督委员会，健全委员会议事规则，重大执法政策、疑难复杂案件和争议案件一律提交执法监督委员会集体研究决定，加大执法工作的整体掌控力度。每天、每周、每月对视频巡查、政务热线、受立案监督、电话回访、案件评查、民生警务平台及12389热线、信访等工作进行统计、分析、研判、通报，督促全局执法质量提升。发布监督日报365期，周报52期，月报12期，组织评查案件8期，发布督办指令1073条。通过各工作区、各渠道共收集各类执法问题34666条。

严格案件流程审核把关。充分发挥案管中心管理职能，对案件的重点环节进行日常把关，杜绝个别案件适用法律法规不当，定性不准和违反法律程序、法律手续不完备等问题。共审核行政案件776案，其中行政拘留1033人；共审核刑事强制措施1305人，其中刑事拘留696人，直保597人，直监12人；全局共提捕382人，批捕302人；共移诉858人，其中直诉572人。

规范执法办案水平。完善执法办案中心工作流程，在刑侦大队建立市局执法办案中心，在兴华路派出所建立城区执法办案中心，城区所有案件到执法办案中心办理，由市局统一保障、法制案审大队统一管理。在昌城、皇华、贾悦、相州建立农村派出所办案中心，实现了农村的重特大案件全部在办案中心办理。

【深化公共安全监管】 降事故、保畅通，深化交通安全管理。以“保畅通、压事故”大会战为主题，根据省、潍坊市各级要求，结合工作实际，认真分析道路交通违法和交通事故规律特点，统筹协调、科学组织各项集中整治行动，严查酒驾、毒驾、醉驾、涉牌涉证、超员超载、“三乱两闯”等交通违法行为。共组织开展46次集中整治行动，查处各类交通违法行为59.42万余起。通过整治，全市交通秩序明显好转，城区机动车遵守信号率达98%以上，非机动车、行人遵守信号率达95%以上，公路干线机动车违法率控制在5%以内。

消隐患、重防范，加强消防安全管理。新建悦东特勤消防站、城区第三消防站，新建276具市政消火栓。强化消防安全检查，及时清除隐患。组织开展了12次大规模消防安全夜查，共检查单位3.8万个次，查改火灾隐患14.2万条，下达责令限期改正通知书3.2万份、行政处罚决定书86份，办理消防案件1670件，临时查封38家，罚款195.956万元，警告144人，责令三停21家，拘留2人，杜绝了较大以上火灾和亡人火灾发生。

抓管理、明责任，强化爆危物品监管。强化民用爆炸物品监督检查，没有发生民爆物品漏管失控问题。开展治爆缉枪专项行动，收缴枪支37支，各类炮弹、手榴弹8枚，子弹270发。

强基础、重防范，加强校园安保和校车安全管理。指导金盾保安服务公司、长运公司联合成立了“诸城市校园安保校车指挥中心”，研发应用校园安保监控指挥、校车运行监控指挥、联网报警接警、校园食堂监控四大平台。全市209辆校车没有发生交通事故，保障了师生安全。

严管理、促规范，加强监所安全管理。会同武警、驻所检察室开展应急预案演练和联合检查。没有发生任何监所安全事故。率先完成全省监所伙房管理专项整改达标工作，保障被监管人员合法权益，率先达标经验做法先后被公安部监管局、省厅监管总队和潍坊市局刊发简报，推广学习。

6月8日，诸城市校园安保校车指挥中心、诸城市金盾保安110联网报警中心成立 （摄影　孔繁亮）

【强化教育训练】 全面抓好党建工作，规范党内组织生活。以省委巡视组政治巡视为契机，全面加强基层所队党建工作，规范党内组织生活及档案管理，严格落实“三会一课”制度；先后邀请省委党校赵洪祥教授、省厅刑侦总队刘希学副总队长到诸城市公安局举办专题讲座；逢重大纪念日举行升国旗仪式；深入开展“作风建设年”活动，召开作风建设年暨“大学习、大调研、大改进”动员会议，组织开展各个节点主题实践活动。组织50岁以上民警到威海荣成红色教育基地参加党性教育，引导民警严守政治纪律，铸造忠诚警魂。组织20余批次150余人次赴18个省市46个地市公安机关，学习先进经验做法。在市局二楼建成党建文化回廊，让党员时刻接受党性教育。

抓好战时教育训练，提升整体警务水平。从3月起，利用2个多月的时间对全体民警、辅警进行了一次大轮训。按照“战训合一、轮值轮训”要求，参训学员编组早晚高峰执勤，参与交通疏导、现场盘查等警务活动，在学中干、干中学。共开展培训6期，参训警力930余人次。

抓好峰会战时表彰工作，进一步激发队伍活力。按照省、潍坊市公安机关战时表彰奖励办法，简化程序，做到“随时申报、随时审核”。林家村公安检查站等受到战时嘉奖，崔晓颖等荣立战时三等功。峰会安保中，先后有4个集体和28名个人立功嘉奖，99名个人受到通报表扬，130余名辅警受到物质奖励，充分发挥了战时表彰奖励工作的鼓舞和激励作用。

健全完善辅警管理制度，不断提高辅警队伍管理的制度化规范化水平。参照事业单位人员招聘办法，抓好辅警社会招录工作，共招录30名辅警。坚持像管理民警一样管理辅警，不断完善辅警每月之星评选办法、辅警管理办法和辅警奖惩办法。为全体辅警配发执勤服、黑皮鞋、作训鞋、作训帽，特别定制了雨衣、多功能服等，以满足不同天气和任务执勤的需要。同时，在不断完善辅警人事档案的基础上，新增奖惩、考核、训练、服装管理档案，一人一档，规范管理，已累计建档2342份。

强化纪律整顿。加强队伍建设，严肃查处民警违法违纪案件。充分运用监督执纪“四种形态”，教育民警、警示民警、挽救民警和关心民警。2018年，运用监督执纪“四种形态”纪律处分、谈话提醒党员干部共计38人，其中行政警告处分1人、诫勉谈话4人、书面检查5人、通报批评28人。

坚持从优待警。落实民警生日蛋糕祝福、民警子女助学金等暖警心、得警心的措施，想方设法为民警办实事、解难题。

（公安局）

检　察

【概况】 2018年，诸城市检察院按照市委年度工作部署，深入贯彻习近平新时代中国特色社会主义思想和党的十九大精神，落实“讲政治、顾大局、谋发展、重自强”的总要求，忠实履行法律监督职责，保障发展大局，维护司法公正，保护公共利益，各项工作取得新进展。被最高人民检察院表彰为全国检察机关派驻监管场所一级规范化检察室、全国检察机关文明接待室、全国检察宣传先进单位，被山东省检察院确定为全省民事行政检察重点培育试点院，被潍坊市委表彰为先进党组织。山东省检察院检察长陈勇、潍坊市检察院检察长王桂春和诸城市委书记桑福岭多次对诸城检察工作给予批示肯定。

【聚焦经济社会发展大局】 聚焦稳定、发展两大主题，找准切入点、结合点和着力点，维护全市稳定发展局面，促进经济高质量发展。

推进扫黑除恶专项斗争。积极把握斗争形势，对镇街包靠宣传，对重点行业问卷调查，努力摸清黑恶势力底数和社会治安形势。创设涉黑涉恶线索“双报制”，鼓励人民群众在向公安机关报案的同时，向检察机关报案，受理核查线索22条。深挖彻查犯罪线索，对2015年以来办理的364件“7+11”类犯罪案件梳理排查，对在押人员进行专项检举立功教育，在办案中嵌入涉黑涉恶线索询问程序，筛查出涉黑涉恶线索、涉“保护伞”线索17条。严厉打击恶势力犯罪，批捕恶势力犯罪案件4件12人，公诉4件17人；办理陈某某等人组织卖淫犯罪过程中，强化补充侦查和证据核查，最终办成涉及13人的恶势力犯罪集团案件。

促进社会和谐稳定。妥善处置群众诉求，受理群众来信来访162件，依法办结、化解148件，转至其他有管辖权机关办理14件。依法促进社会治理，以检察建议督促行业主管部门解决农村基层组织不健全等问题，监督解决瓦屋庄村老年人集体反映的居民待遇问题，获赠“心系百姓　人民公仆”的感谢锦旗，派驻密州检察室获评省级“敬老文明号”称号。扎实做好安保维稳工作，深入排查化解矛盾纠纷，落实督导责任，保障上合组织青岛峰会等重大节会期间的安全稳定，保持涉检到省进京上访零发生，为维护全市稳定和谐贡献了检察力量。

服务经济高质量发展。着力防控金融风险，批捕、公诉金融诈骗和破坏金融管理秩序犯罪11件13人，涉案金额2200余万元。以“最严密的法治”保护生态环境，公诉破坏生态环境犯罪3件8人，以行政公益诉讼诉前程序办理环境资源领域案件23件。保护非公有制经济发展，批捕、公诉破坏生产经营等涉企类犯罪6件12人，其中批捕侵占、哄抢民营企业财物犯罪4人，公诉敲诈民营企业家犯罪1人，营造了良好的发展环境。

助力打造乡村振兴“诸城模式”升级版。维护农村发展环境，批捕、公诉寻衅滋事等扰乱农村社会治安犯罪25件37人；强化土地利用秩序监督，协同国土部门监督拆违复耕土地900余亩；强化拆解焚烧废旧电器等农村环境污染问题监督，发出检察建议11份。助力农业健康发展，强化动物防疫监管和国家涉农项目补贴监督，公诉生产销售假药、有毒有害食品犯罪12件66人。助力精准脱贫，公诉虚报冒领、侵吞套取涉农资金犯罪5件5人；结对帮扶贫困户45户96人，帮助解决看病难等实际困难21个。

【履行刑事诉讼职能】 依法公正高效审查刑事案件，全年共办结刑事案件1107件1723人，批准逮捕264件315人，不批准逮捕52件77人，提起公诉640件965人，不起诉13件13人，改变管辖、拆案、并案12件68人，移送单位撤回126件285人。

依法打击各类刑事犯罪。保障公共安全和社会管理秩序，批捕、公诉放火、交通肇事等危害公共安全犯罪284件284人次，批捕、公诉寻衅滋事、贩卖毒品等妨害社会管理秩序犯罪97件194人。维护人民群众的生命健康和财产安全，批捕、公诉故意杀人、故意伤害等严重侵犯公民人身权利犯罪111件123人，批捕、公诉盗窃、诈骗等多发性侵财犯罪162件187人。

依法高效审查刑事案件。发挥审前主导作用，依法提前介入、引导侦查案件21件，开展自行补充侦查案件5件；对审查起诉环节发现的社会危险性大、不按时到案的3名犯罪嫌疑人，决定逮捕；每季度对公安机关移送案件质量评查通报，进一步强化侦查人员的证据意识、程序意识和规范意识。优化刑事案件审查机制，对职务犯罪、金融犯罪等案件，实行类案专办；对交通肇事、危险驾驶类轻刑案件，实行捕诉合一，简案快办，审结率同比提高了21.3%。

依法维护当事人合法权益。加强未成年人司法保护，附条件不起诉7名未成年犯罪嫌疑人，依法封存12名未成年人犯罪记录，举办法治进校园活动12场次，依托互联网远程宣讲，向全市120余所学校的10万余名中小学生开展普法教育。加强刑事被害人救助，争取省级财政资金10万元，救助9名刑事被害人或者被害人近亲属，使救助的一名在读高中生被害人得以继续学业，彰显了司法温情。维护犯罪嫌疑人、被告人合法权益，对被羁押的57名恶性小、认罪好、可能判处缓刑的犯罪嫌疑人、被告人，建议办案机关变更强制措施，变更后无一人脱逃或影响诉讼，收到良好的社会效果和法律效果。

【履行法律监督职能】 以人民群众的司法需求作为根本出发点，强化刑事、民事、行政检察监督，提高人民群众的司法满意度和获得感。

加强刑事诉讼监督。依法纠正有案不立、以罚代刑等问题，监督立案2件3人，纠正漏捕1人，追诉遗漏同案犯31人。开展刑事强制措施、涉案款物专项监督，以刑事拘留后未报捕、未移诉案件为重点，监督撤案9件16人，监督返还违规扣押、罚没款物120余万元。依法监督庭审全过程，对640件刑事案件出庭支持公诉。强化刑事审判结果监督，逐案审查刑事判决，对定罪不当、量刑失衡的7件8人，提起抗诉，已改判4件4人，维护了刑事裁判公正。

加强刑事执行监督。开展刑罚交付执行专项监督，对30名审前未羁押、判处实刑未交付执行的罪犯，监督交付执行26人，对患有严重疾病暂不能收监执行的4人，监督进行病情鉴定。依法纠正法律文书错误，监督1名罪犯及时收监。开展监外执行专项监督，联合市司法局对500余名社区矫正人员进行监督，有效防止脱逃、漏管、再犯。

加强民事检察监督。审查生效民事行政裁判案件监督申请21件，依法支持监督申请10件，不支持监督申请8件，终结审查3件。开展虚假民事诉讼专项监督，办理5件民间借贷领域虚假民事诉讼案件，发出再审检察建议2件，提请抗诉3件，均被采纳，维护了申请人的合法权益和司法公信力。加强对诉讼程序违法监督，发出检察建议4件，促进司法规范。加大执行案件监督力度，针对买卖合同纠纷案中，违法执行案外人合法财产及执行利息计算错误等问题，向法院发出检察建议，促进执行工作依法规范进行。

加强行政执法检察监督。针对违章建设、养殖污染等行政违法行为，发出检察建议9件，督促有关行政机关依法履职。市安监局在收到加强危化品监管的检察建议后，及时严厉查处非法经营危化品的行为，并对全市危化品行业开展专项整治，充分落实监管职责，有效维护了安全生产局面。

【履行公益诉讼职能】 坚持把公益诉讼作为推进社会治理进步的重要着力点，践行双赢多赢共赢的监督理念，维护国家利益和社会公共利益。

以诉前检察建议督促依法履职。办理公益诉讼诉前程序案件33件，其中环境资源领域24件，国有财产领域5件，食品安全领域4件，保障受损害的公共利益及时得到修复。针对部分单位拖欠人防费问题，向市人防办发出检察建议后，督促追缴人防费3300余万元，取得了良好效果，该案被全省公益诉讼新闻发布会作为典型案例通报。

以公益诉讼增强监督保护刚性。对1个经诉前程序仍未充分履行监管保护职责的部门，提起行政公益诉讼1件，督促其继续履职；对1件非法采矿犯罪提起刑事附带民事公益诉讼，追偿国家矿产资源损失395万元；对3人生产、销售不符合安全标准的食品犯罪，提起刑事附带民事公益诉讼，追偿社会公益损失13万元。

着力构建长效机制。将检察建议的落实情况纳入全市科学发展综合考核体系，贯彻市人大常委会《关于开展公益诉讼加强行政检察监督工作的决定》，形成市委考核、人大监督、部门配合、诚信督促和数据支撑的公益诉讼保障机制。2018年8月，诸城市人民检察院代表全省检察机关接受全国人大代表对公益诉讼工作的视察，受到视察代表和高检院领导的广泛好评。

7月5日-6日，诸城市人民检察院“行政检察监督大数据平台”“驻所检察信息管理系统”等6款业务系统，参加“2018全国检察机关科技装备展”

（供图 检察院）

【聚焦改革创新】 坚持把改革创新作为推动检察工作发展的不竭动力，落实司法责任制改革，有效衔接监察体制改革，不断提升司法规范化和检察办案现代化水平。

落实司法责任制改革。完成第二批员额检察官遴选，员额检察官、检察辅助人员、司法行政人员定岗定责、分类管理、绩效考核落实到位，入额院领导直接办理各类案件108件，带头办理黑恶势力犯罪、公益诉讼等重大案件，检察长列席审委会等制度落到实处，以“谁办案谁负责、谁决定谁负责”为核心的办案考核评价机制建立运行。

衔接监察体制改革。注重沟通衔接，与市监察委会签《关于在履行行政公益诉讼职能促进依法行政中加强协作配合的若干意见》，向市监察委移送职务犯罪线索12件，发出应给予党纪政纪处理的检察意见5份。注重办案成效，以专门办案单元和业务骨干承办职务犯罪案件，加强案件证据和法律适用会商，审查起诉市监察委移送案件7件7人，首次参与1名厅级干部受贿犯罪审查起诉工作，继续发挥依法惩治腐败犯罪的重要作用。

推进检察业务创新。探索形成民行检察工作经验，在全省民行检察工作会议和全市检察长研讨班上作了经验交流。打造刑事执行检察“诸城品牌”，连续38年实现无超期羁押；凝聚“鹰眼”精神、突出四化建设的有关经验被最高人民检察院转发；迎接了全国检察机关刑事执行检察工作座谈会与会人员的现场观摩。

提升信息化应用。充分运用行政检察监督大数据平台，以大数据提升案件调查核实效率，接待省内外20余家检察同仁的观摩学习。研发驻看守所检察信息管理系统，数字化、直观化反应在押人员状态，提高了驻所检察监督质效。开发智慧接访系统，对来访人员信息实现一键识别，增强了矛盾化解的针对性和预判性。以上3款软件，均获国家计算机软件著作权专利，入选了全省检察机关首批大数据创新应用，参加了“2018全国检察机关科技装备展”，受到高检院领导的肯定好评。

【聚焦全面从严治检】 以党的建设为统领，以正规化专业化职业化为方向，落实“五个过硬”的总要求，努力打造政治素质过硬、业务本领高强、纪律作风优良的检察队伍。

坚持党的绝对领导。深入学习贯彻习近平

新时代中国特色社会主义思想和党的十九大精神，定期组织全员政治理论学习，组织干警到王尽美故居和古田会议旧址接受革命传统教育，打造忠诚的政治本色，坚定做到“两个维护”。认真落实请示报告制度，及时向诸城市委请示报告重大事项，将党的绝对领导落到实处。

加强专业能力建设。坚持理念先行，开展“学社评、转理念，促创新”专题活动，促进检察工作理念变革。打造学习型检察院，建立干警学习中心和周五集体学习制度，举办办案交流、辩论赛等素能提升活动，1名干警被曲阜师范大学聘为兼职教授。组织寻访学习，到上海浦东等先进检察院进行对标学习，到高校开展素能培训，选派干警到省院、高检院借调锻炼。8项工作和14名干警（集体）获潍坊市级以上表彰肯定。

加强纪律作风建设。持之以恒正风肃纪，深化“作风建设年”活动，始终把纪律规矩挺在前面。健全办案监督机制，强化领导干部和内部人员过问案情登记制度，定期对不捕、不诉等存在廉洁风险的重点案件进行回访监督。建立早发现、早提醒、早纠正的“三早”预警机制，用好监督执纪的“第一种形态”，将全面从严治党、从严治检落到实处。

自觉接受监督制约。自觉接受人大监督，向市人大及其常委会报告工作9次，邀请人大代表监督80余人次。主动接受社会监督，及时公开法律文书345件、程序性信息708条，举办“检察开放日”活动，邀请人大代表、政协委员、人民监督员、律师等社会各界人士参与监督。积极构建良性互动的检律关系，组织召开检律工作座谈会，设立律师值班室，为律师阅卷提供便利。

（杨雪娇）

法　院

【概况】 2018年，市法院紧紧围绕“努力让人民群众在每一个司法案件中感受到公平正义”目标，依法履职，担当作为，突出抓好执法办案，不断深化司法改革，着力打造过硬队伍，各项工作继续保持良好发展态势。全年共受理各类案件14881件，处结14443件，同比分别上升14.8%和11.8%，结案数量位列潍坊法院系统第一位。一审服判息诉率达到93.7%，位居全省156个基层法院第8位。

【围绕中心服务大局】 坚持请示报告制度。遇到重大问题、重大案件、重大敏感事项及时向市委报告，积极争取市委的领导和支持，努力实现法律效果、政治效果和社会效果的有机统一。2018年，先后向市委汇报有关重点、热点案件和重大敏感事项17件（次），为全市“三清一增”、棚改旧改等重大项目、重大工程提出司法建议和法律咨询9份13次。

积极开展扫黑除恶专项斗争。充分发挥审判机关职能作用，深挖涉黑涉恶违法线索，严打涉黑涉恶犯罪分子，特别是对把持基层政权、垄断农村资源、侵占集体财产的黑恶势力及幕后推手，以及在征地拆迁、工程项目建设等过程中煽动闹事、组织策划群体上访等涉黑涉恶犯罪行为进行严打严惩，重点打击涉恶势力犯罪案件1件3人，其他涉恶共同犯罪案件3件6人，均作出有罪判决。2018年12月25日，对诸城市首起涉“套路贷”恶势力犯罪进行公开宣判，对3名罪犯判处有期徒刑，有力打击了涉恶犯罪分子的嚣张气焰。加强协作配合。积极做好与相关部门的沟通对接，统一办案思想，消除认识分歧，实现资源共享、信息互通，建立起一体化长效联动机制。全年在审判活动中排查和接受群众举报涉恶势力犯罪线索12条，向市扫黑办移交4条。强化司法宣传。积极配合扫黑除恶“诸城战役”活动开展，先后召开新闻发布会2次，公开宣判8案15人，集中宣传7场次，达到了打击一案、教育一批、震慑一片的目的。

坚持服务经济社会发展。先后制定“服务和保障新旧动能转换”“为乡村振兴战略实施提供司法保障”和“服务保障民营经济高质量发展”等保障意见4个，推出服务措施36条，主动把市委科学发展的思路举措，转化为司法服务的具体行动。在石桥子镇吴家楼经联社诉王某某土地租赁合同纠纷一案中，依法判决终止土地租赁合同和收回土地，进入执行程序后，经多次协调、部门联动，最终达成和解协议，被执行人主动拆除了地上建筑物，保障了222省道全线贯通。积极配合市委、市政府重点工作开展，先后派出6名干警参与“三清一增”“优化金融发展软环境”等重点工作，稳妥处结涉及的重点热点案件145件，努力为全市经济高质量发展保驾护航。如在山东众合工贸公司及山东天衡化纤公司破产案中，采用“先租后破”方式，将破产企业资产整体出租经营，妥善安置企业职工209名，化解不良债务4.42亿元，盘活存量资产7亿元，释放土地资源230多亩。

【执法办案】 坚持“宽严相济”刑事政策，依法惩治各类刑事犯罪。全年共新收各类刑事案件586件，审结560件，判处罪犯712人。依法严厉打击危害公共安全和人民群众生命财产安全的犯罪，审结故意杀人、强奸、抢劫、盗窃等刑事案件136件，判处犯罪分子155人，对26名罪犯判处五年以上有期徒刑，切实增强人民群众安全感。严惩危害食品药品安全犯罪，依法审结杨增太、李明忠等生产销售不符合安全标准的食品、销售假药等犯罪案件7件16人，保障“舌尖上的安全”。加大对涉众型经济犯罪的审判力度，审结信用卡诈骗、非法经营、非法吸收公众存款等犯罪案件11件17人，依法维护市场经济秩序。严惩腐败犯罪，审结贪污、贿赂、渎职等职务犯罪案件6件6人，推动反腐败斗争深入开展。认真贯彻教育、感化、挽救方针，推进少年审判机制创新，健全心理干预、合适成年人参与诉讼机制，审结未成年人犯罪案件16件19人，无一人重新犯罪。

坚持“调判结合”法律原则，妥善调处各类民商事案件。平衡利益与价值，兼顾案结与事了，依法审结婚姻家庭、侵权责任、劳动争议等各类民事案件5211件。扎实推进家事审判方式改革，探索家事案件冷静期、家事调查员、判后跟踪回访等制度，审结家事纠纷1168件。依法处结劳动争议案件211件，注重加大对劳动争议案件调解力度，稳妥处结原告李某等16人诉被告某机械公司劳动争议案，避免了群体性事件发生。依法调节经济关系，审结买卖、租赁、承揽等各类合同案件4142件。着眼促进企业转型升级，妥善审理企业破产、兼并重组、股权转让等案件37件。积极参与化解金融风险，审结涉金融案件2357件，向银行、保险等部门提出司法建议4件。

坚持“监督与支持”并重，审慎化解各类行政纷争。依法履行司法审查职责，依法审结各类行政案件124件，支持促进依法行政、保护群众合法权益。主动延伸行政审判职能，积极为党委、政府建言献策，制作并向市政府报送《2017年度行政案件司法审查报告》，得到市政府主要领导的批示肯定。改善行政应诉工作条件，积极引导和支持行政机关负责人出庭应诉工作，提升领导干部的法治思维和依法行政意识。全年行政机关负责人出庭应诉率达到97.6%。积极开展司法建议工作，针对工伤认定、消防行政处罚案件中发现的问题，及时向安丘市人社局等部门发送司法建议，促使行政争议得到实质性解决。

内外联动“基本解决执行难”，全力维护胜诉当事人的合法权益。充分整合法院内外各种力量，全力攻坚“基本解决执行难”。全年共执行立案4770件，结案4400件，结案率为88.1%，执行到位金额11.76亿元。集中开展“执行会战”“百日执行攻坚”等专项行动43次，对240名被执行人实施司法拘留，对2名拒不执行法院判决、裁定的被执行人，依法追究刑事责任。加强联合惩戒，将3695名“老赖”纳入失信“黑名单”，协调有关联动部门，在审批贷款、出国出境、高消费、评先树优、推选“两代表一委员”、参选“社区（居）两委”等方面进行严格限制。全年在门户网站、报纸、电视台等公开曝光被执行人2520多人（次），限制审批事项26项，限制乘坐飞机、高铁等高消费2680多人（次），限制被执行人贷款547笔8240余万元，有327名被执行人迫于经济、信誉等各方面的压力主动履行了法律义务。

【司法改革】 加强信息技术支撑，服务审判执行工作的水平进一步提升。2018年4月，市法院被省高级法院确定为“电子卷宗同步生成”试点法院。以此为契机，积极推进“24小时法院”建设和网上立案改革，优化升级自助诉讼终端，为当事人提供自助立案、缴费、查询等20多项自助诉讼服务，实现网上立案3607件。深入推进司法公开工作，拓宽公开渠道，丰富公开内容，司法公开的广度和深度不断拓展。全年向当事人发送办案节点信息15340多条，直播庭审38件，上网公开裁判文书9356篇。积极推进司法技术信息化管理。自主研发司法技术管理系统，实现鉴定机构随机选择、法律文书自动生成、数字卷宗全程留痕，提高了办案效率和司法公信力。2018年6月，全省法院司法技术工作现场观摩会在市法院召开，对市法院司法技术管理工作取得的成效给予高度评价，并要求逐步在全省法院推广。

强化案件繁简分流，“分调裁”工作创新实现新突破。完善诉调对接机制建设，不断推进“一内一综三专”调解室建设，加强与社会其他调解组织合作，形成化解纠纷的合力，真正做到了多方互动，共同参与，案结事了。全年共受理诉前纠纷案件3664件，分流至法院调解室2821件，分流至其他调解组织843件，39.5%的矛盾纠纷通过诉调对接得到妥善解决。推进速裁机制建设，扩大受案范围，简化送达程序、审理程序和法律文书制作，提高庭前调解率和一次开庭成功率，实现简案快审。全年通过速裁机制处结各类案件2572件，占全院民商事结案总数的27.5%；调解撤诉率达到66.9%，平均审限不到20天。2018年6月，省高院副院长张成武到市法院专题调研“多元化纠纷解决机制”和“分调裁”工作，对市法院的做法和取得的成效给予充分肯定。

完善审判监督管理，审判权运行更加科学规范。积极推进司法责任制改革，完善独任法官、合议庭办案责任制，制定“裁判文书签发管理规定”，落实“让审理者裁判、由裁判者负责”，有效减少审批层级，提高办案效率。2018年，6名院领导共办理各类案件508件，员额法官人均结案258件，有17名法官结案超过300件，5名法官结案超过500件。制定审判委员会工作规则，推动审委会职能转变，发挥审委会总结审判经验、讨论审判重大事项、统一法律适用和裁判标准的审判指导作用，为审判管理提供参考和依据。进一步规范审判权力运行，明确院庭长权力清单，突出院庭长宏观监督管理职责，完善法官会议制度，“会诊把脉”重大疑难复杂案件，努力构建权责明晰、监管有效、保障有力的审判权力运行机制，确保放权不放任，用权受监督，监督不越位。

【法院队伍建设】 狠抓思想政治建设。始终把思想政治建设放在首位，深入推进“两学一做”学习教育和“作风建设年”活动，举行法官任职宣誓，坚定法治信仰，夯实理想信念根基。认真落实党风廉政建设主体责任和监督责任，大力加强司法廉洁教育，采取正面典型引导、反面典型警示、廉政短信提醒等多种方式，以案为镜、以案为鉴，教育约束干警不越“雷池”、不踩“红线”。坚持从严管理、从严监督，完善审务督察、案件廉政回访等工作制度，通过巡查发现问题、严肃整改、推动工作。

注重司法能力培养。将高素质法官队伍建设摆在突出位置，组织庭审观摩、法官论坛、专业法官会议和办案标兵、调解能手评选活动，强化实战培训，提升履职能力。积极组织干警参加业务培训，全院先后有47名干警参加上级法院组织的业务培训，审判业务能力进一步提升。注重发挥考核机制的激励作用，为每名法官建立业绩档案，激励法官比学赶超，争先创优。全年共有12个集体、26名干警获得上级机关表彰奖励。其中，杨宁被最高法院评为“全国法院办案标兵”，邓涛被省高院记“个人一等功”，7名干警受到省高院表彰奖励，3名干警被潍坊中院记“三等功”。

主动接受各方监督。不断拓展接受监督渠道，自觉将司法活动置于各方监督之下。主动接受人大及其常委会监督，向人大常委会专题报告民商事审判工作情况，积极配合人大常委会专题调研、集中视察、见证法官宣誓等活动6场120多人（次），办理代表建议和关注事项9件（次）；自觉接受政协民主监督，主动向市政协通报法院工作情况，邀请政协委员旁听庭审、参与调解、见证执行40多人（次），通过走访、座谈等方式听取意见和建议；依法接受检察机关的法律监督，主动邀请检察长列席审委会1次，办理检察建议3件，审结抗诉案件3件，共同维护司法公正；广泛接受社会各界监督，通过召开新闻发布会、法院开放日、聘请特约监督员等形式，自觉接受新闻媒体及社会各界的监督，及时回应社会关切，有力促进了法院工作的健康发展。

（法　院）

司　法　行　政

【概况】 2018年，全市司法行政工作坚持以习近平新时代中国特色社会主义思想为指导，深入学习贯彻党的十九大和十九届二中、三中全会精神，围绕全市工作大局，立足司法行政职能，突出重点、增加亮点、多干实事，创新思路、锐意进取，推动普法依法治理、人民调解、公共法律服务体系建设、特殊人群管理等工作创先争优、走在前列，为维护全市社会和谐稳定和促进经济社会转型发展提供了强有力的法律服务和法律保障。市法律援助中心被潍坊市妇联授予“潍坊市维护妇女儿童权益先进集体”称号，市司法局被中华全国人民调解员协会评为“人民调解宣传工作先进集体”，诸城市被全国普法办公室授予“全国法治县（市、区）创

全国先进单位奖牌　　（供图　李明友）

建活动先进单位”。

【普法依法治理】 2018年，以宪法宣传教育为重点，落实“谁执法谁普法”“谁服务谁普法”普法责任制，实现了法治宣传转型升级、法治文化提档升级、法治创建优化升级。6月5日，诸城市被全国普法办公室授予“全国法治县（市、区）创建活动先进单位”。

法治宣传教育。市司法局结合推进“一社区一法律顾问”工作，发挥社区法律顾问专业优势，通过举办法治讲座、发放宣传材料、“手机微信微博普法进万家”等形式，宣传《宪法》以及与乡村振兴、扫黑除恶和农村实施“三清一增”集中行动等与群众生活密切相关的法律法规，为群众“送法”“解惑”。11月9日，潍坊市检查组到诸城进行“七五”普法中期检查，对法治宣传教育工作给予充分肯定。

法治文化建设。强化法治讲堂、法治文化公园（广场）、普法一条街等法治文化阵地建设，推进“法律七进”。依托潍河公园，投资20万元建成市级法治公园，各镇街（园区）、社区建立了法治文化公园（广场），将法治元素融于景区、旅游区，使群众在休闲娱乐中受到法治熏陶。

法治创建工作。推进法治诸城、民主法治示范社区等创建活动，以法治创建成效助推普法依法治理工作。建立了“谁执法谁普法”普法责任制和普法责任清单，将260部法律法规的普法责任分解落实到48个部门单位，结合执法办案和司法实践，运用典型案例，开展以案释法和警示教育，抽选138个案例，开展以案释法160场次。

【人民调解】 贯彻落实潍坊市新型社区人民调解组织建设现场会精神，加强人民调解组织建设，完善多元化解矛盾纠纷机制，组织开展矛盾纠纷大排查大调处专项活动。2018年10月，诸城市司法局被中华全国人民调解员协会评为“人民调解宣传工作先进集体”。

人民调解组织队伍建设。社区“两委”换届选举后，16处镇街（园区）和235个城乡社区对人民调解委员会成员进行了调整，健全相应的人民调解委员会，全市共有人民调解委员会259个，人民调解员1542人。市司法局组织调解员代表收听收看了司法部组织的“坚持发展枫桥经验实现矛盾不上交试点工作推进电视电话会议”，参加了五期司法部组织的“人民调解大讲堂”视频培训，组织镇街（园区）调委会主任参加了潍坊市人民调解业务培训班。加强行业性专业性人民调解组织的指导，市人民法院对道路交通事故损害赔偿纠纷人民调解委员会调解员和特邀调解员进行了业务培训。各调解组织共调处矛盾纠纷4143起。

多元化解矛盾纠纷。做好诉调对接，化解委派纠纷。在人民法院设立人民调解工作室，派驻人民调解员，接受人民法院委派的适合人民调解的纠纷，共调解人民法院委派纠纷419起，调解成功387起。做好访调对接，参与听证化解社会矛盾。律师和基层法律服务工作者参与镇街（园区）政府组织的社会矛盾听证化解工作，参加镇街（园区）政府部门组织的听证会58场次，运用听证法化解疑难复杂矛盾纠纷49起。推进行业性专业性人民调解，化解特殊行业、特殊领域内的矛盾纠纷。坚持“谁主管谁负责”的原则，推动人民调解员队伍向专职化、专业化、社会化方向发展，行业性专业性人民调解组织共调解矛盾纠纷425起。

开展专项活动。为确保全国“两会”和“上合组织青岛峰会”等重大节点和敏感时期的社会稳定，自3月起，在全市范围内集中开展为期4个月的矛盾纠纷大排查大调处专项活动；同时组织开展“进一步动员社会力量参与群防群治和社会矛盾化解工作”“防风险、保稳定、促和谐”等人民调解专项活动。对排查出的邻里关系、婚姻家庭、房屋宅基地等常见性、多发性矛盾纠纷，坚持抓早、抓小、抓苗头，就地化解。对排查出的疑难复杂矛盾纠纷、党委政府交办的矛盾纠纷和相关部门委托移交的矛盾纠纷，组织专门力量，及早化解。开展专项活动期间，共排查调处矛盾纠纷1272起，调解成功1271起，调处率和成功率分别为100%和99%。

【法律服务】 以社区法律顾问工作为重点，推进公共法律服务体系建设，法律援助、公证、律师、司法鉴定等工作得到全面发展。

社区法律顾问工作。选拔47名律师和80名基层法律服务工作者担任235个城乡社区的法律顾问，实现了社区法律顾问全覆盖，打通了公共法律服务“最后一公里”，在潍坊市率先建立了“一社区一法律顾问”制度。社区法律顾问通过值班服务、微信工作群、电话咨询等方式，开展法治宣传、法律咨询、矛盾化解，参与“百日会战”“新旧动能转换重大工程”“乡村振兴战略”以及军队退役人员法律政策解读、抗灾救灾法律服务、“三清一增”等相关工作，为基层组织当好法律参谋。社区法律顾问共为社区居民上法治课634场次，解答法律咨询7万余人次，调解矛盾纠纷879起，诉讼非诉讼代理1423件，办理法律援助案件312件。

法律援助工作。发挥法律援助工作站（点）平台和法律援助公众号作用，在服务窗口摆放法律援助宣传册、明白纸、申请法律援助格式材料，在报纸、电视、互联网等媒体上广泛宣传法律援助相关法律法规和政策。简化办理法律援助程序，将案件审查期限压缩到1个工作日，快速便捷高效地为困难群众提供法律援助服务。为赡养、抚养、扶养、劳务纠纷开辟法律援助绿色通道，建立了“办理法律援助案件人才库”，实行先启动援助程序后补办法律援助手续；对农民工追索劳动报酬和工伤待遇的案件不再审查经济状况，直接作出给予法律援助的决定。共受理援助案件455件，为受援人挽回经济损失847万元。市法律援助中心被潍坊市妇女联合会授予“潍坊市维护妇女儿童权益先进集体”称号。

公证工作。推进公证机构改革工作，建立符合诸城实际的公证机构薪酬制度和绩效工作机制。提高公证服务效率和质量，完善公证必需的各个环节，配备专门的调查核实人员。开辟了房产继承公证绿色通道，方便了继承公证的当事人。转变工作作风，深化“放管服”和“一次办好”改革，优化营商环境，向社会公布“一次办好”事项清单，对8大类25项公证事项，采取一次告知、一表申请，落实“一次办好”制度。在办证过程中，注重调查核实，严把质量关，办理的所有公证事项未出现错证、假证，经济合同履约率达100%。共办理各类公证事项2963件，其中国内公证事项1849件，涉外公证事项1087件，涉港澳台公证事项27件。

律师工作。在律师队伍中开展律师行业“规范化建设年”活动，组织律师事务所和执业律师开展自查，落实执业公示、统一收案收费、风险告知、利益冲突、重大法律事务集体讨论备案等10项制度。根据潍坊律师协会通知要求，组织律师事务所参与“潍律通”智慧律师事务所服务协同平台建设，进行律师事务所规范化、信息化管理。12名律师参加了潍坊律师协会在青州举办的“新时期律师事务所管理水平提升培训班”。组织律师参与“扫黑除恶专项斗争”，印发了《关于做好律师参与扫黑除恶专项斗争的实施意见》，发放《律师办理涉黑案件指导手册》，指导律师准确把握中央和省市开展扫黑除恶专项斗争的决策部署，建立了律师事务所接案审查和请示报告、集体研究、检查督导等制度，引导律师依法规范办理相关案件，发布相关法律法规解读90条、案例200个，以案释法120场次。

司法鉴定工作。抓好司法鉴定机构业务开展，把公平公正高质量的司法鉴定结论作为鉴定所建设的核心内容，以“依法办案，文明执业，形象良好，群众满意”为标准，解决群众普遍关心的热点和难点问题，发挥司法鉴定所在法律服务中的特殊作用。共受理各类委托鉴定业务211件，其中公检法部门委托171件，律师事务所委托2件，保险公司委托13件，企事业单位委托11件，个人委托14件。在所有的技术鉴定案件中，均做到了鉴定程序严格规范，鉴定结论采用率达100%，准确率达100%，无不满意事项投诉事件。

【社区矫正】 通过发放材料、现场讲解等方式，对社区矫正工作标准化建设、山东省社区矫正监管指挥平台的使用进行了培训，扎实开展社区矫正各项工作。将社区服刑人员定位手机号码全部更换为更契合监管指挥平台的电信手机号码，所有社区服刑人员均已通过社区矫正监管指挥平台定位，社区服刑人员指纹、照片等基本信息全部录入山东省社区矫正监管指挥平台。全国“两会”、上合组织青岛峰会等重大会议及节假日期间，先后下发了《关于做好2018年春节和“两会”期间社区矫正工作的通知》《诸城市司法局关于进一步加强上合组织青岛峰会期间安全稳定工作的意见》《关于开展社区矫正安全隐患排查整治活动的实施方案》等指导性文件，在重大会议期间开展安全隐患排查整治活动。与各司法所签订了《诸城市司法局社区矫正工作廉政建设责任书》，印发了《关于在社区服刑人员中开展扫黑除恶专项斗争的实施方案》《关于在社区服刑人员中开展扫黑除恶专项斗争工作的意见》，在社区服刑人员中开展扫黑除恶专项斗争工作。共接收社区服刑人员383人，解除矫正396人，完成调查评估94份。

【安置帮教】 各级帮教组织履行职能，扎实做好刑满释放人员的安置帮教工作，预防和减少了刑满释放人员重新违法犯罪。通过调查摸底，更新了刑满释放人员相关信息，摸清了安置帮教对象底数，完善了安置帮教对象信息库。建立了刑满释放人员信息登记台账，对接收的刑满释放人员、解除社区矫正人员录入台账。每个工作日登录全国安置帮教工作信息管理系统，浏览辖区内是否有等待核查人员和无发送预释放人员回执等情况，在第一时间内进行信息核查和发送回执。将监所发出的《刑满释放人员通知书》、帮教协议、刑满释放人员基本信息、帮教记录等各种纸质材料整理成档，逐人成册，进行档案数字化管理。出台了《关于在安置帮教对象中开展扫黑除恶专项斗争的实施方案》，全面排查摸底安置帮教对象“四涉”（涉黑、涉恶、涉枪、涉爆）人员，掌握“四涉”人员的基本情况、思想动态和行为表现。共核查服刑人员信息83人，核实成功83人，向相关监所发送预释放人员信息回执91份，制作刑满释放人员电子档案169份，制作纸质档案169份，共有刑满释放人员1782人，其中监所刑满释放人员642人，解除社区矫正人员1140人。

（李明友）

经济监督管理

发展改革

【概况】 组织机构及职能调整。根据《关于调整明确市发改局、市经信局有关职责的通知》（诸编〔2018〕3号）文件，本着部门职责上下对口、以利衔接的原则，将“组织开展固定资产投资项目节能评估审查验收工作”职责，由市经信局调整至市发改局。煤炭消费减量替代工作，明确由市发改局牵头负责。

根据《关于设立诸城市新旧动能转换重大工程推进办公室的通知》（诸编〔2018〕6号）文件，按照潍坊市机构编制委员会办公室《关于设立县（市、区）新旧动能转换重大工程推进办公室的通知》（潍编办〔2018〕46号）要求，设立诸城市新旧动能转换重大工程推进办公室。办公室设在市发展和改革局，主要承担全市新旧动能转换重大工程综合协调、督导检查、信息发布、对外宣传及组织考核等职责。

2018年，诸城市发展和改革局认真落实中央和省委、潍坊市委决策部署，深入推进“三区一城”建设，加快新旧动能转换，实施乡村振兴战略，全力打好“三大攻坚战”，开创了经济社会发展新局面。全市经济增长保持在合理区间，发展质量和效益稳定提升。工业转型加速推进，企业智能化改造、技术创新、品牌建设等取得新成效。成功申报惠发国家地方联合工程研究中心和东晓生物省级工程实验室、信得动物疫苗省级企业技术中心等一批省级以上研发平台。美晨科技入围省长质量奖提名奖。现代服务业发展规模不断扩大，质量不断提升。深入推进农业“三调两提”和“五化”发展，农业结构不断优化，农村产业融合速度加快。诸城被列为全省乡村振兴“十百千”工程示范县，7个社区（村）被列为全省乡村振兴示范村，昌城健康食品小镇被认定为国家级农村产业融合示范园。

【产业转型升级】 新增智能化改造企业12家、国家级“两化”融合管理体系贯标试点企业2家、上云企业234家。实施桑莎智能针织服装生产、迈赫机器人智能化产品升级扩建等技改项目135个，完成投资146亿元。新增高新技术企业21家，新备案国家科技型中小企业68家。奥扬科技被认定为全省第二批“瞪羚企业”。全域旅游业发展势头强劲，成功引入世界五百强雪松控股建设恐龙探索王国项目，蔡家沟艺术实

蔡家沟艺术试验场　（摄影　张永鹏　孙云龙）

验场、金查理小镇、竹山生态谷、野生动物园等一批文旅项目顺利实施。现代物流集聚辐射效应逐步显现，检通高端出口检品物流中心建成运营，保税物流中心封关运营以来通关总金额9100万美元，渤海水产城被列为省现代服务业集聚示范区。骨干物流企业发展到85家，其中国家A级5家。跨境电商业务实现新突破，阿里巴巴国际站、全球贸易通签约用户发展到260家，年实现跨境出口额2亿多元，阿里巴巴诸城产业带上线企业达到747家。全年新流转土地12.7万亩，新建田园综合体30个，500亩以上农业园区47个。畜牧业标准化养殖场建设和畜禽粪污资源化利用项目积极推进。

【重点项目建设】 积极开展"大项目突破年"活动，实施重点项目建设"710"工程，项目建设规模与质量取得新突破。推进实施过千万元项目418个，3个项目列入省新旧动能转换重大项目库第一批优选项目，26个项目列入潍坊市级重大项目。美晨科技产业园、中坛再生资源回收加工基地、大业研发中心及钢丝帘线、普兰尼奥工业化社区、得利斯肉牛加工、外贸健康食品产业园、北航轻量化新材料、半岛慧谷和枫香颐养小镇等一批具有带动和示范作用的大项目顺利建设。列入潍坊市级的26个重大项目，年内完成投资193亿元，占年度投资计划的120.4%。"双招双引"扎实推进，洽谈引进项目205个，到位市外资金120亿元。

【项目试点提报】 加强重点项目和试点示范提报工作，争取上级政策支持。美晨高端减震降噪复合弹体项目列入省重点项目，竹山生态谷乡村旅游综合体、恐龙公园2个项目列入省服务业载体项目，6个项目列入省新旧动能转换重点项目库，3个项目入选山东省新旧动能转换重大项目库第一批优选项目。京沪高铁二通道及青岛西客站至京沪高铁二通道连接线列入省新旧动能转换重大工程实施规划；诸城通用机场列入《山东省通用机场布局规划》。境外投资项目取得进展，总投资500万美元的诸城裕泰针织有限公司缅甸年产250万件服装项目获省发改委批复。乡村振兴战略加快推进，诸城市被认定为山东省乡村振兴"十百千"工程示范县；7个社区（村）被确定为山东省乡村振兴示范村；昌城健康食品小镇成功认定为国家级农村产业融合示范园。诸城市资源循环利用基地被评为国家级资源循环利用基地。渤海水产城申报为省现代服务业集聚（产业集群）示范区。得利斯集团有限公司被省发改委等6部门认定为山东省创新百强试点企业。诸城市被评为潍坊市农村新能源试点县。

【人才资金政策扶持】 加强创新平台和人才申报工作，为企业发展提供平台和智力支撑。惠发企业被认定为国家地方联合工程研究中心，东晓生物淀粉糖清洁生产技术工程实验被认定为省级工程实验室，诸城市5家企业工程实验室（工程研究中心）被认定为潍坊市工程实验室（工程研究中心）；组织信得科技崔现兰、锦利程环保孙荣等人员完成鸢都产业领军人才答辩。围绕产业转型升级、乡村振兴、现代服务业、基础设施等领域，积极争取上级资金扶持。2018年，诸城市农业田间工程建设、畜禽粪污资源化利用整县推进、健康食品小镇国家农村产业融合发展示范园基础设施配套、华宝冷链物流、大源·枫香小镇等一批项目获得上级资金扶持，共争取上级扶持资金1.34亿元。积极争取上级资源，推动企业转型发展，共争取农产品进口配额235590吨，其中棉花配额1121吨，玉米配额234469吨。

【城市功能品质提升】 有序推进"十大组团"开发，有效建立土地熟化机制，超额完成年度棚户区改造任务。示范镇建设和镇街驻地改造、特色小镇培育工作深入推进。农村社区建设提档升级，持续改造提升社区服务中心，新型示范社区和社区智慧化建设加快推进。开展美丽乡村精品片区打造行动，新增美丽乡村B类以上村庄132个。基础设施支撑进一步增强。实施汽改水供热提升工程，新增集中供热面积60万平方米。新建改建农村公路150公里，潍日高速公路、平日路绕城段、相石路竣工通车，高标准建成舜井路潍河大桥、兴华路涓河大桥，基本完成兴华西路西延、环湖南路东延等9条市政道路改造。建成卧龙湖水库，水库除险加固、高效节水灌溉等水利工程深入推进。

【优化生态环境】 认真落实中央、省环保督察及“回头看”反馈问题整改，扎实实施大气污染整治和水环境整治等工程，进一步提升了生态环境质量。关停取缔“散乱污”企业及10吨以下燃煤锅炉305个，关闭搬迁养殖场（户）1064家。全面落实河长制、湖长制，实施“十河共治”工程，加快构建水清、河畅、岸绿、景美的立体水生态空间，境内水质达标率100%。新建南湖市民公园、恐龙花海、三河湿地公园等公园游园14处。实施“绿满龙城”行动，完成造林面积3.9万亩，建成省级、潍坊市级森林镇村各5个。被评为全国森林旅游示范县。

【推进改革开放】 深化落实“一次办好”改革，政务服务效率持续提高。深化农村集体产权制度改革，1327个经联社（居委会）完成清产核资、成员确认。深化企业规范化改制对接资本市场，大业股份5亿元可转债申请通过证监会审核，新增区域性股权交易市场挂牌企业20家。创新推进社会信用体系建设，被确定为首批山东省社会信用体系建设示范城市。实施开放发展三年行动计划，外贸转型示范基地发展到13个，全市完成进出口总额116.6亿元，增长12.4%，其中出口103.2亿元，增长9.2%；新设立8家外资企业，全市实际到账外资增长55.5%；境外实际投资额856万美元，增长298.5%。

【改善民生福祉】 财政民生支出66.3亿元，占一般公共预算支出比重84.7%。教育质量稳步提升，师资队伍持续优化，规划建设的繁华中学、京师学校等34个教育项目顺利实施。文化惠民工程深入推进，文体活动繁荣，“中国龙城·尽美诸城”文化品牌影响力不断扩大。卫生健康事业全面发展，城乡医疗卫生体系进一步完善。就业服务和社会保障水平进一步提高，城镇登记失业率控制在1.53%，全民参保计划全面实施。

（发改局）

市场监督管理

【概况】 2018年，市市场监督管理局紧紧围绕市委、市政府的总体部署，以助推经济高质量发展和新旧动能转换为主线，持续深化商事制度改革，大力推进品牌战略和标准化战略实施，全力加强食品药品、产品质量和特种设备安全监管，市场监督管理各项工作取得了新的成效，有力推动了全市经济社会科学发展。

【商事制度改革】 推进审批登记便利化。重点推进落实六项改革：持续推进“多证合一”改革，按照“能整合的尽量整合”的原则，在“三证合一”“五证合一”“31证合一”的基础上，实行了“45证合一”，通过部门间的信息流转，多项手续可一次办结，严格落实“先照后证”改革，精简前置审批许可事项，除国家明确规定的前置审批项目外，其他项目均可直接申请登记，实现了“减证便民”；积极推行企业名称自主申报改革，实现了名称网上自主查询、自主申报、自主审核；实行住所登记改革，企业只需进行住所（经营场所）承诺即可，不再需要提交房产证、租赁合同等多项住所证明材料；推进简易注销改革，企业在请算完债权债务的情况下，只需将全体投资人承诺书在国家企业信用信息公示系统公示45天，就可办理简易注销登记，实现了市场主体退出便利化。

优化审批登记方式。推行登记注册全程电子化，全面实行企业登记网上申报、网上受理、网上审核，逐步推行电子营业执照，通过手机APP提交有关电子材料，审核通过后就可以取得电子营业执照。压缩审批时限，将原来注册登记三级把关精简为登记人员“一审制”，登记时限由原来的8.5个工作日压缩到3个工作日，年内基本实现了半个工作日发照，申报材料齐全有效的当场受理、当场发照。推行一次性告知，将原来的一个业务咨询窗口增加到3个，印制了办事指南，详细列明办事清单，并将许可服务事项完善优化成二维码，让办事群众一看便知。下放登记权限，将个人独资企业、个体户、农民专业合作社登记权限下放到各镇街，方便群众就近办理。认真履行“双告知”职责，及时将市场主体登记信息告知申请人和相关审批部门，推进信息共享，提高审批效率。

【“一次办好”改革】 全面梳理审批服务事项，将“零跑腿”“只跑一次”事项全部规范为“一次办好”事项，列明事项清单。大力推行“一套材料、一表登记、一窗受理”工作模式，在窗口公示办事事项、服务指南和示范文本，让办事群众一看便知、一试就会。深入开展审批规范化提升行动，完善落实首办负责、限时办结、预约服务等制度，推进窗口工作制度化、程序化、规范化。加大对登记人员的业务教育培训，深化窗口作风建设，进一步提升服务态度、服务质量、服务形象。年内，全市新登记各类企业4293户、个体工商户13873户、农民专业合作社170户，总量分别达到25210户、93253户和4516户。

【市场主体转型升级】 深入实施以“个转企、企改股、股升规”为主要内容的市场主体转型升级工程，引导603户个体工商户转型升级为公司，股份公司总量达到99户。充分发挥“三押一推”助企融资作用，深化动产抵押、股权质押、商标权质押等融资方式，拓宽企业融资渠道，助力企业科学发展。

【品牌战略实施】 立足诸城市产业实际和特色优势，制订品牌发展计划，明确重点培育目标，深入实施品牌培育工程，积极引导企业申报商标国内、国际注册，帮助争创驰名商标、山东名牌和省（市）长质量奖。年内新申请商标注册1655件，新增注册商标1272件，新申请马德里国际商标注册2件。全市有效注册商标总量达到6487件，其中驰名、著名、地理标志证明商标总量分别达到27件、57件和9件；马德里国际注册商标达到7件；昊宝高端服装定制、天旭太阳能全玻璃真空太阳集热管、福田奥铃纯电动汽车、全鲁科润大白菜种4个产品新争创为山东名牌产品；美晨科技申报省长质量奖已通过省专家初审，对7家潍坊市市长质量奖企业开展了“回头看”。加强品牌宣传推介，指导诸城市茶叶协会、山东美晨生态环境股份有限公司申报了山东省著名品牌示范单位；组织希努尔男装、东晓生物等6家企业参加山东推进新旧动能转换重大工程商标品牌战略高端研讨会。加强信用品牌建设，组织开展“守合同重信用”创建活动，提升信誉水平，新公示省级“守重”企业59家，3处市场创建为省级文明诚信市场。

【标准化战略实施】 以新《中华人民共和国标准化法》实施为契机，深化标准化改革，积极培育发展标准创新型企业，加快标准提档升级。年内指导企业参与制修订国家标准9项、行业标准8项、团体标准1项；帮助企业申请采用国际标准和国外先进标准3项，新培育4A级标准化良好行为企业2家；常山永辉农场省级综合农业标准化示范区和诸城农商银行省级服务标准化试点项目通过验收，桃林石屋子沟省级“美丽乡村”示范项目、大源物业省级服务标准化试点项目和市委组织部省级机关党建标准化试点项目通过立项；获评潍坊市标准创新奖1项。

【食品安全组织保障】 健全完善“党政同责、全员有责、全域定责、全程追责”的食品安全工作责任机制，细化分解目标责任和工作任务，市、镇街、部门、业户层层签订责任书，严格落实镇街属地管理、部门监督管理和网格化监管责任。建立常态化工作推进机制，完善落实联席会议、绩效考核等制度，先后多次召开专题调度会议，研究部署食品安全工作。将食品安全经费足额纳入财政预算，建立财政投入稳定增长机制，加大食品宣传、质量检测、装备配备、信息化建设等方面的财政投入力度。切实加大对食品安全工作的督导检查力度，及时发现整改问题，对重点问题实行销号处理。

6月28日，诸城市举办产品质量提升专题培训班

（供图　市场监管局）

【食品经营规范自律】 按照监管环节，将食品生产经营单位划分为农产品种植、畜禽养殖、食品生产、食品流通、餐饮服务“五大类”，分类落实可追溯、可查询、可追责“三项制度”，实现自律经营“一个目标”。食用农产品落实了产地准出和市场准入制度，381家食品生产企业实行了产品赋码追溯，流通业户全部建立了以“一本通”为载体的追溯体系，有条件的批发业户推行了电子追溯系统，3家超市创建为“潍坊市品质食品示范超市”。深入推进阳光开放工程，大力实施“亮企”“亮店”“亮灶”行动，督促食品生产经营者通过建立网站、开辟专栏、网络或视频展示等多种形式，向社会公众公开法定资质、原料来源及质量保证证明、质量承诺、食品安全管理制度、有奖举报电话等内容，自觉接受消费者监督，倒逼业户自律生产经营。全市3625户经营户“亮企”“亮店”“亮灶”经营，全省食品工厂规范化现场推进会在诸城召开，惠发公司食品安全管理经验做法在全省推广。

【食品质量检验检测】 不断完善以市检验检测为骨干，以镇街快检室检测为辅助，以企业快检机构为补充，以第三方委托检测为辅助的食品质量检测体系，加大食品检测力度，不断提高食品合格率。13处镇街全部设立食品快检室和农产品质量检测室，采取竞争性谈判方式引入第三方检测机构，在全市符合条件的大型农贸市场、商场超市建设了快检室。年内抽检各类食品5690批次。

【食品安全联合执法】 健全完善食安、农安、公安“三安”联动机制，监督抽检、行政执法、刑事司法有机衔接，对发现的问题及时依法立案，做到有案必查、违法必究，保持对违反法律法规行为的严打高压态势。加强部门协作配合，坚持问题导向、主动进攻、检打结合，采取联合检查、联动执法、联手办案等方式，突出肉制品生产、批发市场、校园周边等重点区域和行业，采取拉网检查、重点整治、专项执法等方式，严查食品违法违规行为。年内共部署开展“食安护佳节”、百日整治行动、大中型餐饮单位、火锅店等20多次较大规模的专项整治，查处了一批食品违法案件。加强食品加工小作坊、小餐饮、小食品摊点“三小”单位综合整治，采取备案登记、标牌公示、定点经营等方式，将其纳入监管范围进行规范。

【食品安全社会共治】 用好用活各类宣传载体，组织开展形式多样的食品安全宣传活动，通过报纸、电视、网络等主流媒体开展持续宣传的同时，加大社区（村）、生产经营场所、公众聚集区、学校等重点场所的宣传力度，深化以“空中四条线”和“地上四个一”为主要内容的食品安全“双四”宣教行动，深入开展食品安全宣传周、食品安全知识“八进”等活动，有力提升了食品生产经营业户的责任意识和社会各界的食品安全意识。强化社会监督，畅通投诉举报渠道，充分发挥食品安全协管员、特邀监督员和社会监督员的作用，广泛宣传食品安全举报奖励办法，鼓励社会各界积极参与食品安全监督，营造了食品安全社会共治的浓厚氛围。

【药品和医疗器械监管】 加强涉药单位日常监督检查，对浩天药业及中医院、皮防站制剂室进行了监督检查，突出查看物料管理、生产工艺控制和制剂配制过程、制剂检验过程等环节。强化药品流通使用环节日常监管，对全市4家药品批发企业日常经营及海王医药二类精神药品管理等情况进行季度检查，对一级以上医疗机构药品使用情况进行了检查。围绕生产、经营、使用环节，加强涉械单位日常监督检查，推进医疗器械生产企业分类、分级管理，加大对一、二级医疗器械经营企业和一级以上医院、其他医疗器械使用单位的检查力度，突出抓好高风险医疗器械产品风险防控。加强药品不良反应监测和医疗器械不良事件监测，组织开展了全市药品、化妆品不良反应和医疗器械不良事件监测集中培训，完成药品不良反应和医疗器械不良事件监测2081例。加强药品质量监督抽检，加大对抽检不合格药品及违法违规企业的查处力度，确保群众用药安全，全年完成监督抽检86批。强化药械生产经营使用环节专项整治，组织开展了医疗机构制剂室、第二类精神药品、违法违规经营使用医疗器械、无菌和植入性医疗器械等专项检查，依法查处各类经营使用不合格药械的违法行为。

【保健食品化妆品监管】 加强日常监督检查，深化完善索证索票、进销货台账等制度，并落实痕迹化管理，将检查情况及时录入电子监管系统。年内共检查保健食品化妆品生产、经营、使用单位292户。加强化妆品不良反应监测，新设化妆品不良反应监测哨点4个，上报不良反应84例。认真做好国产非特殊用途化妆品备案工作，对诸城万方达电子商务有限公司等3个单位备案的20个品种进行了备案检查。强化专项检查，组织开展了保健食品、配制酒、玛咖制品及美容美发单位经营使用化妆品等专项整治，严厉打击各类违法行为。

【文明城市创建】 将全国文明城市创建作为重点工作。成立一把手挂帅的领导小组，设立专门机构，制定工作方案，对照创城测评标准和部门职责分工，详细列明任务清单、责任清单和问题清单“三张清单”，准确把握要点，全力聚焦重点，集中突破难点。

实行创城工作项目化管理、清单化分解、责任化推进，层层签订责任书，细化任务目标，明确标准要求，倒排时间、倒逼任务、倒追责任。推行局领导区域包靠、业务科室职责包靠、监管人员网格包靠“三级包靠”和定户、定标、定责“三定”制度，局领导班子成员深入一线，现场检查、现场督导、现场推进；干部职工全员上阵，各负其责，分类整治，逐户规范。突出重点领域，深入开展规范治理和专项执法，逐企逐户对标整改，逐条逐项规范提升，先后组织开展了食品药品经营单位拉网整治、打击商标侵权和制假售假专项行动以及寻找笑脸、明厨亮灶等活动，在全市营造了文明经营的市场环境。

【质量强市建设】 深入实施质量提升工程，将产品质量提升作为推进品质城市建设的重要内容，指导企业落实质量管理主体责任，健全质量管理制度，强化质量全程管控，组织了2期卓越绩效管理培训，邀请省质监局专家对80余名企业负责人和质量管理人员进行了培训，指导20家企业建立了“首席质量官”制度，企业产品质量水平大幅提升。创新质量管理思路举措，开展诸城市市长质量奖评选活动，召开了新闻发布会，决定每届评选表彰10家单位、10名个人，分别给予20万元和10万元的奖励。

强化质量监督管理。坚持日常规范、监督抽查、跟踪评价和风险监测四措并举，加强工业产品质量监督管理，分行业对企业质量管理制度落实情况进行监督检查，组织电线电缆、危险化学品及其包装物、服装、复混肥等重要工业产品监督抽查，抽检产品46批次，配合上级开展监督抽查30余次，对抽查不合格企业进行了后处理。扎实开展工业产品获证企业证后监管，督促其按期提交年度报告并进行网上申报，严格按照生产许可证的规定条件生产。突出对工艺技术复杂、质量安全风险较大的产品监管。对10家机动车、电线电缆、危险化学品、食品相关产品等生产企业进行了专项检查。加强质量安全隐患排查，开展了机动车、危化品及包装物、容器、防火门、校服等10余次产品专项整治。组织开展了内容丰富的“质量月”活动，积极营造良好质量氛围。加强流通领域商品质量监管，组织开展了农资市场、成品油市场等专项整治，检查农资经营业户806户次，抽检成品油样品133个。

【计量监督管理】 加强计量基础工作，督促14家建标企业严格标准要求，培训计量管理人员40人。加强计量授权单位管理，对康源供水公司、龙泉自来水公司水表授权检定和体系运行情况进行了监督检查。突出贸易结算、医疗卫生、食品安全、加油站等重点领域的管理，认真落实强检免征政策，加强民生和安全领域计量服务，免费检定电子天平、医疗器具、加油机、压力表等强检计量器具1.89万台件。深入企业开展现场服务，检定、校准各类非强制检定计量器具近1.1万台件。加强安全防护计量器具和定量包装商品生产企业监督检查，开展了矿山、冶金、石油化工、燃气等重点领域计量器具专项检查，对3家C标志企业进行了指导规范。推进企业强检计量器具备案制度，对280多家企业的2500多台计量器具进行了备案登记。实施计量服务工程，对全市60多家用能单位开展宣传活动，帮助建立健全能源计量管理网络。免费提供技术咨询和服务300多次，发放节能降耗有关宣传材料2500多份。完善企业能源计量管理信息数据库，对13家重点用能企业实行网上动态监控。

【认证认可工作】 突出集群产业和龙头企业，不断拓宽服务领域，深入推进认证推广和认证企业监管工作，全市通过认证企业数量达到500多家，规模以上企业通过各类认证率达到80%以上。加强资质认定获证实验室证后监管，督促18家开展质量管理自查自纠，对照存在问题，逐条制定整改措施，指导建立长效机制，不断提高检验检测水平。

【特种设备安全监管】 深化完善“政府主导、网格监管、三级包靠、责任连担”工作机制。全市8402台套设备全部落实了镇街、部门和网格“三级包靠”人员，明确了目标、问题和责任“三个清单”，进一步凝聚了工作合力。探索实施“科所联管、队所联查、科队联动”监管机制，特监科和市管所对全市特种设备安全联合监督检查，对检查发现的违法行为交由稽查大队和市管所联合查处，稽查大队将企业违法处罚信息通报到商标、品牌、信用等职能科室，在品牌创建、信用公示、“守重”企业评定等方面实行信息共享、联动制约。深化专家型管理模式，每季度一次邀请省、潍坊市特种设备安全方面的专家进行安全“会诊”，重点对气瓶充装站、电站锅炉开展专项检查，发现并整改问题12项。突出重点时期、重点品种和重点企业，分层分类开展专项整治，集中开展了百日整治行动、燃煤锅炉、“大快严”集中行动、化工企业特种设备安全等专项执法，排查整改隐患1500余处。

【广告监督管理】 强化广告日常监测，建立完善广告预警机制，及时处置违法广告线索。突出食品、保健食品、药械、烟草、金融投资等重点领域，农村、城乡接合部等重点区域，重点查处事关人民群众身体健康、生命财产安全等虚假违法广告，先后开展了互联网广告、重点沿线户外广告、“两会”及上合峰会重点广告监管等专项行动，下达责令整改通知书12份，处理投诉举报156件。狠抓广告发布审查责任落实，督促广告经营者、发布者健全管理制度，严格履行广告发布审查义务和审查责任，13家广告经营单位和媒体签订了广告发布自律承诺书。综合运用建议、提示、约谈、告诫等手段，加强对广告市场主体的行政指导，引导诚信守法经营。

【网络市场监管】 扎实做好网络市场主体数据建档工作，通过主动巡查、网上搜索等方式，完善网络交易市场主体数据库，并对已建档数据逐户核对，确保数据齐全准确。年内，全市已搜索建档1235家，删除无效网站258家。坚持网上巡查与实地检查相结合，突出“6.18”、双“11”、双“12”等网络购物高峰期，提高巡查频次，开展专项整治，依法查处销售假冒伪劣商品、虚假宣传、商标侵权等网络违法行为。全年，共检查电商平台、官网、网店320家，责令整改11家，删除无效官网46家，企业官网亮照亮证率达到70%。

【企业信用监管】 大力推行“政府主导、部门主抓、联动制约”工作机制，坚持多方用力，强化宣传引导、业务指导和检查督导，扎实推进市场主体信息公示工作，2017年度年报率达到98.46%。全面推行“双随机、一公开”监管，健全完善随机抽查对象和执法检查人员名录库，对省工商局随机抽取的3829户市场主体进行检查，并将抽查结果在市场主体信用信息公示系统进行公示，提高了执法检查的公正性。严格落实信息抽查、严重违法企业“黑名单”、经营“异常名录”等制度，将1692户未按规定履行年报公示义务和284户抽查结果异常的市场主体，纳入了经营“异常名录”，并将相关信息抄告其他部门，在银行贷款、招投标、评先选优等方面实行联动制约。

【公平竞争执法】 巩固“无传销城市”创建工作，加大对城乡接合部、城中村、出租屋密集区域等传销活动多发区、易发区的巡查监控力度，严厉打击各类传销活动。加强直销规范管理，深化直销企业服务网点以及经销商调查摸底，完善监管档案信息，依法查找借“直销”名义从事传销活动等违法行为。加强反不正当竞争执法，组织开展了公用企业限制竞争和垄断行为、商业贿赂、虚假促销、打击“傍名牌”等专项检查。深化部门协作，加大烟草专卖市场监管力度，查处了一批涉烟违法案件。突出重点商品、重点场所，深入推进打击侵犯知识产权和制售假冒伪劣商品专项行动，组织开展了互联网领域侵权假冒、“质检利剑”行动等专项整治，严厉查处商标侵权违法行为。

【重点领域监管】 积极开展散煤清洁化整治，对全市煤炭经营业户进行了摸底排查，严厉打击无照经营、掺杂使假、以次充好等煤炭违法经营行为。积极开展机动车“四非”问题和货车非法改装行为专项整治，加强汽车销售行为监督检查，依法查处非法生产销售改装拼装机动车和假冒伪劣零配件、非法回收拆解和倒卖报废车等行为，检查各类业户247家。

【维护消费者合法权益】 通过媒体宣传、现场答疑、假冒伪劣商品展示等形式，开展了“3.15”国际消费者权益日宣传活动，进一步提高消费者的识假辨假能力，引导科学消费、理性消费。深化消费维权能力建设，优化投诉举报工作流程，及时受理处置12345市长公开电话、12341民生热线等投诉举报，处结率达到100%。

诸城市中国驰名商标一览表

序号	商　　标	企业名称
1	得利斯	得利斯集团有限公司
2	新郎 Xinlang	山东新郎服饰有限公司
3	尽美 DELICATE	诸城外贸有限责任公司
4	泸河 LU HE 及图	山东泸河集团有限公司
5	希努尔 SiNOER 及图	希努尔男装股份有限公司
6	惠发及图	山东惠发食品有限公司
7	兴贸 XINGMAO 及图	诸城兴贸玉米开发有限公司
8	欧美尔	山东新郎欧美尔家居置业有限公司
9	益利及图	山东益利油漆有限公司
10	昊宝 Haobao（服装）	诸城市昊宝服饰有限公司
11	美晨	山东美晨科技股份有限公司
12	信得及图	山东信得科技股份有限公司
13	佳士博 JSB 及图	山东佳士博食品有限公司
14	大业及图	山东大业股份有限公司
15	东晓 DONGXIAO 及图	诸城东晓生物科技有限公司

续表

序号	商　　标	企业名称
16	MZ	山东开元电机有限公司
17	新郎·希努尔	山东新郎服饰有限公司
18	昊宝Haobao（服饰）	诸城市昊宝服饰有限公司
19	昊宝·菲博尔	诸城市昊宝服饰有限公司
20	密州	山东诸城密州酒业有限公司
21	迪龙	山东迪龙电缆有限公司
22	怡明	诸城市电力怡明茶叶有限公司
23	华宇	诸城市新华宇家具有限公司
24	天旭	山东龙光天旭太阳能有限公司
25	信得	山东信得科技股份有限公司
26	北极神	得利斯集团有限公司
27	鑫鲜XINXIAN	山东华宝食品股份有限公司

诸城市山东省著名商标一览表

序号	商　　标	企业名称
1	兰凤	山东兰凤针织集团有限公司
2	华宇	诸城市新华宇家具有限公司
3	尽美	诸城外贸有限责任公司
4	万年	诸城市万年食品有限公司
5	良丰	诸城市良丰化学有限公司
6	信得	山东信得科技股份有限公司
7	小康	山东小康机械有限公司
8	菁华	山东菁华农牧发展有限公司
9	昊宝	诸城市昊宝服饰有限公司
10	天旭	山东龙光天旭太阳能有限公司
11	迪龙	山东迪龙电缆有限公司
12	碧龙春	诸城市碧龙春茶业有限公司
13	密州	山东诸城密州酒业有限公司
14	佳士博	山东佳士博食品有限公司

续表

序号	商　　标	企业名称
15	日丰	山东弘大饲料有限公司
16	菁华·爱格瑞	山东菁华农牧发展有限公司
17	颖青	诸城市颖青茶厂
18	兴贸	诸城兴贸玉米开发有限公司
19	惠发	山东惠发食品有限公司
20	嘉和源	诸城市嘉和源食品有限公司
21	日康及图	诸城市日康食品有限公司
22	隆源机械及图	山东隆源液压科技有限公司
23	义和·阿普瑞特及图	诸城市义和车桥有限公司
24	鑫鲜 XINXIAN	潍坊华宝食品有限责任公司
25	怡明 YIMING	诸城市电力怡明茶叶有限公司
26	ZHULONG 及图	山东通力车轮有限公司
27	同路	得利斯集团有限公司
28	北极神	得利斯集团有限公司
29	三工	山东三工橡胶有限公司
30	光浩 GUANGHAO	诸城市贝斯特工贸有限公司
31	密州及图	山东开元电机有限公司
32	鲁花及图	山东高强紧固件有限公司
33	图形	诸城市三维管件有限公司
34	宏大及图	诸城宏大油脂有限公司
35	NMAP 及图	山东美晨科技股份有限公司
36	密海及图	诸城市海得威机械有限公司
37	杨春及图	诸城市杨春水泥有限公司
38	大业及图	山东大业股份有限公司
39	图形	山东瑞福生科技有限公司
40	大源及图	山东大源建设集团有限公司
41	HUPAI 及图	诸城金鸡饲料有限公司
42	东晓及图	诸城东晓生物科技有限公司
43	君德及图	山东君德生物科技有限公司

续表

序号	商　　标	企业名称
44	美比特及图	山东华昌食品科技有限公司
45	国梅GM	山东建华阀门制造有限公司
46	清福园及图	诸城市天福食品有限公司
47	图形	诸城晶品机械有限公司
48	新海韵及图	诸城海韵汽车配套有限公司
49	泽众及图	山东和利农业发展有限公司
50	黑蚂蚁及图	山东安驰轮胎有限公司
51	吧哒香及图	山东吧哒香食品有限公司
52	妙生花	山东惠丰油脂股份有限公司
53	福润斯FURUNS	山东福润橡塑科技有限公司
54	昊宇科技及图	山东昊宇科技股份有限公司
55	红星百瑞特及图	山东红星百瑞特制造有限公司
56	安特异及图	山东安驰轮胎有限公司
57	昊瑞福食品及图	山东佳和利食品有限公司

诸城市地理标志证明商标一览表

序号	商　　标	单位名称
1	诸城绿茶	诸城市茶叶协会
2	诸城板栗	诸城市昌城镇板栗协会
3	诸城韭黄	诸城市昌城镇农业综合服务中心
4	诸城韭青	诸城市昌城镇农业综合服务中心
5	诸城草莓	诸城市贾悦镇农业综合服务中心
6	诸城黄樱桃	诸城市桃林镇农业综合服务中心
7	石桥子黑木耳	诸城市石桥子镇农业综合服务中心
8	石桥子大姜	诸城市石桥子镇农业综合服务中心
9	诸城辣丝子	诸城市果品蔬菜协会

诸城市国家地理标志保护产品

诸城绿茶

（马宗强）

检 验 检 测

【概况】 诸城市检验检测中心是诸城市着眼于服务“三区一城”建设，致力于提升检测能力、强化技术支撑、优化配置各类检测资源而搭建的高端公共平台。中心为市政府直属全额拨款事业单位，正科级规格，核准编制47名。至2018年底，有正式事业编制在岗人员18名，聘用人员50名；副高级职称4名，中级职称7名；研究生学历4名，大学本科学历54名。下设山东省肉制品质检中心和山东省商用汽车零部件质检中心，承担全市农产品、畜产品、食品、机械、建材、化工、轻纺、城市饮用水源等涉及衣食住行、民本民生的检验检测职能。

2018年，中心全面深化改革发展，大力推进创新创造，积极构筑区域性特色化公益性检验检测高地，为食安龙城和质量强市建设保驾护航。

【监督抽查检验】 突出主业正业，发挥公益性职能，下大力气为政府决策、部门执法、履职监管提供精准高效服务。同时，搞好社会委托检验、企业服务，打造集创新、开放、合作、共享于一体的公益性服务平台。2018年，中心积极接受政府委托，开展了扎实有效的监督抽查服务，完成抽检任务5699个批次，圆满完成了政府部门安排的公益性检验检测任务，为“食安龙城”和质量强市提供有力支撑。

【检测能力提升】 年内，分别通过了市县级实验室评审2次，标准变更审查1次，潍坊市级飞行检查1次，扩项能力验证1次，本年度扩展项目涉及93个产品的763个参数。至年底，中心共能检测196个产品和567个产品的8211个参数。

【服务能力提升】 变原先监督抽查为主的服务方式为监督抽查与委托检验并重的服务方式。在完成政府部门下达的监督抽查检验任务的基础上，加大承接委托检验力度，大力推行服务企业“四三二一”模式。服务涵盖委托检验、仲裁检验、研发试验、技术咨询服务等方面。检验类别涉及农业投入品及产地环境、种养、生产、流通、餐饮消费和食品安全全过程一体化链条。实施项目化管理，为企业提供优质服务。

【平台功能拓展】 聚焦服务优化。助力政府职能部门规范市场秩序、履行监管职能，全年为各级食药监、农业、畜牧、工商等部门提供技术服务，实现零缺陷。

聚焦技术引领。助推企业改进工艺、上档升级、提升质量、攻克壁垒。立足优势，开展实验试验，开展上门服务千余次，为企业节约成本800余万元；推动对外交流，组织赴北京、上海、沈阳、济南等国家级质检中心学习、培训，吸收借鉴先进技术和管理经验。

聚焦开放共享。跟SGS、谱尼、汉阳质检院、天津质检院、上海瀚海等国内外知名检测机构洽谈合作，建设签约实验室。市内瞄准产业领头羊抓共建，与义和车桥、佳士博、惠发等企业实验室深度合作，实现市场同拓、技术共享、发展共赢。

聚焦辐射带动。承接国家资金扶持和业务倾斜，借助外力、提升能力、激发活力，加快形成立足本市、带动青潍日几何中心、辐射国内检测业务的区域性特色化检测高地。

（田媛媛）

物价管理

【概况】 2018年，诸城市物价管理工作以供给侧结构性改革为主线，服务促进新旧动能转换重大工程，围绕“四个城市”“三区一城”建设，严控价格水平稳定，深推民生价格改革，加强价费清理规范，强化价格执法检查，提升价格公共服务水平，不断健全价格监管体系，为促进全市经济平稳健康发展和民生福祉持续改善，营造了良好的价格环境。

【价格水平维护】 深化市场监测。全市价格总水平基本稳定，物价运行在可控区间。密切注视市场动态，重点监测市场粮油、鱼肉禽蛋等群众生活必需品价格，对25类价格监测工作任务进行了定时定点监测。全年共报送山东省物价局、潍坊市物价局价格监测表格864份；报送诸城市电视台、《今日诸城》等各类价格监测报表72份；报送诸城市委、市政府各类市场分析16篇，市场巡视报告8份。按时完成了各类监测任务，为上级决策提供了科学、可靠的价格依据。按时完成了潍坊市物价局安排的生猪、小麦、中美贸易摩擦相关商品价格的临时价格监测调查和诸城市抗灾救灾临时价格监测任务。针对市场物价波动，市物价管理部门按照潍坊市物价局和诸城市政府的安排，及时开展了生猪、鸡蛋等价格情况调查和“十一”节日市场价格情况巡查，成品油价格变动调查，多方位、全角度维护市场价格水平基本稳定。

【农产品成本调查】 认真开展农产品成本调查，服务农民增产增收。深入田间地头对农调户种植意向、农户存售粮、农资购买以及生猪、蛋鸡等主要农产品成本情况进行调查，并就成本和收益情况进行系统对比分析，为农业发展提供信息服务。开展草莓、烤烟等特色农产品成本调查，通过分析，为贫困户推介一些符合贫困户种植、养殖的品种和项目，助推脱贫攻坚工作。汇总并上报山东省物价局2018年度农产品调查常规数据，并按期报送每月的生猪生产成本情况调查表、农调户生猪情况调查表、生猪屠宰量调查表；每星期汇总上报小麦、玉米、生猪、烤烟和草莓的农本调查数据；按照潍坊市物价局通知要求，开展了全市面粉加工企业成本专项调查。

【民生价格改革】 为全市乡村振兴“一张图”相关的农产品、调味品、园林苗木提供价格依据，助力乡村振兴战略；制定了贾悦镇化工园区污水处理费标准，通过加强价格约束机制，促进节能减排；深化景区门票价格改革，降低了诸城市国有景区恐龙系列景区的门票价格，价格改革红利更多惠及市民；按时完成了全市幼儿园收费和天然气定价的成本监审工作；物价管理部门配合水利部门落实农业水价综合改革方案，确保全面推开并取得实效；落实好国家有关政策和部署，逐步放开非居民用气价格，推进价格领域“一次办好”。针对相关价格制定与调整，收费、备案等业务，采取精简申请材料、减少办事环节、缩短办理时限、实现全程网办等措施，方便市民办理业务。物价局对政务服务事项在中心窗口办理提供“保姆式”服务，从提交申请到获取办理结果，全程实现了“一次办结、群众满意”，切实提高企业、群众办事创业的便捷度和满意度。

【价费清理规范】 清收费，建清单，全力优化营商环境。

开展收费政策“废改立”。坚持四个“一律取消”原则，先后对住建、质监等部门，以及中介机构、协会商会等组织进行涉企收费专项清理，通过取消、免征、停征、降低行政事业性收费和政府性基金，减轻企业负担100多万元。对放开的定价项目，在具体业务办理过程中采取宣传、抽查、服务等方式督促落实收费公示制度，从源头上杜绝涉企乱收费行为的发生。

推行管价项目“清单制”。物价联合市财政、市编办等部门，扎实开展行政事业性收费、经营服务性收费和涉及行政审批的涉企中介机构收费项目清理，公布了2018年度《诸城市行政事业性收费目录清单》《诸城市政府定价政府指导价经营服务性收费目录清单》《诸城市涉企经营服务性收费目录清单》和《诸城市市直部门（单位）行政审批中介服务收费项目清单》共4个清单，确保清单之外无政府定价项目。

推进公平竞争审查制度。充分发挥联席会议办公室牵头作用，在全面开展存量政策措施清理的基础上，加大了对增量政策的审查评估力度，要求各单位严格对照规定的审查标准，尤其对关系新动能、新经济发展的政策文件逐项逐句审查，保证新出台政策措施符合公平竞争要求。

【价格执法检查】 严格价格执法，督促市场主体诚信经营，营造良好的价格秩序和竞争秩序。加强对烟酒生产流通企业、烟酒行业相关社会组织，以及其他为烟酒交易提供服务的单位等的监管，共检查商场超市4家，烟酒专卖店5家，发放《提醒告诫函》9份，避免了节日烟酒市场价格波动。开展天然气、液化天然气等价格检查和巡查，重点关注价格、库存、库存周期等变化，累计向上级报送相关数据120余条，有效杜绝了哄抬价格行为和价格垄断行为的发生。开展旅游市场价格环境专项检查，共检查4处旅游景点、4家旅行社、3家宾馆、3处停车场，发放《关于自觉维护旅游景点价格秩序的提醒函》《价格行为提醒告诫函》30余份，下达《责令整改通知书》1份。根据《关于开展殡葬服务收费调查的通知》，对诸城市莲花山公墓有限公司、诸城市殡葬服务中心、诸城市人民医院太平间收费开展了专项检查。全面贯彻落实山东省物价局关于实行差别电价、惩罚性电价、阶梯式电价等价格政策，对电价政策落实情况进行了专项检查，根据《转发潍坊市物价局〈转发山东省物价局关于清理规范电网和转供电环节收费有关事项的通知〉的通知》，召开了电价政策提醒告诫会，对全市82家主要转供电单位进行了电价政策解释，并发放了相关政策文件。根据《全市涉农乱收费乱摊派专项整治行动工作方案》，对全市6家水务公司、4家水库管理局进行了专项检查。组织召开了药品价格提醒告诫会，对全市32家主要的药品生产经营企业和医疗机构进行了提醒告诫，并发放了《药品价格政策提醒告诫书》《药品生产经营企业和医疗机构遵守价格法律法规承诺书》。

【价格公共服务】 优化价格公共服务，扎实做好涉案、涉税、涉纪以及服务党委、政府的各项价格认定和价格举报工作。从转变作风入手，打造更加方便快捷的涉案财物价格认定服务，将价格认定系统与诸城市政务服务中心业务系统对接，实现案件流程全跟踪。刑事案件价格认定办理时限由7个工作日缩短至3个工作日，常见、简易涉案财物价格认定即时受理、即来即办。针对手机、机动车、绿化苗木等常见涉案物品，与手机专卖店、二手车交易市场、苗木公司等相关市场主体建立了价格认定业务开展协作机制，搭建起市场调查信息基础数据平台。全年，共办理涉嫌盗窃水利设施变压器、涉嫌毒死养殖狐狸损失等涉案财物价格认定328件，标的额1600万元。持续推进价格争议纠纷调解处理工作，共办结价格矛盾纠纷调处案件3件，认定金额80万元。5月，潍坊市涉税财物价格认定工作交流推进会在诸城召开，诸城市物价局作为全省的先行先试代表，在大会上作了典型发言。年内，完成股权转让、二手房交易、土地交易等涉税财物价格认定239件，标的额3.9亿元。各类价格认证工作多年来始终保持着“零投诉”和“零复核”，执纪、执法单位工作满意度有了很大提高。充分发挥12358价格举报平台作用，围绕咨询举报热点物业服务收费、停车服务收费、水电暖等民生价格进行认真讲解、答复、查处，切实保障消费者、经营者的合法价格权益，维护市场价格秩序。年内，受理并办结各类价格咨询举报案件1051件，回复率、办结率均为100%。

（朱重庆）

地方统计

【概况】 2018年，全市统计工作认真贯彻落实市委、市政府决策部署和全市经济工作会议精神，围绕新旧动能转换、结构优化升级和“四个城市”建设，从强化基层基础、提高数据质量、提升服务能力等方面着手，深化统计管理体制改革，充分发挥统计职责职能，全面推动全市统计事业健康发展。

【专业统计】 做好常规统计调查。围绕地区生产总值核算，全面抓好农业、工业、能源、投资、贸易、服务业、社会等各项常规统计。深入基层调研各产业生产经营状况，及时将达到规模和限额的企业纳入联网直报范围，力求应统尽统。全面做好三次产业各类报表的审核上报，确保各项指标数据准确、逻辑严谨、上报及时。认真做好“四下”企业、会展业、投入产出、粮食产量、城镇化监测等统计调查。

重点做好企业联网直报。2018年，全市843家“四上”企业，按照联网直报要求，通过网络顺利向国家报送了月报、季报和年报等原始数据，上报率达100%。工作中恪守联网直报“四条红线”，坚持“先进库、再有数”，不自行修改名录库；坚持由企业独立报送真实的统计数据，不干预企业，不代填代报，保证“一套表”联网直报系统健康正常运行。

做好“准限额企业”监测。依据其他部门的信息资料进行筛选整理，结合工作中了解到的实际情况，下发限额以下企业中接近限额标准的企业名单，要求镇街（园区）建立台账，每月进行监测，凡是符合标准的及时申报纳入。

【专项调查】 做好第四次经济普查各项工作。组建经济普查机构、编制普查经费预算、抓好“两员”选聘及业务培训、落实“双组长负责制”等，保障后续各项工作顺利开展。从2018年7月起，开展单位清查并加强部门协调沟通，充分利用部门资料，编制好清查底册。把“四上”单位纳入作为业务工作的重点，利用清查信息，借助各种机会，及时纳入。做好经济普查宣传工作，强化宣传引导，在全市形成积极参与和支持经济普查工作的良好氛围，为2019年1月1日正式入户登记打好基础。组织开展2018年1%人口抽样调查。按照上级统一部署，切实做好组织机构、经费物资和业务技术保障，狠抓样本核查、人员选配、业务培训、调查试点、宣传动员、质量控制等重点环节，进一步完善数据处理程序，确保调查数据真实反映客观实际。

【统计改革】 全力推进统计管理体制改革。全面贯彻上级文件精神，严格按照上级部署，结合实际，制定全市《关于进一步加强统计工作的意见》，经市政府常务会和市委常委会讨论通过，于2018年7月11日正式印发。文件对加强统计队伍建设、推进普法执法、强化数据质量、提升统计服务水平、强化部门统计等作出了明确规定，提出了明确要求。

【统计队伍】 切实加强统计队伍建设，配齐配强统计工作人员。根据潍坊市《关于加强统计工作的意见》和诸城市编办《关于理顺镇街统计工作体制的通知》，完成了对镇街（园区）配备人员的督查，按文件要求应配备58人，实际配备71人。下发《关于进一步加强统计工作的意见》，对强化人员配置提出了明确要求。提高统计人员待遇，为市统计局适当增加中、高级专业技术岗位，为镇街（园区）统计站设立定向评价、定向使用的高级专业技术岗位，各镇街（园区）统计机构负责人享受该辖区中层干部待遇，为“四上”企业统计员增加每年600元的统计补助，对“四下”抽样调查的样本点给予适当形式的补贴。通过举办统计干部综合能力培训班、开展统计业务轮讲、组织收看统计大讲堂、开展统计人员业务培训会、到镇街和企业走访调研考察等多种方式，加强市统计局、镇街（园区）及社区（村、居）企业统计人员业务技能、法律法规等知识的培训，全面提高统计人员的业务能力和综合素质。

【基础建设】 2018年，通过明确统计人员职责、加强业务培训、完善工作流程、建立统计台账、规范档案管理等一系列举措，在枳沟镇统计站进行了规范化建设试点。通过试点，探索形成一套切实可行的规范化建设方案，为全市基层统计规范化建设树立标杆。根据试点经验，在全市开展规范化单位创建，建成和树立一批统计工作力量到位、资料上报及时准确、统计台账健全、档案管理规范有序的镇街（园区）以及社区（村、居）、企业等基层统计规范化单位。

【统计法治】 *加强普法宣传。*市委将统计法律法规纳入党校科级干部培训内容，在2018年4月21日—5月16日全市科级干部“习近平新时代中国特色社会主义思想和党的十九大精神专题学习班”上，市统计局副局长李锡海、李东林进行了《统计法》等法律法规及统计业务相关知识的专题讲解，向广大领导干部普及统计知识，提高领导干部遵法守法意识。市统计局组织全市统计人员学习统计法律法规知识，提高统计工作人员法律意识。

*加强统计执法检查。*市编办批复成立诸城市统计局统计执法监督室，并配备人员。市统计局组织相关人员就如何做好新形势下统计执法监督检查工作进行了专题调研，制定了统计执法检查方案，并正式开展执法检查。

【数据质量】 加强数据质量建设。市统计局严格按照上级要求，做好名录库维护工作，定期开展“一套表”调查单位核查，及时清理僵尸企业，严格“四上”企业入库审核，有效提高了源头统计数据质量。对检查中存在的问题继续做好整改，年底不达规模的企业在一月做了退库处理，集团报表的企业都完成了拆分，部分数据存在问题的企业完成了整改，数据质量得到较大提高。

【统计服务】 *密切跟踪，科学研判经济形势。*深入调查研究，强化预警监测，及时反映新常态下经济运行新情况、新变化，敏锐捕捉经济发展苗头性、倾向性问题，并提出有针对性的对策建议。

*超前思维，精心组织专题研究。*围绕“十三五”发展、供给侧结构性改革、“四个城市”建设等重大战略、重点领域，拟定调研课题，

开展专题调研，形成调研分析报告。

创新手段，不断丰富服务载体。通过《统计快报》《统计月报》《统计公报》《统计年鉴》等载体，及时发布国民经济和社会发展情况，并对有关统计数据进行全面解读，更好地为市委、市政府和社会各界提供统计信息服务。

【部门统计】 规范和强化部门统计。充分发挥部门统计机构职能，成立了由分管市长牵头、各有关部门主要负责人参加的市统计工作联席会议。规范部门统计管理。市直各部门、单位统计负责人和统计人员发生变更，及时通知市统计局。市直各部门、单位组织实施统计调查项目，按法定程序到统计部门审批或备案，防止重复调查，避免数出多门。充分利用政务信息资源共享交换平台，进一步推动部门间统计数据共享，提高了统计信息整体利用效率。

（统计局）

国家调查

【概况】 2018年，按照国家统计局和国家统计局山东调查总队的工作部署要求，国家统计局诸城调查队严格执行国家统计调查制度，完成了住户收支调查、农民工监测调查、劳动力调查、农产品生产价格调查、农民工市民化监测调查、农作物对地调查、畜禽监测调查、居民消费价格指数调查等各项常规性统计调查工作。配合地方党委、政府中心工作，完成了地方农村住户、城镇住户、居民消费价格指数、生猪调出大县、粮食生产大县等统计调查工作。年内，上报国家统计局山东调查总队政务信息30余条，统计分析和调研报告10余篇。

【住户调查】 国家统计局确定的诸城市15个村级住户抽样调查样本小区是：密州街道南朱解村、连丰居委会、新华居委会；龙都街道东邓戈庄村、辛庄子居委会；舜王街道东楼村、大辛庄子村；经济开发区王家庄子村；高新开发区埠口村；石桥子镇大近戈庄村、枳房村；相州镇道明村、封家岭村；林家村镇陈家村、东树山子村。每个村级调查样本抽选出10户居民家庭户作为住户调查记账户，共150户居民家庭调查记账户。从2017年12月起，启用新一轮住户调查样本轮换的调查小区，居民家庭调查户记录现金和实物收支日记账。

【农民工市民化进程监测调查】 此项调查仍延续2015年国家抽选的45户居民家庭作为农民工市民化进程监测调查样本户，调查内容、调查方法不变。

【劳动力调查】 此项调查仍延续2015年每月从住户调查样本12个村级抽样调查点抽取4户调查户，下个调查月每个小区轮换2户，每月共调查48户。

【畜禽监测调查】 2018年，诸城市畜禽监测调查仍延续2017年国家统计局山东调查总队抽中的23个调查监测点，开展猪牛羊禽四个品种生产情况调查。其中，畜禽散养小区10个、中小型养殖村13个、大型养殖场69个。《国家统计局山东调查总队办公室关于反馈2018年生猪调出大县生猪生产主要指标核定数据的通知》（鲁调办字〔2019〕16号）：经国家统计局核定，2018年末生猪存栏为89.12万头，其中能繁母猪存栏9.47万头；全年生猪出栏为168.02万头，猪肉产量为14.19万吨。

【农作物对地调查】 2018年，诸城市农作物对地调查仍延续2017年国家统计局抽中的20个调查样本点，开展农作物播种面积和单位面积产量调查等各项常规性调查。根据《国家统计局潍坊调查队关于反馈2018年县市区夏粮产量数据的通知》（潍调字〔2018〕31号）和《国家统计局潍坊调查队关于反馈2018年县市区全年粮食数据的通知》（潍调字〔2019〕1号），经国家统计局山东调查总队会同山东省统计局审核、推算，并报国家统计局核准：2018年诸城市夏粮面积996950亩，夏粮单产381.88公斤/亩，夏粮总产380715吨。全年粮食面积2004711.28亩，粮食单产406.29公斤/亩，粮食总产814497.38吨。

【流通消费价格调查】 流通消费价格调查工作主要包括居民消费、商品零售、农业生产资料调查。主要调查目的是及时了解和反映居民消费、商品零售和农业生产资料价格变化情况，为国民经济核算提供基础资料，为监测通货膨胀，制定价格政策、工资政策、财政金融政策和其他经济政策提供依据。在对消费市场进行摸底调查，掌握了解基本情况的基础上，选择经营品种齐全、销售额大的商场、超市、农贸市场、服务网点作为价格调查点。通过手持数据采集器，采用定人、定点、定时的方法，对选取的调查点中销售或消费数量最大、变动趋势和程度具有较强代表性的代表规格品，进行直接调查现场上报。2018年诸城市共选中价格调查点149个，代表规格品1196种。

2018年，全年居民消费价格总指数为102.8%，比上年涨幅增加1.1个百分点；商品零售价格总指数为102.9%，比上年涨幅增加2.3个百分点；农业生产资料价格指数为107.1%，比上年涨幅增加8.4百分点。

（国家统计局诸城调查队）

审 计 监 督

【概况】 2018年，全市审计工作坚持“走在前列”目标定位，“抓重点、补短板、强弱项”，坚持依法履职尽责，加大审计力度，创新审计方式，提高审计质量，积极服务“四个城市”“三区一城”建设，各项工作又上新台阶。全年共完成审计项目33个，审计单位78个；查出违规资金5997万元和管理不规范金额8209278万元，非金额计量问题70个，促进增收节支和挽回损失5997万元；出具审计报告和调查报告52篇，提出审计建议52条；移送违纪违法问题线索5条，问责处理（党纪处分）2人。年内，在潍坊市审计项目质量检查中取得第一名；报送的审计项目评为省级优秀审计项目；市审计局连续十

审计干部参观刘家庄抗战纪念馆 （供图 高凤娇）

年保持省级文明单位称号。

【经济运行风险审计】 参与市政府防范金融风险有关企业处置工作，组织开展诸城市规范政府举债融资行为、防控政府性债务情况审计调查，及时识别和反映经济运行中容易引发风险的倾向性、苗头性问题，剖析问题产生的原因，提出解决重大问题和推动改革发展的建议，防范经济社会稳定的区域性和系统性风险。

【专项审计】 组织开展诸城市扶贫开发领导小组办公室2017年度预算执行审计和“十三五”期间扶贫资金审计，揭示反映精准扶贫、精准脱贫政策落实及资金管理使用中存在的问题，促进精准脱贫攻坚任务目标的实现。组织开展计划生育专项资金管理使用情况审计、温比亚台风救灾资金使用情况跟踪审计，通过审计和调查，早发现、早建议、早整改，促进建章立制，规范资金物资管理使用，发挥资金物资最大效益。

【公共资金审计】 组织开展市财政预算执行和其他财政收支情况审计、8个市直部门单位预算执行情况审计，重点关注制度建设、过程控制、绩效评价进展等情况，促进提高财政管理水平和绩效，加大财政资金统筹力度，优化财政支出结构。

【经济责任审计】 对13名领导干部任期经济责任履行情况进行审计，对6名领导任中经济责任履行情况进行审计，2名镇街领导自然资源资产审计；加强经济责任审计与自然资源资产审计结合，重点关注领导干部履行自然资源资产管理和环境保护责任情况，服务新旧动能转换，淘汰落后产能、减少污染物排放等情况，开展节能环保炉具推广、预算执行审计调查。针对发现的节能环保炉具推广政策执行中的问题，以专报方式提出审计建议，推动中央生态文明建设政策落到实处。推进领导干部依法履职尽责，为纪检、组织部门监督管理干部提供审计依据。

【内部审计监督指导】 对全市审计法定管辖范围内的行政机关、事业单位、国有金融企业等部门单位及部分民营和镇街内部审计有关情况进行调查了解和业务指导，共开展各类内部审计项目292个，提出并采纳审计建议1143条。通过落实审计意见及建议，促进了单位内控制度的完善，发挥了内部审计的作用。

【创新法制审理方式】 参与修订《潍坊市基层审计业务操作规程》，并对审计实施方案格式模板重新修订，制定《审计项目审理操作规程》《审计结果执行操作规程》，坚持细化流程、节点控制、强化刚性约束、明确职责、厘清责任的原则，建立以“项目主审审核、分管领导复核、法制部门审理、审计业务会审定”的四级审理机制，严控审计过程，保证了审计质量。在潍坊市审计项目质量检查中，市审计局取得全潍坊市第一名的好成绩。诸城市审计局推荐的镇街民政资金审计项目分别获得潍坊市和山东省优秀审计项目。

【大数据审计】 坚持科技强审，积极创新审计方式方法，加大审计信息化建设力度，向大数据要资源，向信息化要效益，组建大数据分析团队，集中开展电子数据审计分析，分层核查审计疑点，提高审计效率，参加潍坊市审计局大数据审计实战“大比武”活动，取得团体二等奖的成绩，诸城市审计局报送的大数据审计案例获得全省优秀大数据审计案例。

【审计执行】 加大审计结果公开的力度，按规定积极推进政务公开，向社会公告审计发现的问题及整改情况，倒逼审计整改；健全审计整改联动机制，强化与纪检监察、组织人事、检察、财政、税务、督察等相关部门的联系合作，形成整改合力，力促整改到位。执行科工作力度加大，推动了发现问题的整改落实。督促移送的案件线索尽快落实，查出的所有问题均已整改到位，在市第十八届人大常委会主任会议作了专题汇报。

【审计成果开发】 以成果开发为导向，把审计建议的采纳、领导批示、推动出台制度文件、提炼审计方法案例、总结审计经验做法、移交案件线索等作为审计成果转化的重点，纳入项目化管理。加大审计信息宣传工作力度，注重从体制机制制度方面揭示和反映问题，放大成果效应，为领导决策及有关部门完善制度提供审计依据。全年提报审计情况、审计信息、审计专报156篇，县级以上采用69篇次，市领导批示6件，提出审计建议被审计单位采纳52条。诸城市审计局两人获得全国审计宣传工作先进个人，诸城市审计局获得全国审计宣传工作先进单位。

【业务培训】 积极参与上级组织的各类培训，全员参加审计署举办的集中整训周和8期审计大讲堂，组织开展审计论坛交流活动4次，组织人员赴南京审计大学、上海交通大学等高校参加各类培训44人次。1人参加山东省青年论坛，论文《规范创新基层审理推进践行“三个加大、四个促进”目标要求》获得上级主管部门表彰。通过集中培训和交流检查的方式，学习、借鉴和转化外地成功经验，推广案例教学、网络教学，增强培训的实战性和实用性，练就审计人员扎实的基本功；整合审计业务、综合、技术等骨干，打造高精尖“战略支援团队”，增强应对急重任务和破解业务难题的能力。市审计局有8人取得高级专业职称，20人取得中级专业职称，13人取得审计署和省厅计算机审计中级资格，12人取得硕士学位。

（高凤娇）

安全生产监督管理

【概况】 2018年，全市安全生产工作牢固树立“以人为本、安全发展”理念，坚持安全生产标准化建设工作主线，不断健全完善工作机制，强化执法监管，夯实基层基础，全市安全生产形势持续平稳运行。年内，被授予“全省安全生产工作先进单位”和“潍坊市2018年安全生产月活动优秀组织单位”称号。

【安全生产监管责任落实】 调整充实市政府安委会，分领域组建了15个专业安全生产委员会。健全网格化实名制管理，通过签订年度安全生产目标责任书、工作承诺书等，将安全生产监管责任层层落实到市直部门、镇（街）园区、社区的具体工作人员，划片包干、责任倒查，消除管理盲区和责任空白点。年初，将全市安全生产工作要点、综合监管工作计划、安全教育培训计划、存有重大危险源及较大危险因素的生产经营单位安全监管职责编印成册，印发各镇（街）园区及市政府安委会成员单位，指导全年安全监管工作；不间断地组织开展安全教育培训及涉氨制冷、粉尘涉爆、“打非治违”专项行动等，有序推进各项工作开展。

【双重预防体系建设】 着眼于逐步建立风险分级管控和隐患排查治理双重预防工作机制这一根本性措施，指导和组织企业排查风险点、危险源，逐一落实管控措施、责任人，建立重点风险清单，实行动态管理。选树培育奥铃汽车、惠发食品2家省级，泰盛化工、富帛纺织、金安热电3家潍坊市级和佳士博食品等20家诸城标杆企业。2月，全省速冻食品制造、肉制品及副产品加工行业和低速载货汽车制造行业双重预防体系建设现场观摩推广会议在诸城召开。会后，发挥标杆示范带动作用，先后14次组织相关行业企业到标杆企业现场观摩学习，推动企业双重预防体系建设有序进行。全市规模以上工业企业初步建立并运行双重预防机制。

【隐患排查整治】 大力推行全员一线执法，将安监局执法人员编成11支队伍，配备11部车辆，按行业分区域每天深入企业一线监督检查，监督和指导企业查隐患、改隐患。组织镇街（园区）、部门单位持续开展“大快严”集中行动。先后组织开展了冬季和汛期暑期大检查、综合整治大行动等活动，检查企业8507家，整改隐患17184项。深入推进重点行业领域专项整治。组织开展煤改气、危险化学品、消防、道路交通、特种设备、烟花爆竹、建筑施工等专项治理，排查整治隐患6128项。加强对涉氨食品、涉爆粉尘企业和有限空间作业专项执法，随机抽查企业83家，对32家实施了处罚。对加油站实施首次防爆检测。

【重点领域安全监管】 对重点行业领域、重大危险源和重点企业实行风险预警控制，组织专家对全市所有生产经营单位进行风险辨识。对评估确定的80处重大危险源和1406家存有较大危险因素的生产经营单位（其中2家存有国家公布重点监管危险品企业、142家危化品从业单位、316家涉氨制冷企业、159家建筑施工单位、3家烟花爆竹批发企业、7家交通运输企业、307家较大型人员劳动密集场所、171家涉粉尘爆炸企业、52家铸造企业和199家造纸、酿造、涂装等有限空间作业企业），明确属地、主管和监管责任单位。建立政府购买服务制度，定期聘请专家实行会诊，适时开展专项整治，排查整改各类问题隐患，确保始终处于安全可控状态。

【监管执法】 按照省、潍坊市安全生产隐患大排查快整治严执法集中行动部署，制定行动方案，健全推进机构，完善信息统计、有奖举报等推进机制。建立“日查月报”制度，组织各镇街（园区）、部门单位每天不间断开展巡回检查，依法从严打击违法违规行为。依法关闭取缔不符合安全生产条件的企业，对安全生产失信企业实施联合惩戒，对严重违法违规行为和重大事故隐患，通过挂牌督办、媒体曝光，促使问题隐患整改到位，防范生产安全事故发生。大检查期间，先后检查企业2366家次，整治各类问题隐患7269项。

【预警预报制度化】 建立安全检查“日报”制度，组织各镇街（园区）、行业主管部门每天上报安全检查、隐患整改情况，市安办及时汇总分析上报情况，发现苗头性、倾向性问题，分别以《安监提示》《预警通报》《安全生产事故警示》等形式上报市委、市府领导，下发镇街（园区）、部门，有效地提高了落实效力。先后下发安监提示1期、预警通报2期、生产安全事故警示11期。

【企业标准化建设】 落实鼓励标准化创建办法和加快标准化建设6项重点措施，充分发挥惠发、奥铃一级企业的示范带动作用，在全市一级、二级标准化企业中，选树2家省级、3家潍坊市级、20家诸城市级标杆企业，为每家企业配备指导帮扶小组，全力靠上指导帮扶。2018年，全市共有一级标准化企业7家（其中惠发公司一次性通过了安监总局组织的一级标准化示范企业现场评估验收），二级标准化企业41家，全市规模以上企业全部通过三级标准化达标验收，小微企业按规划有序推进。为避免出现“重创建、轻运行”的问题，把企业标准化建设纳入日常执法检查，对不符合要求的一律挂牌督办，逾期整改不了的予以摘牌。

【应急管理体系完善】 下发《关于做好〈生产安全事故应急救援预案编制导则〉实施工作的通知》《诸城市安全生产应急管理办法》《关于进一步加强生产经营单位一线从业人员应急培训的通知》等文件，组织开展应急管理自查自纠、专项检查以及应急演练周等活动，仅安全月期间就开展安全生产应急演练283场（次），投入设备1600余台（套），参与人员35000余人，检验了预案，锻炼了队伍，提升了从业人员安全意识和应急处置能力。

【宣传教育培训】 3月，“全市安全生产集中教育培训月”期间，聘请专家举办全市镇（街）园区、部门单位分管领导、安全监管人员和双重预防体系、涉氨制冷、有限空间作业、粉尘企业负责人等6个主体班次，培训1500余人次；举办企业内训师培训班5期，培训1200余人；6月，组织专家到16个镇（街）园区开展安全生产主题宣讲活动，培训1800余人次。强化企业主要负责人、安全管理员和特种作业人员培训考核，先后培训考核10200余人。推行重点风险岗位人员持证上岗制度，加强重点风险岗位人员培训考核，至年底，有1000多人考核合格持证上岗。

【目标考核和督查问责】 严格目标责任考核，建立健全安全生产绩效考核与奖励惩处、一票否决等制度，通过督查检查、暗访暗查、公开通报等措施，督促各级各部门单位认真履行安全生产监督管理责任。建立安全生产督查工作机制，每季度开展集中督查，推动安全生产工作措施落实。健全完善督查问责机制，加强日常检查和重点事项跟踪督导，对贯彻执行市委、市政府安全生产各项决策部署不力，落实领导责任、部门监管责任、企业主体责任不到位，重点领域整治不到位，风险管控和隐患排查治理不全面、不彻底的，通过挂牌督办、约谈警示、媒体曝光、督查问责等方式督促落实，以严格的问责倒逼安全生产责任和各项工作措施的落实。

（安监局）

国有资产管理

【概况】 2018年，国有资产管理部门按照市委、市政府及上级部门的安排部署，紧紧围绕十九大报告中提出的“促进国有资产保值增值”的根本要求，拓宽思路，突出重点，健全机制，创新方法，认真做好国有资产管理的相关工作，积极开展和推进各项重点工作，有序组织和进行部门职责范围内的日常性工作，较好地完成了本年度国有资产管理任务。

【行政事业单位资产管理】 坚持制度先行，不断巩固完善行政事业单位资产管理各项制度，强化事前、事中、事后全过程管理，将监督工作贯穿始终。以资产处置审批、资产报告、资产清查等重点工作为着力点，全面发力，稳步推进，工作整体上有了新成效。

坚持财务公开制度。定期公开市管企业主要经济效益指标、主要行业盈利、重大变化事项等情况。依法依规公开市属企业经营情况、业绩考核结果，国有资产保值增值情况、市属企业改革重组结果，市属企业负责人重大变动、年度薪酬，以及市属企业履行社会责任重点工作情况。定期公示“僵尸”企业处置和污损企业治理结果。

严格国有资产处置审批管理。对行政事业单位申请要求处置的资产，严格按照上级文件精神，聘请中介机构或有关技术人员现场进行鉴定，严格把好审批关，做到能调剂使用的进行调剂，确实需要报废处置的，委托中介机构进行评估，由国资部门委托拍卖公司统一进行拍卖。

做好行政事业单位经管资产报告上报工作。全年共统计政府储备物资291.21万元（主要为防汛抗旱防火物资）与上年基本一致；公路3773公里，价值411123万元，比上年统计数增加4公里，价值16857万元；水库51座，价值46221万元，与上年一致；城市道路179公里，比上年增加28公里；城市供、排水设施11处，价值89228万元，与上年一致；公共文化体育设施1601处，比上年增加10处。

落实行政事业单位资产清查工作。根据上级统一部署，对全市行政事业单位资产进行全面清查，对行政事业单位基本情况、财务情况以及资产情况等进行全面清理和核查，为加强行政事业单位国有资产监督管理、促进资产管理与预算管理有机结合奠定基础。经过资产清查，全市行政事业单位资产总计157.86亿元，负债总计67.77亿元，净资产90.09亿元；固定资产51.91亿元；汽车1171辆。

【国有资产经营管理】 2018年，国有资产运营中心和土地综合利用中心切实履行管理职责，围绕国有资产的保值增值这个根本目标，强化对全市土地、房屋等国有资产资源运营管理服务，各项工作取得预期成效。

提升国有土地运营管理绩效。2018年，研究出台了《片区改造管理暂行办法》，规范了土地储备补偿补助标准。结合棚户区改造及历史遗留问题处置，加大土地出让力度，全年共以挂牌方式出让商住等经营性用地使用权105宗，出让土地总面积3199.64亩，实现土地出让总收入57.28亿元。积极搞好土地储备工作，按照市政府安排，将78宗土地纳入储备，签订土地储备协议，协议储备面积6615亩。

强化砂石资源、广告位资源管理。认真落实市政府关于采砂管理的有关规定，对鱼塘建设、河道清淤等工程实行严格控制，积极创新工作，加强联合执法，规范砂资源开采秩序，砂资源管理工作成效显著，非法采砂得到有效遏制，管理和执法水平稳步提高。将市里公共广告牌以拍卖的形式对外出让，增加政府收益。

强化房屋租赁管理。聘请权威中介评估机构进行房产租赁费评估，完成收缴沿街房租赁费25.3万元，保证国有资产保值增值。

做好办公用房的统筹调剂分配和部分沿街房回收管理。对办公用房超面积使用的单位要求予以腾退，督促安监局、人社局、检察院等单位腾退房屋共66间，腾退面积共2458.18平方米，为龙都卫生院、市城市管理执法监察大队、原密州办公楼所有单位、市纪委、市图书馆、台办、文联、外侨局、智慧办等单位安置了办公场所，保证了各单位工作的正常运行；根据上级有关政策要求和市政府安排，对非商业性质的租赁性房屋收回转做办公用房使用，收回实验中学、实验小学、第一中学、广播电视台、老干局、原计生局沿街房共52间，不再继续租赁。

加强对市直机关综合办公楼的管理。高质量完成原美尔顿综合办公楼装修改造工作；按时完成了原密州综合办公楼、原三产局办公楼重新改造工作，为各使用单位安置了办公场所，保证各使用单位工作的正常运行。

加强公共基础设施建设管理。强化对公交站点、出租车招停点、户外公共广告牌、污水处理的建设监管。在市中心位置、候车亭、出租车招停站及道路指示牌设立公益宣传广告，提升城市品位。每月初，协调市政、环保、财政综合科等有关部门（科室），对银河、舜河两个厂的污水处理数量和质量以及万兴、中粮两个污泥场的污泥处理数量进行审核验收，对应拨付的污水、污泥处理费，对照合同严格把关，确保财政资金发挥实效。

整合经营性国有资产投资公司。对全市国有企业进行资源整合，成立了龙城建设投资有限公司、政泰城市建设有限公司、隆嘉文化旅游有限公司以及泰石金控有限公司，通过这四大国有投资公司对全市的城市建设、文化旅游、金融投资以及矿产资源、污水污泥、户外广告等事项进行运营，进一步提高了经营性国有资产集中统一监管能力。

推进“三供一业”分离移交工作。为稳妥解决国有企业历史遗留问题，成立了分离移交领导小组，出台“三供一业”分离移交方案，有序开展全市分离移交工作。年内，全市“三供一业”分离移交工作顺利完成，涉及的三家企业共计706户，全部完成设施改造、管理职能移交工作。

（赵在鑫）

农村经济管理

【概况】 2018年，市经管局紧紧围绕市委、市政府的中心工作，认真实施乡村振兴战略，深化农村产权改革，加快新旧动能转换，为推动全市农业全面提升、农村全面进步、农民全面发展增创新优势，各项重点工作取得了阶段性成果。

【农村集体产权制度改革】 2018年，诸城市在2017年被评为农村集体产权制度改革省级试点先进单位的基础上，把产权改革作为一项政治任务、民心工程，摆上重要议事议程。强化责任担当，精心组织实施。至年底，1327个经联社（居委会）全部完成清产核资、成员确认工作，其中1276个已召开股份经济合作社成立大会，选举产生了理事会和监事会，占总村（居）数的96.16%，超额完成了全年的产权改革任务。

规范工作程序，抓实关键环节。制定出台改革实施意见、工作方案、操作流程、实施细则等，严格落实逐级报批、民主议事、公告公示、集体议决等制度，确保程序合规、步骤严谨，改革不跑偏不走样。每个阶段每个环节，列出时间表、路线图，制定任务清单，倒排工期，完成一项销号一项；坚持问题导向，让问题充分暴露，定期汇总整理，统一研究答复意见，指导基层开展工作。实行抓点带面，压茬进行，每个镇街培育2-3个样板村，先行一步，趟出路子，为其他村提供学习借鉴，充分发挥示范带动效应。

抓实清产核资，摸清集体家底。制定出台清产核资指导意见，各经联社（居委会）按规定成立清产核资工作小组，对所有资产进行全面清查、登记造册、建立台账、实行信息化管理，确保数据全面、真实、不遗漏。多数镇（街）园区聘请专业评估公司参与经联社资产评估，将清产核资结果和资产评估报告向全体成员公示并确认，保证了清产核资的权威性和认可度。

抓实资格界定，核准成员身份。本着“低门槛、广覆盖”的原则，出台成员资格认定指导意见，规定4大类24种人员的认定条件，最大限度地让群众分享改革成果。具体认定过程中，按照有法依法、无法依规、无规依民的原则，对有争议的人员，坚持积极稳妥、尊重民意、民主决策，切实保障农民群众应得权益。

抓实资产量化，分好集体“蛋糕”。制定资产量化和股权设置指导意见，原则上只设置成员股，实行一人一股制，按份享有；设置集体股的，原则上不超过30%。集体资产量化到人，确权到户，把“按股分红”落到实处。自主开发农村集体产权制度改革信息平台，归集改革数据，综合对比分析，实现了集体资产信息数字化管控。

搞好“三个结合”，扩大改革成果。与农村“三清一增”集中行动相结合。2018年，市委、市政府在全市农村组织开展“清资金、清资产、清资源，增加集体收入”为主要内容的“三清一增”集中行动，通过清理债权债务，完善承包合同，增加集体收入，消除发展障碍，促进乡村振兴战略的实施。与发展壮大农村集体经济相结合。制定出台全市发展壮大集体经济实施意见，总结推广“成立社区农业发展公司、党支部+合作社+新六产”等十种集体经济增收模式，实行市镇干部包靠责任制，帮助农村招商引资上项目，发展农村资源经济、服务经济、物业经济、合作经济。年内，208个农村社区全部成立农业发展公司，全市新上集体经济项目230个，增加集体收入1800余万元。与完善农村治理长效机制相结合。把产权改革的过程，作为转变干部思维方式、工作方式和工作作风的过程，引导村（居）干部运用法治思维和民主方法开展工作，积极探索德治、法治、自治“三位一体”的治理模式，以适应新时代新形势新任务的要求。同时，以规范管理建章立制为重点，指导农村建立健全集体资产登记、保管、使用和处置各项制度，建设农村集体资产监督管理平台，进一步巩固农村集体产权制度改革成果。

健全推进机制，扛起改革责任。充分发挥各级领导干部的引领作用，坚持“一把手”抓改革。成立由市委、市政府主要领导挂帅的农村集体产权制度改革工作领导小组，搞好顶层设计和具体问题研究。市直有关部门单位密切配合，分工协作，形成合力。镇街（园区）、经联社（居委会）分别成立领导小组和工作机构，一把手既挂帅又出征，不当甩手掌柜，直接抓推进、促落实。充分发挥农民的主体作用，坚持民主议事阳光操作。尊重群众意愿和首创精神，每一项改革政策都广泛征求群众意见，倾听群众呼声，接受群众监督，夯实民意基础。特别是对群众关心关注的清产核资、成员确认等关键环节，通过召开会议宣读讲解，逐户签字确认落实，改革全程公开公示，最大限度让农民认可满意。充分发挥三级经管人员的骨干作用，培养一批明白人抓改革。依托市委党校举办专题培训班，对全市1400余名经管人员、农村会计进行培训，重点对改革流程、清产核资统计报表等内容进行专门讲解。开展寻标对标，学习先进经验。先后组织到招远、汶上、滕州等地考察学习860余人次。接待潍坊市各县市区及外地考察团队34个，提供文件汇编资料300余册。编印下发《产权改革文件汇编》1700余册，《工作简报》14期。在《大众日报》《农村财务会计》等刊物发表稿件11篇。充分发挥考核指挥棒作用，以督导检查推进改革。市级成立4个督导组，巡回各经联社（居委会）进行业务指导和政策解答，及时开展“回头看”，发现问题限期整改。制定出台《考核评价办法》，将改革工作纳入科学发展综合考核，以考核促落实、提质量。纪检监察机关全程参与，出台“十坚持十严禁”纪律规定，严格监督问责，真督、实导、严考，确保改革始终沿着正确的轨道顺利推进。

【集体经济发展】 出台发展壮大集体经济的意见。明确目标任务、保障措施，总结提出发展壮大集体经济的“十条路径”，指导基层学习借鉴。制定出台考核办法，激励镇街发展壮大集体经济的积极性。

在社区层面成立社区公司。在全市选择班子强、社情稳的农村社区，试点成立农业发展公司，打响发展社区集体经济攻坚战。在2017年成立82家农业发展公司的基础上，至2018年底，208家农村社区全部成立社区公司。村级层面，2018年11月底已实现无集体经济空壳村。

开展“三清一增”集中行动。在全市农村开展“清资金、清资产、清资源，增加集体收入”为主要内容的“三清一增”集中行动，通过清理债权债务，完善承包合同，增加集体收入，消除发展障碍，促进乡村振兴战略的实施。

【现代农业发展】 扩大农村土地“三权分置”改革覆盖面。出台文件，认真落实农村土地承包关系稳定并长久保持不变政策，巩固土地集体所有权，稳定农户承包权，放活土地经营权，引导农村土地经营权有序流转。

培育新型经营主体。按照数量质量并重、发展与规范并重的原则，2018年，全市新发展农民合作社105家，总量达到2728家，带动农户19.8万户，占总农户的77%。已发展国家级示范社7家、省级示范社45家、潍坊市级示范社118家。

【维护农村社会和谐稳定】 市经管局在市政务中心安排3名接访人员，并设立信访科，本着有访必接、有案必查的原则，对符合政策、诉求合理的坚持马上就办，切实保护农民群众合法权益；对缠访闹事、无理要求的坚持耐心作好解释工作。2018年，共受理来信来访案件85件（次）。

（王金辉）

海　关

【概况】 2018年，潍坊海关驻诸城办事处辖区实有海关注册企业967家，占潍坊海关总量的9%。其中高级认证企业4家，一般认证企业30家，征收税款894.9万元。审结进出口报关单455票。设立加工贸易手册295份，与上年同期（下同）持平。备案进出口金额10.6亿美元，增长1.4倍。实际进出口总值5.3亿美元，增长32.5%。内销征税412.9万元，增长2.2倍。手册报核及时率、结案及时率等指标均为100%。诸城保税物流中心共监管货运量0.2万吨，货值0.1亿元人民币，整体发展势头较为平稳。

【政治建设】 办事处始终把政治建设放在首位，不断加强思想政治工作。严格落实“三会一课”制度，2018年，共召开组织生活会3次，开展集体学习13次，支部书记讲党课5次，认真学习新修订的《中国共产党纪律处分条例》等，组织生活成为统一思想、提振士气的重要抓手。坚持“开门搞党建”，积极与潍坊海关本部各党支部开展学习共建，利用好本地资源开展党性教育，与保税物流中心开展联合主题党日活动，赴北汽福田汽车股份有限公司学习交流党建工作，共同研究业务，解决问题，在实践中锤炼党性。筑牢廉政防线，组织廉政纪律学习4次，开展廉政警示教育2次，认真落实廉政规定，主动接受监督，努力消除廉政隐患，全年未发生不廉洁事情。

【机构改革】 机构改革稳妥推进，“改头换面”顺利完成。4月20日前，完成了诸城保税物流中心检验检疫标识去除、更换工作，同时做好“查检合一”、关检联合主题党日等相关工作；根据《全国通关一体化关检业务全面融合框架方案》要求，组织了内部学习和外部培训，采取自测、互测等形式认真准备海关执法能力学习考试。

【服务经济】 压缩整体通关时间。召开辖区企业座谈会，通报压缩整体通关时间工作，“手把手”指导企业采取措施提高通关效率；为解决一线出口货物运抵时间超长问题，在保税物流中心实行“先出区、后报关”模式，预约加值班等措施；持续抓好提前申报工作，对2批次抵港超长货物采取口岸申报、区区流转措施，全力以赴压缩整体通关时间。

有效推进加工贸易无纸化改革。组织无纸化改革关企座谈会1次，全面征求企业意见建议；加强与职能科室的联系配合，及时总结提炼改革伴生风险，确保监管不失位；以改革为契机，进一步细化企业单证档案管理、规范企业电子数据申报，为后续改革提供保障。

服务地方和企业。召开关地企三方座谈会，深入讲解海关政策，现场解答企业问题17个；发挥贴近企业的优势，印制“业务办理明白纸”；深入辖区企业开展政策宣讲，指导保税物流中心选择适合入区项目，进行精准招商。

【严格监管】 加强实际监管。设立风险防控专职岗位，定期进行业务监控和数据分析，根据手册执行情况及时下厂核查。年内，共核查企业10家，移交缉私案件线索一起，补征税款9.6万元；及时发现并妥善处置一家外资企业撤资清算事件，共补缴保税货物税款48.91万元，减免税设备税款1.88万元，4本加工贸易手册和1本不作价设备手册全部核销结案，2台减免税设备提前解除监管。

开展重点监管。对辖区橡胶轮胎行业进行整顿，全面梳理辖区6家轮胎加工贸易企业手册执行情况，确立风险环节3个，整理风险点5个，摸清轮胎行业的发展现状和监管风险；持续跟进和推动辖区橡胶轮胎加工贸易企业主动披露工作，召开座谈会1次，6家企业提报了主动披露报告，涉及货值248.78万元，涉税78.14万元。

探索精准监管。对纸制品加工企业进行“科学画像”精准监管，选取辖区5家纸制品加工企业作为重点，进行深入调研摸底，广泛采集基础数据，细化生产能力、单耗情况、负债情况等具体指标28项，形成了较为完备的“科学画像”指标体系；结合企业画像呈现的状态，突出行业性、过程性管控的特点，将企业划分为重点支持企业、一般管理企业、重点管控企业三类，精准施策，实现精准化、差异化、实效化监管。

夯实制度监管。引导推动保税物流中心经营主体建立安全准入风险评估机制，设立监管、运营、安全风险评估等专职岗位，对卡口、监控室等制度进行修订完善，保障了物流中心顺畅运营。

【内部建设】 打造“学习型、规范型”科室。开设“微课堂”，组织开展了“强关建设大讨论”“保税物流中心监管与制度”“加工贸易无纸化改革”等专题性学习研讨，建立了较为规范的学习机制。坚持课题推动工作，加强学习研讨和业务特色研究，在济南海关主页发表理论文章1篇。以执法能力考试为契机，加强对商检业务的学习，全面提升个人能力素质，提高关员执法水平。根据所承担的工作职责及现有人力资源状况，修订岗位职责，实行内外勤分工，内部管理更加顺畅。

打造“家文化”。开展基本建设项目改造维修，年内完成了变压器、供暖机组改造和供暖管道维修，消除了用电安全隐患，保障了办公楼供暖，加强食堂及菜园管理，为办事处员工提供舒心的工作生活环境。开展谈心谈话12人次，充分了解关员思想动态，慰问关员及家属3次，有力提升了队伍的凝聚力和战斗力。

（海　关）

青岛保税港区诸城功能区保税物流中心

【概况】 2018年，青岛保税港区诸城功能区保税物流中心封关运营后，有序开展了保税仓储、出口退税、国际配送、国际采购及保税物流增值服务等业务，成为济南关区最为活跃的B型保税物流中心，工作得到济南海关领导的高度肯定。年内，开展业务企业达36家、通关票数1160票，通关车次过1000车、通关货值金额超8000万美元，为区域外向型经济发展起到充分的带动作用。

5月29日，诸城中央直属棉花储备库项目开工　　（供图　舜王街道）

【产业招商】 产业招商依托企业自由港新型工业社区项目，定位打造中小型高新技术企业集聚区。年内，已规划建设厂房12万平方米，聚焦先进制造业、电商供应链、新能源、精密仪器、新型纳米材料等领域，共招商引资高产医疗器械、新川交通设备制造、龙邦食品机械等企业5家。至年底，园区已招商引进企业15家，入园企业投资总额近5亿元。2018年入园企业已投产3家，2019年入园企业将陆续全部投产。国家级中央直属棉花储备库项目年底完成建设施工，明象科技功能性系列防水卷材产业基地项目已进入装修阶段。

【青建云仓】 青建奉凰旗下的青建云仓已在电商分拨行业崭露头角。2018年“双十一”首日发货超15万单，累计发货超过30万单，同比增长超过100%；2018年全年累计发货突破100万单，同比增长超过300%。以管理输出的模式合作建立的高密、黄岛埠外分仓已确定了运营场所，并积极与地方政府进行了对接，高密分仓年内开仓运营。

（保税物流中心）

农 业

综 述

【概况】 2018年，诸城市以“三调两提”和“五化”发展为抓手，以农业“新六产”为主攻方向，提升田园综合体和家庭农场发展水平，做优做精农业体验、休闲采摘、特色民宿等新业态，努力打造农村产业融合发展新格局。

【优质高效农业】 2018年，全市完成土地流转12.7万亩，完成种植面积11万亩。2个特色小镇、14个田园综合体、25个千亩基地完成年度目标任务。21个500亩及以上的现代农业园区、21个100亩及以上的设施农业基地完成年度目标任务，累计完成投资13.5亿元。全市社区干部领办现代高效农业园区120个，占地面积约2万亩，完成投资3938万元，带动农户3360户。2018年新发展茶叶0.3万亩，水果2.4万亩，全市果茶总面积达10万亩，其中果树总面积8万亩，茶叶2.4万亩，全市建成各类果茶示范园区40多处。2018年，全市肉蛋奶总产量达到27万吨。

【新型农业经营群体】 围绕农产品加工、流通、销售等环节，通过村级组织带动、专业大户牵头、龙头企业配套、营销大户联合等多种方式，发展培育各类农民专业合作组织。潍坊市级以上重点龙头企业141家，13家被列为省级重点龙头企业，3家被列为国家级重点龙头企业，家庭农场1630家，农民合作社2728家。引导各类合作组织主动与农产品加工企业联系，为企业进行基地配套，形成“龙头企业+合作组织+农户”“龙头企业+农户”等多种生产经营模式，完善产业化经营链条。2018年，全市工商资本重点投资培育30个田园综合体、50个千亩现代农业基地，发展规模化高效设施蔬菜、苹果、大樱桃、茶叶、中草药等优质产业。2018年参加农业农村部组织的南宁招商引资推介会，重点推介了华山榛缘、润竹山等招商项目，效果良好。

【诸城品牌农业】 凝练诸城特色，全力塑造“诸城味道”区域公用品牌，在北京钓鱼台国宾馆举办全国性推介活动。组织正山堂茶业等19家企业、39个产品申报绿色食品认证；诸城市碧龙春茶业有限公司的“碧龙春”牌绿茶成功申报山东省知名企业产品；组织诸城绿茶等11

9月20日，由潍坊市政府主办的“潍坊农产品整体区域公用品牌”推介招商会在北京钓鱼台国宾馆举行，“诸城味道”农产品整体区域公用品牌参加了现场展示 （供图 报社）

个产品申报第1批潍坊市知名区域公用品牌和企业产品品牌；桃林镇大鹤现本富苹果种植家庭农场苹果夺得潍坊“果王”桂冠，其他7个参评产品全部获得名次。到年底，全市省知名企业产品品牌数增加到5个，居潍坊市首位。

【农业农村深度融合】 引导佳士博、中康等农业龙头企业积极转型，形成“生产基地+加工企业+商超销售”的发展模式。规划建设环常山、沿潍河农旅结合产业带，大力发展田园综合体、休闲农庄等，培育起3个全省休闲循环农业示范园。以种养结合、资源循环为重点，先后投资2亿多元，推广“菜畜沼”“果畜沼”“果菌肥”等种养循环模式，畜禽粪污资源化利用率达到85%，实现了产业绿色健康发展。积极组织全市田园综合体申报省和潍坊市级田园综合体，经过精心组织、模拟申报答辩和对上沟通争取，2018年全市共有3个田园综合体进入潍坊市重点培育名单，数量和规模列潍坊市第一，其中常山绿谷田园综合体以第一名成绩列入潍坊市省级田园综合体培育名单。

【农业科技支撑】 以孵化器和农业园区为依托，积极对接青岛农业大学，建设“青岛农业大学诸城果树研究院”，计划引进20个以上新品种，打造全国性的高端果茶种苗核心生产区。开展高层次人才培育，万景源、佳博天益等5家企业进入鸢都产业领军人才评选答辩，6人被评为潍坊市乡村之星。组织200多名农技人员到浙江、江苏、上海等地参观、培训，重点学习农业新技术、新模式。舜耕种业张均杰获得潍坊市职工创新创业大赛冠军，并被授予富民兴潍劳动奖章。通过田间课堂、现场演示、外出参观等方式培训新型职业农民，先后举办各类农业培训班20多期，累计培训农民10000多人次。2018年，由诸城市全鲁科润种业研发培育的浓帅丰、夏秋阳两个新型优质白菜品种，通过了农业农村部品种登记，填补了诸城市三十年没有农作物新品种自主品牌的空白。

（窦　伟）

种　植　业

【概况】 2018年，全市农作物总播种面积267.42万亩。其中粮食播种面积200.47万亩，产量81.45万吨；瓜菜面积42.9万亩，产量135.7万吨；果茶等24.05万亩。全市共建成50亩及以上的瓜菜果茶农业园区604个，占地20.5万亩。其中千亩以上的瓜菜果茶农业园区39个；农产品质量安全不断强化，抽检合格率99%以上；农业产业化深化升级，全市潍坊市级以上农业龙头企业达到141家，其中国家级3家，省级13家，数量居潍坊市各县市区前列。生态农业取得稳步发展，秸秆综合利用率达到93%以上；全市有效期内“三品一标”88个，其中无公害农产品10个、绿色食品69个、有机产品8个，农产品地理标志1个。年内，被省农业农村厅授予“农产品加工示范县”称号，国家级农产品质量安全县创建工作通过全面验收。被评为省农产品加工示范县，被列为全省乡村振兴“十百千”工程示范县，连续12年被评为全国生猪调出大县。得利斯集团、兴贸玉米分别获得国家级猪肉、玉米加工技术研发专业中心称号。

【惠农政策】 良种补贴项目。2018年全市共核定小麦种植面积96.98万亩，比上年减少4.25万亩，享受补贴的农户175411户，落实小麦良种补贴754.26152万元，供种面积754261.52亩。

耕地地力保护补贴。耕地地力保护补贴资

金每亩125元，财政部门已于7月底通过“一卡通”发放到位。

千亿斤粮食工程项目。该项目在枳沟镇、桃园区投资4500万元，其中中央财政资金3600万元，地方财政资金900万元，规划建设高产稳产粮田3万亩。主要建设内容包括：新建、维修、改造塘坝16座；新建扬水站23座，安装水泵及配套电机43台；铺设管道PE管道194.13公里；架设高压线7.33公里，安装变压器23套；新建盖板桥13座，管涵桥11座；新建混凝土路面机耕路7.735公里；设置标志牌2座。项目建成后，项目区改善灌溉面积3万亩，年增加经济效益634.5万元，年增节水能力225万立方米，新增粮食产能315万公斤，受益人口9319人，人均增收676元。同时，进一步完善诸城市农业基础设施建设和农技服务体系建设，粮食生产抗风险能力显著增加。

政策性农业保险。2018年全市小麦承保面积72.80万亩，定损3.2万亩，赔款782.6万元；花生承保面积1.78万亩；新增马铃薯险种，承保面积0.085万亩，定损19亩，赔款0.65万元；玉米承保面积53.54万亩，定损3.65万亩，赔款694.77万元。

【种植结构】 以农业供给侧结构性改革为统领，以提高种植效益、促进农民增收为主线，在稳定种粮面积的同时，根据农业资源分布特点和农民传统种植习惯，通过科学规划、政策扶持、技术引导、示范推广带动等措施，大力调整种植结构，提高经济作物比重，形成油、果、菜、茶、烟、花卉苗木六大种植产业。2018年，全市瓜菜播种面积42.9万亩，产量135.7万吨；烟草种植面积5.6万亩，产量1.05万吨；花生播种面积15.75万亩，产量5.05万吨；茶叶种植面积2.7万亩，产量805吨。

【农业园区建设】 依托主导种植产业，积极吸引社会资本投入现代农业园区建设。大力发展农业种植园区，加快推进优质农产品基地建设步伐。全市共建成50亩及以上的瓜菜果茶农业园区604个，占地20.5万亩，其中千亩以上的瓜菜果茶农业园区39个。加强宣传、引导，通过典型引路、实地学习、算账对比、现身说法等方式，组织种植大户（园区企业）负责人、家庭农场主、发展带头户近8000人次到农业发展水平高的镇街和周边县市考察、学习、培训。

落实鼓励农业产业结构调整扶持政策。为353个新型经营主体发放农业结构贴息贷款626笔13987万元，产生利息577.38万元，2018年财政贴息金额466.88万元。为34个符合现代农业园区基础设施建设奖补要求的园区，落实市级财政补助资金653.26万元。

【产业化经营】 2018年，诸城市达到一定规模的农副产品加工企业有400多家。其中规模以上农业龙头企业近280家，固定资产400多亿元，年实现销售收入500多亿元，利税30多亿元，出口创汇5亿美元，从业人员达到20万人；销售收入过亿元企业60家，过10亿元的企业8家，过百亿元的企业2家；潍坊市级以上重点龙头企业达到141家，13家被列为省级重点龙头企业，3家被列为国家级重点龙头企业，“诸城市农产品加工园区”被列为农业部公布的第一批国家农业产业化示范基地。有效期内“三品一标”88个，农民专业合作社2728家，家庭农场1630个。食品安全示范区建设顺利推进，农业规模化、组织化、标准化水平进一步提升。农副产品加工，形成了以密州、龙都、昌城为主的畜禽生产加工区，以相州、贾悦、石桥子为主的蔬菜生产加工区，以辛兴镇为主的淀粉生产加工区，以桃林、林家村为主的绿茶、花生、辣椒生产加工区。

【农业科技推广】 实施基层农技推广体系改革

与建设补助项目。按照项目要求，确定主导产业，筛选出主导品种和主推技术，成立了技术指导专家组，遴选了60名技术指导员、100名村级农民技术员和360个科技示范户，辐射带动周边农户近万户。通过科技入户，面对面、手把手地向农民传授农业技术，带动周边农户科学规范化生产。

实施新型职业农民培育项目。根据项目要求，在全市各镇街（园区）遴选培育对象，在农作物生长的关键时期进行田间课堂培训，举办田间课堂6期，培训500人。同时在潍坊生产经营管理培训基地开展生产管理与市场营销知识培训，共培训500人。通过新型职业农民培育，2018年共认定新型职业农民346人。

加强农业信息服务。进一步完善了各平台的有效服务功能，上传更新以现代农业信息技术为主的农业资源数据库和查询系统更新信息1836条次。拓展服务领域，利用“飞信”“农信通”短信平台实时发布服务信息228条次。充分发挥农业专家服务团优势，深入田间地头，面对面手把手，为农民提供实用科技培训与指导。

【农产品质量安全】 完善基层监管体系。在16处镇街设立了农产品质量安全监督管理办公室和检测室。每个镇街配备3名专职人员，在1331个自然村各设立1名农产品质量安全监管员。

强化网格化监管。农业局落实领导班子成员及科室人员包靠镇街（园区）责任制，层层签订责任书、承诺书。各镇街（园区）充分发挥社区农产品质量安全监管员的作用，每月对辖区内0.1亩以上的瓜果菜茶食用菌等农产品种植地块、农资门店、瓜菜经纪人开展4次以上监管排查。

定期开展农产品质量安全检测。制订《2018年诸城市农产品质量安全监测计划》，市级全年计划定量检测样品1500个，镇街速测每月抽检两次，每次抽检样品30个。2018年，共定量检测样品2319个，例行速测12811个，合格12708个，合格率99.2%；对不合格样品由农业执法大队及时进行调查处置，实行源头追溯。

持续搞好农业投入品源头监管。全面落实《潍坊市禁用限用剧毒高毒农药条例》，禁止销售和使用《条例》中所列75种的高毒农药，对违反《条例》规定销售和使用高毒农药的依法予以严惩。严格落实新修订的《农药管理条例》，对农药经营实行经营许可制度，依法核发农药经营许可证。

加强对农产品种植基地的日常监管。重点对基地的农药肥料使用、包装标识使用、上市前检测、生产档案及周边环境进行检查，发现问题限期整改。2018年共出动执法人员2660人次，查处办结农资案件8起，罚款金额3.1万元。共抽取肥料样品50个，农药样品52个。对抽检不合格的农资产品，全部予以立案查处。

开展农产品质量安全追溯试点工作。提升农产品质量安全示范县项目，安装了农产品质量安全追溯监管平台，通过监管平台对农产品质量安全追溯点农业生产过程的信息和监管开展实时监控管理。在石桥子镇的康之源等29处种植基地建立农产品安全追溯点，安装农产品生产基地管理平台，基地产品通过包装并加贴载有农产品生产管理过程、检测等信息二维追溯码后销售。并实现了镇级农产品质量安全速测室检测数据实时上传监管平台。逐步实现农产品生产、收购、贮藏、运输全环节可追溯，探索构建产地准出机制。

开展监管技能提升培训活动。对镇街社区监管员、农产品生产基地负责人、农资生产经营人员进行培训。农业部门巡回到各镇街、社区开展农产品质量安全宣传周活动，发放各种宣传资料20000余份。

完成国家级农产品质量安全县创建工作。诸城市从2016年开始参与潍坊市整建制创建国家级农产品质量安全市活动，按照创建目标和创建任务，农业、畜牧、水利、市场监管等部门相互配合，扎实推进各项工作，认真准备迎查现场和档案资料，于2018年11月顺利通过了省农业农村厅代表农业农村部的验收考核。

【品牌农业建设】 凝练诸城特色，依托诸城果茶、花生、优质瓜菜等品牌资源，搞好企业品牌策划、品牌定位、品牌管理，进一步整合提升诸城绿茶、诸城板栗、诸城老魏榛子、诸城果品、诸城烧烤、诸城辣丝、马庄小米等品牌，全力塑造“诸城味道”区域公用品牌。

加强品牌宣传展示。年内，先后组织部分龙头企业参加山东名优农产品香港精品展、赴台对接活动、南澳州农业论坛、中日韩产业博览会招商活动、全国农交会、全国农产品加工科技创新与推广活动暨农产品加工技术成果（济南）交易会、钓鱼台国宾馆“诸城味道”区域公用品牌推介会，积极开拓海外市场，加强农业合作。加快“三品”生产基地建设，发挥龙头企业和合作社、家庭农场的认证主体作用，全市有效期内“三品一标”88个，其中无公害农产品10个、绿色食品69个、有机产品8个，农产品地理标志1个。

山东得利斯食品股份有限公司“得利斯”牌低温肉制品和冷却肉、山东佳士博食品有限公司“佳士博”牌速冻调制食品、诸城外贸有限责任公司“尽美”牌禽肉制品、诸城中康农业开发有限公司“富维”牌新鲜蔬菜和诸城市碧龙春茶业有限公司“碧龙春”牌绿茶，被评为山东省知名农产品企业产品品牌。诸城市茶叶协会的诸城绿茶被评为首批潍坊市知名农产品区域公用品牌；诸城市颖青茶厂“颖青”牌绿茶，诸城市庭源蔬菜专业合作社“煜康园”牌番茄、辣椒、茄子，诸城富维食品有限公司“富维”牌腌渍姜片酸辣泡菜，诸城市天美益农业科技发展有限公司“良机农场”牌绿色蔬菜，诸城常山永辉生态农业家庭农场“雨霞”牌苹果，被评为首批潍坊市知名农产品企业产品品牌。桃林镇大鹤现本富苹果种植家庭农场苹果夺得潍坊“果王”桂冠，其他7个参评产品全部获得名次。全市省知名企业产品品牌数增加到5个，居潍坊市首位。

【农业污染面源控制】 推广生态循环农业。年内，开工建设500立方米以上的大型沼气工程4处，新增沼气发酵池总容量2420立方米，年可处理畜禽粪便近万吨，生产沼气35万立方米。同时，大力推广农业生态循环技术，通过实施2018年耕地质量提升项目，建设5处共计2000亩的集成现代新技术的示范基地，在皇华、南湖建设了3处水肥一体化示范田，在南湖和相州分别建设果树、蔬菜水肥一体化示范园各1处，共515亩。2018年全市新增水肥一体化技术面积36127亩。

普及秸秆综合利用技术。大力推广农作物秸秆综合利用技术，通过大型机械化精细还田、秸秆过腹还田、秸秆反应堆、秸秆生产食用菌等“五化”利用技术，变农业废弃物为农业发展资源，努力打造农业发展循环产业链。2018年全市秸秆综合利用率达到93%。同时，充分发挥示范基地带动示范作用。在桃林茶叶产区，通过诸城市茶叶协会推广秸秆生物反应堆技术示范面积1000多亩，年消耗秸秆500多吨；通过诸城市金山农机合作社实施小麦秸秆打捆作业收储小麦秸秆2000多吨，玉米秸秆青贮5000吨；通过诸城市佳博天益农业发展有限公司实施玉米茎穗兼收打包青贮饲料30000吨。

推进统防统治和绿色防控。积极进行统防统治和绿色防控工作的指导，2018年农药使用量减少2%，统防统治覆盖率38%，绿色防控覆盖率28%。

继续搞好测土配方施肥项目。积极推广配方肥，印发施肥建议卡30000份，技术明白纸20000份。

大力发展休闲观光农业。2018年，新建（扩建）常山永辉农场、东方田园、润竹山等一批高档次休闲农业和乡村旅游示范园区，被山东省农业厅、山东省旅游局先后授予山东省生态休闲农业与乡村旅游示范园区。

【果茶生产】 与山东农业大学和青岛农业大学签订科技合作协议，青岛农业大学在诸城成立研究院，入住诸城市农林科技孵化器，并在永辉农场为教学实践基地挂牌。组织涉农企业、合作社、家庭农场等单位11家，组团到山东农业大学参加山东省农业厅组织举办的山东省2018年农林水类毕业生人才招聘会，招聘农业人才。年内，邀请中国农科院果树研究、中国农业大学、山东农业大学、青岛农业大学、山东省果树研究所，以及省农业厅果茶站果茶专家，到诸城开展果茶专家技术讲座10多次。组织市内专业技术人员采取“果茶田间课堂”“下乡入户座谈”“现场技术演示示范”等模式，开展技术指导180多次。组织果农、茶农到沂水、信阳、南京、日照、潍坊、杭州、威海等地参观学习及业务培训10多次。全年新发展果茶总面积近2.7万亩，其中茶叶新发展0.3万亩，水果新发展2.4万亩，主要有苹果、大樱桃、梨、桃葡萄等品种。全市已建成各类果茶示范园区40多处。

完成了2017年的潍坊市级水果标准园50万元和精准扶贫水果标准园20万元建设项目的收尾工作，并通过了验收。向上争取了2018年潍坊市级水果标准园40万元建设项目，按照程序审核和公示完毕后，最终确定由山东润竹山农业科技有限公司和山东东方田园综合体开发建设有限公司共同实施，项目已验收完毕。

与中国茶叶顶级品牌企业——正山堂开展合作，开发区域共用茶叶品牌，在推广“诸城绿茶”国家地理标志产品的同时，打造“诸城红茶”品牌，引进梅占、金观音、四大名枞等红茶新品种10多个。

【农业项目】 组织实施千亿斤粮食产能项目。2018年项目计划总投资4500万，已经进入现场施工阶段。

2018年耕地地力保护试点项目。上级分配诸城市2018年耕地地力保护试点项目资金600万元，加上上年结余资金8.94万元，共计608.94万元，对在示范方内提供“土地深翻+整地镇压”服务的社会化服务组织，按照每亩不高于80元的标准进行补贴。项目资金采用先服务后补贴的方式兑付。项目区在舜王街道组织实施。

粮食生产功能区和重要农产品生产保护区划定。全市划定“两区”面积90.4万亩，其中粮食生产功能区90万亩，包括小麦90万亩、玉米86万亩（玉米面积为与小麦复种面积）；重要农产品（棉花）生产保护区0.4万亩。通过公开招标，由北京世纪国源科技股份有限公司、山东省地质测绘院中标，负责“两区”划定。12月20日完成上图入库，并已通过省级质检。

组织实施相州镇2018年农业产业兴村强县示范项目。该项目总投资4239.9万元，其中省级以上资金1200万元，企业自筹资金3039.9万元，由相州镇佳博天益农业发展有限公司、天益金粮食专业合作社、东鲁科技有限公司和华宝食品有限公司实施。

（农业局）

林 业

【概况】 2018年，诸城市政府出台了《诸城市2018年国土绿化实施意见》，明确继续坚持“一城”（中心城市）“一区”（南部山区）“四域”（路域、水域、田域、镇社村区域）的全域绿化思路，深入开展“绿满龙城”五大行动，围绕山、水、路、村、城等重点区域，重点抓好“五山、六路、九园、十河、二百村”造绿复绿，努力实现扩大植树造林增绿、特色林果产业增效、林农多元化增收和森林生态功能增强的“四增”目标，为建设天蓝、地绿、水清的生态宜居美丽城市做出新贡献。2018年，全市完成造林面积3.85万亩，林业产业总产值达213.72亿元。

【造林绿化】 绿色满山行动。重点实施竹山、马耳山、障日山、臧家沟南山、虎皮山“五山”生态绿化，同时开展山地退耕还果还林，依托华山农林万亩平欧榛子基地、桃林千亩玫瑰园、林岗凤凰花海、障日山林果基地等“九园”，发展榛子、文冠果、核桃、苹果等特色经济林1.59万亩。

绿色绕水行动。本着“一水一特色、一河一景观”的原则，全面提升潍河、百尺河、芦河、扶河、淇河等“十河”造林档次，打造水清、河畅、岸绿的沿河特色景观廊道66.9公里。

绿色伴路行动。本着简洁大方、色彩丰富、层次多样的原则，着力提升道路多彩景观，突出潍日高速、新东环、相石路、等重点路段，打造总长87公里、宽幅30—50米的高标准道路绿色景观廊道。

绿色环村行动。深入推进森林城市、森林乡镇、森林村居“三级联创”，按照“树绕村、村环林”的镇村绿化规划，完成200个环村生态林带示范村建设，建成森林镇村10个，村庄绿化环绕率达85%以上。

【林业产业】 特色经济林、林木种苗产业发展迅速，全市完成退耕还果还林1.59万亩，组培繁育优质苗木500万株。以高端木本粮油、木本饲料和精品水果为主攻方向，找准园区基础设施配套奖补切入点，鼓励企业建设林园综合体，延伸精深加工、物流仓储和商务服务产业链条，提升林产品转化率和林业附加值，成功开发了榛子乳、榛子油等5个林果深加工产品。

【森林防火】 健全管理责任体系，层层分解落实责任，层层签订防火责任书。组建“森林消防专业队、森林消防预备队、专职护林员、社区党员干部”多层次的森林防火队伍。市级森林消防专业队先后三次赴日照、临沂和济南增援扑灭森林大火，被誉为“森林护卫铁军”，受到山东省林业厅和潍坊市林业局表彰。

【林业有害生物防控】 建立完善监测预报体系，坚持定点监测与普查相结合，积极开展美国白蛾、松材线虫等林业有害生物监测和防治。在全市范围内开展飞机喷药防治美国白蛾工作，飞防面积80万亩，作业159架次，喷洒药剂30多吨，美国白蛾疫情得到有效控制。做好松材线虫病普查工作，对松林面积集中分布的镇街（园区）进行拉网检查，踏查小班192个，面积3.9万亩。

【林业行政执法】 推进综合行政执法，抽调森林公安、林政等执法力量组建联合执法队伍。严格落实县级保护发展森林资源目标责任制，加快推进森林督查执法，实施遥感卫星判读，对遥感影像变化图斑进行外业核实，严厉打击乱征滥占林地、乱砍滥伐林木等各类破坏森林资源的违法行为。全市共审批发放林木采伐证3238个，查处盗伐滥伐林木案件12起，非法占用林地10起，案件处结率100%。顺利通过国家林业和草原局森林督查，确保林地考核工作不失分。

【“全国森林旅游示范县”】 12月16日，在广东省广州市举办的2018中国森林旅游节上，诸城市被国家林业和草原局授予全国森林旅游示范县，是全省唯一获得该项殊荣的县市。

（王明晓）

常山生态林场

【概况】 2018年，常山生态林场认真贯彻落实《诸城市国土绿化实施意见》和《诸城市关于加快生态林场建设的意见》的要求，解放思想、干事创业、积极作为、科学务实，推动常山生态林场全面建设和快速发展。

【文旅项目招引】 积极参与乡村振兴活动，紧紧围绕新旧动能转换、“四个城市”“三区一城”建设等总体部署，结合山东密州国家森林公园规划，协助南湖区在常山周边规划建设了金查理小镇、欢乐海洋休闲广场、蔡家沟艺术试验场、小展村年画村、金查理小镇、万兴苹果乐园、东方田园综合体等10余个文旅项目，为常山的整体提升打下了坚实的基础。

【疫情火情防控】 在进山口和景区醒目的地方设置护林防火宣传牌10面的基础上，年内投资1万多元，新增一批防火宣传牌，加大力度宣传有关护林防火的法律法规和警示语，提高人们护林防火、美化环境和文明旅游的意识，营造良好的社会氛围。同时，在林区范围内开展了集中打击整治盗伐滥伐林木、破坏国土绿化专项行动，确保林区的树木不受破坏。协助南湖生态经济发展区搞好防火工作，确保林场范围不发生森林火灾。高度重视美国白蛾疫情，通过大密度设置观察点，安排人员包片值班，不间断巡山，联系林业部门及南湖区，采用飞机喷洒药物等方式，把美国白蛾疫情控制在萌芽状态，杜绝了林场病虫害疫情发生。

【常山保洁】 为方便处理垃圾，投资添置卫生保洁用具，分两次在上山道路两旁增加安装垃圾箱20个。同时在常山周边村庄招聘卫生保洁员12名，加强常山日常保洁。在落实保洁员责任制的同时，加强督查力度，坚持分工包片与集中清运相结合，确保常山景区干净整洁，为市民休闲娱乐、强身健体创造良好环境。

【社区联建和扶贫】 积极开展社区联建活动。加强与桃林阿洛子社区的对接联建，加强班子建设，完善各项规章制度。协调市直有关部门、企业帮助该社区发展占地1000多亩的蜜桃种植园，并实施了引水上岭工程，扩大水浇地面积2000多亩，阿洛子村于2018年实现成功脱贫。按照市委扶贫办开展“走访联系困难户”活动的安排，对帮扶的南湖生态经济发展区小郝家村社区的8家困难户，帮扶干部经常上门面对面谈心，协调各方面关系，帮他们解决各种困难。多方筹措资金，与联建社区党组织联手开展服务群众和关心关爱退休老党员活动，受到好评。

（孟宪晖）

潍河生态林场

【概况】 2018年，林场管委会在市委、市政府的正确领导下，按照“既要绿水青山，也要金山银山”的总体目标，统筹谋划，创新实干，履职尽责，扎实工作，积极把潍河沿岸打造成集观赏性、旅游性、科普性于一体的绿色生态景观带，努力实现天然生态大氧吧。

【林木发展规划】 结合市委深化“作风建设年”“两学一做”学习教育常态化、制度化和“大学习、大调研、大改进”活动，围绕林场发展规划，及时召开部门联席会议，分析林场发展现状，掌握详实的数据材料，向市政府提出沿河两岸未来五年林木发展规划建议，形成既科学合理又切实可行的调研报告。定期到沿河林带实地调研，发现死株断带、病虫害及火灾隐患，及时向所属镇街区提出，并一同研究改进和预防措施，保证沿河林带的健康、生态发展。至年底，共发放征求意见信500余封，走访农户200多户，征求意见建议30余条。

【林木管护】 2018年，指导协调辖区内完成成片造林2300亩（其中密州成片造林120亩，龙都成片造林1000亩，舜王成片造林1050亩，昌城成片造林50亩，相州成片造林80亩），踏查林区面积3万亩，备足人力、物力，跟上浇水和除草，确保造林成活率达到98%以上，提高了造林质量。扎实开展新生造林、林木管护、森林防火、树种分布、病虫害防治等方面的调查分析，及时更新信息资源，形成详实的数字化档案。

【网格管控】 把全长41.5公里的潍河流域划区分段，实行班子成员带领科室人员分段包靠防控，发现问题及时协调配合沿河有关镇街区联合开展防治，实现网格化管控，确保监测覆盖率、防治率均达到100%。

检查林木生长状况。定期到片区检查林木现状，发现枯死、缺株、断带树木，及时通知镇街区相关单位进行补种。

防治病虫害。借鉴前期病虫害防治工作经验，详细制订了《潍河生态林场2018年度病虫害防控方案》，明确了工作目标和任务措施，下发到了沿河镇街区，指导病虫害防控治理。

排查火险隐患。组织协调辖区内开展严厉打击各类涉林事件，强化护林防火应急处置能力，定期开展重点火险区隐患排查和巡逻检查，确保了全年无森林火灾事故发生。

【坚持“一线工作法”】 深入开展城乡党组织联建。以服务社区、促进发展为主线，深入开展“城乡联建”党支部建设，组织专门力量定期到所包靠的慕容社区帮助制定和完善各项工作制度，加强指导与交流，开展党组织活动，增强了联建党组织的凝聚力、向心力和战斗力。采取科级干部和一般干部“1+1”模式结对，多方式与群众沟通交流，全面了解居户家庭基本信息以及需求诉求，积极提供生产技术和信息，有针对性地帮助群众解决问题。集中精力深入社区、居委会抓好服务群众工作，力所能及解决群众实际问题。坚持每季度走访一次困难党员，给他们送去书籍和报刊；重大节假日力所能及给他们送去生活慰问品。2018年，到党群服务站2次，走访农户20人次以上，不同程度地帮助困难群众解决实际问题。积极争创全国文明城市。按照《诸城市区域社区网格包靠责任制实施意见》，将所协助包靠的超然社区确定为义务劳动点，每周组织干部职工按时到规定区域，协助清除暴露垃圾、乱贴乱画，督促整治乱搭乱建、店外经营、乱停乱放、整修路面等，并发动区域内单位、居民参与争创，提高单位、商户、居民迎审意识和自我管理、自我维护环境卫生的能力，帮助社区理顺关系，建立长效机制，巩固争创成果。

（黄杜波）

畜牧业

【概况】 2018年，市畜牧兽医管理局围绕市委、市政府“14435”年度工作部署，强化作风建设，抓好中央环保督查“回头看”、项目建设“百日会战”，开展好“大学习、大调研、大改进”活动，坚持行业发展与环境保护并重，不断振兴畜牧业标准化生产，提高畜禽粪污资源化利用水平，狠抓畜产品质量安全监管，畜牧业生态建设得到有效改善，质量标准和养殖效益进一步提高。2018年，全市生猪存栏89.08万头，出栏169.75万头；牛存栏4.34万头，出栏6.94万头；羊存栏11.78万只，出栏21.49万只；肉鸡存栏740.44万羽，肉鸡出栏4910万羽；蛋鸡存栏250.64万羽；屠宰生猪388.86万头，屠宰肉鸡5458.5万只；肉蛋奶总产量达32.05万吨。连续十二年被农业部财政部评为“全国生猪调出大县”（奖励资金1128万元）。相州畜牧兽医管理站被全国畜牧总站评为2018年基层畜牧（草原）技术推广示范站。

【项目建设】 2018年按照市委“大项目建设年”总体部署，加快推进畜牧业大项目建设。

指导标准化养殖大项目建设。2018年开工建设养殖大项目10处，年内建成3处，山东佳乐家、大舜农牧、万泽牧业、外贸大甲沟鸡场等7处正在建设中。

推广温氏等“企业+家庭农场”合同代养、放养模式。积极推广温氏等“企业+家庭农场”合同代养、放养模式，全市正在建设的猪场有9处，已备案拟建的有4个，有建设意愿39个，共52个。

推进畜产品加工项目建设。加快华宝智能冷链物流、熟食深加工项目、外贸健康食品产业园项目及得利斯肉牛食品加工项目建设，进一步推动全市畜产品加工企业转型升级，带动生猪、肉鸡、肉牛产业加速发展。

【生态建设】 年内，依托信得科技公司，整体推进全市粪污资源化利用，在全市建设8个粪污集中收集处理中心，其中信得承担了6处建设任务，项目建设总投资1.5亿元，申请中央预算内资金4500万元，完成投资7283万元；牧族、华昌、欧亚、佳士博等15个承建主体项目已完工；皇华集中收集处理中心基本建成并投入生产；密州集中处理中心已完成设备安装并试运行；

2018年诸城新建成的第一个畜禽粪污集中收集处理中心

（供图　畜牧局）

舜王集中处理中心主体设备正在安装。其他几处正在建设中。创新“设备租赁、产品偿还”模式，在菁华、外贸祖代种鸡场、石桥子新牧源等5处养殖场推广并投入使用，其他7处已有6处完成基础建设，正在安装设施设备。继续做好畜禽粪污除臭工作，2018年，在全市963家养殖场推广信得“康健”牌畜禽体内除臭剂58.7吨。

【养殖场标准化建设】 严格落实中央环保督察反馈意见整改要求，制订问题整改工作方案，建立整改台账，严格建设标准，落实“一线工作法”“一场一策”分类指导。2018年全市建成三级沉淀池401个、沼气池84个、储粪场490个、“U”型槽2万余米，安装有机肥设备8家，发酵床7处，全市557家规模化养殖场粪污处理设施配建率达到100%。

【疫病防控】 自8月部分省、市发生非洲猪瘟疫情后，诸城市各级各有关部门高度重视，按照上级党委、政府以及农业农村部门关于非洲猪瘟防控工作的总体部署和要求，周密安排部署，立即启动应急响应机制，抓好“外堵、内控、严查”三个关键环节，做到领导、责任、措施、工作四个到位，全力以赴开展非洲猪瘟防控工作，取得了阶段性成果。先后出动排查人员4000多人次，共检查生猪7车（次）4138头、动物产品20车（次）551.71吨。对295名贩运经纪人和508辆运输车辆进行了登记备案。排查猪场（户）22590个（次），屠宰场点18个；累计排查养殖场户猪只131.91万头（次），排查生猪屠宰场猪只108.40万头（次），未发现疑似病例出现。

【畜产品质量安全监管】 抓好投入品管理。2018年对全市所有饲料生产企业进行了A、B、C等级评价，推广实施国家兽药产品追溯系统。扎实开展畜产品质量抽检工作。按照年初制定的2018年畜禽产品、兽药、饲料及饲料添加剂质量监督抽检计划，常态化、科学化开展投入品抽检工作。全年共监测样品数量745批次，合格736批次，抽检合格率达到98.8%。不合格的畜产品，由市畜牧局执法大队进行相应处理。加强安全生产管理。按照管行业管安全的总体要求，全年开展全市畜牧业安全生产风险隐患大排查集中行动4次。抓好无公害认证和品牌创建工作。2018年新申请无公害畜产品认证企业11个。积极参与“潍坊肉鸡”和“潍坊肉鸭”品牌建设，全市有22家企业加入“潍坊肉鸡”产业联盟，3家企业加入“潍坊肉鸭”产业联盟。强化病死动物无害化处理监管。2018年共处理病死猪34.5022万头、牛963头、羊16379只、禽362.9397万公斤、兔3.1622万公斤，处理毛皮动物胴体78.6159万只。

【畜牧执法】 2018年，围绕“狠打违法行为、推行规范生产、严格质量检测、促进依法兴牧”的目标，集中开展动物卫生监督执法规范年，生猪私屠乱宰、瘦肉精、兽药饲料等投入品，活禽市场、病死畜禽、种畜禽市场的系列专项整治行动。先后出动执法人员933人次，排查村庄1173个，发放、张贴无害化处理宣传单20970份，共查处违法案件62起，收缴罚款48万余元。其中在瘦肉精专项整治工作中，畜牧部门配合公安机关共抓获犯罪嫌疑人40余人，涉及周边安丘、五莲、黄岛和济宁等市县。非洲猪瘟防控期间，查获5起跨省调运生猪的违法案件，无害化处理生猪601头。

（侯文博）

水 利 水 产

【概况】 2018年，全市水利工作坚定“系统化治理、规模化建设、规范化管理”思路，以“强基础、补短板、提效能、增活力”为基本路径，政府与市场两手发力，建设与管理双线并行，水系与山系一体治理，工程与水源联网调配，初步形成“水系连通、空间均衡、多源联供、蓄泄有序、生态优美、储备长远”的水安全保障和水生态文明框架体系。诸城市被山东省水利厅表彰为“农村饮水安全示范县”，诸城市水利水产局党委被中共山东省委授予“山东省抗灾救灾先进基层党组织”称号。

【水系连通建设】 整合盘活水库、河流、水厂、干渠等资源要素，着力打造“境外水进城、城市水下乡”立体水网，东西部水资源分布空间逐步均衡。卧龙湖水库、西见屯拦河闸工程，联体建设，联体运行，主体工程在主汛期关键时段发挥蓄水、调水、分洪作用，成为全市水资源战略储备中心和调配中枢，构建起“三河三库三水厂”连通的区域骨干水网，随用随调随补充随储备，满足特殊年景下应急供水一年的需要。经过建设，以墙夼水库为主水源的西线引墙入吴，中线潍河拦蓄与引潍入辛，南线引墙入三、卧龙湖水库和龙泉、郭家村水厂从三里庄水库取水等，串线成网，扇形布局，全面拉起贯通全境的“南水北调”“西水东输”三条调水大动脉。2018年，全市水利工程总蓄水能力提升到3.08亿立方米，日供水能力保持在23.1万吨。

【防汛减灾建设】 坚持以人为本、生命至上、人民利益高于一切，全面实现被动抗洪向主动防汛的转变。创新“大防办”机制，实行流域区域联合、河流水库联网、部门镇街联动，行政首长负责制和三个责任人到岗到位。创新专业化抢险机制，森林防火防汛抗旱专业队、水利施工企业、大型机械设备成为防汛抢险队伍的骨干力量。创新轮补轮换机制，市管水利工程防汛物资更新及时、品种齐全、数量充足。创新早预警、早上岗、早排查、早调控机制，启动防汛Ⅲ级应急响应3次，通过长历时、小流量科学调配，蓄泄有序，从容应对，成功抗御了“安比”“摩羯”“温比亚”三次台风暴雨袭击，实现了无人员伤亡、无重大灾情、无极端水情“三无”目标，其中桃林镇“8.28”洪水局地降雨314毫米大水无大灾，创造了生态防洪奇迹；墙夼水厂58小时排查抢修200米主管道，保障了200个村庄全线供水；墙夼水库、三里庄水库、潍河闸坝等重要水利工程库河联防，确保了3.3亿方洪水安全下泄、顺利出境。成功承办了潍坊市防汛抢险暨山洪灾害防御演习，无私支援了寿光市营里镇、羊口镇抗洪救灾，树立起诸城水利形象。2018年，全市平均降雨913.8毫米，分别较比去年同期和常年同期多221.9毫米和195.7毫米，年末蓄水总量2.1亿方，比去年同期多2654万方。除郭家村、共青团水库因降雨时空制约干涸缺水外，其他水利工程均蓄水充沛。

【水生态文明建设】 坚定落实河长制、湖长制，坚持城乡一体、河库一体、全域联动、水岸同治，水生态修复重心由城市转向农村，加快构建大水源、大生态、大空间新格局，“小河淌水、梯级叠瀑、湿地点染、飞鸟翔集、乡愁记忆”的美丽乡村水空间初见成效，潍河“清水北上”的高端目标日益逼近，通过文章、摄影双渠道宣传走进全国视野。自主命题的“十河共治”行动成为全省特色亮点，被《中国水利报》推广。投资9155.8万元规划建设的46个工程项目，年内已完成31个，枳沟、桃林、龙都、石桥子、贾悦等镇街，培植出一批生态河流新亮点。深度实施“清河行动”回头看，潍河两岸200米范围内养殖户全拆迁，潍河35公里市场化人工养殖全清理，全市108个批次水产品抽样检测全达标，潍河城区段、扶淇河生物防治蓝藻全覆盖，中型水库、骨干河道净水除草鱼种全投放，全域河流水库全部实现按照饮用水水源地标准管理，其中潍河水质总体质量已达四类水标准。河流生态治理持续推进，投资4300万元的11公里扶河淇河治理工程，总体进度已达85%，河道治理工程雏形初显。投资2495万元的枳沟橡胶坝工程全面完成，再现潍河七级拦蓄历史胜景。

【农田水利基本建设】 坚持转轨变型、换代升级、跨镇连片、区域推进，实行工程建设、维护管理、配套改革三线并行，分类提升水利基础设施建设水平。完成农田水利项目县一期工程建设，投资3188万元，在贾悦镇、皇华镇发展高效节水灌溉面积2.89万亩。有序实施小型水库除险加固工程，年内投资1600万元，完成22座小型水库除险加固工程并通过验收。水利设施维修养护大中小微并举，投资181万元，完成墙夼、石门、郭家村、吴家楼4座水库年度维修养护。投资260万元，对全市417眼机井、514眼大口井和墙夼水库灌区部分设施进行了维修。持续拓展水利直接扶持农业园区发展渠道，争取上级投资161万元，在石桥子、林家村3个新型农业主体发展灌溉面积1690亩。水利移民项目扶持继续保持了年度投资过千万元的强劲态势，争取上级无偿资金1280万元，完成21个移民村扶持项目。农田排涝系统建设成为农田水利建设新领域，投资1443万元的相州、枳沟、桃林、林家村、南湖5个镇街（园区）4.57万亩排涝面积，年内完成30%。投资450万元的皇华镇康家岭小流域综合治理工程全部完工，新增治理水土流失面积9平方公里。创新产权、水量、水价“三控”机制，加快推进农业水价综合改革，投资320万元，年内新增舜王、百尺河、辛兴、石桥子、贾悦、皇华、南湖等镇街（园区）共87个村13.37万亩，“一个区域配水、一张水卡取水、一个水价核算、一支队伍管护、一个标准补贴”的农业节水诸城模式正在快速成熟。农村饮水安全保障能力持续提升，农村公共供水智能化管理持续推进，引墙入吴、平日路管道迁移工程通过验收，郭家村水厂从三里庄水库取水工程投入运行，年内完成116个村庄（单位）的新增智能水表安装应用，先交费后用水新型管理模式覆盖率已达30%，全市水质抽检合格率在潍坊处于较高水平。

【依法行政】 落实最严格的水资源管理制度，规范取水审批，严格用水计划，完善计量设施，强化执法监管。征收水资源税约1642万元、水土保持补偿费11.95万元。完成全市取用水户入户调查与核实、217家企业基础信息录入和水量核定、6处污水处理厂入河排污口审批、177处已封堵排污口核查监管、4眼地下水观测井重建。行政审批办件166件，按期办结率、网办率、满意率100%。严格落实安全生产责任制，完善安全监管机制，不断提高安全生产管理水平，全年无安全责任事故。41条渔船年度检验工作全部完成。开展砂资源集中整治行动，取缔一切非法采砂场点，清理、清除各类非法采砂机具和场所，继续保持了严打高压态势。权力、服务、负面和责任“四个清单”和“一次办好”事项落实到位。

（周德宝）

农业机械

【概况】 2018年，诸城市农机工作紧扣市委、市政府工作中心，紧跟时代形势，转变发展方式，强化工作实效，突出活动载体，全面提升农业机械化水平，围绕农机购置补贴政策落实、新型农机服务组织建设、农机化新技术推广、农机安全监理、农机技术培训、农机信息化建设等重点工作，认真研究部署，扎实推进，有力助推了全市农业现代化的发展。

【农机发展】 至年末，全市农业机械总动力达133.3万千瓦。装备结构持续优化，大马力农机逐渐增多，粮食生产急需的大型拖拉机、小麦联合收获机、玉米联合收获机保持平稳增长。农用拖拉机保有量22884台，其中大中型拖拉机7962台。联合收获机械4877台，其中玉米联合收获机2210台，小麦联合收获机2644台，花生联合收获机23台。农机化作业服务组织616个，农机户达到7.4万个，其中固定资产20万元以上的农机大户1684个。登记注册农机专业合作社205家，资产总额19370万元，农机总值14410万元。全市农机机耕作业面积88976.77公顷，机播面积174592.34公顷，机收作业面积153452.17公顷，土地深松面积5333公顷。机械化免耕播种面积87611公顷，其中小麦免耕播种面积25403.36公顷。设施农业及经济作物机械化发展迅速，花生、大姜、土豆、黄烟等播种、收获、移栽、管理全程机械化逐步推广，茶叶采摘、修剪管理机械化作业迅速发展。全市种植和养殖业温室面积5220万平方米，电动卷帘机2.53万台；滴灌微灌、臭氧消毒杀菌设备等也有长足发展。

【农机购置补贴】 2018年农机购置补贴工作严格贯彻省、潍坊市要求，实行定额补贴。根据新政策的变化，实行资金额度内先购机后补贴，先来先补，补贴资金用完为止。结合实际工作情况，严格审核购机者有关资格和实际买机数量，确保补贴政策落到实处，真正惠及于民。全市2018年农机购置补贴资金共计1750.876万元。全年共补贴农机具398台。其中玉米收获机械40台，小麦联合收获机23台，轮式拖拉机269台，播种机械25台，排灌机械6台，耕地机械27台，根茎作收获机械2台，茎秆收集处理机械2台，植保机械1台，清选机械3台，使用资金总补贴1738.404万元（其中中央补贴1682.154万元，报废补贴56.25万元）。受益农户和各种经济合作组织326个，带动农民投资5700万元以上。

【农机服务体系建设】 不断加大政策、资金引导力度，鼓励发展以农机专业合作社为重点的新型农机服务主体，探索建立了符合现代农业发展需求的农机服务组织。适应农业规模经营加快发展的需要，升级农机社会化服务体系。以提高机械利用率和经济效益为动力，培育发展农机合作社、农机作业公司等新型农机服务主体和农机大户，引导建立紧密联结利益机制，实现规范化、品牌化运作，增强服务组织发展后劲。大力推行机械全程代耕代种、土地托管和农机跨区作业等服务形式，形成“作业区域清晰、服务半径适度、服务对象比较固定、作业收益比较稳定”的新型农机作业服务模式。高度重视农机合作社规范化建设，从组织机构、管理制度、财务制度等方面严格规范指导，年内新增农机合作社30家，全市达到205家，资产总额19362万元，农机总值14450万元，有社员（从业人员）1889人，年营业收入4430万元。深入开展农机合作社示范社创建活动，出台扶持农机合作社库棚建设、金融信贷、人才培养等措施。市农机局组建10人的“党员服务小分队”，服务全市所有镇街农机大户、农机专业合作社。在“春耕备播”“三夏”“三秋”期间，组织小分队下乡服务农机户20多次，检修各类机具700余台（套）。

8月31日，市农机局在中粮宾馆举办2018年现代农机化转型升级推进工程项目培训班　（供图　农机局）

【农机培训与农机管理】　高度重视农机师资队伍建设。年内，组织农机科技培训教学人员9人，参加国家级、省级、市级相关知识更新培训，提高业务素质和教学能力。

开展农机手培训指导。利用召开农机作业现场会、机具演示会、技术宣讲会等方式，讲授农机基本构造、基本原理等知识，并进行安全操作指导，使农机手会操作、懂维修、能保养。全年举办各类培训7次，培训6000余人。

加强农机管理。严格按照《农业机械化安全监督管理条例》要求，认真开展农机检审和驾驶人检审工作，全年检审农机1700多台，新挂牌照1000多副，新考驾驶员600多人。积极开展“农机生产安全月”活动4次，深入开展农机4S店建设和“星级文明农机维修网点”创建活动。目前已创建“五星级文明农机维修网点”1个，“四星级文明农机维修网点”3个，农机4S店2家。

【农机科技推广】　8月30日，市农机局在中粮宾馆举办2018年农机手实用技术培训班，来自各镇（街）园区的农机负责人、农机合作社理事长、农机大户等100多人参加了培训。8月31日，市农机局在中粮宾馆举办2018年现代农机化转型升级推进工程项目培训班，来自各镇（街）园区的农机负责人、农机合作社理事长、农机大户等200多人参加了培训。

【农机信息化建设】　与电信部门合作共同建设“智慧农机”信息服务平台，成效显著，集农机咨询服务、技术支撑体系和农机信息化公共服务平台等为一体，整合了无线通信、农机定位、地理信息、计算机控制等先进技术，实现农机定位、农机调度、农机库档案查询和管理、跨区作业调度等功能，并建立起农机技术培训、农机作业、农机维护保养和燃油保障等一条龙服务体系。至年底，诸城市智慧农机服务平台注册用户已突破600人，实现了市（镇街）农机管理部门、农村社区、农机经销商、农机合作社和农机户之间的信息互联互通，有效提高了农机作业效率。

（农机局）

农业综合开发

【概况】 2018年，在诸城市委、市政府的坚强领导和上级业务部门的大力支持下，全市2018年度农业综合开发项目圆满完成，取得了较好的经济效益、生态效益和社会效益，对全市现代农业发展起到极大促进和带动作用。全年共实施农业开发项目6个，其中土地治理项目3个，产业化经营项目2个，山区开发项目1个。计划总投资1720万元，实际完成投资1720万元。

【土地治理项目】 土地治理项目下达计划总投资1350万元，实际完成投资1350万元，其中中央财政资金963万元，省财政资金347万元，潍坊市财政资金40万元。

林家村镇郭家村0.2万亩高标准农田建设项目。总投资300万元，主要建设内容为：新建排灌站1座，新打机电井24眼，新上变压器1台、架设高压线0.8公里、铺设低压电缆5.2公里，埋设管道10.92公里、闸阀井13座、配套出水口220个，复修道路2.52公里、新修硬化路2.07公里。

辛兴镇齐沟三村0.2万亩高标准农田建设项目。总投资300万元，主要建设内容为：新打机电井35眼，新上变压器3台、架设高压线1.5公里、铺设低压电缆3.2公里，埋设管道14.68公里、新建闸阀井44座、配套出水口244个，新建进地涵57座，开挖疏浚排水沟5.84公里，复修道路5.83公里，栽植绿化苗木2950株。

桃林镇0.5万亩中低产田改造建设项目。总投资750万元，主要建设内容为：新建溢流坝1座，维修人字闸一座，新建提灌站1座，新建400立方米的蓄水池11座、100立方米的蓄水池1座，新上变压器1台，架设高压线0.2公里，铺设低压电缆0.2公里，埋设管道22.506公里、闸阀井42座、配套出水口250个，新修硬化道路5.3公里。

通过上述土地治理项目的实施，项目区经济效益进一步提高。预计粮食亩增产155.6公斤，人均增加收入350元，项目区每年节水55.3万方。对种植结构的调整和优化、农业规模效益、农业生态环境产生积极影响。

【产业化经营项目】 诸城兴业花卉苗木家庭农场潍坊市诸城市13万株优质花卉温室种植基地新建项目。总投资145万元，申请财政资金70万元。其中，中央财政资金50万元，地方财政配套资金20万元（省18万元，潍坊2万元），自筹资金75万元。项目建设地点位于诸城市南湖开发区花园社区，项目建设面积6亩。建设温室大棚4032平方米，尺寸为：长112米、宽36米；安装通风设备28套，降温设备28套；铺设DN100热镀锌钢管供暖设施400米；硬化道路448平方米（尺寸为长112米、宽4米）；购买13万株花卉苗木，其中多肉系列花苗8万株、蝴蝶兰系列花苗3万株、凤梨系列花苗2万株。项目建成后，预计年产花卉苗木13万株，平均单价15元/株，销售收入为195万元，实现盈余30万元。带动辐射周边农户10余户，新增就业6人，直接带动农民增收6万元。

山东佳士博食品有限公司潍坊市诸城市3万吨速冻调制食品加工扩建收购生产原料流动资金贷款贴息项目。项目涉及贷款额5000万元，财政贴息140万元，其中中央100万元，省36万元，潍坊4万元。贷款主要用于购买鸡肉等生产经营用原材料。

【山区开发项目】 将项目开发与扶贫相结合，选定桃林镇卜板台村（省定贫困村），全村共有居民147户498人，共有建档立卡贫困户73户235人。2018年，积极筹集财政资金，支持完成诸城市桃林镇卜板台村小流域治理项目，总投资160万元，项目主要建设内容为：对村西470米河道进行清淤、筑坝蓄水，新修浆砌石坝4座；整理土地200亩，整修道路2000米。

通过项目开发，可使卜板台村沿河西岸成为田园综合体示范区，为卜板台村的脱贫乃至带动全镇发展旅游经济奠定基础，同时将有效提高林木覆盖率，进一步优化生态环境，进而推进山区农业总体发展。

（宋　昊）

扶　贫　开　发

【概况】 2018年，全市扶贫工作认真落实中央和省委、潍坊市委坚决打好打赢精准脱贫攻坚战的决策部署，提出了规范、品质、长效的目标要求，以“脱贫攻坚作风建设年”活动为载体，突出“实干担当、真情扶贫”主题，脱贫成果全面巩固提升。8月，为全省乡村振兴暨脱贫攻坚现场会议提供了参观现场。

【涉农资金统筹】 制订了《2018年统筹整合使用财政涉农资金支持脱贫攻坚工作的实施方案》，建立整合财政涉农资金项目台账，统筹整合各级财政涉农资金总规模2670万元，统筹整合用于扶贫的资金2016万元。其中专项扶贫资金1225.5万元。安排产业扶贫资金1028万元，按程序实施完成了7个扶贫项目，获得收益资金102.8万元，1063户受益。培育不同层次的扶贫重点示范企业，盛泰润、泰田农业科技有限公司被认定为省级扶贫龙头企业。对2015年到2017年竣工验收的42个项目开展“回头看”，实行台账管理，加强监管，完善制度，按时收取分配项目收益，累计产生收益465.6万元，分配到户250.9万元，2596户受益，保证贫困户稳定脱贫。大力开展富民农户贷、富民生产贷业务，累计发放贷款达6653.3万元，贴息39.3万元。

【“311”政策落实】 调动行业部门的力量，合力解决义务教育、基本医疗、住房安全“三保障”问题。保障基本医疗，筹集资金123.7万元，为全市享受政策的7128户13962人购买扶贫特惠保，对享受政策的贫困人口参加居民医保每人补贴180元。实现贫困人口基本医保、医疗救助、商业补充保险、医疗机构减免等报销和减免费用实现“一站式”即时结算，个人自付部分医疗机构再减免30%，全市有5处医疗机构实现了贫困人口住院全免费。保障受教育，发放教育扶贫资金295万元，资助建档立卡贫困学生2231人；开展“雨露计划”助学，对127名符合帮扶政策的在校接受中、高等职业教育的贫困学生进行救助。保障住房安全，大力实施“三四一”居家提升工程，对58户贫困群众的住房进行修缮改造，全面整改居住环境脏旧乱问题。低保方面，有序推进“两线合一”，农村低保标准提高到每人每年4300元。其他行业部门积极行动，改善贫困区域交通、用电等基础设施。

组织全市党员干部开展“过暖冬、过好年”帮扶关爱走访慰问，对机关党员干部两个“全覆盖”帮扶包靠进行调整；整合群团资源大力开展公益扶贫志愿行动，继续实施“万企帮万村”活动；开展“扶贫日”活动，推动社会各方面力量关注扶贫工作。广泛宣传扶贫政策和积极参与扶贫的企业和个人典型，各级媒体宣传报道253次，其中中央级媒体2篇，省级媒体19篇。

【动态调整】 坚持把精准挺在前面，把质量放在首位。7月，借助省扶贫办安排的五类疑似问题整改和数据信息调整补录工作，对误标人员进行重新标注数据，精准度进一步提高。9月，印发了《诸城市2018年度全市扶贫对象动态调整工作方案》，安排信息采集和动态调整工作，严格按照“两评议两公示一比对一公告”程序，突出做好人口自然变更和贫困人口新纳入，共新纳入3户8人。至年底，全市有6869户、13193人继续享受扶贫政策。

【扶贫协作】 2月8日，市委书记桑福岭带队赴临清市开展两市扶贫协作工作对接，实地察看当地扶贫项目企业，详细了解临清市精准扶贫、精准脱贫工作进展情况，提出目标任务和工作措施。市财政加大投入，列支300万元的协作资金援助临清市青年路街道东十长屯居委会建设新幼儿园。利用潍坊市援助资金50万元在松林镇建设1处扶贫车间，利用诸城市部门援助资金45万元在青年路街道东十长屯居委会规划建设温氏养殖场。推进双方劳务协作，与临清新众源人力资源公司合作，为新郎、北汽福田、桑莎等公司输送务工人员。双方政府、部门多次组织互访学习，丰富协作内容，为双方脱贫攻坚和经济社会发展增添了活力。

（扶贫办）

工　业

综　述

【概况】 2018年，全市工业围绕“三区一城”建设，深化供给侧结构性改革，全力抓好招商引资、项目建设、科技创新、“两化”融合、节能降耗、企业服务等工作重点，加快推进产业向中高端迈进，促进了工业经济平稳健康发展。全年规模以上工业增加值同比增长7.5%，列潍坊8县市第1位；完成主营业务收入921亿元、利税53.4亿元，分别同比增长12.7%、20.5%，增幅均高于潍坊市平均水平。

【项目建设】 坚持抓项目、促发展的工作思路，筛选31个重点工业项目实行市级领导包靠制度，建立“一个项目、一名领导、一个班子、一套方案、一抓到底”项目推进机制，层层落实责任，严把“进度关”，确保如期、争取提前完成计划任务。全年共开工实施了大业10万吨钢帘线、青特高端车桥、美晨科技产业园等总投资过千万元工业项目142项，完成固定资产投资211.3亿元；其中过亿元项目76项，完成固定资产投资190.6亿元。同时，引导企业加大技改投资比重，采用新技术、新工艺、新设备对生产设施、工艺条件及生产服务等进行改造提升，加快“腾笼换鸟”“机器换人”步伐，实施迈赫机器人智能化产品升级扩建、东晓高品质氨基酸扩产等技改项目135项，完成技改投资178.6亿元。其中得利斯100万头肉牛分割等16个项目列入省年度企业技改导向目录。在此基础上，狠抓“双招双引”工作，并取得重大突破。引进了中海油天津化工研究院在诸城设立山东分院，促进化工产业加快转型升级，并打造全省首家安全生产防爆中心；加强与北京航空航天大学合作，成立了北航青岛研究院诸城分院；推动诸城市与北京航空航天大学、北汽集团合作，设立10亿元军民融合产业基金，共建军民融合产业园，总投资6.5亿元的北航轻量化新材料项目已进驻；引进了中国汽车研究院汉阳专用汽车研究所，在诸城建设国家级汽车检测基地。

【创新能力】 平台建设实现新突破，成功申报信得动物疫苗等5家省级企业技术中心、1家省级工业设计中心，以及软控联合科技等9家潍坊市级企业技术中心、4家潍坊市级工业设计中心；高强紧固件等5家省级“一企一技术”研发中心和创新企业；恒基农牧等5家潍坊市级“一企一技术”研发中心和创新企业；大学生创业孵化基地、电商创业园、超然首新空间被认定为潍坊市级小型微型企业创业创新示范基地，其中电商创业园、超然首新空间同时被认定为潍坊市级中小企业公共服务平台；信得科技、泰诺药业分别获得山东省技术创新优秀成果二、三等奖。此外，在高层次创新创业人才引进、产学研合作等方面也做了大量的工作，有力推动了全市工业科技创新步伐。泰山产业领军人才方面，与得利斯合作的首都医科大学林秀坤教授、与迈赫机器人合作的同济大学教授何斌已经通过认定；鸢都产业领军人才方面，与迈赫机器人的上海交通大学付庄教授通过认定。

【节能降耗】 整合已有资源，规划建设了诸城市资源循环利用基地，并成功申报了国家发改委、住建部公布的50个国家资源循环利用示范基地。市开发区完成园区循环化改造，实施了奥铃汽车厂TM高端微卡技改等循环化改造项目7个，总投资18.84亿元。尝试开展重点用能企业能耗在线监测和能源管理中心建设，得利斯等3家企业作为试点企业建设了能耗在线监测系统。组织实施节能改造项目，制定实施了“2018年度节能重点项目计划”，全年组织实施重点节能项目38项，总投资56亿元。其中，金泰热力民生集中供热（二期）、中坛再生资源回收加工基地被列入资源节约和环境保护中央预算内投资项目；迈赫机器人十万辆综合动力轻卡驾驶室涂装线获“山东省重大节能成果”；天旭太阳能新型高效太阳能集热管获“潍坊市重大节能成果”，华欣铸造获“潍坊市节能突出贡献企业”等荣誉称号。实施工业绿动力计划，全市拆除146台燃煤锅炉，容量513.9吨，其中89台通过验收，总容量438吨，年可减少原煤消耗17.8万吨。

【“两化”融合】 组建市工业互联网办公室，加强与上海明匠、山东云科技、华制科技等服务商对接，推动“两化”深度融合。新增得利斯等5家省级以上“两化”融合管理体系贯标试点，其中国家级2家；奥铃汽车厂等3家企业已完成创建并颁发证书。市经信局被评为省“两化”融合推进工作先进单位。大力开展信息化培训，举办了“云行齐鲁”之诸城站企业上云、工业企业“两化”融合评估、企业上云专题培训、“潍坊市两化深度融合专题培训班”等活动，共计培训1800多人次。扎实推进企业上云工作，积极组织企业申报山东省上云服务商。迈赫机器人等2家企业被评为山东省企业上云标杆企业；致远科技和润安消防被认定为山东省上云服务商；全市企业在线注册391家，提报材料完成认证217家，已达成上云意向的企业176家。首批享受政府云服务券补贴的22家企业共78.8万元已兑付完成。惠发食品、软控联合两家企业成功申报潍坊市智能制造示范企业。

【服务效能】 用足用活上级转型升级、节能环保、“两化”融合、技术创新等扶持政策，帮助企业争取各类扶持资金4000余万元。商用车及零部件产业集群和现代食品产业分别成功申报2018年、2019年度山东省主导产业集群，均获得扶持资金1000万元。鼎泰盛、正泰希尔2家企业产品获省首台（套）技术装备及关键核心零部件项目；迈赫机器人成功申报山东省“瞪羚”示范企业；山东大业被认定为山东省制造业单项冠军企业；信得科技、建华阀门成功申报山东省“隐形冠军”企业；恒基农牧、益利油漆成功申报潍坊市级中小企业“隐形冠军”企业；软控联合等15家企业成功申报潍坊市级以上“专精特新”中小企业，其中省级6家；迈赫机器人的机器人智能装备系统、福田汽车的祥菱M2非承载装动力双气瓶获得第三届潍坊市长杯工业设计大赛一等奖；中裕机电公司获得工信部“创客中国”大赛山东赛区企业组优胜奖；海燕会计被认定为山东省中小企业服务机构。

【专项工作】 实施化工生产企业新一轮评级评价工作。通过公开招标方式聘请河南鑫安利安全科技等4家公司，对53家参评企业在安全、环保、节能、质量和转型升级5个方面逐一评级评价。年内，评级评价复审工作已全部完成。同时，按照《山东省危险化学品道路运输、仓储、经营评级行动计划》，由市交通局、安监局牵头对全市1家危化品运输企业、5家仓储经营企业进行了评级。年内，6家企业全部完成复评工作。按照中央环保督查组反馈问题，对127家化工生产企业的环评、土地、立项、规划4项手续进行全面梳理，逐一排查，一企一策，对症下药。关停、注销和转产化工企业89家。积极申报悦东化工产业园，按照《山东省化工园区认定标准》要求，高质高效推进化工产业园区建设。年内，悦东化工产业园通过省政府发文公布正式批复。散煤治理工作有序推进。加大型煤调度储备，强化市场监管，抓好型煤、炉具认购配送工作，确保完成目标任务。截至12月31日，全市完成型煤配送5.9万吨，占市计划63.8%；完成有机无烟煤块6.3万吨，清洁型煤和无烟煤共计完成12.2万吨；完成炉具安装9500台，全部完成目标任务。

“两化”融合

【概况】 2018年，诸城市深入贯彻落实《国务院关于深化“互联网+先进制造业”发展工业互联网的指导意见》和山东省新旧动能转换工作部署，鼓励中小企业加快运用信息技术改造提升传统产业，推进技术、产品和管理创新，不断推进信息化和工业化融合发展。得利斯集团、义和车桥2家企业成功入列2018年度国家级“两化”融合管理体系贯标试点。福田诸城车辆厂、迈赫机器人、海韵汽车已完成贯标试点创建，并获得工信部颁发的证书。诸城市经信局被评为山东省2018年度“两化”融合推进工作先进单位。

【“两化”融合贯标试点创建】 组织得利斯集团、义和车桥、伊甸缘服饰、泰诺药业等10家企业申报国家级和省级贯标试点，其中得利斯集团、义和车桥2家企业成功入列2018年度国家试点；泰诺药业、美晨工业、伊甸缘服饰3家企业成功列入2018年度省级试点。年末，国家级试点已达6家、省级试点达5家。同时，按照时间节点，扎实推进“两化”融合贯标试点建设，打造出“两化”融合示范企业，为其他企业提供标杆示范。年内，福田诸城车辆厂、迈赫机器人、海韵汽车已完成贯标试点创建，并获得工信部颁发的证书。诸城奥铃汽车厂、迈赫机器人公司2家企业获“2018年度山东省两化融合优秀企业”。惠发食品荣获“2018年度山东省两化融合优秀个人”荣誉称号。

【组建工业互联网办公室】 组建工业互联网办公室，探索智能制造和工业互联网发展新模式。引入上海明匠、山东华制、青岛华信、青岛高信、山东云科技、沈机集团等软硬件集成商、咨询服务商、软件服务商、设备供应商等优质服务资源，围绕制造业与互联网融合发展，在企业设备管理、节能环保、精益管理及智能化制造等方面，有针对性地进行调研诊断，帮助企业制定切合实际的升级改造路径，实现一企业一方案。对全市信息化建设项目进行摸底，初步遴选出迈赫机器人智能化产品升级扩建、美晨供应商关系管理系统平台、山东大业数字化智能制造工厂等19个正在建设和准备实施的项目，建立智能化改造提升项目库，并予以重点推动实施，福田M4、TM项目已全面投产达效，松源木业、舒尔木业、顺达木业等企业智能化改造初见成效。

【企业上云】 加强与华为、浪潮、移动、联通、电信、山东云科技、致远科技等云服务商的沟通对接，做好企业上云工作的技术和基础支撑。组织致远科技、海燕科技、润安消防、五洲水务、信购商城、恩源科技以及中国移动、中国联通、中国电信、华为、浪潮等上云企业服务商，组建企业上云服务联盟，通过上云专题会议、上云巡回推广活动，进一步普及“两化”融合知识。全市在省企业上云公共服务平台共注册企业385家，其中上传相关资料通过审核213家，94家企业已成功获取云服务券财政补贴，其中第一批22家78.85万元已兑付到位。诸城奥铃汽车厂、迈赫机器人2家企业被评为山东省首批企业上云标杆企业。福田汽车、迈赫机器人、中坛资源、建华阀门、惠发食品5家企业被评为潍坊市级上云标杆企业。

【信息化培训】 组织各镇街园区、相关部门及广大企业信息化分管领导和具体工作人员参加国家、省、潍坊市及诸城市组织的各项信息化活动，提高信息化技术能力，普及“两化”融合知识，帮助企业突破传统思维模式，提高企业信息化整体水平。邀请省“两化”融合专家、潍坊市经信委有关负责人，到诸城举办“云行齐鲁”之诸城站企业上云、工业企业“两化”融合评估、企业上云专题培训、企业上云推进会等活动；组织镇街园区、企业信息化负责人参加潍坊市“两化”深度融合专题培训班、潍坊市CIO培训、山东省信息技术大会等活动；市工信局联合市商务局、科技局组织相关服务商在电商创业园、首新空间举办电子商务、会计办公、工业设计等各种信息化培训等，共举办相关会议、培训等活动达46场3800多人次。

产　业　发　展

【概况】 2018年，全市工业以汽车、食品、服装纺织、装备制造和新兴产业五大产业体系为支撑，产业链条式、集群化发展趋势初步显现。汽车、食品、服装纺织、装备制造和新兴产业规模以上企业分别发展到107家、103家、68家、82家、46家，实现主营业务收入764亿元，占全市工业主营业务总收入的83%。

【汽车产业】 2018年，诸城市汽车及零部件产业实现平稳增长，成为全市总量最大、发展速度最快的主导产业。在福田汽车带动下，诸城商用车及零部件产业发展迅速，产业规模超过600亿元，占潍坊市汽车产业总量的一半以上，占全省同行业的30%。围绕加快产业转型升级，先后实施了福田超级卡车、奥铃高端微卡、美晨科技产业园等一批强链补链扩链项目，全面提升整车生产能力，同时加快零部件生产模块化进程，推动产业集群集聚发展。诸城已成为亚洲最大的经济型商用车生产基地、全国最大的轻型汽车生产基地，被认定为国家火炬汽车及零部件特色产业基地、全国商用车零部件产业知名品牌创建示范区。全年汽车产业规模以上企业达到107家，完成主营业务收入417.3亿元，同比增长9.0%；利税14.6亿元，同比增长-11.6%；利润7.0亿元，同比增长22.1%。分别占全市总量的45.3%、27.4%、41.4%。诸城商用车及零部件产业成功申报山东省主导产业集群转型升级示范项目，争取省财政扶持资金1000万元。

汽车。诸城汽车厂是福田汽车集团商用车核心基地之一，厂区总面积180万平方米，员工1万人。厂区定位卡车全系列发展，具备领先的研发、采购、制造、营销等优势资源，旗下拥有时代汽车、瑞沃、福田金刚、福田骁运四大产品品牌，产品涵盖微卡、轻卡、中重卡全系列卡车产品，销售服务网络遍布全国。成立至2018年底，诸城汽车厂累计销售汽车超过500万辆，累计上缴税金75亿元。时代轻卡市场占有率连续20年位居全国同行业首位，工程车业务连续17年全国行业产销排名第一。产品先后荣获“中国市场畅销品牌”“全国质量信得过产品”“消费者信赖的知名品牌”“中国名牌产品”“中国轻卡市场用户满意第一品牌”“中国轻卡市场最具影响力品牌”“全国消费者放心满意品牌”等荣誉称号；通过参与行业比赛先后获得“最受全国先进物流企业欢迎的运输车辆大奖”，连续五年荣获“中国国际卡车节油大赛节油冠军”“中国卡车年度微型车”“年度节油微卡”大奖等殊荣。福田汽车诸城厂区紧紧围绕供给侧结构性改革，深入推进产品由中低端向中高端升级发展战略，创新模式，调整结构，不断提升“智能制造”水平。随着总投资6.5亿元的超级卡车项目顺利投产，整个厂区的转型升级全面开启，对焊装、涂装、总装三大制造工艺装备进行改造升级，并广泛采用智能技术、信息化技术、绿色环保技术，将诸城厂区成为“零排放、无接触、自动化”的工业4.0样板企业，打造福田汽车集团卡车业务全球制造、研发、销售全价值链营销及服务支持中心，成为全球最大的高端商用车产业基地。2018年，重点推进福田汽车诸城厂区的整体改造项目。福田汽车诸城厂区按照商用车低端向高端转型战略安排，投入20亿元，秉承“零排放、无接触、自动化”原则，完成了奥铃汽车厂工艺优化升级技术改造、奥铃汽车厂高端微卡等项目。利用全新打造的TM、M3、M4平台，实现微卡、轻卡、中卡全系列产品向中高端升级。年内，诸城厂区改造已基本完成，全年共生产各类商用车29.2万辆，同比增长4.7%；实现销售收入228亿元，同比增长14.3%。诸城基地已成为福田汽车全系列卡车业务中心、卡车全系列制造中心、卡车全系列研发中心、全球卡车出口基地及面向海外的市场运营与服务中心。

2月，诸城市委书记桑福岭一行到福田汽车时代事业部调研TM高端微卡技术改造项目建设情况，并实地参观了TM项目车身车间、油漆车间。3月13日，山东省财政厅副巡视员姜龙一行到福田汽车诸城厂区进行调研，并实地参观了福田汽车山东超级卡车工厂智能制造生产车间。3月15日，福田汽车诸城汽车厂油漆部工艺、环保升级改造项目运行投产，面漆线机器人喷涂首件成功下线。3月24日，时代事业部召开2018年专用车业务沟通交流会，近百家改装厂商代表以及十余名价值客户代表齐聚一堂，共商合作，共谋未来。4月，以“领先不止一步”为主题的福田祥菱品质体验之旅暨上市发布会在全国多地举行。4月15日，国家土地督察济南局局长、分党组书记田文彪到福田汽车诸城厂区，就“零增地”发展模式及相关成果进行调研。4月16日，福田时代与海尔日日顺1000台定制化车型首批交车仪式在1号办公楼前广场举行。5月19日，福田时代汽车联合诸城市商务局组织诸城市20多家物流行业代表开展沟通交流活动。6月22日，福田汽车诸城厂区组织召开诸城汽车产业党建联盟启动会暨联盟成员第一次交流会。6月30日，福田汽车诸城厂区召开庆祝建党97周年暨党风廉政建设大会。7月5日，北汽集团纪委副书记、纪检监察部部长李建，北汽集团党委巡察组组长孙宝琦一行到福田汽车诸城厂区调研。7月13日，福田汽车诸城汽车厂荣获“2017年度山东省100强企业”“2017年度山东省工业100强企业”“2017年度山东省制造业100强企业”三项殊荣。8月12日，潍坊市环保局监测大队专家组到福田汽车诸城厂区，就奥铃工厂TM项目进行环保评审。8月15日，第20届福田奖学金颁奖大会在密州宾馆举行，本届福田奖学金惠泽531名学生、130名优秀教师。10月29日，福田时代50万台战略规划发布暨第500万辆交车仪式在山东诸城启幕。11月15日，福田祥菱国六b阶段产品上市发布，成为商用车行业首家推出国六b产品的企业。11月12日，福田汽车诸城奥铃汽车厂“建设打通O2O交付体系的数字营销平台”项目荣获“首届山东省企业管理进步奖”荣誉称号。11月30日，中共北汽福田汽车股份有限公司诸城厂区第一次代

3月15日，福田汽车诸城汽车厂油漆部工艺、环保升级改造项目运行投产 （摄影 张泽青 王加辉）

表大会在时代事业部奥铃工厂召开。12月22日，以“新时代新蓝图新征程”为主题的福田汽车集团2019全球合作伙伴大会时代事业部分会在广州召开。

零部件。在福田汽车带动下，各级零部件配套企业紧跟福田战略转型步伐，不断加大研发投入，力争与主机厂同步发展。以义和、美晨、大业、青特、泰利、恒信基、海得威、泰瑞等为代表的骨干零部件配套企业，发展迅猛，从产品开发、企业管理、资金运作等方面全面升级，在配套福田汽车的同时，逐渐开拓乘用车配套市场，实现配套商用、乘用并重发展。2018年，重点推进汽车及零部件产业园等重点项目的建设。产业园总规划面积8300亩，概算总投资200亿元，以建成全球最大的高端商用车产业基地为目标，建设集研发设计、生产加工于一体的福田汽车卡车板块全系列制造区，进一步推动汽车产业集群的转型升级。2018年开工建设了青特高端车桥、美晨科技产业园、大业10万吨钢帘线、盛开达100万套新能源汽车配件基地、艾泰克发动机后处理等一批重点项目。引入中汽技术研究中心汉阳所建设汽车整车及零部件检测检验中心，建成后可面向诸城及省内外提供各类汽车整车及零部件检测、试验等服务。与北京航空航天大学、北汽集团合作，设立10亿元投资基金，共建军民融合产业园，高性能轻量化材料项目已落地实施。

【食品产业】 2018年，全市食品产业形成了肉食品、粮油、蔬菜、茶叶等4大系列，以及分割肉、冷却肉、低温肉制品、速冻食品、调理食品、糕点、罐头、饮料酒、豆制品、淀粉、调味品、保鲜蔬菜、烟草等20多个大类400多个品种的食品工业体系。全市规模以上食品企业发展到103家。完成主营业务收入158.0亿元，同比增长8.6%；利税3.2亿元，同比增长2.4%。分别占全市工业总量的17.2%、5.9%。先后被认定为全国食品工业强市、全国食品工业产业集群示范区、国家新型工业化产业示范基地（食品）。成为全国最大的禽类屠宰设备制造基地及肉鸡、淀粉生产基地。

1月，在北京举行的国家科学技术奖励大会上，得利斯集团参与完成的“两百种重要危害因子单克隆抗体制备及食品安全快速检测技术与应用”项目获得2017年度国家科学技术进步奖二等奖。诸城外贸在国内首档大型企业纪实栏目《品质》选题中成功入围。2月，由农民日报社组织评定的2018年农业产业化龙头企业50强发布，得利斯集团有限公司位列第39名。3月，《潍坊市行业龙头企业培育方案》《潍坊市“隐形冠军”企业培育方案》印发，潍坊市首批行业龙头企业培育名单出炉，得利斯集团在列。公司生产的“得利斯”牌冷却肉、低温肉制品、发酵肉制品、速冻调理食品、酱卤肉制品、腌腊肉制品、调味品等产品，被中国质量检验协会评为“全国产品和服务质量诚信示范企业”

“全国百佳质量诚信标杆示范企业”。公司生产的酸菜鱼、山笋烧肉、鲍汁杏鲍菇、热狗大亨等产品被中国食品行业协会冷冻冷藏食品专业委员会评为“2017年度中国预制包装菜肴中冷委推荐菜肴”。诸城外贸在农民日报社发布的“2018农业产业化龙头企业500强排行榜”中入选2018农业产业化龙头企业500强，位列35位。公司生产的尽美牌禽肉、淀粉、色素被中国质量检验协会认定为全国产品和服务质量诚信示范企业。公司在山东民营企业100强中居第78位。公司2017年营业收入1455331万元，荣列2018中国制造业企业500强第391名。5月，得利斯集团被山东省经济和信息化委员会、山东省财政厅评为“山东百年品牌重点培育企业”。诸城外贸有限责任公司董事会选举王聚泉担任诸城外贸有限责任公司董事长；经中共诸城市委研究决定，由王聚泉担任诸城外贸有限责任公司党委书记。8月，根据《国家农产品加工技术研发中心管理办法》（农加发〔2016〕2号）农业农村部新增国家农产品加工技术研发专业中心，得利斯集团有限公司被确定为国家猪肉加工技术研发专业中心。诸城外贸获得山东省工商行政管理局2016-2017年度“守合同重信用”企业公示资格。同月，诸城外贸祖代种鸡场新建的大型智能化孵化厅在经过6月2日和6月23日、8月7日三次试孵成功后，正式投产，并顺利完成了新旧孵化室的交替更换。在父系种蛋配比不够的情况下，母系种蛋存蛋较多、时间较长，新孵化厅低温蛋库对于提高存蛋时期的孵化率效果明显。同月，国家农业部动物疫病净化创建场评估专家组到诸城外贸有限责任公司祖代种鸡场进行动物疫病净化创建场现场评估。9月，得利斯在北京参加第十六届中国国际肉类工业展览会，被评为最佳展台最受关注好食材（奥尔良烤对翅、帕珞斯发酵火腿、布拉格、东坡香肠）。2018（第24届）中国品牌价值100强研究报告在芬兰赫尔辛基第十届欧洲论坛揭晓，得利斯集团有限公司位列其中。“得利斯”牌肉及肉制品被中国肉类协会评为“2018中国肉类食品行业先进企业——‘影响力品牌’”，诸城外贸的“尽美”牌鲜、冻鸡肉产品“食安肉类”被山东省肉类协会评为品牌产品。10月，得利斯在青岛参加鲁菜食材节展会，被指定为食材供应单位。11月，得利斯100万头肉牛加工及贸易物流项目开业，实现在猪肉牛肉深加工方面的“并驾齐驱”。12月，山东省食品工业协会、山东省产学研合作促进会，在济南举办“山东省食品工业改革开放40周年纪念活动”，诸城外贸有限责任公司、得利斯集团有限公司被表彰为为山东省食品工业改革发展做出积极贡献的功勋企业。

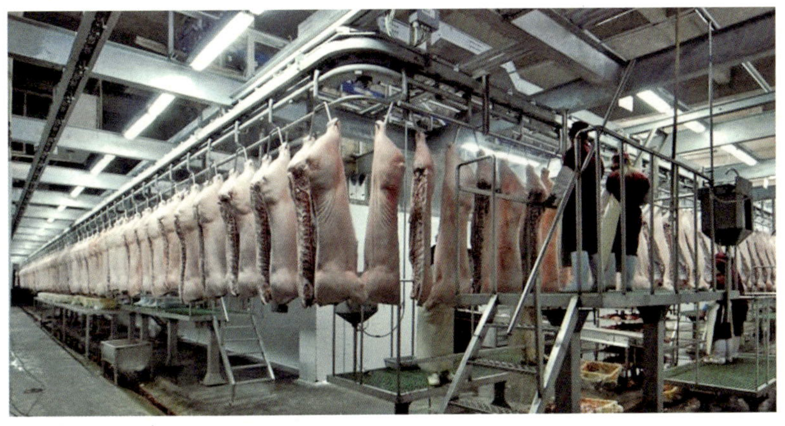

华宝食品公司生猪屠宰流水线 （供图 王松龄）

【服装纺织产业】 服装纺织产业是诸城市工业的主导产业之一，全市服装产品初步形成了男装、女装、童装、休闲装全面发展的服装工业格局，希努尔、桑莎集团、昊宝服饰、裕泰针织、亚兴针织等龙头企业辐射带动作用日渐突出。服装纺织产业受大环境和大趋势的影响，产业规模出现萎缩迹象，占全市工业比重呈下降趋势。2018年，规模以上纺织服装企业发展到68家，实现主营业务收入54.5亿元，同比下降29.3%；利税3.2亿元，同比下降53.9%；利润8526万元，同比下降78.4%。

服装。山东桑莎集团是拥有纺纱、织造、染整、裁剪、印绣花、成衣、分拣物流及出口贸易"一条龙"体系的大型服装企业，生产厂分布在诸城、高密、临朐及柬埔寨等地，分公司设立在美国、日本、柬埔寨等国家，产品直接配送日本、美国、欧盟等客户的商场店铺终端，是一家在国际市场有影响的跨国型公司，全国服装行业30强企业。2018年，该公司大力发展高端加工、高端产品，积极开拓欧美市场，生产经营稳步发展，全年实现销售收入254000万元，上缴税金11800万元，利润4957万元，出口额22700万美元（含柬埔寨4145万美元），各项指标除上缴税金正增长，其余指标较上年略有下降。第一工业园60000平方米智能化成衣生产楼项目，经过一年建设，全部完工，部分已启用。第三工业园检通物流中心项目一期投入运营，初步形成现代化检验检测及分拣配货中心框架，着力打造一流的检品检测及分拣物流中心。桑莎公司在柬埔寨投建的大型服装产业园区，一期已达到5000多名员工、日产各类服装20万件的规模。被柬埔寨政府命名为"山东桑莎（柴桢）经济特区"，被山东省认定为省级境外经贸合作区。二期扩建正在进行，以期尽快形成第二个日产20万件规模的能力。

棉纺织。年内运营较好的企业是中纺金维纺织有限公司。该公司坚持管理创新和差异化经营，始终保持盈利状态。2018年完成主营业务收入43745万元，实现利税6037万元，利润2855万元。主营业务收入、出口交货值、人均利税、劳动生产率在全国棉纺织行业排序前100名。该公司在全力保护日本订单的同时，适度扩大内销市场，年内新开发内销客户2个，内外销比例达到53.6：46.4，市场结构更加合理。2018年，金维公司技改投入645万元，完成了一纺12台细纱摇架改造，解决了气动摇架使用时间长、摇架老化、锭间压力差异大、影响质量的问题；二纺淘汰10台FA224梳棉机，更新8台TC10高产梳棉机，产量、质量、消耗等方面都有明显改善，产量比上年增加40%，机台单耗、滤尘单耗都比去年同期减少；三纺完成了6台紧密纺改造，通过改造，满足客户紧密纺品种的需求；新上混棉打包线一套，解决腈纶混纺纱的混棉要求；新上落纱机器人4台，减少用工18人。

【装备制造产业】 2018年，全市装备制造产业规模以上企业达到82家，迈赫机器人、开元电机等23家企业发展成为全市大中型企业，重点骨干企业80%的技术装备达到国内先进水平。全年规模以上企业完成主营业务收入41.5亿元，实现利税2.9亿元，利润1.6亿元。分别占全市比重4.5%、5.3%、9.2%，成为推动全市工业经济增长的重要支撑。

普兰尼奥工业化社区车间　　（供图　舜王街道）

高端装备。2018年，高端装备制造积极建立机器人工作站系统，大力发展全套自动化装备，生产以高速、高精、复合智能等为特征的高档数控机床，研发智能涂装、装焊、总装备系统，涌现出了迈赫机器人、开元电机、卓益数控等一批重点骨干企业。主导产品已经由电机、高强度螺栓、汽车涂装、焊接、传动部件等单一装备制造向大功率高效节能电机、自动化输送设备、智能涂装、装焊、生产线、数控机床等高端成套装备发展。年初开始规划建设的山东诸城“机器人特色小镇”中，迈赫机器人智能化产品升级扩建项目已完工投产。年底，又引入北京辐全智能科技股份有限公司机器人关节减速器项目，并签订合作协议。该项目集中融合了智能化、信息化、数字化及工业互联网的先进技术，致力于打造新一代的智能化工厂，助力“中国制造2025”。

1月，山东开元电机有限公司被工业和信息化部、联合国开发计划署、全球环境基金确定为中国高效电机制造推广项目基地。9月，山东开元电机有限公司制砂机专用V1安装式三相异步电动机获得实用新型专利，双叠式准正弦绕组结构获得实用新型专利。11月，迈赫机器人的“应用于‘智能化工厂’的机器人智能装备系统”项目，获得潍坊市第三届市长杯工业设计大赛一等奖。

食品机械。2018年，食品机械主要以小康机械、金鼎机械、宝星机械、众大屠宰、华康医疗器械等企业为重点，开发出高端全自动化包装机械、成套牲畜屠宰系统、多功能集成包装生产线、全自动高效节能杀菌设备等产品。已发展成为全市装备制造产业中规模最大的行业，其中杀菌锅、食品包装机占到全国份额的80%。7月，诸城食品机械行业协会成立大会在山东小康机械有限公司举行，诸城市副市长杨连富，中国食品和包装机械工业协会理事长楚玉峰，中国肉类协会机械装备分会常务副会长吴建国，山东省肉类协会执行会长李琳，诸城外贸有限责任公司副总经理、山东肉类协会监事长窦立功，山东佳士博食品有限公司董事长、总经理张博，诸城市食品机械行业协会会长孙学军等出席成立大会并致辞。11月，诸城食品机械行业协会受邀并组织全体会员共35家单位，集体参加“山东省肉类协会拥抱肉类产业新动能”系列活动，诸城食品机械行业协会与青岛隆中广告企划有限公司、巴龙集团、山东省互联网传媒集团大众网、山东省烹饪协会、重庆市肉类行业协会、浙江肉制品协会、山东省企业经营管理学会畜牧专业委员会、山东省中兽医研究会现代禽业协会、山东猪场联盟网络科技有限公司、山东邦基集团有限公司、山东百德生物科技有限公司、山东中农普宁药业有限公司共同签署战略合作协议。

环保机械。2018年，诸城环保机械企业由单一设备制造商向工程运营、工程总承包、总服务商转变，进一步加快了企业转型升级步伐。共有环保机械制造企业100余家，由于属国家支持行业，市场需求旺盛，加上利润丰厚等因素，整个行业发展后劲较足。发展水平较高的企业有山东金昊三扬环保机械股份有限公司、山东贝特尔环保科技有限公司等，诸城环保机械市场份额占到全国的20%左右。

铸锻机械。2018年诸城有大小铸锻企业近50家，其中铸造占了绝大多数，拥有龙祥、圣阳、华欣等一批科技型的骨干企业。产品主要有大型铸件、大型数控辗环机、液压机等成套设备和轨道列车、工程机械和发动机的零部件等。12月，建华阀门公司被认定为2018年山东省中小企业“隐形冠军”企业。

畜牧机械。诸城畜牧机械主要有山东恒基农牧机械有限公司和诸城市中裕机电设备有限公司等企业。恒基农牧机械是一家研发制造互联网+智能化立体养殖装备、畜禽粪污资源化利用环保装备、成套饲料加工设备、成套色素加工设备的专业厂家。中裕机电设备公司是一家集饲料加工、饲草加工、牧草种植、草原改良、养殖机具、检测仪器设备等门类较齐全的成套设备的企业。6月，恒基农牧机械公司通过引进、消化、再创新等研制出国内第一套十层蛋鸡立体养殖装备，该装备是国内单位养殖数量最多、土地利用程度最高、经济效益最大的立体养殖装备，填补了国内高层立体养殖的空白。11月，恒基农牧机械公司被认定为潍坊市“隐形冠军”中小企业。

【新兴产业】 2018年，以生物医药产业为代表的新兴产业发展势头良好，在诸城产业中占比越来越大。生物医药产业不断研发出新的成果，其中生物疫苗、生物提取物等具备很好的发展前景，应用生物技术逐渐在研发市场中成为主流；淀粉深加工不断推陈出新，向高成长性产业链迈进。2018年，规模以上企业发展到46家，完成主营业务收入92.7亿元，同比增长16.6%；利税4.3亿元，同比增长1.2%；利润2.3亿元，同比增长17.9%。

生物制药。以信得科技、浩天药业等企业为依托，加快仿制药向首仿药发展、国内剂型向国际剂型发展。支持信得科技与中国农业科学院等科研机构“联姻”，扩大与澳大利亚生物资源公司、德国罗曼等国外先进企业的合作范围，加大细胞因子、高致病性禽流感疫苗、禽流感DNA疫苗、精制蛋黄抗体、抗菌肽、猪蓝耳病活苗、兽用新剂型等产品的研发、生产与市场推广应用。引导浩天药业以加工中药提取物为重点，专注于天然植物提取及生物工程技术领域的创新，扩大肌醇、黄芩苷等产品的生产规模。以生物医药产业园为依托，加强与国内外知名药企的联系合作，着力引进一批重大生物医药产业链节点项目。

淀粉深加工。诸城是亚洲最大的淀粉、变性淀粉生产基地，产品有玉米淀粉、变性淀粉、玉米蛋白粉、精制玉米油、肌醇、高麦芽糖浆、麦芽糊精、果葡糖、山梨醇、丁醇、山梨糖醇、赤藓糖醇、L-赖氨酸盐等20余种。玉米一次加工附加值增加1-2倍，二次加工附加值增加5-10倍，三次加工附加值增加10-100倍，发达国家用玉米生产抗生素的附加值可以达到100倍以上。诸城的玉米加工主要处在一、二次加工上，平均附加值大约有2-3倍左右，若三次精深加工按照附加值20倍左右计算，按深加工产品国际价格，年产值则可高达1000亿元左右，可实现税收近100亿元。诸城充分发挥淀粉产能优势，以兴贸玉米、东晓生物等公司为依托，以发展葡萄糖、山梨糖醇、甜菊糖等系列淀粉深加工产品为主攻方向，深化与百事可乐、雀巢、联合利华、青啤等国内外知名品牌企业的战略合作。围绕淀粉深加工，实施精准招商，积极引进行业知名企业，深入开发生产乳酸酯、乳酸盐等高附加值产品，加快构建淀粉深加工的高成长性产业链，打造全球规模最大、品种最全、质量最优的生物保健类淀粉深加工基地。

新能源开发。太阳能应用方面。山东龙光天旭太阳能有限公司与北京华业阳光（原清华阳光公司）共同出资组建了山东华诺新能源科技有限公司，建成国内一流太阳能整体集热试验中心和全国最大的真空集热管生产基地。拥有电熔窑炉5座，真空管生产线70条，热水器生产线3条，可年产硼硅玻璃7万多吨、太阳能用真空集热管1600万支、太阳能及空气源热水器20万套，是国内最大的高硼硅玻璃及太阳能集热管生产基地。同时，该企业借助清华阳光公司在新能源产品开发、生产、推广方面成熟的经验及优势，进入太阳能光电、空气源热泵、工业用热、热发电、海水淡化等诸多领域，形成新能源综合利用的良好发展前景。其全自动真空集热管的投产，标志着诸城市真空集热管进入到自动化时代，对于推动全市太阳能光热行业产业转型升级具有重要意义。生物质能方面，制订了《诸城市生物质能源推广应用工作实施方案》，规划建设了资源循环利用基地，在基地内建设生物质能源加工中心，收购玉米秸秆、花生壳、烟秆、树皮等各种农作物废弃物和园林废弃物，研发、加工、销售生物质燃料块，已实施了华源生物质科技年产5万吨生物质颗粒燃料项目和顺达木业年产2万吨生物质燃料木粉颗粒项目。加工中心初步形成，年产生物质固体燃料约13万吨。2018年，全市产生园林废弃物19.6万吨，农作物秸秆废弃物107.7万吨，畜禽粪便300万吨，其平均回收利用率77.2%。全市园林废弃物和垃圾焚烧总发电量5874万千瓦时，年处理园林废弃物和生活垃圾16.67万吨。建成舜沃科技沼气发电项目、金安热电沼气发电项目、兴贸玉米沼气回收发电项目等，年发电量约8000万千瓦时。

【建材产业】 2018年，全市新型建材企业运行稳健，增速有所加快，产品市场销量比上年同期有所上升。以隆泰水泥、杨春水泥等为代表的企业，积极采用新技术、新材料，充分利用工业废渣和其他可利用资源，推进综合利用，加快研发高标号、特种水泥研发生产步伐，大力发展和推广应用干粉砂浆、预拌混凝土等适用现代建筑的水泥加工用品；紫阳陶瓷为满足市场需求，将高档地砖的研发重心向质量轻、强度高、花色多等方向倾斜，研发生产内墙砖、卫生洁具等新产品，为降低成本，增强产品市场竞争力，该公司大力加强窑炉节能改造项目建设；为满足住宅现代化和建筑节能的需要，万兴建材等企业积极研究应用生态建筑材料技术、纳米材料技术，利用建筑垃圾生产新型建材，着力生产环保型乳胶漆、高性能水乳型外墙涂料和新型保温隔热材料。

【木器加工产业】 积极响应国家“一带一路”倡议，立足市情实际，大力实施走出去的发展战略，形成原材料、产品“两头在外，大进大出”的格局。以欧美尔、新华宇为代表的自主品牌企业，主要面对国内市场，通过开设直销实体店、设置经销商、网上营销等方式销售产品；具有自营进出口权的木制家具生产企业，以顺合木业、松源木业、龙昌木业等为代表。

【化工产业】 2018年，从全市化工产业实际出发，结合国家有关法律法规和上级有关政策要求，加快化工产业转型升级步伐。深入推进中央环保督查反馈的化工手续问题整改，开展新一轮化工企业评级评价、建设和申报省级化工园区。

4月，召开全市化工产业新旧动能转换重大工程动员大会暨新一轮化工企业评级评价培训会议，统一评级评价尺度。新一轮化工生产企业评级评价工作全面展开，安监、环保、经信、交通、市场监管等部门安排专门人员全程参与中介机构的评价行动，根据中介机构评级过程中发现的问题，随时下达整改通知，跟上执法。评级评价初评结束后，针对评级机构提出的问题，召开整改动员大会，安监、环保、公安消防大队等针对初评过程中发现的问题提出具体整改意见，要求所有参评企业严格按照问题清单，逐一落实整改措施，按时整改到位。环保、安监、消防等有关职能单位和评级评价机构对整改结果进行了复评验证。根据评级评价结果，对化工企业实施分类管理。全市53家参评化工企业中总评为“优”的企业14家、“中”的企业18家、“差”的企业21家。根据评级结果和各镇街园区、市直有关部门的意见，列出了“发展壮大一批”“转型升级一批”“关闭淘汰一批”三个一批名单。对于评级评价为优且在全市化工园区和重点监控点的4家企业，准以扩大投资、发展壮大；对于在园区外且不在重点监控点的39家保留化工企业，逐一列出整改提升方案，推进转型升级；对于两轮评级评价均为差的和自主退出化工领域的10家化工生产企业予以淘汰、注销或转产。

5月，按照省、潍坊市化工专项行动办公室安排部署，下达了《关于做好危化品企业评级工作的通知》，对6家危化品运输、仓储、经营企业开展评级工作，危化品运输评级由市交通局牵头，危化品仓储经营评级由市安监局牵头，安排专门人员全程参与中介机构的评价行动，随时下达整改通知，跟上执法。经过初评整改复审后，1家危化品运输企业被评为优，1家危化品仓储经营企业被评为优，2家危化品仓储经营企业被评为中，2家危化品仓储经营企业被评为差。差评企业均存在否决项，整改后仍不达标的，将被列入关停名单。

8月，制定了《中央环保督察诸城市化工生产企业手续不全整改工作方案》，分类施策、对症下药，不搞一刀切。多次组织市直有关部门逐企研究手续情况，对于按照产业政策可补办的企业责令限期补办；对非法设立、非法建设以及不符合国家产业政策和安全生产条件，不能稳定达标排放污染物的化工企业，依法坚决予以关闭；对位于饮用水源保护区或其他禁止开发建设区域内的项目，不得补办相关手续，并坚决予以关停、注销和转产。制定每个企业都有处置措施，每项处置措施都有责任人、处置期限的“一企一策”，实行销号管理，建立了“手续不全化工企业整改工作台账”，做到整改一批、验收一批、销号一批，并在诸城市政府门户网站进行销号公示。根据整改销号情况建立了全市《保留化工企业名单》和《退出化工生产企业名单》，保留的化工企业共43家，其中手续齐全且评级评价无否决项的10家企业允许其生产；手续齐全但评级评价存在否决项的企业共8家责令停产整改；有立项、环评手续，土地、手续不全的25家化工生产企业一律停产整改，并要求相关企业承诺于2019年6月30日前完善相关手续。退出的化工生产企业89家，督促环保、国土、城管、消防等部门跟上执法，全部清理到位。

【悦东化工产业园】 根据省、潍坊市有关文件要求，结合诸城发展实际，启动了位于诸城西部地区贾悦镇的悦东化工产业园区申报工作。园区东至贾悦河，西至S222省道，南至G341国道，北至G22青兰高速，总面积约8.44平方公里。该化工产业园经过规划、建设、专家评审、征求意见等程序，于2018年8月顺利地通过了省专家组的评审，2018年10月31日至11月6日省里进行了公示。2019年1月3日，经省政府常务会研究通过。

聘请AECOM伟信（天津）工程咨询有限公司和具有石化资质的中海油天津化工研究设计院有限公司联合编制了《诸城市悦东新材料产业园总体发展规划》《诸城市悦东新材料产业园产业发展规划》，委托专业咨询公司编制了规划环境影响报告书、整体性安全风险评价报告和水资源论证报告书。各项规划和报告均通过了相关部门的批复或专家评审。建立了安全事故应急预案体系、环境安全预警体系和突发环境事件应急预案，相关预案均通过了专家评审，并进行了预案演练。

建设完成了出水主要指标达到地表V类水标准的专业处理化工污水的悦东污水处理厂，并进水试运营；建设完成了园区中水回用设施和一企一管收集污水的架空管廊，园区的中水回用应急系统备用蓄水塘也正在规划和建设之中，建设完成后将确保园区中水的全部回用，不向周边河流排放。在园区周边建设了2处烟气在线监测系统和5个地下水质监测井，加强对园区空气和地下水质的日常检测，确保园区排放稳定达标。

建设了7000多平方米的园区特勤消防站，配备消防员36名，消防车辆9部。年内，悦东特勤消防站已投入使用，是山东省首个化工园区设立的特勤消防站。配套建设了园区的市政消火栓系统和消防供水系统，能够满足园区已有企业的消防需求；设置了园区危化品专用车道，对危化品车辆采取限时限速管理措施，对危化品运输车辆进行统一监管；建设了园区门禁系统，能够实现对园区的封闭式管理。

采取“全面集成、综合管理”的理念，建成诸城市悦东化工产业园（诸城市悦东新材料产业园）信息管理平台，平台包含智慧安监、智慧环保、应急救援、教育培训、公共安全、手机端APP等6个模块，将园区内道路监控、企业重点部位监控、门禁管理、环境监测等数据全部纳入平台管理，并且能够与市智慧平台进行上下对接，为园区管理者提供可视化监管、远程调度、流程优化等辅助手段，最终辅助园区提升管理水平。

非公有（民营）经济

2018年，诸城市非公有（民营）经济发展稳中有升。全市非公有（民营）经济单位117913户，比上年增长8.0%。非公有（民营）经济注册资金857.07亿元，增长34.1%；纳税额63.42亿元，占税收总收入的72.4%。

节　能　降　耗

【重点工程项目建设】 积极组织实施节能改造项目。制订实施了《2018年度节能重点项目计划》，全年组织实施重点节能项目38项，总投资56亿元。其中诸城市金泰热力有限公司民生集中供热（二期）、山东中坛再生资源有限公司再生资源回收加工基地被列入资源节约和环境保护中央预算内投资项目，迈赫机器人十万辆综合动力轻卡驾驶室涂装线获“山东省重大节能成果”、山东龙光天旭太阳能新型高效太阳能集热管获“潍坊市重大节能成果”称号。实施工业绿动力计划。将工业绿动力向燃煤锅炉节能环保综合提升、太阳能光伏发电、生物质能利用应用等领域拓展，实施中远机械200千瓦屋顶分布式光伏发电、清华金属3300KW屋顶分布式光伏发电、华源生物质年产5万吨生物质固体成型燃料、顺达木业年产2万吨木粉颗粒等一批工业绿动力项目。全市拆除146台燃煤锅炉，容量513.9吨，其中89台通过验收，总容量438吨，年可减少原煤消耗17.8万吨。

【产业结构优化】 大力发展节能环保产业。以省级节能环保产业基地为依托，筛选开元电机、金昊三扬、鼎泰盛等骨干龙头企业，从要素配置、政策扶持等方面给予重点倾斜，增强在细分市场中的领军地位。引进先进技术与自主创新，节能环保产业逐步由原材料的初级加工向精深加工方向发展，由低档初级产品向高新技术产品方向发展。大力推动机电环保装备产业园建设，配套完备的基础设施，吸引节能环保装备企业入驻。同时结合五大节能工程加快全市自有品牌节能环保产品的推广。年内，实施了贝特尔大型固液分离环保设备项目、方源机械水处理设备、赫臣电力环保机械项目等总投资15.75亿元的节能环保项目。加大淘汰落后产能力度。鼓励企业开展技术改造，推行清洁生产，加快淘汰落后产能。对落后产能限期淘汰，坚持一改（改造）、二转（转产）、三关停。全年淘汰燃煤锅炉、导热油炉等落后设备124台（套），全市10吨以下小型锅炉全部拆除。

【消费能源节约集约管理】 尝试开展重点用能企业能耗在线监测和能源管理中心建设。组织相关专家，对全市5000吨以上的重点用能企业开展了“合理用能诊断”，根据重点用能单位能耗在线监测和能源管理中心建设的条件和企业的个性化需求，构建基于信息化节能管理新机制。华欣铸造、福田汽车、得利斯集团作为试点企业建设了能耗在线监测系统。加强目标管理。与各镇街、园区和重点用能企业签订了《2018年度节能目标责任书》，并对上年度的责任书完成情况进行了考核。加强日常节能管理。完成了14家重点用能企业2017年度能源利用状况报告；对重点用能企业进行了用能节能监察，确保重点企业的能源管理体系有效运行；对超标企业启动预警机制，予以重点监管，确保节能降耗刚性指标落到实处。

【资源循环利用产业】 诸城经济开发区被确定为省级循环化改造园区，在推进产业体系不断完善壮大、上下游产业链条不断延伸的同时，积极推进企业之间、产业之间的物质交换和梯级利用，努力打造“资源—产品—再生资源”的新型资源利用模式。构建了“钢材销售服务—钢材加工—汽车零部件加工—整车组装制造—车辆配件和售后配送”“纺纱—织布—成衣产业共生”产业链条。实施了奥铃汽车厂TM高端微卡技术改造项目、山东盛康高端自动化食品机械项目、中纺金维设备技术改造项目、青岛天赢汽车零部件数字化工厂项目、中康格林高端生活用纸项目、奥铃汽车厂工艺优化升级技术改造项目、山东普克高档座椅项目等循环化改造项目7个，总投资18.84亿元。推进资源综合利用。坚持以项目建设为主体，引导企业对生产过程中产生的废水、废渣、余热、余压等进行综合利用，实施余热回收、循环水供热、中水回用等重点项目，力求物尽所用。先后实施东晓生物淀粉糖中水回用节能技术改造、桑莎集团染色生产系统余热回收节能技术改造、义昌印染水处理及中水回用、华欣铸造高炉煤气余热回收利用等一批企业内部资源综合利用项目；丰泉环保公司生活垃圾资源化利用、盛世华脉公司畜禽养殖粪污资源化处理示范工程、万兴建材污泥无害化处理及综合利用等行业间资源综合利用项目；实施立方再生资源、中坛再生资源回收加工基地等一批城市资源、废物循环利用项目。

规划建设了资源循环利用基地。整合已有资源，规划建设了诸城市资源循环利用基地。编制完成《诸城市资源循环利用基地建设方案》《诸城市资源循环利用基地规划》《诸城市资源循环利用暨中坛再生资源循环利用产业园建设方案》《诸城市资源循环利用暨中坛再生资源循环利用产业园管理办法》等文件，市政府先后成立了资源循环利用基地建设工作领导小组、诸城市资源循环利用工作暨中坛再生资源循环利用产业园管理委员会、悦东新材料产业园规划建设工作领导小组和悦东新材料产业园建设指挥部，积极推进措施的实施。诸城市资源循环利用基地成功申报了国家发改委、住建部公布的50个国家资源循环利用示范基地，为诸城市加快推进资源循环利用基地建设、提升循环经济发展水平奠定了基础。

（刘　冰）

电 力

【概况】 2018年，国网诸城市供电公司认真按照市委、市政府决策部署，秉持“以客户为中心、专业专注、持续改善”的企业核心价值观，主动对接全市重点项目建设，积极服务新旧动能转换和乡村振兴战略，争做服务国计民生的先行者，为全市经济发展和社会民生提供坚强供电保障。

电力环网柜彩绘扮靓龙城 （摄影 彭子涵 王晓峰）

【电网建设】 2018年，主网建设实现“一投产、两开工、五提速”(35千伏马庄输变电工程比原计划提前5个月投产送电，110千伏解留变电站整体改造和35千伏电网加强工程顺利开工，110千伏南湖、王门等5项输变电工程提前1-2年规划、建设)。至年底，全市已形成以1座500千伏变电站为核心，4座220千伏变电站环网供电、30座110千伏和35千伏变电站均衡辐射的高电压、大环网供电格局，变电总容量达到449.8万千伏安。全力推进一流配电网建设，补强农村供电基础设施，投资1.1亿元全面完成321个村农网升级改造工程，新建改造10千伏线路184.38千米，配变370台，户均容量提升至2.41千伏安。

【供电能力】 至2018年底，诸城市境内共建有地方小火电厂5座，装机总容量103兆瓦，均为自备电厂；风电厂4座，装机总容量629.5兆瓦；小水电站4座，装机容量3.355兆瓦；新能源电厂1座，装机总容量7.5兆瓦；分布式光伏容量103.257兆瓦，均为自备光伏。全年全社会用电量38.88亿千瓦时。

【电费电价政策】 2018年，根据《山东省物价局关于简化电价分类降低一般工商业电价水平有关事项的通知》(鲁价格一发〔2018〕39号)，简化一般工商业与大工业用电分类，降低一般工商业用户电价水平。允许一般工商业用户(315千伏安及以上)根据其用电特性，选择性执行两部制电价政策。完善两部制电价政策，执行两部制电价的用户，可选择按变压器容量或合同最大需量缴纳电费，也可选择按实际最大需量缴纳。

2018年，根据《山东省物价局关于农业生产用电同价有关事项的通知》(鲁价格一发〔2018〕44号)规定，简化销售电价分类，降低农业生产用电价格，实现农业生产与农业排灌用电同价。自5月1日起，农业生产用电价格(不含农业排灌)每千瓦时降低0.02元(含税)。

2018年，根据《国家发展改革委关于电力行业增值税税率调整相应降低一般工商业电价的通知》(发改价格〔2018〕732号)、《山东省物价局关于降低工商业电价有关事项的通知》

（鲁价格一发〔2018〕76号）精神，自5月1日起，执行政府定价用户，单一制电价每千瓦时降低0.019元（含税），两部制电价降低0.0034元；参加电力市场直接交易用户，单一制输配电价降低0.0218元，两部制输配电价降低0.0062元。

2018年，根据《山东省物价局关于降低一般工商业电价及有关事项的通知》（鲁价格一发〔2018〕112号）规定。自7月1日起，山东电网工商业及其他用电单一制电价及输配电价每千瓦时降低0.0276元（含税），9月1日起再降低0.0286元。

【供电服务】 积极推进“一次办好”改革举措，办电业务进驻政务大厅，实现供电全业务“一窗受理”。大力开展“简化获得电力”专项行动，实施“四压四提”服务举措，办电环节、办电时长压减60%，优化投资界面，持续减少客户上电成本。超前对接全市35个新旧动能转换等重点项目，创新实施“派驻经理”嵌入式服务，为项目用电提供全过程用电服务。畅通电e宝、彩虹营业厅等“互联网+”办电渠道，线上办电率同比提高32.67%。构建“台区经理+网格化”服务模式，平均抢修时长缩短12分钟。全力服务民营经济发展，严格执行一般工商业四次降价政策，积极推动22家大中型企业参与市场化结算，减少企业电费支出802万元。畅通光伏并网绿色通道，服务客户2734户，装机总容量10.37万千瓦。

【电力调度】 2018年，诸城电网最高负荷达661.65兆瓦、日最高供电量达1326.76万千瓦时，均创历史最高水平，同比分别增长6.6%、3.3%；全年完成140条次输变电设备和243条次配网设备计划停送电调度，下达调度指令5184次，实现电网调控操作“零违章”；兼顾客户端电压，优化母线电压调整策略，结合AVC调压系统，人工投退电容器1487次，调节主变分头3673次，变电站母线电压合格率99.99%；组织开展上合峰会保电及“迎峰度夏”三道防线特巡，治理隐患缺陷3项，完成110千伏皇华站等3座智能变电站专项隐患治理，升级110千伏潘池站等3座变电站故障录波器操作系统，提高故障排查效率及设备运行可靠性。迎峰度夏期间及时调整电网运行方式17条次，积极消除设备缺陷，确保居民供电质量和电网安全稳定运行。

【安全生产】 始终把安全工作放在首位，认真落实依法治安、科技兴安、改革强安、铁腕治安新要求，全面提升本质安全水平，公司保持长治久安良好局面。扎实开展安全生产大检查和“六查六防”专项行动，累计排查、整治安全隐患707项，安全基础持续巩固。深入开展创建“无违章员工、无违章班组”活动，违章数量同比下降62.93%，安全规范和文明生产实现常态化。发扬新时代保电精神，圆满完成上合峰会、纪念王尽美诞辰120周年等33项重大活动保电任务。成功应对3次强台风侵袭，累计投入人员1324人次，车辆344台次，以最短时间恢复灾区供电，荣获山东省“抗灾救灾先进集体”、市公司“抗灾救灾功臣单位”，市委书记桑福岭予以高度肯定。诸城境内220千伏及以上输电线路连续10年保持零跳闸，公司被评为国家电力安全生产标准化一级企业，连续四年保持山东省电力安全生产先进单位。

（王　凯）

龙 头 企 业

【北汽福田汽车股份有限公司诸城汽车厂】 北汽福田汽车股份有限公司成立于1996年8月28日，是中国品种最全、规模最大的商用车制造企业。有资产近690亿元，员工近4万人。品牌价值达1005.65亿元，被业界誉为中国商用车第一品牌。福田汽车诸城厂区是福田汽车集团核心制造基地，包括诸城汽车厂和诸城奥铃汽车厂两个专业汽车生产厂，已形成年产销汽车45万辆的生产能力，是全球最大的商用车制造基地。厂区总占地面积137.7万平方米，员工1.5万余人，主要产品包括时代轻卡、奥铃轻卡、瑞沃工程车等三大系列300多个品种。诸城厂区自身发展的同时，带动起全国配套企业近千家，带动了诸城义和车桥、美晨科技等一批汽车零部件巨头，并吸引了丹东曙光、青岛众力车桥等外地企业到山东投资办厂，实现了产业链的升级和协调发展，取得了很好的经济效益和社会效益。诸城属地给福田汽车配套的企业占诸城规模以上企业的40%左右，产值占诸城整个工业产值的43%，仅在诸城就带动配套企业500多家，属地配套率达70%以上，年实现配套供货额600多亿元，安置就业人员6万多人，极大地带动了全市汽车零部件产业的崛起。

【诸城外贸有限责任公司】 诸城外贸有限责任公司成立于1975年，属首批农业产业化国家重点龙头企业，拥有员工1.5万人，总资产近200亿元，资产负债率74.27%。被国家农业部、国家标准化管理委员会等部门评为“国家禽肉加工专业分中心”“农产品加工企业技术创新机构”“国家农业标准化示范区”“省级重合同守信用企业”“山东省认定企业技术中心”，先后获得“中国屠宰及肉类加工业十强企业”“中国肉类食品工业50强”“国家食品工业重点企业”“山东省肉制品行业十大品牌企业”等荣誉称号，建立了诸城市第一家院士工作站。公司围绕食品、淀粉、色素等业务板块形成了肉禽良种繁育、饲料供应、宰杀分割、熟食品加工、淀粉生产、色素提炼等支柱产业。其中，食品板块拥有20多家下属企业，形成年产父母代种鸡420万套、商品代鸡雏1亿只、商品代鸭雏1000万只、饲料60万吨、鸡肉冻品15万吨、鸡肉熟食品10万吨的生产能力，是全国最大的肉鸡出口生产基地之一；淀粉板块拥有7家下属企业，形成年消化玉米600万吨、年产玉米淀粉400万吨、变性淀粉30万吨、饲料原料90万吨、麦芽糖浆80万吨、葡萄糖酸钠30万吨、葡萄糖25万吨、麦芽糊精25万吨、精制玉米油15万吨的生产能力，是亚洲最大的玉米淀粉生产加工基地；色素板块拥有4家下属企业，形成年加工色素2亿克的能力，是全球重要的饲料级天然色素出口生产基地。

【得利斯集团有限公司】 得利斯集团创立于1986年，有员工6500余人，总资产62亿元。公司形成了集良种猪繁育、标准化养殖、饲料生产、兽药防疫、生猪屠宰、肉制品加工、生物工程于一体的绿色食品产业体系，搭建起农业、畜牧、食品、生物四大产业平台，形成了从源头到终端，从田园到餐桌的完整的绿色产业体系。公司是国家确定的首批农业产业化国家重点龙头企业，先后获得中国肉类十强企业、中国食品行业百强企业、中国最具市场竞争力品牌、山东省政府质量管理奖、山东省省长质量奖等各类荣誉800余项。得利斯低温肉制品和冷却肉双双荣获中国名牌产品，“得利斯”和“北极神”商标被认定为中国驰名商标，得利斯技术中心被认定为国家级技术中心，拥有博士后科研工作站和国家级实验室并承担国家863课题。公司始终把安全与品质放在第一位，全程加强质量管理。在行业内率先建立起基于RF ID技术的从养殖、屠宰、分割、加工、仓储到冷链配送的全程追溯管理体系，并采用GPS冷链物流系统，实现了产品质量的全面监控。严格推行ISO9001质量管理体系、ISO14001环境管理体系、HACCP食品安全体系、SSOP卫生体系和GMP管理体系，不断提高质量管理水平。

【山东华宝食品股份有限公司】 山东华宝食品股份有限公司位于诸城市相州镇，总投资2.1亿元，占地面积6.6万平方米，有职工800人。公司屠宰设备全套引进世界上最先进的时产650头的生猪屠宰流水线，采用低压高频脉冲三点击晕、立式蒸汽烫毛、纵向横向拍打按摩、气体火焰瞬间二次灭菌、全自动机器人劈半、激光定位分割等先进工艺。单班设计日宰生猪6000头，分割2000头，冷库速冻能力400吨/日，冷藏能力10000吨。2018年实现主营业务收入30.0亿元。公司先后被评为潍坊市农业产业化重点龙头企业、食品安全示范企业、山东省商贸流通先进企业、省级重合同守信用企业、国家商务部应急商品数据库重点联系企业，“鑫鲜”商标被评为山东省著名商标，公司产品被评为“无公害农产品”，并取得“山东省无公害农产品产地”认定。公司产品品种达100多个，销往全国20多个省市和地区。

【诸城东晓生物科技有限公司】 诸城东晓生物科技有限公司成立于2004年，已发展成为大型淀粉糖生产和出口企业。其主导产品包括食用葡萄糖、麦芽糊精、麦芽糖浆、山梨醇、赤藓糖醇、麦芽糖醇、赖氨酸等。公司产品以一流的质量和完善的服务，畅销5大洲80多个国家和地区。2018年实现主营业务收入26.0亿元。公司先后通过了ISO9001质量体系认证、ISO14001环境管理体系认证、ISO22000食品安全管理体系认证、HACCP食品质量安全认证、英国BRC认证、非转基因IP认证、犹太洁食认证和伊斯兰清真认证等资质认证，并通过了山东省出入境检验检疫局出口食品生产企业卫生注册，获得山东省高新技术企业、山东省农业产业化重点龙头企业、山东省科技兴贸出口创新基地、潍坊市履行社会责任示范企业、潍坊市诚信民营企业、潍坊市诚信示范企业等荣誉称号。公司拥有省级科技鉴定成果3项，申请国家发明专利8项，实用新型专利15项，拥有省级淀粉糖清洁生产工程技术研究中心，与齐鲁工业大学联合建立产学研基地、生物发酵工程研究院，“东晓”牌被评为山东省著名商标。

【山东大业股份有限公司】 山东大业股份有限公司是一家以胎圈钢丝、钢帘线及胶管钢丝的研发、生产和销售为主营业务，具有较强自主设计和自主创新能力的企业。公司占地68万平方米，员工2000余人，年产各类钢丝30万吨。公司在胎圈钢丝领域具有突出的行业地位，时为中国最大的胎圈钢丝生产企业，占据国内30%以上的市场份额。2018年公司在生产规模扩张、国内外市场拓展、企业规范化运营管理、研发平台建设等方面都取得了较好成绩，保持了强劲和健康的发展势头。全年实现主营业务收入24.2亿元。“大业”商标是中国驰名商标、山东省著名商标，“大业”牌胎圈钢丝是山东省名牌产品、中国橡胶工业推荐品牌。公司是中国橡胶工业协会副会长单位、中国橡胶工业协会骨架材料专业委员会理事长单位。公司是最新版胎圈钢丝国家标准主持起草单位。公司已与上海理工大学材料科学与工程学院建立产学研联合研究中心，并计划建设国家级轮胎胎圈钢丝工程技术研究中心。

【诸城市义和车桥有限公司】 诸城市义和车桥有限公司成立于1994年，是国内最大的车桥生产基地之一，主要生产汽车、工程车、拖拉机车桥总成，小麦、水稻、玉米联合收割机底盘及转向桥总成。公司占地面积25.6万平方米，有职工1200余人，2018年实现主营业务收入22.0亿元。公司拥有独立的技术中心，并于2007年被授予省级企业技术中心，拥有研发人员190人，其中高、中级职称人员74人，1人享受国务院特殊津贴。中心队伍具有较强的创新能力、较高的专业素质和研发水平，对于车桥的研究具有丰富的经验。公司产品供应福田雷沃重工、北汽福田、中国重汽、沈阳金杯等十几家国内主要汽车生产厂家，并出口美国、墨西哥等国家地区，轻型车桥产销量全国第一。公司是中国汽车零部件百强企业、车桥行业龙头企业、中国农业机械零部件（车桥）龙头企业，获得“中国机械500强企业”“全国百佳汽车零部件供应商”等荣誉称号。

【诸城源发生物科技有限公司】 诸城源发生物科技有限公司成立于2014年9月，注册资本5000万元，拥有职工400多名。2018年公司实现主营业务收入21.1亿元。是一家以农、工、贸一体化经营，集科研、生产、销售于一体的农副产品深加工高科技企业。企业机构设置合理，管理科学高效，已通过国家食品质量安全许可生产（QS）资质认证、ISO四个体系认证、饲料生产许可认证等，拥有进出口自主经营权。企业主要产品有食用玉米淀粉、玉米蛋白粉、玉米胚芽、喷浆玉米皮等。企业成立投产运营以来，始终坚持“质量第一、客户至上”的理念，产品深受广大客户的信赖。企业产品主要销往山东、安徽、江苏、浙江、河南、广东、上海等省市。为提高产品的知名度，企业积极拓展产品的出口业务，产品走上国际市场，主要销往韩国、东南亚、土耳其、荷兰、非洲、巴西等国家和地区。企业将围绕“做大玉米淀粉主业，做强淀粉深加工业，面向全球市场，打造世界名牌”的发展方针，以科技领航，以创新为动力，不断加大高新技术产品的科研开发，走科技强企、自主创新和现代化管理之路，全方位打造高新技术和卓越经营企业，把企业建设成为世界最具竞争力的玉米淀粉及深加工企业。

【山东桑莎制衣集团有限公司】 山东桑莎制衣集团有限公司是一家集生产加工、贸易于一体，织、印、染、缝配套成龙的大型企业集团。公司成立于1994年2月。主要产品有针织面料和梭、针织服装等，年织染高档针织面料14000吨，加工成衣12000万件，产品全部销售到日本、美国、欧盟、东盟等国家和地区。2018年公司实现主营业务收入13.1亿元。集团公司先后在日本、意大利、欧美、中国香港等国家和地区建立了分公司及营销网络。在柬埔寨投资兴建了境外服装加工贸易园区，项目建设完工并投产。公司树立科学发展观，加大投入，开拓市场，强抓管理，促进了企业超常规、跨越式发展。自1995年以来，企业连年被中国服装协会评为全国服装行业“销售收入百强企业”“利税百强企业”，被省服装协会评为“山东省进出口百强企业”“山东省出口创汇50强”，被山东省工商联评为“山东省民营企业100强”，被潍坊市委、市政府评为“潍坊市百强企业”“潍坊市管理示范企业”。

【山东惠发食品有限公司】 山东惠发食品有限公司成立于2005年2月，2012年6月整体改制为山东惠发食品股份有限公司。公司占地面积30多万平方米，下设山东和利农业发展有限公司、山东新润食品有限公司、山东惠发物流有限公司、山东润农农业发展有限公司、惠发小厨（北京）供应链管理有限公司五个子公司。产品已形成肉丸、肉肠、肉串、油炸4大系列，是全国最大的速冻肉丸生产基地之一。2018年公司实现主营业务收入9.8亿元。公司以“做健康食品、创世界品牌”为企业宗旨，注重自主创新能力，不断加大科技与研发资金的投入。先后组建了山东省肉类食品质量控制工程技术研究中心、潍坊市功能猪肉制品工程技术研究中心、惠发北方肉类研发中心等科研机构。先后荣获“中国驰名商标”“国家安全生产标准化一级企业”“中国农产品市场畅销品牌”“中国著名品牌”“山东省农业产业化重点龙头企业”“山东省消费者满意单位”等多项荣誉称号。公司时刻严把质量关，通过了ISO9001：2008质量管理体系、ISO14001：2004环境管理体系认证、ISO22000：2005食品安全管理体系认证、AAA级标准化良好行为企业确认，保证了产品始终如一的卓越品质。

【山东美晨科技股份有限公司】 山东美晨科技股份有限公司创立于2004年11月，公司于2011年6月成功上市，总资产9亿元，是一家跨行业多元化发展的国际化企业，集全球化研发、制造和销售橡胶减震、车用管件、空气悬架、生物制剂等多种业务于一身。主导产品减震橡胶制品及胶管在商用车领域橡胶非轮胎行业国内排名第一。2018年公司实现主营业务收入8.8亿元。公司秉承“环保+科技”的经营理念，以技术创新为强企之本，强大营销为发展之本，以“人才与科技”为立企之本，先后建成“国家级博士后科研工作站”“国家级认可实验室”“山东省企业技术中心”“山东省工程技术中心”“山东省重点实验室”。公司拥有83项专利，其中4项发明专利，2项国际专利。2008年6月，公司新型氟硅橡胶软管产业化项目列入国家级火炬计划项目。公司先后被评为“国家火炬计划重点高新技术企业”“中国专利山东明星企业”“全国百家汽车零部件供应商”，成为中国橡胶非轮胎和汽车零部件行业最具发展潜力的企业之一。

【诸城市华欣铸造有限公司】 诸城市华欣铸造有限公司成立于2000年6月，是一家集研发、生产、加工、销售于一体的综合性铸造企业，主要生产灰铸铁、球铁、铸钢、合金钢系列铸件，广泛应用于高铁、汽车、工程机械、采油设备、大型农业机械等行业，为福田汽车、中国重汽、江淮汽车、诸城义和车桥、上海大众、杭州叉车集团、大庆油田、美国EQI公司等公司提供重要配套产品。公司注册资金12080万元，占地面积17.3万平方米，员工1200余人，总资产6.5亿元。2018年实现主营业务收入7.1亿元。公司为“国家工信部全国铸造生铁认定企业”“全国首批通过国家铸造行业市场准入企业”、全国“采用短流程工艺生产铸铁件”示范企业，系“中国铸造协会常务理事单位”“山东省铸造协会常务理事单位”“山东省短流程铸造产业技术战略联盟理事长单位”“全国铸造行业综合实力百强企业”“全国铸造行业汽车分行业排头兵企业”“铸造行业信用等级AAA级企业”“山东省标准化良好行为AAA级企业”“山东省铸造行业五十强企业”“山东省清洁生产审核验收优秀单位”“省级守合同重信用企业”“潍坊市节能减排标兵企业”。

【诸城市浩天药业有限公司】 诸城市浩天药业有限公司位于诸城市辛兴镇，成立于1999年，有员工600余人，占地面积500亩，注册资本6000万元，总资产5亿元，固定资产1.5亿元。是目前世界上最大的肌醇生产基地、国内最大的黄芩苷生产基地。2018年公司实现主营业务收入6.5亿元。公司拥有国内先进的技术研发中心和质量检测中心，完善的质量保证体系及先进的生产设备。先后通过了ISO9001：2000质量管理体系认证，ISO14001：2004环境管理体系认证；2001年获出口欧美各国的KOSHER证，取得肌醇药品生产许可证；2004年一次性顺利通过肌醇GMP认证和HALAL证书；2008年通过黄芩苷GMP认证、肌醇HACCP和FAMI-QS认证以及食品QS认证和美国USP认证。

【山东迈赫自动化装备股份有限公司】 山东迈赫自动化装备股份有限公司是一家工业智能制造装备系统集成服务商，主要从事工业智能制造装备、机器人工作站的设计、制造、安装以及大型工业制造基地的规划设计业务，属于国家重点支持的七大战略性新兴产业中的高端装备制造产业领域。注册资金4000万元，拥有各类专业技术人员400多人，其中高级工程师18人，中级技术人员80多人。公司拥有各类加工设备100余台套，其中数控机床、数控剪折等精密设备30多台套。公司主要产品包括智能焊装、涂装、总装装备系统、机器人工作站系统及电气自动化控制系统等。2018年实现主营业务收入6.1亿元。公司先后获“国家高新技术企业”“山东省守合同重信用企业”“山东省专利明星企业”“潍坊市工业设计中心”“潍坊市劳动保障诚信示范单位”等荣誉称号。先后通过了ISO9001、ISO14001体系认证。山东省智能输送装备工程技术研究中心设在该公司；该公司拥有与智能制造装备相关的多项自主知识产权和核心技术，已取得39项国家专利。公司自主研发制造的车身自动焊接机器人，填补了国内空白，通过了国家专利申请。

【诸城市中纺金维纺织有限公司】 诸城市中纺金维纺织有限公司成立于2002年，坐落于山东省诸城经济开发区内，占地18万平方米，拥有员工1200余人，资产总额3亿元。由中国中纺集团公司投资控股，中国纺织品进出口总公司、诸城市桑莎集团和中纺金旭纺织有限公司共同投资兴建，注册资本为6000万元人民币。已形成150000枚纱锭及6台（480头）涡流纺的生产规模，年生产各类棉纱15000吨。2018年实现主营业务收入4.4亿元。公司坚持高档化生产质量过程控制，通过推行“一品一标”内控制度，为不同客户量身定做。公司通过了ISO9001-2000质量认证和环境管理体系认证及有机环保生产体系认证。公司致力于新型针织纱的研发，每年有600余个品种投放市场，产品主要有：涡流纺纱系列、新型纤维素混纺纱系列、功能性腈纶针织用纱系列和涤棉梭色织布用纱系列。公司注重对技术进步，加强开发的同时不断引进先进新技术、新工艺，满足产品开发的要求。公司是国内唯一突破涡流纺设备技术限制生产纯涤纶休闲体育运动系列产品的企业。每年推出新型腈纶纱线500余个，是该领域内众多知名品牌产品的唯一生产商，开发和生产能力居国内首位。

【山东佳士博食品有限公司】 山东佳士博食品有限公司是一家以生产销售速冻调制食品为主的省级农业产业化重点龙头企业。公司位于诸城市昌城镇工业园，有职工2000余人，2018年实现主营业务收入4.3亿元。公司十分注重科技与研发资金的投入，先后组建了“青岛农业大学·佳士博公司联合研发中心”“潍坊市功能鸡蛋制品工程技术研究中心”“山东轻工业学院·佳士博公司联合研发中心”“中国海洋大学食品科学与工程学院·佳士博公司产学研联合基地”“青岛农业大学·佳士博公司专家大院（工作站）”等科研机构，不断加大自主创新力度，增强产品市场竞争力。先后通过了ISO9001国际质量管理体系认证、ISO22000食品安全管理体系认证、ISO10012计量保证确认体系认证和QS安全生产许可认证。公司先后获“山东省农业产业化重点龙头企业”“山东省高新技术企业”“山东省守合同重信用企业”“山东省第九届消费者满意单位”“中国专利山东明星企业”“技术创新示范企业”“产学研合作创新奖”荣誉称号。“佳士博”商标及“佳士博”系列产品先后被评为“山东省著名商标”“山东名牌”“中国消费市场食品安全放心品牌”“中国优质产品”“山东省食品行业评委感官质量奖”“山东省民营经济最有价值品牌产品”“山东省肉制品行业十佳品牌”等。

【山东泸河集团有限公司】 山东泸河集团有限公司是以生产经营轮胎为主的国家级企业集团。公司建厂投产于1986年，注册资金6000万元，占地面积300亩，建筑面积15万平方米，有职工2000人，总资产18亿元，其中固定资产8亿元，2018年实现主营业务收入2.9亿元。公司通过了ISO/TS16949：2009标准质量体系认证，产品通过了ECE、DOT和3C认证。公司先后荣获“中国最大乡镇企业第二名”“全国百强化工企业”等国家级荣誉称号40多项，“泸河”牌连续四年被中国保护消费者协会推荐为“消费者信得过产品”，“泸河”商标被国家工商总局商标局认定为“中国驰名商标”，“泸河”牌产品被评为山东省名牌及山东省出口名牌产品。泸河集团积极树立现代化经营理念，不断开拓国内、国际市场。在国内配套60多家车辆厂，500多个销售批发单位，与多家大型汽车生产厂家及各地多位经销商和欧洲、非洲、东南亚等60多个国家和地区200多位外商建立了长期稳定的合作关系。

【山东信得科技股份有限公司】 山东信得科技股份有限公司成立于1999年，已发展成为集研发、生产和销售于一体的国家级高新技术企业集团。信得公司拥有生物制品、生化制药、兽药制剂、饲料添加剂及兽药原料药5大产品线，是中国动物保健品产业技术创新战略联盟理事长单位。“信得”商标是全国动保行业首个中国驰名商标。2018年实现主营业务收入2.7亿元。公司拥有研发人员125人，其中博士12人，享受国务院特殊津贴专家1人，90%拥有硕士以上学历；主要致力于畜禽用生物制品及生化药品的研发与创新。公司拥有三个P2实验室，P3实验室正在建设中。分别在北京、青岛、诸城设立研发机构。青岛研发中心作为信得集团的技术中心，是山东省重点企业技术中心，是业内首个博士后工作站。公司先后承担了国家863计划、十二五重点技术支撑项目等国家级课题20个，获得国家级新药证书11个，获得国家发明专利16项。依靠创新，信得完成了产业升级，动物疫苗及生化药物在销售收入中占比超过72%，获得较强的竞争优势。潜心研发的高效生化制剂“信必妥”，是全球首个动物用脾转移因子产品。2012年，公司在诸城经济开发区投资1.2亿元建成了国内唯一一家转移因子GMP生产车间。2012年10月，公司建成国内首家大规模细胞悬浮培养工艺生产高致病性禽流感灭活疫苗的GMP车间，顺利通过农业部的GMP动态验收，获得新兽药证书和兽药生产许可证并投入生产。这是国内首个禽流感细胞疫苗新兽药证书。至2018年，大规模动物用禽流感疫苗的生产企业，全球仅信得一家。

【山东泰瑞汽车机械电器有限公司】 山东泰瑞汽车机械电器有限公司占地32万平方米，建筑面积20.6万平方米，注册资金8500万元，拥有固定资产8.4亿元，现有职工1400余人，其中专业技术人员140余人。2018年公司实现主营业务收入1.9亿元。公司拥有国内先进的冲压、辊压、开平、焊接、注塑、喷漆镀铝、专业检测等不同规格的设备1000余台。主要产品有汽车车身冲压件、车身焊接、汽车灯具、汽车仪表、汽车内外饰件及各类汽车货厢、农机配件等，产品主要配套于北汽福田、济南重汽、上汽通用、柳州五菱、天津一汽、烟台东岳等国内重要整车生产企业。2008年公司抓住市场机遇，与航天科技集团公司合资创建了泰瑞风华公司，生产的汽车电子产品已跨入国内先进行列。在上海成立技术研究院，建立起有吸引力和竞争力的长效激励机制，吸引了国内行业优秀人才，打造了泰瑞汽产品知名品牌，提高了公司的综合竞争能力。公司坚持“以人为本、科技领先、顾客至上”的经营理念，重质量、促发展，先后通过了ISO9001:2000、3C、TS16949等国际质量体系认证。先后荣获“中国质量过硬知名品牌”“山东省高新技术企业”“潍坊市企业技术中心”“潍坊市诚信民营企业”等称号。

【山东正泰希尔专用汽车有限公司】 山东正泰希尔专用汽车有限公司成立于1996年，是国家发改委批准成立的专用汽车生产厂，总资产2.5亿元。2018年公司实现主营业务收入9093万元。公司主要产品有爆破器材运输车、冷藏保温车、餐饮车、军警用车、检修检测车、勘察指挥车、文化广告宣传车、电源工程车、军用方仓、厢式车、随车起重运输车以及“春田牌”房车（旅居车）等。拥有27项国家技术专利，62项专用汽车产品国家公告。公司通过质量体系认证、汽车行业标准认证、汽车改装国家3C认证，并取得商务部汽车出口许可授权。公司与奔驰、福田、解放、庆铃、江铃、东风、江淮等国内外多家知名汽车生产厂商建立了合作关系，生产的“正泰希尔”及“春田牌”专用车产品销往国内二十多个省、市、自治区，并远销俄罗斯、北非、中东等国家和地区。

（刘　冰）

商　务

商贸服务

【概况】 2018年，诸城市商务部门围绕"14435"工作思路，加快设施改造、功能完善、信息化建设，全面推进"三区一城"建设，实现商贸服务业转型升级，努力提升现代化水平。全市限额以上商贸企业发展到162家，实现社会消费品零售额260亿元，同比增长8.8%。

【商贸服务业】 以加快设施提升改造为重点，推动传统商贸业转型升级。鑫城广场向电商转型，打造出9条特色精品小街，构建起居民1公里商业服务圈。居民购物环境进一步改善，集休闲、娱乐、餐饮、影视文化为一体，建筑面积5.2万平方米的佳乐家购物中心开业运营，6万平方米的百盛商业综合体完成前期土地准备工作。"放心早餐"供应点总数达到116处，东升大酒店在潍坊市第八届烹饪大赛中获奖，刘罗锅餐饮有限公司、中粮宾馆获得"潍坊市名吃""潍坊餐饮名店"称号。餐饮业服务水平进一步提升。诸城外贸、新华宇公司2家企业成功申报"山东老字号"，中粮宾馆、刘罗锅餐饮有限公司、东升大酒店3家企业成功申报"潍坊老字号"。商业品牌化建设迈出新步伐。12月，潍坊市促消费升级现场会在诸城召开，诸城经验得到肯定并予以推广。再生资源回收利用成效明显，山东中坛省级再生资源示范基地和再生资源回收分拣示范中心已通过省商务厅专家评审。

【电子商务】 以加快发展电子商务为载体，促进相关产业融合发展。跨境电商取得新突破，阿里巴巴国际站、全球贸易通签约用户发展到236家，年实现跨境出口额2亿多元。城乡互动取得新成效，阿里巴巴诸城产业带上线企业达到699家，农村淘宝社区（村）级服务站发展到80家，京东商城线下实体店发展到7家。电商孵化功能再上新台阶，蚂蚁汽配交易平台实现交易额2000万元，百盛到家同城网购平台注册用户达到10万。电商培训取得新进展，培训各类电商人才1000多人。诸城电商创业园被省商务厅评为"兴农扶贫诸城市品牌服务站"，被潍坊市商务局评为"潍坊市电子商务示范基地"，被潍坊市中小企业办公室评为"潍坊市小型微型企业创业创新示范基地""潍坊市中小企业公共服务平台"。

1月26日，首批共享电动汽车亮相龙城　　（摄影　张永鹏）

【现代物流】 以提升产业支撑功能为抓手，积极培育壮大现代物流业。一批重大项目顺利建设：全市第一家具有第三方性质的检测检品机构桑莎检通高端出口检品物流中心建成运营，出口货物经标准化检测后可直接发送到日本国内各个销售店铺；“无车承运人”物流运输及信息网络平台成功启动；总投资5亿元的良丰“城乡快递电商物流配送中心”项目签约。保税物流得到快速发展，保税物流中心自封关运营至年底，累计通关票数994票，通关车辆931车次，通关总金额6917万美元。冷链物流不断发展壮大，渤海智慧冷链物流产业园入选“山东省现代服务业集聚示范区”，园区总占地面积658亩，平层库包库储藏商户348家，寄存库储存6万吨货物，与1000多家企业保持良好的业务合作关系。供应链体系建设取得明显成效，得利斯、华宝等企业携手组成禽肉供应主链条，渤海水产与惠发公司作为潍坊市餐饮链协同企业，通过了潍坊市组织的专家评审，潍坊市共4条冷链，诸城市争取到2条。

对外经济贸易

【概况】 2018年，诸城市对外经济贸易工作按照省委、省政府新旧动能转换实施方案的要求，根据《诸城市开放发展三年行动计划（2018－2020年）》要求，以提升国际竞争力为核心，推动外向型经济创新发展。年内，全市实现外贸进出口总额116.6亿元，同比增长12.4%；新设立8家外资企业，实际到账外资13.4亿元，同比增长55.5%；实现境外实际投资额856万美元，同比增长298.5%。

【对外贸易】 2018年，全市外贸转型示范基地发展到12个，被商务部评为“山东省诸城市国家外贸转型升级基地（禽肉产品）”。制定实施《诸城市开放发展三年行动计划（2018－2020年）》，先后组织41家企业参加了46个境外展会，组织64家企业参加了首届中国国际进口博览会。积极应对中美贸易摩擦，指导义和、美晨、通伊欧等企业主动化解外部风险，促进对外贸易平衡发展。鼓励扩大进口，进口棉花、大豆、玉米等资源类商品4.3亿元，进口增幅居潍坊市第1名。诸城市福田国际贸易公司于11月通过商务部公示，即将开展出口业务，为全市机电产品出口奠定了良好开端。

【利用外资】 创新招商引资方式，拓展新的招商渠道，发挥诸城产业发展优势，重点针对世界500强、跨国公司及其在华投资的公司开展多种方式的重点推介和专题招商。全市新设立外资企业8家，其中沙特阿拉伯首次在诸城设立合资企业（潍坊思拓纸业公司），主要加工生产餐巾纸、卫生纸、纸杯等日用生活用品，出口额达到20万美元，实现了新突破。

【对外经济技术合作】 进一步加快海外资源基地建设，市内企业从俄罗斯等国家回运各类板材18.3万立方米。召开了“一带一路”跨境贸易与投资合作对接会，诸城10家企业与国外客商达成合作意向。上报52家服务外包企业，实现离岸服务外包营业额1650万美元。

（商务局）

招 商 引 资

【概况】 2018年，诸城市招商局认真贯彻落实党的十九大精神，紧紧围绕全市中心工作，求真务实、开拓创新，开创了诸城市招商引资工作的新局面，全年共洽谈引进项目205个，实际到位资金125亿元。

【招商项目】 突出高科技招商。首次洽谈引进了千人计划专家鲍学元，与城投公司合作成立山东中孚新能源有限公司，新上页岩油大规模生产装备项目，产品已试制完成。洽谈引进了黑龙江科技大学材料科学与工程学院院长王振廷，成立诸城石墨烯产业技术研究院，并与城投公司合作成立山东龙稀新材料有限公司，生产设备正在安装中。

突出“零增地”招商。将闲置土地、厂房等存量资源转化为招商资源，引进北航青岛研究院入驻高新园，充分利用原冠泓公司闲置东院，与北汽集团合作建设诸城高性能轻量化材料军民融合产业基地。整合原康佛特公司原有生产资源配置和已拥有的客户资源，青岛麦迪绅集团公司通过收购重组、优势互补，新上新能源汽车部件项目，已正式投产。引进河北海天建设集团邯郸一三高研科技有限公司，利用原宏盛公司厂房，新上总投资10亿元的高强钢筋项目，项目已完成公司注册，正在进行厂房改造。利用林家村旭能生物工程有限公司现有闲置厂房，与青岛澳柯玛集团合作，新上总投资额1.8亿元的澳海生物工程项目。

【定向招商】 开展对接北京招商。全市共洽谈引进北京招商项目33个，其中北京恒通创新赛木科技智能制造及再生资源深加工项目、北京中逸信诚招商合作平台项目、北京文德国际学校项目、北京辐全智能科技机器人关节减速器项目已开工建设。

全面对接服务青岛。全市对接青岛招商项目共51个，其中青岛展宇特种钢材及工业超市、美嘉乐器、澳柯玛无人售货柜、富川高铁通风系统制造、九洲盛禾农场项目已开工建设。

推进对接长三角、珠三角地区。雪松恐龙探索王国、金查理小镇项目已开工建设，上海红星·美凯龙城市综合体项目，深圳安道云公司的液态金属和智能投影仪等项目正在有序推进中。

【重点招商】 1月14日赴青岛参加“青岛市潍坊商会2018年年会暨大型项目对接联谊会”。3月11日参加青岛市潍坊商会2018新春团拜会暨大型项目对接联谊会。4月23日第35届潍坊风筝会期间，诸城中科亿通新能源汽车研究院及生产基地项目、上海珍源连续多晶陶瓷纤维和金属陶瓷复合材料项目在会上成功签约。6月24日参加青岛潍坊商会三周年庆典联谊会。7月2日-7日，参加潍坊市组织的长三角地区集中签约活动，现场签约杭州颐高新旧动能转换产业园项目、上海复螺新材料有限公司医疗卫生用多糖水凝胶材料项目、上海产业合作促进中心战略合作项目3个项目。9月1日-4日，赴潍坊参加第24届鲁台经贸洽谈会，签约诸城市刘罗锅食品科技有限公司与台湾中砺江记豆腐乳文化馆合作项目，及台湾大仁科技大学与潍坊工商职业学院合作办学项目。9月14日参加潍坊“第四届中日韩产业博览会第一届中日韩贸易投资洽谈会重点项目推介会暨揭牌签约仪式”，中韩自然生态国际农场项目、中国汽车技术研究中心汉阳专用汽车研究所诸城实验基地项目成功签约。12月4日-8日，组织参加长三角地区招商活动，并于12月7日参加潍坊市在深圳举办的2018潍坊（深圳）重点合作项目签约仪式，签约雪松恐龙探索王国项目和欢乐海洋文旅小镇项目。

南京市鼓楼区诸城商会成立　　（供图　吴加辉）

【诸商回归活动】　5月28日，山东异地商会诸城联谊招商推介会在英良集团五号仓库下沉式广场召开，就全市重点产业、诸城规划情况、重点项目等内容进行了介绍推介。7月14日－15日，“诸城一中（北京）校友情系家乡恳谈会”“诸城繁华中学（北京）校友情系家乡恳谈会”在北京裕龙国际酒店顺利召开。7月28日，“青岛市潍坊商会第一届理事会第五次会议暨诸城市招商合作推介会”在密州宾馆举行，60多名青岛企业家到诸城考察投资环境并进行了部分项目对接。12月9日，参加诸城籍南京老乡情系家乡恳谈会，商讨诸城南京商会成立事宜。12月28日，参加“共话桑梓情深　共谋发展大计　诸城（青岛）发展恳谈会”，与北京航空航天大学青岛研究院、青岛农业大学、青岛理工大学、青岛科技大学签订合作协议。

【服务机制】　制定了诸城市招商发展激励政策，全面落实投资激励、总部经济项目激励、高等院校和研发机构激励、高层次人才补助、企业高管人才激励、政府基金支持、社会专业化招商激励、飞地经济激励、镇街（园区）市直部门招商激励等方面政策。重新修订完善了《关于进一步强化招商引资工作的实施意见》。全面启动“百企百商”走访活动。加强对专业队伍的培训力度，与复旦大学联合举办生物医药产业专题培训班；与浙江大学联合举办招商引资专题培训班。切实提高了招商队伍的实践能力和服务水平。成立全面对接青岛工作办公室，在青岛、西海岸、诸城设立三个联络处。建立“一条龙”全过程推进服务机制；进一步完善诸城市招商引资重点项目协调推进工作机制；健全洽谈、签约、落地、建设、运营一体化项目促进机制。促进各环节明确规范、提高实效，形成各级协调推进机制常态化制度建设，切实推进形成重大招商引资项目落地易、实施快的良好局面。突出抓好营商环境建设，对重大项目开辟绿色通道，提升服务招商的能力和效率，倾力打造务实高效的政务环境、公平公正的法治环境、重商亲商的人文环境、宜居宜业的生态环境。

（招商局）

总 部 经 济

【概况】 2018年，诸城市进一步加大对总部经济的培植力度，向外完善招引政策，向内优化服务机制，围绕精准招商，着力招引金融保险、科技研发、现代物流、电子商务、新能源等生产性、服务业企业总部进驻诸城。全年引进启迪未来投资控股（北京）有限公司、德瀛盛世资产管理（天津）有限公司、中海油天津化工设计研究院等企业和院所等发展潜力大的企事业总部77家，超额完成全年目标。

【明确招引重点】 突出精准招商，协助北京恒通公司注册成立分公司，在诸城市设立总部，拟投资15亿元在诸城市建设资源循环利用基地项目，是近年来诸城市引进的第一家投资实体经济项目的上市公司；引进注册成立山东百利能源公司、广韵新能源公司，在诸城市设立全国结算中心；引进中恒银河（天津）有限公司、启迪未来投资控股（北京）有限公司、德瀛盛世资产管理（天津）有限公司、中海油天津化工设计研究院等企业和院所在诸城市设立山东省区域总部。引进北航诸城高性能轻量化材料军民融合产业基地、诸城恐龙梦想大世界旅游等一批规模性和税源性项目落户诸城市。全年累计拨付招商引资资金12亿元以上。

【紧抓招引机遇】 抓住机遇对接北京。2018年，全市共洽谈引进北京招商项目33个，其中北京恒通创新赛木科技智能制造及再生资源深加工项目、北京中逸信诚招商合作平台项目、北京文德国际学校项目、北京辐全智能科技机器人关节减速器项目已开工建设。积极主动对接青岛。全市对接青岛招商项目共51个，其中青岛展宇特种钢材及工业超市、美嘉乐器、澳柯玛无人售货柜、富川高铁通风系统制造、九洲盛禾农场项目已开工建设。全面推进对接长三角、珠三角地区。雪松恐龙探索王国、金查理小镇项目已开工建设，上海红星·美凯龙城市综合体项目，深圳安道云公司的液态金属和智能投影仪等项目正在稳步推进中。

【创新招引模式】 创新高科技招商。引进国家“千人计划”等高端专家，与诸城市合作成立了一批科技含量高，产业前景广的产业公司，发展能源、材料等技术产业。创新“零增地”招商。盘活利用闲置土地、厂房等存量资源，吸引企业入驻。其中，引进北航青岛研究院入驻高新园，充分利用原冠泓公司闲置东院，与北汽集团合作建设诸城高性能轻量化材料军民融合产业基地；利用林家村旭能生物工程有限公司现有闲置厂房，与青岛澳柯玛集团合作新上总投资额1.8亿元的澳海生物工程项目。充分利用高端招商平台，积极参加重大招商活动。在第35届潍坊风筝会期间，诸城中科亿通新能源汽车研究院及生产基地项目、上海珍源连续多晶陶瓷纤维和金属陶瓷复合材料项目在会上成功签约；参加潍坊市组织的长三角地区集中签约活动，现场签约杭州颐高新旧动能转换产业园项目、上海复螺新材料有限公司医疗卫生用多糖水凝胶材料项目、上海产业合作促进中心战略合作项目3个项目；参加潍坊“第四届中日韩产业博览会第一届中日韩贸易投资洽谈会重点项目推介会暨揭牌签约仪式”，中韩自然生态国际农场项目、中国汽车技术研究中心汉阳专用汽车研究所诸城实验基地项目成功签约；组织参加长三角地区招商活动，并于12月7日参加潍坊市在深圳举办的2018潍坊（深圳）重点合作项目签约仪式，签约雪松恐龙探索王国项目和欢乐海洋文旅小镇项目。

【优化招引环境】 制定诸城市招商发展激励政策，全面落实投资激励、总部经济项目激励、高等院校和研发机构激励、高层次人才补助、企业高管人才激励、政府基金支持、社会专业化招商激励、飞地经济激励、镇街（园区）市直部门招商激励等方面的政策，重新修订完善了《关于进一步强化招商引资工作的实施意见》。成立全面对接青岛工作办公室，在青岛、西海岸、诸城设立三个联络处。建立“一条龙”全过程推进服务机制，进一步完善全市招商引资重点项目协调推进工作机制，健全洽谈、签约、落地、建设、运营一体化项目促进机制，促进各环节明确规范、提高实效，形成各级协调推进机制常态化制度建设，切实推进形成重大招商引资项目落地易、实施快的良好局面。突出抓好营商环境建设，对重大项目开辟绿色通道，提升服务招商的能力和效率，倾力打造务实高效的政务环境、公平公正的法治环境、重商亲商的人文环境、宜居宜业的生态环境。

（王　伟）

供　销

【概况】 2018年，诸城市供销社在上级社指导下，按照同农民利益联结更紧密、为农服务功能更完备、市场运作更有效的要求，扎实推进供销社综合改革，先后获得“全省供销社系统先进集体”“全国供销合作社系统百强县级社”等荣誉称号。

【农业社会化服务】 为农服务中心建设。围绕服务农业生产，新建续建绿博园、厚德、埠头、马庄、孟疃、舜王、丹家店子、桃林果品、雪莲兔业等为农服务中心，争取上级专项扶持资金640万元，形成了以北部粮食、中部瓜菜、南部林果为格局的综合服务体系。相州、南湖、埠头、绿博园为农服务中心迎接了省供销社党组副书记、监事会主任许广民一行调研，相州、南湖为农服务中心先后多次接待了兄弟县市区供销社、外省市县级供销社的考察学习。

土地托管服务。按照“两个延伸、两个提升”的要求，扩大土地托管面积，完善土地托管方式。加强与省农科院、国家花生技术研究中心等科研院所的联系合作，强化农业新技术、新品种、新设备的推广应用，积极开展水肥一体化等服务，完善土地托管服务方式，全年完成土地托管服务面积超过50万亩。

种子产业科技服务平台。以潍坊市供销社打造市级产业科技服务平台为契机，着力推进以诸城市佳博天益农业公司为龙头的种子产业试验推广服务平台建设；6月成功举办了潍坊市农业社会化服务体系暨种子产业科技服务平台建设现场推进会议；在相州为农服务中心揭牌成立“山东省农业科学院作物研究所潍坊科技成果转化示范基地”，与省农科院作物研究所签订了潍坊科技成果转化示范基地共建合作协议，协议利用3年的时间开展5万亩济麦系列良种示范推广，转化应用小麦“两深一浅”栽培技术等5万亩。

【合作组织经济建设】 开展“农民合作社示范社”创建活动。相州镇泰丰农村资金互助社获评国家级农民合作社示范社，元辰蔬菜专业合作社获评全国供销合作社系统农民专业合作社示范社，天益金粮食专业合作社获评省级农民专业合作社示范社。截至年底，领办的合作社中有国家级示范社4家、省级示范社4家，全国总社示范社3家。

规范开展信用合作。绿洲蔬菜生产专业合作社、青华苗木专业合作社、康农农产品专业合作社、颐康蔬菜专业合作社、天益金粮食专业合作社等5家获得全省新型农村合作金融试点运营资格的合作社，累计开展互助业务40笔，互助金累计发生额526万元；按照“两头堵死、封闭运行”的要求，相州泰丰农村资金互助社自运营以来，累计开展互助业务2445笔，互助金累计发生额1.11亿元。

【农村现代流通】 改造提升线上、线下流通服务网络。先后在埠头、马庄、孟疃、舜王、桃林果品等为农服务中心新建农资放心店供应服务站（点）5家，昌城供销社新建供销e家超市（日用品店）1家，全市改造规范农资放心店46家、日用品店（供销超市）30家，系统全年累计供应化肥、农药、农膜等各类优质农资6万余吨。依托“供销e家”、皇华供销社“东方花木在线”等电商服务平台，全年实现电子商务交易金额超过1亿元。

组织开展农村综合服务社星级社评选。在巩固32家“星级综合服务社”的基础上，新培育五星级农村综合服务社19家，四星级农村综合服务社22家。

积极参与农村“新六产”发展。鼓励基层供销社、市直公司和供销社引领创办的合作社及其联合社积极参与农业“新六产”发展，相州、大宋、绿博园、桃林、雪莲兔业等为农服务中心立足当地产业发展优势和服务优势，搭建了粮食、蔬菜、果品、兔业等链条完整的产业融合发展平台，让农民更多地分享了产业融合带来的收益。

【“三社”联建】 培育“三社”联建示范点。深入开展党建带社建、供销社+社区+合作社“三社”联建，通过共建干部队伍、共建服务平台、共建示范基地、共建发展市场，推动了基地共建、品牌共创、利益共享，实现了农民收入增加、供销社效益提高、合作社发展和社区党组织的凝聚力增强。先后培育相州、南湖、埠头、尚庄、郝戈庄、贾悦、孟疃、永丰盛等“三社”联建示范点8处，发展粮食、蔬菜、花生、苗木、果茶等示范基地22个。其中，皇华供销社+南湖区朱家村社区+青华苗木专业合作社“三社”联建点被省供销社评为“山东省供销社党建带社建、村社共建示范点”，迎接了省委办公厅调研组调研；南湖为农服务中心、相州为农服务中心联建点为潍坊市供销社党建带社建、村社共建工作调研组提供了现场。

加大“三社”联建经验推广。经验做法先后被《中国组织人事报》《大众日报》、全国总社、省委组织部、《潍坊通讯》、潍坊市委组织部等重点报刊、网站、微信公众号刊发。以党建带社建、“三社”联建为题材的微党课在潍坊市直机关党务公开岗位练兵竞赛中获奖。2019年，“三社”联建工作被写入诸城市委常委会2019年工作要点。

（市联社）

粮 食

【概况】 2018年，市粮食局认真贯彻落实党的十九大精神，以市委巡察整改为动力，坚持不忘初心、勇于担当、振奋精神、转变作风，克服大量困难，不断推动粮食事业科学发展、和谐发展。同时，努力加强党的建设、党风廉政建设和意识形态建设，推进安全生产、信访维稳、扶贫、信息化、保密等各项工作，成效明显，受到市领导和上级有关部门肯定。

【地方粮库维修改造】 完成中丰粮油物流公司6万吨库容和部分办公用房、沿街房过户手续。在设计、招标基础上，开展了围墙垒建、防水处理、地面硬化等维修改造工作，新建了钢构工具棚，购置部分机械设备和办公设施，特别是争取省财政扶持资金123万元，协调财政部门配套52万元，实施了地方粮库智能化升级。麦收前，全部工程都通过验收并投入使用。

【地储粮油管理】 轮换小麦5143吨，小麦原粮继续保持1.5万吨的储备规模。大豆油储备规模为620吨，其中粮油储运公司自行储备175.57吨，将于年底一次性轮换完毕；高密新春油脂有限公司代储444.43吨，随产随售随时轮换。粮油储备量合计达到潍坊下达计划的100%，完成比例排名预计并列第一。指导储运公司不断完善规章制度，加强员工培训、考核奖惩、粮油管理、粮食安全演练等各项工作，经常排查并消除防火、防涝、防盗等隐患，推进标准化建设。多次与发改、消防、安监等部门联合开展安全生产检查，指导储运公司和涉粮企业防微杜渐，一直没有发生事故。多次迎接省和潍坊粮食部门检查，检查结果表明，诸城市地方粮库粮油储备充足，质量完好，账实相符，管理到位，符合“四无”粮仓标准。

【粮食收购】 自6月1日起，指导粮油储运公司按照“五要五不准”的守则收购小麦5143吨，于7月底完成地方粮库收购任务。为确保收购小麦质量，严格执行国家粮油质量标准要求，所收小麦容重≧750克/升，水分≦12.5%，杂质≦1.0。为确保农民卖上“明白粮”，通过网站、公告栏等多种方式宣传国家粮食收购和质价政策。为维护粮食流通市场秩序，实行“双随机一公开”制度，多次组织深入集贸市场、涉粮企业开展执法检查和涉粮法规宣传活动，全市未出现“卖粮难”现象，也没有发生违反质价政策、扰乱市场秩序等问题。11月21日，国家粮食和物资储备局财务审计司司长王耀鹏一行3人在省粮食和物资储备局副局长李伟、潍坊市粮食局党委书记、局长陈玲玲等陪同下，到诸城市就秋粮收购资金筹集与管理工作进行调研，对全市工作给予高度评价。

【军队粮油供应】 开展“科技粮油进军营”活动，到驻诸部队宣传粮油保管、品质鉴定、食品制作、菜肴烹饪和科学节粮等知识，深受部队欢迎。顺利通过上级军粮质量、危仓老库维修改造资金使用情况等专项检查，完善了军粮战备应急保障体系，受到上级充分肯定。按规定渠道向诸城驻军供应面粉，没有发生任何问题，部队满意率连年保持100%。

【粮食产后服务体系建设】 争取上级粮食部门支持，将市天益金粮食专业合作社和市永丰农机专业合作社两家企业确定为诸城市粮食产后服务体系建设承建单位。争取省级财政扶持资金300万元，指导企业配套资金315.8万元，组织开展了设备招标采购、基建等工作，通过了上级部门验收。

【深化社会管理服务】 正视粮食系统“老人老事”，按时发放遗属、退职职工生活费。重视信访维稳工作，解决了长期悬而未决的原万家庄粮管所债权债务问题；认真贯彻落实全省关于复退军人安置与待遇的政策，健全了包靠责任制，强化经常性思想政治工作，系统内未发生越级上访、集体上访等问题。先后受理市长公开电话7个，民生服务热线电话25个，相关群众满意度达到95%以上。积极参与城乡联建党总支、争创文明城市、扶贫等工作，投入大量人力物力，受到各方面肯定。

（粮食局）

烟　草　业

【概况】 诸城市烟草专卖局（分公司）负责全市13个镇（街道）的专卖管理、卷烟销售、烟叶生产收购工作，下设综合办公室、政工科、财务科等6个内设机构，2个工作推进组，6个市场管理服务站，14个烟叶工作站。年内，共有在岗干部职工441人，内退职工、离退休职工251人。辖区共有3387户卷烟零售户、1316户烟农。

2018年，诸城烟草部门坚持稳中求进工作总基调，自觉践行“国家利益至上、消费者利益至上”的行业价值观，扎实推进卷烟市场化取向改革、现代烟草农业建设和专卖管理监督等工作，较好地完成了各项任务，为全市经济社会发展作出了应有贡献。全年实现税利3.95亿元，其中实现利润2.89亿元，同比增长7.56%。

【烟叶种植】 2018年，全市种植烤烟5.51万亩，收购烟叶16.18万担，完成计划的101.13%；收购上等烟比例54.64%，同比增加9.75个百分点；实现亩产值3855.43元（含补贴），同比增加748.62元。上等烟比例、单产、均价、烟农收入均为近年来最好的一年。

开展烟田布局优化与烟田轮作。淘汰不适宜烟田2.36万亩，新调整适宜烟田2.5万亩，建立起“以烟为主”的轮作制度。全面肃清烤烟劣杂品种，加强与政府部门及市县间协作，层层签订责任状，形成高压态势，夯实烟叶工作的品种基础。落实以“三项技术”为主的关键生产措施，烟叶生产水平、质量特色显著提升。

加强烟基设施建设。全年总投资599.52万元，建成机井、管网、农机棚等项目675项，国家局援建的墙夼水库调水工程完成建设进度的88%。推进烟叶工作创新，示范试验“小麦+烤烟”“小麦+油菜”一年两熟种植模式，改进推广烟田高起垄施肥一体机、田间烟叶运输机、燃煤节能炉等设备，助推烟叶生产的降本增效。促进烟农增收，注册“孟友”自主品牌，建立丹参种植、食用菌栽培、有机小米种植等促农增收示范点8个。

【卷烟营销】 年内，全市有卷烟零售户3387户，全年销售卷烟3.78万箱，同比增长0.74%；单箱销售收入25434元，同比增长1.31%；人均条数8.64条，同比增长0.74%；销售额9.63亿元，同比增长2.06%。

扎实推进终端建设共建共赢、自律互助小组建设、大户治理、文明吸烟环境建设四个“一把手工程”，推行“城乡一体、条盒一价”销售制度，实现自律互助小组全覆盖，零售户综合毛利由原来的4%提高到15%；发展和润易购加盟店11家、储备户62家，鼓励卷烟零售户自制销售柜台633套，推广云POS终端管理系统246户；大户占比由2017年的1.5%降至0.33%，大户销量占比由12%降至0.8%；完成建设环保吸烟室3个，设置公共吸烟点65个、烟蒂收集器129个。

积极落实客户壮腰工程，月销量120-900条户数占比由年初的66.1%提高到73.7%，零售户的销售分布更加合理。狠抓卷烟销售结构调整，以百元以上鲁产、标准细支作、增加品牌宽度作为上量提档突破口，在保持销量稳定的前提下推进四五类向三类转移，全年销售百元以上鲁产卷烟8837.97箱、增长5.06%，销售细支（标准卷烟）3647箱，增长12.49%、零售户展示宽度同比增加12个，增长30%。

【专卖管理】 开展“齐鲁利剑”专项行动，加强“网格化”市场监管，始终保持打假打私打非高压态势，全年查获涉烟案件716起，涉案卷烟215.1万支，156.35万元，查获万元以上大要案件23起，破获“县标”网络案件6起，刑拘7人，判刑5人。以QC课题“提高物流快递领域涉烟案件情报成案率”为带动，查获物流快递案件247起，查获卷烟27.01万支，案值35.48万元。全市推广“VBA自动打印程序”，批量打印许可证文书，提高了许可证延续的工作效率。开展“五星榜”评比活动，落实稽查中队片区、人员轮岗机制，进一步激发干部职工的工作活力。积极开展“走进农村、走进社区、走进企业”的普法宣传活动，为基层群众送上文化、科技、法律知识，受到了社会广泛好评。

【企业管理】 加强精益管理。注册备案QC小组4个，1个课题获第43届国际质量管理小组大会金奖，1个课题获市局（公司）发布会一等奖，龙腾QC小组被评为山东省优秀质量管理小组，贾悦烟站被评为山东省质量信得过班组。推进全员创新，获得实用新型专利授权10项，获得省局（公司）专利奖4项，发表省级以上科技论文4篇。强化费用预算管控，压实降本增效责任，全年可控费用同比下降4.22%。规范投资采购管理，落实应招尽招要求，节约资金率4.81%。积极参与社会公益事业，持续开展城乡联建和“精准扶贫”工作，定期对困难群众开展走访慰问，帮助贫困村逐步实现农业生产结构转型，为弱势烟农、零售户和困难职工筹款10万余元。

（郑海峰）

盐 业

【概况】 2018年，盐业管理工作以保障经济社会发展为目标，以居民安全用盐为重点，强化措施，狠抓市场管理，不断提升服务，盐业市场秩序稳定，各项工作实现又好又快发展。年内，全市盐产品供应量15487.90吨，其中小包装食盐2636.93吨，大包食盐10736.35吨，其他用盐2114.62吨。实现销售收入1124.91万元、利税43.91万元。

【盐品市场】 全市盐品市场共分食用盐和非食用盐两大类。居民食用盐全年销售12488.38吨，主要有海花盐、低钠盐、澳盐、海藻盐、弱碱性盐、海晶盐等品种。非食用盐全年销售2999.52吨，主要是工业用盐、食品加工用盐、畜禽养殖用盐等，多数是大包装（每袋50千克）盐品。全市有食盐零售网点3000多个，并在大中型超市设立食盐专柜310个。“食盐零售许可证”每三年免费更换一次，年内更换781个。

【食盐配送服务】 将全市划分为四大销售片区，每个销售片区由一个营销中队负责，主要对小包装食盐、养殖用盐等进行配送，实行包片销售、费用包干。按照全年计划数，量化到月，并根据《营销大队百分制业绩考核细则》，对各盐种实行百分制考核，激发营销中队的工作热情和干劲。

根据淡旺季用盐情况，上半年以小包装食盐推广为重点，把各品种食盐铺货到各个零售网点货架，张贴宣传材料；在城区超市、乡镇驻地超市食盐专柜摆放澳盐等高档盐，满足不同消费群体的消费需求。下半年随着腌制品、食品加工等用盐企业加工旺季的到来，全力做好用盐企业的销售服务工作，采取台账管理、上门服务等方式，加强与用盐企业的联系与沟通，保证大包盐的销量。

（盐务局）

金　融

人　民　银　行

【概况】 2018年，中国人民银行诸城市支行认真履行管党职责，不断推进党建工作与高效履职的有效融合，较好地完成了全年工作任务。2018年，诸城支行获得“2017年度支持诸城发展突出贡献奖”；收到企业感谢锦旗1面；在中心支行组织的国库调研竞赛和会计财务知识竞赛中分获团体二等奖；在中心支行组织的纪念改革开放40周年暨人民银行成立70周年主题书法美术摄影文学作品展评活动中，有3人获三等奖；在中心支行组织的“贯彻十九大精神、推进七项支撑力建设”职工专题建言献策活动中，有2人获三等奖；在中心支行组织的国际收支业务竞赛中，有1人获三等奖。

【双支柱调控政策】 进一步发挥“三个平台”作用，服务实体经济。利用金融政策顾问平台，组成专门金融顾问团，一企一策帮助企业解决实际问题，组织全市140家直接投资企业成立诸城市外资企业QQ群，及时发布国家有关政策。选取山东奥扬新能源投资控股有限公司等5家企业作为重点服务企业，继续实施重点企业联系制度，开辟业务办理绿色通道，实行登门服务活动，针对不同企业提出不同的融资支持方案，提高服务的有效性和针对性。加强与金融办、发改局、经信局等经济主管部门的协作配合，利用政银企交流平台，促进政策衔接，疏通信贷梗阻环节。召开政银企专项对接会议1次，组织19家金融机构和102家企业参加，企业融资需求30亿元，实际对接资金17亿元。加大山东省融资服务网络系统推广应用力度，充分发挥“互联网+银企对接”的高效性、信息化。2018年系统共发布融资需求96条，成功对接69条，贷款金额11.34亿元。

扎实推进金融支持新旧动能转换重大工程。组织召开“1+4”重点工作攻坚行动三年实施规划动员部署会。对金融支持新旧动能转换重大工程等进行部署。建立健全“1+4”攻坚行动工作协调机制，确保按时完成三年规划目标任务。组织召开金融支持新旧动能转换专题会议。联合市发改局、各金融机构，召开金融服务新旧动能政策宣讲会，解读新旧动能转换重大工程最新政策及规划。组织召开新旧动能转换重点项目融资需求对接专题会议，安排部署融资需求对接。至11月末，共组织7家银行与6个全省重点项目和22个潍坊市重点项目进行了对接，其中有融资需求的项目11个。2018年融资需求9.1亿元，重点项目融资需求满足率达85%以上。

强化金融助推乡村振兴“诸城模式”。以诸城市入选乡村振兴齐鲁样板示范县和诸城农商银行被省联社确定为金融支持乡村振兴战略试点单位为契机，不断强化金融服务乡村振兴力度。强化“政银保”合作，推动开展农业产业结构调整贴息贷款业务，至2018年底，累计为430个新型农业经营主体发放贴息贷款1.38亿元，贷款贴息635.36万元。加强“政银担”合作，推动诸城农商银行推出“鲁担·惠农贷”，累计发放贷款2868万元。强化金融精准扶贫，制订《金融助推脱贫攻坚三年行动方案》，广泛开展金融精准扶贫政策宣传，对涉农银行机构金融扶贫政策落实情况进行现场督导。至2018

年末，共发放扶贫贷款2465.9万元，帮扶贫困户475户、贫困人口1520人。

不断优化民营和小微企业金融服务。深入开展“小微企业金融服务万户行”和“金融精准助民企千户帮”活动，对200户小微企业逐户走访，发放金融政策“明白纸”，帮助解决融资难题。建立民营和小微金融服务重点联系企业制度，定期组织金融顾问团开展走访对接，一企一策解剖麻雀，提供针对性强的融资融智服务。大力推动供应链金融服务，积极推广电子商业承兑汇票业务，推动潍坊银行为美晨科技授信5000万元，已签发电子商业承兑汇票2000万元，日照银行为惠发公司授信2亿元，已签发商业承兑汇票550万元。

【强化普惠金融服务】 认真做好“一次办好”改革工作。认真梳理整合优化企业开户服务流程，切实提高企业开户效率。开户核准现场办理时间缩短50%到5-10分钟，企业开户时间由3个工作日缩短为1个工作日。加强对辖区银行机构企业开户服务督导，适时开通小微企业开户绿色通道，不断提高小微企业开户服务意识和水平。开展以“优化企业开户服务，推动改善营商环境”为主题的优化企业开户服务宣传活动，强化宣传引导。

完善服务大厅建设，强化服务能力。改造个人自助征信查询室，面积扩大为原来的2倍，提供“延时服务”，工作日中午非工作时间也可以进行个人征信自助查询，最大限度为社会公众提供征信查询便利。2018年，支行共提供个人征信查询5.1万余人次，企业查询843家。

强化金融知识宣传。组织开展“3·15金融消费者权益日”“普及金融知识，守住‘钱袋子’”“优化企业开户服务、推动改善营商环境”、反假币、“6·14信用记录关爱日”“金融知识惠万村”“珍爱信用记录、享受幸福人生”等宣传活动。加强金融消费权益保护，妥善化解各类纠纷10起。加强与法院沟通合作，共同签订金融消费纠纷诉调对接合作协议，形成金融消费权益保护工作合力。积极拓展完善农村金融消费维权联络点建设，维权联络点增设至220个，实现208个农村社区全覆盖。

巩固农村支付环境建设成果。开展助农取款服务点业务检查，推进综合性惠农支付服务建设，提高支付机具使用率。至2018年末，农村助农取款服务点达到784个，实现农村社区覆盖率100%。

加强现金管理工作。现场调研诸城市交运公司、长运公司零币整点工作，对公交公司清点零币人员进行指导和培训；实地调研诸城农村商业银行现金库建设情况，优化辖区现金流通环境。牵头组织公安、工商等政府部门和辖区金融机构召开反假货币工作联席会，营造合力打假良好氛围。积极与公安部门配合，加大打击整治假币违法犯罪活动工作力度，共收缴假币面额合计12.09万元。

不断优化辖区金融消费环境。积极配合地方政府部门做好互联网金融风险专项整治、非法买卖银行卡信息专项行动、严厉打击非法集资等活动。加大对各类非法金融广告的监测、甄别力度，做好非法金融广告治理工作。积极协助推动公安部门对洗钱案件、恐怖融资案件等重点领域的案件查处工作。

【维护金融稳定】 积极推进大企业风险处置。摸清辖区融资总额超过10亿元的大型企业风险情况，对已出险企业和潜在风险企业进行重点监测。继续加强大型有问题企业的风险监测，定期上报基本情况，并做好相关企业建档工作。

加强对辖区风险企业的监测分析。定期监测企业融资担保情况，发现融资风险及时上报。依托重大事项报告系统，与商业银行密切联系，及时掌握大企业风险情况。

认真落实存款保险各项工作要求。强化重

点区域风险管控。认真落实存款保险制度，加强对地方法人金融机构的风险监测、保险评级和管理，加大存款保险标识管理力度。加大辖区投保机构的风险监测力度，建立重点关注投保机构监测名单，发现风险及时采取约见谈话、制发风险警示函等方式提出风险警示。

积极协助地方党委政府做好企业风险化解工作。及时报告风险苗头，加强与法院、金融办、银监办等部门的沟通协调，推进形成风险监测分析和处置不良资产的合力。指导金融机构采取计提拨备、清收不良等措施减少不良贷款，消除风险隐患，采取有力措施严防不良贷款反弹，优化信贷结构，调整信贷资金投向，加强不良贷款的清收工作。

强化“两管理两综合”。对辖内49家金融机构开展了综合评价，完成华夏银行的开业管理工作，接收处置金融机构重大事项报告31项。

【外汇管理质效提升】 不断转变外汇服务方式，深入推进“一次办好”改革，制定并公示外汇服务事项清单，提升外汇服务质效。强化重点企业联系制度，一企一策帮助企业解决外汇难题，收到企业感谢锦旗1面。深入12家企业开展全口径跨境融资宏观审慎管理及便利化政策宣传，推动山东大业等3家中资企业实现外债签约3691万美元，跨境流入459万美元。强化跨境人民币政策宣讲，对24家进出口1000万美元以上的涉外企业逐户走访。2018年实现跨境人民币收支总额9.56亿元，同比增长82.97%。坚持以监管促规范，严控跨境资金流动风险。积极开展国际收支与贸易信贷现场核查，完成对2家银行和2户涉外企业的现场核查工作，下发国际收支申报差错通知书4次，组织约见谈话2次，配合中心支局完成行政处罚案件核查和取证1起。加强对名录企业分类监管：5家企业名录分类降级为B类，完成BC类企业到期评估8家，其中2家恢复为A类，2家企业指标未出现明显好转，将其B类监管期限延长一年，2家企业降为C类，2家企业保持C类。

（人民银行诸城市支行）

银监办工作

【概况】 2018年，银监办认真学习宣传贯彻党的十九大精神，坚决贯彻落实诸城市委、市政府及潍坊分局决策部署，始终把加强党的建设作为监管工作的政治引领和根本保障，狠抓服务实体经济、防化信用风险、便捷获得信贷等重点工作，推动辖区银行业继续保持稳健发展的良好态势。至年末，辖区银行业各项存款余额706.72亿元，较年初增加6.30亿元；各项贷款余额545.85亿元，较年初减少8.22亿元；不良贷款率3.36%；实现净利润3.08亿元。

【支持实体经济】 引导辖区银行业以支持供给侧结构性改革为主线，以服务“三农”和小微企业为重点，切实加大对实体经济的支持力度。

引导辖区银行业金融机构将金融资源向小微企业、“三农”和精准脱贫等经济社会发展薄弱环节倾斜。如诸城农商银行涉农贷款余额105.61亿元，占各项贷款的比例达到82.91%。小微企业贷款余额41.83亿元，较年初增加3.49亿元。扶贫贷款余额1882万元。2018年督导金融机构对小微企业实现了“两增两控”。“两增”，即单户授信总额1000万元以下（含）小微企业贷款同比增速不低于各项贷款同比增速，有贷款余额的户数不低于上年同期水平；“两控”，即合理控制小微企业贷款资产质量水平和贷款综合成本（包括利率和贷款相关的银行服务收费）水平。

助力新旧动能转换和“四个城市”建设。引导辖区银行业金融机构按照压减过剩产能、淘汰落后产能、支持发展新兴产业培育形成新动能、服务“四个城市”建设的总体思路，探索构建以重大项目、重点产业为内容的新旧动能转换和“四个城市”建设图谱。

持续推进减费让利。严格落实银监会“七不准、四公开”和《潍坊市降低企业成本促进实体经济健康发展的若干政策措施》等要求，按季监测辖区银行业降低融资成本情况。从账面看，2018年末各项贷款余额较年初减少8.22亿元，但扣除农业银行11.42亿元贴现票据到期不续作和不良贷款处置19.09亿元两项因素，各项贷款余额实际较年初增加22.09亿元。

【严守信用风险底线】 2018年，面对复杂严峻的信用风险防控形势，确立防范与化解并重的总体原则，扎实推进重点企业和重点机构风险防范化解。至年末，辖区银行业不良贷款余额18.36亿元，不良贷款3.66%。

加强与金融机构对接，了解情况，一行一策，一户一策，提出处置主攻方向。督促大型银行向上级行争取政策，通过现金清收、打包处置、呆账核销等方式处置不良贷款。督促法人机构多提拨备、加大核销。2018年通过资产置换、打包处置，办理抵债资产、核销等方式处置不良贷款29.21亿元，居潍坊市第2位；其中核销不良贷款19.95亿元，居潍坊市第2位。做好重点企业风险化解和诸城农商银行（高风险金融机构）的风险化解工作。通过潍坊银监分局向企业债权银行下发通知、召开专题会议调度、约见高管谈话等措施加强调度督促，积极推动重点企业风险化解工作，诸城农商银行各项监管指标达到监管要求。

【营商金融环境优化】 通过潍坊银监分局下发《潍坊银行业提升信贷服务优化营商环境指导方案》，督促银行业金融机构加快流程改造，提升服务效率。推动信贷业务办理流程整合，精简业务办理环节、所需材料，缩短业务办理时间。辖内银行业金融机构办贷时间平均缩短两天。诸城农商银行快贷产品更是当天就能办结。加强续贷产品的开发和推广，争取“一次办好”。对于流动资金周转贷款到期后仍有融资需求的涉农、小微企业，在守住风险底线的基础上，按照相关续贷监管要求，推广无还本续贷业务。积极推广循环贷、展期续贷、分期还本付息等贷款产品和服务方式。对不认真执行有关贷款时限管理规定，造成贷款时间长的责任人员，按照内部管理规定从严处理。督促银行机构推动机制创新，提升银行业服务再生动力。加大对新型科创企业支持力度。加强与互联网、大数据、人工智能的深度融合。建立信贷“阳光公示”机制。

【辖区银行市场秩序整治】 积极培育恪尽职守、敢于监管、精于监管、严格问责的监管精神，坚持“有风险没有及时发现就是失职、发现风险没有及时提示和处置就是渎职”工作要求，深入开展银行业市场乱象治理，加强银行业消费者权益保护，严查重处违法违规行为。

扎实开展专项治理活动。根据银监会、省银监局部署，扎实开展“三三四”及“两会一层”、银行业市场乱象整治、安全稳定隐患排查治理等专项治理活动。加大消费者权益保护力度。持续加大信访投诉高压监管态势，压实银行机构主体责任。坚持“凡有违规必处罚”和“就高不就低”原则，严格实施问责。

【扫黑除恶专项斗争相关工作】 成立扫黑除恶专项斗争工作领导小组，全面领导和实施扫黑除恶专项斗争各项工作。督促各银行业金融机构改进服务，加大正面宣传力度。印发《潍坊银监分局转发关于银行业和保险业做好扫黑除恶专项斗争有关工作的通知》，在银行业领域，重点打击非法设立从事或主要从事发放贷款业务的机构或非法以发放贷款为日常业务中的行为：1.利用非法吸收公众存款、变相吸收公众存款等非法集资资金发放民间贷款的；2.以故意伤害、非法拘禁、侮辱、恐吓、威胁、骚扰等非法手段催收贷款的；3.利用黑恶势力开展或协助开展业务的；4.套取金融机构信贷资金，再高利进行转贷的；5.面向在校学生非法发放贷款，发放无指定用途贷款，或以提供服务、销售商品为名，实际收取高额利息（费用）变相放贷的；6.银行业金融机构工作人员和公务员作为主要成员参与或实际控制人的。对于保险业领域，重点打击有组织的保险诈骗活动。有力维护了辖内金融市场秩序。

（银监办）

地方金融监管工作

【概况】 2018年，全市金融系统紧紧围绕全市改革发展稳定大局，深入推进新旧动能转换、乡村振兴战略、“四个城市”和“三区一城”建设等重大决策部署，创新思路，强化措施，落实责任，各项工作取得良好成效。

【改制上市】 年内，全市425家企业全部完成改制；境内外上市企业达到8家；新三板和四板挂牌企业141家，其中11月20家企业在蓝海股权交易中心完成集中挂牌；累计实现直接融资134亿元。创新体制机制推动企业规范化公司制改制对接资本市场的经验做法，获得潍坊市2018年度金融创新奖二等奖；相关经验做法得到省政府领导的批示肯定，分别在省政府《专报信息》、新华社《山东要情动态》《齐鲁金融》电视栏目等新闻媒体上进行了宣传报道。组织佳士博、龙光天旭、正泰希尔等14家市场潜力大、有发展前景的优质企业参加复旦大学现代金融专题培训班，邀请兰丞资本董事长讲解境外上市内容，积极与投资基金公司进行对接，不断充实上市挂牌后备资源库。奥扬科技与民生证券、迈赫机器人与安信证券、艾泰克环保与申万宏源分别签订上市保荐协议，下步拟申请山东证监局对奥扬科技、迈赫机器人辅导验收；信得科技、佳士博等企业已启动上市程序。

11月23日，诸城市20家企业在青岛蓝海股权交易中心集中挂牌

（摄影　王　玮）

【稳定信贷投放】 截至12月末，全市各项贷款余额538.49亿元，列潍坊县市第2位，较年初减少2.42亿元，降低0.45%。剔除不可比因素影响，实际增加47.55亿元，增长8.79%。组织召开了政银企对接会议，向各银行下发了2018年过千万元建设项目名录，对重点项目进行

集中推介，取得了良好成效。落实农业产业结构调整贴息贷款，截至12月末，累计办理或达成意向698笔1.66亿元；其中，2018年共382笔8592万元。聚焦农村金融，支持诸城农商行开展全省信用社实施乡村振兴战略试点，扩大信贷投放规模。截至12月末，“新六产”链条内经营主体贷款余额31.8亿元，较年初新增4.5亿；支持农民住房贷款余额9.9亿元，新增1.9亿元；“乡风文明贷”贷款余额6.2亿元，新增2.1亿元；“生活富裕贷”贷款余额24.1亿元，新增2.5亿元。

【金融风险防控】 至12月末，全市不良贷款余额20.35亿元，列潍坊县市第2位，较年初减少0.78亿元，下降3.71%；不良贷款率3.58%，较年初下降0.11个百分点，高于潍坊市平均水平1.46个百分点。涉企金融风险形势总体可控。

召开全市金融风险防控处置工作专题会议，成立金融风险防控处置工作领导小组及五个专项工作小组，统筹调度防范处置金融风险、化解不良贷款、打击恶意逃废金融债务等工作，确保不发生系统性金融风险。1-12月，累计新发生不良贷款33.7亿元，共处置34.49亿元，处置效率102.3%。1-12月共为24家企业提供过桥资金26.7亿元，累计提供147.8亿元；舜域、舜邦两家政策性担保公司为47家中小企业提供贷款担保，担保服务总额8.5亿元；对金融领域失信者继续实行联合惩戒，将存在逃废银行债务行为的44家企业纳入信用“黑名单”，累计纳入170家。

【深化改革创新】 积极引进传统金融机构。华夏银行诸城支行开始营业；威海商行诸城支行筹建材料已通过省银保监局审批；英大泰和人寿保险诸城支公司、中路财产保险诸城支公司、长江财产保险诸城分公司均已取得营业执照；其中英大泰和人保、中路财保已正式营业。大力招引新型金融业态。新引进、设立恒泰产业、启迪未来、德瀛盛世、中恒港利等4家基金管理公司；积极推动普惠金融发展，蚂蚁金服普惠金融平台已完成搭建，在诸城市正式上线运营。

（李颖童）

银　行　业

【概况】 截至2018年底，诸城市境内共有银行机构19家，从业人员超过1700人。2018年，境内各银行金融机构简化办事环节、提高办事效率，加大对实体经济特别是中小企业的信贷支持力度，着力加快不良贷款处置进度，积极配合市金融监管局、银监办等部门依法打击逃废银行债务违法违规行为，努力维护金融生态环境，坚守不发生系统性、区域性金融风险底线，有效保障了全市经济平稳健康发展。截至12月末，诸城市各项贷款余额538.49亿元，列潍坊县市第2位，较年初减少2.42亿元，降低0.45%。剔除不可比因素影响，实际增加47.55亿元，增长8.79%。全市金融机构人民币各项存款余额684.5亿元，比年初增加16.8亿元；住户存款余额达482.6亿元，比年初增加46.1亿元。

简化工作流程，便捷获得信贷。市地方金融监管局与人民银行、银监办等部门积极沟通联系，研究制定了《诸城市便捷获得信贷优化营商环境行动方案》，并向辖内各银行机构公开征求意见，最终形成定稿，联合下发。随后，市地方金融监管局召集辖内19家银行机构的分管负责人，召开专题会议对便捷获得信贷行动进行布置，详细讲解了目标要求、具体措施和方法步骤等内容，并督促各银行机构根据各自实际，制定切实可行的便捷获得信贷行动实施方案。加强方案的宣传引导，在各银行营业场所的显著位置公开公示信贷业务流程、业务办理时限等相关材料，切实提高客户获得信贷的便捷性。

加强银企对接，扩大信贷规模。3月，组织召开了政银企对接会议，搭建银企融资畅通平台。各银行机构提供最新融资政策、融资产品和费率优惠等多项融资服务，各企业根据自身融资需求与银行加强沟通交流，对新项目进行重点推介。本次银企对接会，共梳理了410个过千万元项目，向各银行下发了2018年过千万元建设项目名录，对重点项目进行集中推介，取得了良好成效。中国银行、交通银行、浦发银行等6家银行分别与山东大业、海韵汽车、浩天药业等6家企业签订了总额2亿多元的信贷投放框架协议。

发展普惠金融，助力乡村振兴。落实农业产业结构调整贴息贷款，截至12月末，累计办理或达成意向698笔1.66亿元，其中，2018年共382笔8592万元。聚焦农村金融，支持诸城农商行开展全省信用社实施乡村振兴战略试点，扩大信贷投放规模。截至12月末，“新六产”链条内经营主体贷款余额31.8亿元，较年初新增4.5亿；支持农民住房贷款余额9.9亿元，新增1.9亿元；“乡风文明贷”贷款余额6.2亿元，新增2.1亿元；“生活富裕贷”贷款余额24.1亿元，新增2.5亿元。

完善联合惩戒，防范金融风险。各银行机构积极向上级行争取政策，通过采取打包、核销等多种方式，加快不良贷款处置进度，避免风险向下游担保企业蔓延。配合政府相关部门，加大失信企业联合惩戒力度，2018年，将存在逃废银行债务行为的44家企业纳入信用“黑名单”，累计达170家。

（李颖童）

【中国工商银行股份有限公司诸城支行】 2018年，坚持以金融创新、稳中求进总基调，以推动和促进全市经济快速发展为己任，紧紧抓住支持和服务地方经济这个重点，以“奋斗+落实”的实干精神，积极做好稳增长、促改革、调结构、惠民生、防风险等各项工作，在支持区域经济发展、助力小微企业成长、支持居民消费升级等方面不断提质增效，满足经济多样化的金融需求，成为支持诸城市经济高质量发展的主力军。至年末，实现各项存款余额74.75亿元，四行存量占比26.40%，增量53.95%；各项贷款余额54.3亿元，四行存量占比26.70%。实现账面利润1.86亿元，上缴税金1744万元。

坚守金融本源，创新产品种类。以服务实体经济为核心，紧跟政府新旧动能转换调度安排，积极开展“进走访”活动，深入到企业、项目、园区和基层，倾听企业金融服务需求，加大棚户区改造、城市基础设施、公用事业、建设等项目的投放力度，发放人民医院项目贷款7000万元。落实一次办好要求，开展手机银行预约开户、便捷开户、代理工商登记等服务，提高企业注册及开户便捷度及服务效率，实现新开账户491户；为企业提供票据池质押网络融资及工银E贴网上票据贴现业务，办理票据贴现12.51亿元。

线上线下结合，助力普惠金融。积极开展优化营商环境暨便捷获贷专项行动，落实提升信贷服务优化营商环境指导方案精神，通过线上线下结合、清理不必要证明、简化办贷流程、加强业务培训、提高办贷效率等措施，业务审批最长由15天压缩至2-4天，综合提升了金融服务能力。针对个体经营者及小微企业主资金使用灵活、无合格抵押物等情况，积极推广经营快贷业务，实现小微企业资产贷、结算贷等经营快贷客户共67户4263万元，发放一手房贷款1504户73447万元，余额全年增长55663万元，较去年增加43143万元。

化解风险融资，维护经济稳定。对辖区内潜在风险客户进行了深入走访，考察企业订单情况、纳税情况、出口情况，对生产经营未持续恶化、资金临时困难的潜在风险客户办理无本续贷业务，保证企业生产经营正常，维护了区域经济及就业稳定。

坚持党建引领，提升服务水平。坚持党建工作引领促进转型发展，落实国家金融方针政策，以服务规范体系和服务形象识别体系为支撑，利用网上银行、融e行等各类手机APP平台、微信公众号、智能设备和物理网点等多种线上线下客户服务渠道，将“智能化、轻型化、规范化”作为网点转型与效能提升的方向，通过创新产品应用、业务流程改造、运营模式革新和网点智能化建设等进一步规范提升厅堂服务质量，着力改善客户服务体验，为企事业单位和个人客户提供更为便捷、快速和高效的金融服务，实现了普惠金融服务和自身稳健发展的“双提升”。

（罗明锡）

【中国农业银行股份有限公司诸城支行】 设有公司业务部、国际金融部、个人金融部、运营财会部、风险管理部、综合管理部及个贷中心“六部一中心”，辖20个营业机构（营业部1处，二级支行5处，分理处14处），有在职干部员工274人，其中全日制本科及以上学历57人，中级技术职称及以上61人；党支部26个，党员248人，其中在职党员151人，离退休及内退党员97人，在职员工中党员占比超过55%。截至2018年末，中国农业银行诸城市支行本外币各项存、贷款余额分别达到116.6亿元、59.8亿元；新增各项存款6.2亿元。

坚持责任担当，助力实体经济发展。主动适应经济新常态，大力支持骨干企业和重点项目，经省行审批重点项目3个17.8亿元；努力争取资源、政策支持，保证信贷投放规模，2018年累计投放法人信贷资产136笔25.11亿元，其中新投放信贷资产3.11亿元；持续加大对实体经济发展支持力度，全行涉农贷款余额52亿元，占全部贷款的86.96%，中小企业贷款余额30.49亿元，占全部法人贷款的79.59%；倾力扶持小微企业成长壮大，针对小微企业融资需求“短、频、急”的特点，大力推广评级简便的小企业简式快速贷款，累计投放小微企业贷款3313.7万元，其中2018年新增贷款713.7万元。

坚持创新驱动，倾力支持“三农”和县域经济发展。创新产业链金融服务模式，大力支持现代农业。顺应市场发展趋势，依托“互联网+”与产品创新，积极推进实施普惠金融工作，持续加大互联网贷款业务的营销推广力度，推动“网捷贷”“微捷贷”业务快速发展。累计投放“网捷贷”“微捷贷”互联网贷款超过6600余万元，超过1100余名跨越各行业、各年龄段的客户受益。大力推展新业务，助力县域经济发展。营销国华（诸城）风电经营性固定资产项目，为其投放项目贷款2.5亿元；营销促成了棚户区改造地方专项债1亿元落地诸城支行，新上线华宝食品ERP对接全流程模式商户。针对中央实施供给侧改革、推进政府购买服务的新形势，大力推广政府购买服务贷款等融资模式，重点支持政府主导的城市基础设施、棚户区改造和交通运输等“六大领域”，适应了各类产业基金不断涌现带来的新需求。着力拓宽融资渠道，破解企业融资难题。针对企业“走出去”步伐加快的实际，充分发挥农行海外机构多、业务及产品成熟、服务费低的优势，积极推广“进口押汇”、外币境内同业代付等产品和业务，累计国际结算量3.7亿美元。

坚持服务至上，助推社会和谐发展。积极配合人民银行、银监局、金融办等监管部门，定期开展防范金融诈骗、反假币、征信安全、打击民间借贷和非法融资等宣传活动，提升市民金融风险防范能力；主动代理民生项目，践行国有银行大行担当和主渠道作用，累计发行社保卡29.9万张；扎实推进互联网服务三农“一号工程”，为客户量身打造“惠农E商”电商综合服务平台，能够为企业提供集供应链、多渠道支付结算、线上线下协同、云服务等一体化互联网金融服务；与诸城市人社局共同打造“诸城人社”微信公众平台，为居民个人提供诸城市人力资源和社会保障局相关业务的查询和办理；为打通公积金服务“最后一公里”，努力解决基层单位、职工缴存不便、提取不便、贷款不便的问题，支行龙都分理处、昌城分理处2处网点开通代办住房公积金登记、缴存、转移、提取、贷款等业务。

（邰秀春）

【中国银行股份有限公司诸城支行】 2018年，中国银行诸城支行按照诸城市委、市政府和上级行党委工作部署，围绕“两增一降一调、四个聚焦、一个全面”工作主线和“三个倍增”工作目标，强化基础管理，加强党建引领，凝聚全行力量和共识，不断破解发展难题，重点指标有所突破，经营状况稳健向好。截止到2018年末，全行本外币存款余额为37.11亿元，时点较年初下降1.86亿元；全行本外币表内授信余额35.98亿元，较年初下降1.58亿元；不良贷款余额为13795万元，不良率为3.83%，较年初提升2.63个百分点；全行实现营业净收入12457万元，实现拨备前利润10551万元。

推进客户群建设，不断夯实发展基础。诸城支行按照省市行年初工作部署，继续以客户群建设为业务拓展重点，通过客户群的不断拓展，促进资产与负债管理的转型进步。在对公客户群建设方面，年初制订并下发了《诸城支行深挖存量账户 新增结算账户活动方案》，提出了非授信对公账户提升和新增的具体目标要求，建立激励约束机制，激励全行员工拓展新客户、提升存量客户的积极性。在个人客户群建设方面，围绕个金“3个50%”目标，全员上阵，拼抢个人客户市场，全行各部门相互协调，配合做好个人客户“三次营销”，大力发展代发客户、银行卡客户、第三方存管客户，各网点围绕2公里内的高端社区或高档住宅区开展精准营销，同时发挥智能网点检核和大堂经理的作用，真正实现获客、活客、知客、留客。着力推进总行战略，大力实施科技引领，以手机银行、来聚财、中银智慧付为突破口，强化全员营销宣传，加大厅堂体验推广，线上客户群不断扩大。

抓存款优化负债结构。在个人存款方面，开展全员营销个人存款劳动竞赛，通过日通报、月调度、表彰先进等方式，营造浓厚的竞赛氛围，激发全员拼争市场积极性；快助农点建设，拓展农村市场新蓝海。定期召开助农管理员大会，组织产品培训和传达管理要求，奖励先进、激发干劲。在对公存款方面，重点强化行政事业存款营销力度，成功续做诸城市土地综合利用中心土地招投标保证金业务，诸城市人民医院的智慧医院项目成功上线，日均交易量正在稳步增加，对存款带来较大的提升。

加快资产结构的调整。在授信投放方面，继续突出个人金融发展位置，加快消费金融类贷款的投放力度，强化了优质楼盘项目、车贷通、车位分期等营销，全年累计营销楼盘项目4个，已批复2个，材料上报中2个；新营销汽车经销商2个，上报车位分期项目3个；累计投放住房按揭贷款3亿元，新增1.7万元。认真贯彻习总书记在民营企业座谈会上的重要讲话精神，采取措施，扎实落实总行《支持民营企业二十条》，进一步提高服务质效，拓宽融资渠道，加大对当地民营企业支持力度。至年末，对民营企业授信项目，已批未放1.2亿元，准备上报项目2个，拟申请授信9.1亿元。普惠金融授信户增加23户。加强与政府的联系，采取一户一策，不断加大不良管控力度。2018年累计发生不良贷款3.02亿元，过核销及打包处置不良授信2亿元，清收回高风险公司授信1451万元，反委托项目清收1050万元。

守纪律讲规矩，进一步强化内控管理。扎实组织开展“合规文化年建设”和警示教育活动，逐级签订《案防责任书》和《合规承诺书》，在原原本本学习“两个办法”文本的基础上，结合自查自纠、整改问责及发生在员工身边或与银行业相关的典型案例，让每名员工都能明白“什么事不能做、如果做了会有什么后果”，从而使干部员工做到懂规矩，知敬畏，存戒惧，守底线；扎实开展整治银行乱象自查整改，按照市行条线的要求，对所有条线业务进行了全面自查自纠。

加强队伍建设，推进企业文化。拓展员工职业发展空间，积极组织员工参加市行后备干部选拔、中级经理选拔等；针对青年员工座谈会提出的问题，为值班员工配备了被褥等用品，改善员工值班环境；创造条件，不断改善员工伙食；组织员工开展拓展训练，丰富员工业余文化生活。通过一系列工作，稳定了队伍，增强了员工归属感和幸福感。

加强党建引领作用。诸城支行党总支认真践行总行“以最好的党建引领最好的银行建设”的工作要求，以“三个融入”为抓手推进党建工作。召开组织专题民主会，班子成员围绕“四风”问题，查摆自身存在的不严不实问题，分析查找存在问题的根源，提出整改措施，深入开展批评和自我批评，达到了预期目标；各党支部召开了专题组织生活会，各党员对照“四讲四优”标准，进行了批评和自我批评，并提出了改进措施，基本达到了预期目标。普通党员同学习、同讨论，相互促进，共同提高，同时广泛听取广大党员在党建、内控、业务发展、绩效管理等方面的意见建议。组织开展了民主评议党员活动，促进了党员整体素质的提高。充分发挥党员在经营发展中的模范带头作用，树立典型，形成示范带动。

（张则庆）

【中国建设银行股份有限公司诸城支行】 2018年，建行诸城支行紧跟诸城市委、市政府的决策部署，坚持以党建引领为引擎，深入学习贯彻党的十九大精神及上级行党委部署，突出“高目标引领、高水平管理、高质量发展”的目标定位，着力提升核心市场的竞争力、客户服务的创造力、经营转型的执行力，保持党建工作与经营发展的同步发展，干部队伍的凝聚力、创造力和执行力有了较大幅度提升，主要经营指标保持了良好的发展势头。先后获得潍坊分行个人业务旺季营销铜奖、诸城市迎接国家卫生城市复审先进单位、诸城市金融支持企业与发展贡献奖等荣誉称号。2018年末，全行一般性存款余额达53.59亿元，各项贷款余额达44.66亿元，实现中间业务收入3714万元，成为服务诸城建设与发展的重要金融力量。

业务创新实现新突破。2018年，牢固树立“科学技术是第一生产力”的理念，紧盯总行、省市行推出的新科技应用，第一时间跟进、最大程度落实，积极推动多种实体场景与金融科技应用的有机融合。先后在诸城政务大厅、不动产、市政、城管和19个镇街派出所布放扫码盒子35个，为实现全市非税缴费电子化，促进金融服务和政府管理合作迈出重要一步；实现潍坊工商职业学院和诸城一中慈海学校ejf365平台上线和餐厅充值交易；为客户华宝食品有限公司搭建线上电商平台；为诸城大源学校安装公益教育平台，获客600户。提升了核心市场服务能力。

信贷结构调整进一步优化。在国家宏观调控政策逐步趋紧的形势下，严格贯彻上级行信贷结构调整政策，对存量客户分行业逐户进行了认真梳理和分析，压缩风险敞口，持续推进信贷结构调整，针对企业严峻的经营形势，准确把握企业情况，对经营不佳和潜在风险较大的企业压缩敞口，确保对公信贷业务实现全面、持续、健康的发展。2018年，共退出客户2户，退出金额3000万元，全年累计处置不良贷款8319万元，对公不良贷款为8828万元，不良率当地同业较低。抓好项目储备，有序提高信贷投放质量。截至2018年末，对公非贴贷款余额18.36亿元，其中大中型客户对公非贴贷款余额13.98亿元，中小型客户对公非贴贷款余额4.38亿元。2018年，集中储备了栗元片区二期棚改项目固贷、鑫诺建筑流贷、金安热电流贷等新项目，同时结合当地区域特点，大力发展成长性好的优质普惠金融客户，利用大数据信贷产品实现网点全覆盖，全年新发展普惠金融客户16户，累计投放954万元，有力支持了当地中小企业的发展。通过做好房地产开发、政策性住房及个人高端客户的融资服务，通过优化流程、提高效率来巩固提升政策性住房贷款业务主办行地位。把个人信贷产品嵌入个人高端客户综合化服务流程，着力推广“快贷”“个人助业贷款”和“个人消费贷款”等，提高个人信贷业务的经营效益贡献。在加强维护与当地有影响力的开发商关系的同时，做好对其他房地开发商的市场培育工作，实现对当地重点房地产开发客户的全面覆盖，确保按揭业务的持续发展。全年成功营销8个楼盘项目，个贷余额达到23.6亿元，在同业和系统中均列第一位。

服务水平实现新提升。诸城建行在积极争取上级政策支持当地经济发展的同时，以零售网点转型为契机，从持续改善客户服务入手，通过持续改进网点服务，深化网点转型成果，有力促进了客户分流，有效降低了客户的排队等候时间，提升了服务水平；通过金融服务进社区、进学校、进企业等推介金融产品，满足不同层次客户金融需求，通过深化“以客户为中心”的导向，在培育文化中营造良好的服务氛围，客户满意度不断提升，树立了良好的社会品牌形象。

（赵　阳）

【中国农业发展银行诸城市支行】 2018年，坚持以党建统领全局，坚持稳中求进工作基调，全面落实新发展理念，有效应对困难挑战，各项工作持续向好发展。至年末，各项贷款余额为462111万元，各项存款余额132590万元，完成国际业务结算量2027.77万美元，实现结算收入1.1万元，中间业务收入1万元，实现账面利润8231万元。

深化落实“信贷队伍建设年”活动，夯基础促发展。全年盯紧棚改项目推进情况，先后批复棚改贷款2笔19亿元，同时根据工程进度发放3.23亿元。全力推进现代农业科技推广项目贷款7亿元，并审批发放5000万元，支持“三农”作用更加彰显。

夯实财会基础，确保财会工作健康运行。2018年，共办理转账业务1117笔，金额36.86亿元；现金业务82笔，金额1869.47万元，实现了安全无差错。组织从业人员开展持证上岗资格考试，顺利开通网银上线，保障网上银行健康有序开展，不断提高服务水平。

加强党建工作和队伍建设。2018年，支行坚持党建统领全局，以“建设活力支部，打造活力支行”为目标，实施“1234”党建工作法：

一条主线布好局。紧扣贯彻落实党的十九大会议精神这条主线，认真落实“三会一课”制度，组织参加总行、省市分行十九大知识竞赛，开展庆“七一”诗朗诵、参观刘家庄抗战纪念馆、重温入党誓词等主题党日活动，切实增强党性意识，提升党性修养。

两大联建增特色。注重构筑联建共建桥梁，通过党建结对子，带动业务“传帮带”。分别与百尺河大仁和社区开展联建党支部，与财政部门开展乡村振兴联建党支部建设。通过走访慰问建档立卡贫困户，了解扶贫政策落地情况，宣传农发行对扶贫事业的支持，助力乡村振兴，充分发挥政策性银行的政治担当。

三个活力促发展。提出了“队伍建设有活

力、思想碰撞有活力、业务拓展有活力”的特色支部创建目标，积极响应市分行关于“干部素质提升年”要求，开展了“以党建带团建、群团促党建”为主题的“常青藤研修班”活动，组织以“不忘初心、牢记使命”为主题的“知行讲堂”六期。支持搭建网络教育室，组织员工学习农发行e学院课程，鼓励团员青年参加“青年大学习”活动。党支部班子深入实际考察调研，制定了《诸城市支行服务乡村振兴战略实施方案》，大力推进棚改项目工作同时，在辖内率先实现国家级农林孵化器项目落地。

四步提升增实效。一系列活动的开展，实现了政治素养提升、业务水平提升、思想境界提升和身体素质提升，激发了党建工作的内生动力，支部的战斗堡垒作用和党员先锋模范作用得以充分发挥。

（赵　琼）

【山东诸城农村商业银行股份有限公司】 诸城农商银行位于诸城市密州东路43号，在岗员工659人，营业网点45处。2018年，诸城农商银行紧紧围绕市委、市政府工作部署，充分发挥农村金融和乡村振兴主力军作用，坚守服务“三农”和实体经济发展的经营宗旨，为“三区一城”建设作出积极贡献。截至2018年末，全行存款余额227亿元，比年初增加16亿元；贷款余额127亿元，当年新增实体贷款13亿元；上缴各项税金1.04亿元。

全力支持乡村振兴战略。作为首批全省农商银行系统金融助推“乡村振兴”战略试点单位，全面对接市委、市政府“乡村振兴”战略规划，积极推广与全市“三农”发展路径相匹配的新产品、新服务、新理念，为乡村振兴“诸城模式”保驾护航。全年共对259家优先支持合作社、36家潍坊市示范级家庭农场、86家重点田园综合体、家庭农场、种粮大户逐一对接，研究制定《金融助推“乡村振兴”战略实施方案》。截至2018年末，全行服务“乡村振兴”授信余额134亿元，贷款余额122亿元，较年初增长16亿元。同时，深化干部挂职工作，13名支行行长挂职13处镇（街）的镇长（主任）助理，85名客户经理挂职社区党委（党总支）书记助理，与全市13处镇街签订金融助推“乡村振兴”战略合作协议。

大力支持民营企业健康发展。推行公司业务集中管理，打造2家综合型、专业化网点，对全市民营企业客户进行集中管理，配备9名公司类专职信贷人员，全面开展针对结算业务、国际业务、电子银行业务、保管箱业务等集中“管家式”服务，实现公司业务集约化经营、客户集中化管理。针对实体经济融资成本高、续贷难的情况，创新推广“无还本续贷”模式，提前两个月办理续贷手续，为客户发放新贷款偿还到期贷款，无须客户自筹资金，真正实现零成本续贷。2018年通过该模式办理贷款277户，金额48.2亿元，为客户节省倒贷费用500余万元。精简贷款审查、审批环节，提高办贷效率，调整审批权限，3000万元以下的存量公司类贷款在支行权限内办理，按照统一授信原则，对公司类客户进行集中授信，减少每笔贷款逐笔上报行总部审议审批流程，缩短续贷业务审批链条，实现90%以上续贷业务提前一周审批完毕。大力优化营商环境，对个人客户，本着“让数据多跑路、让百姓少跑腿”的服务理念，实现“一次不跑”或“只跑一次”，新增个人贷款7个工作日内办结，最快当日放款，对公司客户，凡是符合“续贷通”的，100%办理无缝续贷，新增小微企业贷款，从申请受理、调查、审查审批到告知客户，14个工作日内办结。

积极创新研发贷款产品。打造“家庭银行”“信贷无缝隙”“简捷快速贷”“阳光信贷”等服务品牌，先后创新推出“个人纯信用、亲情担保、有效抵质押、反担保、政银保”等50余种信贷产品，2018年发放纯信用贷款2.2亿元，农村产权抵押贷款5290万元，政银保贷款3400万元。利用互联网和大数据技术，上线“V贷”模式，通过微信和电话即可完成贷款申请。客户经理携带平板电脑上门服务，系统现场审批额度，当天即可放款，实现了对存量业务的智能评级、“无纸化”办贷，客户办理业务，无须提供复印件等繁琐材料，只需提供原件拍照上传即可，极大方便了客户。2018年“V贷”模式贷款占比达到20%，受理客户微信申请4767次，手机银行申请224次，申请环节减少客户跑腿次数5000余次，通过“V贷”模式发放贷款5.6亿元。创新系列优惠贷款，降低客户融资成本，积极与省农业担保公司、市委市政府、妇联等对接合作，全面推出“农业产业结构调整贴息贷款”“鲁担惠农贷”“1+N”产业链条融合贷款等系列优惠贷款，2018年累计办理“农业产业结构调整贴息贷款”622笔，金额1.32亿元，为356户家庭节省贷款成本570余万元。

做实做细扶贫脱贫文章。将金融扶贫工作重心放在农村，因地制宜推出“农商行+龙头企业+贫困户”“农商行+家庭农场+贫困户”等产业链条服务，实现“抱团取暖”效应，累计发放富民农户贷557.3万元、富民生产贷2421万元。同时，在全市范围内开展特种动物养殖业信贷“暖冬工程”，通过“鲁担惠农贷”模式进行扶持，降低养殖户融资成本。

打通金融服务最后一公里。发挥农金员践行普惠金融和幸福驿站延伸营业网点金融服务的关键环节作用，综合考虑区域定位、客户群体、金融需求、经济条件等因素，因地制宜，精准定位，合理布局，灵活打造建设“社区+幸福驿站”“村委+幸福驿站”“物业+幸福驿站”等“五型”幸福驿站，切实打通金融服务“最后一公里”，全面承担起发放种粮、新农保、新农合、库区移民等国家惠农补贴以及代收、代缴各类费用等金融服务。全行新建城区幸福驿站53处，农区社区金融服务点628处。

（杨　林）

【潍坊银行诸城支行】　前身是潍坊市商业银行诸城支行。成立于2005年2月28日，于2009年8月8日更名为潍坊银行诸城支行，是潍坊银行为更好地服务县域经济、服务中小企业、服务广大市民而设立的第一家县域支行，并于2012年、2013年、2017年分别设立了第二家支行——龙城支行和第三家支行——昌城支行、第四家龙城水产城小微支行。

诸城支行始终坚持“特色立行、文化兴行”的理念，牢固确立“立足中小企业、立足广大市民、立足地方经济”的市场定位，坚持差异化发展路线，经营业绩快速发展，得到了社会公众和业界的高度关注和认可，成为一家资本持续达标、管理机制灵活、经营效益显著、品牌特色鲜明的现代股份制商业银行。先后荣获“潍坊市青年文明号”“党风廉政建设先进集体”“潍坊市工人先锋号”“潍坊市级文明单位”、迎接国家卫生城市复审工作“先进单位”、全市单位内部治安保卫工作“成绩突出集体”“2018年度金融支持区域发展贡献奖”等称号，并被诸城市工商联授予副主席单位。

2018年，潍坊银行坚持立足地方经济、立足中小企业、立足城乡居民的市场定位，紧紧围绕新旧动能转换、乡村振兴，促改革、防风险、提质量、强基础经营管理工作，实现稳中有进、进中向好。

狠抓业务发展，经营实力逐步壮大。截至2018年末，各项存款34.56亿元，较年初增长12.8%；各项贷款29.72亿元，较年初增长36.29%。实现经营利润8282万元，实现税金901万元，主要监管指标持续达标。

加大信贷投放，服务地方经济能力增强。围绕新旧动能转换和支持实体经济，贷款规模稳步增长。

坚守风险底线，总体风险可控。不良率控制在2%，在全省城商行中处于较低水平。资本充足率、拨备覆盖率等主要监管指标保持达标。全年安全运行无事故。

推进转型发展，核心竞争力持续提高。强化产品研发，服务消费升级。推出首款线上产品“潍速贷”和“微粒贷”“京东金条”等联合贷产品。坚持市场定位，服务中小企业。普惠类小微贷款余额、户数同比双增长，完成“两增两控”监管目标。企业综合服务能力明显增强。创新线上供应链金融产品，引入现金管理模式、银企直连模式，优化升级商业信用票据化业务。金融科技创新步伐加快。完成金融专有云、互联网核心、网贷平台等关键金融科技系统上线，加强与腾讯、阿里、百度、京东等金融科技公司合作，拓宽服务渠道，加快产品创新，金融科技对业务的支撑能力持续提高。

新的一年里，潍坊银行诸城支行将紧跟诸城市委、市政府决策部署，严格执行各项监管要求，全力支持实体经济发展，主动服务新旧动能转换，扎实防范化解风险，继续为诸城区域的经济社会发展贡献力量。

（张　颖）

【中国邮政储蓄银行股份有限公司诸城市支行】 中国邮政储蓄银行股份有限公司诸城市支行成立于2008年5月，位于诸城市东关大街40号，下辖1个直属营业部、2个二级支行（西关支行和百尺河支行），内设综合管理部、综合业务部2个管理机构。邮政代理储蓄网点23处，覆盖全市所有乡镇街道。2018年，在上级行和市委、市政府的正确领导和支持下，邮储银行诸城市支行始终坚持服务三农、服务中小企业、服务社区的市场定位，积极支持地方经济发展。

截至2018年末，全辖储蓄存款余额到达48.30亿元，公司存款1.87亿元。贷款总结余6929笔，13.74亿元；其中小额贷款结余金额11015.36万元，年净增1560万元；消费贷款结余5526笔10.65亿元，年净增1.23亿元；其中一手房结余2.7亿元，年净增2795万元；二手房结余7.04亿元，年净增7080万元；个人商务贷款结余351笔10305万元，本年净增4364万元。小企业贷款结余21笔9600万元，本年净增2474万元。

积极与各社区展开联系，依托网络优势，开展送贷款进社区等活动，借助妇联平台开展“巾帼送贷工程”，与畜牧局对接开展送贷款进社区活动。“巾帼送贷工程”共召开推介会15场，回访客户1750户，意向客户23户，放款21笔1439万元；与畜牧局对接后召开推介会6场，回访客户580户，放款15笔368万元。积极对接人社局参与再就业贴息贷款，支持居民再就业。2018年放款18笔，180万元，结余18笔，179万元。践行扶贫济困，为致富助力，与扶贫办对接参与扶贫贷款支持，截至2018年底，累计放款8笔2305万元。

不断完善信贷产品体系，在原来小额贷款的基础上，增加了亲情贷、循环贷、家庭农场、专业大户贷款、快捷贷、E捷贷、POS贷、流水贷、电商贷、税贷通等产品，与省农业担保公司、供销担保公司建立长期合作关系，在担保方式创新等方面走在了全省前列。截至2018年底，累计发放贷款39.16亿，贷款结余达到13.74亿，列全市县级行第一位。累计为3万多农户、个体工商户、中小企业主破解了融资难题。

加强风险管控，提高防控能力。采取各项措施提高风险防控力度，通过风险合规知识学习、加强内控管理力度，完善内控管理机制等方式，防范民间融资风险，落实案件防控长效机制建设，提高员工的风险防控意识，通过完善信贷业务后台对前台的监督机制，加强对信贷业务的监督力度，同时加强对资产业务风险的管控。

狠抓安全生产。时刻绷紧安全这根弦，确保安保工作落到实处，突出增强全员的防范安全意识，夯实安保基础。同时加强网点防护设施建设，配足配齐防盗、防劫、防暴、防火等防卫器械，完善电视监控系统。严格落实安全生产责任制，重点做好重大节假日的服务及安保监督检查工作，确保安全生产无事故。

深入开展基层党建工作，筑牢党建基础，充分发挥基层党组织先锋模范和战斗堡垒作用。认真落实党风廉政建设责任制。强化工会桥梁和纽带作用，提升员工幸福感。积极进行精神文明建设，2018年潍坊市文明单位复验成功。

（管校日）

【交通银行股份有限公司潍坊诸城支行】 2018年，交通银行股份有限公司潍坊诸城支行坚定发展信心，明确发展思路，理顺工作举措，全力以赴提升发展质效。截至12月末，支行各项存款余10.24亿元，其中对公存款8亿元，储蓄存款2.24亿元。

抓住机遇迎难而上，坚定发展的信心和决心。对于支行的传统优势业务，不断深入分析面临的问题，找准方向推动业务的转型；对于支行客户的基础问题，认真深入分析当地客户的结构现状，在国家经济转型升级过程中思考支行未来客户的定位。

聚焦服务本地实体经济和客户，坚持履行好国有大行的使命担当。作为国有大行，始终讲政治、讲大局，更加主动、深入、精准地服务好当地实体经济，持续有效地缓解诸城当地小微企业融资难、融资贵难题。认真落实分行“三去一降一补”的要求，大力压缩产能过剩行业贷款，有序退出诸城当地的“僵尸企业”，支持新兴战略产业，推进经济市场化债转股工作。

全面完成各项经营管理任务，坚持走好自身的高质量发展之路。压实发展责任，扬长补短，全力完成支行全年经营任务。压实风控责任，主动作为，坚决打赢风险防控攻坚战。

坚持全面从严治党，为经营发展提供坚实政治保障。自觉增强“四个意识”，坚定“四个自信”，坚持用习近平新时代中国特色社会主义思想武装头脑，持续深入学习党的十九大精神，扎实推进“两学一做”学习教育制度化、常态化，提升支行干部员工的政治素养，在思想上、政治上、行动上同分行党委保持高度一致，不折不扣贯彻落实上级行的各项决策部署，确保全行上下有令即行、有禁即止。

交通银行股份有限公司潍坊诸城支行将继续以围绕客户服务实体、着力提升服务效率和服务能力为己任，主动防范、积极化解，全面提高风险管理能力，坚决守住经营的风险底线；聚焦经济利润，加快转型发展，促进经营效益的提升；努力推动自身的创新转型，激发自身经营活力，为诸城当地的经济发展做出贡献。

（马　越）

【招商银行股份有限公司潍坊诸城支行】 成立于2011年12月24日，位于诸城市密州西路1-1号，是招商银行在山东省潍坊市设立的第二家县域支行，共有正式员工19人。2018年，支行在诸城市委、市政府以及上级行的领导下，积极支持当地经济发展，大力拓展对公客群，重点发展供应链金融业务，取得了一定的成绩。年内，先后获得潍坊分行零售优秀营销团队奖、场景拓展突出贡献奖、公司优秀营销团队奖、公司客群特殊贡献行部等荣誉称号。

截至2018年末，支行各项存款余额89868万元，其中对公存款44895万元，储蓄存款44973万元；各项贷款余额113432万元，其中对公贷款11092万，个人贷款102340万。2018年，在授信审批从严的形势下，新增对公授信客户4户，同时积极转换业务品种，将部分定价较高的流贷品种转换为了银承、信用证等品种，降低了企业的财务成本。2018年投放房贷总金额约为2.4亿元，较好地满足了当地居民的购房需求。

2018年是支行的党建年、合规年。诸城支行党支部认真贯彻落实关于加强党的基层组织建设的要求，切实加强党的思想、组织、作风建设，强化对党员干部的教育、管理、监督。坚持学习。支行党支部根据规定，每季度召开支部委员会、每半年召开党员大会和每年进行一次支部书记讲党课活动，重点学习党的十九大精神以及党建、组织工作有关政策等，使党员干部对党和国家的重大政策、理论得到及时解读和学习。积极开展党建活动。根据分行党委的统一部署，2018年诸城支行党支部先后开展了“不忘初心　牢记使命”主题知识竞赛活动，既学习了党建知识，又提高了大家的参与度；组织支行全体党员以及入党积极分子代表到沂蒙革命老区参观，汲取革命营养，提高思想觉悟。通过以上活动的开展，让大家认识到党建活动的重要性，进一步坚定理想信念。

加大内控及合规管理力度，严抓安全保卫工作。合规管理方面，组织员工观看“招商银行正风肃纪十项铁律”宣传教育片，书写学习心得；组织员工学习上级行下发的风险案例，每月组织员工“十项铁律”和“五项禁令”考试；每季度进行员工异常行为排查，采用抽查员工征信与家访相结合的方式，多方面了解员工日常工作及生活情况。安保方面，支行安排专人每天对营业网点安全检查，定期组织支行员工进行防火、防盗抢演练等。

2019年，诸城支行将进一步落实上级有关政策、创新服务方式、细化服务措施，更好地为诸城经济社会发展服务。积极向上级行争取信贷规模，支持当地经济的发展；对于符合招行信贷政策的企业客户，积极介入，争取办理授信业务；对于暂时不符合招行信贷政策的客户，通过融资租赁、票据贴现、信用证议付等多种方式解决企业融资需求。同时，支行将积极发展供应链金融等新型业务，并积极与目标客户对接，便于为诸城当地企业提供更便捷的公司金融服务；在零售业务方面，诸城支行将继续利用好招商银行的品牌优势，加大对于各种零售产品的宣传力度，力争让更多的居民享受到招商银行的优质服务。

（徐彩丽）

【兴业银行股份有限公司潍坊诸城支行】 2012年4月26日开业，位于诸城市市场街2号，共有员工21人。年内，存款、财务、客户、专业四大考核指标呈现齐头并进的良好局面，在分行综合考评中位列前茅。

各项指标情况。截止到12月末，各项存款余额16.7亿元；其中对公存款余额12.6亿元，储蓄存款4.1亿元，较年初增长1.5亿元。各项贷款余额27.8亿元，新增2.6亿元。

企金业务。支行按照市分行部署，加快推动票据池业务的快速发展，年内共签约义和车桥、迈赫汽车及利颖汽车等8户企业，票据池业务量达3.9亿元，通过该项业务填补了与义和车桥业务合作的空白，解决了部分企业融资难、融资贵的问题。继续加强与诸城财政及融资平台公司的业务合作，加强了与财政部门的联系。为美晨集团公司等3家企业新增授信3.8亿元，实现了对上市公司及拟上市公司业务的全面覆盖。营销并下柜美晨工业集团公司首笔民营企业及新旧动能转换项目的项目贷款1.8亿元。小企业各项指标实现稳定增长，余额较年初新增1060万元，稳居各团队前列。

零售业务。注重优质客户资产的稳定增长，年内支行金融总资产达14.4亿元，较年初新增3.4亿元，其中储蓄存款突破4亿元，较年初新增1.3亿元。新增钻石客户10户，黑金客户85户，白金客户220户。个贷业务实现新突破，支行以二手房及优质楼盘为主抓手，强化营销意识，实现个贷余额8.7亿元，较年初新增4.3亿元。注重公私联动，强化代发工资意识，代发业务继续稳居各团队前列。

科学管理。将任务分解到个人，制订每个人的月计划和周计划，晨会跟进每个客户经理当天工作安排，夕会跟进理财经理、大堂经理、理财低柜当天营销情况，周例会全员数据分析并安排本周的重点营销方向。下半年全员营销POS机，与拉卡拉合作，共营销97台POS，每月初进行POS交易量分析，确定能够提升交易量商户的后续跟进营销目标，每月统计当月客户层级监督提升。利用移动支付存款免手续费政策，对进行移动支付商户营销。利用该政策落地安愉储蓄220万。强化制定管理制度，完善支行周例会制度和晨会制度，及时传达行里的工作意见，根据部门实际工作谈想法，互帮互助。费用管理方面，按照行里的规定，制定了支行内部费用管理办法，把全部的费用用在业务发展上。强化团队意识，提高客户经理积极性。客户经理以身作则，率先营销，同时又注意发挥客户经理的特长，调动全员积极性。严格考核，奖优罚劣，每一位客户经理都保持了高昂的斗志和十足的干劲。提倡家人文化，营造和谐的工作环境。积极组织员工集体活动，组织员工到青岛考察学习，进行娱乐室建设，开设内部餐厅，增强了员工的向心力及单位的凝聚力。每月组织一次聚餐活动，借此机会，各条线员工相互交流、增进了解、增加友谊，真正融入一个大家庭。

（张晓菲）

【山东诸城建信村镇银行有限责任公司】 2018年，为进一步落实党中央、国务院关于开展普惠金融和金融扶贫工作的要求，中国银行股份有限公司与新加坡富登金融控股私人有限公司，联合收购了中国建设银行股份有限公司所持有的27家村镇银行股权，其中包括建行持有的村镇银行51%的股权。在管理权交接的特殊时期，诸城建信村镇银行牢固树立大局意识，在全力配合建设银行和中银富登总部做好管理权交接工作的同时，采取一系列有效措施，积极支持当地经济发展，各项业务整体运行平稳，风险防控工作取得了明显效果。

加大力度支持地方经济发展。为更好地实现有质量的可持续发展，坚守“支农支小”市场定位，持续投放资金，加大力度支持地方经济发展，信贷业务保持稳步增长。全年累计发放贷款15204万元，主要投放于小微企业和个人消费领域。

全面加强风险管理工作。2018年，村镇银行把风险管理有效融入日常经营管理工作中，确保全年各项工作顺利开展，实现了“零发案”。定期召开风险例会，全面分析讨论日常贷款管理及清收措施，及时理清每笔风险贷款的化解进程，确保风险化解方案落到实处。组织开展农户贷款现场摸底排查活动。4至6月份，对存量农户贷款客户进行双人现场走访，建立农户最新档案资料，及时跟进贷款户情况。

积极履行企业公民的社会责任。作为地方法人金融机构，村镇银行在履行社会职责方面，严格按照人民银行的管理要求，做好大额提现预约、小面额零钞兑换、残钞兑换等工作，为广大客户提供便利服务；定期开展“普及金融知识，守住‘钱袋子’”活动、“加强银行营业网点金融知识宣传教育工作”活动、“金融知识进万家”宣传服务月等活动，扩大社会公众金融知识覆盖面，保护公众财产免受诈骗；认真承办市长公开电话和12341为民服务热线转来的投诉建议电话，切实维护消费者权益；积极参与残疾人就业帮扶工作，2018年缴纳残疾人就业保障金20309.42元；认真落实联建党支部建设的工作要求，到桃林镇山东头社区开展金融知识宣传和老党员慰问活动，加强了与群众的联系。

以党建引领发展。积极践行社会主义核心价值观，夯实党建工作基础，推动党建工作与先进企业文化建设协调发展，使全体党员的先锋模范作用在日常工作中得以充分彰显。深入学习贯彻党的十九大精神，认真落实“三会一课”制度，坚持“两学一做”学习教育常态化，引导党员干部提升理论水平，改进工作作风，提高工作效能。全面落实上级党委从严治行要求，组织开展“庸懒散慢拖瞒”专项治理活动，进一步提高了干部员工的凝聚力、执行力、战斗力。定期组织召开党支部组织生活会议和党员学习会议，开展正风肃纪教育，坚定理想信念，把准政治方向、紧跟时代步伐。

山东诸城建信村镇银行将继续立足当地，“支农支小”，以服务地方经济发展为己任，进一步统一思想，振奋精神，砥砺前行，为实现“小而美”的发展目标而努力。

（杨　霞）

【上海浦东发展银行股份有限公司诸城支行】 成立于2012年12月10日，有员工14人，位于诸城市和平街18－3繁华大厦。

2018年，浦发银行诸城支行以增存款、降风险、保收入、强管理为主线，以党建工作引领，促进全行转型发展。截至年末，存款总额为18.19亿元，在当地股份制银行排名第一。其中对公存款13.27亿元，储蓄存款4.92亿元。有授信客户47户，其中正常类客户33户，授信金额36.29亿，实际用信金额29.87亿（含类信贷15亿元）。

零售业务。浦发银行诸城支行按照总行“调结构、保收入、强管理、降风险”的经营主线，紧紧围绕“做大、做强零售业务”的奋斗目标，全面实施“五个三”的经营策略，强化措施抓重点，加大力度促转型。在住房贷款发放、信用卡获客等方面取得了显著成绩。服务上不断优化服务质量，开展客户喜闻乐见的活动，持续提升客户服务体验满意度。

公司业务。突出以发展为第一要务，质量为第一责任，效益为第一目标，管理为第一保障，以调整优化结构为重点，深入挖潜、做好客户视图企划转、变业务增长方式。在推动发展的同时将控制风险放到重要位置，坚持底线思维，坚守风险底线、资产质量底线、安全运营底线，注重声誉底线，保持业务平稳运行。以服务产品创新和业务结构优化为抓手，实现了规模、质量、效益的协调发展。

内部管理和风险管理。健全规章制度，实行精细化管理。进一步完善规章管理制度，严格落实内部操作流程，严密防范操作风险。牢固树立“依法合规、审慎经营”的理念，把合规经营、稳健经营贯彻于业务发展过程的始终。加强案防教育，提高案防意识，全年无案件、无事故。坚持党建、业务发展“两手抓”。认真贯彻落实党的十九大精神，努力造就一支思想过硬、作风优良、素质全面、善打硬仗的干部员工队伍，确保各项业务工作顺利推进。

社会责任。浦发银行诸城支行在完善经营的同时始终不忘承担社会责任，积极与辛兴镇米沟社区开展联建工作，解决社区存在的实际问题，为群众解决实际困难。

浦发银行诸城支行将继承和发扬过去工作中的优点，汲取经验，改进不足，以更清醒的头脑、更旺盛的斗志、更奋发的姿态和更充沛的干劲，向既定目标进发。

（翟　通）

【中国民生银行股份有限公司诸城支行】 成立于2014年12月8日，有员工20人。2018年，面对经营形势复杂严峻、监管持续从严等情况，认真贯彻落实各监管机构及上级行各项政策，坚持“为民而生、与民共生”的服务理念，进一步优化服务措施和手段，为客户打造多样化产品和服务，努力创新业务、完善产品功能，有效提高了金融产品的服务能力，扩大了服务范围，取得了较好的经济效益和社会效益。截至2018年12月31日，各项存款余额为12.26亿元，其中对公存款11.5亿元、储蓄存款8068万元；贷款余额15.26亿元，其中公司贷款余额

14.76亿元，零售授信5029.3万元。本着加大优质客户授信投放的原则，增加山东大业股份有限公司授信3000万元，诸城东晓生物科技有限公司授信1500万元，新增山东惠发食品有限公司授信3000万元，继续保持了良好的发展局面；同时储备诸城舜邦投资开发有限公司授信2亿元、得利斯集团有限公司授信5000万元、诸城市经济开发投资公司项目贷款置换贷款4.375亿元，为2019年业务的快速发展打下了良好的基础。

充实配备服务设施，提高服务质量。严格按照“网点标准化服务流程”执行服务工作，建立健全网点服务软硬件设施，强化规范管理服务流程，树立网点服务形象，提高客户满意度；同时依托总行网络金融板块，为客户提供智能、便捷的金融服务。

继续加大小微抵押贷款发放。2018年，支行新增投放小微企业抵押贷款2000余万元，一定程度上满足了诸城当地小微客户的融资需求；同时在贷款利率上给予最大优惠，降低小微客户融资成本；通过流水作业提高了贷款的时效性，帮助小微客户度过生产经营困难期，取得了较好的口碑。

加强风险内控制度建设，强化合规管理能力提升。支行根据监管部门及上级行各项制度规定，建立健全风险内控制度，加强各个业务环节的风险管控，不定期组织开展业务自查，提高合规操作能力；通过交叉验证、贷审会制度等提高信贷质量，严格落实安全保卫和案件防控工作，每周进行安保设施巡检、每季度组织应急预案演练和案防内控知识学习测试，切实增强专项操作风险管控能力；深入开展案防警示教育，不断提高员工风险意识。

根据地方经济建设发展规划，积极主动完成各项贷款投放指标。合理加大对中小企业贷款投入，增加大型企业授信规模，有效支持了当地“三农”经济发展，开创了政府、金融、企业多方共赢的局面，为地方经济社会发展做出了应有的贡献。

（殷增辉）

【中信银行股份有限公司诸城支行】 2018年，中信银行诸城支行面对不断变化的新形势、新情况，围绕诸城市经济社会发展工作部署，积极拓展市场，优化客户结构，加强风险防控，各项业务健康快速有效发展，经营效益不断提升，同业竞争能力不断增强。荣获零售业务先进行、公司机构存款优秀行、先进服务网点等称号。截至2018年末，存款总额78412万元，贷款总额170371万元。对公存款时点余额74376万元，对公贷款余额81757万元。一般个人存款余额18665万元；个贷余额70594万元。

公司业务健康稳健发展。2018年东晓生物、大业股份综合授信额度得到提升，桑莎集团授信提款，客户结算、出口国际结算回款、进口开证、国内证福费廷、结构性存款、非担险理财、代发工资等产品覆盖维度增强，综合回报显著提升。其中国际业务考核指标全面完成分行下达的任务。对大业股份创新地使用了票据池质押融资工具，并实现了以票据池质押的开立银承放款。这是中信银行青岛分行首笔票据池质押的敞口业务，开创了该行与企业合作的新模式。贴现业务实现突破。2018年办理贴现业务金额1.8亿元，率先实现了突破。在总行推出“信秒贴”线上贴现产品后，在分行支持下举办了诸城市中小企业信秒贴推介会，取得良好效果，年末有1家企业已签约“信秒贴”，并进行了线上贴现，实现突破。另有5家企业已提交信秒贴签约资料。

零售业务做大做强。员工营销的主动性和技能水平不断提高，公司客户经理的公私联动意识增强，理财经理资产配置的销售和中收实现能力得到提高；零售客户经理在做好个贷营销的同时，配合理财经理和会计人员做好管资留存营销；支行厅堂经营能力增强，与个贷联动流程顺畅，年内富裕客户、贵宾客户、私行客户新增均超过网均水平。零售拓客进社区，营销效果明显，有力地扩大了支行基础客群。通过社区居委会，筛选目标客户，主动开展社区营销。深入做好“社区营销”，抓大不放小，积极组织周边社区宣传，提高中信银行在当地的知名度。2018年，落地城北社区居民补贴开立银行卡1700张、大书堂社区开卡350张、八里庄社区开卡305张、新华社区开卡2013张。全年社区居民开卡4400张。另外，白玉山子社区已收齐身份证513张。通过居民补贴的发放，带动零售基础客群的快速增长，实现非零客户增加5000余人。

支行管理资产和中高端客群继续保持良好发展势头。截至11月末，诸城支行零售客户管理资产时点余额突破6亿元大关；截至年末，零售管资年日均增量20187万元，年度计划完成率109%。管资继续保持较好的增长势头。年末诸城支行贵宾客户239户，较年初增加95户，标准私行客户13户，较年初增加5户，裕客户733户，较年初增加241户。历时半年的“以客户为中心”跟踪营销，“双百”大单落地。10月落地“双百计划”单客户全家族期缴保险5单，合计保费676万元，为支行增加零售中收70余万元，创中信保诚公司省内第一大单，创支行网点期缴保费总额全国第4名，也是青岛分行全辖全家族配置保险的第一单。跟踪营销半年时间，分行有关领导多次询问跟踪进度，提出营销意见，沟通营销方案，分支行条线紧密配合，最终赢得了客户的信任，实现保险大单顺利落地。

中信银行诸城支行坚持把自身的发展融入地方经济发展的大环境之中，紧跟诸城市发展规划，全力满足城市经济发展中的多元化金融需求。助力地方经济发展，努力实现多方共赢。践行“最佳综合融资服务银行”的战略愿景。

（李跃华）

【东营银行股份有限公司诸城支行】 成立于2015年11月11日，是东营银行在潍坊的第一家支行。网点位于诸城市和平街180号。2018年，诸城支行全行上下深入贯彻“一二三四五”的发展思路，以改革统领全局，以创新推动发展，同心同德，团结拼搏，认真完成各项工作，使全行业绩更上一个新台阶。截至2018年底，诸城支行储蓄存款2.37亿元，对公存贷款、国际业务、中间业务工资代发等零售业务发展快速，业绩均名列前茅。

做好新型银行，深化转型。2018年，东营银行紧跟科技创新与智慧城市发展趋势，提升业务办理的智能化水平，倡导无纸化办公、智能化服务，引进柜面清系统进行现金和会计业务办理，完善大数据平台，优化信贷系统流程，简化信贷审批制度，从而深化服务质量，提高了服务效率。在产品设计上，积极创立特色服务品牌，使业务办理更加便捷，服务更加智能，客户体验度进一步提升，得到了诸城市民的认可和好评。

稳健经营，提升效益。在经济下行的情势下，支行坚守风险底线，强化风险控制，加强银企互动，密切关注企业发展动态，及时调整各项措施，做好对企业的服务和风控工作。按照稳健审慎经营的思路，加强制度建设和业务学习，树立服务意识和风险意识，增强员工的大局观和集体责任感，做到更好地服务客户。

扎根诸城，服务诸城。诸城支行在总分行的带领下开展了多种形式的室内外零售宣传活动，不仅促进了支行零售业务的发展，也让更多当地居民了解、熟悉并接受东营银行。春节前后开展“送福进万家”活动、老中医养生讲座活动，元宵节组织新老客户开展“快乐你我共成长　齐做元宵共成长”活动，这些活动的举办拉近了银行与新老客户之间的距离，让诸城市民享受到了实惠，也极大地拉动了储蓄指标的增长。

加强制度建设，提升管理产能。根据总分行作风建设的要求及支行的实际情况，支行认真贯彻总行理念，努力建立一支高素质、高品德、和谐互助的员工队伍，坚持“同心同德同发展，靠德靠能靠贡献”，使广大员工能够自觉把自己的成长与银行的发展紧密联系在一起，做到“胜利、超值和奉献”。对自身业务和服务的处理能力、效果进行实时跟踪，在绩效考评、财务核算、经营保障、生产安全、内控机制、社会影响等方面加大改革力度，使诸城支行业务运行有序，员工行为不断规范。通过内外并举的发展举措，使东营银行诸城支行实现高效发展的同时，也在诸城树立了良好的口碑和形象。

（冯　磊）

【日照银行股份有限公司潍坊诸城支行】 2015年12月24日，日照银行潍坊诸城支行成立，是日照银行在潍坊辖区内设立的第一家县域支行。潍坊诸城支行始终秉承总行“立足地方经济、支持中小企业、服务广大市民”的市场定位和“质量为本、稳健经营、不求做大、但求做精”的经营理念，找准定位、抓住机遇，积极对接诸城重大战略部署，融入本土经济发展进程，因势而变，因时而变。截至2018年末，日照银行潍坊诸城支行存款总额度4.6亿元，授信总额度9.6亿元。

助力实体，破解融资难题。坚持以服务实体经济和中小企业为己任，将承担更多社会责任作为努力方向，把助力城市发展作为光荣使命，创新业务发展模式，为诸城市各大企业提供全方位、立体化、多层次的一揽子金融服务。为小微客户量身定制十几款信贷产品，满足了小微企业在“初创、成长、成熟”各阶段的融资需求，从源头上缓解了小微企业“融资难、融资贵”的问题。

服务立行，打造“四度”文化。诸城支行始终把服务作为立行之本，把客户体验作为衡量银行服务质量的重要标尺，将“银行的服务”转变为“服务的银行”，坚持为腿脚不灵便的客户提供上门服务；在网点打造“爱心驿站”，配备雨伞、应急药品；推行“社区一家亲”，嘘寒问暖、上门服务，把每一位客户当做自己的亲人；构建覆盖营业网点、线上线下的消费者沟通渠道；建立客户满意度登记簿，时时维护，做到让每一位客户满意，不断从深度、精度、速度、温度四个方面升级服务。

牢记使命，展现责任担当。基于“把客户的钱当自己的钱一样来管理”的理念，日照银行潍坊诸城支行推出“让客户信用变成财富”的无抵押无担保个人消费贷款“阳光贷”，全国ATM跨行取款免费等15项优惠的黄海IC卡，随用随取、灵活便捷的“智能存”等一揽子综合化金融服务，开展“能和市民搂着肩膀说话的”金融知识普及活动几十余场，真正扎根诸城、融入诸城。2018年诸城支行组织社区金融宣传服务达百余次；积极投身于支援灾区及贫困群体各类活动中，在一点一滴中展现日照银行责任担当。诸城支行荣获“2018年度金融支持区域发展贡献奖”称号。

日照银行潍坊诸城支行将不忘立足地方、服务地方的初心，继续深入落实诸城市委、市政府重大改革部署和监管部门相关要求，加强资产质量管控，持续提升实体经济金融服务供给能力，为营造良好金融生态、实现高质量发展贡献力量。

（于　帅）

【中国光大银行股份有限公司诸城支行】 2018年，中国光大银行诸城支行在上级主管部门和分行的大力支持和领导下，不断改革创新，锐意进取，通过加快产品、渠道和服务模式的创新，在资金管理、执行业务、电子银行和信用卡业务等方面培育了较强的市场竞争优势，基本形成了各业务主线均衡发展、风险管理逐步完善、创新能力日益增强的经营局面。

截至2018年12月末，中国光大银行诸城支行存款余额75590万元，其中储蓄存款15962万元，较年初增加6343万元；表内贷款余额90779万元，较年初增加38613万元，其中对公短期贷款33897万元，对公中长期贷款46340万元；个人消费贷款10542万元，较年初增加6998万元。年内，诸城支行全面推进业务发展，在为广大客户和社会公众提供优质金融服务的同时，实现了良好的经营业绩，较好完成了各项经营指标。

牢守合规底线，确保健康发展。全面加强合规管理工作，加大稽核及飞行检查力度；明确职责，健全队伍，全面扎实开展深化整治市场乱象的各项工作；围绕上级“合规管理深化年”活动的开展，进一步加大合规培训教育力度，加强合规理论知识学习，增强合规意识，提高员工和单位整体合规经营水平，培育良好的合规文化氛围。

持续加强党建工作。组织党员干部深入学习党的十九大精神和习近平新时代中国特色社会主义思想，推进“两学一做”学习教育深入开展。制订并认真执行学习计划，不断提升支行党员的政治核心作用。制订党建与业务发展两条线拧成一股绳活动方案，开展以“不忘初心、牢记使命、遵规守纪、奋勇争先”为主题的争先创优活动，进一步发挥了广大党员的模范带头作用。

优化企业开户服务。认真贯彻总行“缩短企业开户时间、提高企业开户效率”的要求，主动参与优化营商环境，提出“提升企业开户效率、优化开户服务”目标，对已进行预约的客户开户时间少于一个小时，非预约开户的在一个半小时之内完成。随着企业开户流程的优化和效率提升，结合总行要求，提出企业开户效率新目标：预约和非预约开户时间分别压缩到半小时和一小时内。

提升客户服务。坚持“服务创造价值”的理念，围绕发展抓服务，通过大堂迎客、大堂转介、业务引导、手机及微信银行推广、协助取号、业务预处理、人员在岗、智能设备引导、厅堂主动识别营销、一对多接待、客户等候安抚等11项措施要求，全面改善客户体验，围绕客户需求进行统筹响应，打造业务条线协同推进、前中后台快速响应运营模式，真正把服务和营统一起来，推动整体服务能力提升，使服务竞争力达到主流银行水平。

（杨慧敏）

【恒丰银行股份有限公司潍坊诸城支行】 恒丰银行股份有限公司潍坊诸城支行于2017年4月7日正式开业，位于诸城市东武街41号，有员工17人，是恒丰银行股份有限公司在山东省潍坊市设立的第三家县域支行。2018年，在经营形势复杂、监管持续从严的大环境下，诸城支行在诸城市委、市政府、监管机构以及上级行的领导下，积极支持当地经济的发展，大力拓展对公及零售客户群，重点发展与各企业合作的重大项目业务，坚定信心，主动作为，取得良好成绩。2018年末，诸城支行荣获恒丰银行潍坊分行“2018年度先进单位”称号。

至2018年末，诸城支行各项存款余额161370万元，其中对公存款145061万元，储蓄存款16309万元；各项贷款余额126820万元，其中对公贷款126170万元，个人贷款650万元。新增授信诸城市华诺工程管理服务有限公司PPP项目贷款10000万元。另外，诸城支行2019年新增个人住房按揭贷款授信审批，已上报3大项目，预计2019年一季度即可获批复。诸城支行将大力开展个人住房按揭贷款的发放，更大力度地支持诸城地区的经济发展。2018年，诸城支行坚持服务实体，在支持地方经济社会发展大局中提升经营质效。积极服务供给侧结构性改革。努力优化资产负债结构，盘活沉淀在产能过剩行业、低效领域的信贷资源，累计压缩过剩产能和“僵尸企业”对公信贷3028万元。大力开展“惠万家”专项营销活动，重点走访企业10余户。全力支持新旧动能转换重大工程。根据上级行下发的新旧动能转换重点投资项目库，集中优势资源，配置专项额度，提供差异化信贷支持。年内，已上报新旧动能转换重点项目2亿元，正在审批中。坚持依法合规，着力夯实制度根基，全面规范经营管理。深入整治经营乱象。认真对照2018年监管部门乱象治理工作要点，从八大方面91项重点，扎实开展多轮全覆盖自查自纠自省，强化全员教育，夯实内控基础，堵塞漏洞。持续提升风险管控能力，努力营造合规经营的良好氛围。2018年，诸城支行的发展突出三大“注重”：注重一个“亲”字，打造用心倾听的敏捷银行。诸城支行发展愿景为打造用心倾听的敏捷银行，坚持以客户为中心，不断提高服务质量；坚持以效率为抓手，不断提升服务效能；坚持以创新为动力，不断丰富服务内涵。注重一个“和”字，与客户共发展、与员工同成长。一方面，倾听“客户之声”，与客户共发展；一方面，倾听“员工之声”，与员工同成长。注重一个“实”字，用真诚服务美好生活，用专业建设美丽中国。紧盯重点战略，服务实体经济发展。立足自身实际，支持社会民生事业。弘扬儒商精神，积极履行社会责任。

（范金铭）

保 险 业

【概况】 截至2018年12月末，诸城市保费收入166698.94万元，同比增长4.96%，其中财产险保费收入51286.94万元，同比减少15.61%；人寿险保费收入115412万元，同比增长17.72%。其中财产险赔付32630.35万元，同比减少1.78%，赔付率67.85%；人寿险赔付7586万元，同比增长4.40%，赔付率6.57%。

2018年诸城市境内保险机构一览表

序号	单 位	办公电话	负责人	公司地址
1	人保财险	6122757	嵇晓东	东关大街161号
2	太平洋财险	6071766	王术梁	东关大街30号
3	平安财险	2168381	姜玉斐	密州路7号天祥商务中心A座
4	中华联合	2165279	丁金国	兴华东路东顺大厦A座501室
5	永安财险	6495502	冯丽华	北三里庄居民委员会北100米路西沿街房
6	安邦财险	2227855	王虎成	密州东路63号鑫城生活办公区63-15号商铺
7	渤海财险	6088411	王炳超	兴华东路45号东顺花园小区6幢1单元702号
8	太平财险	6128967	王瑞军	兴华东路66号天和小区金龙大厦B座
9	大地财险	2163918	左 伟	兴华东路76号
10	永诚财险	6073258	张月山	兴华东路66号金龙大厦A座601室

续表

序号	单 位	办公电话	负责人	公司地址
11	安华农保	6075317/6070596	辛 艳	密州东路63号
12	阳光财险	6075686	张 磊	繁荣西路149-19号
13	天安保险	2168916	张华伟	密州西路2号（龙城华庭）
14	长安保险	6089133	曹沛林	密州路鑫城大厦沿街综合楼13号
15	浙商财险	2160103	乔德昌	四平路东段北侧红星家园B区1号楼1号商业房
16	英大财险	6180618	宫献明	人民西路131号
17	人寿财险	6320519	张永胜	繁荣路东段路北侧
18	安盛天平保险	2227284	张 明	东关大街43号
19	泰山保险	6112998	王 琳	龙都街127号张择端公园东门南侧沿街房2套
20	紫金财险	6117600	王玉波	枫香湖畔91号2楼
21	信达财险	6161179	朱加雪	密州东路2号
22	华安保险	6080318	刘 伟	兴华西路正大文苑南门西门头房
23	华海保险	7655171	田 鹏	超然台路191-67号
24	安诚保险	6079038	张 倩	西外环路275号
25	利宝保险	2087967	王德良	西环路234号佳和商贸城A座A2-52号
26	亚太保险		丁海波	繁荣西路141号
27	国任财险	6161179	朱加雪	密州路2号
合计	财险27家			
1	中国人寿	6065275	闫志勇	东关大街67号
2	太平洋人寿	6089078	王学芳	东关大街30号
3	平安人寿	2161607	徐原野	密州东路天祥商务中心
4	新华人寿	5608210/12	赵洪波	龙都街376号龙润大厦
5	合众人寿	2162333	武 娟	兴华东路45号东顺大厦11楼
6	人民人寿	6165323	王海峰	华元大厦5楼
7	民生人寿	6123776	孟 飞	兴华东路45号东顺花园6座1单元602室
8	泰康人寿	6090109	曾 超	兴华东路76号瑞福花园1号楼7楼西户702室
9	人保健康	6165017	咸桂金	兴华东路66号天和小区金龙大厦
10	太平人寿	6808551	杨振振	兴华路南、龙都街西东升龙华园
11	华泰寿险	6061216	周战霞	繁荣路2号中天花园1号楼

续表

序号	单 位	办公电话	负责人	公司地址
12	生命人寿	6595535	程世勇	人民东路103号繁华丽景苑2号楼
13	长城人寿	6505576	封 丽	密州东路18号
14	阳光人寿	2161083	张 宾	兴华东路45号东顺大厦B座302
15	华夏人寿	6176176	刘洪蕾	兴华东路45号
16	德华安顾	6169108	宋修法	兴华东路66号天和文苑A座10楼
合计	寿险16家			

（李 婕）

【中国太平洋财产保险股份有限公司诸城支公司】 中国太平洋财产保险股份有限公司诸城支公司坐落于诸城市东关大街30号（原东关大街7号），有在编职工14人，营销人员20余人。

2018年，共计收取保费3277万元，其中车险2924万元，非车险353万元。交强险赔款527万元，汽车商业险赔款784万元，财产险赔款61万，人身意外险赔款16万元，货运险赔款9万元，农业险赔款0.6万元。8月受温比亚台风影响，车险及财产险赔款金额13.1万元，理赔服务水平得到客户的一致好评，全年全险种综合赔付率43%。

2018年，公司先后承保诸城外贸集团公司、诸城兴贸玉米公司、山东东晓生物科技有限公司、山东美晨集团公司、诸城市鑫城市场运营有限公司的财产险、机动车保险、雇主责任险以及长运公司、交运公司的机动车辆保险和承运人责任险等多项省、潍坊市重点建设工程和承保项目。根据山东省农业厅、山东省财政厅《关于印发山东省政策性马铃薯种植保险工作实施方案的通知》精神，承保政策性马铃薯种植保险。其中在贾悦、辛兴、林家村、百尺河等4个乡镇，承保春季马铃薯14个村23户，面积854.5亩，总保费51270元。8月，自然灾害导致辛兴镇范金胜马铃薯出险，承保面积60亩，损失10亩，损失率28.42%，赔付金额3410.4元；百尺河镇管延福承保面积50亩，损失9亩，损失率28.99%，赔付金额3130.92元。根据省安监局、财政厅等部门联合印发的《山东省高危行业强制实施安全生产责任保险试点工作实施方案》要求，公司承保了诸城部分危化品企业的安全生产责任险，收取保费10万元。

（陈佳佳）

【中国太平洋人寿保险股份有限公司诸城支公司】 中国太平洋人寿保险股份有限公司诸城支公司办公地址位于诸城市东关大街30号，主要经营承保人民币和外币的各种人身保险业务。2018年底，公司系统在职人力1284人，正式及以上职级占比69.7%。总人力较2017年同比增长19.2%。

公司一直秉持“脱贫从一份保单”开始的保险理念，坚持开展“保险下乡”“保险进社区”等客户服务活动。年内，开展社区宣传活动200余场，健康体检活动50余场，交通安全讲座10余场，子女教育讲座10余场，受众5000余人。诸城太保义工队假日走访镇村孤寡老人，为困难家庭带去温暖。2018年，公司共理赔案例1012件，金额1381万元。共有830个家庭，2500余人受益。

（张 伟）

【新华人寿保险股份有限公司诸城支公司】 新华人寿保险股份有限公司诸城支公司（以下简称新华保险诸城支公司）成立于2002年4月，现办公地点位于诸城市龙都街道376号龙润大厦。2018年新华保险诸城支公司牢牢把握“转型发展”和“自主经营”两大主题，全年累计实现保费2.5亿元，理赔4781件，理赔总金额1771.6万元，客户服务、理赔服务及业务占比均列全市寿险行业前列。

2018年，支公司实现多渠道开拓，全年累计达成金额410万元，为全年计划的110%。从客户的需求出发，不断提升理赔服务水平，致力于打造更快、更易、更关怀的理赔服务模式，平均理赔时效1.95天，3000元以下的小额赔付1小时内办理完毕，复杂重大的赔案30天之内处理妥当。搭建全方位服务平台，推出保单E服务等先进举措，开通7*24小时全国客户服务电话95567，受理理赔报案、保单挂失、红利通知书补发、客户基本信息变更、客户回访及满意度调查等短信服务，为客户提供免费短信通知，服务内容包括续期缴费提醒、续期缴费成功通知、报案指导、理赔结案通知、生日祝福等。举办少儿书画大赛、名家健康讲座、关爱进社区、客户大回访等客服服务活动，提升客户附加值服务，积极推广E服务，使广大客户和业务员亲身感受公司发展及科技带来的更便捷服务。

（刘苗苗）

【中国人寿保险股份有限公司诸城支公司】 2018年，中国人寿诸城支公司立足行业实际和自身优势，致力于满足人们日益增长的保险保障需求，不断拓展业务服务领域，深化保险创新举措，积极营造良好发展环境，大力提升了服务诸城经济社会发展的功能。

关键预算指标稳步发展。实现股份总保费3.2亿元，保费规模居诸城市同行业首位；承保社会风险保额达到300亿元，赔款及给付金额9889万元，上缴地方财政各类税费318万元。

参与社会保障体系建设。大力发展商业健康保险，完善涵盖不同保障期间、不同责任范围、不同给付方式的健康保险产品体系。2018年累计销售长、短期健康保险8120万元，销售长期保障型产品3800万元。扎实做好全市居民大病保险补偿服务，为82万余参保居民提供重大疾病“二次报销”，全市联网即时结报定点医疗机构达到72家。年内，为2万多名参保居民支付大病保险金1.06亿元，减轻了患病家庭的经济负担，缓解了“因病致贫、因病返贫”现象。

护航实体经济发展。提供政策优惠，降低承保费率。2018年公司服务法人客户数1000多家，承保费率下降为标准费率的55%，为企业节约资金超过300万元。为参保法人客户及企业雇主提供高额人身保障，为员工提供长期福利保障计划。年内法人业务赔付近500万元。加强综合金融拓展，与国寿诸城财险、广发银行为企业提供一揽子综合金融服务。

服务保障民生。深入推动普惠保险，努力让更多人险有所保。与市直相关部门合作，拓展10余项政保业务和民生项目，对特定人群实施小保费、大保障的普惠保险计划。“银龄安康工程”是中国人寿与市老龄办历经10年打造的品牌工程、民生工程、社会效益工程，2018年“银龄安康工程”承保老年人突破25万人，理赔2896人次，理赔金额超过40万元；“女性安康工程”承保女性1.8万人，理赔31人，理赔金额超过16万元。学生平安保险、计划生育家庭保险、警察协会会员综合保险、大学生村官和“第一书记”保险、工会会员综合保险、残疾人乘坐公共交通工具意外伤害保险、失独家庭住院护理补贴保险等，满足了不同群体的保险保障需求。积极响应国家“大众创业 万众创新”号召，实施“国寿企业家”工程，深入推动创业就业，为1200余人解决创业就业问题，缓解了社会就业压力。

维护行业和社会稳定。认真遵守“严监管”规定，带头维护行业经营秩序，保障客户合法权益，扎实开展对销售误导、非法集资、销售乱象和非法经营等重大风险的防范和整治，全力做好客户满期给付工作。2018年给付满期金1.1万件、超过1亿元，未发生区域性、群体性风险事件。通过线上线下综合服务方式，持续改善服务举措，不断提高服务品质，至年底，公司平均理赔时效为1.49天，3日结案率99.27%，受理案件获赔率达99.73%。

（杨 峰）

证 券 业

【概况】 截至2018年底，诸城市共有8家上市公司。其中，北汽福田汽车股份有限公司于1998年在上交所上市，募集资金32300万元；山东得利斯食品股份有限公司和山东希努尔男装股份有限公司于2010年、山东美晨科技股份有限公司于2011年在深交所上市，募集资金分别为83000万元、133000万元、37000万元；广豪国际控股有限公司在香港上市，募集资金8000万港币；诸城市紫阳陶瓷有限公司在美国OTCBB上市，募集资金1000万元；山东惠发食品股份有限公司、山东大业股份有限公司于2017年在上交所上市，募集资金分别为22890万元、79612万元。另外，有证券营业部2家，分别是：中泰证券股份有限公司诸城营业部，方正证券股份有限公司诸城密州东路证券营业部。

【中泰证券股份有限公司诸城营业部】 中泰证券股份有限公司（原名齐鲁证券有限公司）诸城营业部位于诸城市人民东路26号，是中泰证券股份有限公司经中国证监会批准在诸城设立的证券经营分支机构。营业部下设营运管理部、财富管理部、零售业务部、市场营销部、机构业务部等部室。

营业部立足诸城，积极配合当地金融办及相关镇街做好规模化企业股份制改造及企业挂牌上市工作。积极参与本地各大上市公司的股权质押等融资项目，为企业解决了中短期融资需求，为企业的发展注入了新的活力。营业部还可以提供诸如IPO上市、定向增发、发行公司债、企业债、可转债、资产证券化、股权质押融资、股票收益互换、私募股权投资基金、新三板、区域股权市场等各项资本市场全体系业务，为支持地方经济发展提供更加符合市场化需求的融资手段，为企业的良性发展提供更加坚实的保障，为投资者提供更多灵活丰富的资产配置途径。

【方正证券股份有限公司诸城密州东路证券营业部】 方正证券股份有限公司诸城密州东路证券营业部位于诸城市密州东路28号，是方正证券股份有限公司经中国证监会批准在诸城设立的证券经营分支机构。

该营业部致力于为投资者及有理财、投资与增值服务需求的客户搭建全方位、多层次的金融服务体系。并积极参与改善当地证券市场环境，不断提升对地方财政收入的贡献。可提供诸如IPO、定向增发、公司债、企业债、资产证券化、股权质押融资、股票收益互换、私募股权投资基金、新三板、区域股权市场等各项不同类别的业务。

（马增亮）

财政 税务

财 政

【概况】 2018年，诸城市财政部门紧紧围绕市委、市政府的决策部署，充分发挥财政保障职能，统筹推进稳增长、促改革、调结构、惠民生、防风险各项工作，保持经济平稳运行。全年，各项经济社会事业稳步发展，城市面貌焕然一新，财政收入质量、产业结构、民生保障、企业发展等各方面有了新的变化、新的成绩。2018年，全市一般公共预算收入完成72.8亿元，占年度预算的100%，同比增长2.2%；全市一般公共预算支出完成78.3亿元，比上年增长4.8%。

【财政保障能力】 财政收入平稳增长。积极应对收入增长乏力、可用财力不足等挑战，加强重点税源管控，加大政策资源争取力度，促进财政收入平稳增长。收入组织不断加强，努力克服税收征管体制改革带来的冲击，完善税收风险防控体系和涉税信息共享机制，稳步推进企业占用土地房产测绘评估工作，征管水平不断提升。土地出让收益大幅增加，2018年全市共出让土地3200亩，成交金额57.3亿元，成交单价明显提升，国有土地使用权出让收入比上年度增长17.5%，为城市建设提供了更充足的资金支持。积极争取上级资源资金，紧盯政策支持方向，加大向上争取力度，全年共争取专项转移支付资金8.1亿元、一般转移支付资金9.3亿元，新增地方政府债券3.2亿元，极大地补充了地方财力，保障了全市经济社会事业建设资金需求。

加强非税管理，优化营商环境。落实清费降负政策，紧跟上级减负清费步伐。2018年，根据上级文件精神，停征首次办理居民身份证工本费，减轻社会负担15万元；强化财政票据电子化管理，提升工作效率。2018年，诸城市共有用票单位239个，全部实现票据电子化管理，并完成系统数字认证续期更新工作。细化票据核销及领用管理。2018年，通过山东省财政票据信息管理系统发放各类票据共计342万份，严格按规定的范围审核发放财政票据。推行缴费方式电子化改革。2018年，积极开发新的网上缴费支付平台，提供“一站式”网上缴费服务，方便企业和群众快捷便利缴费，让企业和群众“少跑腿”或“零跑腿”。7月，国土局在潍坊率先实现不动产登记微信缴费。8月，公安部门出入境证件收费实现支付宝缴费。完善收费目录清单“一张网”管理制度，参考中央、省、潍坊收费目录，财政联合物价部门、执收部门对本级行政事业性收费进行梳理，在“三不超”原则上（在收费项目、征收范围、征收标准上做到不超省级和市级目录）制定出台了《诸城市行政事业性收费项目目录清单》《诸城市政府性基金项目目录清单》《诸城市涉企行政事业性收费项目目录清单》《诸城市考试考务费项目目录清单》，以文件方式印发。形成了政府性基金和行政事业性收费“一张网”，并在政府门户网（中国诸城）上进行常态公示。做到了“有变化随时更新，无变化每月更新”。

【服务经济发展】 支持实施新旧动能转换战略。发挥财政资金支持引导作用，为优化产业结构，改造提升传统动能，提高经济发展质量提供坚强保障。2018年，全面落实服务经济发展各项政策，落实国家结构性减税降费12.9亿元，拨付产业发展引导基金5亿元，招商引资资金12亿元以上，企业活力持续激发。防范化解金融风险，为全市24家企业提供过桥资金26.7亿元；为47家中小企业提供贷款担保，担保服务总额8.5亿元；利用信华资产管理公司平台处置企业不良贷款1.8亿元。帮助企业缓解资金压力，维护了全市金融秩序。高质量发展初见成效，与经济运行质量密切相关的增值税、企业所得税、个人所得税等主体税收完成29.7亿元，比上年增长56.5%，占一般公共预算收入的比重提高14.1个百分点。

支持实施乡村振兴战略。设立了总规模10亿元、首期规模2亿元的乡村振兴产业基金，争取上级涉农资金2.3亿元，乡村振兴专项贷款7亿元，拨付完成年初支农预算10.4亿元，着力打造乡村振兴“诸城模式”升级版，为全市农业农村发展提供强力资金支撑。在此基础上，统筹推进涉农资金整合工作，整合涉农资金368万元，收到了良好的社会效益。继续支持推进病死畜禽无害化处理工作，全年累计拨付养殖环节无害化处理补贴580.76万元，促进了生态环境改善。鼓励农业产业结构调整，采取对规模化园区基础设施配套奖补、投资主体贷款全额贴息两种方法鼓励发展，累计拨付规模化园区基础设施配套奖补781万元，贷款贴息110.5万元。

【改善民生】 坚持教育优先发展。以支持发展教育基础设施建设为目标，全力支持教育项目建设。2018年，投入资金4.3亿元，化解教育历史欠款1.5亿元，支持教育“全面改薄”，解决大班额和标准化学校建设问题。全年在建项目30个（包括续建项目27个，新开工项目3个），建筑面积76.22万平方米。其中9个列入诸城市2018年重点项目，6个列入潍坊市教育提升工程项目。

社会保障资金落实到位。投入7亿元落实就业、养老、社会救助、优抚安置等保障政策；积极推进公立医院改革，落实专项资金及专项经费补助1.2亿元，完善公立医院补偿机制。年初预算中，安排公立医院取消药品加成专项经费750.7万元，安排公立专科医院专项经费67万元，另外专项安排575万元，用于提升能力建设专项补助、学科建设专项补助、人才队伍建设、控费奖励等。

保障性安居工程稳妥推进。2018年，继续做好棚户区改造政策性贷款工作。获批授信湖西片区一期棚改项目政策性贷款12亿元；陈家花园片区项目政策性贷款2.8亿元；协助发行栗元片区二期棚改项目专项债券2.31亿元。同时，做好诸城市廉租住房补贴、农村危房改造、经济适用房等保障性安居工程政策落实及资金管理工作，并迎接通过了山东省2017年保障性安居工程审计工作。

城市安全得到进一步保障。加大消防安全的投入力度，投资1300多万元，为特勤消防站配备了消防器材、消防车辆等消防装备，保障了化工产业园安全运行；投资50多万元，对全市人员密集场所、劳动密集型企业，进行消防安全评估，提高了全社会防控火灾能力。加大治安投入力度，投资280万元，对原信息采集应用系统进行更新，保证公安日常管理和重大安保活动提供高效的信息化支持；投资250万元，保障视频实验室配备影像处理、人像同一性鉴定等设备建设要求；投资150万元，确保全市扫黑除恶工作顺利推进；投资90万元，支持毒品快检实验室配备毒品快检及法医鉴定影像设备。

【支持“三大攻坚战”】 优化财政资源配置，健全完善扶持机制，为“三大攻坚战”提供资金支持。坚持精准理念，打好扶贫攻坚战。把脱贫攻坚作为第一民生工程，建立财政扶贫资金常态化监管机制，对扶贫资金实施全面绩效管理；将专项扶贫资金纳入年度预算和中期财政规划，统筹资金3357万元，全力保障全市扶贫工作需要。坚持绿色发展，打好环保攻坚战。围绕生态环境整治的重点领域和关键环节，投入资金1.5亿元，保障大气、水和土壤污染防治工作；支持河长制顺利推开，实现流域全覆盖。坚持底线思维，打好重大风险攻坚战。坚持政府债务预算管理、限额控制，争取上级资金17.2亿元，全面完成政府债券置换工作，有效降低还本付息压力；研究制订政府隐性债务化解规划和工作方案，加大资产资源经营处置力度，统筹调度资金，逐步化解存量债务。

【国有企业改革】 牵头出台改革方案，对全市国有企业进行资源整合，成立龙城建设投资有限公司、政泰城市建设有限公司、隆嘉文化旅游有限公司以及泰石金控有限公司。通过这四大国有投资公司对诸城市的城市建设、文化旅游、金融投资以及矿产资源、污水污泥、户外广告等事项进行运营，进一步提高了经营性国有资产集中统一监管能力。全面清理涉及国有企业的规范性文件。对包括《诸城市市级行政事业单位国有资产委托监管实施意见》《诸城市市级行政事业单位国有资产集中经营管理实施意见》在内的多个于法无据、陈旧过时的政策文件实行废止，优化了国有企业改革发展环境。有序推进“三供一业”分离移交工作。为稳妥解决国有企业历史遗留问题，2018年，诸城市成立分离移交领导小组，出台“三供一业”分离移交方案，有序开展全市分离移交工作。至年底，全市“三供一业”分离移交工作顺利完成，涉及的三家企业共计706户，全部完成设施改造、管理职能移交、资产移交工作。

【重大项目建设】 2018年，投资12.9亿元，支持平日路绕城段、卧龙湖水库、开发区横二路东延段、相石路拓宽、看守所迁移等一系列重大项目落地。在资金使用过程中，严格按照工程进度和审批程序，认真审核把关，既保证重点项目的顺利实施，又兼顾各项目相互平衡，确保每笔资金的拨付准确无误。2018年，共审核拨付项目资金6.18亿元。在融资建设方式上，大力推广使用PPP模式，吸引社会资本投资建设运营垃圾处理、道路交通等市政基础设施项目。至年底，全市重点推进的7个ppp项目，总投资35.4亿元，涵盖了交通、环境、治安、医疗四个领域。落地6个项目，签约率100%。

【财政改革与管理】 持续深化财政绩效评价。深入推进依法理财，强化管理基础工作，加强财政内部控制建设，不断深化财政管理改革。抽取涉及民生和群众关注度高的部分大额项目支出，实施绩效评价。涉及资金1.8亿元，并引入第三方共同参与，扩大了绩效评价范围，提高了绩效评价成效。

加强财政存量资金管理。严格落实结余结转资金回收规定，对结余及超过两年的结转资金、年底未支出的基本支出，按规定统一收回、统筹使用。

加强政府采购监督管理。研究制定政府采购项目操作规程，修订完善采购管理制度，提高了监督管理的科学化水平。实施政府采购项目备案公示。截至12月，共备案159项，预算金额48431.91万元，进一步提高了政府采购透明度。实行政府采购活动采购人及专管员管理制度，为正常有序地开展政府采购工作提供了强有力的依据，使政府采购制度建设更加完善。强化人员培训。2018年8月10日，由财政局组织举办了诸城市政府采购政策培训活动。全市各市直部门、镇街（园区）、市属国有企业的政府采购业务员，以及全市采购代理机构相关人员共340余人参加了此次培训。

强化财政投资评审管理。2018年，共完成预算项目评审153项，预算金额98075.74万元，审定87444.4万元，审减10631.27万元，审减率10.84%；结算项目评审218项，送审金额109993.27万元，审定104142.14万元，审减5851.13万元，审减率5.32%；提高了财政资金使用效益。

调整完善镇街（园区）财政体制。全市实行“核定收支、定额上缴（补助）、分档分成”的分税制财政体制。全市企业税收以企业实际生产经营地为标准，全部划归所在镇街；全面核定收支基数，对收大于支的镇街定额上缴，收不抵支的镇街定额补助；对当年一般公共预算收入超过收入基数部分，分档分成。2018年，对林家村镇按照新的区划，确定了林家村和桃园区的基数。通过新的财政体制，有效地促进镇街园区发展经济，增强镇街（园区）自主发展、自我发展的积极性，为构建和谐社会和促进全市经济协调科学发展提供体制保障。

强化会计管理。深化与网上继续教育结构配合，持续搞好会计人员的继续教育工作；做好现场指导会计工作，通过从工商职业学院选派教授，到新郎公司、电力公司等大企业现场对会计人员进行教育培训；强化基层会计人员培训，财政局联合经管局、组织部对全市农村社区会计和乡镇财政人员进行集中培训1544人次，为推进全市农村财务规范化管理打下良好基础；对全市行政事业单位财务人员进行分期分批电脑记账业务培训，保证机关事业单位财务信息和预算执行信息全面清晰；深入推进政府会计制度改革，建立健全政府会计核算体系，推进财务会计与预算会计适度分离并相互衔接。

（赵在鑫）

政府公共资源交易

【概况】 2018年，潍坊市公共资源交易中心诸城分中心认真贯彻实施《政府采购法》《招标投标法》和上级政策，全面深化公共资源配置改革，严格规范组织政府采购、建设工程招投标、土地招拍挂等公共资源交易工作，严格落实诸城市委、市政府和潍坊市公共资源交易中心的工作部署，进一步扩大交易范围，规范交易秩序，加大公开力度，推进交易全程电子化，实现公共资源阳光下的交易。全年共完成公共资源交易346项，总交易金额344185.01万元。其中，工程建设项目27项，预算投资113657.08万元，总中标金额107798.16万元，节约资金5858.92万元；政府采购231项，采购控制价86349.84万元，总中标金额82016万元，节约资金4333.84万元；ppp项目采购1项，预算总投资额29105万元，总成交金额28520万元；拍卖（竞拍）项目3宗，成交金额603.32万元；其他类项目54项，预算投资6785.94万元，总中标金额6430.11万元，节约资金355.83万元；医疗设备项目3项，预算投资276万元，总中标金额230.70万元，节约资金45.30万元；土地挂牌竞拍27项，总成交额118586.72万元。

【公共资源交易现代化】 进入公共资源交易平台交易的建设工程、政府采购、土地矿业、产权交易、医疗设备等公共资源交易事项，全部通过与省市联网的统一电子交易平台公开交易。每个项目严格按照电子交易平台固化的设计流程开展业务，通过全程电子运行、系统控制、安全保密、系统联通的系统设置，实现从项目登记、招标公告发布、报名、发放招标文件、保证金收取、开标、定标、中标结果公示、合同签订等环节的全过程电子化，结合全流程电子化交易，分类编制招标采购文件模板，在项目招标采购中全面推行，规范了招标采购文件编制工作，提高了项目招标采购质量和效率。交易全上网，线下无交易，杜绝人为干预，促进了公共资源交易的依法、规范、高效。4月11日，以网上竞价的方式成功完成交易保证金业务选定合作银行项目的竞拍，在加强保证金账户监管基础上，有效增加财政收入510万元。

【规范场内交易秩序】 狠抓关键环节，严格规范场内交易秩序。严格依法组建评标委员会，加强评标专家抽取的监管，实行账户与抽取过程分开管理，代理机构负责账户管理，中心专人负责抽取，开标后，在业主和相关部门共同在场的情况下打印评标专家名单。抽取、打印全过程录像，确保专家名单的保密性。开标现场，严控投标截止时间与投标文件接收，规范开标流程。严格评标现场管理，实行封闭评审，完善物理隔离，实行门禁制度，只要进入评标室，必须签到并代管通信工具。评标室内各相关交易当事人分别着不同颜色马夹标志服，便于身份识别与管理，在许可的范围内有效开展工作。评标过程中，代理机构工作人员与专家之间、招标人与专家之间、交易中心工作人员与专家之间、专家与专家之间的沟通交流，身体距离和声音音量都有规范要求，严禁与专家私下接触，评标全过程实时监控，并保存视频影像资料。

【扩大交易事项进场范围】 落实上级统一要求，协调配合潍坊市公共资源交易中心土地科和诸城市国土局相关工作，将土地招拍挂纳入中心进行交易，10月11日，通过中心新启用的土地使用权出让系统，顺利成交诸城市第一宗通过潍坊市公共资源交易中心电子交易系统交易的土地项目（诸城2018-G0602号地块工业用地使用权）的出让。2018年，共完成土地挂牌竞拍27项，总成交额118586.72万元。

【公共资源交易公开化】 使用国有资金的工程建设项目和政府采购项目，原则上全部公开招标，达不到公开招标限额，因特殊需求采用竞争性谈判、竞争性磋商、询价等非招标方式的，原则上通过公开发布公告募集供应商。评审过程各投标人的业绩荣誉等客观性评分向所有投标人公开。交易项目的信息在潍坊市公共资源交易网上发布的同时发布在国家和省规定的媒介，增加了公共资源交易透明度。实行采购需求、采购文件、评审结果、中标合同、履约验收的全过程公开，有效解决管理服务过程中的“灯下黑”问题。

（王俊智）

住房公积金管理

【概况】 2018年，潍坊市住房公积金管理中心诸城分中心，紧紧围绕全年工作目标和工作重点，坚持创新发展、强化管理、规范运作，加大贷款发放力度，严控资金风险，不断提升工作标准和服务质量，促进了住房公积金管理工作稳步、健康发展。年内，新增住房公积金缴存人员4003人，归集住房公积金3.67亿元，办理提取2.3亿元，发放贷款3.26亿元，分别比上年增长55.6%、15.5%、18.6%、65.4%。

【强化规范管理】 针对住房公积金相关政策变化大、业务办理进驻政务服务大厅、窗口业务量持续增长等情况，把实施全员学习培训作为增强干部职工个人素质和提高服务水平的重要手段，先后组织集中业务培训5次。实施岗位目标责任制，严格落实潍坊市中心出台的工作考核管理办法、绩效考核办法、经费管理办法等制度规定，建立和细化科室及个人岗位目标责任制，加大对各项目标任务落实结果的监督检查力度，发现问题及时督促整改。

【推行公积金新政】 加强宣传，利用诸城广播电视台“行风在线”“民生零距离”等平台解答宣传新政，将“发挥住房公积金作用、提升全民住房水平”作为有线电视开机画面，在有线电视9频道对新政解读进行全文滚动播出。在服务窗口积极向办事群众推介潍坊市中心官网、短信平台、公积金微信、12329服务热线等“四位一体”的宣传平台。规范档案管理工作。利用每周六休息时间，采用全员参与的方式，对贷款业务档案进行集中整理归档。并将档案管理责任落实到专人，严格检查考核，确保公积金档案资料的完整、准确、安全和有效利用。

【做好贷款工作】 由于公积金贷款新政降低了门槛，吸引了更多的职工办理公积金贷款，同时吸引了更多的房地产开发商与住房公积金管理中心开展业务合作。2018年业务量大增，达到历史最高峰。为应对这一局面，在做好开发商保证金退还、重新与开发商签订销售方保证合同的同时，合理设置岗位，增加银行贷款业务经办人手，理顺与受托银行的权利与责任，严格控制贷款办理时限，确保贷款的正常发放。

【强化风险防控】 公积金提取，严格审核提取材料，完善提取信息记录。对商业贷款提取材料有疑点的，到房管部门核查抵押情况；对农村集体土地上翻建房屋提取公积金的，派人到现场实地核查；对伪造合同、出具虚假证明、编造虚假租赁等骗提套取行为，向职工工作单位通报；对协助造假的机构和人员严肃处理。贷款环节，严把征信审查关、楼盘准入关和还贷关，保障公积金安全。银行监督环节，加强对受托银行住房公积金金融业务管理和考核，对业务经办中存在的问题及时督促整改。适时召开受托银行座谈会，加强沟通协调，推动提高受托银行服务质量、工作绩效和风险防范能力。

【职工维权工作】 畅通群众诉求渠道，落实领导干部公开接访和群众工作日下访制度，全年共解决群众需求诉求事项12件，答复处理市长公开电话与民生服务热线电话6件。督促1家企业建立了住房公积金制度、1家企业补缴了职工26个月住房公积金197.1万元。

（住房公积金管理中心）

税 务

【概况】 2018年，诸城市税务局紧紧围绕上级工作部署，认真贯彻落实中央国税地税征管体制改革决策部署，依托全流程集成融合工作平台，做优业务固本、做实党建铸魂、做强管理护航，用问题倒逼措施，激情创业、实干担当，圆满完成了各项改革任务。获得“全国税务系统税收科研调研基地”称号、2018年度“全市税务系统绩效管理先进单位”称号，并顺利通过省级文明单位复审。

机构改革。2018年7月，根据中央国税地税征管体制改革统一部署，诸城市国税局、诸城市地税局合并为国家税务总局诸城市税务局，共设置内设机构13个，分别是办公室、法制股、税政一股、税政二股、社会保险费和非税收入股、收入核算股、征收管理股、税收风险管理股、税源管理股、财务管理股、人事教育股，另设机关党委（党建工作股）、纪检组；设置派出机构10个，分别是第一税务分局（办税服务厅）、第二税务分局、龙都税务分局、舜王税务分局、昌城税务分局、皇华税务分局、相州税务分局、辛兴税务分局、密州税务所、经济开发区税务分局；设置事业单位2个，分别是信息中心、纳税服务中心。诸城市税务局负责所辖区域内各项税收、社会保险费和有关非税收入的政策落实、征收管理、风险处理和纳税服务等工作。

【以党建统领改革】 全系统以党建为统领，突出发挥党的领导核心作用，统领改革和税收各项工作任务，凝聚改革共识，汇聚发展合力。相关做法在全市组织工作会议上作典型发言。

党委班子团结有力。局党委班子精诚团结，一心一意推进改革、促进融合。抓住党组改设党委的有利时机，全面加强党的六项建设，研究制定《中共国家税务总局诸城市税务局委员会工作规则（试行）》。12月29日，召开党建工作会议，进一步明确党建工作思路任务。召开“改革中顾大局、困难前讲党性”等专题民主生活会，统一思想认识、促进班子团结，增强局党委的政治站位和驾驭能力。

支部堡垒战斗有力。改革初期，将原国税局17个党支部与原地税局11个党支部结成18个联建融合对子，促进干部队伍融合的同时，担负起直接教育管理监督党员的职责。成立机关党委及下属党支部，组织召开中国共产党国家税务总局诸城市税务局机关第一次代表大会，发挥各工作主体组织落实作用，形成工作合力，协助党委推进全面从严治党责任落实。

党员先锋带动有力。以“改革攻坚、党员先行”为主题，扎实开展党员承诺践诺主题党日活动，强化党员意识，发挥先锋模范作用；组织召开2018年度党支部书记抓基层党建述职评议考核会议，发现工作不足，明确努力方向；切实加强党对群团工作的领导，建好健全机关工会、团委、妇委会等群团组织，发挥桥梁纽带作用，凝聚党建合力，激发党员动力。

【国税地税征管体制改革】 全系统严格贯彻上级改革部署，加班加点、昼夜奋战、任劳任怨，以高度的政治自觉和强烈的责任担当拥护改革、支持改革、推进改革。

继续打赢三场主攻战。7月12日，成立税务机构改革工作小组及10个单项组，各小组挂图作战，销号推进。7月20日，国家税务总局诸城市税务局正式挂牌，迎来和开启了税务新时代。以省市局落实“三定”为样板，严格按照市局批复的“三定”实施方案，扎实落实“三定”规定。坚持一手抓“三定”，一手抓“划转”，两个战场同时兼顾，互促共进，稳妥有序做好社会保险费和非税收入征管职责划转工作。

快速上线集成融合工作平台。第一时间上线“税务全流程集成融合工作平台”，构建内网端和移动端一体化工作平台，实现了19大类、64小类327个工作事项的集成融合，促进了党建党务、行政管理、税收业务等各方面工作快速融合和创新发展。工作任务全生命周期管理，实现任务线上管理、智能推送、留痕追溯。引入“今日头条”集成融合运行理念，实现对“金税三期”等18个基层常用软件的跨软件系统信息聚合、任务整合、管理融合；促进工作记实一体化，工作任务完成后可自动转化写入“数字人事”系统。

积极成立融合创新项目组。本着传承发展、兼容并蓄的原则，成立由党委成员、股室负责人和业务骨干35人参加的“融合创新”专项工作组。立足强化衔接、规范管理、防控风险、提高效能、促进融合工作目标，积极推进管理机制创新，迅速构建起顺畅有序的工作运行机制。改革期间，坚持严规矩守底线，开展明察暗访11次，联合相关部门检查、交叉检查24次，保障了工作落实。

【聚焦主责抓牢主业】 严格落实“四个确保”要求，做到“思想不乱、工作不断、队伍不散、力度不减”。在稳步推进各项改革工作任务的同时，集中精力抓好组织收入工作，实现了机构改革与税收工作“两不误两促进”。

完成组织收入任务。坚持稳中求进工作总基调，按照高质量发展要求，积极开展税源调查，加强收入预测、调度和监控，及时监控重点企业税收入库情况，增强组织收入工作的主动性，依法组织税收收入，圆满完成预算确定的税收收入任务。税收增长与经济发展协调性进一步增强。2018年，全市税务系统共组织收入90.65亿元，同比增长22.5%。

推进征管方式转变。以风险管理导向代替收入任务导向，实现固定管户向“动态管事”转变；创新管户分配机制，建立以属地管理为基本依托、以“行业+规模+特定事项专业化”管理为重点的税源管理模式；实施“事前精准培训+事后严格管理为主线”的新纳税申报管理模式；建立完善“分级负责、任务统筹、差别管理、靶向应对”的税收风险管理运行模式；组织第三方对辖区内所有单位纳税人进行调查核实摸底；开展企业占用土地普查工作，完成1325户1860万平方米的土地测绘。

落实“三项制度”。截至2018年底，通过“三项制度落实管理系统”记录执法行为35020条次。10月16日在山东省部分地市“三项制度”工作调研会上作工作经验交流。引入“二维码”智能影像识别技术，实施档案电子化管理。大力开展联合惩戒等社会税收保障工作，及时发布欠税公告。参与发布诸城市信用“红黑名单”，维护税法尊严。

提升服务效能。认真落实“一次办好”改革工作要求，持续优化税收营商环境。突出工作重点，与204家大企业建立精准服务群。完善配套措施，扎实推进个人所得税、增值税、企业所得税、水资源税、环境保护税等各领域税制改革。针对个税改革和专项附加扣除，组织培训15场次，培训1.2万余人次。将国务院支持创业创新和小微企业发展7项减税措施印制10000余份，送达纳税人。建立前后台一体化纳税服务工作衔接机制，制定8大类27项前后台衔接流程。研发“网上更正申报”系统；推出清单事项“全程网上办”和新办纳税人“套餐式”服务；推进无纸化办税，43类业务297种表证单书实现网上报送；开展服务新旧动能转换重大工程建设，主动对接23个重点项目，走访企业271户收集建议307条。对528户A级纳税人，通过“银税互动”实现纳税信用增值贷款16亿多元。推行“亮牌”服务行动，抽调股室、分局（所）61名业务骨干组成导税专家团队，强化导税服务。实现不动产联合办理，优化不动产登记服务，组织召开民营企业座谈会，举办大国之礼纳税服务培训，提升纳税人改革获得感和服务满意度。

推进内控建设。深入贯彻落实《潍坊市税务局“三险同防”工作机制实施意见》和部署要求，成立“三险同防”工作领导小组，构建各部门、各岗位、各环节全覆盖、同参与的“三险同防”工作机制，梳理主要风险点36个，修订完善各类制度5项，设立动态监控指标20个。10月11日，在全省督察内审培训班上作工作经验交流。

【干部队伍建设】 坚持严管善待激活的原则，着力加强干部队伍建设，为高质量完成各项税收任务提供人才支撑。

加强队伍融合素质提升。自5月8日开始开展“国地税业务百日大学习”进行业务交互培训。制定下发“三师”培养方案，举办“青年干部改革中成长”主题党课、“改革攻坚　青年在行动”主题演讲比赛，开展融合拓展培训暨“纯洁党性”红色教育活动，加强了干部队伍思想政治建设。倡议干部职工积极献爱心，筹集善款23000余元帮助困难学生。举行“国家税务总局诸城市税务局‘致敬光荣历史　拥抱美好未来’2019年春节联欢晚会”，回顾改革历程，促进深度融合，激发发展动力。

加强干部管理。严格按照上级有关要求，着力营造风清气正、和谐稳定、支持有力的内外部环境。坚持挺纪在前，加大纪律执行力度，加强对干部职工的教育管理，确保严格遵规守纪。举办“严规矩　守纪律”专题教育讲座，召开全系统警示教育大会，推进了党风廉政建设。

加强作风建设。坚决贯彻中央八项规定及其实施细则精神，严查各类形式主义和官僚主义。聚焦“微腐败”问题，不定期开展作风纪律集中抽查和明察暗访，做到对重点岗位、基层分局（所）和办税服务厅的察访全覆盖。严格开展涉税案件“一案双查”，深化“四种形态”监督问责，使“失责必问、问责必严”成为常态。

维护干部队伍和谐稳定。不断拓宽意见建议的倾听收集渠道，及时正面回应干部职工的合理关切。积极妥善化解信访积案，提高发现风险、处置风险的能力和水平。加强后勤服务管理保障，推进基层分局（所）标准化建设，及时帮助干部职工解决实际困难。积极与地方党委、政府和有关部门沟通协调，主动报告工作，主动当好参谋。做好税收宣传引导，争取社会各界对税收工作的支持。

激励干部担当作为。坚持党管干部原则和好干部标准，树立担当作为的选人用人导向。加强绩效管理，将绩效管理与落实上级任务、组织收入、纳税服务、征管方式转变、内控机制建设、行业模板管理等重点工作紧密结合，突出绩效结果导向。深化数字人事数据应用，提高数字人事制度落实和系统应用质量，做到以数驭事，用数管人。完善容错纠错机制，真正做到“为干事者鼓劲、为担当者担当”。

（解　彬）

交通　邮政　通信

交 通 运 输

【概况】 2018年，诸城市交通运输局紧紧围绕市委、市政府的决策部署，扎实开展“大学习、大调研、大改进”、深化“作风建设年”活动，进一步强化责任担当，发扬“时不我待”的精神，积极推进“四个城市”和“三区一城”建设，全力加快道路基础设施建设，不断改善城乡居民出行条件，交通运输事业保持了持续健康协调发展的良好态势。

【交通基础设施建设】 潍日高速公路竣工通车。潍日高速公路全长152公里，设计时速120公里，双向四车道，路基宽28米。2016年8月开工建设，经过34个月的紧张施工，于11月1日正式竣工通车，比原计划提前两个月。其中，诸城段长33.6公里，占地3714亩，工程总投资25亿元。自北向南途经石桥子、舜王、贾悦、枳沟和龙都五处镇街的39个自然村，设石桥子、青兰高速、206国道三处互通立交。竣工通车之后，诸城到潍坊、日照的行车时间缩短大约半小时。

相石路拓宽改造工程顺利完成。相石路拓宽改造工程，东起206国道，西至222省道，全长17.8公里，其中相州段6.3公里，舜王段1.4公里，石桥子段10.1公里。按路面宽16米的二级公路标准建设，投资1.7亿元。于10月26日建成通车，实现了与潍日高速公路的便捷连通。

加快推进方崮路大修工程。该项目起点在百尺河镇平日路口，终点至青兰高速，全长5.6公里。投资2000万元对该路段进行维修，加宽改建。至年底，该项目沥青面层铺设完成，继续进行边沟、边坡、路沿石、标志等附属工程施工。

实施县乡道危桥改造工程。年初组织专业技术人员对全市所有农村公路桥涵进行了隐患排查，有57座县乡道桥涵需要维修改造，其中需要拆除重建23座、维修改造34座，概算投资1300万元，至年底，所有工程全部完工。

【农村公路管理】 组织市乡公路管理处及各镇街交管所，加强路政执法监管，督促各专业养护公司严格按照规范和标准要求，扎实做好农村道路的日常养护管理工作，提升农村公路完好率。

加大检查考核力度。交通运输局会同市督

年内竣工通车的潍日高速诸城段一瞥　（供图　交通局）

10月26日，相石路拓宽改造工程竣工通车

（摄影　孔繁亮　焦　亮）

查局、财政局对养护公司实行一月一抽查、一季一普查，市财政部门依据检查考核结果兑付日常管护资金，对不合格的路段实行限期整改，暂缓或不予拨付养护资金，两次不整改的终止养护管理合同，通过严管重罚调动养护公司的工作主动性。

加强路域环境综合整治。严格落实农村公路巡查制度，定期不定期组织集中联合执法，对巡查发现的问题，以书面形式反馈到各镇街和有关部门，并跟踪督促落实整改，保障农村公路安全畅通。

【运输服务能力】 公交线路布局不断优化。根据城市发展及群众出行需求，本着公交线路和停靠站点尽量向新建居住小区、商业区、学校聚集区等城市功能区延伸的原则，优化整合城乡公交线路网络，最大限度方便群众出行。2018年，对5条公交线路进行了优化调整，逐步将公交网络延伸至各镇街的工业园和大型企业驻地，进一步改善城乡居民出行条件。

完善客运配套设施。为满足市民出行需求，年内投资200多万元，对主城区的107处简易公交站点及城区周边镇街主要道路的280处公交站点进行改建或迁移。已经完成选址、定点工作，进入了招投标程序。

大力提升运输保障能力。针对春节、"清明""五一"等重大节假日重点时段，强化运力调配，制定应急预案，大力增强交通运输保障能力，有效保证了旅客及时、安全、有序出行。

【道路运输市场管理】 大力规范客运市场秩序。针对"黑"出租车、"线路黑车"等违规违章营运行为，根据市政府统一部署，从4月20日开始，交通运输局联合市公安局、市城市管理执法监察大队开展了道路出租、班线客运市场"打非治违"专项行动。大力规范巡游出租车运营行为，严厉打击无证"黑车"和违规经营的网约车等各种违法经营行为。至年底，依法查处非法网约车32辆、"黑出租"34辆，其他客运车辆179辆，保护了合法经营。

维护道路运输市场秩序。严厉打击道路运输违法行为，根据上级部署，持续开展了"渣土车""散煤运输""危化品运输""超限运输"等专项治理活动。严格按照既定的时间、标准、步骤推进监察执法活动，实施综合执法、综合治理。全年共出动执法人员17280人次，出动执法车辆3150台次，检查车辆43150辆，查处违章车辆1820辆，其中超限车辆810辆（卸货7756.56吨）、其他车辆765辆。

【安全生产】 加强源头管理。严把市场经营准入关、营运车辆技术状况关和从业人员素质关。针对交通运输行业安全生产特点，着重抓好教育培训。对近1700名客运车辆从业人员，每季度一次轮训，努力提升从业人员的技术业务素质和职业道德水平。加强对汽车客运站及客运企业的监管，对乘客携带包裹物品严格检查，严禁"三品"上车，从源头上规范客运经营行为。

严格隐患排查整改。针对道路客运、危险货物运输等重点领域和部位，抽调精干力量，组成6个检查小组，分组深入基层进行督查，采取明查暗访等方式排查安全隐患。督促客运企业、物流企业、机动车维修企业严格落实安全生产主体责任。共出动执法检查人员120多人次，检查维修企业89家，排查出一般安全隐患45处，当场下达限期整改通知书33份，要求隐患全部清零，全部整改到位。

强化应急管理。修订完善《交通运输系统道路运输突发事件应急预案》，建立应急救援队伍，备足应急客货运输车辆。组织开展应急演练，提高快速反应和应急处置能力。

（交通运输局）

公路建设与管理

【概况】 2018年，诸城市公路局深入贯彻落实党的十九大精神，认真贯彻落实上级各项部署，立足公路中心工作，积极适应新常态，锐意创新，狠抓落实，各项工作进展顺利。

【项目监管】 紧紧围绕全市经济社会发展大局，加快公路升级改造步伐，努力提升公路等级水平。

做好工程项目监管工作。把优化路网结构、提高公路等级水平作为全局重点工作来抓。突出抓好平日路诸城绕城段改建工程，206国道诸城段和341国道诸城黄岛交界至央赣路路口段大、中修续建工程。施工过程中，加强包靠落实，采取“一线工作法”，全力做好工程建设监管工作，与监理单位抓实好质量管控和安全管理，协调各参建单位备足建设用料，上足人员、机械，确保项目进度，全年共完成投资近5.4亿元。

做好项目前期工作。拿出专人具体负责，全力做好平日路诸城南段和朱诸路改建工程立项工作，同时积极配合市政府做好四环路外移工作。平日路南段改建工程项目建议书已获得省发改委批准，341国道西段改建工程已完成工程研究性报告，朱诸路、206国道和341国道绕城段改建工程已通过市局组织的专家评审。

科学谋划公路发展规划。根据上级公路部门指导意见和诸城公路工作实际，科学谋划公路发展规划，争取“十三五”期间对四环路进行外移，对省道朱诸路、薛馆路、平日路等二级瓶颈路段进行拓宽升级，进一步提升全市公路等级水平。

【公路养护】 全面贯彻实施预防化、精细化公路养护机制，大力实施安全生命防护工程，切实抓好路面保洁、小修保养以及安全防护设施维护保养，保障公路通行质量的稳步提升。

抓好公路日常养护。积极落实环保理念，做好国省道扬尘治理，升级道路保洁模式，提高公路保洁质量。抓好公路小修保养和中央隔离带等附属设施维护保养，定期对中央隔离带等公路附属设施进行清洗维护。对国道206、省道平日路、朱诸路等路线的路面病害进行了整治，对诸城境内29座桥梁进行了维修改造，全年共完成灌缝35000余米，挖补31000余平方米，路面灌缝25000余米，更换、维修桥梁伸缩缝近千米，确保公路、桥梁始终保持良好的技术状况。

加强生命安全防护。积极落实上级生命安全防护有关精神，认真组织排查公路通行安全隐患，并及时整改。同时，巩固国省道中央隔离带不合理开口整治成果，进一步提升了国省道行车安全。

加强绿化林带管理。在国道206、341和省道朱诸路、平日路栽植补植行道树400余株，适时对行道树进行修剪，确保绿化林带整齐美观。

加强保通促畅能力建设。定期对公路站机械设备进行检查维修，确保机械设备处在良好状态。规范公路养护用工管理，为临时雇佣公路养护人员购置人身意外险。强化公路养护应急处置中心职能作用，通过组建专业化抢险保通队伍、定期开展实战演练等措施，提高了应急处置中心机械化水平和作业能力，确保公路安全畅通。

【路政管理】 大力加强执法队伍建设，积极参加市局组织的业务知识考试和队列会操比武，提升执法人员整体素质。进一步加强公路管理法规和政策宣传，在5月开展路政宣传月活动，开展集中宣传与服务大走访相结合，强化社会公众爱路护路意识，更好地服务人民群众安全便捷出行。对在建工程安全标识设置、道路路口围挡设置和建筑控制区实行路政巡查提前介入，确保公路行车安全。公路与交警、城管部门定期联合，专项整治占路摊点、占道停车、移动广告牌等违章违法行为，对行车高峰期出现的占路经营集中路段，进行定人定责管控。积极协调沿线镇街，按照属地管理的原则联防严控存在占路隐患的大型集市贸易。加大路政巡查力度，消除路面巡查空档，规范涉路工程管理和审批程序，及时查处路政事案。全年共完成路政巡查26.7万公里，处理事案80起，收取公路设施损坏赔偿费59.2万元，路政案件结案率达到100%。

（窦茂超）

邮　　政

【概况】 2018年，诸城邮政系统以加快金融发展为核心，统筹推进经营管理各项业务，坚持对标先进，强抓措施落实，圆满完成全年各项主要工作目标，企业效益和运行质量得到明显提升。全年实现收入7380万元，完成年度计划的96.75%，比上年增加483.27万元，增幅为7.01%。增幅列潍坊市邮政系统各县市区第五位。

【金融类业务推进】 2018年，通过加强邮政储蓄银行宣传、拓展服务形态、提升服务质量、开发潜力客户等措施，推动邮政金融类业务稳步发展。年末，邮政储蓄经营规模到达41.09亿元，储蓄余额净增3.09亿元，点均净增全市第五。金融总量增长5.28亿元，原始保费、理财保有量分别完成1.45亿元、4074万元，金融新增市场占有率达到6.73%。

【邮务类业务发展】 2018年，邮务类业务协调发展。以邮务类业务转型发展为抓手，坚持专业联动、资源整合导向，将产说会、客户答谢会、展销会等进行整合，实现一点接入，全专业参与，进一步提升工作效率。大力开展“提升邮政服务质量”专项活动，进一步改进服务方式，完善制度规范，确保邮件处理时限达标率和妥投率稳步提高。全年完成国内普通包裹1.09万件，快递包裹62.38万件，投递普通包裹1.09万件，投递快递包裹210万件。信函投182万件，完成EMS26.66万件。完成进出境包裹收139件、投1037件，信函50件。完成报刊征订5.08万份，收缴报刊订阅费975.05万元。集邮文化业务稳步发展，实现纪念邮票、邮册销售2.37万件，量收入265万元。

【优化服务】 积极开展岗位练兵活动，加大培训力度，组织举办各类培训班290人次，多次组织业务技能考试，提高一线员工素质，提升服务质量，为业务发展提供良好支撑。通过公开竞聘方式，大力推荐一线优秀员工到省公司进行教育培训，为选拔后备干部奠定基础，激发了基层工作活力。同时加大投入，积极创造条件，改善便民服务环境。

【服务“三农”】 建立县乡村三级“买卖惠”运营体系。年内，累计系统内注册供货商60家，发展零售商1170户，叠加“邮掌柜”站点552处。邮政便民站建成903个，其中旗舰店43处。“三农”服务站累计建成96处，直营店11处。借助“买卖惠”平台，打造农产品“配送+邮寄”外销模式。2018年，销售农资703.5吨，为农民增产增收提供了有力支持。同时，积极开展送文化、送科技、送健康等下乡活动，形成政府支持、百姓受益、邮政发展的多赢局面，邮政服务“三农”得到社会认可。

【安全风险管控】 落实安全责任制，大力开展安全教育。严格依法合规经营，以屡查屡犯违规行为整治和风险等级评价活动为抓手，加强风险防控，确保金融安全；全力做好邮件收寄安全检查工作，对邮件收寄、窗口服务及封闭作业等环节进行深入检查，确保邮件寄递安全；抓好安防设施建设和消防安全管理，组织防抢劫演练和消防演练以及110报警测试，进一步增强员工安全防范意识和处置突发事件的应变能力，保障邮政安全。

（胡树德）

诸城移动

【概况】 中国移动通信集团山东有限公司诸城分公司（简称诸城移动公司），位于诸城市兴华西路162号，有员工168人。诸城移动公司成立于1998年7月，为中国移动通信集团山东有限公司的分支机构。公司内设4个部室，分别为综合部、业务运营部、建设维护部和集团客户服务中心，下设5个城区营业厅，15个乡镇经营部；另有420多处城区便利店，1400余处农村便民服务店。移动服务渠道覆盖诸城市所有村庄、小区，为全市人民提供了优质便利的服务。2018年，公司深入贯彻落实党的十九大精神，秉持“正德厚生，臻于至善”的核心价值观，努力践行山东移动“攀登”企业文化，服务于诸城80万移动客户，以“创无限通信世界、做信息社会栋梁”企业使命为己任，实施战略转型能力打造工程，以客户为中心，以市场为导向，以执行力提升为保障，打造可持续发展新格局，精心打造卓越网络，全力构建信息数字化平台，努力开拓诸城市企业信息化应用，全力参与诸城智慧城市建设，追求企业、社会、环境的和谐发展。年内，公司运营收入超4亿元，完成利税1420万元，成为诸城市贡献最大、效益最好的通信运营商。公司曾先后获得“全国服务满意单位”“潍坊市消费者服务满意单位”等荣誉称号，并连续5年荣获“省级文明单位”荣誉称号。

【核心业务发展】 诸城移动公司努力夯实服务基础，以保有中高端市场为基准，以拓展潜在市场为动力，以效益增长为目标，全面推进各项工作。公司以移动市场、家庭市场、政企市场、数字化服务为抓手，以4G产品和有线宽带为主力，不断加大市场、业务拓展力度。针对自办渠道，根据省市公司统一部署进行改造提升达标；针对社会渠道，加强规范化管理，不断提升服务水平和质量。通过以上工作的同步开展，2018年度取得了较好的成绩。4G客户累计居全潍坊市系统内第三位，家庭宽带用户年净增居全潍坊市系统内第一位。

【基础网络建设】 诸城公司确定网络工作重点，充分发挥协同效应，在满足当前话音和数据业务需求下，做好发展规划，保障长远发展和未来竞争优势，提升网络整体竞争优势，实现网络对市场发展的有力支撑。重点围绕智慧城市建设，从LTE建设、有线宽带建设、节点机房和综合业务区建设、网络维护等方面开展具体工作，并注重基础工作管理，向管理要效益、要成绩。在项目建设上，以市场需求为出发点，以城市全面覆盖、农村重点覆盖的建设思路落实发展措施，通过全员参与选址等途径洽谈新建站点的接入，促进了项目立项、入场施工的实施，实现了城区、镇街的有效覆盖，为有线宽带业务的发展提供了良好的基础，为智慧城市的建设贡献了力量。

【强化服务管理】 以不断提高客户感知为导向，以建立健全服务质量管理体系为核心，以解决服务中的热点、难点问题为突破口，全面推行优质、规范服务措施，为诸城移动80万客户提供最优质的服务。通过内部强化员工业务能力软实力，改造提升营业厅服务环境硬实力，加强外出营销提升宣传实力等措施提升整体服务能力。年度总计开展外出营销活动972场，现场为客户解决问题3985件，受到了广大客户的好评。坚持以客户满意为宗旨，多举措提升营业厅的服务能力，持续开展班组大讲堂活动，定期进行集中业务培训和业务技能提升，全力追求客户满意度，对于客户提出的意见或建议，确保在第一时间给予满意答复，提升客户满意度。

【企业文化建设】 积极落实省公司提出的“攀登企业文化”主题，以提升客户服务水平和提高员工能力素质为目标，通过宣讲企业文化、践行企业文化等一系列活动，在公司内部逐渐形成“务实、担当、诚信、和谐”的企业文化氛围。深入推进“员工关爱”工作，遵循因地制宜、务实节约、硬件设施和软性班组文化同步推进的原则，为一线部门员工进一步完善工作和生活设施，解决实际困难。公司共建设完成镇街经营部“小小家”18个，全部达到“模范职工小小家”标准，并获得省公司“省级模范职工小小家”荣誉称号。号召全体员工积极参加志愿服务活动，全年共参加志愿植树、志愿卫生清洁、志愿文明交通、志愿上门服务等活动40余场次，提升了员工的思想境界，树立了良好的社会形象。

（孙宏志）

诸　城　联　通

【概况】 2018年，中国联合网络通信有限公司诸城市分公司（简称诸城市联通公司或诸城联通），按照年初确定的工作重点，强化措施，狠抓落实，圆满完成各项工作任务。获评潍坊市联通公司“先进单位”，保持了“省级消费者满意单位”“省级文明单位”等荣誉称号。

【参与“四个城市”建设】 认真贯彻落实市委、市政府部署的新旧动能转换和“四个城市”建设的工作目标任务，结合公司业务实际，按照年初确定的“抓党建、促发展、控成本、转机制”工作思路，以服务全市人民为总目标，先后完成了上合组织青岛峰会、全国“两会”等

“重保”工作期间的网络、设备、线路巡检、监控和值守，确保了央视直播对峰会报道和网上直播的电路畅通。在文明城市建设工作中，积极在室外广告牌上做宣传，全面整治联通公司的楼房、院落，营业厅内重新装修、重新制作门楣。在城市和道路建设中，提前准备，严格标准，重新建设通信杆路、管道和窨井，保障通信设施不影响市容市貌。

【信息服务应用系统建设】 坚持以提供优质服务为目标，不断加大资金投入，以工匠精神全力打造匠心网络。按照党的十九大提出的推动互联网、大数据、人工智能和实体经济的深度融合要求，围绕建设“产业强市”奋斗目标，立足丰富“智慧城市”基础网络建设，向全市提供更先进、更快捷、更优质的通信服务，着力打造新形势、新技术下的先进信息服务应用系统，满足全市各行各业以“互联网+”为主导的信息产品多样化、个性化的需求。

云计算。指以互联网为平台，将硬件、软件、网络等资源统一集中起来，实现数据的计算、储存、处理和共享的模式。通过网络以按需交易扩展的方式获取所需硬件、平台、软件等资源。

物联网。物联网主要解决物品与物品、人与物品、人与人之间的互联。它是通过物品与物联网相连接进行信息交换和通信，物联网在城市管理中的综合应用就是智慧城市。

移动互联。通过将移动通信与互联网二者结合到一起。用户通过移动终端对网络信息进行访问，并获取信息，享受一系列的信息服务带来的便利。

移动政务办公（山东通）。省政府办公厅完成统一移动办公平台项目的招标，确定中国联通为其服务供应商。中国联通通过为省、市、县电子政务外网行政服务域建立安全可控的移动办公通道，构建全省统一的移动办公网络，为全省政务移动办公统一服务，实现用户安全管理、应用安全管理和终端设备安全管理。通过以上联通平台，企业上云、电小保、无线烟感、小喇叭、透明装修、云章、电子书、物联网等应用平台及信息化新业务，在诸城市得到大力推广应用，为各行业提供了实时信息化服务，并实现规模复制，助力产业强市，也提升了联通公司的网络口碑。

【智能家居生活】 中国联通与腾讯公司展开深度合作，推出线上不限量产品腾讯王卡。市民通过网络足不出户即可办理，优惠的价格、丰富的微信聊天、视频通话、生活娱乐功能，充实了市民的精神生活。随时随地微信扫码支付的功能，更让市民感到方便，促进了王卡业务的普及。在联通电视业务方面，汇聚爱奇艺、腾讯、优酷、芒果、搜狐等主流视频网站的优质内容和新东方、学而思的600多门学习课程，以及国内200多名知名中医专家的中医养生理论，满足了各年龄段兴趣点，打造一站式娱乐、教育体系，受到市民欢迎。公司始终以智慧生活的创造者为己任，不断推出服务于日常生活的新应用。面向家庭用户持续推出的手机网上营业厅、沃家视讯、沃TV、沃家庭、沃阅读、沃钱包等服务，进一步满足了全市广大市民需求的多样性，提升了联通通信服务水平和信誉。

【提速降费】 在建成全光网络城市的基础上，速率普及百兆、200M，全市联通宽带通信出口已达到170G。宽带提速，根据用户使用的电脑配置情况，最低分别提速至100M、200M以上，根据需求实现千兆以上，网速更高，网络更稳。在高速公路、城区、镇街、新建小区等做了联通移动通信网络的深度4G覆盖，将2G移动通信网络升级至3G和4G，全市联通4G网络速度及服务水平进一步提升，并为5G网络提前进行规划建设。积极响应国家“大力倡导提速降费”

的号召，自2018年7月1日起取消了流量“漫游”费，新老手机用户的省内通用流量升级为全国流量。面向全市人民带来了多样的不限量的优惠业务，宽带资费进一步降低。例如：对同时使用联通移动业务和宽带业务的用户，可以享受到宽带、联通电视和话费的双重优惠，直至宽带、联通电视免费使用。通过营业受理、网页推送等方式，推行宽带限时服务承诺。基于光纤网络强大的承载能力和强有力的服务支撑团队，给用户提供更高品质的通信服务。

【通信基础运营商作用发挥】 从源头阻断“电信诈骗”和垃圾短信。2018年，诸城联通向全市发送防范电信诈骗警示类短信超过300万条，通过设置垃圾短信关键字智能拦截功能，拦截垃圾短信超过33万条，配合公安机关对涉嫌电信诈骗等违法电话号码进行关停。同时，加强建设和改进重点业务管理系统、虚假号码拦截系统等，进一步提高智能拦截的能力。立足业务职能，提醒广大市民做到不轻信中奖信息，不点击手机不明链接，不向陌生人转账等等，不给犯罪分子以可乘之机，共同维护良好的网络通信环境。

（王克平）

诸城电信

【概况】 2018年，中国电信集团公司诸城分公司顺应通信市场发展形势，积极谋求转型，探索新的发展道路。公司以“五个观念”为指导思想，坚持“转作风、提能力、拓规模、破格局”的工作思路，全面落实“两个体系”建设，建立良好的工作体制，提高工作运营效率。2018年度，诸城分公司全潍坊基础业务完成率考核名列第三。

【服务质量提升】 公司倡导“五个观念”——大局为重的观念、敢于担当的观念、奋勇争先的观念、快速执行的观念、结果导向的观念。诸城公司以“五个观念”为指导，充分分析制约和影响公司发展的主要因素，因地制宜，从有利于市场发展的角度考虑问题，分析问题，解决问题，快速提升公司整体服务质量，较好地完成了公司的经营任务。

【“两个体系”建设】 2018年，公司努力打造社区、农村“两个体系”，城区以店包区模式推进，农村以乡镇经理承包模式推进。

城区支局以片区为中心，实现门店片区负责制，优化门店营销模式。“铸铅活动”，通过精细化营销活动组织，多方面增加用户触点，吸引异网用户入网；坚持宽带入户营销，通过入户为异网宽带用户排除障碍，增加用户感知，提高宽带发展率；开展低渗小区攻坚活动，提升现有人员营销能力，提高端口覆盖率。

农村支局以乡镇经理创业店为核心，积极发挥其他门店作用，不断扩大用户触点。组织多频次多场次“兵团活动”，支局联合，最大可能发挥支局协同作用，提升营销效率；划小承包、激发活力，支局有独立自主权，可根据实际情况增加营销力量，发挥多触点作用，增加用户接触面；磨练临柜话术，一对一建立用户画像，为用户提供针对性产品，增加用户粘性，提高发展率。

【拓规模破格局】 公司坚持“转作风、提能力、拓规模、破格局”的工作思路，快速提升市场份额。在国家提速降费大背景下，农村支局借助泛渠道力量主推畅享套餐，让客户享受信息服务新生活；城区支局借助翼支付平台，增加金融产品礼包，让客户感受智能新生活。

【突出差异化发展】 适应企事业单位信息化需求，利用竞争性专线资费、外勤助手、天翼对讲、综合办公等信息化产品，提升企业信息化水平及控制营销成本的要求。2018年，电信公司聚焦党政军、交通运输、商业联盟、金融、大企业及总部经济，综合考虑六大行业现实情况，积极谋求开放式经营方式，打通互联互通，可以提供平台，打破了以往的壁垒；加强政企行业的支撑保障，通过“政企+渠道+维系”三位一体，提升服务质量。

（徐志芳）

城乡建设

规　划

【概况】　2018年，诸城市规划局认真贯彻落实市委、市政府“四个城市”和“三区一城”建设决策部署，坚持“以规划编制为导向、以规划管理为抓手、以规划创新为动力”，理顺行政审批流程，加强规划审批与管理，不断优化布局、提升品质，加快推进“三区一城”建设，城乡规划在经济社会发展中的龙头带动作用更加凸显。

【重要规划】　城市总体规划修编。根据城市总体规划修编需要，完成城市发展战略研究编制，城市总体规划纲要通过省住建厅专家评审，城市总体规划已完成初步成果。

村镇规划编制。2018年，完成了贾悦镇、相州镇总体规划修编工作并通过专家评审，石桥子镇、辛兴镇总体规划正在修编，《市域乡村建设规划》通过专家评审。配合完成了悦东化工产业园规划、省住建厅审查工作。

做好重点片区规划编制。2018年，围绕重点项目和十大组团，主动对接、提前介入，搞好规划服务，有序推进重要区域和片区规划编制工作。

【规划审批管理】　规范规划设计市场。严格落实规划编制资质备案管理制度，倒逼规划编制单位提高规划设计质量，切实提高城乡规划设计水平，促进建设项目规划设计品质提升，推进品质城市建设。

强化建筑环境设计管理。重点做好中心城区重点地段和片区建筑群的空间、形态、功能、天际线、色彩设计，引导开发项目进行住宅立面公建化设计，提升城市的景观特色和视觉品位。立足部门职能，对新建建筑亮化方案进行专项审查和报批，做到亮化设施与主体工程同步施工、同步竣工验收。

严格规划强制性内容审查。完善专家评审、集体会审、政府审批制度，从严审查容积率、绿地率、日照标准、停车率，以及配套公共服务设施等强制性指标，保证各项指标符合规范要求，把好规划方案质量审查关。

【规划公众参与】　深入实施阳光规划制度。强化公众参与，坚持实行城乡规划和建设项目批前公告、批后公布，深化“阳光规划”制度。加大城乡规划的公示力度，广泛听取各方面的意见建议，主动接受监督，增强规划的民主性、可行性和互动性。围绕城乡规划热点和市民普遍关心的问题，扩宽公众参与渠道，采取设立热线电话，设置意见箱，参与“党风政风监督热线”栏目等多种形式进行沟通交流，引导群众参与城乡规划，关注规划。同时了解民意，集中民智，确保城乡规划在合法、正当和符合社会公共利益的轨道上运行。

【规划监管】　2018年，不断强化在建项目巡察力度，进一步完善规划批后监管工作台账制度，规范批后监管，强化开工规划验线、竣工规划核实的程序，继续实行“六步跟踪法”，对在建项目进行跟踪管理，对违规现象早发现、早制止，切实维护规划的严肃性和权威性。

（马文亮）

城市建设

【概况】 2018年，城市建设工作坚持“先急后缓、确保重点、实事求是、量力而行”的原则，秉承以人民为中心的发展理念，主动顺应城市工作新形势、改革发展新要求、人民群众新期待，精心组织，科学谋划，压茬推进，进一步完善城市路网，缓解交通压力，持续抓好城建重点项目建设，全面提升城市建设管理水平，努力建设人民满意的幸福、宜居、美丽城市。全年新修或提升改造城市道路共8条，总里程15.3公里，工程总投资29187万元。

【城市道路建设】 横二路东延工程。西起潍河左路，东至咸石路，全长2130米。道路工程：主路面宽24米，道路两侧各4米宽绿化隔离带、3米宽人行道、6米宽绿化带，同步在道路两侧配套铺设雨水和污水主管网，安装路灯。桥梁工程：潍河大桥桥长450米，采用装配式预应力混凝土箱形连续梁，结构体系为先简支后连续，全桥共三联，每联跨径组合为5×30米，桥面总宽30米，车行道宽24米，每侧人行道各宽3米。工程由山东银汇市政工程有限公司负责施工，山东万泰工程咨询有限公司负责监理，山东恒建工程检测有限公司负责第三方质量检测。工程总投资10209万元，3月下旬开工建设，10月中旬建成通车。

兴华西路西延工程。东起龙昌路，西至潍河东岸，全长1740米，工程总投资3850万元。道路工程：中间8米宽绿化分隔带，两侧各8米宽机动车道、4米宽绿化带、4米宽排水沟。同步配套铺设污水主管网，安装路灯。工程由山东华邦建设集团有限公司负责施工，山东鑫城工程项目管理有限公司负责监理，工程投资1800万元。桥梁工程：涓河大桥，桥长156米，共7跨60颗桩基，每跨长20米。桥面总宽30米，车行道宽24米，每侧人行道各宽3米。采用钻孔灌注桩基础，桥台采用轻型桥台，桥墩采用桩柱式桥墩，伸缩缝采用异型钢橡胶伸缩缝。工程由山东畅通集团股份有限公司负责施工，山东鑫城建设监理有限公司负责监理，工程投资2050万元。4月下旬开工建设，10月中旬建成通车。

东坡街北延工程。南起兴贸路，北至横二路东延段，道路全长2971米，主路面宽24米，道路两侧各3米绿化隔离带、3米人行道、4.5米绿化带。同步配套铺设雨水和污水主管网，安装路灯。工程由山东银汇市政工程有限公司负责施工，潍坊天鹏建设监理有限公司负责监理。工程总投资4600万元，8月中旬开工建设，11月上旬建成通车。

八里庄路改造工程。西起潍河右路，东至东环路，道路全长1878米，主路面宽16米，道路两侧各2米绿化隔离带、3.5米人行道，2.5米绿化带。同步配套铺设雨水和污水主管网，安装路灯。工程由潍坊龙盛公路工程有限公司负责施工，山东威达工程项目管理有限公司负责监理。工程总投资2323万元，9月上旬开工建设，11月上旬建成通车。

生物医药园区道路工程（2条）。位于辛兴镇生物医药工业园区内。横一路，西起辛五路，东至百尺河西岸规划沿河路，道路全长1278米，主路面宽12米，配套铺设雨水和污水主管网，安装路灯；纵一路，南起工业园路，北至G22青兰高速，道路全长1345米，主路面宽12米，配套铺设雨水和污水主管网，安装路灯。工程由山东盛润建设有限公司负责施工，诸城建宏有限公司负责监理。工程总投资3100万元。

普乐街南段提升改造工程。北起凤凰路，南至环湖南路东延道路，道路全长2662米，中间8米绿化带，两侧各8米主路，4米绿化隔离带、4米人行道（北师大学校以南路段暂未设置人行道），开挖4米排水边沟，建设扶河桥一座，桥长80米，同步安装路灯。工程由山东畅通集团股份有限公司负责施工，山东建宏监理有限公司负责监理。工程总投资3825万元。

环湖南路东延工程。西起动物园门口，东接普乐街扶河桥，道路全长1320米。主路面宽14米，道路两侧各3米人行道，3米绿化带，安装路灯。工程由山东银汇市政工程有限公司负责施工，山东建宏监理有限公司负责监理。工程总投资1280万元。

住宅与房地产

【房地产市场管理】 2018年，全市完善升级商品房销售信息服务平台，全程监管开发企业售房行为，购房户可以随时查询进入预售许可范围的商品房销售、签约、备案状况，共同监督销售、签约、备案行为，维护双方的合法权益。深入整治房地产市场秩序，切实加大对扰乱市场秩序的违法违规行为的查处力度，建立健全信用档案管理体制，出台了《诸城市房地产经纪信用体系建设管理暂行办法》，将中介机构在一定期限内经营情况的信用状况进行评价并公示，加强事中事后监管。开展房地产经纪机构专项整治行动，对全市的150多家中介机构进行了检查，并落实中介机构人员登记管理制度，对150多家中介机构的500多名人员进行实名上岗制登记，完善房地产经纪管理服务平台，制定信用管理办法和信用等级评定标准，实行信用管理。深化“放管服”改革，取消政务大厅房管办存量房交易合同签约服务点，设立158处中介网签服务点，其中70处自行成交免费网签点。取消一个房管网签点，在群众身边设立了158个网签点，真正实现了让信息多跑路，群众少跑腿。定期组织中介机构进行人员培训，共培训670人次。通过现场培训，提高中介机构的业务水平及操作业务的熟练程度。成功举办诸城首届房产博览会。自10月19日起至10月21日共3天时间，报名参展企业16家。房博会坚持以市场为导向，不断探索、挖掘房地产市场中购房者和开发企业的深层次需求，为买卖双方提供深度服务，打造有影响力的销售服务平台，对房地产市场发展起到良好推动作用。

正在建设的大源枫香小镇　（供图　住建局）

【物业服务】 “互联网+房管政务”建设取得新成果。建成全省首个县域全覆盖智慧物业管理服务平台，通过信息化的管理手段，强化以信用体系建设为主要内容的部门监管，提高以物业服务标准化为主要内容的企业自身建设质量，调动业主零距离参与物业管理的积极性，实现由传统的管人管事向管平台管信息的转变，达到物业管理社会管、企业管理数据管、业主需求众人管的目的。

开展物业服务“标准建设年”等系列活动。3月30日，承接潍坊市物业管理工作暨物业服务标准建设年动员大会，提供观摩现场并作典型发言；开展物业行业文明创建、物业服务标准化建设年、住宅小区电动自行车消防安全综合治理、环境综合整治百日提升等系列活动；下发了《关于全市物业服务标准建设年活动的实施方案》，规范“三会三公开”制度和工作流程，对企业和项目分类开展整治。

多措并举，积极推进文明城市创建工作。打造示范点6个，通过示范点的带动，促进全面达标。诸城市有1家企业、1个项目、2名个人受到省住建厅的表彰。大源物业获得潍坊市“十佳”物业称号，另有4家企业、7个项目获得潍坊市住建局的表彰，房管办被潍坊市住建局表彰为物业服务行业文明创建先进单位。

强化对物业服务、企业信用评级管理和考核奖惩。切实加强信用信息和信用评级动态管理，按照物业企业信用得分分值，划定全市AAA级企业4家，AA级企业2家，A级企业64家。加大对物业企业和从业人员的监管力度，实行定期检查和不定期检查、日常监管和动态监管相结合，向社会公开企业信用等级。2018年，先后将31个企业纳入市诚信体系“红名单”，1个企业纳入“黑名单”，对3家企业进行信用档案扣分处罚。协调推进2018年老旧小区综合整治改造。协调调度有关镇街，切实加强领导，提高认识，落实分工，明确责任。房管办配合街办完成2018年诸城市老旧小区综合整治改造任务，争取上级补助资金共322.74万元。完善业主热线投诉处理机制。把处理投诉情况与信用等级挂钩，减少重复投诉，提高群众满意度。严格落实“首接负责制和重点投诉包靠制”，及时妥善处理业主咨询和投诉。2018年，共办结市长公开电话2186起，民生服务热线4991起，热线电话1000余次，共8177件。

【住房保障】 加强保障性住房分配管理，严格住建、民政、财政等部门和街道、社区“三级审核、两级公示”制度，健全公平分配机制，接受社会监督，确保分配过程公开、公正、公平。6月和11月，分别组织东鲁家园公租房第二批和第三批配租工作，201户家庭全部选到公租房，并跟产权单位签订租赁合同。严格公租房租赁补贴发放和实物配租的年度复核工作，完成对全市72户租赁补贴家庭入户复核和东苑名邸49户公租房家庭的年度复核工作。对2018年新增的1户廉租补贴家庭和201户公租房实物配租家庭进行了审核确认。

【房屋征收】 房管办配合相关部门，先后参与完成了南关路、涓河左岸等道路建设工程的征迁工作，为重大工程项目的顺利开工建设做好前期准备。切实做好全市房屋安全管理工作，确保汛期房屋安全。4月13日，下发了《关于做好全市危房防汛检查加强房屋安全管理工作的通知》，对全市范围内的危旧房屋进行全面排查。据排查统计，城区存在安全隐患的房屋24处（其中楼房20处、平房4处），对这些房屋所辖单位及时下达危房整改建议书，对有潜在危险的房屋，要求及时委托有资质的房屋安全鉴定机构进行房屋安全鉴定。对鉴定确定为C级D级的房屋该修缮的修缮，该加固的加固，该拆除的拆除，确保房屋的安全使用。

建 筑 业

【建筑队伍】 建筑企业。2018年，诸城市以推进建筑业产业结构升级为目标，以提高建筑企业市场竞争力为突破口，全面实施大企业、大集团战略，推动建筑业加快发展。坚持对建筑企业实施分类指导，扶强扶优，做专做精。全市建筑企业初步形成大、中、小梯度结构合理，集勘察设计、施工总承包、专业承包、劳务分包、装饰装修、预拌混凝土、建筑建材等众多门类于一体的产业集群。2018年，全市共有各类有资质建筑企业112家、劳务企业24家，完成建筑业产值145.6亿元，涉及房屋建筑、公路、水利水电、电力、装修装饰、钢构、环保、机电、输变电、防腐保温、消防等众多施工领域，形成多元经营格局。

从业人员。高度重视建筑人员队伍建设，一方面通过事业、待遇、感情等吸引并留住人才，稳定壮大管理层队伍；一方面通过教育培训，不断提升现有技术人员水平，广泛吸纳具有专业知识和技能的大中专毕业生入行就业；同时通过提高待遇、建立权益保障机制等措施，凝聚起一支数量足够的一线工人队伍。从而形成了一支人才结构合理、素质一流、数量充裕的建筑业大军，为建筑业的快速发展提供了坚强的保障。至年底，全市具有建筑师、建造师、结构师、监理工程师、造价工程师、电器工程师、暖通工程师、建筑装饰工程师等中级以上职称的专业技术人员共2500余人，建筑业从业人员6万余人。

教育培训。结合建筑企业资质标准，对教育培训工作进行统筹规划、严格要求。监督培训机构狠抓培训质量，完善岗位培训和持证人员继续教育的激励与约束机制，保证岗位培训工作高质高效开展，确保企业关键岗位持证上岗率达到100%。年内，关键岗位新培训155人，继续教育1153人，培训技术工人77人。组织诸城市3名优秀选手，参加山东省第六届职工职业技能大赛，并取得优异成绩；帮助2名高技能人才申报了2018年度潍坊市“十佳鸢都建工名将”。

国内外市场拓展。诸城建筑在国内外市场享有较高的知名度和较强的竞争力，施工队伍和建筑项目遍及国内外，形成了良好的品牌效应。国内有北京、内蒙古、吉林、黑龙江、辽宁、山西、上海、广东、陕西、河南、河北、天津、湖北等20余个省、自治区和直辖市，国外主要有新加坡、日本、俄罗斯等国家。2018年，全市建筑业外出施工人员共计6000余人次，完成产值12.6亿元。

【新技术应用及精品工程】 新技术应用。着眼于推动建筑业提质增效和科技进步，通过政策扶持、示范引导、鼓励创新、服务推动等措施，积极推广应用新技术、新工艺，在节能降耗的同时，提高建筑质量和工艺水平。2018年在新技术应用方面，组织参加了潍坊市建筑业群众性全面质量管理活动成果交流会，有3项成果荣获潍坊市建筑业群众性全面质量管理活动优秀成果；有1项工程被评为2018年度潍坊市“十佳新技术应用工程”。

精品工程。认真贯彻落实诸城市委、市政府印发的《诸城市鼓励科学发展暂行办法》和潍坊市委、市政府印发的《关于加快建筑业改革与发展的意见》文件中的创优奖励政策，积极宣传引导施工企业抓质量、促管理，创建了一批精品工程。全年共创建建筑工程质量“鸢都杯”奖工程2个；建筑装饰装修工程质量“鸢都杯”奖工程2个；申报建筑工程质量“泰山杯”奖工程1个，建筑装饰装修工程质量“泰山杯”奖工程1个。

【依法规范建筑市场秩序】 严格查处违法分包挂靠等违法行为，规范各参建主体市场行为，确保工程质量安全。全市共有在建项目49个，建筑面积432.3万平方米，其中公建项目3个、开发项目46个。

增强企业依法文明施工意识。以《建筑法》等建设领域法律法规为主要内容，加大宣传力度，增强企业文明施工意识。在日常监管中，执法人员手中必备法律法规宣传夹，将法律法规及相关政策带到项目上、企业里，以会议、座谈、交流等形式宣传。6月，结合安全月宣传活动，出动宣传车3台，现场发放宣传册、宣传页5000余份。年内，住建局负责同志先后三次走进诸城市广播电视台党风政风监督热线，通过广播热线解答有关民生热点、难点问题，同时向社会宣传建设领域有关法规政策，接受社会监督，形成全社会齐抓共管的氛围。

转变执法理念，以服务促管理。坚持“最上乘的服务才是最有效的管理”“执法就是服务”的理念，转变工作作风，调整管理方式，为施工企业办好事、办实事，真心实意帮助企业解决工程建设中出现的问题。下发《诸城市建设领域劳务用工改革实施方案》，组织工作人员深入企业和建设项目对企业的劳务用工改革进行指导、督促落实。针对企业办理劳务工资发放专用账户与务工人员个人工资卡的程序问题，积极协调银行，优化程序，为企业开通绿色通道。

规范建筑市场资料管理。积极开展潍坊市“五个十工程”创建活动，将创建活动工作方案转发给各企业，要求企业根据方案积极筹备，认真组织。年初召开了建筑市场资料专项会议，通过以会代训的形式，对全市所有建筑企业资料员进行了资料整理培训；根据潍坊市十佳建筑市场规范管理项目要求，对建筑市场资料整理工作统一标准、统一要求，并对资料整理较好的项目进行观摩学习。7月初，结合上半年检查情况，召开全市在建项目资料管理讲评会，进一步提高各企业对市场资料管理的重视，为全市建筑市场资料的规范化、标准化打下坚实基础。

规范建筑市场秩序。以“内强素质、外树形象”为目标，建立学习制度，编制学习计划。每月组织全体执法人员，以建设领域相关法律法规以及行政法规为内容，进行一次集中学习。日常执法中严格落实监管员制度，将法定建设程序办理、企业资质和从业人员资格管理、合同管理、劳务用工管理和劳务工资发放等作为日常执法检查的重点。3月，制定并下发《关于进一步规范建筑市场主体行为的通知》，10月，转发《山东省房屋建筑和市政工程施工许可管理办法》，要求各市场参与主体依法依规文明建设。在在建项目中全面实施建筑市场《监管交底书》和建筑市场检查《记录簿》，覆盖率达到100%；除日常的执法检查外，根据上级要求，结合存在的突出问题，结合春季复工、建筑施工违法分包转包出借资质等专项整治行动、建筑市场综合执法检查等活动，开展联合检查3次、专项检查2次。全年共下达限期整改通知书62份、停止违法行为通知书38份，制作执法笔录39份；对存在不规范行为的企业，一律要求其限期整改；对9家企业的违法违规行为，实施了行政处罚，并在潍坊市建筑市场与诚信一体化平台及信用诸城平台上予以公示。

【依法遏制拖欠现象发生】 以建筑领域用工改革为抓手，从源头上抓好清欠工作，为建筑领域务工人员维护自身合法权益保驾护航。3月，依据《国务院办公厅关于促进建筑业持续健康发展的意见》（国办发〔2017〕19号）和省、潍坊市有关文件精神，积极推动建设领域用工模式改革，结合全市实际，制定了《诸城市建设领域劳务用工改革实施方案》。全年共接待投诉上访、信访、市长热线209起，涉及金额4135.0115万元，涉及人数1418人次（含重复投诉和一起多人投诉），处结率达到98%以上。共收取劳务工资保证金4825万元，支出2432万元。

明确用工各方责任，强化日常监督。按照“总承包负总责”“谁用工谁负责”的原则，总承包企业（包括工程总承包、施工总承包和直接承包建设单位发包工程的专业承包企业）对所承包项目的建筑作业活动负总责。针对节日、季节上访高峰期特点，下发了关于做好中秋、国庆及元旦、春节期间清理拖欠务工人员工资工作的通知；同时适时召开专题工作会议部署做好务工人员工资发放工作，要求各施工单位想办法筹集应急储备金，开展务工人员工资兑付工作专项行动。

推动劳务用工改革，规范建筑市场用工管理。严格落实实名制管理制度，施工总承包企业建立农民工实名制管理台账，在工程项目部配备劳资专管员，实时掌握施工现场用工及其工资支付情况。施工总承包企业必须在项目所在地银行设立专用账户，专项用于支付农民工工资。全面实施施工总承包企业直接代发工资制度。总承包企业负责为招用的农民工申办实名制工资支付银行卡，并负责将工资卡发放至农民工本人手中。实行企业、银行、市清欠办三方监管，在发放工资时，由施工总承包方提供工资发放明细，经清欠办确认后，由银行直接代发工资，做到工人离场时工程量结清、工资发放到位。

建立信用体系，强化与行业内各职能部门的联动。对拖欠处理不及时的，将作为企业不良行为，登记到潍坊建筑市场监管与诚信一体化平台上，扣除相关信用评分。同时在信用诸城平台上，将企业欠薪处理不及时或恶意欠薪的，作为不良行为登记在册。建立清欠台账，与工资保证金支取、工程竣工备案、劳保费支取、房产备案等业务挂钩，在办理上述业务时必须到清欠办办理无拖欠证明，凡是存在投诉上访未处理销号的，一律不予受理，形成一旦有拖欠、处处受制约的局面。

【施工安全管理】 开展监督检查。组织开展安全生产明查暗访和“打非治违”专项行动，不间断地开展隐患排查治理，保持安全生产高压态势。开展了以质量安全为主要内容的“春季综合执法”“消防安全大排查大整治”“汛期检查”“严厉打击整治建筑工程违规施工百日集中行动”等4次拉网式大检查；进行了起重机械、扬尘治理2次专项检查，共检查在建工程335个，消除各类安全隐患1460余条，推动了施工管理水平的提高。

推行差别化监管。加大对重点工程、民生工程、低资质企业施工的工程和深基坑、高大模板、起重机械、附着升降式脚手架等危险性较大的分部分项工程的监督检查频次，有效遏制了事故的发生。

开展安全文明工地创建和建筑工地扬尘治理。采取宣传引导、样板示范、典型引路、现场观摩等形式，引导企业创建安全文明工地，对扬尘治理不达标的工地实施一票否决。2018年，全市共创建“潍坊市建筑施工安全文明标准化工地”22个。

强化施工现场标准化建设。按照建筑施工现场安全质量标准化达标验收标准，加强对各施工阶段达标验收检查评定，强化各责任主体安全意识，开展建筑施工现场达标验收工作，确保施工现场安全管理标准化建设符合标准要求；以科学管理、科学作业、文明施工为目标，促进防护设施标准化、定型化、规范化建设，使安全文明施工管理水平得到进一步提高。

【优质工程】 认真贯彻落实潍坊市政府印发的《关于加快建筑业改革与发展的意见》和诸城市委、市政府印发的《诸城市鼓励科学发展暂行办法》文件中的创优奖励政策，积极宣传引导施工企业多创精品工程。抓质量，促管理，创建了一批精品工程。年内，共创建“山东省建设工程优质结构杯奖”2个，“山东省建设工程优质结构杯小区组团”1个，“潍坊市优质结构工程”14个，“潍坊市优良工程”19个。

建设科技与建筑节能

2018年，新建建筑面积369万平方米。为20个工程项目102万平方米建筑面积进行了墙体现场验收工作。为21个竣工验收项目办理节能建筑认定，建筑面积45万平方米。完成了8个项目新型墙材专项基金的返还工作，返退率78%。对13个太阳能建筑一体化项目进行了现场验收，面积40万平方米，并出具太阳能光热建筑一体化验收证明。有4个新型墙材企业的六种技术产品和1家门窗企业的两种产品，取得山东省建筑节能技术产品应用认定证书，3家新型墙材企业和4家门窗企业通过山东省建筑节能技术产品应用认定的复审换证。

村　镇　建　设

【概况】 以构建“1313”新型城镇化体系为指导，认真贯彻落实中央、省和潍坊市城镇化工作会议精神，抢抓国家新型城镇化综合试点机遇，深入推进城镇化建设；以贯彻落实乡村振兴战略为引领，大力改善农村人居环境；以实施新旧动能转换重大工程为突破口，实现小城镇突破发展；以潍坊市提出的“四个城市”建设为契机，实干担当，激情创业，推动城镇化进入以提高质量和内涵为主转型发展新阶段。

【小城镇示范引领】 按照“一四六”的建设标准，深化昌城、辛兴两个国家重点镇、省级示范镇建设。鼓励财政收入过亿元的建制镇争创省级重点示范镇。2018年，昌城镇完成投资4.87亿元，重点突破得利斯肉牛、海龙元生物科技、恒业科技等9项重点项目建设；辛兴镇强化产业兴镇工作，完成投资6.34亿元，对东晓10万吨高品质氨基酸、大业10万吨钢帘线扩产、东晓智能化仓储物流等项目进行建设，进一步提升镇域产业功能和承载功能，发挥引领示范带动作用。

【特色小镇建设】 2018年，昌城镇健康食品省级特色小镇完成投资5.14亿元，在产业项目、基础设施建设、房地产开发、规划编制等领域重点发力，研究确定了11个项目，完成《诸城市健康食品小镇国家农村产业融合发展示范园规划》编制；得利斯100万头肉牛分割、海龙元生物科技、恒业科技、奥隆机械货箱总成等重点项目完成投资4.56亿元。在此基础上，积极争创潍坊市级特色小镇2个，分别是桃林山东头茶旅风情小镇和林家村镇西海岸智能装备小镇。编制完成概念性规划，小镇功能初具规模。同时积极引导尽美红色小镇、恐龙特色小镇等特色小镇，加大投资规模，完善功能配置，发挥市场主体作用，抓好小镇策划、投资、建设和

贾悦镇小城镇建设 （供图 贾悦镇）

运营，争取打造一批潍坊市级特色小镇示范点。

【农村人居环境改善】 深入开展农村无害化卫生厕所改造三年行动。确定的“两年任务一年完成”目标已基本完成，2018年，累计完成三年改造任务36378户，10个建制镇基本实现无害化厕所改造全覆盖。稳妥推进农村住房建设和危房改造。在建设过程中，加强对基础设施配套和公共服务设施建设的指导，按照“五化”“八通”标准建设聚合居住区。完成4类群体农村危房改造103户；同时将受灾的农村房屋34户纳入农村危房改造补助范围。

【新型城镇化推进】 以国家新型城镇化综合试点改革为主线，深入实施“人口市民化”，编制完成《诸城市农业转移人口市民化发展规划》。4月，该规划经诸城市人民政府研究同意，按程序发布实施。9月，编制完成《诸城市农村地区清洁供暖专项规划》，并按程序组织实施。以城镇化促进“活力城市”建设，将城镇化综合试点改革作为“活力城市”建设的关键支撑项目，稳步推进五大重点试点项目。同时做好城镇化专项资金绩效评价工作，以新型城镇化综合试点专项资金1000万元和特色小镇奖补资金200万元为重点，配合做好省和潍坊市开展的城镇化绩效评价。

（住建局）

城市管理行政执法

【概况】 2018年，城市管理行政执法工作紧紧围绕“乡村振兴”战略和“三区一城”建设总体部署，坚持“干在实处、走在前列”的目标定位，以争创全国文明城市为契机，严格执法，真诚服务，开拓创新，扎实推进各项工作，城市经营秩序明显改善，城市容貌明显改观，综合执法水平进一步提升。

【创新工作方法】 组织开展“随手拍”活动。城管局领导带头，全员参与，破解城市管理领域因执法点多、管理面大、发现时间慢等因素造成的难题，使一些长期得不到解决的沉疴宿疾，长期困扰市民，市民反应强烈的热点、难点问题得到有效管控和整治。至年底，收到全体干部职工和部分市民“随手拍”图片23680件，其中职责范围内的21143件得到解决，职责范围外的2537件转报有关部门处理。同时研究探索数字化城管新模式，推动执法监督、环卫监管、拆违治违、渣土治理等尽快步入数字化。开通12319热线，实现投诉有落实，咨询有答复，意见有回音。全年接受各类信访投诉3823件，处结率达到上级考核要求。

【户外广告整治】 3月至5月，开展为期三个月的城区户外广告专项整治行动。各中队将辖区内户外广告分门别类梳理造册，逐一落实整改措施，该拆除的依法予以拆除，该补办审批手续的必须按规定限期补办手续，该更换提升的按期更换提升。对非法张贴、喷涂的“牛皮癣”等广告进行彻底清理。按照先主干道、后次干道顺序梯次推进。工作中，重点对广告设置混乱、广告牌匾破旧、广告内容低俗等三类广告进行集中清理规范。先期下达《责令限期改正通知书》，督促业主自行整改。对在规定期限内未整改的各类户外广告，按属地管理、职能分工依法组织强制拆除。专项整治行动期间，共拆除各类违法违规广告牌匾211处3152平方米。

【公益广告行动】 城管执法积极参与全国文明城市创建活动。配合宣传部和创城办，对市区内的户外广告进行统一规范治理，重点对主次干道的大型户外广告进行提档升级，动员相关业户（单位）在已有的大型户外广告（牌匾）设置公益广告内容，其版面设置比重不低于总版面的50%。活动得到市区广大业户（单位）的积极响应和配合。年内，城区更换设置大型户外公益广告103处。

【露天烧烤整治】 从4月开始，市直中队对辖区内的烧烤业户逐一进行摸排造册，现场重点检查无烟炉具和净化设备的配备使用情况。对使用无烟炉具或配备油烟净化设备的烧烤业户进行备案登记，建立台账，签订承诺书。截至8月底，共登记备案合规烧烤业户150户。对使用土炉子油烟排放不达标的烧烤业户，下发限期整改通知书，责令限期整改。根据经营业户的季节规律和行业特点，完善预案，精准施策，采取错时制工作法，实现城区从早6点到晚10点对露天烧烤业户的无缝隙监管。执法人员重点检查无烟烧烤炉具或油烟净化设备的使用情况、是否存在店外经营和占道经营现象，对个别抱有侥幸心理的烧烤业户违规经营现象，畅通投诉受理渠道。对违规使用土炉子实行“零容忍”，发现一起，处理一起。坚持集中整治与常态巡察结合，始终保持对污染烧烤的高压态势。整治行动期间共依法证据保存土炉子14个。

【店外经营整治】 坚持集中整治与长效管理相结合、定点蹲守和流动巡查相结合，全力清理取缔各类非法流动摊点、占道经营、店外经营，全年共清理占道经营、店外经营7400余次（处），证据保存电子秤、三轮车等占道经营物品420余件，清理流动摊点2000余次。各执法中队对辖区内，特别是学校周边等重点部位加大巡察密度和频次。根据需要，城管联合公安开展集中行动，确保学校周边等重点部位环境秩序得到根本改善。全年共清理学校周边占道经营、店外经营200余次，证据保存电子秤、三轮车等占道经营物品30余件。针对市场街等部分占道经营比较严重的路段，城管联

数字化城管指挥中心工作场景　　（供图　王冠男）

合交警大队开展占道经营专项整治行动25次，出动执法人员390人次，执法车辆110辆次，规范占道经营480次，清理违规广告、灯箱150余处。

【洗车店规范管理】 开展洗车店店外洗车专项整治，共规范违规洗车店162处，城区店外洗车现象基本消除。

【噪音治理】 强化日常监管，及时回应市民诉求，处理清除各类生活噪音、建筑施工噪音等污染源1700余处（次），证据保存小喇叭、音响311个。投诉处理率100%。

【违法建设治理】 制定出台《诸城市深入开展城市违法建设治理行动实施方案》《违法建设专项整治2018年行动方案》和《诸城市区域社区网格包靠责任制实施意见》等相关文件，明确了工作重点和任务。全年累计拆除各类违法建设8891处，总计101.4万平方米，存量违法建设治理总体处置进度100%，完成了潍坊市下达的存量违法建设治理任务。年内迎接潍坊市违治办三次考核，均圆满完成目标任务。

【建筑垃圾与渣土治理】 牵头制定《诸城市建筑垃圾管理办法》，并于年底经市政府发布实施，建筑垃圾清运和资源化处置已进入招投标程序。

（刘宝全）

城市园林绿化

【概况】 2018年，城市园林绿化本着“科学发展、以人为本”的原则，不断加大管理力度，大力提高工程建设和养护管理水平，绿化景观效果进一步提升，完成年度各项绿化任务，建成区绿化覆盖率达到44.8%，顺利通过了国家园林城市复审。

【绿化建设】 通过财政投资和引进社会资本，打造了南湖市民公园，新建及改建了繁荣路与东坡街交叉口东南角游园等8处街头游园，完成了新修16条道路绿化工程，改善城市容貌，整体提升城市功能品质。

南湖市民公园建设。诸城南湖市民公园位于城区南部三里庄水库，总占地16500亩，投资1.37亿元，建设一个以运动健身、户外休闲、滨湖观光为主的生态型“市民休闲公园”，面向大众开放，为周边市民服务。公园分为“一带五区”。一带，环湖花彩休闲绿道带；五区，运动休闲体验区、市民康体活动区、滨湖生态景观区、湿地生态景观区、生态农业展示区。环湖花彩休闲绿道带为20公里的休闲慢步绿道。运动休闲体验区位于公园的东面，主要有四季花海园、儿童活动场、球类运动场、时尚运动场、器械健身场，以满足人们多样化的活动需求。市民康体活动区位于公园的西面，主要有湿地小游园、开敞草坪绿地、球类运动场、健身乐园等设施，供广大市民运动健身。滨湖生态景观区位于公园的北面、西面，主要以生态环境保护，湖岸绿化为主。湿地生态景观区位于公园的西南面、东南面，主要有湿地观光园、湿地科普园、湿地观景台。生态农业展示区位于公园的南面，主要有苗圃基地、精品农业、精品果园等。

城区新修道路绿化工程建设。按照“高起点规划、高标准建设、高效率施工”的原则，对2017年新修通车的人民路东延段、纵二路北延段、龙昌南路等16条新修道路进行绿化，绿化面积约41.15万平方米，投资总计2980.13万元。共栽植雪松、银杏、楸树等大乔木9800棵，海棠、樱花等开花小乔木2.64万棵，连翘、榆叶梅26.5万株，麦冬及草花20.3万平方米。以樱花、北美海棠、玉兰等开花乔木大组团栽植，形成开花背景；以连翘、榆叶梅为模纹形成下层花带，麦冬及草花为地被，一条路一种行道树，打造全新的绿化景观。

街头游园建设。通过合理配置乔灌草，合理分布园路，安置健身设施、休闲坐凳，充分体现以人为本理念。建设了繁荣路与东坡街交叉口东南角游园、扶淇河西岸明诚路口小游园、南外环大桥东游园、南外环大桥西游园、潍河右路香榭里门口两侧游园、北郊路与东武街交叉口西南角、横二路潍河右岸（丽都庄园前）等8处街头游园，既满足周边居民休憩、娱乐需求，又保证整体景观效果，提升了城市绿化功能品质。共栽植白蜡、白玉兰、雪松等大乔木1067棵，樱花、绚丽海棠、榆叶梅等开花小乔木562棵，红叶石楠、小叶女贞球292棵，鸢尾、连翘、麦冬等草花及色带植物10500平方米，铺装人行道、园路及广场14750.5平方米，吸收社会资金1380万元。

【绿化管理】 寻标对标江浙先进地市经验做法，积极探索绿化养护管理的新思路、新方法，进一步提高精细化管理水平。按照“监管并重、先管后监、以监促管、严管重罚”的监管原则，加强对绿化公司的监管，整体提高城市园林绿化的管护水平。加强对现有绿地缺株断档及裸露土地问题的排查摸底，建立工作台账，制定周密措施，及时跟上补植，力争实现裸露土地绿化全覆盖。加强对新建及改造道路绿地和公园绿地的养护管理，做好日常巡护、浇水、修剪、除草、防火等养护管理工作，保护好绿化成果。在抓好城区主次干道绿化的同时，加强对小区、城中村绿化的监管，实施一体化管理，整体提高城区绿化管护水平，全面提升城市绿化品质。

【绿化审批验收】 充分发挥职能作用，加强对新建楼宇项目绿化方案的审批把关。年内，对大源紫檀文苑、华诚悦府、人民家园、顺通文苑等15家小区绿化总平面图进行了会审，提出合理化的意见和建议。高标准，严要求，对华宇府、凤凰城、盘龙府邸等10家小区附属绿化工程进行了合格验收，保证了城区新建小区绿化效果和质量。

【示范工程创建】 积极开展省级园林式居住区创建活动。按照省城建协会和潍坊市主管部门要求，积极开展省级园林绿化优质工程、精细养护示范绿地和省级园林式居住区评选活动，香榭里小区被评为省级园林式居住区。

（刘宝全）

城市环卫保洁

【概况】 2018年，城市环卫保洁按照全域化整治、市场化运作、专业化保洁、信息化管理、常态化监管要求，整合资源，创新思路，创新流程再造，狠抓环节落实。结合诸城市全国文明城市创建工作，全面开展城区卫生环境的综合整治，对城市道路全面进行冲洗，实现清底子、见本色。至年底，城市主干路机械化保洁率100%，逐步实现从粗老笨重的传统大扫帚保洁到精细高效机械化保洁的转变。

【日常保洁】 根据作业标准要求，组织开展保洁车辆驾驶员、环卫工人业务培训，熟练掌握符合深度保洁要求的各项操作技能。在确定府前街、人民东路为深度保洁示范路的基础上，新增东坡街、龙都街、和平街3条道路为深度保洁示范路段，机械化保洁范围扩大到全市所有主次干道。每天实施2次洒水、4次机扫，保洁员全天巡回保洁，确保主要道路路面干净整洁，达到深度保洁的标准。

和平街、人民路、府前街、繁荣路、东关大街等重要路段，以大型保洁机具联合作业为主、小型保洁机具巡回作业为辅。大型保洁机具联合作业避开日间车流量大的时段，在每日0时至6时之间。采取扫路车、冲洗车、洗扫车等多机联合作业模式，每天进行三次集中作业，坚持夜间全覆盖冲刷，白天进行重点清扫、刷洗保洁作业。高压冲洗车每日4时对市区主次干道的车行道进行全覆盖冲刷、清洗保洁。洗扫车每日5时对主次干道的车行道路边进行作业，彻底清除路边浮土垃圾、积水，每天避开上班高峰期，在上午、下午实现洒水降尘。冲刷作业时不漏洒（漏冲），调整高度和水压，先用后侧喷沿道路中间向两侧冲刷，再用前侧喷冲洗路沿石；作业结束后，路面、侧石、交通隔离带以及道路相关公共设施周围无泥沙和积水。机械清扫保洁时采取降尘措施，扫路车全密闭不扬尘。机械化清扫保洁、冲洗车作业时控制适当的水压和行速，避免污水飞溅过往行人；作业结束后，路面、侧石、交通隔离带，以及道路相关公共设施周围无废弃物和泥沙积水。作业车辆收集的垃圾、污水按规定倾倒排放。非机动车道、人行道一日两次普扫，清除可见垃圾。每日按规定时间、人数及路线进行集中普扫作业。在有雨水井口的路段，从两个雨水井口向中间清扫；刮风天气顺风清扫；清扫时不将垃圾扫入雨水井、绿化带、河道、道路红线外待建工地，并清理雨水井口的积泥、嵌石，保持雨水井口畅通。普扫结束后，按照规定的责任保洁区域、保洁时间组织巡回捡拾保洁。落实责任保洁区域边界管理，保洁时向保洁边界以外延伸5米，不留保洁盲区和空白点。巡回保洁时，发现路面垃圾、污渍，使用保洁工具及时清除，对于沿街花坛绿地广告牌、主次道路路名牌和隔离栏宣传牌等设施做到每天一擦拭。

【生活垃圾焚烧管理】 启动二期建设项目，由市政府分管领导进行调度，协调上海电气环保集团、徐州科融环境资源股份有限公司签订项目收购合作框架协议。同时确定市政泰城建公司参与项目收购，并与上海电气环保集团、徐州燃控签订三方股权转让协议，为垃圾焚烧发电项目提供更好的后续运营监管。上海电气环保公司委托第三方对宝源新能源焚烧发电有限公司进行财务审计评估，三方股权转让协议拟定细节沟通完成后，年底前签订股权转让协议，

2019年3月底开工建设。

【环卫保洁考核】 环卫一体化工作领导小组办公室采取日巡查、周汇报、月考核的监管体制。下设环卫监管小组，对每日巡查情况进行手机拍照，对发现的问题形成监管日志并以微信形式发送给保洁公司，要求其按期进行整改；监管小组每周对所有问题整改情况进行汇总汇报；每月由市环卫一体化办公室牵头，对城区所有道路进行一次检查考核，对检查出的问题要求保洁公司限时进行整改，并按照《诸城市城区环卫保洁管理考核办法》的相关规定进行处罚，市环卫一体化工作领导小组办公室对问题整改情况“回头看”，实行销号管理。对逾期未整改或整改不到位的，在市环卫一体化考核中加倍扣分。同时，属于保洁作业不到位的，对保洁公司按照管理标准和监管规定进行顶格处罚。

【基础设施建设】 加大对公共卫生间等设施的管护力度，对城区50座有问题的公共卫生间、20套破旧失修健身器材进行及时维护，保障市民正常使用。完成17处新建公共卫生间的规划设计招标。

【餐厨废弃物管理】 启动餐厨废弃物处置工作，已和具备处置资格的运营企业签订合同，并报市政府批复后组织实施。

（刘宝金）

城乡环卫一体化

【概况】 2018年，深入推进城乡环境综合整治，进一步提升全市城乡环境卫生面貌。2月，市委、市政府召开城乡环境整治现场观摩会议，决定利用6个月的时间，在全市开展以清理农村“三大堆”、国省道、县乡道、河道水面、养殖园区垃圾为重点的城乡环境综合整治活动。为此，市里成立了城乡环境综合整治工作领导小组，各镇街、园区制订了专门的实施方案，并有专人具体靠上负责。由市综合行政执法局牵头，对镇街、园区城乡环境综合整治中存在的问题，逐村逐路进行排查摸底，并列出问题清单，建立台账，对排查出的问题，下发限期整改通知，要求镇街、园区限期整改。整治活动结束后，按照《诸城市城乡环境综合整治检查验收方案》的标准和要求，采取以社区为单元网格、村村必看的方式，对全市16个镇街、园区、1252个社区中心村和自然村，以及途经的国省道、县乡道沿线，进行拉网式的检查验收。所有村庄全部达到标准。全市城乡环境面貌有了明显改观。全市共投入城乡环境综合整治资金7600余万元。

【检查考核】 加强城乡环卫一体化ppp项目绩效考核。为提升镇村保洁和垃圾清运管理水平，对城乡环卫一体化保洁公司的考核指标进行了规范。增加了项目公司治理和产出绩效考核，通过考核人力资源管理、财务管理、资金计划使用情况、运营成本控制等强化公司规范运营；强化过程管理考核，实施绩效考核，重点抓平时工作落实，不停留在年初下任务、年终搞验收上，将平时的督导督查结果作为绩效考核的重要依据，把注意力放在平时，把功夫下在平时。重点在动态化监测、全程化管理上下功夫，强化重点指标的日常监控，让市民实实在在看到、感受到周边环境的改善。

按照《潍坊市城市管理工作标准化评价办

法》及诸城市委、市政府对城乡环卫一体化工作的相关要求，2018年，市城乡环卫一体化办公室对各镇街、园区进行常态化暗访检查，每季度进行一次，每次每个镇街、园区一、二、三类村庄各随机抽取4个村庄，全市每次检查村庄60-70个。同时，对国省道、县乡道沿线乱扔乱倒垃圾情况随机进行检查，每次检查情况以简报的形式上报市委、市政府主要领导和分管领导，同时下发至各镇街、园区。市委主要领导每次阅后都做出批示，对下步工作提出措施和要求。据统计，全市1252个自然村全年共接受现场督导检查一半以上。从检查结果看，大部分村庄日常保洁管理到位，垃圾收运体系规范有效运行，村容村貌整体保持良好；部分村庄“五化”建设水平高，村内道路干净整洁，展现了各镇街、园区在城乡环卫一体化标准化、规范化、精细化管理方面的成果和水平。在2018上半年全省城乡环卫一体化群众满意度电话调查中位列第42名，潍坊市第三名。

【标准化示范村创建】 根据《潍坊市城乡环卫一体化标准化管理示范村创建工作实施方案》的要求，按照突出重点、标本兼治的原则，坚持属地管理、因地制宜、高标准、高质量实施推进，利用3个月的时间，在16个镇街、园区进行城乡环卫一体化管理示范村创建活动。2018年，全市共打造创建标准化管理示范村211个。

【城乡生活垃圾统管统运】 按照年初制定的《诸城市城乡生活垃圾统管统运工作实施方案》要求，至8月底，具有生活垃圾运输服务许可资质，并且车辆证件齐全、符合条件的93台车已全部纳入生活垃圾统管统运范畴，20家未取得生活垃圾运输服务许可证的垃圾运输企业或个人退出生活垃圾清运市场，交由取得生活垃圾运输服务许可证的垃圾运输企业全面接管，全市生活垃圾实现统管通运。

（刘宝金）

市政公用事业发展与监管

【概况】 2018年，投资3.27亿元，新建市政道路项目9个、总长度18.17公里；同时对城区18处交通拥堵严重的路口进行微循环改造。全力做好创建全国文明城市工作，狠抓城区58条主次干道及附属设施的日常维护，完成维修更换路沿石3250米，维修人行道11160平方米，修补沥青路面116500平方米，城区主次干道完好率始终保持在98%以上。

提高城区安全度汛能力，做好排水设施清理和维修工作，组织力量对所管辖的排水设施进行全面检查维修，对城区排水管道进一步进行清淤和疏通，将管沟和雨污水井内的淤泥杂物予以清除，打通堵塞部位，确保汛期管道排水畅通。改造积水点21处、疏通维护排水管道260公里，清淤雨污检查井6000个，两次强台风入境期间，城区无长时间积水，实现安全度汛。

【污水处理设施升级改造】 着力实施城区污水处理厂提标改造工程。对总污水处理规模18.6万吨/日的银河、舜河两大城区污水处理厂实施《地表水环境质量标准》V类水标准提标改造工程，两项目概算总投资3.4亿元，预计2019年10月投入运行。建设悦东新材料产业园污水处理厂，保质保量按期建成，确保诸城市悦东化工园区申报省级化工园区认定顺利通过省专家组现场验收。加强对辛兴污水处理厂二期项目和舜王污水处理厂改造工程的技术指导，确保两污水处理厂建设顺利实施。

【热源保障】 年内，加快推进“汽改水”建设，协调金泰热力有限公司投资约9000万元，新上一台116MW高温热水锅炉；投资约4000万元，沿206国道北侧至龙源街新敷设一条直径700毫米、长3.3公里的循环水供热主管网，与已有高温水主管网对接；投资5100万元，沿环湖东路至京师学校新敷设一条直径600毫米、长3.9公里，辐射教育小镇的循环水供热主管网。加快推进新建建筑供热计量工作，确保所有新建采暖建筑全部按标准设计、安装热计量装置，完成了16个小区50.3万平方米供热计量前置验收。对上一采暖期的薄弱部位和供暖质量不高的小区，逐一排查，分析原因，对症施治；对因蒸汽管网末端压力温度不足造成的金屋小区南区、南郊教师公寓、南苑小区、明诚一中家属院供暖质量不高的问题，全面实施“汽改水”整合改造，改造面积17万平方米，使问题得到有效解决；对因管网破损严重难以为继的电力7个家属院进行全面改造，改造面积6.6万平方米；对因一直未接入市政供热主管网、未实行集中供暖、群众要求供暖投诉较多的店子园居民楼，多方协调，因“区”制宜，全面完成供暖设施改造，实施集中供暖。全面排查蒸汽管网安全隐患，责成热源企业对城区供热蒸汽管网进行全面拉网式检查，维修更换蒸汽管网260余米、阀门5套，确保蒸汽管网运行安全。

【燃气安全运营】 狠抓安全运行。定期开展燃气安全专项检查、应急抢修和消防演练，提高应急处置能力，熟练应急程序；完成燃气企业用户培训24家，进社区、学校宣传7次，发放安全材料3000份，排查安全隐患63处，现场整改26处，下达整改通知书37份。大力抓好燃气日常入户安检和管道巡检，通过发放燃气安全使用手册、明白纸等形式，消除各类不安全因素，完成安检9.5万户，推检625公里，更换老旧燃气表6403户，维护架空管道24.4公里。加快城乡燃气协调发展，推动燃气公共服务均等化，进一步完善镇街燃气管道。在石桥子、林家村、枳沟和皇华等镇新增燃气中压管道110公里，并同步对燃气管网覆盖范围内的居户实施燃气管道直供。实施天然气下乡工程，大力推广天然气在新型农村社区的使用，以管网直供和建设CNG、LNG方式实施燃气供应，完成燃气村村通1800户；建立安检可视化系统平台，所有新建民用户及表具到期户全部采用物联表，实现网上购气并远程监测用户安全用气情况，确保居民用户用气安全。

【供水水质安全】 加快供水设施升级改造，完成康源二水厂澄清池斜管安装新型斜管改造，完成二水厂二号泵房5台电动蝶阀更换双速阀改造，完成康源一水厂调度室安装UPS电源1台，完成康源一水厂三号站泵房更换安装铜线电缆700米，改造安装80水泵1台、125水泵1台；投资47万元，完成东坡街北延段等供水管网建设2.6公里。做好高新园市政消火栓建设工作，安装消火栓276具。严格水质动态监测，督促供水企业更新化验室设备，提高检测能力，两家城市供水经营企业均获得化验室C级认定并通过复审；开展日检10项、月检42项，每半年检测106项全部指标，并在政府公开网站定期公开水质信息，确保供水厂出水和用户水龙头水质符合GB5749-2006《生活饮用水卫生标准》规定。认真组织实施省城市供水规范化服务和潍坊市市政公用企业质信评价活动，提高企业规范化科学管理水平。潍坊市城管局于11月30日在诸城市召开各县市区主管部门负责人及供水企业负责人参加的现场会议，参观学习康源供水公司现场管理的经验做法。全力做好省级节水型城市创建工作，于11月通过省住建、发改等五部门组织的节水型城市创建验收，诸城市获得省级节水城市称号，红星家园、紫檀文苑、东武古城三个小区获得省级节水小区称号，福田汽车、密州酒业、山东尽美食品三家企业获得省级节水企业称号。

【污水处理日常监管】 拓宽对城市污水处理企业的监管思路、办法和措施，探索制定符合新法规和实际情况要求的《污水处理厂监管办法》，加强运营管理检查抽查制度及日常水质检测，做到管理无缝隙，确保污水处理厂运行管理达到规范化、标准化、安全化的要求，完成取样200多个、化验指标2100多项。细化对污泥产生、运输、处置单位的规范化管理，督促两污泥处置项目单位优化工艺，降低成本，增加产能，扩大规模。严格排水许可，按照《城镇污水排入排水管网许可管理办法》要求，全面实施并严格执行城镇排水许可制度，依法核发排水许可证，收取自备水、污水处理费400万元。进一步提高政治站位，强化工作责任，以高度的政治自觉推进中央、省环保督查反馈问题整改落实；严格把握整改标准，科学研究制定整改方案，建立完善长效机制。

【“水气暖”报装工作】 简化流程。按照诸城市7月2日下发的《关于深入推进“一次办好”改革优化营商环境工作方案》要求，水气暖运营企业对内部报装流程进行整合，报装工作由一个副总负责，实施协调勘测、设计、预算、施工和验收等内部流程一条龙服务。公开公示办理费用收费标准、工程安装施工费用，按《山东省市政工程消耗量定额（2016版）》标准预算，一次办好。

提高效率。省住建厅规定水气暖报装审批时间（包括申请、现场勘查、施工图设计、工程预算等）分别为供水12天、燃气18天、供暖30天，诸城市要求水气暖报装审批时间全部为3天。省住建厅对水气暖报装施工期限未作明确规定，诸城大幅压缩全流程完成期限，对施工期限作了明确要求：供水3天内完成，燃气20天内完成，供暖60天内完成。

双窗口办理。按照省住建厅8月23日下发的《山东省简化水气暖报装专项行动方案》文件要求，组织水气暖报装企业进驻政务服务大厅，实现水气暖报装一窗受理。同时，各专营企业继续保留原企业受理窗口，实行双窗口办理，增加水气暖报装受理网点，减少客户排队等候时间。

方便群众。对新奥中心服务大厅等候区进行再优化：增加座椅12个，改善客户办理环境；增设服务柜台1个，减少客户等候时间，提高办理效率。同时，新增天然气代售网点4个，天然气代售网点数量达到20个，方便群众就近购气交费，分流用户，减少等待时间。

（王　斌）

城市照明与亮化

【路灯照明】 2018年，供电公司积极配合市委、市政府创文明城市、创卫生城市、纪念王尽美诞辰、城市观摩、路灯督察、道路扩延、道路电子监控等相关工作，强化路灯照明管理，提升照明水平。先后补加各路段缺失路灯25基、灯罩549个，补加缺失电缆井、观察井盖265处，清理路灯小广告3667处。按照市政府节日城市亮化要求，供电公司配合相关部门对和平街、东关大街、人民路、龙都街等10条道路进行接电工作。建成投运新型路灯智能控制系统，

万古塔夜景　　　　　　　　（供图　住建局）

安装采集终端158个，实现了所辖路灯智能控制全覆盖。道路主干道的亮灯率达到99.81%，道路照明设施完好率达到95.9%，获潍坊市道路亮化管理先进单位称号。

（王　凯）

【城区亮化】 自2017年开始，诸城市聘请中国美术学院杭州照明规划所，对部分公益性设施和标志性建筑物等进行高标准、高档次的亮化设计，让灯光融入地方文化，突出城市特色。2018年，深入扎实推进城区亮化工作，以“科技、节能、人文、长效”为主题，按照“河东充实、巩固，河西创新、提高”的思路，整体谋划、统筹推进，对河东区域的金东世纪城、东鲁家园、新华大厦、惠丰大厦等12处高层楼宇进行充实、巩固，对河西片区龙源双语学校、易居苑、和美苑、东方逸品、益豪大厦、百盛花园等26处高层楼宇项目进行创新、提高。同时，注重管理实效，实现了亮化效果的系统性、文化性和长期性。春节期间，府前街的创意性亮化，备受市民们关注，成为知名的“网红街”，被山东电视台等多家媒体报道，成为诸城对外宣传又一新的纽带和载体。

（王玉伟）

亮化的府前街　　　　　　　　（摄影　王　玮）

城 区 防 汛

【概况】 为做好2018年城区防汛工作，市政管理局对全年的城区防汛工作，早动手、早准备、早落实，赢得了防汛工作的主动权，实现了城区无险无灾的良好局面。2018年尽管全市经历了“温比亚”“安比”“摩羯”几次较大台风和暴雨袭击，但城区没有发生内涝水灾。

【强化领导】 市委、市政府高度重视城区防汛工作，加强领导，强化措施，早部署、早动员。汛前召开全市防汛工作动员会议，将2018年城区防汛工作意见、任务分工等做了详细部署，成立并公布2018年城区防汛工作领导小组及各小组成员，设立城区防汛领导小组办公室，为城区防汛抢险救灾工作建立完整的领导指挥和组织保障体系。

【管道清淤及设施维修】 自3月开始，市政管理局就组织排水设施养护维修承包企业，对城区雨、污排水管网进行全面排查，对管道内淤泥、垃圾及时进行清理，对破损设施及时进行维修。共清淤雨污管道260公里，维养管道检查井80多个，清理维护河道雨水口64个，修缮污水泵站3座。确保城区排水管网畅通、配套设施完好，为城区防汛泄洪起到保障性作用。

【查问题补短板】 健全和完善城区排水防涝设施体系，提高城区排水防涝能力。2018年，共铺建横二东路、兴华西路、扶淇河左路、凤凰大道、常山大道、生物园横一路、生物园纵一路、普乐街、东坡北街、八里庄路、市场街等11条道路的雨水管道16公里；完成横一路206国道路口处、横二路206国道路口处、横二路诸江帝王小区门口、横三路206国道以西段、横四路206国道路口东侧、密州路与东关街路口、密州路清林园处、密州路财政局东侧、密州路与东坡街交叉口东侧、繁荣路杨春大酒店南侧、繁荣路新华医院处、繁荣路与东坡街交叉口西侧、兴华路与东关大街交叉口、兴华路与西环路交叉口、东武街与北郊路交叉口东侧、东坡街陶家岭小市场段、东坡街南环路口处、超然台路与黄家巷交叉口南侧、纺织街与明诚路交叉口北侧、纺织街大众医院门口处、北环路复烤厂段等19处道路积水点的改造，砌筑雨水篦子排水沟686米，加装雨水篦子914个。

（周兆义）

资源 环保

国土资源管理

【概况】 2018年，诸城市土地总面积2151.3577平方千米，其中农用地179381.69公顷（耕地122652.99公顷），建设用地25809.14公顷，未利用地9944.94公顷。

2018年，诸城市国土资源局围绕新旧动能转换、乡村振兴等一系列战略部署，用好用足上级各项土地政策，强化国土资源支撑保障，为推动全市经济社会高质量发展做出了积极贡献。被中共潍坊市委授予“先进党组织”称号。

【用地保障】 年内，结合大项目建设需求，科学调整四镇土地利用总体规划1500亩，开展竹山、常山片区村级规划编制工作，保障战略性投资项目落地；抓好重点项目、重点园区用地报批，全年共上报土地16个批次，争取6个单独选址项目，总面积4088.49亩，其中单独选址用地上报了490.97亩，使用预支指标335亩，保障了山东恒通、大业集团、王尽美党性教育基地、悦东产业园等项目用地；完成供地手续258宗，面积1.65万亩，实现财政收入58.92亿元。指导服务乡村旅游和设施农业建设，做好南湖动物园、环常山现代果业和农村旅游观光农业等项目保障工作，完成备案设施农业32宗，面积1万多亩。

【耕地保护】 创新实施耕地和永久基本农田保护“田长制”。在总结百尺河镇试点经验的基础上，全面推广和落实“田长制”，将全市157万亩永久基本农田及41万亩一般耕地逐级落实到个人，明确田长责任及奖惩措施，使永久基本农田保护从图纸表格落实到田间地头，提高了广大群众对耕地保护的认识。开展永久基本农田整备区划定工作，全市耕地保有量和基本农田保护面积分别为121928.49公顷和105020.6公顷，圆满完成了2018年度耕地保护责任目标任务，顺利迎接了济南督查局例行督查和省厅耕地保护责任目标期中检查。大力实施土地整治和高标准农田建设，实施高标准农田项目2个，总规模1.4万亩，规划新增耕地120亩；实施市级土地整理项目4个，总规模2.1万亩，已完成验收项目2个，新增耕地536亩。

【节约集约用地】 开展国土资源大调研活动，摸清全市各类闲置低效资源底数，明确挖潜方向和工作重点，并加强政策宣传和培训，组织全市不同层级培训2000余人次，提高全市节约集约用地意识和工作水平。不断拓展“零增地”发展的新路径，做好“用好存量、盘活流量”文章，通过旧城改造、产权流转等方式盘活存量建设用地1300余亩。创新推动增减挂钩和占补平衡工作，争取市委、市政府将其列入全市重点工作，召开全市层面的现场调度会议，并完善相关政策措施，筹备建立增减挂钩节余指标和占补平衡指标市场交易流转平台，调动了各镇街工作积极性。全年实施增减挂钩项目33个，完成拆迁面积1300亩；实施占补平衡项目7个，总规模7.1万亩，新增耕地6600亩。5月3日，国务院办公厅下发《关于对2017年落实有关重点政策措施真抓实干成效明显地方予以督察激励的通报》，诸城市因土地节约集约利用工

4月15日，国家土地督察济南局党组书记、局长田文彪（右二）到诸城调研。市领导桑福岭、刘峰梅等陪同 （供图 国土局）

作突出，获得1000亩新增建设用地计划指标奖励。8月，自然资源部通报：诸城市节约集约利用综合指数位列县级参评城市全国第四，全省第一。诸城市节约集约用地经验做法得到副省长于国安批示肯定。

【执法监察】 落实国土资源执法监管共同责任机制，依法处置违法用地106宗。扎实做好"卫片"整改销号工作，加大违法用地分析研判，对违法用地逐宗分析，提出整改销号建议，顺利完成了2017年国家级"卫片"、2018年度省市两级"卫片"整改工作。完成中央环保督查交办的4起案件查处整改工作，配合牵头部门对化工企业用地情况进行全面排查整改。扎实推进"大棚房"问题清理整治工作，按照逢园必进要求，全面排查存在的问题，全力以赴推进整改。加强普法宣传，利用节假日深入各镇街园区、社区村居开展了丰富多彩的普法宣传活动，营造了法治国土文化氛围。

【不动产统一登记】 深入推进不动产登记"一次办好"改革，通过实施"一窗受理""大宗业务合并办理""互联网+政务"等一系列创新性的举措，实行"预约服务""上门服务""延时服务""免费复印"等8项特色便民服务，全面落实中央"马上办、网上办、就近办、一次办"要求，不动产登记由国家规定的30个工作日，提速到2-3个工作日，转移登记等部分业务实现30分钟领证，立等可取。共办理不动产业务8.1万件，发放不动产权证书1.56万件。强力推进历史遗留问题化解工作，实行"一次性告知"和"联席会议"制度，一区一策制定整改方案，先后解决了27个小区7000余户历史遗留办证难题。诸城市不动产登记中心被省厅推荐参加"全国百佳不动产登记便民利民示范窗口评选"并成功入围。

【国土生态建设】 完成2处矿山恢复治理和1处矿山环境治理，并通过上级验收。完成1处历史形成责任灭失采空区治理，正在争取上级验收。加强地质灾害防治，认真排查安全隐患，发布预警消息9期，有效保障了群众生命财产安全。加强地质遗迹保护，2009、2010、2011年度国家地质遗迹保护项目和2013年度、2014年度诸城恐龙化石产地保护项目，已全部完成竣工验收。11月14日-16日，全国首次古生物化石产地监测现场研讨会召开，诸城市国土资源管理局作为协办单位为研讨会提供了考察现场，化石产地保护工作得到与会领导专家一致肯定。

【基础业务工作】 开展乡村振兴"一张图"建设。充分发挥地理信息在助推乡村振兴中的重要作用，积极争取省厅在资金和技术方面的支持，开展了诸城市乡村振兴"一张图"建设，全面整合涉农信息资源，搭建符合诸城实际、具有时代特色的乡村振兴典型应用示范平台，不断赋予"诸城模式"新内涵，强力助推全市"三区同建"乡村振兴目标率先实现。积极筹备开展第三次国土调查工作，第一时间成立工作领导小组，制定了宣传和舆情引导方案，明确了目标任务和实施细则，落实资金保障。结合三调试点成果，梳理了全市已有数据基础并制定主要工作方案，找准落脚点，进一步突出诸城市工作特色。对照二调成果开展实地调研，对206国道、央赣路、薛馆路两侧以及全市符合三图一致条件的土地，包括村庄、工矿废弃地、未利用等土地进行了全面系统的摸底调查，为三调工作顺利开展做好准备。圆满完成2017年度土地变更调查工作，调查成果代表全省参加并通过国土资源部内部业务抽查。开展全覆盖排查整治“问题地图”专项行动和“回头看”行动，抓好“双随机、一公开”测绘市场监管，多种形式加强测绘宣传，提高全社会的版图意识。加强地理信息建设，新的农村建设测绘保障服务示范项目获得国家地理信息协会优秀工程银奖。

【廉政建设】 加强廉政建设，继续实行“廉政监督卡”制度，共发放廉政监督卡200份。积极参与“党风政风监督热线”活动，解答听众咨询问题共19个。实行全覆盖式督查，到基层所明察暗访189次。下发《督查通报》12期，全系统无违法违纪现象发生。

（殷伟华）

水资源管理

【概况】 根据《山东省水功能区划》，诸城市位于山东省水功能一级区划中的潍河潍坊开发利用区。境内多年平均降雨量718.1毫米，多年平均水资源总量5.61亿立方米，多年平均水资源可利用量4.67亿立方米。诸城市水资源主要依靠降水，时空分布不均匀、年际变化大，人均占有水资源量仅530立方米，不及全国人均水资源量的1/4，低于国际公认的人均1000立方米的缺水警戒线，从近年的实际降水分析，诸城市水资源量仍有持续减少趋势。

地表水资源。诸城市多年平均地表水资源量4.59亿立方米，偏丰年为6.56亿立方米，平水年为4.09亿立方米，偏枯年为2.62亿立方米。天然入境客水（指潍河客水和涓河客水）多年平均量为1.31亿立方米，偏丰年为1.87亿立方米，平水年为1.16亿立方米，偏枯年为0.75亿立方米。

地下水资源。诸城市地下水资源相对较少，多年平均地下水资源量为1.31亿立方米，偏丰年为1.58亿立方米，平水年为1.25亿立方米，偏枯年为1.05亿立方米。境内含水层均属浅层地下水。

水资源总量。多年平均水资源总量5.61亿立方米，即地表水资源量4.59亿立方米，加上地下水资源量1.31亿立方米，减去重复计算量0.29亿立方米。1.31亿立方米客水量（潍河客水与涓河客水）不计入水资源总量。

【水资源保护】 2018年，经潍坊市水利局监测，全市水功能区水质达标率100%。在2017年度最严格水资源管理制度考核中被评为潍坊市优秀等次。

计划用水。2018年，潍坊市下达诸城市用水总量控制目标为20300万立方米，全市实际用水7758万立方米。

取水许可。完成217家企业基础信息录入和水量核定、6处污水处理厂入河排污口审批、177处已封堵排污口核查监管、4眼地下水观测井重建。行政审批办件166件，按期办结率、网办率、满意率100%。

水资源保护。采取多种措施，强化对全市城乡饮用水水源地保护。每季度末月采集4处地下水样进行水质检测。

（周德宝）

环 境 保 护

【概况】 2018年，全市环保工作按照市委、市政府总体部署，以抓好中央和省级环保督察反馈问题整改为主线，集中解决环保领域突出问题，全面提升全市环境质量，努力营造经济发展与生态环境保护并重的绿色发展环境。

【中央和省环保督察反馈问题整改】 中央环保督察"回头看"反馈整改问题涉及诸城市19项，环保局作为问题整改牵头部门，按照市委、市政府要求，认真履行全市整改牵头职责，全面负责抓好"回头看"的自查自纠、协调保障、整改落实等工作，圆满完成了各项"回头看"督察任务。围绕中央环保督察、省环保督察及两次"回头看"、潍坊强化督察五次督察交办的83个问题，省环保督察反馈的2件个性问题及73件信访督办件都依法依规查处。科学推进整改，全部按要求查处完毕、整改完成并销号。

【饮用水源地区划调整】 诸城市饮用水水源地主要包括三里庄水库和青墩水库两大水源地保护区，于2003年划定，2007年国家环保总局出台了《饮用水水源保护区划分技术规范》。因此，2003年全市划定的饮用水水源地保护区，虽有法律依据，但无技术支撑；同时存在划分时间久、划定面积大、界线模糊、精准保护难等问题，成为制约诸城市南部良性协调发展的重要因素。对此，历届市委、市政府都研究探讨过调整饮用水水源地保护区问题，但是因技术标准高、程序复杂、报批严苛，均未深入实施。

市环保局从破解全市发展瓶颈、服务全市大局出发，勇于担当，主动作为，组建了专门工作班子，从研究政策入手，邀请专家实地勘察、反复论证，努力寻找政策技术支撑点，编制了《诸城市三里庄、青墩水库饮用水源地保护区调整方案》。经过提请调整、省厅审批、专家论证、制定方案、市县申请、现场评估、完善方案、部门会审等复杂程序，历经半年艰苦不懈的努力，终于在2018年4月20日获得了省政府批复。

诸城市饮用水水源地区划调整后，一级水源地保护区内没有村庄，面积由66.93平方公里减少为12.81平方公里，压减面积54.12平方公里。二级保护区内村庄调整为44个，面积由173.07平方公里减少为48.15平方公里，压减面积124.92平方公里。一、二级水源地保护区区划调整分别压缩面积80.86%、72.18%，据估算可调出开发建设用地27万亩。

【科学调整生态红线】 "生态保护线"是一条生态功能保障基线、环境质量安全底线、自然资源利用上线，禁止一切工业化和城镇化开发，一经划定，必须严守，面积只能增加不能减少。2018年9月，省政府根据国家2016年10月锁定的范围划定了全省生态红线，省政府常务会已通过，准备报国家备案。诸城市三河湿地、芦山、教育小镇和三里庄水库、青墩水库周边的48个村庄均被划定在红线内。由于诸城市在生态红线报批之前完成了饮用水水源地区划调整，后经艰苦不懈地科学论证、对接沟通，终于将三里庄水库、青墩水库周边的48个村庄以及三河湿地、芦山、教育小镇总计1600亩全部解除了生态红线锁定。

【空气监控】 以“打赢蓝天保卫战”为契机，提升环保精细化监管水平。2018年4月，投资1000余万元，在全市14个镇街（园区）建设运行了空气自动监控系统。实现了空气质量监测考核延伸、全覆盖，对科学分析、准确锁定区域大气污染源，有针对性的落实污染治理措施，进一步提升全市大气环境质量奠定了坚实基础。建立健全镇街（园区）空气质量通报约谈考核机制。参照潍坊市局的做法，从5月开始对各镇街空气质量现状及排名进行日通报、月通报，对连续3个月质量恶化、排名靠后的进行约谈，提出改善要求，明确整改时限。全年监测数据纳入年度考核，增强考核的科学性和准确性。

至2018年底，诸城市共建成2处城区、14处镇街空气自动监测站，实现空气质量远程自动监控全覆盖 （摄影 张泽青 迟永衿）

【空气质量改善】 深入推进热电、VOC、铸造等重点涉气企业污染深度治理，先后投资近7亿元，完成12家企业治理任务。针对诸城汽车制造喷涂环节VOC污染问题，促使北汽福田公司先后投资5.4亿元，引进国际最先进治理技术，采用封闭式机器人喷涂工艺；对福田奥铃工厂进行苯系物与漆雾治理，VOC等挥发性有害气体净化率达到99%以上。对万兴建材、中粮建材实施脱硫脱硝工程改造；对兴旺家居实施VOC治理，从源头消减VOC产生量70%以上。

6月上海合作组织青岛峰会期间，在全市82家重点监控企业落实限产停产减排的基础上，又启动加严措施，对全市涉VOC重点行业全部落实停产减排。同时对原先分工模糊的扬尘控制、散煤治理、垃圾污染防治等，进一步明确了部门主管责任和属地管理职责，建立完善了部门督导指导、镇街落实整改、市级领导区域包靠的联防联控工作机制。诸城市空气质量指数排名位居潍坊前列。

【“散乱污”整治】 完善镇、社区、村网格化监管体系，发挥基层环保队伍的优势，持续开展拉网式排查。对新发现的31家“散乱污”企业和10吨以下燃煤锅炉实行动态更新和挂账销号管理，发现一起，处置一起，杜绝异地转移和死灰复燃。对全市29家无环评手续铸造企业进行整治提升，对127家无手续化工企业完成整改。2018年，全市空气质量优良率达到70.8%，重污染天气减少至2天，PM10、PM2.5等重点监测指标都有明显改善。

【“一十百千万”整治工程】 诸城市位于潍坊水源地上游，全市14处镇街（园区）河流都向北流入潍河。提升境内潍河水质、保障潍坊水源地安全，是诸城环保工作的一条底线。2018年，环保局牵头组织实施了“一十百千万”工程，即实现“一河清水向北流”奋斗目标，突出抓好十家城镇污水处理厂大提升、百条（个）河流水库大整治、千条雨污管网大修复、万家企业大排查，努力构建水环境综合整治部门协同、上下联动、齐抓共管的良好态势，形成诸城全民治水的强大合力。

十家污水处理厂大提升。投资3.4亿元，对银河、舜河2家城市污水处理厂提标改造，鑫兴污水处理厂二期项目与舜王污水处理厂改造工程正在进行，其他6处镇街小型污水处理厂的提升改造工作将于2019年10月前完成。

百条（个）河库大整治。开展“十河共治”专项行动。在潍河、渠河等10条重要河流实施清淤、筑堤、植绿、拦蓄水工程。2018年，投资6400万元，全面铺开“十河共治”行动。至年底，“十河共治”的31处工程19处已完工，其余12处正有序推进。完成清淤4.6公里，筑堤2460米，植绿3处，拦蓄水工程13处。初步构建起“梯级叠瀑、滨水绿廊”的河流新景观。清除河流污染源。开展以工业、生活、畜禽养殖、违章违法行为综合整治为重点的“清河行动”。2018年，清理树障6700平方米，拆除违章建筑4处，关闭搬迁养殖场（户）3处，清理渣土垃圾23处。

千条管网大修复。开展雨污管网建设专项行动，确保管网全面覆盖。在编制城市道路建设计划时，同步将配套的管网纳入排水管网年度建设计划，确保排水管网与城市道路同步设计，排水管网与城市道路同步投入使用，新铺设管网6000米。开展既有排水管网改造专项行动，严禁雨污混流。重点强化城中村、老旧小区和城乡接合部污水的截流、收集，加强对雨污合流排水管网实施改造，确保雨水入河、污水进管网、管网进污水处理厂。

万家企业大排查。开展粪污综合利用专项行动，防止粪污乱流。投资2690万元，共实施27个项目，已完成8家。全市594家规模化养殖场粪污处理设施配建率已达到100%。开展工业企业大排查，从源头治理水环境。严把建设项目准入关，从源头预防污染。通过关闭停产、迁入园区、接入污水处理、升级改造等措施，实现工业企业全面达标排放。2018年，关闭不符合环保要求企业200余家。市控以上15家重点废水排放企业全部安装自动在线监测系统，并与潍坊监控平台联网，全市废水排放量95%的重点污染源实现在线监控。根据潍坊市环境质量通报，诸城市潍河出境断面监控水质达标率始终保持100%。

（迟永衿）

教育 科技

教 育

【概况】 2018年，诸城市教育局以习近平新时代中国特色社会主义思想和党的十九大精神为指导，以“办好人民满意的教育”为目标，全面落实立德树人根本任务，坚定不移抓质量，凝心聚力谋发展，开创了教育事业改革发展新局面。中央电视台《新闻联播》、山东电视台《新闻联播》《中国教育报》《山东教育报》头版头条相继报道诸城市办学经验，被表彰为全国教育新闻宣传先进单位。年初在全省学生家长满意度测评中获得98.64分，居潍坊市各县市区第一名，被确定为潍坊市唯一的提升教育满意度工作示范区。在潍坊市教育综合督导中，诸城市各项指标的综合成绩和以教育满意度作为系数的折算成绩，均列潍坊市各县市区第一名。

【教育教学质量】 全市高考成绩取得新突破。全市文理重本上线2102人，比2018年增加183人，连续六年持续增长，继续保持潍坊市领先位次；全市各类本科上线超过6200人，占本届参加高考学生数的69%；尖子生成绩优异，4人被清华、北大录取，211人被“双一流”大学录取。

高度重视高中各类学科竞赛工作。及早谋划学科竞赛和自主招生工作，为学生发展个性特长提供帮助。在数、理、化、生及信息学五大学科奥赛中，共获得7项全国一等奖，38项全国二等奖，42项全国三等奖。在全国中学生英语能力竞赛中有43人获得全国一等奖，110人获得全国二等奖，80人获得全国三等奖，获奖层次和人数均居潍坊市各县市区之首。

出色完成国家义务教育质量监测工作。2018年，国家义务教育质量监测在诸城抽取13所小学、8所初中，测试四年级、八年级学生数学素养及体育素养。自3月开始，中小学学业质量监测中心多次召开调度会，教育局包靠各学校的责任督学全程参与，引领各学校树立科学、全面的教育质量观。各样本校高度重视，安排专人负责，共同出色完成了本次国家义务教育质量监测实施工作，被教育部基础教育质量监测中心授予“县级优秀组织单位”荣誉称号。

完善教育质量监测评价机制。坚持素养导向，基于学段特点，不断优化学业质量、综合素质之间的权重结构，进一步完善中小学教育质量监测与综合评价方案。小学增加阅读与表达素养监测，并不断优化艺体、科学实验等监测内容和方式，坚持问卷调查、纸笔测试和实地考察等多种方式协调推进；初中继续探索双上线评价，积极探索增值评价和捆绑式评价路径，促进学生素养提升和学校全面发展。高中常态化实施教学质量监控，继续坚持名生培养与大面积提升，对高考目标进行细化分解，调整优化考核指标、权重和计分办法，突出薄弱环节的考核权重。在国家和省教学成果奖评选中，获全国教学成果奖二等奖1项，全省教学成果奖特等奖1项，一等奖2项，二等奖2项，获奖等次和数量列全省各县市前列。

【解决大班额问题】 2018年，规划建设项目34个，建筑面积82万平方米，总投资27.3亿元。繁华中学综合楼、大华学校综合楼、京师学校、一中慈海学校等26个项目竣工投用，新增学位

9月7日，市委书记桑福岭（前左二）到明德学校调研

（供图　教育局）

3.5万个。新建繁华中学、百尺河初中综合楼餐厅、舜德学校3个项目正在装修装饰，东坡学校、文德学校、一中慈海学校二期3个项目正在进行主体施工，潍坊经济学校一期基础完工。建立中小学大班额监控机制，新生入学实行网上报名、网上审核，初始年级全部“阳光分班”，有效杜绝了“择校”“择班”现象。解决大班额建设项目竣工率100%，位列潍坊市各县市区第一名。

【师资队伍】　先后分四批招聘新教师641人，其中前三批招聘591人（编制内397人，聘用制194人），第四批为桃园单招50人（编制内10人，聘用制40人），为教育发展注入新动力。创新招聘形式，普通高中面向硕士及以上学历全日制毕业生、部属6所师范大学应届本科毕业生单独招聘，只面试不笔试；探索设置男女岗，实现了新聘教师男女比例基本均衡。大力实施“新教师岗前培训工程”“青年教师助力工程”“骨干教师锻造工程”“名师团队建设工程”，拓宽教师专业发展路径，整体提升教师专业化水平。3人被评为齐鲁名师，1人入选齐鲁名校长，3人被评为潍坊市最美教师，2人被评为潍坊市教书育人楷模，2人被评为潍坊名师，5人被评为潍坊市特级教师。

【素质教育】　加强社会主义核心价值观教育，开展“优秀传统文化在我身边”“晒晒我的中国年”“经典诵读”等活动。确立12处市域内研学旅行基地，组织开展一系列研学旅行活动。深化联赛机制，在全市聘请12名校园足球训练营教练员，推进校园足球运动纵深发展，年内有3所学校入围全国足球特色学校，足球特色校数量扩大到11所。先后举办中学生田径运动会、篮球比赛、校园足球联赛、乒乓球及羽毛球比赛等，为师生搭建展示自我平台。分镇街、市直学校举行“逐梦新时代”中小学师生文艺展演。组建小学、初中音乐素养知识题型库。在12处镇（街）园区组织“家庭教育乡村行”活动，受益家长8000余人。开展首届“践行家风家训好少年”评选，评出诸城市级“好少年”286名，潍坊市级8名。推选诸城市“书香家庭”100个，潍坊市级12个。举办父母大讲堂36场，受益家长3万余人，有3所学校被省教育厅表彰为“山东省家庭教育示范学校”。推进特殊教育由聋哑到培智学校的全面转型，实施“4+2+X”课程设置模式。推行“1+N+2”送教上门新模式（1是特教学校为骨干，N为普教学校，2为上门和线上两种送教方式），通过送知识、送技能、送温暖，把课堂开到家庭和社区。在中小学电脑制作大赛、中小学生创客大赛、青少年科技创新大赛、中小学实验说课大赛等活动中，获得多项奖励：国家级一等奖20个，二等奖37个，三等奖14个；省级一等奖19个，二等奖18个，三等奖9个，获奖等次和数量位居全省前列。

【学前教育】　投资1.5亿元，完成28所幼儿园新建、改扩建任务，新增学位5000个。科学编制第三期学前教育三年（2018-2020）行动计划；在潍坊市率先建立起公办幼儿园收费动态调整机制；妥善解决农村公办幼儿园非公办教师的老有所养问题；新增公办幼儿园独立事业法人单位27个，核定总量控制人员1260名。学前教育办园水平不断提升，5处镇街被评为潍坊市普及学前教育先进镇街，20所幼儿园被评为潍坊市级示范幼儿园，2名园长、1名教师分别被评为“山东省百佳园长”“百佳教师”。婴幼儿养育指导服务体系全面建立，年内组织婴幼儿养育讲师团巡回全市16个镇（街）园区农村社区，17个市直婴幼儿养育服务中心，开展“送早教进社区”公益宣讲，共有2.79万名幼儿家长参加培训、接受指导，家长知晓率62.95%，为0-3岁婴幼儿家长就近享受普惠、专业的婴幼儿养育指导与服务提供便利条件。全市33家婴幼儿养育服务中心与市农村社区学院及各镇（街）园区分院全力配合，共建共享，健全从婴幼儿养育到老年教育的终身教育体系，把0-3岁婴幼儿养育指导服务纳入社区教育的家庭教育系列中，推动全市终身教育体系建设，打造全市婴幼儿教育的一张亮丽名片。承办潍坊市第三期学前教育行动计划调度会暨诸城现场会。会上，对诸城市近年来科学编制实施第三期学前教育行动计划、加快普惠性幼儿园建设、规范幼儿园内部管理、集团化办园和人文生态化教育等方面取得的成绩给予了充分肯定。

【职业教育】 2018年，全市职业教育以深入推进新旧动能转换重大工程为依托，以促进学生就业为导向，加大基础设施投入，创新人才培养模式，提升办学层次和人才培养质量，不断推进职业教育内涵建设。市福田汽车职业中专顺利通过山东省第一批示范性中等职业学校建设项目中期验收。潍坊工商职业学院投资1.2亿元新建2.1万平方米的教学综合楼和3.7万平方米的学生宿舍区，新学期投入使用。规划投资1.5亿元、总建筑面积4.5万平方米的潍坊市经济学校新校区，主体建筑完成地下部分建设。市福田汽车职业中专投资1000多万元的校舍改造和智慧校园建设项目全面完成，全市办学条件持续改善。中职招生取得新突破。以开展初中学生人生规划和职业指导教育活动为重点，引导初中学生科学理性选择高中段升学路径，实现了中职招生新突破。中职招生4699人，普通高中和中职招生数比毕业生数超出200人。中职学校新进专任教师34人，年龄结构持续改善。3人被认定为齐鲁名师，1人入选齐鲁名校长培养对象，1个省级名师工作室，1个省级职业教育技艺技能传承创新平台，名师队伍建设持续增强。专业调控机制进一步完善，大力推进专业品牌化特色化发展，新增城市轨道运用与管理、无人机应用技术、农业机械使用与维护等3个新兴专业。市福田汽车职专的机械制造技术被确定为省品牌专业。潍坊工商职业学院新增金融财会学院、医养健康学院、商学院3个二级学院。荣获山东省职业教育教学成果奖一等奖2项，二等奖1项；春季高考本科过线263人。潍坊工程技师学院（市福田汽车职业中专）成功承办了第45届世界技能大赛全国机械行业选拔赛数控铣赛项和2018年全国技能大赛现代模具制造技术赛项比赛。第45届世界技能大赛全国机械行业选拔赛数控铣赛项诸城市选手获得1金1银的好成绩。2018年全国技能大赛诸城市获得2金2银，省赛2金4银的优异成绩。全国十四届中职学校“文明风采”大赛山东省复赛作品评选，诸城市有16项作品进入山东省复赛。依托职业院校师资、实训和专业优势，建成了技能竞赛选拔集训大赛平台、面向全国的专业师资培训平台、毕业生和面向社会的职业技能鉴定平台、技工技能提升及社会化培训平台。依托四大平台建成“农村劳动力转移阳光工程培训基地”“山东省技师工作站”

"现代服务业培训基地""转业军人培训基地""山东省金蓝领技师培训基地""潍坊市公共就业实训基地""福田汽车商学院""龙城创业大学"等10多个公共服务项目，年内组织各种培训过百期、培训6000多人次。成功签约引进东北财经大学县域经济研究院、黑龙江科技大学诸城石墨烯研究院、青岛农业大学诸城果树研究院3所研究院，并正常运营。与青岛理工大学、青岛科技大学、山东理工大学签署了全面合作框架协议。

6月29日，市委副书记孙吉海（前左二）陪同公安部党委委员刘跃进（前左三）视察校园安保校车运行指挥中心　　（供图　教育局）

【民办继续教育】　一中慈海学校、京师学校、青潍中学建成并投用。文德学校开工建设，主体工程已完成。龙源学校、超然综合高级中学发展迅速，办学质量大幅提升。深入实施第二轮"百千万"教育培养工程，被评为山东省社区教育十佳终身学习品牌。举办全民终身学习活动周，被评为全国全民终身学习活动周优秀组织单位。4个单位被评为全国农村优秀学习型组织，1人被评为全国百姓学习之星，1个项目被评为全国全民终身学习品牌项目。在2018年全省社区教育骨干研修班上作典型经验介绍。

【党建工作】　扎实开展"大学习、大调研、大改进"活动，持续开展"机关作风建设年"活动，先后到青岛西海岸新区、寿光、青州等地寻标对标，查找差距，梳理问题14项，制定整改措施21项。深入实施千名党员进红色基地、十万学子看红片、开发红色课程为内容的"三红工程"。其中，枳沟中心校研发的《乔有山下话尽美》被确定为山东省红色资源共建精品课程，繁华中学研发的《寻访红色足迹　传承红色基因——王尽美烈士纪念馆红色文化之旅》入选全省第一批十大研学旅行示范课程。

【学校安全工作】　加强"人防""物防""技防"建设，开展安全教育和培训，组织校园安全隐患排查整治，针对校舍、消防、安保、防溺水、防欺凌等重点领域逐一进行完善。定期开展应急演练，提升师生紧急避险和逃生自救能力。建成全省首个县级校园安保校车运行指挥中心，设立校园安保监控、校车运行监控、学校食堂监控和联网报警四大平台，实现对校园、校车、学校食堂的动态监测，国家禁毒委员会副主任、公安部党委委员刘跃进到诸城调研并给予肯定。考试安全管理和考点标准化建设进一步强化，各类教育考试任务圆满完成，在潍坊市招考工作会议上作经验介绍。

【教育影响力】　承办山东省普通高中选课走班与课程设置经验交流会、童喜喜说写课程全国高端研讨会、山东省第四届课程与教学改进研讨会、潍坊市第三期学前教育行动现场会、潍坊市中小学首届创新教育现场会和潍坊市首届特教学校学生素质能力大赛等一系列活动。北京、内蒙古、河北、海南、青岛等30多个教育考察团到诸城市考察学习。

（宋　伟）

科　技

【概况】 2018年，诸城市科技局围绕全市中心工作，以引领和支撑新旧动能转换为目标，以加快推进“四个城市”和“三区一城”建设为主线，深入实施“六个十”创新计划，科技创新各项工作成效显著。

【“六个十”创新计划实施】 根据全市科技创新和产业发展实际，制定“六个十”创新计划实施方案，并分别成立工作推进小组，按类别和项目特点进行分类推进。各小组分别到镇街、企业开展广泛的统计摸底，汇总形成了“六个十”数据库。

引进10名以上高层次创新型人才。深挖人才与产业结合点，柔性引进庞国芳等院士、千人计划专家高层次人才30余人。积极组织申报省泰山产业领军人才，有5人进入答辩范围，信得科技、兴贸玉米2家企业完成2018年泰山产业领军人才（高效生态农业产业创新类）实地考察。陈海军、宋桂才2个团队从首届“创业齐鲁　共赢未来”高层次人才创新创业大赛中胜出。

研发10项以上有价值的创新性技术。加快项目研发速度，其中“全方位重载多功能激光导航自主移动AG”等近50个项目列入省、潍坊市科技创新计划。

实施10项以上重大科技成果转化。全力打通科技成果转化通道，招引中国农科院等院所分支机构14家，完成技术合同网上登记200余项，登记额达8亿多元。

建设10个以上科技创新项目。紧扣“1030100”支撑项目，强化试点示范，晨立克除醛植物蛋白、氢能源汽车供氢系统等多个科技创新项目实现新突破。培育新的经济增长点，加快产业转型升级。

发展10家以上高新技术企业。开展工业企业大走访活动，帮助企业解决实际困难和问题。美晨工业等31家企业成功申报高新技术企业，备案国家科技型中小企业64家。

提升10个以上科技创新平台。提升建设超然首新空间、农林孵化器“星创天地”，打造创新创业公共服务平台。成功获批国家级星创天地1家、新备案院士工作站4家、省众创空间3家、省级孵化器3家。成功申报省级产业技术创新战略联盟1家，省级示范工程技术研究中心1家。

【科技型企业发展】 加大高新技术企业培育力度，进一步壮大高新技术企业规模。3月6日，举办全市企业研发经费暨创新政策解读培训会。邀请省和潍坊市的4名专家进行辅导、授课，镇（街）园区分管负责人、科技型企业负责人近200人参加培训，提高了科技服务企业精准度。筛选塑美汽车、鲁玉减震、晨正汽配等40余家企业进行重点培育，上报高新技术企业33家，获得公示31家，比2017年底新增21家。至年底，全市高新技术企业总数达到58家。下气力抓好农字号高新技术企业发展和认定。帮助迈赫机器人的“全方位重载多功能激光导航自主移动AGV”列入山东省重大创新工程，指导得利斯、惠发食品、东晓生物等3家企业成功申报省医用食品类重点研发计划。中航泰达、中科贝特等近30家企业获批潍坊市科技发展计划项目。2018年前三季度为企业争取潍坊市级以上无偿资金1000万元以上。大力培育发展科技型中小微企业。组织开展全市科技型中小微企业情况调查摸底，建立“科技型中小微企业→高新技术后备企业→高新技术企业”的分类指导、梯次培育机制。年内，共备案国家级科技型中小企业64家，总数在潍坊市各县市遥遥领先。奥扬科技、软控精工等7家科技型中小微企业获得省“小升高”财政补助共计70万元。云峰数控、鑫正达机械、旭日东机械、福生金地等5个企业的项目，在2018年山东省中小微企业创新竞技行动计划中成功胜出。着力建设一批便利化、开放式的众创空间和企业孵化器，聚集各类创新创业资源，为小微企业提供创业创新场所和全面服务。

【创新平台建设】 大力推进企业创新平台建设。年内，已备案院士工作站4家，分别是大业股份与武汉理工大学张联盟院士，惠发食品与北京工商大学孙宝国院士，得利斯与湖南师范大学印遇龙院士，人民医院与上海二军大校长孙颖浩院士工作站。海燕科技创业园等3家孵化器通过省级孵化器备案。超然、海燕、金盛元等3家众创空间通过省科技厅备案，实现诸城省级众创空间零的突破。山东兽药产业技术创新战略联盟被认定为省级产业技术创新战略联盟；得利斯省级工程技术研究中心升级为省级示范工程技术研究中心。“互联网+现代立体农牧装备”“软件信息开发”“高效生态种植”等3家产业技术创新战略联盟召开成立大会。全市联盟总数达到了22家，居潍坊市各县市区首位。为了推动科技创新平台建设和功能提升，制定下发《诸城市创新平台建设和提升计划》（诸政办字〔2018〕11号），正在进行诸城市级工程技术研究中心的评审工作。农业创新平台建设取得新成效。润竹山星创天地获批国家级星创天地；推荐东方园艺农科驿站、东皇庄农科驿站等2家农科驿站成功申报为潍坊市级示范农科驿站。诸城市创新数量在潍坊市各县市区列第一。

【大院名校合作】 继续深化与中科院、复旦大学、上海交大等高校院所的务实合作，着力在拓宽渠道、密切合作、项目落地上下功夫，开展上海高校产学研对接会、专家人才成果推介会等活动，建立校企优势互补、利益共享、风险共担的产学研合作机制，实现成果转化、技术孵化。坚持以用为本、共建共享，招引新的院所。组织东方园艺、泰诺药业、牧族生态等3家企业赴云南开展科技成果对接洽谈会，与中科院昆明植物研究所、云南省农科院等高校院所达成初步合作意向5项。中海油天津化工研究设计院山东分院正式落地超然首新空间，为诸城全国安全生产标准化建设示范试点城市的创建注入了新动力。2018年，有中国农业科学院、黑龙江科技大学等14家高校院所与诸城市有关企业签署协议共建研究院所。至年底，共有高校院所专家近百人次到诸城进行产学研对接，组织对接活动40多次，达成合作意向30余项。

【创新团队引育】 重视引进院士及其团队工作。柔性引进院士10余人，建院士工作站或与企业合作开展技术攻关。大业股份公司的窦勇入选2018年科技部创新人才推进计划。积极组织申报省泰山产业领军人才，有5人进入答辩范围，信得科技、兴贸玉米2家企业完成2018年泰山产业领军人才实地考察。陈海军、宋桂才2个团队从首届“创业齐鲁·共赢未来”高层次人才创新创业大赛中胜出。大业股份、佳博天益、信得动物疫苗、中航泰达成功入选鸢都产业领军人才。支持泰诺公司与上海交通大学、山东省科学院联合申报国家科技进步奖，初评已通过。举办“2018诸城装备制造‘千人计划’专家对接会”活动，“千人计划”专家鲍学元的页岩油开发关键技术项目在超然首新空间落地。先后组织近50家企业和个人申报省企业科技特派员和农业科技特派员，艾泰克引进的陈海军教授成功入选山东省首批企业科技特派员。支持科技领军人才、高技能人才、专业技术人才开展创业服务，加快成果转移转化。

【公共服务平台建设】 提升完善超然首新空间，打造诸城市创新创业公共服务平台。引进复旦大学孵化运营团队开展运营，有计划地组织高校院所和科技型企业入驻，充实“虚拟大学园”力量。先后有复旦大学张江研究院技术转移中心、上海交通大学技术转移中心诸城分中心、上海理工大学技术转移诸城工作站等13家高校院所进驻；进驻潍坊中科智能新能源科技有限公司、山东海天娇子航行科技有限公司、诸城市英尔特设计有限公司等62家科技型小微企业（团队）进行孵化培育。建成院士工作站1家，“首新数字媒体实验室”和“超然新能源汽车设计中心”公共技术服务平台2个，引进知识产权专业服务机构1家，认定省级众创空间1家，潍坊市级众创空间和科技孵化器各1家。专家公寓已安排3位“千人计划”专家入住，安排黑龙江科技大学石墨烯研究项目专家入住。举办创业沙龙、创业讲堂、模拟路演等系列活动96次，汇聚了科技资源，促进了技术创新与转化，降低了创业者的创业风险，提高了创业成功率。

（荆晓丽）

7月10日，山东大业股份有限公司院士工作站签约仪式举行

（摄影 王亚丽）

知 识 产 权

【概况】 2018年，全市知识产权工作围绕市委、市政府一系列战略部署和任务目标，研究新常态下全市知识产权工作的新思路、新举措，落实创新驱动发展的新要求、新任务，以国家知识产权强县工程示范县为抓手，全面贯彻落实国家知识产权强国战略，助力新旧动能转换，提升区域知识产权竞争力，为推进“三区一城”建设提供有效工作支撑，为全市经济社会转型发展做出了积极贡献。

【创造能力提高】 充分发挥科学发展政策的激励作用，将专利申请分解到相关部门和镇街，同时实行工作人员包镇街、企业责任制，积极深入企业挖掘专利申请潜力，宣传倡导专利创新奖励政策，充分调动广大企业和发明人发明创造的积极性，加大发明专利申请力度，在提高专利申请数量的同时提升质量，保质保量完成相关任务指标。年内，全市共计完成专利申请1997件，专利授权1466件，其中发明专利申请522件，发明专利授权61件。

【保护力度加强】 大力整治侵权假冒行为，先后对城区及镇街50余家药品经营店、医院及商场进行登记造册，共计检查专利商品1000余件，并依法对假冒专利商品做出撤柜或消除专利标识等处罚，结案率达100%。至年底，全市95%

以上的商贸流通企业建立专利商品管理制度，并有专人专职负责，净化了专利商品市场，打造了良好的知识产权保护软环境。制定《诸城市知识产权局信用体系建设工作方案》《诸城市知识产权（专利）保护失信惩戒评价办法》。针对存在的重复专利侵权、假冒专利、不依法执行行为及专利代理机构存在的不诚信行为进行规范化管理，推进了诚信诸城的建设水平。

【宣传氛围营造】 充分利用各级各类报纸、网站、电视台等媒体，刊播宣传知识产权知识、各项工作的开展情况。利用“4·26”世界知识产权日、“中国专利周”“党风政风监督热线”栏目，通过进社区、进校园、进企业等多种宣传方式，大力宣传知识产权工作开展好的典型，通过走出去、请进来的办法，组织企业积极参加各类宣传培训。2018年度组织企业相关业务人员参加国家局、省局在珠海、青岛、烟台、威海、潍坊举办的各类培训班12次，增强了企业专利工作的自觉性，营造了良好的知识产权工作氛围。年内，共向各级新闻媒体投稿20余篇，多次被潍坊市新闻媒体采用。

【信息服务】 不断优化信息服务平台建设，着力强化平台质量建设，充实完善知识产权信息平台建设，加强与金融、科技及域外中介服务的融合互通，拓宽服务领域，提高服务效率与水平。对诸城市知识产权信息服务中心进行督促指导，全年对企业及全社会开展专利咨询1300人次，为企业提供专利检索业务10000余条。

【专利质押融资】 积极探索服务新模式，会同金融、财政等部门加大工作力度，重点推动通过完善专利质押融资工作流程，专门召集部分企业和驻诸多家金融部门召开专利质押融资座谈会，多家金融部门和10多家科技型中小企业进行了对接，已有5家企业办理了质押融资业务，质押金额达9027.36万元，融资额达3500万元。

【企业贯标】 认真贯彻落实国家知识产权管理标准规范，加大培育优势企业工作力度，不断增强企业创新能力，提高企业核心竞争力。2018年培育全国知识产权管理标准贯彻企业18家，其中有10家通过审核认定，列潍坊市各县市区第一位。

【知识产权战略政策实施】 围绕全面实施国家、省知识产权战略，以创建国家知识产权强县工程示范县为抓手，加快建设和完善适应诸城实际的知识产权鼓励政策体系。认真研究制定实施知识产权战略的相关配套政策，加强知识产权的政策导向，将知识产权管理与保护切实融入科技管理、项目管理、人才培养、科研评价和展会举办等工作之中。年内，共兑付专利申请补助资金200余万元，激发了企业、个人发明创造的积极性，促进了全市核心竞争力的提高。

【强县工程示范县建设】 创新性开展示范工作，不断加大工作投入，结合工作实际完善示范工作方案，落实各项举措确保示范工作做出亮点和成效。严格按照国家局评定管理办法的要求，查不足，补短板，提升工作标准，争取在2019年的验收工作中取得优异成绩。

（王秀娟）

防 震 减 灾

【概况】 2018年，诸城市地震局坚持以习近平新时代中国特色社会主义思想和党的十九大精神为指导，按照市委、市政府战略部署和总体工作布局，围绕深入推进“四个城市”“三区一城”建设，认真履职尽责，锐意改革创新，扎实创先争优，各项工作再上新的台阶。年内，省地震局局长倪岳伟到诸城市调研，对诸城的防震减灾工作给予充分肯定；成功迎接了中国地震局检查组对诸城的震情跟踪工作检查，受到领导和专家们一致好评。诸城市被中国地震局表彰为2018年度全国市县防震减灾工作综合考核先进单位，诸城市地震局被山东省地震局评为“2018年度全省县级防震减灾工作先进单位”。

【目标定位提升】 根据省局和潍坊市局年度工作要求，结合诸城实际，制定了“一一二三四”的总体思路和目标措施。具体是：围绕一条主线，即围绕深入贯彻落实党的十九大精神这一主线；瞄准一个总目标，即瞄准中国地震局局长郑国光提出的“到2030年使我国步入世界地震科技强国之列”这个总目标；突出两大支撑，即突出项目建设和活动开展两大支撑；完善三大体系，即完善监测预报预警、震害防御、应急救援三大体系；强化“四化”保障，即学习经常化、工作项目化、考核制度化、示范带动机制化。根据这一总体思路目标，对全年工作进行量化分解，细化责任，严格考核，推动了创先争优，保障了工作落实，收到了良好成效。

【工作水平提升】 投入拉动，监测预报能力不断提升。抓好台站改造升级。投资80万元，对监测预报和应急指挥中心进行更新升级；完成巴山台升级改造，加固房屋粉刷墙壁，整修地面硬化道路；完成昌城观测站道路硬化、监控安装、围墙建设和电路电缆更新改造。抓好台网管护。加大台站的日常管护力度，保障台网运行连续和数据传输准确可靠；每季度对8个地震预警和烈度速报点进行巡查，保障仪器正常运行。重视群测群防。健全优化“三网一员”网络，年内两次对群测群防人员进行业务培训及监测场所现场考核。强化震情监视和跟踪研判。做好震情监视跟踪和重要时段震情保障工作，坚持24小时震情值班和周、月、半年及年度会商；每月与气象部门进行一次震情联合会商。

示范带动，震害防御能力不断提升。强化督导和执法检查。认真贯彻落实省地震局《关于进一步加强抗震设防要求管理工作的通知》精神，强化督导和执法检查，依法加强建设工程抗震设防全过程监管和服务，新建、改建、扩建工程全部达到抗震设防要求。规范行政审批服务。持续开展“红旗窗口”创建活动，全年办理地震行政审批项目15个，没有发生任何投诉案件；广泛开展第五代《中国地震动参数区划图》《山东省农村住房抗震设防要求管理办法》等政策法规的宣贯实施，扎实推进“一次办好”审批服务改革，地震行政审批工作规范、高效。持续开展示范工程创建。全省首批13所国家防震减灾科普示范学校，诸城市占2所。至年底，已创建各类示范工程18处，带动了面上工作整体提升。

活动支撑，应急救援能力不断提升。强化应急演练。“5・12”前夕，高标准举办以“弘扬桑枣中学精神，呵护祖国希望花朵”为主题的2018年潍坊（诸城）地震应急救援综合演练。

演练分应急避震及疏散、治安警戒、地震灾害救援、医疗救护、消防灭火及高空救援、通讯保障、电力保障、卫生防疫、灾民安置救助等九个科目。潍坊市地震系统14支地震现场工作队、诸城市10支专业队、应急车辆28台及相关救援设备、龙源学校师生、全市各级各类学校分管负责人共计2000多人参加。省地震局副局长刘希强、潍坊市政府副秘书长胡晓坤、潍坊市地震局局长王云华、诸城市副市长王大鹏等领导出席。以此为契机，因势利导，搞好宣传引导和组织指导，开展以学校、医院、社区等人员密集场所为重点的系列地震应急演练活动，提高了全社会的防震减灾意识和应急应变能力。适时修订地震应急预案。在修订完善《诸城市地震应急预案》的基础上，指导各级各部门根据行业特点和职责任务，修订完善各自的地震应急预案。至年底，各镇街、部门、大中型企业、医院、社区修订完善《地震应急预案》476套。加强地震应急避难场所建设管理。市政府在潍河公园投资300万元建成国家一类应急避难场所，各镇街因地制宜至少建设1处。坚持建管并重，严格管理，建立应急装备的出入库管理、使用、维护、保养和定期演练等制度，保障避难场所安全有序运行。加强应急队伍建设。落实应急救援队伍管理办法以及培训、演练等制度，全年举办培训班3期，培训志愿者骨干600多人次。

创新形式，宣传教育能力不断提升。加大投入。投资10万元，编印《防震减灾宣传手册》、公开信、明白纸等多种宣传资料5万多份，多渠道、多形式在社会上发放。开展防震减灾知识竞赛活动。仅龙源学校就有2000多名学生参与，发放奖品4万元。深化“三百三千”活动。即深入100所学校、100家企业、100个社区开展地震科普宣传；组织动员1000名钓友、1000名宠物养殖户，担任义务宏观观测员，指导1000个农村新建房屋户落实抗震设防措施。全年共举办各类地震科普讲座（培训）30场次，指导应急演练22次。开展“防震减灾知识赶大集”活动32次。发放《致全市企业家的公开信》等4封公开信及宣传资料3万余册（份），接受咨询1000多人次。充分利用媒体平台进行宣传。两次在“党风政风监督热线”栏目与听众在线交流；在《潍坊日报·今日诸城》特别刊载《防震减灾是最大的安全生产》《居安思危常备不懈》，介绍防震减灾工作情况，号召全社会积极参与支持防震减灾工作；在国家局、省局和潍坊市局网站发表工作信息70余条，在潍坊市各县市区位列第一。

推进融合，其他各项工作成效显著。按时保质保量完成市委、市政府安排的工作任务并积极参与其他社会建设，积极参与国家卫生城市建设。3月，诸城市地震局获“迎接国家卫生城市复审工作先进单位”荣誉称号；落实安全生产责任，全局未发生任何安全事故；深化党组织联建工作，走访慰问困难群众，把党的温暖送到群众心中；加强环境保护，积极参与全市环境综合整治；持续开展法制建设，为各项工作提供坚强保障；深度融入文明城市创建，到包靠网格义务清扫卫生，督查整改；开展精神文明创建活动，干部职工的文明意识和水平不断提高；网络安全、信息化建设、档案、保密等各项工作扎实开展，成效显著。

【落实能力提高】 深入推进防震减灾法制建设。建立健全地震行政执法责任制、行政许可过错责任追究制度、两公开一监督、随机抽查工作制度等，确保依法依规履职尽责。组织学习《防震减灾法》《防震减灾条例》《行政处罚法》等法律法规，强化法定职责，提高队伍素质、执法质量和水平。

强化干部教育培训。加大干部教育培训力度，对党员干部进行政治理论、理想信念、思想品德、职业道德、廉洁勤政以及正确政绩观、人生观、价值观教育，选学《稻盛和夫·活法》《细节决定成败》《执行重在到位》等内容，努力建设素质优良、作风过硬、勇于担当、创新实干的地震干部队伍。

持续开展“寻标对标提标”活动。按照深化“作风建设年”活动部署，于5月22日和6月18日分别赴日照市莒县、江苏省常熟两地地震局开展“对标学访”交流活动，对照目标找准差距短板，开阔新视野，提升新境界，比学赶超，推动工作提档升级。

抓好党风廉政建设和作风建设。严格落实局党组党风廉政建设主体责任。组织党员干部认真学习《廉政准则》和《纪律处分条例》，加强经费管理，严守八项规定，严肃党纪党规，强化作风建设，形成了风清气正、干事创业的良好局面。

【保障能力提高】 坚持不懈地推进“四化”建设，形成推动工作落实的强大动力。

学习经常化。积极参加市里和上级业务部门组织的各种法规业务学习；每周五下午集中学习，学习党的十九大精神、习近平新时代中国特色社会主义思想、《习近平谈治国理政》和党的政策理论、法律法规，学习业务知识、党规党纪，学习工作方式方法，提高干部职工业务工作水平和依法履职能力，培养严谨科学、积极向上的工作作风，实现机关干部整体素质的大提升。

工作项目化。对各项工作实行项目化管理。将全年工作进行详细分解和明确分工，实施“五个明确”：明确分解量化到分管局长、科室负责人和具体工作人员，明确责任归属，明确工作标准，明确完成时限，明确奖惩措施。

考核制度化。根据分工，每名工作人员制定切实可行的工作方案，排出时间表，明确每季、每月工作进度，倒排工期，压茬推进。每月一调度，找准问题症结，及时化解推进，年底考核兑现奖惩，使每名同志有方向、有目标、有责任、有压力，确保工作落实到位。

示范带动机制化。坚持“试点先行、以点带面、规范完善、逐步推开”的工作思路，以“亮点”示范工程带动面上工作开展。在各类地震安全示范工程创建、地震科普宣教基地建设等工作中，选点示范，探索路子，总结经验，面上推开，取得事半功倍的效果。

（李佳运）

气 象 测 报

【概况】 诸城市气象局1958年1月1日建站，迁站四次，2018年底位于诸城市密州街道凤凰路5008号，距市中心约8.5公里。

【气候情况】 2018年，年平均气温13.5℃，较常年（12.8℃）偏高0.7℃，较2017年（14.2℃）偏低0.7℃。年降水量950.7毫米，较常年（701.5毫米）偏多249.2毫米，较2017年（617.6毫米）偏多333.1毫米。年日照时数2444.4小时，较常年（2391.7小时）偏多52.7小时，较2017年（2367.8小时）偏多76.6小时。总的气候特征：全年气温偏高，降水、光照偏多。四季气候特点：冬季气温偏高，降水偏少，光照偏多；春季气温偏高，降水、光照偏多；夏季气温偏高，降水、光照偏多；秋季气温略偏低，降水偏多，光照充足。年内，出现了积雪结冰、台风、暴雨、大雾、霾、大风、局地冰雹、雷电、寒潮等灾害性天气，其中成灾的主要是积雪结冰、台风、暴雨、大雾、霾等，对工农业生产造成一定损失。总的来看，气象灾害影响较往年少。综合评价：天气气候条件在农业上属于较好年景。

【自然灾害】 2018年，主要气象灾害为积雪结冰、台风、暴雨、大风、局地冰雹、大雾、霾、雷电、寒潮等灾害性天气，其中成灾的主要是台风、暴雨、大雾、霾等，对工农业生产造成一定损失。

7—8月入汛后，受台风“安比”“摩羯”“温比亚”影响，全市范围内出现暴雨或大暴雨灾害性天气，平均降水量均在50毫米以上，最大降水量在200毫米以上。台风“安比”“摩羯”和“温比亚”一月内相继影响全市，一周内出现2次台风，一月内出现3次台风，影响全市并带来强降雨，这在历史上是从未出现过的。

7月23—24日，受10号台风“安比”影响，境内出现暴雨到大暴雨天气，并伴有8—9级大风。诸城气象站测得降雨量133.3毫米，其中桃林、皇华、林家村等镇雨量偏大，受灾较重。据统计，全市受灾人口81857人，玉米、黄烟等农作物和经济作物受灾较重，受灾面积14796公顷，成灾6083公顷，倒塌房屋47间，造成直接经济损失7223万元。

8月19—20日，受18号台风“温比亚”影响，境内出现暴雨到大暴雨天气，并伴有7—8级大风，其中龙都街道、枳沟镇、相州镇受灾较重。据统计，全市受灾人口14302人，玉米、黄烟等农作物和经济作物受灾较重，受灾面积1581.32公顷，成灾702.15公顷，倒塌房屋129间，损坏房屋189间，造成直接经济损失2024.54万元。

8月28—29日，受副热带高压边缘和低涡影响，境内出现暴雨到大暴雨天气，桃林、皇华受灾较重。据统计，全市受灾人口18996人，造成玉米、黄烟等农作物和经济作物受灾，受灾面积900.43公顷，成灾674.03公顷，倒塌房屋7间，损坏房屋71间，造成直接经济损失2665.28万元。

年内，共出现44次大雾天气，其中最小的能见度不足100米的强浓雾6天，分别出现在1月21日、5月2日、6月20日、7月11日、9月22日、12月3日，交通受到不利影响，空气质量明显下降，对人们的工作和生活有一定影响。全年出现26次霾，对人们出行和空气质量造成了不利影响。

【气象服务】 完成春运、高考、中考等专项气象服务。做好清明节、端午节、中秋节、国庆节等节假日气象服务工作。加强区域气象观测站和土壤水分观测站的监控、维护，切实提高观测业务质量。完成区域自动气象站的雨量标校及核查工作。调整人工影响天气工作领导小组及气象灾害防御工作领导小组，印发了《诸城市气象灾害应急预案》。为提升业务人员综合水平，单位组织开展专题业务学习，并组织业务人员参加潍坊市局组织的业务考试和县级综合气象业务培训班，开展“台风来临，我如何服务”大讨论，切实加强业务人员的应急值守能力。积极做好人工影响天气工作，组织召开全市人工影响天气工作会议，与各炮点签订安全生产责任书，对年度工作进行了部署。组织人员对全市人影作业炮点、弹药库等进行了安全专项检查。全年增雨防雹作业3次，发射炮弹200余发，经济效益和社会效益显著。根据需要，通过电视台、电台、手机短信、电话、微信等向社会公众发布，真正做到为各级各部门提供全方位、多层次的气象服务工作。2018年入汛后，天气形势复杂多变，极端天气事件较多，台风“安比”“摩羯”“温比亚”相继影响诸城，多次出现局地性强降雨，气象局全力做好气象服务，提早发布预报预警，主动对接应急、水利等部门，做好部门合作，严格执行汛期领导带班和24小时业务值班制度，加强应急值守。几次台风天气过程中，主要负责同志亲自靠在市防汛指挥部现场，为市领导提供决策服务，市委、市政府主要领导多次打电话询问气象预报。服务主动、准确、及时，为政府防灾减灾决策部署提供有力保障，最大限度地减轻了人民的财产损失。全年共制作发布重要天气预报25期、雨情信息70期，发布雷电、大风、暴雨等预警信号60次，通过短信平台发送气象服务短信7万余条。

【防雷改革】 诸城市气象局下属企业——诸城市万年气象服务中心，原有职工6人，随着防雷改革的不断推进，防雷工程市场化，房地产防雷竣工验收取消收费以至退出。为调动积极性，出台激励措施，结合诸城实际，多次向潍坊市气象局党组汇报诸城局防雷改革动态，并与编外人员积极沟通，按照政企分离要求，在确保稳定的情况下，聘请律师作为法律顾问。与公司4名人员于3月30日解除了劳动合同关系，并依法进行了补偿。另外2名人员转为气象局劳务派遣。

【气象科普及文化建设】 完成党员活动室、廉政走廊、科普馆、室外宣传栏等文化建设。科普馆安装了科普灯箱，并安置了触摸显示屏，方便查阅气象科普知识。

【审计工作】 配合省气象局审计组、潍坊市气象局巡察组完成审计、巡察工作。7月19－20日，省局审计组、潍坊市局巡察组对诸城市气象局进行任中经济审计和巡察，指出了存在的问题，并提出了具体指导意见和建议。根据巡查意见和审计问题，气象局制定了整改方案，并落实到人。同时，结合防雷改革，实现了财务人员更换，对财务工作中存在的问题立即进行了整改，收到了很好的效果。

【安全生产】 始终把安全生产工作放在重要位置来抓，认真落实好防雷监管安全生产管理职责。单位内部每月开展安全检查，开展汛前安全生产检查活动，以及消防演练等。组织人员对全市人工影响作业炮点、弹药库等进行安全专项检查。同时，加强行业管理，对全市86家加油站、液化气站等开展防雷安全检查。气象局与市为民服务中心对接，撤销气象局审批窗口，并入为民服务中心综合管理，缓解单位人员不足的问题。

【党风廉政建设】 始终把全面从严治党工作作为首要的政治任务，牢记“党要管党、从严治党”的政治使命，层层压实全面从严治党责任。深入学习贯彻党的十九大精神及习总书记系列重要讲话精神，不断推进“两学一做”学习教育常态化、制度化，深化作风建设年活动，深入开展“大学习、大调研、大改进”活动，落实全面从严治党主体责任，召开组织生活会。全体党员坦诚相待，敞开心扉，直言不讳，开展积极的批评与自我批评，达到了“红红脸、出出汗”的效果。组织党员参加“灯塔党建在线”学习活动，开展气象部门第十七个党风廉政宣传教育月活动，组织学习《宪法》，观看《褪色的人生》等警示教育片；参观王尽美红色教育基地，面对党旗重温入党誓词，签订廉政承诺书；通过讲党课、微信群发送廉政教育警示案例等方式，引导党员干部增强风险意识和防范能力；严格执行中央八项规定，特别是在公务接待、公务用车、办公用房方面，对省局及地方纪委检查中发现的问题立即整改。牢固树立“一岗双责”和不抓党风廉政建设就是严重失职的意识，把党建工作和日常业务工作同部署、同落实，确保全面从严治党的定力和措施充分体现在每位党员干部身上。

（吴建梅）

文化 旅游

文 化 事 业

【概况】 2018年，诸城市文广新局以党的十九大精神为指引，认真学习贯彻习近平总书记关于文化建设的重要论述，以“文化名市”建设为工作总抓手，突出工作重点，创新工作思路，着力实施五大工程，各项工作取得了新的成效。年内，被山东省委、省政府表彰为第三届山东省文化强省建设先进市。

【文化育人工程】 打造文艺精品，用优秀的文艺作品教育人鼓舞人。2018年，先后打造了《失却的银婚》《王尽美》《星火》《誓言》《特别条件》等五部文艺精品。尤其是《失却的银婚》在为诸城市广大党员干部群众展演86场后，先后赴北京、济南、潍坊、青岛等地为各级领导和群众演出，得到各级领导、业内专家和观众的高度赞誉。7月18—20日，该剧作为山东省唯一一部大戏，在北京梅兰芳大剧院参加了由中宣部、文化和旅游部主办的“2018年全国基层院团戏曲会演”。其间，根据文化和旅游部雒树刚部长的批示，为文化和旅游部机关及12个部属单位460名中层以上党员干部加演一场，得到一致好评。

打造党性教育基地，开辟党员学习教育的“实境课堂”。在名人馆打造诸城改革历程展室和王愿坚生平事迹展室，配合枳沟镇、石桥子镇分别打造尽美红色文旅小镇和刘家庄抗战纪念馆，实现了党性教育与地方文化的有机融合。

【文化惠民工程】 加快推进公共文化服务体系建设。继续提升市级公共文化场馆建设。市图书馆完成改造提升后面积达6000多平方米，再次蝉联国家一级图书馆，招聘10名聘用制工作人员为市民提供优质服务。新馆开放后，每天有近200人到自修室阅读学习。

不断提升各级场馆免费开放服务水平。市图书馆年接待读者20万人次，借阅量达17万册次；市博物馆年接待观众约51万人次；市超然台年接待观众约10万人次；市文化馆向社会免费举办声乐、舞蹈、美术、书法、摄影等10余类艺术培训，年内培训学员1200余人次。各场馆不断创新服务内容和方式，为群众提供了高质量的文化服务。

全面提升基层文化服务中心整体建设水平。实施“1345”提升工程，即明确1个标准要求，打造3个国家一级文化站，重点提升4处镇街文化站和5处社区综合性文化服务中心。创新服务模式，提升公共文化服务效能。以推行“一三五七”总分馆制服务模式为抓手，切实提高服务质量和效能。至年底，全市总分馆制已在90%的镇（街）园区和70%的社区推开。全市总分馆制一体化服务试点工作的经验做法，在山东省公共文化服务效能建设现场会上推广。

开展系列文化活动。着力做好公益电影放映、“一年一村一场戏”和文化下乡等惠民活动。同时，广泛开展群众性文化活动。充分发挥300多支业余文艺演出队伍作用，常年开展基层群众性文化活动。年内，共举办镇街社区广场文化活动1800多场次，参与群众达30万人次，实现了广大群众的自娱自乐。

5月，在全省召开的公共文化服务效能建设

现场会上，诸城代表潍坊市作了题为《着力实施总分馆制建设 力推公共文化均等共享》的典型发言，受到各级领导和与会人员的高度评价。

【文化资源开发工程】 做好文化遗产的保护利用。完善非遗传习设施网络体系建设，新建5处非遗传习中心。实施市及市以下历史文化展示工程，新建40处历史文化展示馆（室）。打造岔道口张择端文化街区非遗聚集区和皇华镇孟家庄子非遗聚集区，形成非遗保护、非遗开发、创业创新人才集聚效应。

深挖乡村特色文化资源，大力发展文旅产业。以红色文化为主，配合各镇（街）园区重点打造枳沟镇尽美红色文旅小镇、石桥子镇刘家庄抗战纪念馆、龙都街道臧克家故居和相州镇王统照故居等文旅景点，至年底已经成为红色旅游的热点。以民俗文化为主，挖掘常山浓厚的文化底蕴，配合南湖区打造蔡家沟艺术试验场和小展村诸城年画研训基地，为推进乡村文旅产业发展注入了活力。7月，按照潍坊市文广新局的统一安排，在北京恭王府参加了由文化和旅游部主办的“千年潍水·手艺之都”国家级潍水文化生态保护试验区保护成果展活动，诸城市的古琴、茂腔、剪纸、黑陶、柳编以及东路大鼓等非遗项目在北京恭王府展示展演，得到了首都各界的高度赞赏，呈现了诸城市的非遗保护工作成果。

【文化品牌打造工程】 叫响“中国龙城·尽美诸城”文化品牌，进一步提升文化品牌影响力。

打造文化活动品牌。精心组织第25届庆新春广场文艺演出、第28届“迎春灯谜竞猜”、第9届社区文化节、第17届“龙城之声”夏季广场文艺演出、首届中国（诸城）古琴文化艺术节等一系列品牌文化活动，得到了社会广泛认可。

争创省级文化消费示范市。积极争取财政资金支持，制定争创方案，圆满完成第二届文化惠民消费季活动。共有16家文化企业签约成功，全市发放惠民消费券20万元，有力地拉动了文化消费，推动了文化产业繁荣发展。

【文化宣传推介工程】 抓好文化宣传工作。抓住重点，突出亮点，做好文化工作的宣传。年内，在中央电视台、新华社、《人民日报》《光明日报》《中国文化报》《大众日报》等省级以上媒体刊播稿件60多篇，有力地宣传了诸城市重点文化工作。

加强学术研究工作。加强对恐龙文化、大舜文化、东坡文化、红色文化、名人文化的研究和宣传。年内，成功申报了《苏轼密州词研究》《苏轼山东书迹考略》两个山东省艺术科学重点立项课题。

积极参加潍坊市文博会。成功布置第十一届潍坊文展会诸城分会场，通过产品展示、交易，互相学习交流，对繁荣诸城市文化产业和对外展现推介诸城文化起到了重要作用。

【文化服务机构和场所】 诸城市图书馆。市图书馆成立于1974年7月。原馆舍建筑面积3453.76平方米。2017年，根据第六次公共图书馆评估定级要求，市政府投资3000万元用于改扩建图书馆，至2018年底，已竣工并验收合格。图书馆总馆面积6424.98平方米，达到一级馆要求。新馆参考公共图书馆建设标准，立足现实，本着功能优先、经济适用的原则，设有24小时自助图书馆、低幼儿活动室、国学经典阅览室、文化体验式、国学讲堂、展室、自修室等。7月22日开馆正式运行。24小时自助图书馆、低幼儿阅览室也于12月26日开放。新馆的正式运行，充分体现了现代图书馆理念，有利于更好地开展图书馆服务活动，满足大众的需求。自开放后，读者借阅量、流通量等大大增加。2018年，新购图书6252种共20344册、报刊620

种，征集地方文献90种共160册，接待读者20万人次，流通图书17万册次，跟踪服务122项，解答咨询4068条，修补破损图书4539册，装订报刊1600册。9月，连续获评国家一级图书馆。12月，继续获评第二届书香城市。

大力开展文化信息资源共享工程、数字图书馆建设、总分馆制“一卡通”服务、镇图书馆建设、图书流动站、尼山书院及儒学讲堂活动。成功举办了诸城市第二十八届迎春灯谜竞猜、诸城市首届读书朗诵大赛、图书馆服务宣传周阅读推广、文化信息资源共享工程阅读、图书流动站、送书下乡、各类展览、全民读书月、尼山书院等多种形式的活动，承办了潍坊市第四届读书朗诵大赛。

诸城市文化馆。市文化馆位于和平北街123号，总建筑面积3500平方米，在全国第四次文化馆评估定级工作中被评为国家一级馆。馆内设艺术辅导部、美术辅导部、书法辅导部、摄影辅导部、培训策划部、文艺创作室、办公室、非遗保护中心。馆内活动场所有高档综合展厅、多功能厅、文艺创作辅导中心、音乐培训中心、舞蹈培训中心、美术书法培训中心、摄影辅导中心、古琴培训中心、文化信息服务室（视听室）、非遗展厅等。文化馆与市书法美术协会合署办公，担负组织全市重大节庆活动和群众文化活动，以及培训、辅导群众文化骨干，繁荣群众文艺创作，研究群文理论，发掘和整理非物质文化遗产等任务，是全市农村文化、社区文化、企业文化、机关文化、校园文化、军营文化活动的龙头单位。

2018年，市文化馆积极实施文化惠民利民工程，不断满足群众文化需求。成功举办第25届庆新春广场文艺演出、“年画艺术之光”庆七一诸城市新年画成果展、“龙城之声”夏季广场文艺演出；承办潍坊市文广新局组织的第二季潍水溯源“千里漫行话潍坊”诸城站启动仪式；积极参与第三届潍坊市民艺术节、第二届潍坊市民营文艺表演团体大赛，分别取得了“十佳奖”和一等奖的好成绩；组织全市书画家参加全市首届中国（诸城）古琴艺术节书画交流活动并举行笔会交流；组织全市部分参展作者和画家赴济南参加“能量——改革开放四十年山东美术创作成果展”，为培植新生力量打下了基础。组织举办全市助推文化名市建设公共文化服务解读培训班，邀请潍坊市文化馆馆长邱兆锋、辅导培训中心主任任健授课，对全市文化系统的干部职工、文化站长、基层群众文化活动骨干等进行了培训，有力地提升了广大文化干部的文化理论素养。

拓宽视野，免费培训提档升级。充分发挥文化馆公益服务职能，开展免费培训活动。文化馆共开设声乐、舞蹈、古琴、曲艺、美术、书法、摄影、诗词、国学、剪纸艺术10大类20个培训班，做到免费开放时间每天8小时。在公示其免费开放的培训项目、课程安排及上课时间上，为公众提供规范、良好的服务。2018年，文化馆共举办舞蹈培训班13期、书画创作交流培训班10期、农村实用文化人才培训班5期，辅导培训各类文艺爱好者5000多人（次）。开办广场舞、音乐、书法、美术、茂腔、非遗等各类培训班7期，培训人员1800多人，满足了广大市民的精神文化需求。

实施文化资源开发工程，传承弘扬优秀传统文化。诸城市非遗工作已经走过了十多个年头，全市非遗保护涉及所有10大门类。先后建立非遗生产性保护基地27个、非遗传习所38个、非遗展厅9处。至年底，诸城市级非遗保护项目140项，潍坊市级保护名录40项，诸城派古琴、秃尾巴老李的传说、大舜的传说、公冶长的传说、诸城派古琴斫琴技艺5项列入省级保护名录，秃尾巴老李的传说、诸城派古琴、舜的传说3项列入国家级保护名录，优秀传统文化得以传承弘扬。

诸城市博物馆。市博物馆为全额拨款事业

单位，内设办公室、开放教育部、库房管理部、安全保卫部等。馆内现有人员编制22人，其中副高级职称2人，中级9人。2010年8月19日，迁至诸城市和平北街125号，为综合性地志博物馆，占地88亩，建筑面积3万平方米，其中展厅面积2.2万平方米，文物库房4000平方米，总投资3亿元，时为国内单体建筑面积最大的县级博物馆。设有办公区、展览区、观众休息区、贵宾接待室、小型学术报告厅等五大功能场所，配有多媒体、电子显示屏等先进的现代化设施。馆藏文物50000余件，其中国家一级文物89件、二级文物258件、三级文物1499件。设有基本陈列《诸城通史》《书画揽珍》《石刻艺术》《佛造像艺术》《陶瓷艺术》《文房珍宝》《远古奥秘》《诸城非物质文化遗产展》《根雕艺术展》《诸城规划展》《诸城历代名人展》《诸城市改革发展历程馆》等12个常设陈列展厅。

2018年，市博物馆利用现有资源，举办诸城市“如蓝雅士”杯2018年师生书画作品展、李克先百龙书法作品暨毛体书法作品展、寸耕堂师生书法作品展、“年画艺术之光”庆七一诸城市新年画创作成果展等临时展览。年内，共接待观众51万人次，较好地发挥了博物馆的宣传教育功能，受到了社会的一致认同。此外，根据省委宣传部《2018年深入开展全省文化科技卫生“三下乡”活动实施方案》、省文物局《关于组织开展2018年博物馆“三下乡”活动的通知》要求，市博物馆以“让文物说话，讲山东故事，展地区文化”为主题，举办“流动博物馆”，深入到学校、社区进行现场展出、讲解，受到了当地百姓和学生的欢迎。

诸城市超然台管理处。超然台位于市区超然台路中段，台高10余米，长150多米，总建筑面积7000平方米，展区面积3000多平方米。超然台是诸城著名文化古迹。原系北魏时所建的城墙土台，北宋熙宁八年（1075年）著名文学家苏轼知密州时扩建，以为登高远望、饮酒赋诗之所。其弟苏辙深知兄长仕途不顺、亲情远隔的处境，引老子“虽有荣观，燕处超然”文意，赋名“超然台”，以示无往不乐、超脱凡世之意。苏轼深爱此台，常与友人在此远眺酬唱，《超然台记》《水调歌头·明月几时有》《雪后书北台壁二首》《望江南·超然台作》等名篇均成于台上。后人缅怀苏轼，元明清时曾多次重修超然台，慕名登台凭吊者甚多，留下许多名诗佳句、墨迹刻石，形成了独具地方特色“超然物外、淡泊名利”的东坡超然文化。1948年超然台不幸毁于战火，存在延续870多年。为弘扬民族文化，挖掘研究东坡超然文化，2007年诸城市委、市政府决定投资7000万元，重建超然台。2010年1月，超然台在原址建成开放。

2018年，超然台管理处积极落实文化育人化人工程，为全市经济社会发展提供了强有力的精神文化支持。大力建设超然台政德干部教育基地，增建党建大橱窗，加强讲解员培训，强化服务意识和学习意识，认真重新编写讲解稿，加强物业管理，更好地完成了全年开放任务。超然台提升改造工程顺利实施。配合政德干部教育基地建设，进行超然台提升改造。超然台平台展室“明月几时有”场景提升改造工程立项并完成施工。

积极落实文化资源开发工程，传承弘扬优秀传统文化。结合部门工作实际，重视东坡文化、地方文化研究，办好《超然台》杂志。年内高质量完成六期《超然台》杂志编辑出版，刊发各类研究文章110余篇近50万字。外出参加苏轼学术研讨会2次，外来学术交流4次，在高校学报发表苏轼研究学术论文2篇，省级课题立项1项，结项1项。

积极落实文化惠民利民工程，有效满足群众文化需求。积极开展群体性惠民文化活动：1月19日，在路上——丁凯中国画展暨作品汇报展在超然台举办；4月28日，“花开见佛”——刘佛兰画作品展在超然台举办；6月26日，“不忘初心，继续前行”——毛泽东书信墨宝展在超然台举办；9月18日，超然之夜苏轼诗词咏诵会在超然台举办；9月21日，首届中国（诸城）古琴文化艺术节——名家名坊斫琴展在超然台举办；10月14日，刘培波书画展在超然台举办；12月15日，诸城市第二届临帖展在超然台举办；12月27日，融绘2019庆元旦油画作品邀请展在超然台举办。

诸城市电影公司。市电影发行放映公司属国有小型企业。公司办公场所设在府前街21号，占地面积1200平方米，建筑面积900平方米。影剧院坐落在广场路1号，占地面积5400平方米，营业面积3300平方米。公司设办公室、财务科、农村业务部、技术科、奥卡传媒公司、影剧院。

2018年，电影公司主要工作活动：农村公益电影放映工程。根据《山东省新闻出版广电局关于进一步做好2018年全省农村公益电影放映工作的通知》（鲁新广发〔2018〕15号）、《山东新农村数字电影院线公司关于进一步做好2018年农村电影工作的通知》（鲁农影字〔2018〕14号）要求，按照市文广新局在2018年全市文化广电新闻出版工作会议上“为了解决城乡文化发展不平衡不充分的问题，坚持重心下移，着力做好农村公益电影标准化放映工作”的统一部署，积极开展“庆祝改革开放40周年”公益电影主题放映活动。全年共放映公益电影7984场，福利电影156场，广场电影49场，校园电影76场。2018年诸城市电影公司荣获山东新农村数字电影院线公司先进单位。

公益电影进福利机构。为弘扬中华民族的传统美德，践行彩票公益金“取之于民、用之于民”和“扶老、助残、救孤、济困”的宗旨，关爱社会弱势群体，丰富他们的精神文化生活，按照山东省新闻出版广电局、财政厅、民政厅关于“从2015年下半年开始，在全省部分养老机构（社会福利院、社会福利中心、敬老院）和儿童福利院开展‘送电影进福利机构’公益电影放映活动”的通知要求，2018年共放映福利电影156场。

强化“诸城影剧院”的文化服务功能。诸城影剧院位于市中心广场（广场路1号），主体占地5400平方米，总建筑面积13015平方米，主体建筑高度31.75米。共有6层，其中一层、负一层为电影院。影剧院于2009年10月开工建设，2012年8月建成并投入运营。影剧院（一层、负一层）使用面积3300平方米，总投资3980万元。经过多次升级改造，现有放映厅12个，可同时容纳1200人观影。2018年将原放映设备进行全面升级改造成全激光影城。影剧院全年放映423部影片，共放映22543场，总计414931人次观影，票房与2017年相比上升33%。

规范“奥卡文化传媒”的媒介服务功能。奥卡文化传媒有限公司系电影公司子公司，成立于2012年，坐落于广场路1号，是诸城市首家以电影广告产业为核心业务的传媒公司。公司致力于诸城优秀或成长型企业的“品牌”“营销”综合服务。以具有消费者逆向思维和视野的“中式国际”品牌营销理念，从事品牌营销广告投放、设计创意执行、媒介运作、网络运营，以及品牌营销整体或局部实战操作。线上运营服务包括：公益电影下乡、品牌植入性电影商演、电影开场映前广告、影剧院LED广告、网站运营广告、视频拍摄制作与后期剪辑等。线下营销服务包括：影厅冠名、灯箱广告、墙体广告、平面设计式地面广告（例如：杂志.DM单等广告形式），企业营销创意策划及活动商演等。媒介服务包括：央视及各大卫视广告投放、优酷广告合作、品牌式电影植入拍摄制作、品牌市场渠道运作、国内外明星经纪、广告宣传片拍摄、动漫制作等。

诸城市艺术团。市艺术团成立于1952年，前身是“诸城县茂腔剧团”。艺术团自成立以来为繁荣诸城市文化事业做出了突出贡献，累计演出传统戏曲100多台，创作剧目30多部，多次在国家、省、潍坊市获奖。

2018年，市艺术团在习近平新时代中国特色社会主义思想的指引下，积极开展“一年一村一场戏”文化惠民演出活动，年内演出200多场。特别是为配合“机关作风建设年”和“两学一做”学习教育实践活动创作的茂腔现代戏《失却的银婚》，2018年又入选全国基层院团戏曲会演剧目，是全省唯一一部入围大戏。在为全市广大党员干部群众展演86场后，3月开始先后赴北京、济南、潍坊、青岛4地为各级领导和群众演出，得到各级领导、业内专家和观众的高度赞誉，弘扬了主旋律，传播了正能量，收到很大社会反响。文化界莫言、李小菊等评论说：“茂腔《失却的银婚》堪称戏曲版《人民的名义》，是一部集思想性、艺术性、观赏性于一体的优秀剧目。”该剧先后获得2018年度全国基层院团戏曲会演优秀奖、山东第十一届文化艺术节“优秀剧目”奖，其中舜龙艺术团青年演员王帅获得“山东省青年拔尖人才”荣誉称号。6月，为纪念王尽美同志诞辰120周年，创作了大型茂腔现代戏《王尽美》，受到各界的一致好评。9月，创作的《特别条件》参加山东省第十一届文化艺术节小型剧目新创作剧目展演荣获优秀剧目奖，并成功入选2019年国家艺术基金小型舞台剧目资助项目。该小戏曲多次在中央电视台戏曲频道《九州戏苑》栏目播出。同月，在市图书馆报告厅举行国家艺术基金资助项目《罗衫记》青年表演人才培训班开班授课仪式。至10月26日完成青年表演艺术人才的戏曲理论授课。11月26日在杨春剧场举行培训班结业典礼，向潍坊市文广新局领导、诸城市领导及广大观众进行了结业汇报演出，各级领导、专家和广大观众对培训成果给予高度评价。

【文艺创作】 戏曲类。至2018年底，全市组建茂腔剧团20个，较大型的有“诸城市舜龙艺术团”“青少年宫诸城茂腔剧团”等。在市文广新局的组织指导下，各剧团积极参加全市的社区文化节、“龙城之声”文明之夏广场文艺演出、庆新春广场文艺演出等活动，继承与弘扬茂腔艺术，繁荣艺术创作，给全市的茂腔艺术爱好者提供一个展现自身魅力的舞台。同时，组织开展“百场戏曲进社区”演出活动，由各茂腔剧团下乡进村演出。主要表演《罗衫记》《姊妹易嫁》《龙凤面》《墙头记》《梁山伯与祝英台》《王小赶脚》《王汉喜借年》《王定保借当》《小姑贤》《张郎休妻》等传统剧目及部分新排剧目。年内，在城乡演出300多场。

1月，结合“非遗月”系列活动，在市少年宫剧院开展“非遗月茂腔演出周”活动，吸引了众多茂腔爱好者和诸城市民的观看。少年宫剧院容纳800余人，场场爆满，座无虚席。演出的剧目有《非常妈妈》《罗衫记》《姊妹易嫁》等剧目，深受观众喜爱。

3月，在全市积极开展茂腔艺术进校园活动，创作排演一部分符合时代要求和青少年喜好的茂腔剧，到学校进行展演，让青少年了解茂腔，认识茂腔，争取有更多人加入到茂腔学习队伍中来。在加工整理、改编完善传统茂腔剧目的基础上，文化部门加强对新创茂腔剧目的支持引导，成功创作了一批新的优质茂腔剧目。

4月5日，诸城茂腔剧团到舜王街道孙仓社区演出，演出剧目有《梁祝》《姊妹易嫁》等。

6月12日，为纪念王尽美同志诞辰120周年、迎接建国70周年和建党100周年而创作大型茂腔现代戏《王尽美》，进行了首演汇报演出。6月24日，诸城茂腔剧团到青岛市黄岛区演出《梁祝》等剧目。

7月13日，由舜龙艺术团主演的大型茂腔现代戏《失却的银婚》在济南历山剧院为山东省纪委领导演出。7月18—19日，由舜龙艺术团主演的大型茂腔现代戏《失却的银婚》，在北京梅兰芳大剧院参加全国基层院团会演并得到了领导和观众的一致好评，20日，为文化和旅游部领导加演一场。

8月16日，舜龙艺术团正式向录取学员单位发出国家艺术基金2017年度艺术人才培养资助项目——山东茂腔《罗衫记》青年表演人才培训班录取通知书。11月2—9日，完成了剧目彩排。11月10—18日完成了七组学员《罗衫记》彩排演出实践及录像。11月19—25日在龙都街道杨春剧场完成“成果实践惠民展演”7场。11月26日，在杨春剧场隆重举行培训班结业典礼，优秀学员向潍坊市文广新局领导、诸城市领导及学员单位领导进行了结业汇报演出。各级领导、专家对培训成果给予高度评价。

8月24日，由舜龙艺术团主演的大型茂腔现代戏《失却的银婚》，在山东省委党校为省委、省政府的领导演出，得到了省委书记刘家义、省长龚正等领导的高度评价。

9月，诸城茂腔剧团在青少年宫共演出4场，演出剧目为《保卫刘家庄》。9月11—12日，在济南百花剧院参加山东省第十一届文化艺术节首场演出，并获得优秀剧目奖。9月14日，由舜龙艺术团主演的大型茂腔现代戏《失却的银婚》在青岛大学剧场为青岛市委、市政府领导及社会各界演出，得到观众的一致好评。由诸城市舜龙艺术团有限公司创作编排的小戏曲《特别条件》在送文艺、送戏曲进社区演出活动中演出300余场。该小戏曲多次在中央电视台戏曲频道《九州戏苑》栏目播出，9月，参加山东省第十一届文化艺术节小型剧目新创作剧目展演中荣获优秀剧目奖，并成功入选2019年国家艺术基金小型舞台剧目资助项目。

10月9日，诸城市茂腔剧团送戏下乡，到五莲县于里村演出，演出剧目为《龙凤面》《梁祝》。10月24日，诸城茂腔剧团送戏下乡到石桥子镇刘家庄社区演出，演出剧目为《保卫刘家庄》。11月27日，诸城市茂腔剧团送戏下乡到贾悦镇西贾悦村演出《梁祝》。11月28日，到贾悦镇南同社区演出《梁祝》；11月29日，到贾悦镇徐家社区演出《梁祝》；11月30日，到贾悦镇王家疃社区演出《梁祝》。

12月2—5日。诸城市茂腔剧团分别到下坡社区、东王庄社区、朱堡社区、凤凰庄社区演出，演出剧目《姊妹易嫁》；12月28日，诸城市茂腔剧团到马庄学校演出《龙凤面》。

古琴类。2018年春节期间，借助“非遗月”系列活动，举办“玉楼春晓”——诸城派古琴音乐会。诸城派古琴传承人、各地古琴家同台演出，为市民带来一场视听盛宴。参加由文化部、海南省人民政府举办的中国民族器乐民间乐种组合展演，获得优秀奖。受邀参加“好客山东贺年会”台儿庄古城大型演出。

5月，受邀举办“舜韵天香龙凤情——诸城派古琴”高密雅集。

6月，参加中华传世“经典家训诵展读”活动并现场进行演出。6月23日，参加由国际乐器演奏日（中国）组委会、中共诸城市委宣传部、诸城市文化广电新闻出版局

9月3日晚，原创现代茂腔戏《保卫刘家庄》首场演出在市青少年宫剧院举行（摄影 张永鹏）

在超然台广场主办的“6·21国际乐器演奏日”活动，对展现诸城派古琴魅力具有重大意义。

7月5日，参加“千里漫行话潍坊”第二季潍水溯源活动。与会领导参观古琴协会并观看现场演奏。7月5日，参加“庆七一”暨诸城市“龙城之声”夏季广场文艺演出——诸城市古琴协会专场演出。7月8日，参加诸城市古琴协会承办的“汀兰古风音乐晚会”暨诸城派古琴寿光交流音乐会。

8月24日，参加文化部恭王府博物馆、潍坊市人民政府联合主办的“千年潍水·手艺之都”国家级潍水文化生态保护实验区（潍坊）保护成果展示月活动——诸城市非物质文化遗产项目展正式在文化部恭王府博物馆展示展演。8月30日，参加“军民鱼水情深”八一建军节空军慰问演出。8月31日，参加市妇联女企业家庆“八一”拥军文艺演出。参加在政府礼堂广场举办的中华传世“经典家训诵展读”活动。

9月，参加第五届中国非物质文化遗产博览会潍坊分会场活动，并参加了此次活动开幕式演出，获得现场领导及观众的一致好评。9月20日，参与协办首届中国（诸城）古琴文化艺术节暨第六届幽兰阳春古琴展演活动，进一步把诸城的古琴艺术推向全国。9月21日，参加文化艺术节“守仁传韵”中国古琴名家音乐会。

10月1日，参加2018诸城市竹山首届星空露营节；10月10日，参加第七届山东文化产业博览交易会；10月17日，参加由市委老干部局主办的“游度菊花丛”活动。

11月，参加第三届“中国诗歌发现奖”诗歌朗诵晚会。11月10日，参加合肥梅庵琴社庐州秋韵古琴雅集、音乐会。11月27日，诸城古琴受邀参加在青岛音乐文化谷——乐都城音乐厅举办的“非物质文化遗产乐器”展演活动。

12月，参加庆改革开放40周年暨迎新春晚会；诸城市古琴新春专场音乐会在市青少年宫礼堂举行，诸城古琴代表性传人姜燕及其弟子演出了15个经典曲目，吸引了众多古琴爱好者观赏。

文学类。创作了《九月诗草（组诗）》《明月又照超然台》《津门多知音》《诸城历代历史名人的政德思想及其时代价值》《超然思想对诸城文化的充实与提升》。

音乐类。创作了《秀美的三里河》《追梦人》《亲人的目光》《中国梦　飞起来》《春风唤我回沂蒙》。

书法美术类。发表了《褚遂良雁塔圣教序临习举要》《蠡评当代书法的展览生态》《刍议技术之质与理想所归》《一次展览的启示》《且融且思且行》。

【文化遗产保护】 在加强重点文物保护单位保护方面，完成了潍坊市第四批文物重点文物单位的申报工作。潍坊市人民政府潍政字〔2018〕35号文件10月23日批复诸城市5处潍坊市级文物保护单位，分别为都吉台遗址、南杨家庄子遗址、金牛冢、东亮马墓群、徐会沣故居。完成齐长城——诸城石河头段及黑王家沟段维修保护工程、王尽美故居维修保护及环境整治保护工程。《齐长城——诸城响水崖子南山段、邹家沟东山段修缮保护方案（二期工程）》，待国家文物局批复后，启动项目施工。《王尽美故居消防工程》正在招投标。编制完成了《王愿坚生平事迹展的陈列方案》。设计完成了《诗坛泰斗臧克家故居的提升改造展陈方案》。

【非物质文化遗产保护】 1月11日，潍坊市文广新局召开非遗校园通俗读物《记忆潍坊》系列丛书编著工作会议后，诸城市成立编写领导小组，召集部分镇街文化站负责人、有关专家等进行责任分工，共征集稿件70余件，计21余万字，保质保量地完成了上级安排的工作任务。1月24日，为全面贯彻《山东省非物质文化遗产条例》，加强诸城市非物质文化遗产保护，积极营造有利于非物质文化遗产传承的良好社会氛围，举办了2018年“非遗月”启动仪式暨第二届“我眼中的非遗——诸城绿茶杯”征文表彰活动，并结集出版了《舜风流韵——我眼中的非遗征文集》。诸城市文广新局、潍坊日报社诸城分社、各镇街文化站负责人以及非遗中心工作人员100余人参加了此次活动。

3月22日，大荣非遗综合传习中心在大荣居委会挂牌成立。同日，申报第五届中国非物质文化遗产博览会传统工艺比赛山东赛区选拔赛，诸城市刘均堂获得柳编类一等奖，逄祯获得雕刻类二等奖，马新友获得陶艺类三等奖。5月18日，举行“苏轼与诸城”综合传习中心的揭牌仪式。7月5日，“千里漫行话潍坊”诸城站启动仪式在杨春剧院启动。9月14—16日，参加“第五届中国非物质文化遗产博览会潍坊分会场”的活动。12月，开展第五批潍坊市级非物质文化遗产代表性项目代表性传承人评选工作，诸城市上报5名传承人并成功进入资料复核阶段。

（王晓磊）

文化执法

【概况】 2018年，诸城市文化市场综合执法局适应新时代，贯彻新思想，担负新使命，扎实开展“大学习、大调研、大改进”活动，深入推进“忠诚卫士”行动，文化市场综合执法和“扫黄打非”等工作呈现出良好局面。年内，荣获国家版权局2017年度“打击侵权盗版有功单位三等奖”、省文化厅2017年度全省文化市场综合执法办案先进单位等荣誉称号。

【执法队伍建设】 扎实开展“机关作风建设年”活动。认真开展“大学习、大调研、大改进”活动，制定实施方案，开展“不忘初心、牢记使命”主题教育，对深化文化市场综合执法、助力“文化名市”建设进行了专题调研，确保“大学习、大调研、大改进”落到实处。深入开展“机关作风建设年”活动，剖析自身在“旧”“满”“低”“怕”“慢”“松”“冷”“弱”等八个作风方面存在的问题，列出了整改清单、整改措施和整改期限，确保“机关作风建设年”活动取得实效。对照省委巡视组对潍坊及诸城市反馈意见，认真认领整改任务3方面14项，整改取得阶段性成果。开展公开承诺“担当作为、创争一流”任务目标活动，共列出承诺事项9项。开展学标对标活动，先后到江苏省苏州市、青岛市即墨区和安丘市业务单位进行了对标交流。

加强学习培训。深入学习习近平新时代中国特色社会主义思想，学习山东新旧动能转换综合试验区建设有关文件，参加党的十九大精神网络知识学习和竞赛，进一步提高了党员干部的政治站位、创新能力。深入推进“一周一法一考试”制度，全体干部职工学习了3部新修订的文化市场法律法规，举办了《中华人民共和国宪法修正案》集中学习培训，8名执法骨干参加了潍坊市文化市场综合执法局举办的版权执法培训，4名业务骨干参加了全省文化市场执法知识竞赛，1人参加了全省文化执法“大比武”活动，办案水平和业务素质明显提升。

【文化市场秩序规范】 2018年，共出动执法人员2000余人次、执法车辆600余车次，检查网吧、娱乐场所和书店等文化经营单位2300余家次，查处违规经营单位185家。

重拳整治网吧市场。以打击网吧违规接纳未成年人为抓手，开展了“三会一节”文化执法保障行动、暑期网吧专项整治行动，坚持严管重治，采取错时检查、交叉检查等行之有效的措施，不断加强中午晚上等重要时间节点、重点部位和重点网吧的检查频率，集中打击网吧不查验上网消费者的有效身份证件和超时营业等违规行为，严惩网吧擅自卸载文化经营软件，有效规范了网吧市场。

集中整治演出娱乐市场。紧紧围绕诸城一中、繁华学校、实验中学、龙城中学等中高考考场周围，开展了娱乐场所集中整治。实行24小时轮流巡查和值守，及时查处演出娱乐场所、商场促销演出以及夜市卡拉OK违规经营活动，严厉查处歌舞、游艺娱乐场所违规接纳未成年人、超时经营及使用违规机型、机种、电路板等违法违规经营行为。共取缔非法娱乐场所3处，劝退广场舞1起，有力地保障了中高考期间全市考试秩序和演出娱乐市场秩序。

从严整治非法“小耳朵”。开展了“整治网络非法传播视听节目·绿网”专项行动、境外卫星电视传播秩序专项整治行动和宾馆酒店卫星电视传播秩序专项整治行动，组织执法人员对全市宾馆酒店、洗浴中心等场所进行明察暗访和集中整治，共检查宾馆酒店43家、洗浴中心17家，依法对擅自截传、干扰广播电视信号的密州宾馆有限公司进行了行政处罚，对擅自安装使用IPTV网络电视业务的7家宾馆、酒店下达《责令整改通知书》，主动拆除和没收非法卫星接收设施32套（件）。

助力“文明城市创建”。对城区网吧、娱乐场所和学府园社区网格进行责任分工，重点文化市场经营场所实行定员包靠，督促城区87家网吧、32家娱乐场所统一悬挂了“未成年人禁止入内”标识，张贴行业规范和创建文明城市宣传画1000余份，发放《网吧、游戏厅经营场所站点标准》《文化娱乐场所站点标准》《校园周边环境站点标准》《文化市场行业经营规范》等板面600余块。

【“忠诚卫士”行动推进】 积极推动“春雷行动”“攻坚行动”“助力行动”和“强基行动”。元旦、春节期间，强化严打、严管、严查、严防、严守“五严”措施，依法严惩违法违规经营行为，查缴非法出版物3000余册，屏蔽删除有害信息1400余条，有效地规范了节日文化市场经营秩序。上合峰会期间，以查缴和封堵政治性非法出版物为重点，对龙城市场、汽车站、火车站和高速公路服务区的出版物经营活动进行拉网式检查，依法查处昌城镇王茂英散发违禁出版物案，营造了安定有序的社会文化环境。中高考期间，以查缴非法中考、高考教材、教辅材料为重点，对校园周边超市非法出版物经营活动进行检查，查处违规出版物经营单位7家。开展“版权进乡村行动”，打造5名“乡村版权保护带头人”、3个“乡村版权保护示范企业（园区）”、1个各具版权特色、富有创新活力的乡村版权保护示范村镇，全面助力乡村振兴。

（陈世利）

新 闻 出 版

【概况】 2018年，潍坊日报社诸城分社认真执行市委、市政府决策部署，积极推进媒体融合发展，不断提升新闻专业素养，巩固壮大主流思想舆论，新闻宣传、新媒体建设、党的建设等各项工作迈上新台阶，为推动全市经济社会平稳健康发展营造了良好舆论氛围。年内，《今日诸城》被评选为山东省“十强”县市报、山东省优秀县市报。

【舆论阵地打造】 立足宣传基本职能，始终用政治标准、大局意识衡量选题内容，把握报道基调，全面落实改革发展、乡村振兴、重点项目、文明城市、扫黑除恶等重点宣传任务。

报纸出版。全年编辑出版报纸197期，其中《今日诸城》150期，《诸城生活》47期。充分发挥党报优势，积极打造主题内容新、社会影响大、群众口碑好的精品。

新闻评选。对内健全完善绩效考核办法，对外评选优秀通讯员及季度好新闻，向上推介优秀作品，争创新闻奖项，充分调动编辑记者和通讯员的积极性。

宣传策划。强化深度报道、主题报道和新闻评论，做强做深本地新闻。为推动全市项目建设的舆论热潮，开设“开展大项目突破年活动·扎实推进四个城市建设”“深入推进新旧动能转换”专栏；为打造新时代乡村振兴诸城模式，开设“乡村振兴在行动”“乡村振兴·三清一增在行动”“乡村振兴——外媒看诸城”系列专栏；为争创全国文明城市营造良好氛围，开设“创建全国文明城·建设尽美新诸城”专栏，刊发公益广告专版50多个；为优化全市营商环境，开设“办税厅的故事”专栏；为配合扫黑除恶专项斗争，开设“扫黑除恶专项行动”专栏等。除此之外，继续开设“大学习、大调研、大改进”“作风建设永远在路上”“精准扶贫”“12341民生服务热线”“食安龙城在行动”“安全生产警钟长鸣”“法制园地”“教育天地”“全民科学素质在行动”等常规性专栏，持续打造“最美诸城人”“天南地北诸城人”等名专栏。

主题活动。弘扬尽美精神。以“尽善尽美唯革命、全心全意为人民”的尽美精神为切入点，全媒体报道王尽美同志诞辰120周年座谈会、大型茂腔现代戏《王尽美》的演出，以及首届“尽善尽美·乡情枳沟”文化名人庙山乡情会等系列活动，跟踪报道尽美红色文化旅游小镇建设进程，报道各行各业“缅怀革命先烈、传承红色基因”主题教育活动。专题采访王明华，完成《“祖父对党对人民的忠诚非言语所能表达!”》的深度报道，专版刊发《王尽美画传》，大力弘扬尽美精神，凝聚起强大精神合力。

纪念改革开放40周年。专题策划《我的亲历——追忆改革开放40周年》和《纪念改革开放40周年》大型专题宣传，以读者亲历、亲见、亲闻讲述改革开放大背景下的诸城故事。

【现象级新媒体打造】 分社以党报、党网、党端为核心，将党报基因、内容优势与用户体验有机结合，充分发挥正面宣传与舆情引导的“压舱石”作用。

强化功能，开辟服务市民新窗口——“爱诸城”APP。打通报纸、广播、电视、网站、微博、微信、客户端七大媒体，通过“移动政务”版块，集约集聚全市政务18家微博、43家微信，吸引市恐龙文化研究中心、科协、“爱心小屋”等部门和公益组织入驻，对接公共管理部门的便民服务数据接口，增强用户黏性和活跃度，积极参与智慧城市建设。至年底，客户端阅读量突破150万人次，是本地最权威的手机新闻平台和掌上政务中心。

努力建设互联网主阵地——“中国·诸城”网站。开设头条、本地、政情、经济、公告、发布、专题、教育、直播、两微贴吧、服务、评论、微视频等20多个频道，新闻门户层级建设完毕，政务网站集群入驻41个部门单位。

发挥内容优势，强化正向引导。创新内容表达，重点在“新”“微”“快”上下功夫，利用直播、微视频、VR等各种传播手段做好主题宣传、成就宣传、典型宣传、形势宣传。2018年，一线记者多路采访，协同直播利用“爱诸城”APP直播板块，发布《2018舜帝故里（诸城）大舜文化节暨首届中国（诸城）古琴文化艺术节开幕》《中国古琴名家音乐节》《常山中秋月更明》等直播报道，受到了广泛关注。微视频板块共发布《夜诸城》《孝德上墙文明入心》《超级惊艳的诸城夜景延时》等170余篇，原创作品比例达到90%以上。9月，新开通报社抖音号，探索推介诸城的新路径。

【党建队伍锤炼】 分社牢固树立“围绕报业抓党建，抓好党建促报业”的思想，认真履行党建工作主职主责，全力配合市委巡察、省委巡视等工作，党组织的凝聚力、战斗力进一步增强。

强化党报功能。改进和规范新闻报道，全力做好典型挖掘工作，及时宣传推广各级各部门的好做法、好经验。走转改活动常态化，把“走转改”活动与“12341民生服务热线”“精准扶贫”等有机结合。积极服务用户、吸引读者，不断扩大党媒读者群，组织开展发行质量调查，探索服务客户的新路径、新方法，进一步提高经营工作水平。提升舆论引导水平，增强人情味、可读性和感染力，使党媒舆论阵地成为反映社情民意的重要渠道和推动工作的有效工具。

严格职业道德规范。引导广大党员干部树立正确的新闻价值观，将新闻管理法规制度、宣传报道纪律要求、新闻职业道德准则等内化为自律规范，真实、准确、全面、客观开展新闻报道。

严肃党内政治生活。认真组织开展三会一课、民主生活会、党员活动日和菜单式学习培训等活动，积极引导优秀员工向党组织靠拢。2018年预备党员转为正式党员1人。

认真完成上级安排的其他工作。履行创城责任，开办“创建全国文明城·建设尽美新诸城”栏目；积极组织开展周六义务劳动，完成网格包靠责任。基层走访，助推精准扶贫，进一步加强对建档立卡贫困户的包靠，认真填写包靠联系台账，送去米油等生活物资，以实际行动树立报人良好形象。

（马帅帅）

广　播　电　视

【概况】 2018年，诸城市广播电视台紧紧围绕市委、市政府中心工作，深入学习贯彻落实习近平新时代中国特色社会主义思想，牢牢把握正确的舆论导向，扎实做好新闻宣传业务工作，努力提高技术建设能力，下实功经营广电，推动了诸城广播电视事业持续健康发展。

【新闻宣传】 围绕中心工作，进行重点报道。年内，围绕潍坊市“四个城市”建设和诸城市“三区一城”建设、供给侧改革、作风建设、新旧动能转换、乡村振兴等中心工作进行重点宣传报道。圆满完成人大、政协两会，全市大项目突破年活动暨春季百日会战动员大会，全市三级干部会议，全市全面展开新旧动能转换重大工程推进会议，全市大学习、大调研、大改进工作会议，全市深化作风建设年活动大会，创建全国文明城市动员大会，纪念王尽美同志诞辰120周年座谈会等大型会议的宣传报道，共播发各类评论36篇。

对不同时期工作重点，开设栏目强化报道。发挥主流媒体的宣传作用，在广播、电视的《诸城新闻》中，开设“作风建设永远在路上”“创建全国文明城市”“三区一城　劳动者风采”“党旗红　先锋颂”“聚焦百日会战”“深入推进新旧动能转换”“乡村振兴在行动”“开展三清一增助力乡村振兴”等10多个栏目，强化宣传报道，营造浓厚氛围。

对创建全国文明城市进行正反两方面报道。在广播、电视的《诸城新闻》节目中，常年开设“创建全国文明城市”专栏，对部门单位主要负责同志进行访谈；筛选一批典型代表、重点区域、模范人物进行重点宣传；设立“曝光台”，组织记者深入城市小区、镇街园区、农村社区、自然村曝光城市管理、环境卫生存在的各类不文明行为等。全年共播发创建国家文明城市系列评论5篇、公益广告1万多条（次），营造了人人参与创建的浓厚氛围。

围绕民生民本，精办品牌栏目。组织编辑、记者深入基层，挖掘发生在群众身边的事和群众关心的问题，利用电视台、电台、网站、诸城手机台等平台，关注民生。全年共采编制作播出民生类稿件1130余篇。以供给侧结构性改革、新旧动能转换、建设“四个城市”为主线，唱好主旋律，精办《诸城新闻》《民生零距离》《直通12341》《警方在线》《党风政风监督热线》五档品牌栏目，得到社会各界好评。

高质量完成宣传片和晚会的制作任务。全年共完成各类专题片16个；完成2018年的诸城春晚、少儿春晚和10场百姓春晚的策划、摄制、包装、制作、播出任务。

【对上宣传】 紧紧围绕市委、市政府的中心工作和重点工作，主动与上级台联系，积极向上级各台推荐优秀稿件，深入发掘全市经济、民生工作亮点，做到人无我有，人有我优。全年共在潍坊电视台播发稿件930多条，在山东电视台播发稿件60多条，在中央台发稿4条。其中，中央台新闻联播播出《王尽美：尽善尽美唯解放》《各地举办多种活动迎接党的生日》等稿件3条。诸城电视台荣获山东广播电视台“电视宣传先进集体一等奖”和潍坊电视台“电视宣传先进报道集体一等奖”。

【节目参评】 2018年，在参加潍坊广播电视协会组织的广播电视作品和播音主持作品评优中，诸城广播电视台有3件作品获一等奖，4件作品获二等奖，2件作品获三等奖。有2件作品代表潍坊参加山东省广播电视协会的评奖。

【线下活动】 全年共举办“山东省第四届青少年艺术节”诸城地区选拔赛36场；“诸城市第二届中华经典诵读大赛”35场；“诸城市2019少儿春晚”选拔赛20场；“2018系列春晚”12场；广电春季车展、秋季车展、首届龙虾节暨国际啤酒节、首届房产博览会、首届青少年播音主持大赛、首届竹山星空露营节、第二届遨游竹山摩旅节、《我是农民大明星》诸城站海选、第九届社区文化节文艺展演、诸城市第三届魅力汉字听写大赛等大型活动12场，受到社会各界的广泛关注。另外，《加油！少年》《铿锵校园行》《诸城味道》《咱诸城人》等接地气、受欢迎的节目，参与互动人员多，节目内容丰富，拉近了与观众的距离，推动了活动节目化、节目品牌化，丰富了荧屏，延伸了产业链，提高了广播电视的收视（听）率和手机台的点击率。

【资源整合】 通过对广播电视台的资源整合，诸城手机台完成了凤凰涅槃，成为集看电视、听广播、阅新闻、现场直播等众多功能于一体的新平台。

“诸城广电”微信公众号及时传播时政要闻，把宣传覆盖面拓宽到全省、全国，让诸城广播电视台所有节目实现了直播和回放。诸城的大事小情，诸城手机台全盘掌握。2018年诸城手机台被山东电视台评为年度优秀手机台和年度政务服务贡献媒体。

【经营创新】 2018年，广播电视台不断创新经营模式，多种渠道经营创收；创新广告载体促增收；采用评书、对话、快板、情景剧等多种载体吸引广告，帮助客户策划创意需求，增加创收；寻找培育潜在新增客户促增收；采取灵活设计多档线性节目，为大客户量身定制节目，一档节目承载植入多个广告客户，各项政策向大客户倾斜等有效方法，寻找培育潜在新客户增加创收。以大活动促增收。依托成功举办2018系列春晚、广电春季车展、秋季车展、首届龙虾节暨国际啤酒节、首届房产博览会等12场大活动，增加经济收入；挖潜行业客户促增收，根据受众群体策划活动，采取举办少儿才艺大赛、少儿春晚等活动，寻求活动冠名，取得企业支持，同时依托小记者团，开办精品小记者培训班；依托小记者团、小记者培训班，打造冬令营、夏令营活动。靠品牌栏目拓展增收渠道，在丰富频道内容的同时，增加经济收入。

【技术建设】 2018年，广播电视台把技术事业建设作为重要工作抓紧抓实。年初，依照《山东省县级广播电视台改革发展综合指标》的要求，以提高质量为标准，对112项验收指标逐项进行了增补；对全台的技术设备等进行了全面维护更新；一次性通过了山东省台对诸城台正规化建设的检查，并取得了第一名的好成绩。按照市委、市政府的要求，对大观摩、外地参观、市内进行的各项观摩评议等大活动进行导播，增强了活动现场的气氛，使大活动导播成为一项亮点工作。努力整合资源，开发诸城手机台功能，使市委、市政府召开的重要会议，举办的重要活动都能常态化直播，得到领导肯定。全年播出没出现任何问题，实现安全优质播出，被山东省台和潍坊市台表彰为安全优胜台。

【内部管理】 把2018年定为广播电视台的“学习质量提升年”，设立“广电上进讲堂”采取集中学、自学、结对学、传帮带等多种方式，请进来教，走出去学。台领导、各频道总监、部室中心主任、栏目制片、技术骨干等带头讲，利用上进讲堂、传授业务技能等多种方式狠抓学习；定期邀请业内有影响的专业人士授课，开阔视野提升素质。依托“灯塔——党建在线”“龙城先锋”“山东e支部”等学习平台，狠抓“三会一课”制度落实，把“两学一做”与落实“三会一课”相结合，组织全台党员认真学习党的十九大报告，学习习近平新时代中国特色社会主义思想，学习党章党规，强化党员的政治理论学习和思想教育，确保“时间、人员、内容、效果”四落实，确保“两学一做”学习教育常态化。依照《山东省县级广播电视台改革发展综合指标》的要求，加强正规化建设，使广播电视台正规化建设迈上新高度。

（杨树志）

有 线 电 视

【概况】 山东广电网络有限公司诸城分公司是在诸城市舜达传媒网络有限公司的基础上，按照省委、省政府关于文化体制改革的部署，于2012年8月组建成立的。主要职责是：负责诸城市广播电视节目传输；广播电视网络的规划、建设、改造、经营和管理；广播电视节目媒体经营服务及综合信息采集；广播电视节目编辑、采集；计算机软件开发、销售；计算机网络工程及综合布线；办公设备、通信设备、电子设备、摄影器材的销售；国内广告业务、代理、设计、制作；互联网接入及传输工程；广播电视专业人才培训；安防监控工程设计、施工与维护。

公司共有干部职工184人，总资产2.6亿元。拥有杆路2580公里，光缆5800公里。共传输数字电视节目187套。全市有线电视全部实现村村通，有线电视16万户，共有互联网宽带用户3.6万户。

【基础设施建设】 坚持以党的十九大精神为指导，认真贯彻落实市委、市政府关于推进广播电视事业改革发展的指示精神，围绕服务当地政治、经济、文化建设，提高广大人民群众的精神文化需求，开拓创新，积极开展工作。按照“统一规划、分步实施”的原则，坚持网络、技术、业务“三融合”标准，对2580公里杆路和机房进行全面改造，由原来的单向传输变成双向传输，实现线路资源优化，提升网络传输能力，提高系统整体承载能力，确保网络建设高效能、低成本、竞争力强。

【服务领域拓展】 有线电视网络由单向传输变成双向传输，具备互动点播、时移回看等交互功能，推广山东有线新媒体APP等各类增值业务，提升电视观看效果，丰富电视使用功能，做到了“昨天的节目今天看，错过的节目回头看，精彩的节目重复看，电视的节目手机看”。

【智慧社区平台建设】 将智慧社区建设作为助力诸城城乡信息化发展的重要一环，积极与市委政法委、市委组织部、智慧城市办公室、社区化工作办公室等部门联合开展智慧社区建设工作。进一步完善智慧社区平台内容，全年共建设智慧社区平台252个，实现全市16处镇街所有社区全覆盖，形成了市、镇街、社区三级分级，“市级统筹+镇街管理+社区个性化呈现”的运行模式。

【平安诸城建设】 以广电网络为载体，开工建设覆盖全市城乡的平安网。一期工程安装1103个摄像头，遍布全市16处镇（街）园区450个村，顺利通过验收，上线运行情况良好。智慧公安PPP项目于2018年初完成招标，其中1390余处高清治安监控点位建设上线数量222个。以智慧公安PPP项目建设为依托，积极发展智慧社区、智慧党建、智慧酒店、智慧医院等项目。

【智慧社区视频直播系统】 依托智慧社区平台，按市委组织部要求，将全市266处视频会议系统升级为“可视基层管理服务系统”，建成“在线督查系统”241处，全市235处“社区四务公开栏”实现在线查看功能。市委政法委“综治视联”系统在昌城、密州、舜王、龙都、相州等镇街以及红星社区安装完成并上线运行。

（山东广电网络有限公司诸城分公司）

旅　游

【概况】 2018年，诸城市旅游局依托全市特色资源，以推进新旧动能转换为主线，突出龙头项目，狠抓重点旅游项目，完善旅游发展品质，促进了全市旅游业健康快速发展。年内，获得“山东省旅游新业态示范县”等荣誉称号，诸城市全域旅游发展经验《诸城市创新模式推动全域旅游快速发展》被省委副书记、省长龚正和分管旅游工作的副省长于杰分别作出批示，要求在全省推广学习。此前新华社内部刊物《高管信息（山东）》头条刊发《“腾笼”变“龙腾”——诸城全域旅游发展调查》，深度报道了诸城全域旅游发展的经验做法。

【龙头项目开工建设】 经过不懈努力，最终与《财富》世界500强企业广州雪松控股集团（位列361位）的全资子公司——广州雪松文化旅游投资有限公司谈成合作，于2018年1月正式签订投资合作协议。该项目是全省十大文化旅游目的地品牌之一——“鸢都龙城”的核心项目，暂名“诸城·雪松恐龙探索王国旅游项目”，依托位于龙都街道的两条恐龙化石长廊而建。总体定位为功能复合、配套齐全、品质高端的恐龙科普教育体验园。该项目还被确定为山东省新一轮新旧动能转换重大项目，被纳入省儒商大会签约项目。9月12日，举行了项目开工仪式。至年底，各项手续基本办理完毕，现场施工正有序推进。

【产业融合发展】 旅游+农业，突出发展乡村旅游。以采摘篱园和休闲农庄为主，重点开发建设竹山生态谷、卢山庄园等，打造乡村振兴标杆项目。竹山生态谷项目年初编制了景区规划并顺利通过专家评审，已开工建设；卢山庄园邀请省旅游规划设计研究院为该项目编制规划，结合当地的自然特色打造集山水休闲游憩区、主题体验娱乐区、生态康养度假区、有机农业休闲区四位一体的功能分布格局。

旅游+工业，提升发展工业旅游。着眼于实现新旧动能转换，将制造业优势与旅游业完美嫁接，积极利用汽车、服装纺织、食品、装备制造、生物医药等产业优势，探索打造工业旅游体验项目。特别是迈赫机器人公司、密州酒业、得利斯集团等工业旅游示范点，把工业设计、生产和营销活动做成旅游风景线，打造了一批工业旅游体验项目。

旅游+生态，大力发展生态旅游。借助诸城山水生态优势，开发建设竹山生态谷、刘墉栗园、大源生态园、得利斯生态园等生态旅游项目，擦亮诸城旅游的“生态名片”。发挥竹山生态优势，发展休闲观光、乡村采摘、木屋住宿、农家乐餐饮等业态，开工建设生态营地。至年底已建成木屋别墅20栋，发展起木屋营地、房车营地和帐篷营地等业态，并配套供水、供电、通讯及污水处理、安全防卫等设施，前来登山康体、生态采摘和体验露营的游客络绎不绝。

旅游+文化，抓好文化创意旅游。打造蔡家沟艺术试验场、尽美红色文旅小镇等新文化旅游项目，抓好常山文博苑、超然台、名人故旧居等项目的提升。来自北京、贵阳、广州等大都市的一批艺术家，秉持“艺术家农民化，农民艺术家化”的理念，租用蔡家沟村农民的部分住宅，创意打造系列艺术工作室，带动引导广大农民从事艺术加工，既增加经济收入，又丰富农民生活，填补了诸城市“艺术+旅游”的空白。

【服务项目建设】 实施项目包靠责任制。2018年，市旅游局成立了4个项目包靠工作组，对确定的旅游大项目，由班子成员分别牵头包靠，全局人员每人具体包靠2—4个责任项目，每人负责联系1处镇（街）园区，坚持定期到项目现场指导，定期汇报包靠、服务项目情况，帮助镇街和项目投资主体增强发展旅游业的意识，探索建立起项目包靠责任制，与项目开发方一同商讨发展思路、策划规划、业态设计、宣传营销等重要事项，帮助协调解决项目规划建设中遇到的问题，促进项目开发建设。

加大培训力度。针对旅游管理从业人员专业知识匮乏的实际，从旅游项目用地、从业人员职业素养、文旅产业发展等不同方面多次举办培训班，安排分管负责人分别带领重点旅游项目负责人到北京、江苏常州等地考察学习，带领乡村旅游带头人赴境外精准交流活动，提高了全市旅游发展层次和水平。

完善配套服务。完善旅游交通、旅游厕所、停车场等基础设施。增设63个旅游引导标识牌，继续推进旅游厕所革命，其中8处新建改建旅游厕所享受到省级或国家级奖补资金；提升改造景区整体环境，提高旅游消费的舒适度和便利性。大力推进智慧景区建设，帮助恐龙地质公园、永辉农场等景区实现免费wifi、扫码讲解、网上购票等功能，为游客提供更多便捷服务，不断提升旅游品质。

争取扶持政策。积极对上对接，争取上级对诸城旅游发展的政策扶持和资金奖补。在乡村旅游综合体标杆项目、游客咨询服务中心评选、厕所奖补、精品旅游小镇等方面，获得上级扶持资金1100多万元。与此同时，帮助雪松恐龙探索王国旅游项目从省旅发委、国土资源厅争取建设用地指标190亩，较好地保障了项目用地。

2月16日，诸城市首家野生动物园建成开放

（摄影 张 勇 傅汝强）

【宣传营销】 设计旅游形象标识。聘请狼视觉品牌形象设计中心为诸城创作旅游形象标识、宣传口号和吉祥物，叫响旅游品牌。至年底，初稿已经形成并在修改完善中。

举办摄影展。在上海东方明珠电视塔360度环形展览大厅举行诸城市旅游推介会和以“诸城恐龙”为主题的旅游摄影展，宣传推介诸城的旅游品牌和旅游资源，提高了“诸城恐龙”、诸城旅游在国内外的知名度。

打造精品旅游路线。整合恐龙博物馆、中国暴龙馆、迈赫机器人大世界、常山文博苑、超然台、永辉生态农场、野生动物园等资源，精心规划设计中国龙城“精品一日游”“特色二日游”线路产品，将全市特色旅游资源串珠成链，集中面向全国旅行社和团队游客推介营销，提高团队游客人次，激发“吃、住、行、游、购、娱”各个环节的集群消费效应，拉动了全市旅游经济增长。

开展联合推介捆绑营销。全面落实省旅发委2018年对十大文化旅游目的地品牌宣传营销奖补（奖补比例省市为1：2）的部署，通过省旅发委推荐的平台，对“中国龙城”品牌进行联合捆绑营销。至年底，已与山东任性网络科技有限公司签订了采购协议。12月15日，在华玺酒店举办了百家旅行社走进诸城暨“鸢都龙城”大型旅游活动启动仪式，这标志着十大文化旅游目的地品牌旅游营销全面展开。

（李 妮）

节 庆 活 动

【概况】 为推动实施大舜文化节品牌提升工程，推进诸城市文化旅游产业发展，进一步打造“舜帝故里”城市名片，叫响“中国龙城·尽美诸城”文化品牌，2018年9月—10月，诸城市举办了2018舜帝故里（诸城）大舜文化节。大舜文化节经山东省人民政府批准举办，共举行了三大板块系列活动，即大舜文化板块、非遗文化（古琴）板块、苏轼文化板块。

【戊戌年舜帝故里（诸城）社会各界祭舜大典】 10月16日上午，戊戌年舜帝故里（诸城）社会各界祭舜大典在经济开发区举办。大典由山东

9月20日，全国首部古琴舞台剧《听琴》，在2018舜帝故里（诸城）大舜文化节暨首届中国（诸城）古琴文化艺术节上首演 （摄影 别培海）

省大舜文化研究会、山东诸城经济开发区管委会、中国（诸城）大舜文化节办公室承办。十一届山东省政协副主席许立全，潍坊市政协副主席李士来，诸城市政协主席孙利宝，中共诸城市委常委、宣传部部长赵莉参加活动。山东省政协原秘书长、山东大舜文化研究会原执行会长毕泗生担任主祭。来自全市社会各界、各行各业的诸城好人、劳动模范、企业家、文艺家、青年志愿者、龙城义工、教育工作者、医务人员、社区居民代表等组成10支队伍，共计600余人参加大典。祭舜大典的成功举办，是深入挖掘传承优秀传统文化资源、推进文化名市建设的重要举措，对打造“中国龙城·舜帝故里”城市名片，提升诸城知名度、美誉度和影响力，具有积极重要的作用。

【首届中国（诸城）古琴文化艺术节】 9月20日晚上，首届中国（诸城）古琴文化艺术节举行开幕式。9月21—22日，举行“幽兰·阳春”全国古琴展演。其间，还举办了名家名坊斫琴展、古琴名家音乐会、诸城琴学论坛等活动。艺术节由中国乐器协会、诸城市人民政府主办，中共诸城市委宣传部、中国乐器协会民族器乐学会、中国民族器乐学会古琴学术委员会、诸城市文化广电新闻出版局承办。中国（诸城）古琴文化艺术节的举办，对于发挥世界级非物质文化遗产“诸城派古琴”的资源优势，进一步提升诸城派古琴的知名度和影响力，推动古琴艺术健康发展，具有重要的现实意义。

【苏轼文化传承】 9月18日晚，在超然台举行“超然之夜·苏轼诗词咏诵会”，咏诵会融合运用原文吟诵、叙事朗诵、情境咏诵等方式，表达了人们对“月团圆，人团圆”的美好祝福和对苏轼的仰慕之情。9月21日（八月十二）晚上，在常山文博苑广场举办“常山中秋月更明”综艺晚会。中秋综艺晚会以反映诸城改革开放以来取得的发展变化为主题，结合苏轼知密州时留下的千古名篇等特色文化，采取多种艺术形式，通过网络直播，为全市人民提供了一道文化盛宴。

（宣传部）

恐 龙 文 化

【概况】 2018年，诸城市恐龙文化研究中心按照“四个城市”“三区一城”建设部署要求，勇于担当，积极作为，扎实做好化石保护、科研科普、品牌宣传等工作，恐龙文化旅游产业继续保持良好发展态势。年内，在门票总价格降幅达18%以及10月份恐龙国家地质公园闭园的情况下仍取得了较好成绩，“恐龙之旅”接待游客同比增长20%。

【化石保护】 邀请中科院古脊椎动物与古人类研究所专家指导保护科研工作，围绕恐龙涧化石群场馆规划建设，制订保护方案，组织对恐龙涧化石长廊、臧家庄化石层叠区等原址展示化石进行清理补配和封胶加固。完成龙立方展馆馆藏化石搬迁工作；制订化石保护标准规范，化石保护保持一流水平。10月，在全国“十大化石产地”评选活动中，诸城被授予首批“十大化石产地”。11月，在全国“平凡化石故事·非凡贡献人物（1998-2018）”评选活动中，诸城市恐龙文化研究中心主任王克柏获“非凡贡献人物（提名）”荣誉。

【化石研究】 4月，诸城市恐龙文化研究中心联合北京大学、中科院古脊椎动物与古人类研究所，研究命名窃蛋龙类新属种——“赵氏怪脚龙”，其成果《一种发现于中国山东上白垩统王氏群的新近颌龙类以及对窃蛋龙类体型多样性的评估》发表在国际权威学术刊物《科学报告》上。该属种的命名增加了诸城恐龙化石群恐龙种类的多样性，对于古生物研究具有重要意义。加强与科研院所、博物馆的合作，邀请中科院古脊椎动物与古人类研究所、中国地质科学院地质研究所、浙江自然博物馆等单位专家来诸城开展科研工作，对诸城未命名的恐龙属种进行深入研究。至年底，诸城已命名的恐龙新属种达到10个。

【恐龙文化研究】 围绕转化科研成果，推进科普工作，推出创新性、样板性的恐龙文化研究成果，启动了《诸城恐龙化石珍品》《山东诸城十大恐龙属种》《诸城恐龙一百问》《山东诸城恐龙科研论文集》等编辑工作。在恐龙博物馆、暴龙馆策划推出了诸城恐龙化石精品展、诸城恐龙画展，开展动漫作品创作、纪念品研发等。6月，组织到四川自贡恐龙博物馆对标学访，学习恐龙复原（恐龙雕塑）设计制作、恐龙文化旅游纪念品研发等方面的经验。研发了雨伞、遮阳帽、布兜等恐龙文化旅游纪念品，编辑、刊发《恐龙文化研究》内刊5期，编发微信150多篇。

【科普宣传】 5月，组织参加2018北京大学化石文化周，举办诸城恐龙文化主题活动，市领导在开幕式上作主题演讲，介绍诸城恐龙化石的发现、发掘过程，展示了诸城在化石保护、科研和恐龙文化旅游发展等方面的成就。同时展出诸城中国角龙、意外诸城角龙、诸城甲龙等恐龙化石骨架，现场循环播放城市宣传片，张贴海报宣传恐龙科研成果和“恐龙之旅”线路产品，展示恐龙特色的文创产品，发放宣传材料，吸引了众多专家学者、北大学子和媒体记者的关注，成为化石文化周的一大亮点。7月，在青岛吾悦广场举办了诸城恐龙化石展览，吸引游客3万多人次。在各类媒体上刊发稿件70多篇，其中《山东诸城发现小型兽脚类恐龙“赵氏怪脚龙”》一文，新华社、央广网、科技日报、山东电视台等近百家媒体予以报道。

【对外营销】 4月，参加2018山东（济南）国际旅游交易会，受到与会旅行社、旅游电商和媒体的关注，发放宣传资料3万余份，与20多家旅行社达成合作意向。6月，上海合作组织青岛峰会期间推出青岛市民免费参观优惠政策，吸引了众多青岛市民参观。同月，参加好客山东群英汇——山东省十大文化旅游目的地品牌推介会，扩大了诸城恐龙品牌知名度。年内，邀请青岛旅行社协会、日照旅游行业联合会的40多家旅行社负责人踏线考察，洽谈合作。通过青岛电视台、青岛交通广播电台、半岛都市报、齐鲁晚报等媒体投放广告宣传，“中国龙城”品牌知名度进一步扩大。在全市改革开放40周年创新案例评选活动中，诸城市恐龙文化研究中心提报的“统筹抓好恐龙化石保护开发，致力打造中国龙城靓丽名片”被评为“优秀创新案例”。

【接待服务】 策划开展了“两展一表演”（即恐龙化石精品展、恐龙画展、恐龙人偶表演）、“三影一讲堂”（即恐龙3D电影、恐龙虚拟电影、恐龙动感电影和恐龙科普大讲堂）等一系列丰富多彩的节日活动，推出了“三免一赠”回馈游客活动，对购买“恐龙之旅”通票的游客，赠送雨伞、遮阳帽、布兜、文化衫等精美恐龙旅游纪念品，群众满意度大幅提高。为全市106个文明家庭办理了“恐龙之旅”年卡，一年内免费游览“恐龙之旅”。全面推进恐龙公园绿化、亮化、美化，绿化移植补植5000平方米，实施公园南门停车场、九龙雕塑和博物馆入口亮化，安装路灯、庭院灯150盏，设置路灯灯杆灯箱20个，公益性广告牌灯箱17个。围绕文明城市创建，在恐龙公园设立文明创建宣传栏、公益广告牌、学雷锋志愿服务站。加强恐龙公园、暴龙馆的精细化、标准化、规范化管理，为广大市民营造了更加优美的休闲环境。开展机关作风建设年活动，组织全体干部职工“写文章、编微信、讲科普”，加强讲解员业务培训、考核，业务素质和服务能力全面增强。2018年“恐龙之旅”各景区未发生一起旅游安全事故和服务质量方面的投诉事件。

（牛　涛）

诸城恐龙文化旅游度假区

【概况】 2018年，诸城恐龙文化旅游度假区管委会认真贯彻落实市委、市政府各项工作部署，积极参加诸城·雪松恐龙探索王国旅游项目工作和市里组织的相关活动，主动作为，主动担当，各项工作取得了较大成效。至年底，省旅发委大数据信息系统显示，全区共接待游客1909802人次，营业收入16889.31万元。其中，游览设施收入1020.79万元（门票），住宿设施收入2992.46万元，餐饮设施收入6998.05万元。

【党建工作】 加强政治学习。以支部生活日为载体，以“三会一课”为抓手，结合集中议事学习日，深化“两学一做”学习教育制度化常态化，学习党的十九大报告及党章等内容，认真学习贯彻习近平新时代中国特色社会主义思想和党的十九大精神，不断提升党员干部的政治素养。

全力支持“第一书记”工作。领导班子主动赴下派“第一书记”的昌城镇埠头社区调研服务。依托单位工作特点和资源优势，联合日出东方艺术团，在社区举办“心系老百姓，建设新家园”文艺演出活动，增强单位和社区工作的互动和共鸣，激发了第一书记的工作积极性。

贯彻落实城乡党组织联建工作。度假区机关党支部联系对接“阳光大姐”家政服务，将家政服务义务培训推向贾悦镇东贾悦社区和昌城镇埠头社区，提高了居民的生活品质，拓宽了就业渠道。

进一步加强党建日常工作。严格落实党建工作责任制、党风廉政建设责任制、意识形态责任制等各项制度，组织党员干部签订2018年机关干部廉政建设责任书、2018年市直部门单位党务工作者履行基层党建工作职责目标责任书，切实抓好党建工作。

【业务工作】 招商引资，丰富度假区业态。对照国家颁布的省级旅游度假区标准，认真梳理查摆，找准弱点，采取切块招商、精准招商等形式，有计划有目的地推进招商工作。先后对接联系江苏开元集团、青岛绿城集团等公司，就招引度假酒店、星级酒店、游客服务中心等项目方面洽谈投资事宜。

配合推进项目建设做好服务。9月12日，“诸城·恐龙探索王国”正式破土动工。管委会作为项目指挥部成员单位，积极为项目建设建言献策，力所能及地帮助解决项目建设过程中遇到的难题，做好“保姆式”服务，当好“店小二”，推动项目早日建成运营。

积极参加学习培训。先后参加全省旅游度假区发展专题培训班、全市旅游产业发展专题培训班、山东旅游市场营销大会、全市实施乡村振兴战略培训班、省级旅游度假区创新发展培训、重点旅游项目建设和新业态专题培训。在学习中找差距、转思维，为度假区的发展提供了新思路。

（郭凤伟）

卫生计生　体育

卫　生

【概况】 2018年，诸城市卫生计生局在市委、市政府的正确领导下，以新时期卫生健康工作方针为指导，以推进健康诸城建设为主线，深化改革，优化资源，聚焦短板，突出服务，强化管理，狠抓落实，圆满完成全年任务目标，全市卫生健康事业稳步发展。

【医药卫生体制改革】 制定、落实《诸城市“十三五”深化医药卫生体制改革规划》，深入推进医疗卫生体制改革。2018年，门诊次均费用同比下降1%，出院患者次均费用下降7.1%，业务收入下降2.4%，药占比28.24%（同比下降1.91%）。加强县域医联体建设，全市每个基层医疗卫生机构与市直医疗机构均签订医联体协议。医改、医联体建设等多项工作在潍坊市考核中位列第一。

【医疗服务】 大力开展“六化”提升行动，提高医疗服务质量。加强农村社区医疗服务建设，规范化提升85处农村卫生室。成立超声质控、龙城护理等“十大中心、六大联盟”，用专业技术“链条”巩固医联体建设，助推城乡一体化分级诊疗。山东省内首家县级泌尿外科领域院士工作站——孙颖浩院士工作站正式落户诸城。市人民医院加盟青大医疗集团，诸城中医医院、妇幼保健院与北京301医院、齐鲁医院、省立医院全部建成合作关系。年内，域内就诊率92.81%，“小病在社区、大病进医院、康复回社区”的医疗服务模式基本实现。

【基本公共卫生服务】 以做实做细家庭医生签约服务为抓手，多措并举全面推进基本公共卫生服务项目向纵深发展。以老年人、慢性病、孕产妇、儿童等人群为重点，做实基本公共卫生服务项目。以家庭医生为核心，实现诊间随访，推进诊间开展基本公共卫生服务，提升群众获得感。2018年，全市人均基本公共卫生服务经费提高到55元；共为10.2万余名65岁及以上老年人进行签约履约和免费健康体检服务，健康管理率与签约工作落实率均达到潍坊市级科学发展综合考核工作要求；累计接受1次及以上新生儿访视8216人，早孕建册8514人，产前规范管理孕产妇8078人；各项工作指标均达到任务目标值。按照“应管尽管”的原则，全市共检出严重精神障碍患者5345人，落实管理5306人，管理率99.27%；累计管理高血压患者8.7万余人，糖尿病患者2.9万人，其它各项目均完成年度工作目标，通过满意度调查，项目服务效果群众满意度达到90%以上。

【妇幼健康服务】 将持续提升妇幼健康服务能力、提高出生人口素质、降低出生缺陷等项目列为全市妇女儿童工作“十大实事”。大力推进全国科学育儿试点市建设。畅通绿色通道，加强危重孕产妇与新生儿救治能力建设，市妇幼保健院新申请成为潍坊市血液直供点，产科用血问题得到有力保障。扩增服务资源，生育政策有序实施。持续加强0–6岁儿童疾病筛查技术培训和质量控制，进行残疾儿童康复救治，至年底已有500多个家庭受益。流动人口公共卫生

3月底，诸城市“关爱新生命——婴幼儿配方奶粉援助行动”在辛兴镇举行（供图 卫计局）

服务全面落实。2018年，全市住院分娩13023人，婴儿死亡率为2.42‰，5岁以下儿童死亡率为3.03‰，0－6个月婴儿纯母乳喂养率达94.57%。在全省基层妇幼健康服务技能竞赛中获奖。市妇幼保健院顺利通过二级甲等复审。

【疾病控制】 深入推进省级健康促进试点市、省级健康素养创建先进市工作。出台《诸城市精神卫生工作规划（2018-2020年）》，2018年财政拨付救助资金205.32万元、救助617人次，实现贫困重性精神病人住院医疗救助全覆盖，连续7年荣获“潍坊市精神障碍综合防治示范区”称号。联合市计生协会开展青春健康教育，与潍坊工商职业学院联合探索打造“青春健康教育项目”，高标准建设青春健康教育俱乐部，一次性通过省计生协会验收，被授予山东省青春健康教育示范基地称号。在潍坊市卫计委、疾控中心和安丘市疾控中心等部门（单位）的指导、帮助下，成功处置1起输入性登革热疫情，有效控制疫情，避免了登革热疫情爆发，成为成功防范登革热疫情的优秀案例。年内，4处镇（街）创建为省级卫生镇（街），36个村创建为省级卫生村，4家单位创建为省级卫生先进单位。

【健康扶贫】 健康扶贫绿色通道、“一站式”即时结算全面落实。与家庭医生签约、公卫服务统筹融合，发现、有效解决多例健康扶贫案例。贫困人口门诊、住院优惠政策全面落实，努力让贫困人口“治上病、治好病、治起病、少生病”。2018年，全市各定点医疗机构共为贫困人口减免门诊费用7.3万元，减免住院费用96.65万元，贫困人口家庭医生签约率达到100%。

【中医振兴】 不断完善中医药服务体系建设，大力推动中医药技术普及推广。至年底，全市发展中医药重点学科22个，中医馆（国医堂）建设实现全覆盖，中医服务覆盖到90%的农村卫生室，中医诊疗量较2017年提升10%。与江西中医药大学陈日新教授合作，大力推进热敏灸技术，建成市级热敏灸培训基地1处，组织专家专题培训4期，在镇（街）建立19个热敏灸相关专病治疗基地，基层中医药服务能力、城乡居民中医药健康素养提升。诸城中医医院作为潍坊市唯一县级三甲医院顺利完成复审。诸城市中西医结合医院项目顺利实施，全市中医药服务规模、能力实现质的提升。2018年12月，诸城市顺利通过了“全国基层中医药工作先进单位”复审，1人被确定为潍坊市唯一的全国中药特色技术传承人才培养对象。

【医养结合】 建立完善“以居家为基础、社区为依托、机构为补充、信息技术为保障、医养相结合”的医养健康服务体系。7月，红星养老社区为潍坊市现场会提供医养结合参观现场，潍坊市副市长李平带队参观考察。8月，顺利通过省级医养结合示范先行市创建中期评估。市人民医院康复医养中心项目被列入省级医养结合重点项目；市中西医结合医院医康养护中心

潍坊市副市长李平（右一）到诸城调研医养健康事业和产业发展情况，市委书记桑福岭（右二）等领导陪同调研（供图 卫计局）

项目被纳入国家PPP项目库；15个医养健康产业项目被列入潍坊市医养健康项目库；5家规模以上企业加入潍坊市医养健康产业联盟；新增医养结合机构4家。12月18日，在全省医养结合座谈会上作了典型发言。

【卫生监督】 严格卫生监督，探索公共单位诚信管理制度，实行公共场所示范单位牌匾制公开管理，与市诚信办合作评选“信用医德模范”单位和医德模范各10名，高质量完成国家文明城市创建任务，国家卫生城成果有效保持。推广执法监督信息化，35家口腔诊所全部实现网络在线监督；学校卫生监管等有了实质性推进。获2018年潍坊市卫生计生监督执法技能大赛团体一等奖，全省卫生计生综合监督示范区创建顺利通过潍坊市初审，获创为省级卫生健康信用信息管理平台试点市、全省网上法律知识竞赛优秀单位。

【医疗卫生项目建设】 适应群众需求，规划建设市人民医院康复医养中心、中医医院门诊医技综合楼、华元骨科医院、中西医结合医院和妇幼保健院北院区等一批医疗卫生大项目，纳入市级大项目、主要领导调度范围并顺利推进。大项目对完善全市医疗卫生服务体系、优化医疗资源配置、提升全市综合服务能力产生了战略性推动作用。

【家庭医生签约服务】 把家庭医生签约服务作为深化医改的基础、推进分级诊疗制度的核心和构建合理诊疗秩序的突破口，探索实施“1+X”家庭医生签约机制，即1家基层医疗机构与多家上级医疗卫生机构灵活签约。签约居民和家庭医生服务团队依托所在基层医疗机构，根据签约的上级医院服务质量、价格、态度，以及病人对医生的信赖程度，自主选择上转就诊医院，破除大医院垄断优势，在全市着力构建“大医院主动沉、基层接得住、家庭医生愿意干、县域医疗联得实”的一盘棋、立体化新型医疗卫生服务体系。这一探索，打破了原有壁垒，提升了基层服务能力，有力地撬动了县域城乡医疗卫生融合发展，县域整体医疗服务水平极大改善、提升，得到省、潍坊市领导的高度评价，为各地探索家庭医生签约服务和基层医改提供了有益借鉴，被新华社《高管内参》、省卫健委简报、省人口健康报头版头条予以报道和推介。

【卫生计生惠民项目建设】 在巩固完善国家基本药物制度、扎实推进信息化等全面保障百姓健康权益的同时，卫生计生惠民项目全面落实，群众得以更多实惠。免费为11.3万余名中小学生健康查体，为8969名适龄儿童进行免费牙齿窝沟封闭。落实免费婚检、唐筛、孕前优生健康检查，发放叶酸3.9万余瓶，约6852人受益；为12339名孕产妇免费检测艾滋病、梅毒、乙肝项目，为372名乙肝表面抗原阳性孕产妇所生的新生儿注射乙肝免疫球蛋白。落实免费“四术”

经费150万元；全面兑现计生奖励扶助金、特别扶助金、城镇其他居民独生子女奖励金、独生子女父母奖励费、计生特殊家庭一次性补助等经费5564.9万元，约计8.4万余人次受益。

【党建工作】 在卫生系统开展知识分子建功立业新时代、“三亮一提”等活动，大力弘扬齐鲁时代楷模王金鉴精神。抓好非公组织党建工作。年内，推出省劳模、省级二等功、齐鲁基层名医、齐鲁最美健康卫士、潍坊最美卫计人等先进典型20余名，获山东省造血干细胞捐献工作先进集体、潍坊市学习型党组织示范点、潍坊市双命名双提升双满意优质服务示范单位等称号。全市医疗卫生工作呈现出持续向好、人民群众健康获得感持续提升的良好局面。

（王炳芹）

人口计生

【全面两孩政策落实】 加强宣传引导。利用政府门户网站、健康诸城微信公众平台等新型媒介和传统媒体，加强计生政策宣传。年内，共印发《办理生育服务登记告知》《再生育审批须知》《诸城市优生优育优惠政策早知道》6万余份，发布各类信息260余条，为人口计生政策落实营造良好的社会环境。

强化业务培训。组织市卫生局领导班子、各科室负责人及各镇（街）园区计划生育骨干力量共计300多人对国家、省政策法规内容的变化和新的工作要求进行集中学习培训；各镇（街）园区计划生育骨干力量再对辖区内的计生工作人员进行全覆盖培训。

深化生育全程服务。全面深化生育全程服务，优化高危孕产妇门诊、糖尿病孕产妇门诊和“优生咨询”门诊，为再生育夫妻提供优质服务。稳步实施婚检、孕检、唐筛等“六免”服务，建立《母子健康手册》8365册。加强母婴安全管理和急救应急演练，开通绿色通道，强化危重孕产妇和新生儿救治，全面保障母婴安全。

【生育关键环节把握】 基层基础服务。深化信息核实、优化随访服务，建立孕情和出生人口动态监测制度，全力做好育龄妇女婚、孕、育等计划生育信息的采集工作，持之以恒抓基础。2018年全市共出生12657人，出生率11.3‰，自然增长率为6.06‰，出生人口性别比106.7，各项指标均符合上级要求。

出生缺陷综合防治。与日常随访服务紧密结合，全面落实免费婚检、免费唐筛、免费孕检、免费服用叶酸、农村妇女“两癌”免费筛查等惠民政策。2018年，全市免费孕前优生健康检查覆盖率100%，免费婚前医学检查率92.7%，免费唐筛率91.72%，新生儿四种遗传代谢性疾病筛查覆盖率和新生儿听力筛查率分别为99.96%和99.32%。全市婴儿死亡率为2.62‰，5岁以下儿童死亡率3.03‰，0-6个月婴儿纯母乳喂养率达94.57%。大部分指标优于省、潍坊市平均水平。

出生人口性别比治理。规范各项制度落实，从源头上加强服务管理，加强B超执机、终止妊娠药物销售、孕情随访等日常监管和集中督查。2018年，全市出生人口性别比106.7，出生人口性别比自然平衡。

妇幼保健服务规范。新生儿48种遗传代谢病、药物性耳聋基因突变免费筛查和超早期宫颈癌筛查、妇科无创治疗、孕妇营养监测、母婴远程监护等公益项目有效推进，政府主导、社会参与的保健体系更加完善。代表潍坊市参加全省基层妇幼健康服务技能竞赛获得优异成绩，全国计划生育家庭科学育儿试点工作持续推进。

流动人口健康关爱。扎实开展流动人口健康关爱服务工作，促进流动人口公共服务均等化工作落实，切实维护流动人口的合法权益。2018年，共举办流动人口相关政策宣传活动19场，发放明白纸2000余份、关怀关爱健康包600余个；为2000余名流动人口提供与常住居民同等的随访服务、生殖健康检查服务；为67个未能返乡的流动人口家庭提供服务，解决实际困难。

宣传教育工作。加强卫生计生公益宣传，累计播出优生优育、卫生计生政策及典型人物、工作动态等节目110余期；全市省级以上媒体发表稿件350余篇，其中1篇稿件分别被新华社《高管内参》、人口健康报头版头条刊发，2篇新闻稿件获省卫生计生新闻宣传奖。依托省级健康促进试点市创建，以婚育新风进万家活动为载体，开展卫生计生社会公益主题活动累计70余场、千人以上健康科普专题讲座20余场。大力弘扬传承齐鲁时代楷模王金鉴精神，2018年全市卫生计生系统推出省劳模、省级二等功、齐鲁基层名医、齐鲁最美健康卫士、潍坊最美卫计人等先进典型20余名。

【人口发展合力增强】 稳妥实施全面两孩政策。2018年，全市免费发放一孩、二孩服务手册12767份，为207对符合再生育审批条件的夫妇发放了《生育证》，两孩政策带来的生育势能释放明显。

开展“关爱新生命”公益项目。与中国初级卫生保健基金会合作，在全市所有助产医疗机构推广普及新生儿48种遗传代谢疾病免费筛查，凡是在本市助产机构出生的新生儿，均可免费进行48种遗传代谢疾病免费筛查，年内共筛查12114人次，为群众节省费用500余万元。大力开展婴幼儿配方奶粉援助行动，为贫困人口0-3岁婴幼儿全额资助配方奶粉，一般家庭半价资助，共发放公益奶粉5485桶。

扎实推进计划生育家庭发展。将落实计生家庭奖扶政策与提升计生家庭发展能力作为计划生育工作的重中之重来抓。在严格落实各项计划生育奖励扶助和优先优惠政策的基础上，积极做好全面两孩政策实施后利益导向政策的衔接工作。按照“老人老办法，新人新办法”的原则，落实城镇其他居民独生子女父母奖励政策，督促解决破产、关闭企业退休职工中独生子女父母一次性补助等遗留问题。医养结合服务模式得以有效推进，对解决计生家庭后顾之忧起到了积极作用。2018年，全面兑现农村计生奖励扶助42443人、4074.5万元；城镇其他居民独生子女父母奖励扶助691人、66.24万元；独生子女父母奖励费255.63万元；特别扶助1252人、881.6万元；计生特殊家庭一次性补助62户、53万元；免费“四术”经费150万元；解决破产、关闭企业退休职工中独生子女父母一次性补助213人、233.92万元。

推动依法行政。将违法生育社会抚养费征收同步纳入“三清一增”集中行动，召开调度会议全面部署，积极宣传发动，依法征收社会抚养费。2018年，全市依法征收社会抚养费537万余元。

【计生协会工作】 全力推进青春健康项目。与潍坊工商职业学院联合探索创建的“青春健康教育俱乐部”，被确定为山东省青春健康教育示范基地。6月，被中国计生协会确定为青春健康沟通之道家长培训项目试点单位。

持续提升特殊关爱水平。聘请国家二级心理咨询师，为50名计生特殊家庭志愿服务者举办专题沟通技巧培训班，提升特殊关爱服务水平。走访“计生特殊家庭”320余户次，为计生特殊家庭成员免费健康查体1436人次。申请专款25.04万元，为1252名计生特殊家庭父母免费办理意外重疾团体住院护理健康保险，在潍坊市率先实现计生特殊家庭全覆盖。

大力推进生育关怀暖心活动。大力实施生育关怀帮扶救助活动。市财政拨专款20万元，帮扶救助困难计生家庭400户；开展人口关爱助学活动，帮扶18名计生困难家庭大学生助学金3.6万元；组织全市卫计系统干部职工募集人口关爱基金28.2万元，帮扶救助特殊困难计生家庭274户，为经济社会全面可持续发展营造了良好人口环境。

（王炳芹）

体　育

【概况】 2018年，诸城市体育局在市委、市政府的正确领导下，紧紧围绕“四个城市”和“三区一城”建设中心任务，扎实推进“两学一做”学习教育常态化、制度化，深入开展“机关作风建设年”和“大学习、大调研、大改进”活动，主动寻标对标达标，全面落实公开承诺“担当作为、创争一流”的任务目标，实干担当、激情创业，各项工作取得了新的成绩。1月，诸城市被省体育局表彰为“山东省体育彩票工作先进市”，被省老年人体育协会授予“全省老年体育工作先进市”。

【赛事活动】 2018年，开展市级规模以上群众体育赛事38次。1月14日，举办“双星名人杯”诸城市五羽伦比羽毛球邀请赛；2月25—27日，承办“宝通杯”山东省第九届少年围棋精英赛；3月1日，举办诸城市“清清仁木迎春杯”全民健身游泳大赛；3月10日，举办诸城市庆三八“迎春杯”女子乒乓球友谊赛；3月18日，举办诸城市“ET运动杯”羽毛球邀请赛；3月30日，举办诸城市“中国体育彩票杯”中学生田径运动会；4月7日，举办诸城市全民健身运动会特步321跑步节；4月13日，举办诸城市全民健身运动会暨“金盛元杯”跳绳比赛；4月20—23日，举办诸城市“庆五一”职工台球比赛；4月23—25日，举办诸城市全民健身运动会“快典漆修杯”三人制篮球比赛；4月21日，举办诸城市第五届跆拳道锦标赛暨2018山东省“志博体育杯”大众跆拳道邀请赛；4月28日，举办诸城市市直机关“玫姿蓝”杯登山比赛；5月11—13日，承办潍坊市国际式摔跤锦标赛；5月31日，举办诸城市老年人钓鱼比赛；6月2—3日，举办“大业杯”全市职工乒乓球比赛；6月3日，承办山东省第八届全民健身运动会轮滑邀请赛（诸城站）；6月5—6日，承办“健康潍坊”全市老年门球联赛诸城区赛；6月10日，举办“芝灵建筑杯”诸城市羽毛球团体赛；6月24日，举办山东省第十

2018诸城市第六届篮球联赛在市政府礼堂广场举行（供图　体育局）

届百县篮球比赛（潍坊赛区）诸城初赛；6月28日，举办第八届全民健身运动会“慈海杯”全市职工拔河比赛；7月8日，举办“印象汽车杯”诸城市第二届毽球邀请赛；7月7日—9月26日，举办“兴业·舜德帝景杯”诸城市第六届篮球联赛；7月14—15日，举办诸城市“希望杯”市直小学生足球比赛；7月21—24日，举办诸城市庆“八一”建军节老年人台球比赛；8月10日，举办第八届全民健身运动会“中信银行杯”八人制足球比赛；8月16—18日，承办“新城控股杯”潍坊市田径锦标赛；8月26日，举办首届山东（诸城）“润竹山杯”自行车挑战赛暨第二届自行车城市联赛诸城站比赛；9月8日，举办2018年世界健身气功日暨百城千村健身气功展示活动；9月16日，举办诸城市“东方小神龙杯”第二届市直小学生篮球技巧赛；9月25—28日，举办“庆国庆·迎重阳”老年人台球比赛；9月29日，举办诸城市“世界步行日”全民健步走比赛；10月14日，举办诸城市“中国体育彩票杯”中老年健身展演；10月21日，举办“大源杯”中国龙城（诸城）半程马拉松赛；10月28日，举办“康寿杯”老年乒乓球友谊赛；10月15日—11月7日，举办诸城市中小学生足球联赛；10月30日—11月2日，举办诸城市“中国体育彩票杯”中学生篮球比赛；11月25日，举办“川崎杯”2018年诸城市羽毛球团体赛；12月22日，举办“光明眼科杯”诸城市体育剪纸作品展。

【体育设施】 加强全民健身场地设施建设。通过积极争取潍坊市局健身设施扶持和财政资金支持，配建更换完善社区健身设施145处。分别是：昌城镇：杨义庄、巴山、埠头、大宋、道口、官沟、郑家河岔、行寺。辛兴镇：丁家庄、东辛兴、米沟、齐沟、捎铺、狮子口、西公村、饮马泉、岳水、朱庙。枳沟镇：东枳沟。贾悦镇：东贾悦、坡子、南同、王家疃、徐宋、欧美尔、希努尔、拐庄、孟疃、王力沟、张庄、苑庄、东王庄、范家官庄、河西、朱堡、龙宿、珠藏、灌津、岳戈庄、营子。相州镇：古县、曹家泊、梧村、金叶、马家屯、徐洞、城阳。林家村镇：义和、丹家店子、瓦店、三皇庙、正大、大麻沟、洼子、皂户。百尺河镇：刘家村、朱村、星石沟。桃林镇：阿洛子、合乐。皇华镇：白汾子沟、曹寺、郝戈庄、皇华店、焦家庄子、青墩、尚庄、石泉、寿塔、位井子、杨村、姚家村。石桥子镇：刘家清河、范家岭、浩仉、近戈庄、刘家庄、楼子、西院、西臧家庄、张家清河、祝家楼、龙石河头、苏家庄、王院、大朱苏铺。舜王街道：解留、东楼、周庄子、涝戈庄、潘庄、鑫城、卜落林子、孙戈庄、孙仓、郭家埠、岳家庄、尚沟河、大辛庄子。密州街道：高疃、繁华、黄疃、栗行、高铁、玉山、十里、建国。龙都街道：善士、指挥、龙源、栗元、学府园、七吉。南湖区：湖东、花园、常山、范家庄子、土墙。开发区：

10月14日，2018诸城市中老年健身展演在市群众文化活动中心广场举行

（供图　体育局）

山泉、舜安。高新园：西王门、潘旺、埠口。桃园生态区：大岳峙、时家河、琅古尧、石门、麻姑馆、半边井子、万家庄、鲁山沟、东红、石河头、黑王家沟、东王家夼。

争取上级业务部门扶持资金130万元，分别资助建设大源社区仿真冰场项目和密州街道十里社区多功能运动场。

【老年体育】 积极参加上级举办的老年体育赛事活动。先后参加了2018年第四届中国·潍坊武术文化节国际武术邀请赛、山东省“门协杯”门球比赛、潍坊市第五届门球单打比赛、“健康潍坊”全市门球联赛总决赛、“中信银行·幸福年华”广场舞大赛暨潍坊市第十一届中老年健身活动网络（电视）大赛、在胶州举办的“协作区”老年门球比赛和高密台球邀请赛等。

组织开展全市老年人体育活动。先后组织举办了“庆三八”全市老年人台球比赛、“健康潍坊”全市门球联赛诸城区赛、全市老年人钓鱼比赛、全市老年人象棋比赛、“和也杯”全市老年门球比赛、“庆国庆迎重阳”全市老年台球比赛、首届“康寿杯”全市老年人乒乓球比赛等赛事活动，参与的老年人逐年增多，办赛形式不断创新。

【竞技体育】 潍坊市21项锦标赛3月24日开始，9月16日结束。诸城共派出900余名运动员，参加了越野长跑竞走、自行车、篮球、国际式摔跤、幼儿体操、举重、拳击、手球、跆拳道、武术套路、沙滩排球、排球、网球、击剑、柔道、足球、橄榄球、田径、游泳等全部项目的比赛。经过顽强拼搏，诸城市代表队取得232.5枚金牌，市竞技体校获得金牌164.5枚，其他学校比赛获得金牌68枚，奖牌总数和金牌数列潍坊市各县市区前茅；在18个参赛项目中荣获“体育道德风尚奖”，实现了运动成绩和精神文明的双丰收。

2018年，诸城市承办了潍坊市多项赛事活动。5月12—13日，在市体育馆承办潍坊市国际式摔跤锦标赛；7月10—12日，在龙城中学承办潍坊市橄榄球锦标赛；8月17—18日，在诸城一中承办潍坊市田径锦标赛。

【体育产业】 2018年，体育场馆保持良好运营，年底前完成了“三馆”消防设施竣工验收。体育彩票在售网点100个，全年销售额2.05亿元，同比增幅49.19%，继续保持连年增长的势头。审批成立了12家体育俱乐部（馆）和1家单项体育协会。

2018年诸城市体育局审批体育俱乐部及单项体育协会基本情况一览表

序号	名　称	成立时间	联系人
1	诸城市德弈围棋俱乐部	1月4日	巩向阳
2	诸城市舞艺体育舞蹈俱乐部	5月11日	封健勇
3	诸城市灵动体育舞蹈俱乐部	5月20日	鞠光玲
4	诸城市截拳道搏击俱乐部	5月16日	夏晓娟
5	诸城市妙力源健身游泳馆	7月5日	郑镁钢
6	诸城市瑞博体育游泳馆	7月5日	于金亮
7	诸城市蓝海体育游泳馆	7月5日	邬凤银
8	诸城市威尼斯酒店游泳馆	7月5日	吴砚波

续表

序号	名　　称	成立时间	联系人
9	诸城市巅峰橄榄球俱乐部	7月8日	脱　蕾
10	诸城市徕特篮球俱乐部	7月5日	郑　凯
11	诸城市雷鹰轮滑俱乐部	7月17日	王晶晶
12	诸城市翼航羽毛球俱乐部	7月17日	李　准
13	诸城市爱艺体育舞蹈俱乐部	7月17日	刘　辉
14	诸城市形艺体育舞蹈俱乐部	7月17日	张飞龙
15	诸城市天翼体育舞蹈俱乐部	8月1日	王　婕
16	诸城市三人行街舞俱乐部	8月1日	杨　朋
17	诸城市童星乒乓球俱乐部	8月1日	王　斌
18	诸城市台球协会	11月16日	邓　慧

（张庆贤）

社会民生

居民生活

【城乡居民收入】 2018年，诸城市城乡居民收入稳步增长，收入结构进一步优化，低收入户增收显著。全年诸城市全体居民人均可支配收入31553元，增长8.1%。其中：城镇居民人均可支配收入39810元，增长7.6%；农村居民人均可支配收入20089元，增长7.6%。收入绝对量和增速均高于潍坊市平均水平。

2018年，诸城市全体居民人均可支配收入比潍坊市平均高出1504元，居第4位；从增速看，比潍坊市平均增速高出0.1个百分点，居第6位。

【城乡居民消费】 2018年，全年居民消费价格总指数为102.8%，比上年上涨2.8%，食品烟酒、居住和医疗保健类价格的上涨是拉动居民消费价格指数上涨的主要因素。

2018年诸城市居民消费价格八大类商品及服务基本情况一览表

指　　标	上年为100	指　　标	上年为100
1. 食品烟酒	103.0	5. 交通和通信	102.6
2. 衣着	101.1	6. 教育文化和娱乐	102.6
3. 居住	103.2	7. 医疗保健	104.2
4. 生活用品及服务	101.7	8. 其他用品和服务	99.9

（国家统计局诸城调查队）

劳动就业

【就业创业】 2018年全市城镇新增就业16203人，下岗失业人员再就业3415人，困难群体再就业339人，城镇登记失业率1.54%。

就业创业政策落实。对自主创业人员申请创业担保贷款的，贷款额度最高为10万元，对个人贷款按两年（第1年、第2年）全额贴息执行；符合条件的小微企业创业担保贷款最高额度提高到300万元，由财政部门按基准利率的50%承担并支付利息。根据省、潍坊市政策规定，与农商银行、邮储银行、潍坊银行、日照银行和村镇银行五家银行合作，共发放创业担保贷款1016笔，贷款额1.122亿元；对2017年166名符合贴息条件的人员进行贴息，发放贴息额109.6万元。

创业两项补贴。2018年，共有8个单位符合一次性创业补贴条件，补贴金额为12万元；12个岗位符合创业岗位开发补贴条件，补贴金额为3万元。

创业园建设。2018年，诸城市大学生创业孵化基地和诸城市首新大学生创业孵化基地分别获评省、潍坊市级大学生创业孵化基地。4月，林家一社区、土墙社区、柏戈庄社区、乔庄社区、行寺社区被认定为2018年省级“四型就业社区”。11月，百尺河镇水泊社区、龙都街道水泊社区、高新园西王门社区被认定为2018年潍坊市级“四型就业社区”。12月，百尺河镇被认定为市级创业型镇街，百尺河镇水泊社区被认定为潍坊市级创业型社区。

职业培训。全年完成培训各类人员9236人。其中，失业职工再就业培训2574人，创业培训1200人（创业带头人培训106人），新成长劳动力培训649人，农村劳动力转移培训2545人，其他社会人员培训2268人。

公共就业服务体系建设。全年共举行“春风行动”等招聘洽谈会83场，累计参加应聘求职者36661人次，与用人单位达成就业意向18383人。

困难群体就业。2018年，开发公益性岗位360个，为129名公益性岗位人员发放岗位补贴269.8万元，社保补贴126.17万元。全年为吸纳就业困难人员的29家企业发放社保补贴91.8万元。对失业人员进行失业原因、家庭状况、技能素质、择业要求、就业意向、培训意愿“六清”。重点对社区的就业困难群体，特别是“零就业家庭”实行实名登记制度和申报认定制度。全年全市零就业家庭实现存量为零。

1月19日—20日，山东半岛（诸城）人力资源服务发展合作交流会在诸城召开（供图　人社局）

【劳动争议调解仲裁】 2018年度共受理劳动人事争议案件586件，不受理案件67件。其中，调解案件386件，裁决案件200件。一裁终局案件72件，占裁决案件的36%。按期结案率为100%，涉案金额1938万元，解答来人来电咨询2100余人次。

【劳动保障监察】 举报投诉案件查处。2018年，共接待来访群众1220人次，妥善处结群众集体上访案件5件；共查处举报投诉和上级转办案件2898件，其中劳动者直接到劳动保障监察机构投诉案件686件，办理潍坊市市长公开热线电话12345转办案件1141件，办理诸城市民生服务热线电话12341转办案件1071件，为职工追回工资、押金985万元。

农民工工资专项检查。2017年12月至2018年春节前，诸城市人社局、发改局、公安局、司法局、财政局、住建局、交通局、水利局、人民银行、国有资产管理局、市场监管局、总工会等十二部门，联合开展农民工工资支付情况专项检查。此次联合执法检查活动中，共检查企业96家，涉及农民工8124人，补发工资578万元。

人力资源市场秩序专项检查。3月12—30日，市人社局与市市场监管局组成联合执法检查小组，对全市的人力资源市场进行集中专项检查。共检查非法职介机构和用人单位25家。

劳动用工和社会保险专项检查。3—12月，对部分行业的用人单位劳动用工和社会保险情况进行专项检查。共检查用人单位140家，涉及职工7200人，责令办理社会保险登记210户，下达责令改正52份，补签劳动合同120份，补发职工工资42万元。

人力资源社会保障年度审查。3月，进行年度人力资源和社会保障监督审查，共审查用人单位4325家次，其中网上年检1100家，书面审查单位报送的年检材料810家，涉及补缴社会保险费650万元，补签劳动合同1.2万份，清欠职工工资486万元，纠正用人单位规章制度320项，依法办理用工手续2560人，补办职业资格证书1400余人。

劳动保障日常巡查。2018年，共日常巡查用人单位960家，下达责令改正文书42件，责令用人单位补签劳动合同350多份，办理社会保险参保手续2100余人。

劳动保障监察“两网化”管理。对多户用人单位实现地理位置GPS定位；采集调整用人单位信息数据950户；利用监察指挥信息系统网上办案106件；镇（街）园区监察中队积极落实工资拖欠类案件的属地管理制度，共办理诸城市民生热线转办案件178件，调解简易劳动权益投诉案件86件。

用人单位诚信等级评价。2018年，有40家用人单位申报为劳动保障守法诚信A级单位，7家用人单位为劳动保障守法诚信C级单位。

【劳动关系】 劳动关系和谐城市创建。7月，在省、潍坊市共建和谐劳动关系综合试验区现场会上作《构建和谐劳动关系，助推新旧动能转换》的典型经验介绍。

全面实行劳动合同制度。全年共办理劳动合同新签备案11501人，续签备案1314人，解除备案12503人。对企业劳动用工进行动态管理，至年底劳动用工备案企业3035户，涉及职工122070人。

企业工资宏观调控。完成2018年企业薪酬调查，共调查企业134家，为潍坊市制定人力资源市场指导价位和行业人工成本信息提供依据。

落实最低工资标准。自6月1日起，全市执行最低工资标准为1910元/月，小时最低工资标准为19.1元。

落实社会保险补缴政策。全年共办理以单位职工身份补缴1587人。其中为教育系统办理了239名公办幼儿园非公办幼儿教师参保补缴工作。

社　会　保　障

【各项社会保险参保缴费】 企业基本养老保险。全市参加企业基本养老保险123946人，净增人数为2738人。企业基本养老保险基金征缴125780万元。

机关事业养老保险。全市参加机关事业养老保险19593人，比上年增加261人。全年基金收缴39441万元。

居民基本养老保险。全市参加城乡居民基本养老保险人数为602315人，全年基金征缴42066.14万元。

职工基本医疗保险。全市参加职工基本医疗保险人数179820人，基本医疗保险基金征缴67725万元。

居民基本医疗保险。全市参加居民基本医疗保险人数为818029人，居民基本医疗保险基金征缴17668万元。

工伤保险。全市参加工伤保险136382人，工伤保险基金征缴4382万元。

生育保险。全市参加生育保险101064人，生育保险基金征缴4289万元。

失业保险。全市参加失业保险178837人，失业保险基金征缴5874万元。

【社会保险政策待遇调整】 企业退休军转干部补助调整。年内，为470名企业军转干部调整差额补助标准，月增4.86万元，补发115.6万元。

企业退休（职）人员养老金调整。根据鲁人社发〔2018〕28号文件规定，为全市40930名企业退休、退职和一次性补缴退休人员做好调资工作，月增资563.55万元，月人均增资139.5元，自2018年1月起执行。为1866名企业退休人员办理医疗保险缴费年限补缴手续，补缴医疗保险费2906万元。

工伤保险待遇调整。进行周期性工伤费率调整工作。4月，根据《关于调整工伤保险费率政策有关问题的通知》（潍人社办〔2015〕77号文件）规定，对全市部分参保单位的工伤保险费率进行了调整并予以公示：上浮单位共146家，下浮单位共208家，执行基准费率2559家。10月，按照国家、省、潍坊市文件精神，对现行工伤执行费率一律下调50%（执行期限自2018年5月1日至2019年4月30日），全年为企业减负1000多万元。搞好工伤待遇年度调资工作。根据鲁人社发〔2018〕39号文件精神，对2017年12月31日前享受伤残津贴的一级至四级工伤职工、经批准领取生活护理费的工伤职工和工亡职工供养亲属抚恤金标准进行了调整。

机关事业单位退休人员养老金调整。根据潍人社发〔2018〕45号、46号文件精神，全市自2018年1月起，为机关事业单位10464名退休（职）人员调整养老金待遇，人均月调整养老金195元。

失业保险费率调整。按照人社部通知要求，自2018年5月1日起，失业保险费率继续阶段性降低，由1.5%降至1%，其中单位费率由1%降至0.7%，个人费率由0.5%降至0.3%，降低费率的期限暂执行至2019年4月30日。

【社会保险政策待遇支付】 居民养老金支付。全年共为21.29万名符合待遇领取条件的参保人员发放个人账户和基础养老金3.11亿元，其中2018年到龄领取人员11382人。为7332人发放丧葬补助金505.05万元。

工伤生育保险支付。全年工伤待遇支出3721万元，享受待遇5782人次，基金累计结余443万元。生育保险待遇支出5245.5万元，享受待遇7177人次，累计结余571万元。全面推进国务院关于建筑业按项目参保的“同舟计划”，2018年共有90个新建项目、46个在建项目全部实现应保尽保。其中，有23人次享受待遇46.8万元。配合潍坊市做好工伤预防试点工作，诸城市2018年承担对3家企业的专项培训和面向全部企业集中培训3700人的任务，实际培训人数为4678人，完成126.43%。

失业保险支付。全年发放失业保险金6526.38万元。新办理失业手续、打印就业创业证3516人，为5063名符合申领失业保险条件的失业人员按时足额缴纳基本医疗费1789.59万元，发放生育补助金4.84万元。

医疗保险支付。全年参保职工共发生住院32025人次，发生住院医疗总费用为28804万元，统筹基金支出20728万元；普通门诊统筹支付447万元；城镇职工门诊大病共支付6909万元，本年度统筹基金共支付28084万元。职工普通门诊签约人数共计129067人，发生医疗费用70535人次，发生医疗费1100万元，预拨医疗费用472万元，统筹支付447万元，人均医疗费用156元。2018年共划拨医疗个人账户金31309万元；共受理慢性病个人垫付材料176份，支付个人垫付金额131.77万元，受理离休人员个人垫付材料49份，支付个人垫付金额84.9万元，拨付医疗机构慢性病垫付172720人次，6182.81万元；拨付离休人员医疗机构垫付23841人次，923.07万元。

职工长期护理保险。2018年新设床197人次，总在床434人，结算551人次，发生护理费用总额391.6万元，护理机构垫付金额354.9万元，护理保险基金征缴979.3万元，滚存结余971.4万元。

【定点医药机构协议管理】 2018年，社保经办机构共受理申报协议管理医药机构118家。经审核、实地评估和公示，新增基本医疗保险协议管理定点医药机构82家，其中零售药店48家，门诊医疗机构29家，住院医疗机构5家。共受理定点医药机构服务项目增加和主体事项变更31家，经核实和实地评估达标31家。

【企业退休人员待遇领取资格认证】 对全市企业离退休遗属养老金资格认证1300人，每月通过民政部门提供的死亡信息对企业离退休人员认证9000多人，核出企业离退休及遗属死亡人数480多人及时停发工资待遇。自2018年8月，全面取消领取养老金待遇的集中现场资格认证工作。

【机关事业单位养老保险制度改革】 原养老保险统筹期间个人缴费返还。根据诸城市人社局、诸城市财政局联合转发的《潍坊市社会保险事业管理中心关于做好潍坊市机关事业单位原养老保险统筹期间个人缴费返还工作的通知》（诸人社〔2018〕40号）精神，自2018年1月1日起，全市返还单位8家，返还退休（职）人员123人，返还资金总额57.6万元。

改革后退休人员重新计发养老金待遇。1月16日，诸城市人社局印发《关于机关事业单位养老保险制度改革过渡期内退休人员按新制度计发养老保险待遇试运行有关问题的通知》（诸人社字〔2018〕1号），对2014年10月1日至2017年12月31日期间新增的退休人员，开展重新计发养老金待遇工作，计发待遇1353人，完成率100%。

全面启动使用社会保障卡发放养老金。全市机关事业单位退休（职）人员启动使用社会保障卡发放养老金10775人。

（刘泽霖）

民　政　工　作

【概况】 2018年，诸城市民政局获得全省民政系统深化文明行业创建示范单位荣誉称号，荣获全省民政政策理论研究三等奖。

【社会救助】 临时救助。统筹使用全市社会救助资源，完善绿色救助通道，全年共完成临时救助2101人次，发放救助金357.57万元，其中“救急难”160人次，发放救助金34万元。

医疗救助。实时更新“一站式”医疗救助系统的人员信息。对符合救助条件的建档立卡贫困户进行统一手工补报。全年发放医疗救助金793.53万元，救助11382人次。

灾害救助。发放冬春救灾款134.2万元，救助困难群众3316户，6385人。做好防灾减灾宣传工作，5月11日，组织专门队伍参加潍坊市在诸城举办的地震应急综合演练。开展5·12“防灾减灾日”主题宣传活动，普及防灾减灾知识进社区、进学校、进乡镇、进企业。针对境内遭遇多次台风灾害的实际，及时拨付上级救灾资金498.9万元，用于受灾群众的生活救助。严格

6月19日，诸城市救助站举办开放日活动　（供图　王希杰）

发放程序，通过“一卡通”账号直接发放到受灾户手中。对受灾群众冬春生活需救助情况进行摸底调查，共统计8541人，发放资金696.59万元。落实潍坊市灾后重建指挥部冬春救助工作实施方案，共发放救助资金104.76万元。

民生综合保险。市财政出资420余万元，为全体居民实施民生综合保险。发放救助补偿458笔，341.65万元。

贫困大学生救助。经过调查摸底，统筹协调，全市共救助贫困大学生356名，发放救助金106.5万元。

流浪乞讨人员救助。投资10.6万元，对救助站进行升级改造。主动对接青岛，做好上合峰会期间流浪乞讨人员疏散安置工作。开展农村留守儿童和困境儿童关爱保护工作，全面录入相关数据和信息，及时更新数据。做好迎接民政部留守儿童和困境儿童工作第三方评估工作，在11月上旬潍坊市对各县市区进行全面检查中总评分第一名。开展“救助机构开放日”和创建全国儿童工作示范市（县）等活动。全年共救助各类流浪乞讨人员179人次。

【最低生活保障】 城乡低保。制定出台《关于开展城乡低保集中核查的实施方案》，从5月开始在全市集中开展低保复核活动。共复核低保救助对象10434户，18941人。全年新增815户、1616人，停保2306户、4960人。共有城乡低保对象8943户、15597人，全年发放低保金5007.6万元。其中城市低保对象222户、400人，发放低保金187.7万元；农村低保对象8721户、15197人，发放低保金4819.9万元。城乡低保金全部通过财政“一卡通”系统补差发放，城乡人均月补差达到391.02元和260.91元。开展居民家庭经济状况信息核对工作，共核对低保救助对象1202户、3005人；为住建部门核对公租房、廉租住房补贴对象197户、632人；为市总工会核对困难职工8户、25人。

低保老年人生活补贴。全年共核实80—99岁低保老年人650人（80—89岁533人，90—99岁117人），根据80—89岁低保老年人每人每月100元、90—99岁低保老年人每人每月200元标准，共发放低保老年人生活补贴109.8万元。

残疾人两项补贴。全年共审核困难残疾人生活补贴对象3030人，补贴标准为每人每月85元；重度残疾人护理补贴对象8667人，补贴标准为每人每月80元，共发放残疾人两项补贴资金1091.3万元。

【养老服务体系建设】 养老服务平台建设。拓展丰富“12349”居家养老服务平台和慈海云健康智慧平台服务内容。

民办养老机构建设。推动民办养老机构建设，民生健康安养中心、慈海养老院等4家社会办养老机构正式运营并取得养老许可，机构入住社会老人215人。将红星老年社区项目作为重点项目推动建设。

开展养老院服务质量大检查活动。开展养

老院服务质量大检查“回头看”行动，联合卫计、消防、市场监管等部门，成立3个工作组，开展养老服务质量建设专项行动，对全市16处养老机构进行养老机构服务质量大检查。

社区养老设施建设。对农村幸福院建设问题进行明确，下达任务目标，整合社区内医疗、生活、救助、文化娱乐等服务资源，建设农村幸福院12处，总数达到94处。

【基层民主政治建设和社会工作】 落实“五四三二”社区运行机制。以“五步议事”落实民主自治，以“四务公开”接受群众监督，以“三联服务”推进干部下沉，以“两制管理”促进和谐稳定。健全完善社区“四务公开”制度化、规范化、常态化。重新规范社区事务公开目录，进一步规范细化“四务公开”的内容，提高了社区工作公信力和透明度。实行随机抽查、远程监督等方式，加强对社区事务公开民主管理工作的监督。

第十二届社区“两委”换届选举后续工作。指导完成社区村（居）民委员会及其下属委员会换届选举，从3月开始，分6期开展第十二届社区（居）村、居委会1840名成员的业务培训。指导各镇（街）园区开展对新任社区（居）村、居民委员会成员的集中培训工作。印发《关于做好修订完善村规民约（社区公约）工作的通知》，指导社区修订完善《社区村（居）民自治章程》和《社区公约》。规范公布全市257个社区（居）村、居民委员会名称，依法撤销了9个城市居委会。全面完成社区（居）村、居民委员会组织机构赋码工作，全市257个自治统一社会信用代码证书全部发放到位。

基层政权领域扫黑除恶专项行动。开展换届选举“回头看”，配合组织、公安等部门，对村（居）委会成员资格进行再审查，共排查出26名社区村（居）委会干部涉嫌违纪违法并进行分类处理。

建立村（居）民理事会。完善社区自然村村（居）民理事会章程、推选规程、协商议事规则。继续推进30个社区自然村建立村（居）民理事会，全市52个社区建立298个村（居）民理事会。重新编制社区协商目录，明确基层协商的具体内容，指导社区开展协商。征集社区民主协商案例4则上报省民政厅。

社会工作专业人才队伍建设。组织动员社区工作人员、在职干部职工参加全国社会工作者职业资格考试，全市有200多人报名参加培训和考试，执证社工达到217人，新考录59人。按照《关于支持人才创新创业的实施细则》（诸发〔2018〕25号文件）规定，对全市持证的44名社区专职工作人员发放岗位补贴资金。

齐鲁和谐使者推荐表彰。开展齐鲁和谐使者推荐工作，有2人被表彰为齐鲁和谐使者。

志愿服务。联合市文明办举办全市志愿服务培训班，组织全市部门、单位志愿者开展网上注册登记，全市注册登记志愿者人数达到85800余人。

【优抚安置】 优抚对象定补抚恤。发放12638名抚恤定补优抚对象定补抚恤金6593.64万元。其中，“三属”217人，在乡老复员军人315人，残疾人员1126人，带病回乡退伍军人1225人，参战涉核人员586人，60周岁以上老年退役士兵8832人，60周岁以上老年烈士子女337人。

优抚对象医疗保险和医疗门诊补助。2018年，在优抚对象住院报销比例全部提到75%的基础上，医疗补助优抚对象939人补助金额101.99万元。为全市2995名优抚对象缴纳医疗保险及发放医疗门诊补助，共计226.5万元（一至六级残疾军人缴纳职工医疗保险），并组织35名重点优抚对象到青州荣军医院休养。

残疾军人新评及换证工作。为33名残疾军人收集新评及换证所需材料，复印相关档案、开具证明，对“金民工程”系统中残疾军人信息进行录入核对并按程序逐级上报潍坊市及省民政厅，完成新评、换证工作和按要求落实待遇。

义务兵家庭优待金。6月下旬，为1008名义务兵家庭发放优待金2078.5872万元。

培训就业安置。坚持“政府主导、社会参与、城乡一体、全员培训、充分就业”的原则，探索“订单式”培训、“定向式”择业的退役士兵培训就业新模式，培训退役士兵110名。对自主择业的退役士兵，按照每服役一年4500元的标准给予一次性经济补助。共接收自主就业的退役士兵559人，发放自主就业补助费1408.95万元。接收符合安置条件的城镇退役士兵48人，于11月上旬安置完毕，其中21名退役士兵进入事业单位，8名进入省属以上国有企业，6名进入潍坊市属国有企业，6名进入诸城市属国有企业，7名选择自谋职业。公益性岗位安置。已开发落实专项公益性岗位1920个，办理灵活就业手续385人，发放补助金305.6万元。共接收自主择业军队转业干部170人，其中副师职（技术七级）12人，正团职（技术八级）22人，副团职（技术九级）66人，正营职（技术十级）58人，副营职（技术十一级）11人，副连职（技术十三级）1人。

【社会组织管理服务】 登记备案。对公益服务类、城乡社区类等“四类”社会组织稳步推行直接登记。全市共登记注册社会组织391家，其中社会团体128家，民办非企业单位263家。新增社会组织43家，社会团体4家，民办非企业单位39家。

年检。强化宣传，细化年检内容，全年参检社会组织342家，年检率达到95%，参检社会组织财务审计率达到100%。对未年检和已撤销的社会组织进行了公告。

专项排查整治。印发《诸城市民政局关于在社会组织中开展自查自纠活动的通知》，行政约谈社会组织10家，撤销登记6家，劝散非法社会组织3家。制定出台《关于改革社会组织管理制度促进社会组织健康有序发展的实施意见》和《诸城市行业协会商会与行政机关脱钩实施意见》，所有行业协会商会及其业务主管单位已完成脱钩。印发《关于协助办理社会组织名称整改工作的函》，有30家社会组织已完成整改。

孵化基地。在龙都街道张择端文化公园东门沿街房新建1处社会组织孵化基地，10月投入使用。新社会组织培育中心建筑面积500多平方米，内设10个孵化器，2个活动室。共有6家社会组织入住。

党组织建设。按照“突出重点、分类指导、强化措施、全面覆盖”的原则，对社会组织中有3名以上正式党员的，全部单独建立党组织，正式党员不足3名的，采取联合组建的方式建立党组织。社会组织党组织和党的工作实现全覆盖。

【婚丧管理】 婚姻登记。投入90万元对原婚姻登记处办公地点进行扩建改造，建筑面积685.43平方米，其中改造面积388.43平方米，于10月底投入使用。共办理婚姻业务11266件，其中结婚登记6569对（补办结婚证68对），离婚登记2060对，补发结婚证2462对，补发离婚证174件。实现零投诉。

丧葬管理。红白理事会组织实现全覆盖。培训镇（街）园区红白理事会成员1500余人次。共投入26余万元，印发移风易俗宣传画册、明白纸等20万余份，绘制图画1万余板块。落实殡葬惠民政策，共火化遗体9297具，免除基本殡葬服务费用9053人次、869.46万元。积极推进公益性墓地建设，制定出台《关于加快公墓建设推进移风易俗工作的实施方案》，全市规划建设86处公益性公墓，已全面推开，17处镇（街）园区基本完成公墓选址工作，南湖有1处已建成投入使用，开发区2处已开始动工。制定出台

《诸城市民政局关于开展殡葬领域突出问题集中整治行动的实施方案》，完成专项整治行动。

【地名管理和第二次全国地名普查】 地名普查。为国家地名地理信息数据库建设完成入库地名信息6400条，多媒体信息2万余条，并将全部信息进行更新。建立完善了地名普查档案并着手开发开展地名公共服务。

地名成果转化。开展《诸城市区划地名图》的编制工作，组织撰写《中国地名词典》《国家标准地名志》政区部分词条，完成了《山东省地名词典》《山东省标准地名志》的词条筛选上报工作。

界线管理。全面建立界线管理员制度，利用界线界桩巡查管理平台完成界线日常管理和即时传输。组织实施诸城沂水线、诸城胶州线的界线联合检查，对全部界桩及其参照物进行了检查维护。同时开展平安边界建设，通过建立完善各种共建机制，加大宣传力度，通过设立界线宣传碑、发放界线宣传资料、召开双边联席会议和村民协商会议等，保障了边界地区的和谐稳定。

【社会福利和慈善事业】 农村特困人员供养。根据财政部门的统一部署，将全市2134名农村特困人员录入山东省财政惠民补贴一本通管理信息系统，实现人员经费网上一站式发放。共为2134名“五保”老人发放“五保”供养资金1021.02万元。抓好养老机构安全工作，争取市财政拨付690万元专项资金，对9处公办养老机构进行消防安全改造。

孤儿保障。共为140名孤儿发放基本生活费118.73万元；为35名困境儿童发放基本生活费12.96万元。

公办养老机构改革。依托有资质、有实力的慈海医疗集团对部分敬老院进行托管，在皇华镇敬老院召开现场观摩会，确定公办养老机构改革的标准、方向。皇华镇敬老院、百尺河镇敬老院、贾悦镇希努尔敬老院、枳沟镇敬老院和石桥子镇敬老院已完成改革。

慈善事业。抓好已成立的16处镇（街）园区慈善协会的年检工作。下发文件，组织开展“慈心一日捐”活动，共计捐款258.85万元。倡导企业设立冠名慈善基金，广泛开展慈善救助活动，其中美晨科技、惠发食品、佳士博食品、慈海医院等公司、单位助学助困、扶贫捐赠360多万元。

【福彩管理】 严格落实《彩票管理条例》，强化宣传，努力提升服务质量，实现了销量的稳步增长。年内，共销售福利彩票18967万元，其中电脑票14589万元，中福在线3131万元，刮刮乐1247万元。

（王希杰）

社区化发展

【概况】 2018年，诸城市社区化发展办公室围绕贯彻落实市委、市政府提出的全面展开新旧动能转换重大工程、实施乡村振兴战略、打好“三大攻坚战”、推进“四个城市”建设等重大战略部署，立足自身实际和独特优势，以农村新型示范社区建设为重点，统筹安排，真抓实干，全市社区化发展呈现新局面。

【农村新型示范社区建设】 按照潍坊市“2221”工程要求，对照潍坊市《农村新型示范社区创建实施细则》，结合“四化”（居住集中化、环境生态化、管理社区化、设施城镇化）建设标准，从全市36个已建成的农村新型社区中筛选地理位置优、资源禀赋强、产业基础好的16个镇街驻地社区，作为2018年重点提升建设的农村新型示范社区。坚持因地制宜规划社区聚合区，完善基础配套，用良好的环境、适宜的户型，吸引人口向社区聚合区集聚融合。16个示范社区累计建设各类聚合区44个，竣工148万平方米，搬迁1万余户。实施“一社区一品”工程，引导社区结合资源禀赋，坚持因地制宜，扩大社区特色产业规模和效益，实现农村新型社区与特色产业园区一体规划建设。年内，新建、续建产业园区项目16个，每个示范社区至少培育起1个支柱产业，建立起1个产业园区。按照现代化城镇的标准，完善农村社区基础设施建设，示范社区水电路网等基础设施配套齐全。推进美丽乡村标准化建设，深化农村环境综合整治，让农区变景区、田园变公园，打造特色村庄、景观带和微景区，实现绿化、亮化全覆盖，绿地率均达到30%，打造生态宜居样板社区。按照潍坊市城镇化工作领导小组办公室要求，组织各镇（街）园区提报验收审批相关材料并上报潍坊市，评审通过后每个示范社区将获得30万元补助。

【社区服务中心改造提升】 牢牢抓住潍坊市实施农村社区服务中心改造提升三年行动计划最后一年的有利时机，坚持新建和改扩建并重、整体推进和重点提升同步，共确定30个（其中6个新建）社区提升名单。工作中，坚持新建达标、已建提升、分类推进原则，对于能改扩建的一律优先实施改扩建工程，充分利用闲置校舍、腾退办公用房、集体用房等现有设施，按照标准进行改造提升，避免重复建设和投资浪费。经核实确属老旧、无法维持正常使用运转的社区服务中心，采取新建模式进行提升。同时，严格按照“一厅一校十室”（“一站式”服务厅，社区教育学校，社区综合办公室、多功能会议室、党员活动室、综治警务室、卫生室、文体活动室、阅览室、农业综合服务室、社会组织服务室、电子商务室）标准，设置服务中心功能站室，实现“面积达标、功能完善、运转正常”，至年底全部完成改造提升任务。同时，鼓励引导各镇（街）园区根据全市要求和本地实际确定标准条件，统筹资金进行招投标，整体打包、集中改造，推进社区面貌整体改善。此项工作2016年、2017年分别争取潍坊市专项奖补资金384.62万元、491.8万元，现已协调镇（街）园区将2018年验收相关材料汇总上报至潍坊市住建局，积极争取奖补资金。

【社区服务功能完善】 大力推行社区服务“三个清单”制度，落实“五明确两规范”，做到版面上墙、制度入心、按章办事，引导社区不断简化服务流程，规范服务行为。加快推进智慧社区建设，制定《2018年示范智慧社区建设方案》，积极培育20个示范型智慧社区标准化平台，实现示范智慧社区平台内容丰富、更新及时；视频会议和视频监控系统运行正常，网络畅通；社区综合服务厅展示平台运行正常，能随时为群众展示功能，主要公共区域WIFI全覆盖，进一步提升了社区管理服务信息化水平。加强专业化服务队伍建设，严格执行《社区专职工作人员管理使用暂行办法》，督促落实考勤制度、请销假制度、挂牌上岗制度、“首问负责”制度等，实现社区工作人员队伍建设规范化、职业化。扎实开展好“社区服务进行时”系列主题活动，协调慈海医院、万博医疗等多家爱心企业，2018年先后送服务到17个镇（街）园区的208个农村社区，覆盖率100%，服务群众5000多人次，形成了以活动开展促服务提升的良性机制。

【“三区”共建共享】 从7月开始，深入贯彻中央关于实施乡村振兴战略决策部署和省、潍坊市有关要求，围绕破除制约城乡二元桎梏，健全社区发展体制机制，以生产园区、生活社区、生态景区“三区”共建共享为路径，探索打造新时代乡村振兴“诸城模式”升级版。在深入学习调研的基础上，以生活社区为单元，以生产园区为支撑，以生态景区为底色，深入推进“三区”共建共享，全面提升生产美、生活美、生态美“三生三美”水平。加强政策指引，出台《关于推进“三区”共建共享的实施意见》（诸发〔2018〕34号），委托专业机构制定诸城市“三区”共建地方标准，明确生产园区、生活社区、生态景区建设、运行、发展规范标准，赴济南市与省标准化院有关专家对接，制定《农村新型社区生产生活生态三区共建通用要求》山东省地方标准编制工作方案，为下一步“三区”共建共享全面推开打下坚实基础。

（孙华超）

老 龄 工 作

【概况】 2018年，诸城市老龄办认真贯彻落实上级关于老龄工作的重要指示和部署，按照“编制‘一项规划’、抓好‘两个创建’、夯实‘三个基础’、推进‘四项任务’”的工作思路，突出重点，健全机制，推动老龄工作稳步发展。年内，先后获得全省实施“银龄安康工程”十周年县级突出贡献单位；潍坊市“2017年度全市实施银龄安康工程先进单位特等奖”、潍坊市老龄宣传报道先进单位一等奖第一名、老龄信息工作先进单位二等奖、潍坊市“实施‘银龄安康工程’十周年县级突出贡献单位”等称号。至年底，全市60周岁及以上老年人247105人，占户籍总人口的22%。

【老年人维权工作】 认真贯彻落实《中华人民共和国老年人权益保障法》和《山东省老年人权益保障条例》，在市政务服务中心设老龄办窗口，2018年为1万余名老年人办理了优待证。公园、旅游景点、公共文化娱乐活动场所普遍向老年人免费或优惠开放。全面落实65岁以上老年人免费乘坐市内公交车和免费查体制度。高龄津贴实现季度化发放，为全市3512名老年人发放高龄津贴286万余元。

【“银龄安康工程”】 至年底，全市“银龄安康工程”投保人数已实现全覆盖，投保人数和投保金额分别比上年增长7%和8%。市政府拨专款125万元为41576名高龄、困难老年人办理了意外伤害险，实现了高龄困难老人意外伤害保障的全覆盖。其中，连续两年拨专款1021980元为34066名80岁以上老年人每人购买了30元的意外险；连续五年为低保和农村特困人员赠送意外险，2018年又拨款22.53万元为7510人每人购买了30元的意外险。

【老龄宣传文化工作】 潍坊市级以上新闻媒体采用老龄宣传报道稿件49篇、老龄信息稿件52篇，进一步地宣传了全市的老龄工作。其中，《积极构建农村养老孝老敬老社会环境》获山东省第七届老年健康与长寿理论研讨会论文三等奖；《县域老龄工作的创新思路研究》获全省老龄政策专题调研优秀成果二等奖；《花甲企业老总的山村扶贫路》《“国防老人”刘光伟》和《影响老年人长寿的精神心理因素及其社会原因探析》在山东省老龄新闻宣传好作品推荐活动中，分获报刊类2个三等奖和1个优秀奖；提报的《为孝子们点赞》等3篇征文，在2017年12月山东省“读敬老书　做敬老事　写敬老文”

有奖主题征文活动中，分获1个三等奖和2个优秀奖。

6月21日，省老龄办主任丁希滨（左五）、省老龄办事业发展基金会理事长王建军（左四）到诸城市顺颐园休闲养老中心走访慰问老年人

（供图　老龄办）

【老龄工作创先争优】 积极组织参加国家、省、潍坊市级的创先争优评选推荐和各类老年文化活动，均取得优异成绩。舜王街道九台社区前九台村和林家村镇石门社区被命名为“全省实施‘银龄安康工程’十周年突出贡献基层组织”；昌城镇昌城社区活动中心被命名为“省级银龄之家”；诸城市检察院派驻密州检察室被命名为山东省第三届“敬老文明号”，诸城市老年体协等6个单位被命名为潍坊市第三届“敬老文明号”，全市已累计27家单位被命名为国家、省和潍坊市级“敬老文明号”；有6人分获省老年书法美术大赛三等奖、优秀奖；有1人获“潍坊市十大孝星”称号；1人获“潍坊市十大孝星”提名。

【老年节活动】 印发活动通知。9月29日，市委办公室、市政府办公室下发《关于开展2018年“敬老月”活动的通知》（诸办发电〔2018〕152号），将10月份作为“敬老月”，对工作进行了部署。

开展走访慰问。市政府拨专款6万元，对全市百岁老年人进行走访慰问。10月9—17日，全市34名副县级以上领导干部，携带营养品、“寿”字等慰问品对16处镇（街）园区的百岁老年人逐一走访慰问。各镇（街）园区、市直各部门、单位也对辖区（系统）内的高龄老人和困难职工进行走访慰问，达3765人次。刊播了《致全市老年人和老龄工作者的慰问信》。10月17日，市委书记、市长在《潍坊日报·今日诸城》一版显著位置发表署名《慰问信》。同日晚，在诸城电视台诸城新闻频道以口播形式播出。

开展多种文体活动。先后举办服务社会·关爱老人九九重阳节文艺晚会、游渡菊花丛——2018年重阳节主题活动、庆国庆·迎重阳老年人台球比赛、老年人乒乓球比赛以及“中国体育彩票杯”中老年健身展演等活动。组织“孝行龙城·我先行”敬老志愿服务活动。组织志愿者开展文化进敬老院、老年维权普法、专家义诊、免费体检进社区及慰问救助等活动，营造了全社会尊老敬老的浓厚氛围。

（王　香）

民族宗教工作

【基层基础建设】 配齐配强镇（街）园区、社区民宗工作队伍。开展民族团结进步创建和民族团结进步宣传月活动，做好城市民族工作和少数民族流动人口服务管理，建设1处民族团结进步教育基地和3个民族团结进步创建示范单位，及时妥善处置涉及民族方面的矛盾纠纷事件20多起。积极争取外部资源，为外贸公司、惠发食品等3家民品企业争取贴息贷款优惠政策，2016年以来争取贴息贷款4500余万元。

【宗教事务管理】 建立健全基层民族宗教执法工作网络和信息网络，提升宗教活动场所规范化管理水平。加强宗教团体建设，指导市基督教三自爱委会完成换届，开展宗教自查工作回头看，省委宗教工作督导组对诸城宗教工作给予高度评价。在宗教界开展社会主义核心价值观教育，发挥宗教界正能量，引导支持宗教界从事公益慈善养老活动。

（统战部）

镇街 园区

密州街道

【概况】 密州街道位于诸城市城区东部，面积105平方公里，辖19个社区，85个自然村，5.3万户，人口15.9万，耕地面积3133公顷。2018年，全街道完成地区生产总值575亿元，比上年增长8.1%；实现财政总收入42.9亿元，其中地方财政收入25.4亿元，分别同比增长84%和85%；限额以上工业企业实现销售收入273亿元，利税36.8亿元，分别增长36%和80%；第三产业增加值达265亿元；农民人均纯收入22449元。

【城市经济内涵发展】 全力加快棚户区改造。坚持把推进棚户区拆迁工作作为检验干部作风、锤炼干部能力的重要战场，在密州南、北组团指挥部的领导下，统一标准、统一政策，2018年先后启动五里堡片区一期二期、十里片区十里二村、北关片区二期等棚改项目4个，扎实推动五里堡三期、东武、大华等重点棚改片区，力争尽快实施改造。

大力开展“征迁清零”。把“征迁清零”作为棚改工作的重点，抽调15名科级干部和60多名拆迁经验丰富、善于做群众工作的机关干部成立工作组，集中力量对中央商务区、南关路、北关、十里等重点片区进行清零。工作组坚守在棚改一线，扑下身子，担当作为，主动上门与拆迁户对接，宣传政策，解答疑问，动员搬迁，赢得了群众的理解和支持，先后完成征迁清零160户。对于遗留问题多、拆迁阻力大的重点片区，逐个成立专门攻坚班子，逐户建立工作小组，明确包靠干部，立下“军令状”，持续发力突破，彻底解决了中央商务区、五里堡西组团等拆迁历史遗留问题。

扎实推进项目建设。强化服务意识，加强协调配合，积极与国土、规划等部门进行对接，主动帮助企业加快办理各项开工手续，确保项目按时开工。华诚馨苑、龙海文苑、金东世纪城北区等14个续建项目进展顺利，新开工金源府邸、华府壹号、东鲁文苑、大观朴拙园、新城荣樾大都会、玉泉花园等9个投资过亿元的服务业大项目。

全力加快安置楼建设。坚持把棚改安置区建设作为增进民生福祉、提升城市品质的重头戏，以打造精品安居工程为目标，所有棚改项目优先建设安置楼。2018年新开工安置楼61栋，建筑面积58.6万平方米；在建安置楼70栋，建筑面积65.4万平方米。在棚改实施过程中，高标准建设教育、文娱、商业等配套设施，所有棚改项目都成立安全质量监督委员会，让棚改群众推选监督员参与监督，将安置区的规划设计、选材用料、施工进度等各个环节、所有细节全部公开，确保拆迁居民按时回迁、满意回迁。

全面加强城市建设管理。以创建全国文明城市为契机，大力发扬创卫迎审精神，全面落实长效机制，营造良好的城市环境。依托城区物业管理办公室，对18个老旧小区进行改造提升，总面积19万平方米，进一步提升了老旧小区居民的满意度和幸福感。

【工业经济转型升级】 坚持以新旧动能转换为

导向，持续加大科学投入，做优存量、做大增量，实现高质量、高效益的可持续发展。

狠抓工业大项目建设。始终把工业大项目建设作为推动经济增长的强引擎，调整500亩土地保障中坛循环经济产业园建设，其中废钢废不锈钢粗加工和成品钢材周转车间已经投产，废钢废不锈钢精加工和高端塑料回收再制造车间正在主体建设。瑞普顿高档皮具制造、贝特尔大型环保设备、高强核电、军工高端紧固件等5个续建项目全部投产。

加大招商引资力度。发挥企业招商主体作用，成立专门招商队伍，积极承接北京疏解非首都功能和对接青岛，围绕壮大高端装备、汽车制造、食品机械、环保设备等街道主导产业，积极招引财税型和高科技成长型项目，完成引进潍坊市外资金9亿元。

深入实施创新驱动和人才发展战略。引导义和车桥、美晨科技、高强紧固件、开元电机等企业加大技改力度，加强技术改造和品牌建设，共实施总投资17.5亿元的义和加工自动化、高强自动化焊接机器人等28个技改项目，加快传统产业优化升级。

切实搞好企业服务。深入开展企业“大调研、大走访”活动，落实领导干部企业包靠责任制，实行全程跟踪服务，切实为企业发展排忧解难，营造良好的企业发展环境。加强企业运行预警，定期进行综合研判，发现问题及早介入解决，防范化解企业运行风险。

【乡村振兴战略实施】 坚持把乡村振兴战略实施的落脚点放在园区上，发挥区位优势和产业基础，围绕农业供给侧结构性改革，加快现代农业园区建设，积极培育农业“新六产”。在新东外环两侧规划了占地2万亩的超然康养小镇，坚持统一规划、分步实施、分片建设的原则，致力于打造集健康、养生、休闲、旅游等多元化功能于一体的田园综合体。先后启动了投资5亿元的匠心谷、投资5000万元的金岭休闲乐园、投资2亿元的望山花溪3个田园综合体项目。扎实做好“三清一增”工作，将“三清一增”工作与基层组织建设、扫黑除恶专项斗争、农村集体资产清产核资、发展壮大村集体经济、健全完善村级治理机制有机结合起来，加强组织领导，明确责任分工，强化协同配合，带强了基层治理，带活了集体经济。

【安全稳定工作】 加快安全生产双重预防体系建设，组织开展安全生产“百日攻坚”行动，成立联合执法组，围绕危险化学品、道路交通、消防、校园安全、建筑工地等重点领域，开展专项整治和监督检查，从抓小、抓细、抓苗头入手，全面排查、防范、化解各类安全风险，及时消除事故隐患，切实提高安全生产监管水平。严把初信初访第一关口，扎实做好特殊利益群体的稳控工作，落实政策落实、教育引导、帮扶救助“三到位”，重点人员全部落实包靠责任和稳控措施，盯死看牢，圆满完成全国“两会”和上合组织青岛峰会安保任务。

【民生事业保障】 加快基础设施建设，先后调整和清障土地1100亩，全力保障新经济学校、卢水大道南延、八里庄路、东坡街北延、横二路东延等重点基础设施项目。扎实做好环境保护工作，全力做好环保“回头看”反馈问题整改，深入开展环保隐患排查和整治，将环保工作与拆违治违、城乡环卫一体化、清河行动、美丽乡村建设和禁养区搬迁等重点工作结合起来，严格落实责任，细化整改方案，提升整体工作效果。投资600万元，对芦河进行了综合整治。扎实开展城乡环境综合整治百日提升行动，先后四次组织开展环境整治专项行动，通过压实责任、比学赶超、加速整改，辖区环境面貌得到明显改善，人居环境进一步优化。

【从严治党】 认真贯彻落实党的十九大精神，坚定不移全面从严治党，以党建引领全局。扎实开展深化“机关作风建设年”活动，将片区改造、项目建设、安全生产、社会稳定、环保等重点工作作为锤炼干部作风的主战场，带头抓作风、转作风、抓落实，以上率下、层层带动。对于街道承担的23个“百日会战”项目，全部实行项目扁平化管理，推行一线工作法，成立重点项目推进领导小组，落实重点项目建设包靠责任制，靠在一线、全程服务，通过项目建设的成效来评价使用干部。始终把党的纪律和规矩挺在前面，狠抓党风廉政建设，充分发挥“四种形态”的作用，健全长效机制，坚持管早、管小、管在平时，推动从严管理监督常态化。

（党政办）

龙 都 街 道

【概况】 龙都街道位于诸城市城区西部，面积88.65平方公里，辖20个社区，36898户，人口12.75万，耕地面积3989公顷。2018年，全街道完成地区生产总值265.6亿元，比上年增长6%；地方财政收入5.75亿元，比上年增长26.2%；规模以上工业企业实现销售收入276.1亿元、利税39.7亿元，分别增长-0.7%和-54.1%；第三产业增加值达18.2亿元；农民人均纯收入22912元。年内，街道获得潍坊市第三次农业普查先进集体和潍坊市创建国家食品安全示范城市工作先进集体等荣誉称号。

【新旧动能转换】 紧紧抓住全省全面展开新旧动能转换重大工程的有利时机，从变化中捕捉机遇，在逆境中创造条件，推进产业升级，增创转型发展新优势。

突出项目核心支撑。以全市“大项目突破年”为抓手，实施投资过千万元大项目72个，1个列入山东省新一轮新旧动能转换重大项目，21个入选潍坊市新旧动能转换项目库，15个列入诸城市级重点项目，卧龙湖水库、恐龙花海等8个重点项目已建成投用。

推进工业“弯道超车”。着眼“零增地”“集约化”“智能化”“电商化”四个支点，强力推动产业由量向质变转型。结合全市着力建设的制造业“六个基地”，加快工业转调步伐，强力推动产业由量向质变转型。依托昊宝高档服装、潍河机械原有厂房，分别招商上海和鹰科级、青岛麦迪绅集团投资建设伊甸缘婚庆服装高端订制工业4.0、天赢汽车部件工业4.0两个“零增地”项目。

推进服务业“换挡加速”。充分发挥龙都资源禀赋，将生态旅游产业作为重点进行培育，规划建设恐龙小镇、三河湿地等事关龙都长远、高质量发展的大项目，开工建设了总投资32亿元的诸城·雪松恐龙探索王国和三河湿地公园，建成占地2000亩的恐龙花海，对市民开放，初步架构起了“一龙一海一湖三河多园”生态旅游布局。

恐龙花海主题公园　（供图　党政办）

【乡村振兴战略实施】 按照市委、市政府乡村振兴实施意见和三年行动计划，积极探索符合龙都实际、具有龙都特色的乡村振兴道路，让农业更强、农村更美、农民更富。

坚持规划引领。以“聚焦两河、突破西部”和“产业驱动、示范带动”的理念，全面实施乡村振兴战略，完善以206国道为发展轴线，以潍河产业带、涓河产业带为两大发展纽带，由北向南布局花朝水乡湿地综合体、恐龙小镇等“七区”的乡村振兴“一轴两带七区”产业发展规划。建成通车兴华路西延，开工建设涓河滨河路及各田园综合体内配套道路。完成大源、指挥、高相、谭家庄等社区7400亩土地的流转，加快了大源、七吉等田园综合体的建设。

创新发展社区公司。着眼于激发社区公司在乡村振兴中的作用，深化“新六产”发展模式，建立和完善“农业龙头企业+社区公司+农户”的利益联结发展模式，社区公司与全鲁科润种业公司、诸商农业生物科技公司、元康食品公司等农业龙头企业联合，大力发展“订单农业”，由社区公司流转土地、建设生产基地、组织农户统一种植，由龙头企业提供产前、产中、产后“一条龙”服务，并实行保护价收购，全街道20个社区公司共实现创收360万元，增加集体收入220万元。

推进“三区”共建共享。坚持生态景区、产业园区、生活社区“三区”共建共享，探索新型乡村振兴道路。公司联合打造“产业园区”，社区公司盘活社区内资源资产，以工商资本下乡等方式建设项目，真正实现了社区产业兴、农民富。2018年，全街道66个经联社（居）实现集体经济收入过100万元的4个、过10万元的42个。生态联护打造“生态景区”，严格落实河长制和畜牧粪污综合整治，开展清河行动及“四清”专项行动，共拆除河道周边违章建筑13处，搬迁养殖户2处，清理垃圾1200立方米，清理树木7000余棵。服务联动打造“生活社区”，推进机关干部、法律顾问、司法干警“三进”社区，细化完善管理网格，坚持以“平安指数”落地助推平安社区建设，规范社会治理综合信息系统二级平台运行，形成以信息化为支撑的大群众、大综治格局。不间断开展矛盾纠纷大排查、安全生产大检查、治安大清查、军队退役人员管理服务、扫黑除恶等专项行动，建立工作台账3600本，化解和处理矛盾纠纷、缠访闹访、安全隐患等各类问题7800多件次。

【棚改旧改】 坚持以人民医院组团、新一中组团等四大组团开发建设为抓手，强力推进棚改旧改工作。

加快拆迁建设进度。年内，全街道完成棚改拆迁住户1552户，新开工建设安置楼36栋，建筑面积42万平方米。栗元片区二期棚户区改造项目荣获潍坊市2018年度十佳房屋征迁项目。另外，在人民医院组团实施安家崖头片区、兰家村片区、信得片区等7个片区的开发建设。经过近一年的不懈努力，人民医院组团开发建设进入快车道，区域性高端城市综合体雏形显露。新一中组团已经实施棚改项目6个，分别是南辛庄、大村、大栗元、西十里、金栗福地、金都新城。

规范棚改旧改程序。研究制定棚改旧改“七步工作法”，对所有棚改村居从入户征求意愿、制订《拆迁补偿安置方案》到签订安置协议、召开拆迁动员大会各个环节都予以规范，实现了快速拆迁、和谐拆迁。

强化棚改旧改保障。坚持统一标准、统一拆迁、统一安置，坚持一个项目一套班子，坚持每天一调度，并在每个拆迁片区设立由街道司法所工作人员和社区法律顾问参与的法律服务室，对棚改过程中出现的纠纷问题依法快速解决。

【民本民生】 坚持“人民对美好生活的向往，就是我们的奋斗目标”的理念，倾力保障和改善民生。

完善基础设施配套。在龙昌南路、恐龙涧路、龙祥路涓河桥及配套道路、环湖南路西延等道路工程建成并通车的基础上，投资1.65亿元，实施兴华路西延涓河桥及配套道路、涓河滨河左路、涓河滨河右路、臧家庄路西延跨见屯闸4条道路工程，打造起龙都生态旅游快车道，将“一龙一海一湖三河多园”串珠成链，融入华夏龙城旅游品牌线路。

推动教育均衡发展。建成投用一中国际化学校并开工二期工程，进一步完善全街道教育“四中心一体化”布局，促进了教育均衡发展。到年底，全街道共发展起初中1处、小学11处、幼儿园53处，实现了教育资源合理化布局，所有适龄儿童能够就近上学入托。

加快诚信体系建设。推进一系列文明创建活动加“一村一戏”巡演，有效提升了乡村居民文化生活和乡风文明。9月30日，启动第二届文明家庭评选活动，共评选出100个文明家庭，在重阳节来临之际召开大会进行表彰，弘扬了新时代文明好家风。

【要素支撑体系构建】 坚持党建领航，坚持作风为先，全力构建经济社会全要素保障体系。

提升基层党建科学化水平。以提升组织力为重点，扎实开展“两学一做”学习教育活动，严格执行“三会一课”制度，推行“党建+”工作模式，加快智慧党建工作，试点网格化党建，打造坚强战斗堡垒。在社区推行“五四三二工作法”，严格按程序议事、决事、办事，确保社区工作运行规范、高效。鼓励各社区制定完善村规民约，提升基层社会治理能力，加强民主建设。

开展“三清一增”专项行动。至年底，已收回各类欠款1677.08万元，其中户欠村欠款1273.55万元，外部单位欠款403.53万元，清缴2016年以来社会抚养费14万元。另外，已清理房屋125间，机械设备34台套，规范机动地、“四荒”地及其他各类合同2538份，涉及土地面积9823.09亩。

切实加强作风建设。深入开展作风建设年、项目建设攻坚年活动，推行一线工作法和联系包靠责任制，推进机关干部和社区干部层层联系包靠企业、项目和农户工作，落实项目建设“五个一”推进机制，倡导到现场、下深水的工作方式，倡导埋头苦干、抓铁有痕的工作作风，以实干担当的政治责任和激情创业的昂扬斗志，加快了魅力龙都新城建设。

（党政办）

舜王街道

【概况】 舜王街道位于诸城市城区北部，面积178平方公里，辖18个农村社区，2.1万户，人口7.2万，耕地面积10500公顷。2018年，地方财政收入1.22亿元，比上年增长6.79%；规模以上工业企业实现主营业务收入16.68亿元、利税9659万元；农民人均纯收入23533元。年内，舜王街道被评为“山东省卫生乡镇”“山东省文明村镇”。

【产业转型升级】 强化包靠狠抓项目攻坚。坚持实施项目带动战略，领导班子成员带头认领、主动包靠重点项目，全面落实“五个一”包靠责任制，深入项目建设一线，累计为各重点项目解决手续办理、建设用地等难题30余件，有效保障了重点项目的快速推进。2018年，累计完成固定资产投资51亿元，迈赫机器人智能化升级扩产项目5月顺利投产运营；普兰尼奥工业化社区3个生产车间实现投产；潍坊正源物流项目投产运营，实现税收600多万元；昌泰包装装备项目进入设备安装调试阶段，泰瑞年产30万套新能源轿车零部件、中储棉诸城储备库等2个新建项目正在加紧施工。

创新思路实施精准招商。在推进重点项目建设的同时，抓好新项目的储备，积极参与青岛国际机床展暨国际智能装备展、鲁台经贸洽谈会、中日韩产业博览会等活动，统一包装推介，全力招引补链、强链项目落户。认真领会落实省、潍坊市招商引资新政策新要求，抓住北京、青岛等重点地区产业转移的良好机遇，主动对接行业协会、产研机构，主动走访内外客商，全力捕捉招商信息，深入挖掘招商潜力，引进储备符合产业政策的优质产业项目。北京辐全机器人、青岛富川高铁装备、青岛金环宇模具材料等3个项目签约落地，河北一三高科特种钢、青岛奥博自动化仪器仪表等5个项目达成落户意向，总投资额达18亿元。

推动现有企业提质增效。组织开展企业上云，迈赫、永创、美洋环保等企业顺利实现上云，其中迈赫机器人被确定为潍坊市2018年度上云标杆企业。抓好企业规范化工作，新增挂牌企业2家，分别是山东锦海纤维科技有限公司和山东曦信机械科技有限公司。加强限额企业数据统计，新纳限上工业企业2家，重点服务业企业2家，批零贸易企业3家。加快淘汰落后产能，关停整顿化工、建材、铸造等“小散乱污”企业32家。

提升开放型经济发展水平。保税物流中心有序开展了保税仓储、出口退税、国际配送、国际采购及保税物流增值服务等业务，开展业务企业达36家，通关票数1160票，通关货值6000万美元。青建奉凰旗下的青建云仓发货突破100万单。高端装备进出口、展示交易、研发、制造基地（一期）项目已开工建设生产车间12栋，其中5栋车间已竣工验收。

【乡村振兴战略实施】 新规划建设舜王东来生态农庄、孙仓草莓种植基地等现代农业园区6个，调整流转土地1.2万亩，优质果品、草莓、核桃、中草药等高效作物种植面积新增6000亩。加大财政资金扶持力度，着力解决农业园区灌溉用水问题，新建扩建蓄水塘坝11个、提灌站11个、大口井12眼、深井13眼，铺设输水管道36公里。培育新增家庭农场、专业大户等新型经营主体15家，玉米、小麦等农业保险覆盖面进一步扩大。强化农村集体“三资”管理，启动实施“三清一增”集中行动，加快解决历史遗留问题，为农村社区集体经济发展奠定基础。

【品质街道建设】 不断加大民生事业投入，开工建设了大辛庄子社区服务中心、为农服务中心、箭口教育中心、无忌小学、舜王聚合馨苑、舜王健康中心、舜王污水处理厂提标改造等民生事业项目，实施完成了下辛路、舜华路、舜和路东延段、前九台和中九台中心路以及部分村内道路改造工程。高标准完成下辛路、舜和路东延段两侧和潍河、太古庄河河道绿化提升工程，栽植绿化树木35700余株，铺设草坪13000多平方米，超额完成国土绿化任务，成片造林4230亩，投资50余万元开展美国白蛾等林木病虫害防治。

强化环保污染防治，开展第二次全国污染源普查；扎实做好秸秆禁烧工作；排查拆除10吨以下燃煤锅炉17台；规范整改散煤销售网点9处，推广型煤1600吨；开展畜禽标准化养殖示范创建，规模养殖场粪污集中处理设施配建率达到100%。开展清河行动，排查封堵河道非法排污口9个，清理河道垃圾500余立方米，完成河道治理工程2处。开展城乡环境综合整治“百日提升行动”，累计投入资金460万元，拆除违法建筑317处、违法建设面积1.5万平方米，实施洒水除尘作业出车160台次，杂草、“三大堆”、砖瓦石块等垃圾日产日清。规范土地管理秩序，制定下发农村危房改造管理办法，建立“田长制”责任体系，深入开展“大棚房”清理清查，持续整改卫片违法图斑，农村生态宜居水平持续提升。

【社会治理】 以文明城市创建为抓手，深入推进移风易俗，常态化开展善行义举评选、文明家庭创建等活动，举办社区文艺培训班10期，开展第四届全民读书节、孙仓转秋千节、送茂腔进社区等活动，成功申报市级以上非物质文化遗产项目4个，岳家庄社区被省文化厅评定为山东省县及县以下历史文化展示工程示范点。

深入开展平安创建，实施社区综治中心标准化建设，推进扫黑除恶专项斗争，做好“一标三实”信息采集，强化重点人员稳控和信访矛盾排查化解，成功调处各类社会矛盾纠纷69起，政务服务热线、民生服务热线一次性办结率100%。

做好安全应急管理，积极有效应对防汛、防台风灾害，开展校园安全集中清理整顿，严密防控非洲猪瘟疫情，深化农村食品安全专项整治，狠抓各类企业安全生产，构建大安全防控格局。

健全完善社会保障体系，民政救助、扶贫养老、就业创业、残疾帮扶、计划生育、民生保险等各项工作扎实有效推进，社会保障水平不断提升。

【管党治党】 *强化思想政治建设*。把学习贯彻习近平新时代中国特色社会主义思想和党的十九大精神作为首要政治任务，党工委理论学习中心组带头开展学习讨论活动12次，班子成员带头讲党课48次，各党支部把习近平新时代中国特色社会主义思想和党的十九大精神纳入“三会一课”、党员集中轮训必学内容，在学懂弄通做实上狠下功夫，党员干部“四个意识”明显增强。

加强基层组织建设。调整成立网格党支部103个，推动52家企业党组织开展党建工作标准化提升，165名干部建起“四诺”履职台账，设立党员示范岗和责任区86处。依托信息化手段改进党内政治生活质量，“灯塔”e支部系统更新上传支部生活日信息1066条，“灯塔-党建在线”党员参学率达到100%，每季度在线学时6个小时以上，党组织和党员在线管理实现全覆盖。严格落实社区干部近亲属入党审查备案制度，开展党务培训2期，新发展党员41名。开展党员档案“回头看”，发现整改问题19个。

加强纪律作风建设。抓好巡视巡察反馈意见整改落实，召开整改推进会议4次，各项问题整改均取得阶段性成果。完善机关管理制度6项，开展党建专项督查7轮次，创新建立项目联审、服务联动、政务网办等服务机制。驰而不息纠治“四风”，强化监督执纪问责，运用“四种形态”处置党员22人次，查处违纪违法案件16起。

（党政办）

枳 沟 镇

【概况】 枳沟镇位于诸城市西南部，面积85.2平方公里，辖9个社区，耕地面积3867公顷，13276户，人口5.1万。2018年，实现财政总收入3943万元，一般公共预算收入2454万元，分别同比增长10.4%与10.69%。11家限额企业实现工业产值6.5亿元，同比增长8.03%，销售收入6.6亿元，同比增长8.32%，利税0.23亿元，增长442.89%。

【尽美红色小镇打造】 以王尽美党性教育基地为龙头，投入市镇两级资金4亿余元，规划建设占地5平方公里的尽美干部学院、教学研究中心、恢复古村落等。以城乡建设用地增减挂钩为抓手，投资3.8亿元建设北杏安置区，投资900万元建设千亩设施农业园区，发展高效蔬菜种植产业。在乔有山流域流转5000亩土地，投资1.2亿元，规划建设乔有山红色农耕体验区，建设集有机农作物和瓜果蔬菜种植、畜禽养殖、野生植物果实采摘及红色旅游观光等于一体的大型园区，加强产业发展与党性教育的深度融合。以王尽美同志诞辰120周年为契机，开展系列党性教育活动，迎接来自全国各地的党性教育学习团3万余人次。依托现代农业、乡村旅游、红色文化和教育培训四大主导产业，打造山东省乃至全国知名教育基地，实现基地带头、产业繁荣、农民增收、政府增财、区域发展增活力。

【大项目建设】 紧紧围绕“大项目突破年”的总体部署，坚持以“创新、协调、绿色、开放、共享”发展理念为引领，全力抓好项目建设。开展大项目突破年和春、秋两个百日会战，督促项目建设，加强跟踪服务，突出抓好60多个重点项目建设。打造以乔家大院为辐射，涵盖10大产业项目的沿潍河“鱼水情·红色游”田园综合体群，打造环庙山、乔有山流域、沿潍河两岸等多个5000亩以上的农业经济带，打造以投资2.5亿元的德美利源年产15万吨清真食品加工、投资5800万元的汤润食品加工、投资6200万元的普韵食品加工为主的食品产业链条。积极推进新旧动能转换，加快舜沃农业科技规模化大型沼气项目和舜沃生猪养殖项目建设。打造以六合城镇商住综合体为核心的服务业生态圈。

【城乡用地结构优化】 按照“政府服务、财政拨款、群众受益”原则，把城乡建设用地增减挂钩作为优化城乡用地结构、加快新农村建设的重要切入点，建设聚合文苑、乔庄昆阳居、北杏潍水源·至善家园3个安置区，58栋居民楼，建筑面积22.6万平方米；搬迁安置涉及乔庄、北杏等5个村的1300户居民；完成了316亩土地的拆迁。

【乡村振兴战略实施】 按照“生活社区、生产园区、生态景区”的模式，以乔庄社区为示范点，规划建设幸福和谐聚合区、诸邑古城体验区、工业经济带动区、高效农业示范区、庙山文化产业区、田园生活综合区六大特色产业板块，打造乡村振兴的样板，迎接了全省乡村振兴暨扶贫攻坚现场会的观摩，社区获“全省民主法治示范社区”荣誉称号。

【特色文化传承】 深入挖掘镇域“一山一水一尽美”“一庙一居一古城”文化资源，将历史文化、民间文化、红色文化、自然文化、农耕文化融入“三区”建设，推动传统文化创造性转化、创新性发展，形成良性社区文化生态。做大做强尽美红色小镇和庙山民俗文化旅游小镇，打造“尽美人家”“庙山人家”文化品牌。实施“乔庄社区记忆工程”，建设社区博物馆——昆阳馆，讲好文化历史故事。充分挖掘红色文化资源，建设红色文化历史博物馆、党史教育基地，打造精品红色教育线路。建设红色文化长廊，积极开展形式多样的群众性主题教育活动。建设镇“向前进”文化展馆及其他社区特色展馆，与北杏村史馆、城乡建设用地增减挂钩工作展馆等组成镇村文化展馆群。积极规划诸邑古城，开展系列社区文化活动，繁荣枳沟文化事业，打造底蕴深厚、精神文化活动丰富的文化名镇。依托庙山民俗文化旅游度假区和尽美红色小镇建设，开展“三月三”庙山民俗文化节、“秋意中等我，庙山欢乐跑”、纪念王尽美同志诞辰120周年、第九届社区文化节等系列文化活动，丰富了群众的精神文化生活。

【绿色水脉构建】 牢固树立“绿水青山就是金山银山”的发展理念，按照“河畅、水清、岸绿、景美”的要求，依托“河长制”，全力推进十河共治工程，实施清淤、筑堤、植绿、拦蓄水工程。

加大清淤力度。组织100多人的联合执法队伍对潍河、店子河、徐清河等河流进行全覆盖拉网式清障，仅潍河河道就清除沿线6个社区16个村庄的树障26万平方米，清理高秆作物120亩，收回两岸被占用土地500亩，潍河、店子河、向阳河等河道全面疏浚。

加快拦蓄水工程建设。投资120万元，修建了长16米、宽8米的店子河中桥；投资200万元，修建了长72米、引路各69米的西安漫水桥，这两座桥与普庆滚水桥、乔普大桥、潍河溢流堰、育才桥、潍河大桥以及投资2600万元的枳沟橡胶坝和投资100万元的东安溢流堰形成潍河枳沟段的九级蓄水梯段。

【潍河绿化提升工程】 对辖区内潍河段绿化实行高标准规划设计和施工，对沿河两岸7.2公里滨河大道绿化栽植，并建设了“多彩九州”主题公园。

【居民幸福指数提升】 积极开展文明城市创建、美丽乡村建设，突出抓好城乡环境综合整治，投资1200万元新建社区学院；投资650万元建设建筑面积3000平方米的北杏社区服务中心；投资300多万元，对镇便民服务中心和乔庄、普庆、北老屯等社区服务中心进行改造提升，优化服务环境。投资4300万元，实施16条镇区道路及连村路的修建，改善了镇域内的通行条件。继续实施“五年万人健康行动计划”，为3000人进行免费健康查体。强力推进城乡环卫一体化、旱厕改造、绿化提升，着力打造宜居宜业的人居环境。打造美丽乡村A类村庄22个，B类村庄19个，诸城市示范村6个。枳沟镇被评为“2018年度潍坊市城乡环卫一体化标准化管理村创建工作先进镇街”“潍坊市级森林镇”。乔庄村、普庆村、后水清村被评为“山东省森林村居”；枳沟一村、四村、五村、六村和殷家庄、郭家庄、蒋家庄被评为“2018年度潍坊市城乡环卫一体化标准化管理村”。

【安全生产】 将拆违治违、整治“散乱污”企业、加强安全生产作为推进绿色发展的“必修课”，不断加大违建惩治力度，组建拆违治违专班，共开展联合执法6次，查处乱搭乱建7处、拆除违法建筑3处，面积5500平方米，有效刹住了违建之风。狠抓辖区内突出环境问题整治，共查处违规企业11家，落实“两断三清”8家，对省、潍坊市环保督察和自查发现的环保问题进行了销号整改。规模养殖污染防治初见成效，全镇禁养区内42家养殖场全面关停，限养区内

158家养殖场完成粪污整治工作。持续开展“大、快、严”整治行动，安全生产工作常抓不懈，为经济社会发展提供了坚实的安全保障。

【社会治理】 率先实施农村社区网格党支部、农村社区“两委”成员“四诺”履职和自然村村民理事会试点，开展“党组织建设月”活动，完成社区“两委”换届，推选新的“两委”班子和经联社班子，并为经联社干部按照每月595元的标准落实了报酬待遇。探索出一条以“目标晾晒促发展，民主评议定业绩，全面保障提动力”的基层干部队伍建设新路子，搭建起了村民自主协商议事的新平台。加强党风廉政建设，全年共立案查处违纪案件14起，办结11起，处理党员干部11名。实施“扫黑除恶”专项行动和“三清一增”集中行动，营造了和谐稳定的社会环境。年末，出资100万元，开展“温暖迎新春，千家大走访”活动，各级干部对全镇的低保户、农村特困户、建档立卡贫困户、重度残疾人、优抚对象、烈属、带病回乡退伍军人、残疾军人、新中国成立前老党员、困难党员、计生困难家庭、困难学生、离休老干部、临时困难群众等1000余户开展了走访慰问，送去慰问品及节日祝福，让广大人民群众共享发展成果。

（党政办）

贾 悦 镇

【概况】 贾悦镇位于诸城市西部，面积288平方公里，辖27个社区，2.8万户，人口10.9万，耕地面积17333公顷。2018年，全镇完成地区生产总值40.15亿元，比上年增长6.4%；地方财政收入1.6亿元，比上年增长17%；工业实现销售收入61.43亿元、利税6.79亿元，分别增长9.4%和10.3%；第三产业增加值达15.5亿元；农民人均纯收入17975元。年内，获得“省级卫生城镇”荣誉称号。

【现代农业大镇构建】 按照“五化”要求，深入推进“三调两提”，加快农业结构调整步伐，不断擦亮农业大镇金字招牌。

突出规划引领。按照“大园区、小农户”发展模式，聘请潍坊市规划设计院，在全镇谋划建设“三小镇两基地”，打造总面积6.6万亩的10个农业园区，力争利用3—5年时间全镇经济作物达到12万亩，推动全镇农业全环节升级、全链条增值、全产业兴旺。同时，深入实施“一、十、百、千”示范工程，即每个社区新建1处2000亩以上特色农业园区，培育10个党员种养大户，流转土地500亩以上，全镇示范带动5000农户发展特色农业，带动全镇现代农业向纵深发展。

突出项目支撑。以“农业+”为主攻方向，以招引佳乐家集团、海王中药公司等有雄厚实力的企业为重点，年内共招引落地农业项目32个。

突出政策激励。完善社区考核办法、自然村考核办法、农业结构调整考核办法，将农业结构调整任务量化分解到社区、自然村，实行一季度一观摩、一季度一考核，考核结果与社区经费、干部考核直接挂钩。加大融资投资力度，在保证重点园区通水、通电、通路的基础上，实施普惠政策，制订出台《高效农业创业示范区激励政策》《同安路农业园区升级版示范区激励政策》，激发工商资本投资活力，吸引更多投资主体参与到镇域现代农业发展中来。

【新型工业强镇建设】 坚定不移地把园区建设

作为第一抓手，把招商作为第一动力，抓项目招引、抓落地开工、抓项目攻坚，推进工业经济提档升级。

全力推进园区建设。按照市委、市政府统一部署，全力以赴推进悦东新材料产业园建设，如期完成污水处理厂一期、特勤消防站建设，顺利投入使用运营；完成封闭管理系统、排污管网、供热管网、消防设施、道路硬化绿化等配套基础设施建设，悦东新材料产业园顺利通过省级评审认定。全面落实《悦东新材料产业园插花村搬迁方案》，完成了苑家庄整体搬迁，新增建设用地46亩。

加快项目建设进度。坚持工业立镇、工业强镇不动摇，围绕贯彻落实“大项目突破年”要求，践行一线工作法，推行“五个一”工作机制，千方百计扩大投量、加快投速、提高投效。重点抓好投资过千万元的项目10个，其中新建4个，续建2个，洽谈4个。全力推进投资过4亿元的恒通新型环保节能材料项目，投资1.4亿元的GMA新材料项目，投资4000万元的蓝海物流二期、投资8500万元的祥悦食品等项目建设进度；协调推进投资1.5亿元的信得动物疫苗二期、投资9200万元的美橡液压悬置等项目。

积极搞好项目储备。依托资源、交通、区位、环境等优势，瞄准绿色、环保、低碳前沿产业，围绕清真食品、仓储物流、先进装备制造、生物医药、新型化工等产业，突出抓好专业招商、产业链招商、以商招商和驻外招商，集全民之智，举全民之力，全力招引外资项目落地，积极搞好项目储备。至年底，已招引落户悦东新材料产业园意向项目4个。

【魅力品质城镇打造】 按照“小城市”建设理念与标准，以东西贾悦社区为中心，以镇驻地品质提升工程为重点，产城深度融合，三区共建共享，着力推动新型小城镇建设，努力打造魅力品质贾悦。

提升绿色生态环境。投资1200万元，顺利完成潍日高速贾悦段、安五路贾悦段“绿色长廊”建设。大力开展造林绿化工作，全镇完成造林4816亩，新建和完善农田林网1.3万亩，绿化道路5.7公里，四旁植树24万株，新增育苗面积1700亩。加大生态环境综合整治力度，开展全面清理违规洗沙点联合执法行动，对镇域内4处违规洗沙点予以清除；加强大气污染调度，重点企业全部按要求实现限产、停产；从严从快整改中央环保督察组转办的5项问题；对太古庄河河道进行整治清理，修建河岸路3公里，栽植绿植5000余棵，努力打造优美的人居环境。

持续推进镇驻地品质提升。加大占地60亩的湿地公园建设，绿化、亮化滨河路3公里。提升镇区综合治理水平，推行“门前六包”，规范整顿集贸市场经营秩序，加大常态化、动态化管理力度，力促镇区面貌干净整洁、文明有序、优美靓丽。积极开展城乡环境综合整治百日提升行动，着力对38个A类村、44个B类村和8个示范村进行集中综合整治提升的同时，推行网格化管理，全境域、无死角进行常态化综合整治，村庄治脏变美，河道治污变清，扎实推进城乡环卫一体化。加大拆违治违专项整治和土地卫片整改力度，39宗问题土地全部整改到位，集中拆除违章建筑、乱搭乱建900余处，拆除面积1.8万平方米。改善农村居民生活条件，完成农厕改造2377户。完成300户养殖场养殖设施改造升级，及时组织污染治理回头看活动，进一步巩固扩大前期整治成效。

配套完善基础设施。投资150万元，硬化万家埠万亩种养生态循环基地内道路2.5公里。投资690万元，完成南一路西延段2公里硬化，与四号路衔接贯通。加大防汛减灾工作力度，完成贾悦水库、阎家同水库、李二庄水库、朱马院水库、庄家村水库除险加固工程。投资6800多万元，实施苑家庄和芦家庄子两个土地增减挂钩项目、臧家营子土地占补平衡项目、两期高标准农田建设与7宗土地复垦项目，新增土地850多亩，整治土地2.7万亩，修建U型槽14公里，硬化道路2.7公里，整修砂石路3.3公里以及配套各项水利电力设施。

【幸福和谐贾悦构建】 加快教育事业发展。投资6000多万元，在贾悦、马庄、孟疃续建教学办公楼4栋、公寓楼3栋、学生餐厅1栋；投资50万元，购置学生用床600张，改善贾悦、马庄初中办学条件，成功招标范家官庄小学、贾悦小学基础设施建设项目。投资240万元，完成贾悦中心小学改造提升，教育承载能力和服务功能进一步提升。

推进文明城市创建。实行“街长制”和网格化管理，每名科级干部负责一片，把好环境综合整治“最后一米”“最后一关”，切实担负好环境综合整治“最后一人”职责。将每周六作为“志愿者活动日”，组织全体机关干部上街打扫卫生。制作社会主义核心价值观雕塑5座，宣传版面25个，举行公益电影放映、一村一场戏等30余次。开展贾悦镇“最美家庭”“好婆婆、好媳妇”“善行义举四德榜”等评选活动，188个自然村普遍成立红白理事会，并制定村规民约，营造起移旧俗良好社会氛围。充分发挥文体活动中心、红色广场等平台作用，加快王力沟民俗村建设，进一步挖掘向阳村“记住乡愁”文化底蕴，打造了带有“贾悦符号”的文化阵地。

强化社会综合治理。坚持“以人为本”和“安全第一、预防为主、综合治理”的方针，认真履行安全生产工作“一岗双责”，严格落实各项安全生产工作措施，扎实开展各类安全生产专项整治行动，对镇域内166家重点企业，开展常态化检查，确保安全生产监管全覆盖、无盲区。高度重视初信初访和民生热线、市长热线办理工作，受理“两线”事件1129件，办结率100%。认真开展“扫黑除恶”专项斗争，为人民群众营造安居环境。进一步提升政治站位，组织全镇党员干部自我加压，多方施策，持续用力，全力推进资产资源、陈欠尾欠、社会抚养费等清理征收进度；及时进行“断面”总结，交流经验做法，查摆共性与个性问题，出路子、想点子，条块结合，压茬推进，确保按时保质完成“三清一增”任务。持续加强食品安全监管，定期开展食品质量安全检查，营造人民群众满意放心的食品安全环境。

（党政办）

石桥子镇

【概况】 石桥子镇位于诸城市西北部，面积169平方公里，辖18个社区，1.7万户，人口6.5万，耕地面积1万公顷。2018年，实现农村经济总收入9.69亿元；实现财政总收入7651.5万元，比上年增长60.1%，其中地方财政收入4562.7万元，比上年增长50.6%；规模以上工业实现销售收入8.1亿元，利税0.27亿元；农民人均纯收入17238元。

【工业经济】 狠抓项目建设。积极实施“春季百日会战”和“秋季百日攻坚”，全力推进项目建设。松源木业10万套出口餐桌项目已投产见效。恒盛丰隆木制家具、隆晔FD食品深加工项目，车间主体已完工。正新食品8000吨肉沫酱项目正在加紧办理用地手续，争取早日开工建设。

做优做强木器产业。持续做好项目用地储备，沿潍日高速出入口和相石路两侧新调出土地2000余亩。大力引导顺达木业、舒尔家具、恒盛丰隆等企业加大技改投入，增加产出效益。积极扶持松源、顺达等龙头企业到俄罗斯建立木材原料基地，整合木材物流、木制品贸易、家居用品生产等资源优势，不断延伸产业链条，全力打造木器产业特色镇。

打造最优营商环境。全力为企业发展搞好全过程跟踪、一揽子包办、保姆式陪护服务。年内已为企业解决土地、融资、用工、消防、水电、排污等各类问题27项。围绕项目立项申报、企业评定、知识产权等事项开展好代办包办服务，全年新注册康居木业、凯毅食品等企业13家。

山东绿旺达现代农业示范基地 （供图 张宝昌）

【现代农业】 加快农业产业结构调整。聘请潍坊市规划设计研究院编制了“一带三轴四区”农业产业规划。按照“大园区、小农户”发展理念，积极推进“三调两提”，新增产业结构调整土地面积1.1万亩，发展金银花、杜仲、甜叶菊等中药材1800余亩，高端果品2500余亩。高标准建设石桥子党员创业示范基地、西臧家庄社区设施农业示范园、华龄文冠园、近戈庄榛子示范基地、荆山高端果品产业带等，农业发展活力明显增强。

积极培育农业发展新动能。新申报华龄、牧族等农业龙头企业7家，通过龙头企业带动生产基地3000余亩，安置劳动力就业500余人。打造三条现代农业产业示范带，创建“党建带产业、产业富民”品牌，相关做法在《大众日报》等媒体上刊载。鼓励引导社区公司、党员干部带头领办创办高效农业园区，先后建成葡萄、榛子等15个示范基地和园区。通过龙头企业示范带动、政策扶持等措施，打造生态种养循环集聚区。山东易观农牧科技发展有限公司投资6000万元新建祝家楼农牧结合生态种养循环项目。奇昊良种猪场采用沼气发酵进行粪污综合利用，创建绿色生态农业。

积极对外招商。与广东海大、青岛环山等集团达成协议，规划建设种养循环示范基地。加快农村电商发展，以潍坊唐迈电子商务公司为龙头，将石桥子农产品进行包装网售，打造安全放心农产品线上品牌。

【城镇建设】 推进生态环境大治理。积极开展城乡环境综合整治百日提升行动，集中人力、物力、财力，出动机械800余台次实施“三边三底三界三线”集中清理整治。每季度对全镇100个自然村进行现场检查点评和打分排名，检查成绩直接作为社区、经联社季度考核的系数，与社区经费和社区干部年终绩效工资挂钩，切实增强了镇村干部抓环境整治的责任感。积极开展镇村绿化、道路绿化和农田林网建设，完成成片造林5500亩，建成15公里的潍日高速生态林带。加大环保整治力度，关停取缔10家“散乱污”企业，对不具备环保生产条件的东泰食品和明宇食品厂采取了“两断三清”措施。投资60万元对镇污水处理厂进行了升级改造。稳步推进全国污染源普查，信息填报上传完成率100%。全面做好秸秆禁烧和散煤清洁化治理工作。对渠河、荆河等7条河流严格落实“河长制”管理，坚决打赢蓝天碧水保卫战。

加快美丽乡村建设。坚持科学规划，将文化元素融入到美丽乡村建设中，突出“荆山浯水·石桥人家”这一主题，着力打造积房、龙石头河、荆山后、刘家庄美丽乡村弧线，串起梁祝文化、玉泉故事、荆山传说、红色印记四大节点。先后投资1000多万元，按照“全景化打造、全资源整合”的思路，实施美化、绿化、亮化、硬化、净化等综合改造工程，形成“点上出彩、线上成景、面上靓丽”的美丽乡村风景线。至年底，A、B类以上美丽乡村达到80个，示范村14个。

梁祝文化主题公园　（供图　张宝昌）

加强基础设施建设。聘请青岛理工大学对城镇规划重新编制，明确功能定位、产业规划、设施配套等中长期规划。大力实施镇驻地综合改造提升工程，本着“提升品位、提档升级”的原则，突出“点、线、面”结合，内外部兼修，实施了美化、绿化、亮化、硬化大改造工程。投资1000多万元，完成驻地辅道改造，硬化面积1.4万平方米，铺设大理石人行道4000平方米。埋设雨污管网2000余米，新安装路灯372盏。新建驻地公园，改造提升荆河湿地公园。完成了驻地外立墙面粉刷、广告牌匾更换、绿化增量、“四线”入地等工程。在镇区东、西、南三个出入口分别设立了形象标志物，从不同视角、不同造型展现“木业小镇、魅力石桥”的特色风貌。

【社会民生事业】 聚力全国文明城市创建。深入推进移风易俗和“四德”工程建设，对红白喜事主持人、婚丧用品经营业户、党员干部进行培训，下发倡议书3万余份。开展社区文化节、乡贤书画展等群众性文体活动30余场次。开展“好媳妇”“好婆婆”等评选活动，举办“新农村、新生活”培训班，培训妇女2000余人次。充分发挥刘家庄抗战纪念馆作为爱国主义和党性教育主阵地的作用，累计接待参观的干部群众3万余人，并举行了刘家庄抗战茂腔戏的首场演出活动。

大力发展民生事业。建成3000平方米的石桥子初中公寓楼，可容纳500余名学生住宿。投资20万元为驻地初中、小学建设了高标准的创客实验室，投资14余万元对石桥子初中教学楼外墙、吴家楼小学教室等进行了改造升级。扎实做好受灾困难群众救助工作，为43户贫困家庭修缮房屋，改善了居住条件。投资20余万元为195户贫困家庭配备了冬季取暖设施，发放取暖煤，确保温暖过冬、安全过冬。完成刘家庄、岳旺、近戈庄等3个社区卫生室的改造提升。石桥子卫生院顺利通过“一甲”医院评审验收。实施涉及龙石头河、吴家楼等19个自然村的土地占补平衡项目，新增耕地面积1532亩，新建农用井29眼，平坝清淤6座，埋设PVC管道1.6公里，新建出水口334个，埋设低压电缆0.79公里，清淤农沟13.6公里，新建U形排水渠8.7公里，涵管桥37座，大口井1眼，新建复修、硬化道路30公里，砂石路42.8公里，栽植防护林4500余株，中部岭区群众生产生活条件进一步改善。

全力提升社会治理水平。做好矛盾纠纷排查化解工作，共化解各类矛盾纠纷76起。改造提升刘家庄、张家清河社区党群服务中心，修缮改造村级活动办公场所32处。扎实开展“三清一增”集中攻坚行动。坚持宣传开路，通过发放一户一封信、张贴标语、悬挂横幅、广播喇叭不间断宣传等方式营造强大舆论氛围。注重督导检查，全镇成立了专项工作组和督导组，坚持每天一调度、每天一通报、每天一会商制度，并充分发挥党员干部带头作用，引导群众广泛参与。依靠司法保障、纪委约谈、法律顾问参与等手段，将“三清一增”工作与扫黑除恶相结合，与班子整治相结合，与普法教育相结合，与产权改制相结合，与化解矛盾纠纷和遗留问题相结合，确保工作顺利开展。共清收欠款1300余万元，征收社会抚养费32万元，规范四荒地、机动地1800余亩，清理房屋114处、多占宅基地132处、乱搭乱建44处。扎实做好市长热线、民生热线事项办理工作。依托镇为民服务平台，深入推进“一次办好”改革，进一步优化营商环境。加快综治中心、网格化管理、雪亮工程“三位一体”建设，实现了互联互通。深入开展扫黑除恶专项斗争，全力抓好食品药品安全和安全生产等工作，营造良好的社会发展环境。

（张宝昌）

相州镇

【概况】 相州镇位于诸城市北部，总面积120平方公里，辖12个社区，2万户，人口6.9万，耕地面积7200公顷。2018年，全镇完成地区生产总值18.34亿元，地方财政收入6111.62万元，工业实现销售收入43.46亿元，利税3976万元，第三产业增加值达7.41亿元，农民人均纯收入19080元。

【工业项目建设】 加大投入上项目。突出高端橡塑制品、精深食品加工、新型环保材料和生物医药四大主导产业，深入挖掘优势潜力，培强做大骨干龙头企业。帮助引导全镇16家限额企业、2家高新技术企业外引内扩、做大做强，2018年全镇企业共完成投资28.6亿元。其中，华宝食品智能冷链物流及熟食深加工、绿博农业示范园在市委、市政府组织的项目建设综合评级中被评为“好”等级。

加快产业转型升级。在推进实施鑫正达环保机械、德容环保材料、舜普光伏发电等一批“零增地”技改项目的同时，坚持破立并重，重点围绕“四新促四化”抓实镇内三个传统产业实现“三大转变”：推动纸品生产企业由传统造纸、生活用纸加工向工艺编织纸、宠物纸、特种纸转变；推动华宝食品产业由生猪屠宰、肉类分割向精细加工、调理熟食深加工转型，突出抓好投资3.5亿元的智能冷链物流及熟食深加工项目，引进国外先进自动分点系统，建立整套技术体系，配备30米高的智能冷链立体库，冷藏能力达到了5万吨。加快企业转型和工艺改造，山东益利、环宇积极响应新旧动能转换发展要求，新上高端水性氟碳漆、水性环氧漆生产线4条。

举全力出实招引项目。通过盘活存量资源、加强与相州籍在外名人联系、以商招商等做法，引进了中韩国际农场产业园、阿联酋宠物纸垫、临沂金聚田园牧歌等8个项目，总投资3.2亿元。

【现代农业发展】 加快培育农业“新六产”，促进“三次产业”提质增效。强化产业链延伸，华宝食品、相府果子、雪莲面粉、泰诺药业、翔和食品等11家省和潍坊市级农业龙头企业不断延伸拉长产业链条，推动一产“接二连三”，华宝智能冷链物流及熟食深加工项目投产后，有效推进了市场流通体系与储运加工布局的有机连接。优化新型农业经营主体，推进各类农民合作社规范发展，全镇共成立农业专业合作社213家，家庭农场145家，示范合作社17家，其中泰丰农村资金互助社2018年被评为“国家级示范合作社”。

积极发展复合型、体验型、终端型农业新模式。规划建设华宝农牧融合、驿丰生态庄园、田园牧歌、哒哒农场等农业发展新模式。其中华宝农牧融合田园综合体总投资1.2亿元，规划建设千亩莲藕、休闲观光、现代物流、华宝小镇四个板块，目标是到2020年将华宝公司区域建成一个功能分区明显、生态良性互动、宜居宜业的新型生态田园综合体，努力打造“三区”共建共享样本和示范。

坚定不移地抓好设施农业。在建成提升马家屯、山南头等现代农业园区的基础上，2018年重点扶持引导发展北王庄冬暖式大棚14个、封家庄拱棚西瓜1000亩、城阳社区甜瓜500亩、双庙社区千喜果大棚14个。

积极发展品牌化、高端化现代农业。坚持绿色、有机和“六不用”导向，强化“三品一标”认证，永丰盛合作社注册了“锦昌”“刘墉菜篮子”2个农产品商标、认证了22个无公害产品；“相府果子”“刘墉蔬菜”已认证为绿色食品商标，驿丰葡萄庄园注册了“萄果乐”商标。加强与京东、天猫等电商平台合作，采用农超对接、电商、微商等营销模式，把相州本土产品销往一二线大中城市。

【农村治理】 统一思想，增强行动自觉，严格有序实施。印发《致全镇广大人民群众的一封信》2万余份，张贴宣传标语500余条，悬挂横幅200多条，组装宣传车，录制宣传资料，制定下发“三清一增”工作进度表，每天一统计，一周一排名，工作落后的由镇党委、纪委重点调度和约谈，典型做法及时交流，共编制工作简报和快讯18期、微信公众号推送“三清一增”信息20多次。

注重群众立场，调动各方力量，推进工作落细落实。本着“先党员干部后群众、先公职人员后群众、先重点户后群众”的“三先三后”原则，实行党员干部、机关工作人员承诺前置，与全镇党员签订承诺书2900份，与机关公职人员签订“五带头、九不为”承诺书667份，全镇有809名党员干部“带头清”“身边清”，起到了明显的带动作用。

做好结合文章，借势搭力，合力攻坚。与“扫黑除恶”专项斗争相结合，公布举报电话、每个村设立举报信箱，全面搜集反面典型并进行严厉打击，对毁坏标语、干扰治理工作的由公安机关依法进行传唤和训诫。

【社会管理与服务】 积极推进农村环境综合整治。全镇71个自然村按照标准配备专业保洁人员214名，更换垃圾桶1798个。组织镇区44家企业、12个住宅小区、8个集贸市场、256个经营业户与环卫公司签订了生活垃圾清运协议。镇域内中小企业全部并入污水处理厂管网，没有接入的48家由专用车直接运到污水处理厂。投资260万元组织实施改造提升工程，更换店面门牌225个，铺砌人行道路2.2万平方米，划定机动车车位138个。推进美丽乡村建设，粉刷墙面1.2万平方米，绘制文明宣传、公益广告850幅。投资360万元，新修村内道路15公里，安装路灯600盏。宋家泊、沙河套被评为“潍坊市森林村”。加大文明城市创建，全镇共设立文体小广场20处，安装健身器材96台（套），设立社会主义核心价值观、精神文明建设公益广告宣传牌118处。

深入推进“平安相州”建设。深化矛盾纠

纷排查调处，广泛开展“七五”普法活动，突出“严、细、实”，高度关注重点群体，扎实开展“扫黑除恶”专项斗争和“三位一体”社会治理系统工程建设，始终保持对各种违法犯罪的高压态势，有力维护了社会治安大局持续稳定。2018年，共治安拘留37人，刑事拘留16人。

狠抓安全环保整改提升和农产品质量安全。全镇30台10蒸吨以下燃煤锅炉全部取缔和“清零”，25家企业实现煤改气，共完成清洁型煤配送4100吨。镇域内潍河、渠河等主要河流、3座小二型水库，全部落实了“河长制”和巡河包靠责任。深入开展安全生产专项整治，严格落实“属地管理”责任，加强日常监管，确保万无一失。狠抓农产品质量安全，设立了农产品质量安全监管办公室，定期对农产品进行抽检，以保障人民群众“舌尖上的安全”。

（王松岭）

昌城镇

【概况】 昌城镇位于诸城市东北部，面积118.4平方公里，辖15个社区，1.6万户，人口6.7万，耕地面积7186.67公顷。2018年，全镇实现农村经济总收入2546886.42万元；完成地方财政收入11859万元，比上年增长15.1%；完成投资过500万元的项目6个，累计完成投资额76258万元；限额以上工业实现销售收入494324.7亿元，比上年增长11.66%；居民人均纯收入26200元。年内，荣获“全国农村优秀学习型单位”“山东省森林小镇”“潍坊市先进党组织”等称号，顺利通过国家级农村产业融合发展示范园勘察认定。

【产业发展】 加快推进大项目建设。牢固树立“大抓项目，抓大项目”的思想导向，以“大项目突破年”活动为抓手，切实抓好海龙元壳寡糖、得利斯30万头进口肉牛分割及深加工、奥隆微卡零部件等重点项目建设。同时，持续抓好续建项目，得利斯100万头进口肉牛分割及深加工项目11月1日竣工投产；海龙元壳寡糖项目已完成办公楼和车间主体建设，正在购置设备；恒业科技项目一期主体建设已经基本完成，正在铺设电路、安装调试设备、进行土地硬化，次年2月投产。10月，顺利通过国家级农村产业融合发展示范园省级验收。

加快推进现代农业发展。组织实施官沟千亩现代农业示范园、东老庄700亩现代农业蔬菜基地、温氏310亩智能标准化现代生猪繁育示范基地项目、亚太中慧600亩养殖基地项目等7个种养业项目。同时，大力发展休闲观光农业，组织实施巴山潍水、刘墉万亩栗园等乡村旅游项目。加强与香港融汇集团的洽谈对接，建设占地8600亩的昌王新城，打造“刘墉栗园、古树王国、休闲养生”乡村旅游品牌。

不断加大招商引资力度。在抓招商、抓项目上持续发力，成立招商专班，分赴北京、上海、青岛等地开展重点招引。投资1.2亿元的恒业科技、投资1.2亿元的航林科技、投资1.3亿元的百特科技、投资1.5亿元的泽慧新程食品项目、投资8亿元的青岛森浩海洋装备等重点工业项目已全部签订合作协议。

【城镇建设】 深化美丽乡村建设。重点组织实施孙村、昌城两个美丽乡村精品片区项目，成功打造孙三村、东河崖村等市级美丽乡村示范村7个。先后完成前官庄、后官庄等10个自然村的“围村造林”工作，栽植绿化苗木34万株，绿化道路57公里，同步组织实施经济林项目，栽植面积3200亩。

加快推进聚合区项目建设。芝灵家园聚合区三期工程已顺利完工并交付使用；水岸府邸聚合区二期2栋多层已完成主体建设；埠头社区增减挂钩项目，已顺利完成3个村共计370户群众的搬迁工作，至年底正在组织土地复垦，可节余土地指标296亩。

完善基础设施配套。投资400多万元，建成通车2.2公里得利斯大道东延工程、1.2公里昌平路和1.5公里昌佳路新建工程，改造提升邱满路，进一步完善镇区路网结构。着力提高现代农业生产条件，先后投资200多万元，完成官沟、巴山、东老庄等重点农业园区4.1公里道路建设。

深入推进全国文明城市创建。投资230多万元，实施得利斯、西河崖和驻地昌城社区“两村一社区”试点工程，统一制作各类景观牌、景观石、宣传组件等500多套，改造提升社区文化广场，新建精神文明宣传栏，在全镇营造了人人参与、共创共建的良好氛围。

【和谐昌城建设】 提高安全生产管理水平。严格落实安全生产责任制，深化安全生产标准化创建，全面落实机关干部包靠企业制度，全镇214家生产经营单位全部纳入包靠监督网络，切实强化日常安全生产监管，确保生产经营安全。加大安全维稳工作力度，统筹整合各类资源，依托网格化管理，编织“镇—社区—自然村”三级综治维稳工作网络，积极发挥二级平台作用，努力实现“小事不出社区、大事不出镇”的综治格局。

强化矛盾纠纷调处。年内，25起初信初访案件、7起信访局交办的重点信访积案已全部办结。深入开展扫黑除恶专项斗争，设立举报热线和95个举报邮箱，悬挂宣传标语、横幅500多条，发放明白信1.6万份，充分调动了广大干部群众参与扫黑除恶的积极性。

加快“三位一体”社会治理系统工程建设。统筹推进镇综治中心和15个社区综治中心标准化建设、网格化服务管理以及“雪亮工程”建设，实现公安监控资源共享和政法综治视频会议系统全覆盖，成功打造基层社会治理新格局。

扎实推进“三清一增”集中行动。认真贯彻落实市委、市政府决策部署，按照既定要求和时间节点，科学谋划，齐抓共管，以点带面，压茬推进，确保了整个“三清一增”集中行动的顺利推进。至年底，全镇实收陈欠金额达2800多万元，规范机动地、四荒地合同700多份，24处违章建设全部拆除。

【基层党建工作】 全面强化人才工作。年内，先后引进高端人才30余人，其中中国工程院院士1人、中组部“万人计划”专家1人、泰山产业领军人才3人；先后培训企业职工、职业农民达到2万多人次。

理顺农村社区党组织设置。按照“就近管理、就近活动、就近联系”原则，共设置农村社区党支部88个，加快构建“网格管理、条块结合、层级负责”的区域化党建工作新格局。同时，提升服务阵地，投资50余万元，综合改造提升得利斯社区，新建1600平方米社区党群活动广场1处；投资40余万元，新建3000平方米河岔社区活动广场1处。

巩固党建治理成效。组织开展“共产党员标兵”“机关干部标兵”“乡村干部标兵”“道德模范标兵”“企业技术标兵”等五类标兵评选表彰活动，持续增强党员干部队伍的凝聚力和战斗力。以开展“农村基层组织建设百日提升”专项行动为契机，赴兖州、邹城等地考察学习，以学促干，比学赶超。

（党政办）

百 尺 河 镇

【概况】 百尺河镇位于诸城市东北部，面积126平方公里，辖13个社区，1.45万户，人口5.21万，耕地面积7300公顷。2018年，全镇完成财政总收入5073万元，一般公共预算收入3129万元，分别同比增长5%和8%。年内，获得"潍坊市创业示范型乡镇""潍坊市环卫一体化管理先进镇""潍坊市'科学·关爱·和谐'示范镇"和"潍坊市实施银龄安康工程先进基层组织"等荣誉称号。

【新旧动能转换】 完善园区设施。坚持把园区建设作为推动经济发展的重要载体，在全面改造提升园区道路的基础上，持续搞好与市新奥燃气公司的对接，加快将燃气管道延伸至镇域内，满足企业发展用气需求；搞好污水处理厂的设备管护与更新，提升污水收集和处理水平，不断增强园区承载功能。

加快项目建设。坚持把项目建设牢牢抓在手上，以全市"大项目突破年"活动为抓手，深入开展"春季百日会战"和"秋季百日攻坚"，加快推进建华年产12万吨水务工程装备及制品、中信年产100万件高端铸造、良泽食品加工等重点项目建设。鼓励引导企业加大研发投入，加快科研成果转化，着力完成溢华新型高强铝镁合金制造等技改项目，打造更多的拳头产品。

狠抓招商引资。牢固树立"招商第一，项目为先"理念，紧紧抓住北京非首都功能疏解和产业转移机遇，全面对接北京、青岛等地招商，大力引进一批补链、强链、扩链项目。开展外出招商10多次，对接洽谈企业12家，达成合作意向项目7个，不断增强工业发展后劲。

【乡村振兴战略实施】 突出沿线布局，推动园区集聚发展。瞄准农业"新六产"发展方向，坚持更大力度推进农业"三调两提"，沿方崮路、平日路等主次干道，完成种植业结构调整1万多亩，打造以特色农产品、高端果品和乡村休闲旅游为主的现代农业园区长廊。平日路沿线，重点实施后于庄农业科技示范园二期工程，新建冬暖式大棚28个，集中发展高效食用菌种植。方崮路沿线，着力推动许氏三农热带风情园、青博田园综合体等园区建设，重点发展精品旅游、生态休闲、观光采摘农业，打造乡村振兴项目示范片区。

突出做活优势，打造农业特色板块。坚持因地制宜、特色发展，在镇域南部富水地区，加快建设河套西洋参种植基地、芳利源泥鳅养殖区和盛安牡丹观光园；在镇域东北部贫水区，大力发展抗旱高效节水农业，着力建设龙泉蜜桃、小仁和樱桃、白龙山中药材"三大特色基地"，推动现代农业全域一体化发展。

突出项目支撑，打造中草药特色小镇。深挖白龙山药会文化渊源，调整周边土地800多亩，开工建设了白龙山东方药都田园综合体项目，融入文旅康养、休闲娱乐等功能元素，广泛开展中医药传统文化传播、特色民俗旅游与中医药高端康养服务，全力打造"药都百尺河·东方养生城"。

【城镇建设新品质提升】 深入贯彻落实全市生态环境保护大会精神，以争创全国文明城市为总抓手，全力开展"三大行动"，打造城乡环境"高颜值"。

开展美丽乡村标准化建设行动。以城乡环境综合整治百日提升行动为抓手，进一步细化农村环境整治工作方案和考核办法，全面清除国省道、县乡道、连村路及村内外沟渠各类垃圾，打造一批生态宜居美丽乡村。先后处理积存垃圾点40多个，拆除违章建筑1.1万平方米，粉刷墙面10万多平方米，新硬化路面2万平方米。

扎实开展巡河行动。严格落实河长制，按照“乡级河长每旬巡河不少于1次、村级河长每周巡河不少于1次”的要求，大力开展智慧巡河，重点搞好对百尺河、五龙河等河流污染防治工作，打造水更清、岸更绿、景更美的生态环境。

开展环境污染源整治行动。扎实做好污染源普查工作，深入开展入户普查与数据采集，进一步摸清家底。强化散煤治理和清洁煤推广使用；以中央生态环境保护督察“回头看”为契机，加大对“散乱污”企业、规模化养殖场等经营单位的整治力度，对不符合产业政策，无法完善环保手续严重污染环境的，坚决落实“三断两清”，杜绝死灰复燃。

【和谐幸福新家园打造】 加强文化教育建设。围绕办人民满意教育，加快实现小学全部楼宇化，推动教育均衡发展。深入实施文化惠民工程，先后组织举办庆五一暨五四青年节联欢会、百尺河第16届日记节、茂腔戏剧进社区等特色文化活动，受益群众达1万多人次。大力宣传社会主义核心价值观，扎实开展移风易俗工作，所有社区、村居都成立了红白理事会，教育引导广大村民喜事新办、厚养薄葬、丧事简办，减轻了群众负担。深入挖掘本地红色文化、日记文化与非遗文化，加快建设百尺河综合文化服务中心、乡贤文化博物馆等文化项目，真正讲好“百尺河故事”。

加快基础设施建设。实施方崮路拓宽改造工程，提升镇区南北发展空间。加快推进新型农村社区建设，改造提升社区服务中心2个，新增社区幸福院4处。实施土地综合整治项目，涉及2大片区21个自然村，改善农业生态条件，新增耕地近1600亩。

深入开展惠民工程。认真落实城乡居民基本养老保险、医疗、低保、五保、救助等各项惠民政策，前三季度新办理残疾人两项补贴105人，改造农村危房7户，为65岁以上老人免费健康查体2026人，完成家庭医生服务签约1.6万多人，提升了群众满意度和获得感。

狠抓社会治理。扎实开展“七五”普法知识宣传，营造遵法守法氛围。开展各类安全生产大检查活动，深入企业执法检查92家次，排查整改安全隐患300多起；开展安全专家专项检查30多次，安装企业智慧用电监控系统32家；稳步推进企业“双重预防体系”工作，与第三方机构签订指导合同11家，有效防范安全事故的发生。稳步实施岳沟水库、东盆渠水库除险加固工程，重点做好汛期安全防范工作。深入开展扫黑除恶专项斗争，搞好“四类风险”安全隐患排查，化解群众来信来访问题，解决群众诉求200多件，维护社会和谐稳定。

密水文化公园　（供图　李春洪）

【干部作风建设】 深化作风建设。坚持以全市深化“机关作风建设年”活动为抓手，督促班子成员对照“旧、满、低、怕、慢、松、冷、弱”等八大方面的作风问题，认真查摆和整改自身存在的突出问题，加快干部作风转变。开展寻标对标，先后赴高密市阚家镇、青岛市河套街道等标杆单位开展“对标学访”活动，不断开阔眼界、拓宽思路。以开展“大学习、大调研、大改进”活动为契机，发挥领导干部“头雁效应”，带头深入包靠社区和联系企业，集中开展大调研活动，形成高质量调研报告20多篇。

加强意识形态工作。研究制定工作制度和学习方案，纳入党委理论中心组学习计划，对习近平总书记关于意识形态一系列重要讲话和《党委（党组）意识形态工作责任制实施细则》等内容进行专题学习，自觉做到学深悟透、真学真懂。注重发挥政府微信号平台作用，弘扬社会主义核心价值观，统筹推进“学习型乡镇”“学习型家庭”建设，培育文明乡风、良好家风、淳朴民风，不断凝聚向上向善的社会正能量。

夯实基层组织。严格落实“三会一课”“阳光议事日”“支部生活日”等活动制度，扎实推进“五四三二”工作法，提升基层党组织规范化水平。加强网格党支部建设，79个经联社全部成立网格党支部，带动党员干部发挥先锋模范作用，在服务群众、干事创业等方面展现新的作为，打造一支行动有力、素质过硬、作风优良的基层干部队伍。扎实开展“三清一增”集中行动，着力抓好宣传发动、组织领导、示范引领、统筹结合等4个方面工作，壮大集体经济收入。

加强党风廉政建设。坚持挺纪在前，严守纪律规矩，运用好监督执纪“四种形态”，抓早抓小，防微杜渐，推动干部作风再转变。严格落实党风廉政建设主体责任和“一岗双责”，驰而不息纠正“四风”，从严从实纠正侵害群众利益的不正之风，发现一起，查处一起，通报一起，树立新风正气，营造风清气正的政治生态。

（李春洪）

辛　兴　镇

【概况】 辛兴镇位于诸城市东部，面积73平方公里，辖11个社区，1万户，人口3.8万，耕地面积4245公顷。2018年，全镇规模以上生产总值121.92亿元，比上年增长12.83%；地方财政收入2.6亿元，比上年增长33.9%；规模以上工业实现销售收入124.07亿元、利税5.36亿元，分别增长17.73%和48.14%；农民人均收入19280元。年内，获得“全省干事创业好班子”荣誉称号。

【新旧动能转换】 坚持“工业立镇、项目兴产”不动摇，以大项目建设新突破推动工业转型升级，构筑新旧动能转换核心优势。

园区建设加挡提速。把基础设施建设作为项目建设的前置条件，不断增强园区路、水、电等配套设施建设。投资2亿元，完成龙光热电锅炉清洁及区域融合利用技术改造项目，热效率达到93%，年产蒸汽400万吨，为企业提供充足的能源保障，减少资源消耗，降低污染排放。投资1.1亿元，实施鑫兴污水处理厂二期工程，污水处理能力增加5万立方米，达到7.5万立方米，大幅提高生态效益。规划新建生物医药产业园“两纵一横”路网体系，完善园区道路布局，拓展园区发展空间，保障产业快速可持续发展。

项目建设大干快干。坚持抓项目就是抓发

齐沟千亩高效冬暖式大棚蔬菜种植园区——西红柿大棚

（供图　党政办）

展、抓发展必须抓项目，深入推进“大项目突破年”活动。全年总投资30多亿元，建成投产大业精密汽车配件、东晓10万吨高品质氨基酸、鑫兴污水处理厂等5个续建项目，开工建设大业10万吨钢帘线扩产、东晓生物中试工场、生物医药产业园道路等10个新建项目。山东大业、东晓生物两家企业税收突破1亿元。

发展要素充足保障。加大征地拆迁力度，围绕项目和园区建设拆迁倒地1500多亩，为项目引进和落地开工奠定了坚实基础。突出企业创新主体地位，引导企业重视科研创新平台建设，东晓生物研发中心被评为省级工程实验室，新建东晓中试工场、大业院士工作站；强化人才保障，大业、东晓、兴贸等多家企业的科技人才，入选泰山产业和鸢都产业领军人才，企业核心竞争力不断提升。

【现代农业发展】 以农业“三调两提”和“新六产”融合发展为引领，大力发展高效现代农业，加快构建现代生态农业园区，推动农业农村高质量发展。

现代农业园区加快建设。立足辛兴镇的自然条件和资源禀赋，规划建设高效冬暖式大棚蔬菜、甜叶菊育苗、优质林果三大农业板块，实行党委发动、社区引领、合作社运作、党员带头、群众参与的“大园区、小农户”发展模式，建成齐沟和朱庙两个千亩高效冬暖式大棚蔬菜种植基地，规划占地面积3000亩，至年底已建设大棚66个，年可实现产值1000万元。建成丁家庄、东辛兴、饮马泉甜叶菊育苗示范基地3个，占地1500亩，建设大棚300个，年可实现产值2000万元。建设大樱桃、苹果、蓝莓等多个林果种植基地，发展现代农业园区总数达到13个。

“新六产”融合质效提升。发挥青鸟农庄“名优特稀”的产品优势，进一步扩大特色果蔬产品种植规模，带动周边105户农户发展特色果蔬种植，户均增收5万元。依托浩天甜菊糖精加工产业链，发挥甜依甜叶菊育苗示范基地的带动作用，加强对甜叶菊新品种的研发、培育和生产，打造国内一流的甜叶菊综合性产业中心。

基础设施健全完善。加大高标准农田和水利工程建设，总投资2亿元，实施4万亩高标准农田建设、齐沟高标准农田建设、共青团水库

青鸟农庄田园综合体

（供图　党政办）

除险加固和增容等农田水利工程，提升现代农业物质装备水平。

【生态宜居品质提升】 立足辛兴产业特色、功能布局和长远发展，提升全域规划水平，构建空间结构协调、产业活力强劲、城乡品质高端、服务功能完善的新型城镇化建设新格局。

城镇化建设水平全面提升。坚持在服务产业发展、提升生活品质上持续用力，实施镇驻地改造提升工程和方崮路拓宽工程，提高驻地硬化、绿化、亮化档次。以“三区”共建共享为路径，全面推进城乡土地增减挂钩，完成东辛兴村聚集融合项目，总投资4000万元，搬迁农户61户，拆迁面积43亩、建成安置区2万平方米，加快建设百尺河生态景区、生物医药产业园区和生态聚合区融合发展的“三区”共建共享样板区。

农村生活环境不断优化。持续深化美丽乡村建设，严格落实“五化”标准，全年共硬化道路15公里、修建排水沟5000米、栽植绿化苗木8万棵、安装路灯200多盏、粉刷墙面10万平方米，打造美丽乡村示范村12个，A类村庄覆盖率达70%以上。实施农村社区成方连片治理工程，对齐沟一村、齐沟二村、臧家庄子连接方崮路的三条道路进行拓宽改造，打造齐沟社区乡村振兴示范社区。

生态环境切实改善。扎实做好环保督查反馈意见整改工作，全力推进畜禽养殖标准化建设、化工企业整治等重点工作。投资560万元，实施“十河共治”百尺河生态治理工程，打造百尺河沿河绿化长廊3.8万平方米，完成植树造林1200亩。扎实推进“河长制”，清理河床树木2万余棵，整治河道两侧排污口27处，关停河道两侧养殖小区12处，水源涵养和生态绿化水平大幅提升。

【社会保障】 坚持抓文明、保民生、促和谐，推进社会各项事业全面提升，切实提高人民群众的获得感、幸福感和安全感，为经济持续健康发展和社会大局和谐稳定保驾护航。

扎实抓好民生保障事业。严格落实低保、五保、困难救助等政策，开展救助慰问活动12次，新建、修缮房屋38处，发放救助资金和物资合计300多万元，走访慰问困难群体1000多户。

扎实抓好精神文明建设。健全完善村规民约、红白理事会，开展“好婆婆好媳妇”等文明创评活动100余场次，绘制宣传文化墙600余面，制作公益广告230处，精神文明面貌持续改善。

扎实抓好安全稳定。深入开展扫黑除恶专项行动，加强重点群体稳控，强化矛盾隐患排查化解，实现了全年零非访、零集体访。严格落实“一对一”安全生产包靠责任制，高标准打造浩天药业消防指挥中心，成功迎接了全省消防工作现场会，年内没有发生安全事故。

【党建工作】 坚持抓党建促作风，以作风促工作，以工作促实效，夯实基层组织，强化作风建设，从严从实，抓紧抓细，营造高质量发展良好政治生态。

提升基层党建工作水平。抓好“领头雁”计划、“灯塔”在线学习、党员进党校、主题党日等活动，推动“两学一做”学习教育常态化制度化。高标准完成网格党支部建设，建成网格党支部62个，改造提升社区党群服务中心3个，发展党员29名，18个联建党组织开展活动70多次，捐赠物资合计30多万元。创新“两新”组织党建工作，配齐56名非公企业党建指导员，推广“红色薪酬”，安装智慧党建云平台14家。

稳步推进“三清一增”集中行动。创新“抓两头带中间”工作法，抓牢“带头”和“刺头”牛鼻子，加大宣传力度，严格摸底核查，创新思路举措，“三清一增”工作成效显著。

持续深化作风建设。深化“作风建设年”活动，扎实开展“大学习、大调研、大改进”，引导党员干部在项目建设、拆迁倒地等重点难点工作中，勇担急难险重任务，锤炼扎实过硬的作风。严格落实党风廉政建设责任制，科学运用监督执纪“四种形态”，强化党员干部廉洁守纪意识。

（党政办）

林　家　村　镇

【概况】 林家村镇位于诸城市东南部，面积135.10平方公里，辖13个社区，14842户，人口49850人，耕地面积8827公顷。2018年，全镇完成地方财政收入8691.3万元，比上年增长80%；全镇工业实现销售收入12.7亿元，利税26328万元，分别增长27.97%和111.32%；农民人均纯收入21464元。

【工业提质增效】 围绕培育壮大机械制造、食品加工、工艺品服装加工三大传统产业和先进装备制造、海洋性功能食品、新能源三大新兴产业，着重发展高新技术产业，构建起了更加合理的工业发展新框架。重点加快软控二期、山东环保成套设备制造、欧拜尔智能家居、青岛顺程传动和布垒赛特工艺品等10个新开工项目建设进度，山东环保成套设备制造、欧拜尔智能家居、布垒赛特工艺品等项目车间主体已完成。其中欧拜尔智能家居5月投产，同步加快和顺源智能家居、青岛旭清科技等4个续建、扩建项目。立足招商引资优势，持续引进新兴工业项目，充实工业经济发展框架，推动工业经济量的提升。利用一个月的时间，先后洽谈对接青岛澳柯玛、竣宏工贸等青岛企业，至年底，引进青岛澳海生物、澳柯玛自动售货机、竣宏工贸、康大包装等工业项目入驻园区。

【农业全面振兴】 按照“三调两提”和“五化”发展要求，积极打造青岛西部的“菜园子”“果篮子”和生活服务基地，确立西南部发展设施农业，东南部山区发展果茶业，北部发展绿色有机蔬菜的农业结构调整思路，增创农业发展新优势。完成土地流转13100亩，建设现代农业示范园区15个，形成青岛都市农业聚集区、甫乐田园种植基地、润裕祥生态农业基地、润竹山农业生态基地、青朴樱桃采摘园、竹山生态谷、龙湾猕猴桃种植基地等7个占地500亩以上的规模园区。同步加快大桥西千亩种植基地、厚艺德葡萄园等5个续建规模项目，打造生态农业观光圈。抓好山区土地流转，推动林业向规模化发展，年内完成成片造林4230亩，围村造林340亩，四旁植树55万棵。

由青岛美嘉乐器有限公司投资建设的诸城市首家大型乐器制造企业——潍坊美嘉乐器有限公司落户林家村镇　（摄影　张泽青　王楠楠）

【生态旅游“新名片”打造】 抓住

产业融合发展契机，积极引导工商资本下乡，培育经济增长新业态、新模式。发挥竹山资源优势，与中科院植物研究所合作，共同开发竹山生态谷、竹山润山泉水、汽车宿营地等高档服务业项目，同步建成白鹭园休闲农庄，打造起生态旅游观光圈。

【新型城镇化建设】 沿省道薛馆路，打造10公里城镇聚集带，构建特色城镇、新型社区、美丽乡村协同发展的新型城镇化体系。规划建设连接城镇聚集带的七条纵向县乡路。完善小桃路、方崮路、林辛路等县乡路的路网体系，增强对沿线社区的辐射带动功能。新修方崮路至竹山生态谷连接道路、林杨路、牛台山旅游观光路。完成更换、安装薛馆路、驻地沙张路、百陈路路灯。加快聚集融合步伐，林家一社区河湾村土地挂钩置换、会里小学工矿复垦项目、洼子社区黑土夼等村土地整治项目已全面完工。落实精准扶贫工作，继续享受政策的建档立卡贫困户447户852人。

【执政能力和水平提升】 深入开展群众路线教育实践活动、“三严三实”和“两学一做”主题教育实践活动，始终保持共产党员的先进性和纯洁性，党员干部群众的思想作风有了较大转变，镇党委一班人带头参加教育实践活动，对照查摆的问题扎实整改，领导干部整体素质明显提高。加强基层组织建设，开展软弱涣散班子整顿和晋位提升活动，开展政务公开、社区事务公开、民事户决等村民自治、民主管理工作，基层组织的战斗力明显增强。在全镇开展责任、发展、争先、协作、清廉“五种意识”教育和建设幸福社区提升群众满意度活动，全面落实“大走访、大调研、大宣传、大问需”活动实施方案要求，密切联系人民群众，努力解决群众需求诉求，切实加强党员干部思想作风建设，树立真抓实干、干事创业的良好风气，广大党员干部的思想作风有了明显改善，影响带动了全镇干事创业风气的形成。

【党风廉政建设】 健全党委统一领导、党政齐抓共管、纪委监督协调、部门各负其责、依靠群众支持和参与的领导体制和工作机制，坚持每半年召开一次领导班子廉洁自律专题民主生活会，瞄准“四风”问题，通过“互点、互提、互帮”的方式，广泛开展批评与自我批评，有则改之，无则加勉。按照市纪委要求，结合“六有”标准，配齐配强专职纪检队伍，加大办案力度。集中开展“庸懒散浮”专项治理，严肃查处作风疲沓、办事拖拉、推诿扯皮等问题，更加注重加强领导干部廉洁自律工作，主动接受人大代表、政协委员和组织、纪检监察部门和人民群众的监督，领导干部廉洁自律意识得到增强。

【发展环境优化】 围绕经济工作的总体思路，大力优化经济发展环境。

加快园区建设。把青岛产业园建设作为拉动经济发展的突破口，构建经济发展的支撑框架。全面实施绿化、净化、亮化、美化工程，配套完善园区道路建设，完成林张路、林辛路、沙张路等拓宽改造工程，园区的发展层次进一步提升。

加快城镇建设。按照高标准规划、高起点建设的要求，积极推进顺水沿河发展战略，推动镇区南扩北移西延，城镇聚集带的框架基本形成。在全年观摩评比中，获得总成绩二类乡镇中第二名。

深入开展平安创建。集中开展道路交通、信访秩序、矿产开采、安全生产专项综合整治，全面加强治安防范工作，社会治安状况有了明显好转。高度重视信访工作，确保了全镇的和谐稳定。

加强精神文明建设。大力开展一系列文明

创建活动，全面加强精神文明创建，加大教育投入，加强基础设施建设，教育工作取得了一定的成绩。

（党政办）

桃 林 镇

【概况】 桃林镇位于诸城市南部，面积142平方公里，辖11个社区，1.03万户，人口3.44万，耕地面积4133公顷。2018年，全镇完成地区生产总值44.1亿元，比上年增长7.1%；地方财政收入3867.9万元，比上年增长17.6%；工业实现销售收入30.6亿元、利税4.5亿元，分别增长6.7%和5.1%；第三产业增加值达4.5亿元；农民人均纯收入18761元。年内，获得山东省森林村居（李子园村）、省级文明社区（山东头社区）、山东省抗灾救灾先进党组织、山东省卫生乡镇等荣誉称号。

【工业经济】 加快山东头临港高端产业园基础设施建设。完善园区道路、水利、电力等基础设施建设水平，完成污水处理厂和110千伏输变电站工程，启动并建成全顺路董家庄子段改造提升工程，有效提升了园区的承载能力，为新旧动能转换搭建优质平台。

发展壮大战略性新兴产业。围绕健康食品领域拓展与模式创新、高端制造业发展，重点抓了总投资1亿元的海鱼康海洋食品加工、总投资1.8亿元的鸿雨茶艺园等新建项目建设，围绕传统产业智能化改造、特色产业提升及强链补链，重点抓了总投资9000万元的外贸大型智能孵化车间等续建项目。

加大项目引进建设力度。对到桃林镇落户发展的企业实施全程服务，为企业做大做强提供优质的服务保障。按照2018年“大项目突破年”的要求，充分利用桃林镇毗邻董家口港的独特区位优势，积极开展对接青岛董家口港和北京非首都功能疏解招商活动。成功引入了日照兴业房地产有限公司等5个企业到桃林镇投资建设。

【农业产业】 突出绿茶、特色果品等优势产业发展。茶叶发展方面，按照“露天种植向保护地栽培转变、人工管理向机械化操作转变、粗加工向精深加工转变”的思路，着力推进绿茶规模扩张和效益提升。2018年，全镇新发展茶园5000亩，总面积达到3万亩。与中国食品谷集团达成合作意向，共同推广运营“诸城绿茶”品牌，“诸城绿茶”成为潍坊市首批知名农产品区域公用品牌。特色果品发展方面，积极推进果品品种改良、管理模式创新，补齐果品深加工短板。2018年，全镇新发展矮化樱桃、矮化苹果等高端特色果品5000亩。

加快重点农业项目建设。重点突破春风十里千亩蜜桃园、开城路青岛万亩休闲农业产业带、长运果茶小镇、大源高端茶园等“七大片区”，在全镇形成横贯东西、纵贯南北的农旅融合发展产业片区集群。开展招商引资和种植业结构调整工作，2018年，新招引长运茶旅示范园、意科特现代田园综合体等5个现代农业园区项目，总占地面积7000余亩，总投资超过6亿元。加强农业龙头企业培育，大力推动鸿雨抹茶产品抢占日本、欧盟的市场份额，实现年出口300吨，产值2.4亿元。规划建设农产品加工产业园，形成山区特色农产品加工、交易、流通集散地，拉动镇域经济发展。

【生态旅游】 完善旅游设施配套，加快旅游厕所、停车场等旅游基础设施建设，重点抓了全长5.6公里的山叩路拓宽改造工程、全长2.1公里的岳岭环山路新建工程和全长16公里的大山环山路环境综合整治工程。

做好旅游片区规划。针对镇区内旅游景点未形成串联的实际，加快旅游片区整体规划，统筹加快三生谷·禅意养生小镇、篱园风情小镇等重点旅游项目的建设进程，将镇区内的各大景点等有机融合，科学串联，着力打造镇域旅游大格局，让游客变“一日游”为“两日游”“多日游”，确保游客玩得好、留得下。

培育旅游新业态。做好生态培育保护，不断加大造林绿化、古树名木保护、封山育林力度，全镇完成成片造林面积3059亩，林木覆盖率、镇区绿化覆盖率分别达到63.7%和54%。做好护林防火工作，整合社区干部力量，形成300余人的防控队伍。安装智能防火语音提醒系统30余台套，接入市林业局电子监控网络，确保森林资源安全。2018年，桃林镇被认定为潍坊市森林镇，李子园自然村被评为省级森林村居。大力发展节会旅游，5月19日，成功举办了诸城惠丰·桃林镇2018樱桃采摘节，通过转发送门票等方式，五天时间，累计转发超过12万次。其间，累计接待游客20万人次，实现综合收入800余万元。“十一”假期期间，在长运果茶小镇成功举办了桃林镇秋季采摘节，累计接待游客10万人次，销售蜜桃、小米、丹参茶等特色农产品4万余公斤，实现综合收入400余万元。

【城镇建设】 突出驻地空间布局优化，规模适度扩张。按照“人在画中”的设计理念，将镇驻地向东向西扩展，向南向北延伸，实现桃林镇驻地建设的大跨越。重点抓了友谊河生态整治、镇西环翠山商旅开发利用和驻地风貌改造提升工程，整个镇区面积从2.3平方公里扩展到5平方公里，实现城镇风貌更具特色、居民生活环境更加舒适。

打造山水景观带，融合生态资源利用。注重突出桃林独特的山水田园元素，对全镇全部5条河流，全长40公里的河道实施整治提升，充分利用环翠山、友谊河山水相依的独特地貌，重点打造了环翠山生态公园项目。

突出共建共享，推进特色小镇建设。在镇区北部打造篱园风情小镇，在镇区南部打造山东头茶旅风情小镇，在镇区西部建设三生谷·禅意养生小镇，在镇区东部打造长运果茶小镇。2018年，山东头茶旅小镇通过潍坊市的特色小镇验收，被列入潍坊市首批特色小镇创建名单，石屋子沟社区美丽乡村建设试点被列入“山东标准”2018年度建设项目计划。

【民本民生】 继续深化扶贫工作，做好教育和医疗保障。对已脱贫的贫困户脱贫不脱政策，确保所有贫困户不会因病因学致贫返贫，真正实现脱贫致富。2018年，桃林镇扶贫办被潍坊市人社局、扶贫办认定为潍坊市脱贫攻坚先进集体。完成对曹家沟小学、鹤现小学校舍改造工作，改善师生教育教学条件。建设完成了山东头、岳戈庄等3个社区卫生室，推广应用“医养结合”的社区养老模式，2018年，桃林镇被省爱卫办评为省级卫生镇。

做好生态环保和安全生产工作，坚守安全底线。践行好习近平新时代生态环保理念和牢固树立生态意识、底线意识、责任意识以及强化绿色发展理念、强化问题导向、强化依法治理“一个坚定不移、三个牢固树立、三个不断强化”的理念，认真做好中央、省环保督察及“回头看”发现问题整改工作，坚决保护好桃林镇的绿水青山。深入开展安全生产百日攻坚活动，强化食品药品安全监管，确保安全生产无事故。强化完善“一平台四中心”便民服务体系建设，深化矛盾纠纷排查治理，圆满完成上合组织青岛峰会期间的安保维稳工作。

积极发挥党建引领作用，强化组织和作风保障。加强基层党组织建设，深化作风建设年活动，强化党员干部作风建设。建立起党员亮身份、比贡献的党员“比学赶超”新机制，让党员成为农村综治维稳、增收致富的一面面旗帜，随时随地能够挺身而出；全面加强农村软弱涣散党组织集中整治，将农村党组织打造成为贯彻党的主张、落实党的决定的坚强堡垒，让党组织的声音在基层压到一切。全面落实党风廉政建设责任制，严肃整治和查处群众身边的不正之风和腐败问题，形成担当作为、干事创业的良好氛围。统筹抓好“三清一增”、城乡环卫综合整治等工作，代表潍坊市迎接了全省“三清一增”工作检查，被潍坊市城管局评为环卫一体化工作先进单位。

（郭永梅）

皇 华 镇

【概况】 皇华镇位于诸城市南部，面积192平方公里，辖14个社区，1.8万户，人口5.9万人，耕地面积6467公顷。2018年，全镇完成地区生产总值10544.4万元，比上年增长99.5%；地方财政收入6436万元，比上年增长76.6%；限额以上工业企业实现销售收入9.37亿元，增长94.41%，利税5885.6万元，增长987.59%；农民人均纯收入15000元。

【工业】 贯彻落实全市“秋季百日攻坚”动员大会精神，聚焦重点项目，集中力量攻坚，全面压实工作责任，加快重点工程建设步伐。建设完成三羊榛缘精深加工项目，榛子蛋白饮品下线进入各大超市销售。万得福高端食品加工项目二期污水处理泵站建成运行。潍坊凯姆特精密凸轮加工项目建成投运。完成信得科技养殖废弃物资源化利用项目建设。潍坊首望生物科技有限公司和开源铸造两个对接青岛项目，均已投产达效。

【服务业】 推动服务业提档升级，完成全长36.1公里观山旅游大道的硬化工作；开工修建华山榛业田园综合体道路，完成部分道路硬化工作；完成甘泉岭生态园建设工作，建造园内观景台1座、建设园区标志性建筑——江北第一茶壶；规划浦兰生态园，完成园区图纸设计；完成动

皇华甘泉岭生态园标志性建筑——江北第一茶壶

（供图　王桂燕　王梦箫）

物园二期项目土地流转，平整园区道路，开工修建大象馆和野生猛兽散养区；设立内蒙古诚昊启元股份公司山东分支机构山东启恒物流，实现税收1476.94万元。

【现代农业】 多方发力创办高效农业，根据农业“五化”发展要求，推进土地流转。2018年，上级分配土地流转任务6100亩，全镇流转了6600亩，超额完成上级分配任务。新建过1000

亩的农业园区2个，过500亩的7个，过200亩的8个。14个社区因地制宜，梳理土地2884亩，领办高效农业园区。位于寿塔社区的妙泽生态农业示范园，完成土地流转工作，开工建设一期猪舍；硬化卢山栖心谷道路2公里、种植茶叶100亩、种植果树150亩、修建水库塘坝4座；完成占地2100余亩的西域风情田园综合体特色农业示范区栽植工作，种植中草药1000余亩、林果600余亩；相家沟片区、福台片区、姚家村片区土地整治项目，土地整理基本完成，项目内配套建设道路36.443公里，新增耕地面积1188亩。

【生态文明建设】 开展中央、省环保督察反馈问题自查自纠工作，巩固全镇督察整改成果。完善华欣铸造、荣祥机械企业手续和环保设施配建；关停取缔5家违法违规企业，彻底做到“两断三清”；对四家企业的燃煤锅炉全部“清零”。对镇域内10家洗沙厂、5家小石子厂和5家商混企业开展专项整治。完成潍坊市对环卫一体化标准化管理村的评审工作；全年共考核社区、自然村12次，树立环卫综合整治标杆社区3个、标准化带头村25个，治理落后村12个；创建“美丽乡村”示范村10个，掀起全镇人居环境综合整治热潮。加强生态治理，实施扶河淇河治理，完成淇河段河道治理工作，开工建设扶河段河堤道路；投资2000万元，完成莎沟水库提灌站项目的建设。全年完成绿化造林面积3600亩。

【精准扶贫】 结合贫困户居家提升工程，全镇投资200万元，对存在隐患的800余户房屋进行了整改提升，保障建档立卡贫困户的汛期安全。积极引导农户发展高附加值的林果产业，提高农田单位产出效益，主要通过富硒樱桃采摘、矮化苹果扶贫共建产业园、万亩榛子园区和浦兰生态园等产业项目，采取“合作社+党支部+农户”的方式，带动周边农户发展规模种植，形成特色农产品规模、品牌效益，真正把发展规模经营和脱贫攻坚与带动一般农户增收结合起来，实现农业增效、农民增收、脱贫致富。对农村特殊困难群体精准实施动态调整，确保应保尽保、应兜尽兜，积极推进助残助老等各项关爱活动，加大对特殊困难群众的救助；继续落实“雨露计划”和困难家庭学生资助政策措施，不让一个孩子因贫困而辍学或上不起学；继续落实“特惠保”制度，推进建档立卡贫困人口家庭医疗救助，防止贫困家庭因病返贫。

【社会治理】 结合山区实际，落实属地管理责任，不断加大资金投入，成立森林防火指挥部，新增护林防火房12处，配备防火器材；组建专业防火队伍，严格落实值班和巡逻制度，加强进出山口管理，科学设置防火隔离带，实现山林防火工作责任落实到位、人员配备到位、物资储备到位、宣传发动到位、防火救灾到位，筑牢全镇“防火墙”。广泛宣传，全面开展涉黑涉恶线索排查，对重点群体开展“问题”和“苗头”的双重梳理和摸排，实现“有黑扫黑、无黑除恶、无恶治乱”的目标要求。扎实推进“三清一增”集中行动的开展。结合“扫黑除恶”专项斗争，全年收缴农户往来欠款1758.48万元；理顺各类合同367份；规范各类机动地、四荒地等8263.54亩；拆除违章建筑、乱搭乱建1399处，为后期园区打造、发展集体经济打好基础。扎实推进风险管控和隐患排查治理双重预防体系建设，完成高危行业、规模以上企业双体系建设任务。开展四次拉网式大检查，以部门按照分管行业领域组织检查、社区按照属地组织检查、镇联合检查组对重点行业重点单位进行重点检查的模式，对危化品、烟花爆竹、建筑施工、用电安全、消防安全、森林防火、冬季取暖、学校安全及食品卫生等重点项目开展安全生产专项整治行动。

【社会保障】 7–8月，对辖区内道路、塘坝、房屋、排水沟进行全面排查，做好河堤加固和河内清障工作，保障群众汛期安全。台风过后，全镇及时实施重建工作，清理整治排水通道，修复受损塘坝，加固堤防，整修道路。同时积极争取各界帮扶力量，争取上级救助资金60万元，并严格按照标准发放到位。全镇办理建档立卡医疗救助31人；办理困难大学生救助11人，发放金额27500元；办理临时困难救助19人，发放金额23000元；救助受灾人员740户，发放各类救助款共计104.15万元。加强低保动态管理，进行低保复核，对群众反映的低保问题，及时调查落实，不符合条件的坚决取消，全年共涉及减员低保户142户，减员人口237人。

【文化教育】 投资300余万元建成占地2000多平方米的茁山文史馆，全面展示茁山社区的发展历程；投入4.1万元扩充镇图书馆及各社区农家书屋的图书资源；联合日出东方艺术团在各社区开展主题茂腔演出14场，丰富居民文化生活；以良好家风浸润社会风尚，在新一期文明家庭评选中，镇域内6户家庭被授予“诸城市文明家庭”荣誉称号；举办社区文化节，满足社区居民精神文化需要，推动全镇精神文明建设再上新台阶。开工建设皇华镇中心幼儿园；完成郝戈庄新初中的建设；借助全市大项目建设的机遇，为多所镇属学校添置教学器材，大幅度提升办学条件；镇域内5所学校的操场已经全部水泥硬化，3所学校建设塑胶跑道，马耳山艾东小学铺装人工草皮足球场。

【医疗卫生】 本着实现“基层首诊、分级诊疗、双向转诊”的原则，以家庭医生签约服务工作为契机，建立“小病在社区、大病到医院、康复回社区”的就诊模式，主动走进乡村，了解群众的健康需求和问题，当好群众健康的参谋长，做好百姓健康的守门人；免费为六十五岁及以上老年人进行健康查体，建立健康档案，针对慢性病、重性精神病、特殊家庭等重点人群开展定期随访、巡诊工作，对行动不便的老年人送服务上门，对需要到二级以上医院转诊的病人主动帮助联系专家、办理手续，开通绿色通道，有效解决百姓看病难、看病不方便问题，受到群众广泛好评。

【党的建设】 扎实抓好网格党支部工作，圆满完成全镇14个社区的换届选举工作，调整社区“两委”成员10名、普通干部2名，新考察任用干部10名，选拔8名年轻社区干部担任社区党组织副书记，配齐、配强社区领导班子。落实党员全员进党校和党员积分制管理，对3071名党员进行了轮训。加强基层组织阵地建设，投资480万元完成对茁山、寿塔两个社区党群服务中心的改造提升，完成皇华店社区的新型农村示范社区创建任务。强化问题整改，彻底整顿软弱涣散党组织2个，立案查处9起党员违纪案件，约谈党员干部28人次。坚持“围绕产业抓党建，抓好党建促发展”，成立3个产业合作社党支部，形成资源共用、生产互助、利益共享、风险共担、互动共促的长效机制。发挥党组织战斗堡垒作用，通盘考虑，明确分工，保障群众汛期安全。

（王桂燕　王梦箫）

诸城经济开发区

【概况】 诸城经济开发区位于诸城市城区北部，面积56平方公里，辖6个社区，11327户，人口4.7万，耕地面积1567公顷。2018年，全区完成财政总收入12.39亿元，比上年增长36.4%；一般公共预算收入6.91亿元，比上年增长29.5%；限额以上工业实现销售收入90.6亿元，利税6.2亿元；限额以上服务业实现销售收入4.3亿元；农民人均纯收入17499元。年内，红星社区被推荐为第七批“全省民主法治示范村（社区）”，万里社区党委被潍坊市委评为“先进党组织”，万里社区被潍坊市老龄委评为潍坊市城乡社区老年协会示范点。

【产业发展】 以“大项目突破年”活动为契机，抓住“春季百日会战”和“秋季百日攻坚”两个关键点，一切围绕项目转，一切盯着项目干，全力推动新旧动能转换和产业转型升级。

狠抓快促重点项目建设进度。全年实施外贸健康食品产业园、桑莎智能针织服装生产、桑莎德利源转型升级、半岛慧谷、奥扬科技新能源汽车智能动力供气系统及智能工厂建设等过千万元重点项目40多个，全部安排科级干部一线包靠，对项目推进中遇到的问题主动协调、跟进服务，既做好“管家”，也当好“保姆”，持续优化营商环境。组织全部力量，调度一切资源，加快投资15亿元的外贸健康食品产业园项目拆迁倒地，完成倒地530多亩并开工建设；狠抓投资11亿元的桑莎智能针织服装生产和桑莎德利源转型升级2个项目，拿上专门人员靠在现场，督促施工进度，提前订购设备，桑莎智能针织服装生产项目提前竣工投产；帮助奥扬科技深入研判市场，加快实施投资8亿元的新能源汽车智能动力供气系统及智能工厂项目建设。全年帮助企业协调解决土地指标、开工手续、资金瓶颈等问题40多项，确保了项目顺利推进。福田汽车TM高端微卡技术改造、中纺金维设备更新、艾泰克SCR生产线改造、天旭太阳能500万支太阳能真空管等多个项目已建成投产。

加强企业技术创新平台建设。大力推动惠发食品、艾泰克环保、天旭太阳能、海韵汽车等大中型企业争创各级工程技术研究中心和企业技术中心，鼓励支持企业借鉴奥扬科技与浙江大学、信得科技与南京农业大学和省科学院合作的经验，加强与高校和科研院所产学研合作，建立院士工作站、博士后工作站及实验室等研发机构并进行挂牌。加快半岛慧谷项目建设施工进度，为招才引智打造平台，以人才的引入促进企业的转型升级。

推动企业挂牌上市工作。多方帮助企业拓宽融资渠道，主动做好企业的上市挂牌服务工作，推动其尽快实现上市和挂牌。奥扬科技、信得科技、艾泰克环保等3家企业已开始主板上市的前期准备工作，奥扬科技预计2019年上半年上报审核材料。协调山东普克、云峰数控等5家企业在青岛蓝海股权交易中心挂牌，数量居全市第一。

【片区改造】 把加快棚户区改造、完善基础设施配套建设作为推进产城融合、改善民生的重要抓手，全力攻坚，全力突破，工作成效突出。

棚改力度大。年内，实施红星片区、李家庄子片区、驻地片区等棚户区和片区改造项目13个，启动拆迁和开工建设的共计11个，总规划建筑面积590万平方米。其中红星片区已签订拆迁协议274户，将于2019年3月底之前完成回迁安置；驻地片区一期拆迁协议签订率达到

96%，已拆除住宅1560户；李家庄子片区剩余16户，21处建筑已全部拆除，安置区建设顺利进行。

片区建设快。红星家园B区二期、兴业舜德帝景、长运兰花清韵等6个片区项目顺利推进；2018年，新开工建设了中天万家苑、龙城龙府二期等3个项目；此外，桑莎小镇正在规划当中，诸冯、吉家屯片区改造已提上日程。

配套建设全。红星老年社区、舜德学校、诸城农商银行营业楼等项目建设顺利，中西医结合医院、兴业·万达广场、桑莎婴幼儿园等项目正按计划推进当中。投资2000多万元，对横六路、四平路和站前街等道路管网进行了改造。投资1.6亿元，扩建舜河污水处理厂2万余平方米，使出水水质主要指标达到地表水类五类标准。全区的金融、教育、文化、医疗、养老及路域管网建设水平不断提升。

【民生保障】 突出抓好各项社会事业，全面提升群众幸福指数。

切实做好各项城乡救助保障工作。抓好精准扶贫，对享受扶贫政策的237户贫困户及时发放扶贫特惠保，为五洲化工公司争取贷款资金300万元，带动全区70户稳定脱贫。全年为低保户、优抚对象、残疾人及老年人发放各类救助补贴140多万元。

切实加强环境保护工作。抓好环保督察"回头看"，对中央环保督察期间接到的5件转办件和涉及的6家涉水涉气污染企业全部按要求整改完毕，对10家违规铸造和化工企业进行"两断三清"和停电关停，拆除十吨以下燃煤小锅炉5家，关闭取缔"散乱污"企业3家，16家汽车维修单位全部安装废气治理设施和完善环评手续，10多处建筑工地全部落实防尘措施。

切实抓好信访稳定相关工作。积极做好来访接待，多方协调化解信访积案。坚决打好"扫黑除恶"专项斗争，6个社区、30个经联社实现宣传标语全覆盖，张贴扫黑公告120份，印发《一封信》和《扫黑除恶知识问答》12000份。积极开展"七五"普法宣传工作，红星社区被推荐为第七批"全省民主法治示范村（社区）"。

强化安全生产监管。与区内400余家企业、238名企业包靠人及社区等全部签订安全生产目标责任书；全年共检查复查企业400余家次，下发责令改正书等文书800余份；开展危化品、涉氨冷库等行业领域专项整治9次；组织区内涉氨冷库等单位安全员600余人参加市级专业培训，特种工等150余人参加持证培训；全年完成安全生产标准化创建企业评审16家。

【发展环境优化】 扎实推进"三清一增"工作。全区已清理房屋154间、机动地2500余亩、多占宅基地146处、乱搭乱建660余处，规范合同920余份，实现资金收入1640万元，其中一次性收入1260万元，长期收入380万元，有效解决了经联社无收入来源问题。

全面启动文明城市创建。在市级网格包靠的基础上，安排班子成员、机关干部46人包靠社区和经联社，社区及经联社干部具体包靠道路，将责任细化到点到线。对无物业公司管理的舜王花园等3个小区，统一安排物业公司接管；对村内背街小巷的环境卫生等问题，结合城乡环卫一体化工作，定期组织进行现场打分评比，推动相关单位切实落实整改责任。拆除舜王大道、和平北街、历山路等5条主干道沿线违法广告牌匾200多个，设立"社会主义核心价值观"等大型宣传雕塑、牌匾60多个，营造了浓厚的创城氛围。

狠抓违法占地清理。全年拆除和制止各类违法钢构厂房建设等20多处，总面积200余亩，违法用地现象得到有效遏制。

【党建工作】 加强巡视巡察问题整改。对认领的中央和省委巡视问题严肃认真整改，切实做好市委第五巡察组巡察开发区各项协调服务和问题整改工作。

强化基层组织建设。狠抓党员教育管理，组织940名农村和“两新”组织党员到市委党校完成培训学习，全区3000名党员两年内全部完成进市委党校学习目标，党员整体素质能力明显提升。狠抓基层党组织建设，年内调整社区书记5名、经联社负责人8名，基层干部队伍结构进一步优化，基层党组织战斗力凝聚力不断增强，万里社区党委被潍坊市委评为“先进党组织”。狠抓“两新”组织党建，对88家“两新”组织全部按照“六有”标准进行进一步规范，信得科技顺利通过“两新组织”潍坊市示范点验收，奥扬科技、惠发食品等6家企业被评为诸城市先进党组织和红旗党支部。

健全完善规章制度。修订完善《诸城经济开发区规章制度50条》《党风廉政建设工作制度》等13项规章和考评激励制度，出台了《2018年度经联社综合考核办法》，党员干部工作作风和干事激情明显提升。

加强监督执纪问责。进一步加大问责力度，对13名不担当、不作为、乱作为的党员干部进行党纪处分，以提醒谈话、诫勉谈话等第一种形态约谈24人次，坚定不移推动从严治党向纵深发展。

（陶志远）

诸城高新技术产业园

【概况】 诸城高新园位于诸城市城区东部，面积140平方公里，管辖6个社区，共有6029户，人口2.3万，耕地面积1159公顷。2018年，全园地方财政收入1.26亿元，地方入库7189万元，同比分别增长42.61%、33.67%。

【经济发展】 加快新旧动能转换。加快大项目建设。推动美晨科技产业园二期、大业研发中心等15个优质项目开工建设。大业研发中心精密钢丝线项目，为潍坊市观摩提供了工业现场。着眼强链补链。招引汽车及零部件制造产业项目6家、航大新材等新兴产业项目5家、大业股份80万吨钢丝线等智能装备制造产业项目3家。美晨科技产业园、珍源汇福5000吨耐火材料等2个项目列为省级重点项目，艾泰克福田发动机后处理系统等4个项目列为潍坊市级重点项目，美晨科技产业园等15个项目列为诸城市级重点项目，汽车及零部件产业园、美晨科技产业园等2个项目列为潍坊市“四个城市”“10·30·100”支撑项目。

精心搞好项目服务。始终把拆迁清障作为首要任务，提早整平土地迎接项目落地。工作中，创新实施“民事户决”制、机关干部“国庆全在岗”驻园值班、定期召开调度会“催账”，使调地工作“事事有回音、件件有落实”，至年底已扫尾“清零”1000余亩。提供“店小二”式服务。配合财政、经信、国土、住建、城投等部门，抓好市级包靠领导现场调度的落实，帮助大业研发中心解决线路迁移、雨污管网铺设等施工难题10多个，用5个月时间推动钢丝线项目建成投产，创造了“大业速度”，该项目在潍坊市观摩产业项目排名中获得了第二位的好成绩；帮助美晨科技产业园一期、青特高端卡车车桥一期、盛邦物流等9个项目完成注册、立项、规划设计等手续；化解中航泰达担保链断裂风险，帮助益和盛橡胶公司完善劳动仲裁手续，督促长江涂料科技公司完善环保手续。

扎实推进乡村振兴。按照乡村振兴战略总要求，以“三区”共建共享为路径，扎实推进差异化、集群化发展。深化完善汽车及零部件产业园、智造产业园、智能装备制造产业、战略性新兴产业和综合配套服务区等功能区发展格局。积极开展“双招双引”活动。推动成立山东交通学院“乡村振兴培训学院（诸城）”，利用高校优势资源培养本土乡村振兴人才；大业公司获批设立博士后科研工作站，山东中航泰达复合材料有限公司复合材料轻量化技术实验室入选2018年潍坊市级工程实验室。年内招引新“诸城人”600余人，招引驻园项目320余个，带动村庄就地实现工业化，农民就地转变为产业工人4000多人，60%的农户实现户均一人就地就业，乡村振兴之路独具特色，省扶贫办于8月11日到高新园调研乡村振兴工作。积极创新路径壮大集体经济。创新成立社区总公司，6个社区设立分公司，服务全园及企业基础设施工程、环境综合整治、农厕改造服务等。借势积极抓好“三清一增”集中行动，向纵深推进集体产权制度改革，30个自然村成立股份经济合作社，基本完成清产核资审计。

【营商环境提升】 路域管网不断完善。在基本实现“九通一平”基础上，新修道路8条，建成“七纵六横”路网80公里；投资90余万元，完善道路安全设施12处，改造潘旺、下泊连村路3条；架设电力线路3公里，改造维修路灯，密州路、芦河大道和33个自然村全部亮化；铺设燃气管道6.7公里，热力管道4.9公里，自来水管道24公里，敷设场站路雨污管道18.4公里，新建消防备用取水点1处、消防栓140处，通讯线路全园覆盖。

民本民生持续改善。提升公共文化服务效能。在园驻地，投资100余万元，新建西王门党建文化长廊300余米，扩建文化广场2200余平方米；在社区，增配农家书屋图书3000余册。加强传统文化保护。推动成立潍坊清逸文房用品艺术博物馆、诸城东武博物馆，充实完善西尧民俗园。夯实教育基础。对已建成的高新实验学校，投资150余万元，新修校外道路，设置公共厕所、公益广告等配套设施；投资90余万元，绿化校外道路；道路两侧安装路灯。对正在建设的文德外国语学校，搞好服务推动，打造全市教育新标杆。精心启动全民终身学习活动周，倡导推进全民学习、终身学习。整合幼儿园4个，提升学前教育整体水平。

生态环保治理增效。绿化面积900余亩，查获偷伐行为14起；全面落实“河长制”，河长、河管员巡河常态化，整治芦河、栗行河河道3200米，入河排污口全部封堵；架设芦河防护网920米；春季开始即投资10余万元，提前开展美国白蛾防控；改造提升绿化带，绿化裸露土地2.3万平方米，林木覆盖率达45.6%；覆盖汽车及零部件产业园裸露土地1.8万平方米。全部关停“散乱污”企业和10吨以下燃煤锅炉，采取“两断三清”措施，完善3家铸造企业环评（验收）手续，大气质量显著改善。深入推进城乡环卫一体化，村村配足垃圾桶，垃圾清运处置到位，扎实开展环境卫生综合整治月活动，彻底清理“三大堆”。安装无线取证监控6个，精准打击乱倒垃圾行为。5月，启动农厕改造，到2019年6月全部完成。

安全生产扎实开展。认真落实安全生产网格化管理，杜绝了较大以上安全事故发生。加强自主检查，停产整顿企业6家，整改安全隐患130多项；聘请潍坊市级安监专家，借助上合组织青岛峰会督查契机，狠抓全园建筑工地安全规范施工。加强安全生产标准化建设和双重预防体系建设，富帛纺织有限公司等两家企业达到二级标准化企业，指导创建为潍坊市安全生产标杆企业。

国土、规划管控有力。租赁无人机，定期巡查违法建设，拆除陆吉庄子、场站路、新安街等违建19处、8000平方米，重点控制区域拆除率100%。

【制度建设】 立足长远抓规范，着力建立健全全园区政令统一、上下贯通、步调一致的工作格局。

抓建章立制。制定印发《财务管理工作制度》《公车使用管理制度》《办公用房使用管理制度》，强化干部队伍刚性约束；完善《自主聘用人员管理办法》，增强聘用人员凝聚力、战斗力；出台《社区经联社资金管理办法》《村集体机动地处理暂行办法》《乱倒垃圾有奖举报办法》《“三清一增”工作考核办法》，逐步走向制度化、规范化。

抓正气弘扬。邀请市老教师茂腔艺术团进园演出4场，大力弘扬积极向上的传统文化；关爱每位干部职工，年底前组织园、社区“两委”干部和自然村负责人查体，本人及父母配偶生病积极探望；根据个别村干部意愿和特长，合理安排工作；支持西王门社区李家潘旺村办公室产权问题，协助陆吉庄子村收回村机动地；主要负责同志带头遍访全园176家贫困户，“九九”老人节自主安排走访90岁以上老年人61人；修缮受灾贫困户房屋26户，安装自来水3户，补贴家用电器6户；贯彻“雨露计划”，落实上级补助救助贫困学生4名，园自主救助贫困大学生7名；发放特惠医保卡176户，积极帮助贫困户解决实际问题30余个。高标准组建高新派出所，提升治安水平，极大地增强了群众安全感。借势扫黑除恶专项行动和“三清一增”集中攻坚行动，向纵深推进农村集体产权改制，真正释放农村发展活力。企业每迁入3—5名党员，按照每名党员每月100元标准补助党建工作经费。

加强意识形态阵地建设。加强宗教信仰场所监管。普查全园民间信仰活动场所、民间信仰活动，普查结果建档备案随时监控。强化网络安全和信息化，不断提高通过互联网组织群众、宣传群众、引导群众、服务群众本领。加强精神文明建设。在园办公楼设置廉政、党性教育文化墙20余处；在芦河大道、密州东路、场站路等主要路段，绘制文化墙体画1800余幅，安装公益雕塑40余处，安装大型广告牌40余个、高炮1处；评选116名好媳妇、好婆婆，规划建设1处公共墓地，深化改革移风易俗，引导全域争创文明人。

【干部队伍素质提升】 牢固树立“抓好党建就是最大政绩”理念，狠抓干部队伍素养提升。

抓干部队伍建设。主动查漏补缺，接收、整理全园党员组织关系、建立健全党员管理档案，引导干部职工甘于以园为家、爱岗敬业。10月，市委对园领导班子和领导干部参照镇街体制进行调整，规范班子队伍建设，明确工作职责，增强了班子集体凝聚力战斗力；园调整中层干部18人次，社区、自然村负责人8人次；选优配强社区“两委”班子；合理划分网格党支部39个，选派优秀机关干部6人，下沉社区担任“第一书记”，用人导向科学、明确。积极推进小康公司和逄家芦水村、大业研发中心和徐家芦水村联建党组织，在参与土地调整、公益事业建设、组织协调与资源整合、党员教育管理等方面充分发挥作用。

抓理论学习研讨。深入学习习近平新时代中国特色社会主义思想和党的十九大精神；全年坚持每周一开例会、周五集体学习，学习前雷打不动重温入党誓词；加强党工委理论学习中心组学习，全年分24个专题，每月集体学习研讨两次；精选时政课题，及时组织学党章党规、学系列讲话。提出并组织开展“我心目中的高新精神”“新旧动能转换我要这么做”“如何看待围墙内外的营商环境”“习近平在民营企业座谈会上的讲话”四个大讨论，以奋发有为的精神状态影响和带动干部群众。“七一”期间，以省委表彰的“担当作为好书记”鞠新卫为榜样，召开座谈会弘扬学习，让全园干部学有目标、赶有方向。

抓党性教育培训。组织全园干部分批观看《好法官邹碧华》，组织全体社区“三委”干部到园集体观看电影《党员登记表》，增强全体党员干部的党性观念和法制观念。上半年，组织党员干部到王尽美故居、市委党史展馆、改革开放四十周年展馆参观学习；下半年，组织中层以上干部到井冈山、延安等红色教育基地接受党性教育。机关党支部参加党建知识竞赛活动，成绩分别位列全省第5名、第13名；荣获全市团体三等奖。

（徐沛进）

诸城南湖生态经济发展区

【概况】 诸城南湖生态经济发展区位于诸城市城区南部，面积62.5平方公里，辖9个社区，1.2万户，人口4.2万，耕地面积2333公顷。共有9个社区党委，54个网格党支部，2155名党员。2018年，实现财政总收入4.04亿元，同比增长66.03%，一般公共预算收入2.36亿元，同比增长54.48%。年内，蔡家沟成为龚正省长乡村振兴联系点；常山绿谷田园综合体在潍坊市综合评审中获得第一名并被确定为省级田园综合体培育对象；东方田园综合体荣获“齐鲁美丽田园”省级示范园区；先后迎接全省农业新六产、全省乡村振兴暨脱贫攻坚两个省级现场会、潍坊市2018年度观摩点评以及中央党校、国家发改委等调研现场。

【南部新城建设】 扎实推进南湖东西“两大组团”棚户区改造工作，年内先后启动6个村居的棚改拆迁工作，基本完成许家庄、小郝家村、李家庄子、东土墙、西土墙、孔一居等村居2000户拆迁工作，拆出土地5000多亩。开工建设东土墙、郝家村、横沟子等安置区达53万平方米。枫香小镇一期已竣工，于近期交房；繁华新城北区正在装饰装修；枫香小镇二期主体完工，计划2019年底交房；繁华新城南区基础施工中；盛元名府已开工的21栋楼中，7栋主体完成。惠丰朴园、万家园府邸、锦程嘉苑、丽水嘉园等商业开发项目也稳步推进，全年开工建设棚改面积近300万平方米。

【产业优化】 强化招商引资。完成潍坊市外及诸城市招商认定资金5.39亿元，新签约省外投资过亿元项目4个。万达集团、红星美凯龙、淮海融泰控股、上海宝龙、绿城、中电国创、恒大地产等相关项目正在洽谈中。

突出大项目建设。以“大项目突破年”活动为契机，2018年共谋划过千万元项目51个，总投资362亿元。其中，32个项目列入全市重点项目，野生动物园、常山绿谷田园综合体被列入潍坊市重大项目。年内新增规模以上工业企业4家、服务业2家、贸易企业2家、建筑业1家，新增数比2017年增加7家。做好第四次经济普查工作。超额完成全区法人、产业活动单位及个体底册数。法人单位、个体户清查率列全市前茅。

优化营商环境。鼓励有条件的企业上市挂牌。11月下旬，山东恒基农牧机械有限公司在青岛蓝海股权交易中心完成挂牌。

【乡村振兴】 重点抓好以果品产业为基础，以农业新六产为主要业态的常山绿谷田园综合体项目，推进农村三产融合发展。常山绿谷田园综合体占地2万亩、涵盖19个村，年内土地流

东方田园　　　　（供图　党政办）

转工作全部完成。常山绿谷田园综合体项目包括国家级农林科技孵化器、蔡家沟艺术试验场、小展村年画村、金查理小镇、欢乐海洋文旅小镇、苹果乐园、东方田园、永辉乡间、邦发田园、西域风情园等农业示范区，东山坡、沈家沟、皇庄、李家大村等民宿特色村共14个重点项目。至年底栽植以矮化密植苹果为主的各类果树1.5万亩，转化产业工人5600名，年人均增收达2.3万余元，居民满意度、幸福感明显提升。同时，培强做大“农业+文化”“农业+旅游”“农业+民俗”“农业+服务”“农业+聚合”等“农业+”文章。

【社会事业】 学校建设突破发展。京师学校、朱家村小学二期、孔戈庄学校二期秋季已招生投用；东坡学校主体完成，下步进行装饰和配套施工；新建繁华高中计划2019年5月竣工投用。

美丽乡村建设步伐加快。成功创建国家级文明村庄1个，创建12个省级、市级美丽乡村精品示范村；创建5个潍坊市城乡环卫一体化示范村。

道路建设成效显著。完成常山林果基地道路、常山西路、蔡家沟艺术试验场一期基础设施建设和在建工程项目、东皇庄旅游度假村基础设施建设；完成小李子元等12个村居村内道路、排水沟等改造提升工程；完成扶河、淇河工程治理，普乐街、环湖南路东延、常山小火车道路等清障工作。

做好社会保障工作。完成全区386户低保户的审查和复核工作，完成申报临时救助及走访各类贫困户100余户，统计符合政府安置条件的退役士兵，规划建设2处公益性墓地。扎实做好扶贫工作。通过产业扶贫、危房改造、雨露计划等项目和措施，全区建档立卡贫困户已全部脱贫；开展建档立卡贫困户集中遍访活动，对231户享受政策贫困户的住房集中进行居家提升工程。

深入开展全国文明城市创建工作。全区配备环卫工人、垃圾中转站工作人员及村居保洁员共117名，实现城乡环卫工作一体化推进；以“四德”工程为载体，通过举办社区文化节、绘制文化墙、好人评选、推进“一年一村一场戏”工程等方式助力全国文明城市创建，年内共有10余人荣获“诸城好人”、全市优秀志愿者荣誉称号，4个家庭入选全市“文明家庭”。

【和谐稳定局面开创】 强化综治维稳。对9个社区综治中心进行标准化改造提升；设立9处社区司法行政工作室；组建人民调解员和行政复议应诉联络员队伍；各类热线电话按时办结率达100%。

做好安保工作。排查辖区内所有企业，建

南湖区观光旅游小火车　　　　（摄影　张泽青　耿　娜）

立健全“一企一册”安全生产档案，安全隐患已整改完毕，辖区内企业基本完成双重预防体系建设；举办安全培训班，受训人数1200人次；强化环保督查，取缔清除散乱煤场、停产关闭“散乱污”企业；三里庄水库周边养殖场全部拆除，确保水源地饮水安全；扎实开展扫黑除恶工作。通过园区官方微信公众号、张贴公告、悬挂横幅、设立举报信箱、上街宣传等形式对扫黑除恶专项斗争进行广泛宣传发动；结合全市“三清一增”集中行动及清收社会抚养费，实施部门联动，深入推进扫黑除恶工作。

夯实基层基础。以棚户区改造、土地流转、项目建设等难事要事淬炼干部作风；开展“基层组织建设百日提升暨机关党员干部能力百日提升”双百提升集中行动。采取下派机关干部组建驻村工作组等举措，对基层后进班子进行整顿，坚决做到不转化不收兵。

（党政办）

人　物

山东省劳动模范和先进工作者（9人）

张　磊　　山东美晨生态环境股份有限公司董事长
泮月华　　北汽福田汽车股份有限公司诸城奥铃汽车厂车间主任
刘志强　　国网山东省电力公司诸城市供电公司变电检修班班长
马耀霞（女）　新郎希努尔集团股份有限公司制版师
周　剑　　诸城中康农业开发有限公司生产部副部长
王炳芹（女）　诸城市卫生和计划生育局宣教科科长
王泳中　　诸城东晓生物科技有限公司维修车间主任
王　权　　诸城市下苗山花生生产专业合作社理事长
丁　强　　诸城市汇鑫牧业专业合作社理事长

富民兴潍劳动奖章（6人）

李冰雪　　诸城市电力怡明茶业有限公司总经理
崔立祥　　诸城市华欣铸造有限公司维修班班长
谭志龙　　山东佳士博食品有限公司电工
高培武　　诸城市曙光车桥有限责任公司安装车间主任
杨秀梅（女）　诸城市实验幼儿园园长
王培生　　诸城市建设工程质量安全监督站副站长

富民兴潍劳动奖状（1个）

山东新华书店集团有限公司诸城分公司

潍坊市工人先锋号（3个）

诸城市康源供水有限公司客户服务部
山东潍坊烟草有限公司诸城分公司洛庄烟叶工作站
中国建设银行股份有限公司诸城繁荣支行

荣 誉

2018年诸城市所获省部级荣誉称号

序号	获奖单位	奖励名称	授予单位	授予单位级别	获奖时间（年月）
1	诸城市	2017年度国家级妇幼健康优质服务示范县（市、区）	国家卫生计生委办公厅	省部级	2018.01
2	诸城市	2017年重新确认国家卫生城市	全国爱国卫生运动委员会	省部级	2018.02
3	诸城市人民政府	2017年全省安全生产工作先进县（市、区）	山东省人民政府安委会	省部级	2018.02
4	诸城市	全省农村集体产权制度改革试点工作先进单位	山东省农村集体产权制度改革工作领导小组	省部级	2018.02
5	诸城市物价局	全国农产品成本调查工作优秀集体	国家发展和改革委员会	省部级	2018.02
6	诸城市	第二批山东省食品安全县（市、区）	山东省食品安全委员会	省部级	2018.03
7	诸城市	第三届山东省文化强省建设先进市县	中共山东省委 山东省人民政府	省部级	2018.05
8	诸城市	全国法治县（市、区）创建活动先进单位	全国普法办公室	省部级	2018.06
9	诸城市人力资源和社会保障局	全国新闻宣传工作先进单位	人力资源和社会保障部	省部级	2018.08
10	诸城市	国家园林城市复查	住房和城乡建设部	省部级	2018.09
11	诸城市档案馆	国家级数字档案馆	国家档案局	省部级	2018.09
12	诸城市皇华镇党委	潍坊抗灾救灾先进集体	中共山东省委 山东省人民政府	省部级	2018.09
13	国网诸城供电公司	潍坊抗灾救灾先进集体	中共山东省委 山东省人民政府	省部级	2018.09
14	诸城市供销合作社联合社	2017年度百强县级社	中华全国供销合作总社	省部级	2018.11
15	诸城市	全国森林旅游示范县	国家林业和草原局	省部级	2018.12
16	诸城市	2018年度全国县级防震减灾工作综合考核先进单位	中国地震局	省部级	2018.12
17	诸城市文化市场综合执法局	2017年度查处侵权盗版案件突出贡献单位	国家版权局	省部级	2018.12

附　录

2018年诸城市委重要文件目录一览表

文件名称	发布文号	发布机关	发布日期
关于印发《中共诸城市委常委会2018年工作要点》的通知	诸发〔2018〕1号	市委	2018.1.19
关于对《2018年度重点工作目标责任制》实行台账式督查的通知	诸发〔2018〕4号	市委 市政府	2018.2.27
关于印发《中国共产党诸城市委员会常务委员会议事决策规则》的通知	诸发〔2018〕6号	市委	2018.3.2
关于加强市委常委会自身建设的意见	诸发〔2018〕7号	市委	2018.3.2
关于贯彻落实中央和省市决策部署实施乡村振兴战略的意见	诸发〔2018〕10号	市委 市政府	2018.3.22
关于印发《2017年度市委常委班子民主生活会整改工作方案》的通知	诸发〔2018〕11号	市委	2018.3.23
中共诸城市委印发《关于推行市党政领导班子成员履行全面从严治党责任和抓基层党建工作“一岗双责”实施办法》的通知	诸发〔2018〕12号	市委	2018.4.4
关于进一步强化招商引资工作的实施意见	诸发〔2018〕13号	市委 市政府	2018.4.8
关于印发《诸城市开放发展三年行动计划（2018—2020）》的通知	诸发〔2018〕14号	市委 市政府	2018.4.8
关于稳步推进农村集体产权制度改革的实施意见	诸发〔2018〕16号	市委 市政府	2018.5.7
关于开展创建全国文明城市的实施意见	诸发〔2018〕17号	市委 市政府	2018.5.22
关于印发《2018年全市深化“作风建设年”活动实施方案》的通知	诸发〔2018〕18号	市委	2018.6.22
关于印发《诸城市贯彻落实中央环境保护督察组督察反馈意见整改落实实施方案》的通知	诸发〔2018〕22号	市委 市政府	2018.7.20
印发《关于支持人才创新创业的实施细则》的通知	诸发〔2018〕25号	市委 市政府	2018.9.15
关于打赢脱贫攻坚战三年行动的实施意见	诸发〔2018〕28号	市委 市政府	2018.11.15
关于诸城市推进相对集中行政许可权改革组建市行政审批服务局的实施意见	诸发〔2018〕29号	市委 市政府	2018.11.24

续表

文件名称	发布文号	发布机关	发布日期
关于印发《诸城市贯彻落实省级环保督察“回头看”反馈意见整改方案》的通知	诸发〔2018〕31号	市委 市政府	2018.11.30
深入推进安全生产领域改革发展的实施意见	诸发〔2018〕32号	市委 市政府	2018.12.8
关于推进“5+5”现代产业发展加快新旧动能转换的意见	诸发〔2018〕33号	市委 市政府	2018.12.8
关于推进“三区”共建共享的实施意见	诸发〔2018〕34号	市委 市政府	2018.12.8
关于印发《诸城市乡村振兴战略规划（2018—2022年）》和5个工作方案的通知	诸发〔2018〕36号	市委 市政府	2018.12.24
关于2017年度落实全面从严治党、党风廉政建设、意识形态工作责任情况的报告（报潍坊市委）	诸委〔2018〕2号	市委	2018.1.24
关于2017年度落实全面从严治党、党风廉政建设、意识形态工作责任情况的报告（报潍坊纪委）	诸委〔2018〕3号	市委	2018.1.24
关于诸城市十八届人大二次会议选举结果的报告	诸委〔2018〕4号	市委	2018.1.19
关于诸城市监察委员会副主任任命情况的报告	诸委〔2018〕5号	市委	2018.1.19
关于诸城市监察委员会副主任任命情况的报告	诸委〔2018〕6号	市委	2018.1.19
关于团市委换届候选人的批复	诸委〔2018〕12号	市委	2018.2.14
关于市工商联换届候选人的批复	诸委〔2018〕13号	市委	2018.2.14
关于市科协换届候选人的批复	诸委〔2018〕14号	市委	2018.2.14
关于市残联换届候选人的批复	诸委〔2018〕15号	市委	2018.2.14
关于迁建王尽美烈士纪念馆的请示	诸委〔2018〕16号	市委	2018.2.22
关于市县第五联合巡察组反馈问题督促整改落实和办理巡察移交事项情况的报告	诸委〔2018〕17号	市委	2018.2.9
关于表彰2017年度先进单位、先进个人的通报	诸委〔2018〕18号	市委 市政府	2018.3.1
关于常委班子民主生活会情况的报告	诸委〔2018〕19号	市委	2018.2.27
关于2017年度工作情况的报告	诸委〔2018〕20号	市委	2018.3.7
关于给予市经信局和冷强同志三等功奖励的通报	诸委〔2018〕87号	市委 市政府	2018.3.28

续表

文件名称	发布文号	发布机关	发布日期
关于落实意识形态工作责任制有关情况的报告	诸委〔2018〕88号	市委	2018.4.15
关于设立诸城市法学会党组的通知	诸委〔2018〕92号	市委	2018.4.28
关于邀请省委领导参加纪念王尽美同志诞辰120周年系列活动的请示	诸委〔2018〕93号	市委	2018.5.18
关于选派干部到潍坊市管企业和金融单位挂职学习的推荐报告	诸委〔2018〕94号	市委	2018.5.21
关于选派镇街年轻干部到潍坊市直部门（单位）挂职的推荐报告	诸委〔2018〕95号	市委	2018.5.21
关于省委巡视市委巡察发现突出问题专项治理整改落实情况的报告	诸委〔2018〕100号	市委	2018.5.30
关于到省直部门（单位）、省管企业和潍坊市直机关任职建议人选的推荐报告	诸委〔2018〕101号	市委	2018.6.6
关于王尽美烈士纪念馆迁建后建筑规模等有关情况的报告	诸委〔2018〕102号	市委	2018.6.15
关于表彰优秀共产党员优秀党务工作者和先进党组织的决定	诸委〔2018〕103号	市委	2018.6.28
关于今年上半年全市意识形态领域情况的报告	诸委〔2018〕107号	市委	2018.9.15
关于市委常委会巡视整改专题民主生活会的情况报告	诸委〔2018〕108号	市委	2018.9.21
关于设立诸城市税务局党委的通知	诸委〔2018〕109号	市委	2018.9.25
关于设立桃园生态经济发展区筹备工作领导小组办公室党委的通知	诸委〔2018〕110号	市委	2018.9.25
关于学习贯彻《中国共产党纪律处分条例》的情况报告	诸委〔2018〕125号	市委	2018.10.15
关于组建诸城市退役军人事务机构的通知	诸委〔2018〕133号	市委 市政府	2018.11.24
关于贯彻落实中央和省市委决策部署坚持“四重”同步助推民营企业家队伍“四心”建设的报告	诸委〔2018〕137号	市委	2018.12.7
关于2018年河（湖）长制工作开展情况的报告	诸委〔2018〕138号	市委 市政府	2018.12.10
关于2018年诸城市计划生育工情况的报告	诸委〔2018〕147号	市委 市政府	2018.12.31

2018年诸城市政府重要文件目录一览表

文件名称	文　号	发布机关	发布日期
关于印发《诸城市市长质量奖管理办法》《诸城市市长质量奖评审通则》的通知	诸政发〔2018〕2号	市政府	2018.4.8
关于印发《诸城市工业企业综合评价实施办法（试行）》的通知	诸政发〔2018〕5号	市政府	2018.7.12
关于加快推进生猪养殖转型升级的实施意见	诸政发〔2018〕6号	市政府	2018.9.21
关于加强税收保障工作的实施意见	诸政字〔2018〕2号	市政府	2018.1.10
关于公布市级政务服务事项中介服务项目清单的通知	诸政字〔2018〕8号	市政府	2018.5.21
关于印发《诸城市城乡居住区配套幼儿园和小学规划建设及管理使用意见》的通知	诸政办发〔2018〕2号	市府办	2018.3.19
关于印发诸城市公共企事业单位信息公开办法的通知	诸政办发〔2018〕4号	市府办	2018.7.28
关于印发《诸城市片区开发改造管理办法》的通知	诸政办发〔2018〕7号	市府办	2018.7.27
关于印发《诸城市重点项目模拟审批实施办法》的通知	诸政办发〔2018〕8号	市府办	2018.9.27
关于印发《诸城市建筑垃圾管理办法》的通知	诸政办发〔2018〕10号	市府办	2018.11.20
关于印发《诸城市“十三五”深化医药卫生体制改革规划》的通知	诸政办发〔2018〕12号	市府办	2018.11.20
关于印发《诸城市资源循环利用基地建设方案》和《中坛再生资源循环利用产业园管理办法》的通知	诸政办发〔2018〕13号	市府办	2018.11.20
关于印发《诸城市大中型水库移民后期扶持人口自然变化管理办法》的通知	诸政办发〔2018〕14号	市府办	2018.11.30
关于认真落实企业退休职工中独生子女父母养老补助有关规定的通知	诸政办发〔2018〕15号	市府办	2018.12.14
关于印发《诸城市创新平台建设和功能提升计划》的通知	诸政办字〔2018〕11号	市府办	2018.3.22
关于印发《诸城市中医药事业发展规划（2018—2020）》的通知	诸政办字〔2018〕17号	市府办	2018.6.30
关于进一步改善劳动模范待遇的通知	诸政办字〔2018〕18号	市府办	2018.5.29
关于印发《诸城市政府采购项目操作规程》等规章制度的通知	诸政办字〔2018〕19号	市府办	2018.7.4
关于印发《诸城市义务教育优质均衡发展市创建工作方案》的通知	诸政办字〔2018〕20号	市府办	2018.6.30
关于印发诸城市推进社会公益事业建设领域政府信息公开实施方案的通知	诸政办字〔2018〕22号	市府办	2018.7.23
关于印发诸城市推进公共资源配置领域政府信息公开实施方案的通知	诸政办字〔2018〕23号	市府办	2018.7.23

续表

文件名称	文　号	发布机关	发布日期
关于印发《诸城市银行业金融机构支持实体经济发展考核评价暂行办法》的通知	诸政办字〔2018〕24号	市府办	2018.7.27
关于印发《诸城市政务信息系统整合共享工作实施方案》的通知	诸政办字〔2018〕26号	市府办	2018.8.14
关于印发《诸城市“一窗受理”集中行政审批服务改革实施方案》的通知	诸政办字〔2018〕27号	市府办	2018.8.14
关于印发《“十三五”诸城市老龄事业发展和养老体系建设规划》的通知	诸政办字〔2018〕30号	市府办	2018.8.23
关于印发《诸城市粮食生产功能区和重要农产品生产保护区划定工作实施方案》的通知	诸政办字〔2018〕32号	市府办	2018.8.23
关于印发《诸城市第三期学前教育行动计划（2018—2020年）》的通知	诸政办字〔2018〕33号	市府办	2018.8.29
关于印发诸城市“一次办好”改革推进方案的通知	诸政办字〔2018〕40号	市府办	2018.10.23
关于印发诸城市做好政务公开重点工作实施方案的通知	诸政办字〔2018〕44号	市府办	2018.10.25
关于印发《诸城市打赢蓝天保卫战三年行动计划》的通知	诸政办字〔2018〕45号	市府办	2018.11.14
关于印发《诸城市重污染天气应急预案》的通知	诸政办字〔2018〕46号	市府办	2018.11.14
关于印发《诸城市农村饮用水水源保护区划分方案》的通知	诸政办字〔2018〕47号	市府办	2018.11.16
关于印发《诸城市简化获得电力专项行动实施方案》的通知	诸政办字〔2018〕51号	市府办	2018.12.4
关于印发《诸城市城镇其他居民独生子女父母奖励扶助政策实施方案（试行）》的通知	诸政办字〔2018〕52号	市府办	2018.12.14
关于印发《诸城市打好危险废弃物治理攻坚战作战方案（2018—2020年）》的通知	诸政办字〔2018〕56号	市府办	2018.12.18
关于印发《诸城市新型农业经营主体提升专项行动实施方案》的通知	诸政办字〔2018〕58号	市府办	2018.12.15
关于印发邀请市民代表列席市政府常务会议工作制度的通知	诸政办字〔2018〕59号	市府办	2018.12.18
关于印发诸城市今冬明春水利设施大会战实施方案的通知	诸政办字〔2018〕62号	市府办	2018.12.21
关于印发《诸城市2018—2019年秋冬季大气污染综合治理攻坚行动实施方案》的通知	诸政办字〔2018〕64号	市府办	2018.12.22
关于印发《诸城市第二期特殊教育提升计划（2018—2020年）》的通知	诸政办字〔2018〕67号	市府办	2018.12.24
关于印发《诸城市职业病防治规划（2018—2020年）》的通知	诸政办字〔2018〕68号	市府办	2018.12.26

2018年政府主要规范性文件目录一览表

序号	文件名	文号	规范性文件编号	印发日期
1	《诸城市市长质量奖管理办法》	诸政发〔2018〕2号	ZCDR-2018-0010001	2018.04.08
2	《诸城市工业企业综合评价实施办法（试行）》	诸政发〔2018〕5号	ZCDR-2018-0010002	2018.07.12
3	《诸城市片区开发改造管理办法》	诸政办发〔2018〕7号	ZCDR-2018-0020003	2018.07.27
4	《诸城市人民政府关于公布市政府文件集中清理结果的决定》	诸政发〔2018〕8号	ZCDR-2018-0010004	2018.11.16
5	《诸城市建筑垃圾管理办法》	诸政办发〔2018〕10号	ZCDR-2018-0020005	2018.11.20

索　引

A

B

C

D

E

F

G

H

J

K

L

M

N

P

Q

R

S

T

W

X

Y

Z